# DICCIONARIO MANUAL DE LA BIBLIA

Marcos y Reyna
Palacios

10.99

## Merrill C. Tenney

La misión de Editorial Vida es ser la compañía líder en comunicación cristiana que satisfaga las necesidades de las personas, con recursos cuyo contenido glorifique a Jesucristo y promueva principios bíblicos.

**DICCIONARIO MANUAL DE LA BIBLIA**
Edición en español publicada por
Editorial Vida –1976
Miami, Florida

©1976 por The Zondervan Corporation

Originally published in the USA under the title:
    **Handy Dictionary of the Bible**
    **Copyright © 1963 by The Zondervan Corporation**
Published by permission of Zondervan, Grand Rapids,
Michigan 49530

Traducción: *Edwin Sipowics*
Diseño de cubierta: Sarah Wegner

ISBN: 978-0-8297-0534-8

CATEGORÍA: Referencias bíblicas / Diccionarios

IMPRESO EN ESTADOS UNIDOS DE AMÉRICA
PRINTED IN THE UNITED STATES OF AMERICA

11 12 13 ❖ 50

# Prefacio

El *Diccionario Manual de la Biblia* combina la profundidad de contenido con la sencillez de estilo para presentar la definición de términos bíblicos, que se explican con la precisión y el cuidado debidos.

Esta obra tiene el propósito de suplir la necesidad de todo estudiante de la Biblia. Aun los alumnos más jóvenes hallarán en este diccionario un recurso útil para satisfacer su curiosidad sobre el texto bíblico.

LOS EDITORES

# Lista de abreviaturas utilizadas en el Diccionario manual de la Biblia

| | | | |
|---|---|---|---|
| a.C. | Antes de Cristo | Pr. | Proverbios |
| d.C. | Después de Cristo | Ec. | Eclesiastés |
| c. | Hacia; aproximadamente | Cnt. | Cantares |
| ed. | Edición | Is. | Isaías |
| etc. | Etcétera | Jer. | Jeremías |
| Gr. | Griego; texto griego | Lm. | Lamentaciones |
| Heb. | Hebreo; texto hebreo | Ez. | Ezequiel |
| LXX | Septuaginta (Traducción griega del A.T.) | Dn. | Daniel |
| | | Os. | Oseas |
| 1-2 Mac. | 1-2 Macabeos | Jl. | Joel |
| MSS | Manuscritos | Am. | Amós |
| m | Metro | Abd. | Abdías |
| pág. (s) | Página, páginas | Jon. | Jonás |
| p. ej. | Por ejemplo | Mi. | Miqueas |
| | | Nah. | Nahum |

## Puntos cardinales

| | | | |
|---|---|---|---|
| E. | Este | Hab. | Habacuc |
| NE. | Nordeste | Sof. | Sofonías |
| NO. | Noroeste | Hag. | Hageo |
| N. | Norte | Zac. | Zacarías |
| O. | Oeste | Mal. | Malaquías |
| S. | Sud | | |
| SE. | Sudeste | | |
| SO. | Sudoeste | | |

## Libros del N. T.

| | | | |
|---|---|---|---|
| s. | Siguiente | Mt. | Mateo |
| ss. | Siguientes | Mr. | Marcos |
| v. gr. | Verbigracia | Lc. | Lucas |
| v. (o V.) | Versículo | Jn. | Juan |
| vv. (o Vv) | Versículos | Hch. | Hechos de los Apóstoles |
| | | Ro. | Romanos |

## Versiones de la Biblia

| | | | |
|---|---|---|---|
| BJ | Biblia de Jerusalén | 1 Co. | 1° a los Corintios |
| Strbg. | Monseñor Straubinger | 2 Co. | 2° a los Corintios |
| R-V | Reina-Valera | Gá. | A los Gálatas |
| TA | Torres Amat | Ef. | A los Efesios |
| VM | Versión Moderna | Fil. | A los Filipenses |
| VP | Versión Popular | Col. | A los Colosenses |
| | | 1 Ts. | 1° a los Tesalonicenses |
| | | 2 Ts. | 2° a los Tesalonicenses |
| | | 1 Ti. | 1° a Timoteo |

## Libros del A.T.

| | | | |
|---|---|---|---|
| Gn. | Génesis | 2 Ti. | 2° a Timoteo |
| Ex. | Exodo | Tit. | A Tito |
| Lv. | Levítico | Flm. | A Filemón |
| Nm. | Números | He. | A los Hebreos |
| Dt. | Deuteronomio | Stg. | Santiago |
| Jós. | Josué | 1 P. | 1° de Pedro |
| Jue. | Jueces | 2 P. | 2° de Pedro |
| Rt. | Rut | 1 Jn. | 1° de Juan |
| 1 S. | 1° de Samuel | 2 Jn. | 2° de Juan |
| 2 S. | 2° de Samuel | 3 Jn. | 3° de Juan |
| 1 R. | 1° de los Reyes | Jud. | Judas |
| 2 R. | 2° de los Reyes | Ap. | Apocalipsis |
| 1 Cr. | 1° de Crónicas | ASV. | Versión Standard Americana |
| 2 Cr. | 2° de Crónicas | KJV. | Versión del Rey Jacobo (inglesa) |
| Esd. | Esdras | | |
| Neh. | Nehemías | ERV. | Versión Inglesa Revisada |
| Job | Job | M.E.V. | Nueva Versión Inglesa Revisada |
| Sal. | Salmos | | |

**Aarón** *(significado incierto)* Hermano de Moisés y de María (Nm. 26:59; Ex. 6:20); tres años mayor que Moisés (Ex. 7:7.) La primera vez que oímos de él es cuando Moisés le dijo a Dios que no podía ser el líder de Israel porque carecía de facilidad de palabra y Dios le respondió que Aarón sería su vocero. Contrajo enlace con Elisabet, hermana de un príncipe de la tribu de Judá (Ex. 6:23; 1 Cr. 2:10), de cuyo matrimonio nacieron Nadab, Abiú, Eleazar e Itamar.

Acompañó a Moisés cuando se presentó ante el Faraón y colaboró con él durante los cuarenta años en que deambularon por el desierto. Ayudó a Hur a sostener en alto las manos de Moisés durante la batalla contra los amalecitas (Ex. 17:9-12.) Adolecía de algunas debilidades y defectos. En el Sinaí construyó un becerro de oro mientras Moisés se demoraba en el monte (Ex. 32); tanto él como su hermana María criticaron a Moisés por haberse casado con una cusita (Nm. 12:1, 2.) Su autoridad fue reivindicada por el milagro de la vara (Nm. 17.) La autoridad de Moisés fue puesta en duda en Meriba (Nm. 20:12.)

En el Sinaí fue elevado al rango de sumo sacerdote y cabeza de un sacerdocio hereditario (Ex. 28:1), y sus hijos fueron consagrados para el sacerdocio (Lv. 8:9.) Murió, con Moisés a su lado, en el monte de Hor, a la edad de 123 años, y el sumo sacerdocio pasó a desempeñarlo su hijo Eleazar (Nm. 20:22-29, 33-38; Dt. 10:6; 32:50.) Hebreos 5:4 se refiere a Aarón como tipo de Cristo.

**Aarón, Linaje de.** Descendientes de Aarón que ayudaron a David (1 Cr. 12:27.)

**Ab.** Quinto mes del calendario hebreo (Nm. 33:38.)

**Abadón** *(ruina)* En Job 31:12 significa "ruina"; en Job 26:6, Pr. 15:11; 27:20, "Seol"; en Job 28:22 "muerte"; Ap. 9:11, "Apolión" que reina sobre las regiones infernales.

**Abagta** *(Dios ha dado)* Chambelán del rey Asuero (Est. 1:10.)

**Abana** *(peñascoso)* Río de Damasco (2 R. 5:12.)

**Abarim** *(los montes de más allá)* Región al E. del río Jordán o una cadena montañosa al NO. de Moab (Nm. 27:12.)

**Abba** *(padre,* en arameo) (Mr. 14:36; Ro. 8:15; Gá. 4:6.)

**Abda** *(siervo de Dios)* **1.** Padre de Adoniram (1 R. 4:6.) **2.** Un levita (Neh. 11:17.)

**Abdeel** *(servidor de Dios)* Padre de Selemías (Jer. 36:26.)

**Abdi** *(servidor de Dios)* **1.** Un levita, abuelo de Etán (1 Cr. 6:44.) **2.** Un hijo de Elam (Esd. 10:26.)

**Abdías** *(siervo de Jehová)* **1.** Mayordomo de la casa real del rey Acab (1 R. 18:3-16.) **2.** Judaíta descendiente de David (1 Cr. 3:21.) **3.** Príncipe de Zabulón, padre de Ismaías (1 Cr. 27:19.) **4.** Príncipe de Judá (2 Cr. 17:7.) **5.** Levita en tiempo del rey Josías (2 Cr. 34:12.) **6.** Profeta, autor del libro que lleva su nombre (Abd. 1.)

**Abdías, Libro de.** (Ver Libro de Abdías)

**Abdiel** *(servidor de Dios)* Descendiente de Gad nº 1, (1 Cr. 5:15.)

**Abdón** (tal vez *"sirviente"*) **1.** Ciudad levita en Aser (Jos. 21:30; 1 Cr. 6:74.) **2.** Juez de Israel (Jue. 12:13,

15.) **3.** Hijo de Sasac (1 Cr. 8:23.) **4.** Hijo de Jehiel, ascendiente del rey Saúl (1 Cr. 8:30; 9:36.) **5.** Un enviado del rey Josías ( = Acbor nº 2), (2 Cr. 34:20.)

**Abed-nego** *(siervo de Nego)* Un hebreo en Babilonia (Dn. 1:7.)

**Abeja** (Ver Insectos de la Biblia)

**Abel** (Significado incierto, tal vez *"soplo"* o *"hijo")* **1.** Segundo hijo de Adán y Eva; fue asesinado por su hermano Caín (Gn. 4 ss.) **2.** Ciudad de Manasés ( = Abel-bet-maaca) (2 S. 20:18.) **3.** En 1 S. 6:18 "la piedra grande llamada después "Abel" (Torres Amat) debería ser probablemente "piedra".

**Abel-bet-maaca** *(el prado de Bet-maaca)* Localidad en Neftalí ( = Abel nº 2 y Abel-maim), (2 S. 20:15.) Ahí se refugió Seba al huir del rey David (2 S. 20:14-22.) Más tarde la conquistó Ben-adad (1 R. 15:20) y Tiglat-pileser la capturó (2 R. 15:29.)

**Abel Keramim** *(vega de las viñas)* Lugar en Amón (Jue. 11:33, Biblia de Jerusalén.)

**Abel, la piedra grande.** En 1 S. 6:18 "la piedra grande llamada después Abel" (Torres Amat) debería ser "la gran piedra" como en Reina-Valera.

**Abel-maim** *(pradera de aguas)* Variante de Abel-bet-maaca (2 Cr. 16:4.)

**Abel-mehola** *(el prado de la danza)* Localidad probablemente en el valle del Jordán (Jue. 7:22.)

**Abel-mizraim** *(pradera de Egipto o llanto de Egipto)* Sitio al E. del Jordán (Gn. 50:11.)

**Abel-sitim** *(pradera de acacia)* Lugar en Moab ( = Sitim), (Nm. 33:49.)

**Abez.** Localidad en Isacar (Jos. 19:20.)

**Abi.** Madre del rey Ezequías ( = Abías nº 7) (2 R. 18:2.)

**Abi-albón** *(mi padre Dios es corroboración)* Uno de los 30 valientes de David ( = Abiel nº 2), (2 S. 23:31.)

**Abiam** *(mi Padre Dios es Yahvéh)* Rey de Judá ( = Abías nº 4), (1 R. 14:31; 15:8.)

**Abías** *(Jehová es Padre)* **1.** Hijo del profeta Samuel (1 S. 8:2; 1 Cr. 6:28.) **2.** Hijo de Jeroboam nº 1, (1 R. 14:1.)

**3.** Esposa de Hezrón nº 2 (1 Cr. 2:24.) **4.** Rey de Judá, ( = Abiam), hijo y sucesor de Roboam (2 Cr. 12:16.) **5.** Nieto de Benjamín (1 Cr. 7:8.) **6.** Sacerdote descendiente de Aarón (1 Cr. 24:10; Lc. 1:5.) **7.** Madre de Ezequías (2 Cr. 29:1.) **8.** Sacerdote en tiempo de Nehemías (Neh. 10:7.) **9.** Sacerdote que regresó del cautiverio (Neh. 12:4, 17.)

**Abiasaf** *(mi Padre Dios ha añadido un hijo)* Hijo de Coré (Ex. 6:24.)

**Abiatar** *(padre de abundancia)* Hijo de Ahimelec el sumo sacerdote, a quien sucedió (1 S. 22:20); fiel consejero de David (2 S. 15:24; 17:15; 19:11); Salomón lo despojó de su investidura de sumo sacerdote porque favoreció a Adonías (1 R. 2:26, 35.)

**Abib** *(espiga)* Nombre pre-exílico para el primer mes del año en el calendario de los hebreos (Ex. 13:4; 23:15; 34:18.)

**Abida** *(el padre sabe)* Uno de los hijos de Madián (Gn. 25:4.)

**Abidán** *(el padre es juez)* Príncipe de la tribu de Benjamín (Nm. 1:11; 2:22.)

**Abiel** *(Dios es Padre)* **1.** Padre de Cis (1 S. 9:1.) **2.** Uno de los valientes de David ( = Abi-albón), (1 Cr. 11:32.)

**Abiezer** *(padre de ayuda)* **1.** Cabeza de una familia de Manasés nº 1 (Jos. 17:2; Jue. 8:2.) **2.** Uno de los valientes de David (1 Cr. 11:28; 27:12.)

**Abiezerita.** Perteneciente a Abiezer nº 1 (Jue. 6:11; 8:32.)

**Abigabaón.** Ascendiente del rey Saúl (1 Cr. 8:29.)

**Abigail** *(el padre se regocija)* **1.** Esposa de Nabal y luego de David (1 S. 25:3; 39:44.) **2.** Hermana de David (2 Cr. 2:16.)

**Abihail** *(el padre es fortaleza)* **1.** Padre de Zuriel (Nm. 3:35.) **2.** Esposa de Abisur (1 Cr. 2:29.) **3.** Un gadita (1 Cr. 5:14.) **4.** Esposa de Roboam (2 Cr. 11:18.) **5.** Padre de la reina Ester (Est. 2:15; 9:29.)

**Abilinia** *(pradera)* Tetrarquía cercana al anti-Líbano, regida por Lisanias cuando Juan el Bautista comenzó su ministerio (Lc. 3:1.)

**Abimael** *(Dios es Padre)* Hijo o descendiente de Joctán (Gn. 10:28.)

**Abimelec** (dos acepciones: *"el padre es rey"* o *"padre de un rey"*) **1.** Rey filisteo de Gerar (Gn. 21:22-34), en tiempo de Abraham. **2.** Otro rey de Gerar, en tiempo de Isaac (Gn. 26.) **3.** Hijo de Gedeón y una concubina (Jue. 8:31.) **4.** Sacerdote ( = Ahimelec) en tiempo de David (1 Cr. 18:16.) **5.** Rey filisteo mencionado en el título del Salmo 34.

**Abinadab** *(padre generoso)* **1.** Levita en cuya casa quedó por un tiempo el arca (1 S. 7:1, 2; 17:13.) **2.** Hijo de Isaí (1 S. 16:8.) **3.** Hijo del rey Saúl (1 S. 17:13; 31:2.) **4.** Un pariente de Salomón (1 R. 4:11.)

**Abinoam** *(mi Padre Dios es bueno)* Padre de Barac (Jue. 4:6, 12.)

**Abiram** *(el padre es ensalzado)* **1.** Un rubenita que conspiró contra Moisés (Nm. 16.) **2.** Hijo de Hiel (1 R. 16:34.)

**Abisag** *(el padre anda de un lado a otro)* Joven sunamita que cuidó a David en su ancianidad (1 R. 1:3, 15; 2:17 ss.)

**Abisai** *(mi Padre es una merced)* Hijo de Sarvia, hermana de David, y hermano de Joab y de Asael. Fue siempre totalmente leal hacia David (1 S. 26:6-9; 2 S. 3:30; 16:9; 1 Cr. 18:12, 13.)

**Abisalom.** Variante de Absalón (1 R. 15:2, 10.)

**Abismo.** Cualquier profundidad grande, peligrosa, imponente. Cavidad natural, generalmente vertical, cuya abertura está en la superficie de la tierra y cuyo fondo es desconocido. En sentido figurado significa algo inmenso, insondable, incomprensible (Gn. 1:2; 8:2; Pr. 23:27.) En el N. T. significa *el otro mundo, cárcel de los espíritus de desobediencia* (Lc. 8:31; Ap. 9:1, 2, 11; 11:7; 17:8; 20:1-3), o *el mundo de los muertos* (Ro. 10:7.)

**Abisúa** *(mi Padre Dios es salvación)* **1.** Hijo de Finees (1 Cr. 6:4; Esd. 7:5.) **2.** Un benjamita (1 Cr. 8:4.)

**Abisur** *(el padre es un muro)* Hijo de Samai (1 Cr. 2:28, 29.)

**Abital** *(el padre es rocío)* Una de las esposas de David (1 Cr. 3:3.)

**Abitob** *(el padre es bondad)* Un benjamita (1 Cr. 8:8-11.)

**Abiú** *(el padre es él)* Segundo hijo de Aarón (Ex. 6:23.) El y Nadab fueron muertos por ofrecer un fuego extraño (Lv. 10.)

**Abiud** *(el padre es majestad)* **1.** Benjamita (1 Cr. 8:3.) **2.** Hijo de Zorobabel (Mt. 1:13.)

**Abluciones** (Ver Lavatorio)

**Abner** *(el padre es una lámpara)* Primo de Saúl y comandante en jefe de su ejército (1 S. 14:50.) Después de la muerte de Saúl lo coronó rey a Is-boset (2 S. 2:8.) Más tarde se unió a David y fue asesinado por Joab (2 S. 3:26-30.)

**Abogado** (Ver Oficios y Profesiones)

**Abominación desoladora.** Término utilizado para describir una abominación totalmente aborrecible e inmunda (Dn. 9:27; 11:31.)

**Abraham** *(el padre es excelso)* Hijo de Taré y descendiente de Sem a quien Dios ordenó que saliera de Ur de los Caldeos para ser el fundador de la nación hebrea (Gn. 12:1-6.) Primero emigró a Harán, en la Mesopotamia, con su sobrino Lot y con su padre Taré, y a la muerte de este último entró en Palestina. Luego de cortas estadías en Siquem, Bet-el y el Neguev visitó Egipto, durante un hambre y de ahí regresó a Hebrón. En la esperanza de ver cumplida la promesa de Dios de que habría de tener un hijo tomó como esposa a la sierva egipcia Agar, de cuya unión nació Ismael (Gn. 16.) Pasado un tiempo, de su esposa Sara nació Isaac, que fue el heredero de la promesa (Gn. 17:1.) Murió a la edad de 175 años y lo enterraron en la cueva de Macpela en Hebrón (Gn. 25:7-10.)

**Abram-Abraham.** Nombre primitivo del patriarca (Gn. 11:26; Neh. 9:7.)

**Abraham, Seno de.** Símbolo judío de bienaventuranza después de la muerte (Lc. 16:22, 23.)

**Abrek.** Probablemente una palabra egipcia semejante en sonido a la palabra hebrea que significa *arrodillarse* (Gn. 41:43; ver Reina-Valera, nota al pie.)

**Abrona** *(pasaje)* Lugar donde acampó Israel (Nm. 33:34, 35.)

**Absalón** *(el padre es paz)* Tercer hijo

de David, contra quien se reveló y por ello perdió su vida. Furioso porque su hermano Amnón violó a su hermana Tamar, Absalón asesinó a Amnón y huyó del reino (2 S. 13:22-39.) Finalmente David lo llamó de vuelta pero rehusó verlo. Absalón se proclamó candidato al trono e inició una revuelta pero fue derrotado en la batalla y murió a manos de Joab, general de David (2 S. 18:6-17.) David se apesadumbró profundamente de su muerte. Absalón era apuesto y popular y ganó la voluntad de una facción de Judea.

**Abstinencia.** Como verbo aparece varias veces en la Biblia y significa *apartarse o privarse de alguna cosa.* El Concilio de Jerusalén (Hch. 15:20, 29) ordenaba abstenerse de lo "sacrificado a los ídolos, de sangre, de ahogado y de fornicación". No se ordenaba la abstinencia por el valor que tuviera esa virtud en sí misma, sino que se la recomendaba para inculcar la puerza, tanto en la dieta como en la vida. Pedro instaba a sus amigos a que se abstuviesen "de los deseos carnales" (1 P. 2:11.) Al pueblo de Dios se le dijo que se abstuviera de la idolatría (Ex. 34:15; Ro. 14:21; 1 Co. 8:4-13.) Como sustantivo figura una sola vez (Zac. 7:3.)

**Abubilla** (Ver Aves)

**Acab** *(hermano del padre)* **1.** Hijo de Omri y séptimo rey del reino del norte, es decir de Israel. Reinó 22 años, 873-851 a. C. Políticamente fue un rey poderoso, pero religiosamente un fracaso. Su esposa Jezabel trató de aplastar al judaísmo y llevar a la nación a la idolatría. Combatió tres veces contra Ben-adad, rey de Siria y fue mortalmente herido en la tercera campaña. Dios lo comisionó a Elías para enfrentarlo (1 R. 16:28-22:40.) **2.** Falso profeta (Jer. 29:21, 22.)

**Acacia** (Ver Plantas)

**Acad.** Lugar no identificado con precisión y una de las antiguas ciudades de Babilonia, talvez idéntica a Agadé, donde Sargón I, el conquistador semita conquistó a los acadios semitas y la hizo su capital en el año 2475 a. C.

**Acaico.** Cristiano corinto que visitó a Pablo en Efeso (1 Co. 16:17-19.)

**Acán** *(perturbador)* **1.** Hijo de Ezer ( = Jaacán), (Gn. 36:27.) **2.** Israelita que tomó para sí parte del botín de guerra de Jericó que había sido dedicado a Dios. Debido a ello los israelitas fueron derrotados en Hai. Cuando descubrieron su pecado tanto él como su familia fueron apedreados a muerte (Jos. 7:1-26; 1 Cr. 2:7.)

**Acaya.** Provincia romana que abarcó toda la parte S. de la Macedonia griega (Hch. 19:21; Ro. 15:26; 2 Co. 1:1; 1 Ts. 1:7, 8), de la cual Corinto era su capital.

**Acaz** *(fue agarrado)* **1.** Duodécimo rey de Judá en la monarquía dividida; hijo de Jotam. Reinó del 735 al 715 a. C.; fomentó la idolatría en Judá y fue uno de los peores reyes de ese reino (2 R. 16; 2 Cr. 28.) **2.** Bisnieto de Jonatán (1 Cr. 8:35, 36.)

**Acbor** *(ratón)* **1.** Padre de Baal-hanán, rey de Edom (Gn. 36:38, 39; 1 Cr. 1:49.) **2.** Un mensajero del rey Josías ( = Abdón nº 5), (2 R. 22:12, 14.) **3.** Padre de Elnatán (posiblemente = nº 2), (Jer. 26:22; 36:12.)

**Aceite.** En la Biblia es casi siempre el aceite de oliva y parte importante de la alimentación. Se lo usaba para hacer la comida, curar las heridas, como cosmético, para ungir a altos funcionarios, como combustible y material de alumbrado. Simboliza al Espíritu Santo (Sal. 23:5; Is. 1:6; Mr. 6:13; Stg. 5:14.)

**Acéldama** *(campo de sangre)* ( = Haqueldamá, Biblia de Jerusalén.) Es el campo comprado con el dinero que recibió Judas por traicionar a Cristo (Hch. 1:18, 19.) Tomó su nombre por haber sido comprado con dinero manchado en sangre, o talvez porque ahí se produjo la horripilante muerte de Judas.

**Acero** (Ver Minerales)

**Acmeta.** Antigua Ecbatana, moderna Hamadán, capital del Imperio de los Medos (Esd. 6:2.)

**Acor, Valle de** *(valle de la tribulación)* Valle donde fue apedreado Acán (Jos. 7:24-26; Os. 2:15.)

**Acrabim.** "Subida de" (Nm. 34:4.) Garganta en las montañas de Palestina; territorio asignado a la tribu de Judá (Jos. 15:3.)

**Acre** (Ver Yugada)

**Acrópolis.** Parte elevada de la ciudad, ciudadela o castillo de una municipalidad griega, referida especialmente al alto promontorio rocoso en Atenas, donde se guardaba el tesoro y estaban ubicados los mejores templos.

**Acróstico.** Artificio literario sigún el cual la primera letra de cada línea de un poema forma ya sea una palabra o las sucesivas letras del alfabeto. Un notable ejemplo es el Salmo 119, en el cual cada serie sucesiva de ocho estrofas comienza con una letra diferente del alfabeto hebreo. El efecto no se nota en la traducción al castellano, pero en el hebreo las letras están entre las líneas, para mantener la construcción.

**Acsa** *(ajorca de tobillo)* Hija de Caleb que contrajo matrimonio con su primo Otoniel, en cumplimiento de la promesa de que sería entregada al hombre que capturara Quiriat-sefer (Jos. 15:16-19; Jue. 1:12-15.)

**Acsaf** *(magia)* Ciudad capturada por Josué (Jos. 12:20) en la frontera de Aser (Jos. 19:25.)

**Acub** *(Dios ha amparado)* **1.** Hijo de Elioenai (1 Cr. 3:24.) **2.** Levita portero del templo (1 Cr. 9:17.) **3.** Jefe de una familia de porteros del templo (Es. 2:42.) **4.** Jefe de una familia de netineos (Esd. 2:45.) **5.** Levita que ayudó a Esdras (Neh. 8:7.)

**Acueducto.** Canal hecho de piedra por donde va el agua para el uso que quiera dársele. Todavía se conservan excelentes canales romanos (2 R. 18:17; Is. 7:3; 36:2.)

**Aczib** *(mentiroso)* **1.** Población en Judá (Jos. 15:44; Mi. 1:14.) **2.** Localidad en Aser (Jos. 19:29; Jue. 1:31.)

**Ada** *(adorno)* **1.** Esposa de Lamec nº 1 (Gn. 4:19, 20, 23.) **2.** Esposa de Esaú (Gn. 36:2, 4, 10, 12, 16.)

**Adada.** Una ciudad en Judá (Jos. 15:22.)

**Adaía** *(Jehová adornó)* **1.** Un hombre de Boscat, abuelo del rey Josías (2 R. 22:1.) **2.** Ascendiente de Asaf nº 2 ( = Iddo nº 2), (1 Cr. 6:41.) **3.** Sacerdote ( = Adaías nº 3), (1 Cr. 9:12.) **4.** Padre de Maasías que ayudó, con otros, a coronarlo rey a Joás (2 Cr. 23:1.) **5.** Un hombre que se casó con una mujer extranjera en tiempo de Esdras (Es. 10:29.) **6.** Otro hombre que hizo lo mismo (Esd. 10:39.)

**Adaías** *(Jehová adornó)* **1.** Descendiente de Benjamín, hijo de Simei (1 Cr. 8:21.) **2.** Un descendiente de Judá (Neh. 11:5.) **3.** Sacerdote en tiempo de Nehemías ( = Adaía nº 3), (Neh. 11:12.)

**Adalía** *(glorioso)* Quinto hijo de Amán (Est. 9:8.)

**Adam** *(tierra roja)* Ciudad en el valle del Jordán, donde los israelitas penetraron a la tierra prometida (Jos. 3:16.)

**Adama** *(tierra bermeja)* Ciudad en Neftalí, cuya localización es motivo de discusiones (Jos. 19:36.)

**Adami-neceb** *(tierra bermeja)* Ciudad no identificada en Neftalí (Jos. 19:33.)

**Adán** *(de la tierra)* El primer ser humano. Fue creado a imagen de Dios (Gn. 1:27), colocado en un huerto, en Edén, con dominio sobre los demás seres vivientes de la tierra. En razón de que tanto él como su esposa desobedecieron a Dios, y fueron arrojados del huerto del Edén, Pablo le atribuye el origen del pecado y de la muerte (Ro. 5:12-21.)

**Adar. 1.** Lugar situado en la frontera S. de Judá (Jos. 15:3.) **2.** Hijo de Bela nº 2 (1 Cr. 8:3.) **3.** Decimosegundo mes del año hebreo (Esd. 6:15; Est. 3:7, 13; 8:12; 9:1, 15, 17, 19, 21.)

**Adbeel** *(languidecer por Dios)* Hijo de Ismael nº 1 (Gn. 25:13.)

**Addán.** Lugar en Babilonia ( = Adón), (Esd. 2:59.)

**Ader** *(rebaño)* Benjamita (1 Cr. 8:15.)

**Adi** *("mi testigo"* o *"adornado")* Antepasado de José (Lc. 3:28.)

**Adiel** *(adorno de Dios)* **1.** Descendiente de Simeón (1 Cr. 4:36.) **2.** Un sacerdote (1 Cr. 9:12.) **3.** Padre de Azmavet, que tenía a su cargo los tesoros del rey David (1 Cr. 27:25.)

**Adín** *(adorno o delicado)* **1.** Uno cuya familia retornó del exilio con Zorobabel (Esd. 2:15; Neh. 7:20.) **2.** Uno cuyos descendientes regresaron con Esdras (Esd. 8:6.) **3.** Firmante del pacto de Nehemías (Neh. 10:16.)

**Adina** *(adorno)* Uno de los valientes de David (1 Cr. 11:42.)

**Adino** *(su adornado)* Eznita, uno de los 30 valientes de David (2 S. 23:8.)

**Aditaim** *(doble adorno)* Ciudad de Judá (Jos. 15:36.)

**Adivinación.** Es la práctica de antever y vaticinar acontecimientos futuros o de descubrir escondida sabiduría. Les estaba prohibida dicha práctica a los judíos (Lv. 19:26; Dt. 18:10; Is. 19:3; Hch. 16:16.) Se echa mano a diversos medios, augurios, presagios, sueños, suertes, astrología, necromancia y otros.

**Adivino.** Persona que sostiene poder predecir los acontecimientos futuros (Jos. 13:22; Jer. 27:9), interpretar sueños (Dn. 4:7) y revelar secretos (Dn. 2:27.)

**Adlai** *(justicia de Jehová)* Padre de Safat que era el supervisor del ganado de David (1 Cr. 27:29.)

**Adma** *(tierra bermeja)* Ciudad destruida con Sodoma y Gomorra (Gn. 19:24-28; Dt. 29:23.)

**Admata** *(desenfrenado)* Un príncipe de Persia y Media (Est. 1:14.)

**Administrador** (Ver Oficios y profesiones.)

**Adna** *(placer)* **1.** Hijo de Pahat-moab (Esd. 10:30.) **2.** Un sacerdote (Neh. 12:15.)

**Adnas** *(placer)* **1.** Seguidor de David (1 Cr. 12:20.) **2.** Un oficial en el ejército de Josafat (2 Cr. 17:14.)

**Adobe.** Masa de barro y paja en forma de ladrillo y secada al sol. Aparte de la construcción se utilizaban los adobes para escribir sobre ellos (Ez. 4:1-8.)

**Adón.** Lugar en Babilonia ( = Addán), (Neh. 7:61.)

**Adonías** *(Jehová es mi Señor)* **1.** Uno de los hijos de David que procuró en vano apoderarse del reino (1 R. 1:5-2:25.) **2.** Un levita (2 Cr. 17:8.) **3.** Firmante del pacto de Nehemías (Neh. 10:16.)

**Adoni-bezec** *(señor del relámpago o rey de Bezec)* Rey de Bezec que fue capturado y mutilado (Jue. 1:5, 6, 7.)

**Adonicam** *(mi Señor surgió)* Antepasado de una familia que retornó del exilio con Zorobabel (Esd. 2:13.)

**Adoniram** *(mi Señor es ensalzado)* ( = Adoram n° 2.) Oficial que sirvió a las órdenes de David, Salomón y Roboam (1 R. 4:6.)

**Adonisedec** *(el Señor es justicia)* Rey de Jerusalén (probablemente = Adoni-besec) que conjuntamente con otros cuatro reyes fue derrotado en batalla y ejecutado por Josué en Gabaón (Jos. 10:1-27.)

**Adopción** (Ver Prohijar)

**Adoración.** Inclinarse, reverenciar, rendir pleitesía a quien se tiene en alta estima (Dn. 3:5, 6; Mt. 2:11.) Es el honor, la honra, el homenaje rendido a seres o poderes superiores, sean hombres, ángeles o Dios; el término se utiliza especialmente a los honores divinos rendidos a una deidad; cuando la adoración se rinde a Dios, entraña el reconocimiento de perfección divina; puede ser privada y pública en forma de culto. En la Biblia hay cuatro etapas en el desarrollo de la adoración: la adoración de los patriarcas en la construcción de altares y en los sacrificios (Gn. 12:7, 8; 13:4); la adoración organizada en el ritual del Templo, con un ritual complejo y un elaborado sistema de sacrificios; la adoración en la sinagoga, que comenzó durante el exilio; la adoración cristiana, con la predicación (Hch. 20:7); lectura de la Escritura (Stg. 1:22); oración (1 Ti. 2:8); cantos (Ef. 5:19); bautismo y Cena del Señor (Hch. 2:41; 1 Co. 11:18-34) y las ofrendas (1 Co. 16:1, 2.)

**Adoración de imágenes** (Ver Idolatría.)

**Adoraim** *(dos baluartes)* Fortaleza en Judá (2 Cr. 11:9.)

**Adoram** *(el dios Hadad es ensalzado)* **1.** Hijo de Joctán (Gn. 10:27; 1 Cr. 1:21.) **2.** Oficial de los reyes David, Salomón y Roboam ( = Adoniram), (2 S. 20:24.) **3.** Hijo de Toi, rey de Hamat (1 Cr, 18:10.)

**Adramelec** *(Adar es rey)* Nombre de un dios y de un príncipe. **1.** Nombre que se le da a Adar, el dios de los de Sefarvaim traído a Samaria desde Asiria por los sefarvaítas (2 R. 17:31.) **2.** Hijo de Senaquerib, a quien asesinó (2 R. 19:37; Is. 37:38.)

**Adramitena.** Perteneciente a Adramitio (Hch. 27:2.)

**Adramitio.** Ciudad portuaria de Misia, en la provincia romana del Asia (Hch. 27:2, Biblia de Jerusalén.)

**Adriático.** El mar Adriático es una extensión de agua entre Italia al O., y Dalmacia, Macedonia y Acaya al E. (Hch. 27:27.)

**Adriel** *(Dios es mi socorro)* Hijo de Barzilai el meholatita a quien le fue entregada en matrimonio Merab, hija de Saúl, a pesar de habérsela prometido a David (1 S. 18:19; 2. S. 21:8.)

**Adulam** *(refugio)* **1.** Ciudad entre la región montañosa y el mar (Jos. 12:15; Mi. 1:15.) **2.** Cueva cerca de nº 1. David se escondió en una de ellas, que abundan cerca de la ciudad (1 S. 22:1.)

**Adulamita.** Habitante de Adulam nº 1, y referido especialmente a Hira, amigo de Judá (Gn. 38:1, 12, 20.)

**Adulterio.** En el A. T. la relación sexual, habitualmente de un hombre casado o soltero con la esposa de otro. Los Diez Mandamientos lo prohibieron expresamente (Ex. 20:14.) También se utiliza el término como una figura de adoración idolátrica (Jer. 3:9; Ez. 23:37.) Jesús consideró que una mirada lujuriosa conformaba el pecado de adulterio (Mt. 5:27-30.)

**Adumín** *(subida de las colinas rojizas)* Una subida o garganta de montaña en el camino entre Jericó y Jerusalén (Jos. 15:7; 18:17.)

**Adversario.** Un enemigo personal, nacional o sobrenatural (Dt. 32:27; Mt. 5:25.)

**Adviento** (Ver Escatología)

**Afec** *(fuerza, fortaleza)* **1.** Ciudad al N. E. de Beirut (Jos. 13:4.) **2.** Ciudad en Aser (Jos. 19:30; Jue. 1:31.) **3.** Localidad en la llanura de Sarón (Jos. 12:18.) **4.** Localidad en la llanura de Jezreel (1 S. 4:1; 29:1.)

**Afeca.** Ciudad de Judá (Jos. 15:33.)

**Afeitar.** A los sacerdotes y a los nazareos les estaba prohibido afeitarse (Lv. 21:5; Nm. 6:5); los hebreos, por lo general, usaban barba. Cuando se afeitaban lo hacían por motivos religiosos, como un acto de contrición (Job 1:20), de consagración para los levitas (Nm. 6:9; 8:7), limpieza de los leprosos (Lv. 14:8s.; 13:22s.); también como un acto ofensivo de desprecio (2 S. 10:4.)

**Afeite.** Cosmético (Est. 2:12.)

**Afía.** Antepasado del rey Saúl (1 S. 9:1.)

**Afra** *(en la casa de polvo)* Ver Bet-le-afra.

**Africa.** Continente (Hechos 2:10.)

**Afses.** Jefe de la decimoctava suerte sacerdotal (1 Cr. 24:15.)

**Agabo.** Profeta cristiano que vivía en Jerusalén y profetizó una gran hambre de carácter universal (Hch. 11:27-30) y advirtió a Pablo que sería arrestado en Jerusalén (Hch. 21:10, 11.)

**Agag** (violento) **1.** Rey de Amalec (Nm. 24:7.) **2.** Otro rey de Amalec a quien Saúl perdonó la vida cuando debió matarlo (1 S. 15.)

**Agagueo.** Apelativo de Amán (Est. 3:1, 10; 8:5.)

**Ágape.** Palabra que significa "amor" y "fiestas de amor". Dichas fiestas se hacían antes de participar de la Cena del Señor (1 Co. 11:20-34; Jud. 12.)

**Agar** *(ciudad, distrito)* Nombre de la criada de Sara (Gá. 4:24.) Engendró un hijo de Abraham, como substituto para Sara (Gn. 16:1-16); sus patrones la arrojaron de la casa (Gn. 21:1-21); su historia constituye una alegoría de la diferencia entre la ley y la gracia (Gá. 4:21-5:1.)

**Agarenos.** Descendientes de Ismael contra quienes combatió Saúl (1 Cr. 5:10, 18-22; 27:31.)

**Ágata** (Ver Minerales)

**Agonía** *(angustia)* Figura únicamente en Lucas 22:44, referido a la agonía de Jesús en Getsemaní.

**Ágora** *(mercado)* Asamblea en la plaza pública de las antiguas ciudades griegas, donde se reunía el público para intercambiar mercaderías, información de ideas

("calles" en Mr. 6:56; "ágora" en Hch. 17:17, Biblia de Jerusalén)

**Agorero.** Persona que supersticiosamente cree en días de buena suerte y días de mala suerte según los dictados de la astrología (Lv. 19:26; Dt. 18:10; Mi. 5:12.)

**Agrafa** *(relatos no escritos)* Dichos atribuidos a Jesús y transmitidos a nosotros por conductos que no son los evangelios canónicos. Aparte de no ser numerosos, son apócrifos y espurios. Se los encuentra en el N. T. (no en los evangelios), en antiguos manuscritos del N. T., en la literatura patrística, en papiros y en evangelios apócrifos.

**Agricultura.** Profesión tan antigua como Adán y practicada por todas las naciones (2 Cr. 26:10.) En 1 Corintios se traduce "labranza". En países montañosos como Palestina se irrigaban los campos y se construían terrazas. La estación lluviosa en Palestina se extendía desde setiembre a marzo, por lo cual la semilla se sembraba en el otoño, y se lo hacía al voleo. Las legumbres más comunes que se plantaban incluían arvejas, frijoles, lentejas, lechuga, escarola, porro, ajo, cebolla, pepinos y repollo. Los principales cereales eran el trigo, la cebada y el centeno.

**Agripa I.** Conocido en la historia como rey Herodes Agripa I, y en el N. T. como Herodes. Fue nieto de Herodes el Grande y gobernó sobre toda Palestina entre los años 40 y 44 d. C. Mató a Jacobo para agradar a los judíos y quiso hacer lo mismo con Pedro (Hch. 12:2-4.) Murió en al año 44 d. C.

**Agripa II.** Conocido en la historia como rey Herodes Agripa II, y en el N. T. como Agripa. Fue hijo de Agripa I, y gobernó solamente sobre una pequeña parte del territorio que gobernó su padre. Pablo compareció ante él y Festo, como lo registra el relato de Hechos 25:2-26:32. Murió en el año 100 d. C.

**Agua.** Elemento muy apreciado en Palestina debido a su escasez; es tremendo cuando falta el agua (1 R. 17:1ss.; Jer. 14:3); la mayoría de los ríos de Palestina son de pequeño caudal; los pueblos de esa zona dependen en gran parte de las fuentes y vertientes; las cisternas constituían una necesidad imprescindible; el agua potable se transportaba en odres de cuero de cabra y a menudo se la vendía en las calles. Se utilizaba el agua también para los lavados ceremoniales (Lv. 11:32; 16:4; Nm. 19:7.) Se utiliza el vocablo como símbolo del lavamiento del alma de todo pecado (Ex. 16:4; 36:25; Jn. 3:5.)

**Agua de celo** (Ver Aguas amargas)

**Agua de expiación.** El agua con que se lavaba a los levitas en su consagración (Nm. 8:7.)

**Agua de purificación.** Agua para limpiar toda impureza (Nm. 19:9, 13, 20, 21; 31:23.)

**Aguador.** Persona destinada a llevar el agua del pozo o de la fuente, a la casa (Dt. 29:11.) Los gabaonitas fueron castigados con ese oficio (Jos. 9:21, 27.)

**Aguas amargas.** Agua santa mezclada con polvo del piso del Tabernáculo que el sacerdote obligaba a tomar a una mujer acusada de infidelidad, para probar su inocencia; si era culpable caía bajo maldición (Nm. 5:11-31.)

**Agua santa.** La que utilizaba el sacerdote para mezclar con tierra y formar las aguas amargas (Nm. 5:11-31.)

**Aguas, Puerta de las.** Una de las puertas de Jerusalén (Neh. 8:1.)

**Aguijada.** Vara larga con un hierro de figura de paleta o de áncora en uno de sus extremos, en la que se apoyan los labradores cuando aran, y con la cual separan la tierra que se pega a la reja. También es una vara larga que en un extremo tiene una punta de hierro con que los boyeros pican a la yunta (Jue. 3:31; 1 S. 13:21.)

**Aguijón.** Punta o extremo puntiagudo con que se aguija (Ec. 12:11; Ex. 28:24); acicate de convicción (Hch. 9:5.)

**Aguijón en la carne.** Así describió Pablo una enfermedad que padecía y por cuya curación oraba (2 Co. 12:7.) Desconocemos qué enfermedad era.

**Águila** (Ver Aves)

**Aguja** (Ver Ojo de una aguja)

**Agur** *(recopilador)* Autor o recopilador de los sabios refranes de Proverbios 30.

**Ahara** *(mi Hermano Dios es excelso)* Hijo de Benjamín ( = Ahiram), (1 Cr. 8:1.)

**Aharhel.** Un judaíta (1 Cr. 4:8.)

**Ahasbai.** Padre de Elifelet nº 2, uno de los valientes de David (2 S. 23:34.)

**Ahastari** *(perteneciente al señorío)* Uno de los cuatro hijos de Asur y de Naara (1 Cr. 4:6.)

**Ahava** *(fuente doble)* Río en Babilonia (Esd. 8:15, 21, 31.)

**Ahbán** *(fuerte)* Judaíta, hijo de Abisur (1 Cr. 2:29.)

**Aher** *(otro)* Un benjamita (1 Cr. 7:12.)

**Ahí** *(mi hermano es Jehová)* **1.** Gadita, hijo de Abdiel (1 Cr. 5:15.) **2.** Aserita hijo de Semer nº 3 (1 Cr. 7:34.)

**Ahía** *(hermano de Jehová)* Padre de Baasa, rey de Israel ( = Ahías nº 4), (2 R. 9:9.)

**Ahiam** *(hermano de mi madre)* Uno de los 30 valientes de David (2 S. 23:33.)

**Ahián.** Un descendiente de Manasés (1 Cr. 7:19.)

**Ahías** *(hermano de Jehová)* **1.** Un sacerdote en Silo, en los días del rey Saúl (1 S. 14:3, 18.) **2.** Un escriba de Salomón (1 R. 4:3.) **3.** Profeta de Silo en tiempo del rey Salomón que anticipó a Jeroboam que sería rey (1 R. 11:29-39.) **4.** Padre de Baasa, rey de Israel ( = Ahía), (1 R. 17:27, 33.) **5.** Hijo de Jerameel (1 Cr. 2:25.) **6.** Uno de los valientes de David (1 Cr. 11:36.) **7.** Un levita tesorero del templo (1 Cr. 26:20.) **8.** Un descendiente de Benjamín (1 Cr. 8:7.) **9.** Firmante del pacto de Nehemías (Neh. 10:26.)

**Ahicam** *(mi hermano se ha levantado)* Hijo de Safán el escriba, ministro del rey Josías y posteriormente protector del profeta Jeremías (2 R. 22:12, 14; Jer. 43:6.)

**Ahiezer** *(El Hermano Dios es socorro)* **1.** Jefe de la tribu de Dan (Nm. 1:12; 7:66.) **2.** Un gabaatita que siguió a David (1 Cr. 12:3.)

**Ahilud** *(el hermano de un niño)* Padre de Josafat nº 1, el cronista y Baama nº 3 (2 S. 8:16; 20:24; 1 Cr. 18:15.)

**Ahimaas** *(hermano de la ira)* **1.** Suegro del rey Saúl (1 S. 14:50.) **2.** Hijo de Sadoc el sumo sacerdote; sirvió de mensajero de David durante la rebelión de Absalón (2 S. 15:24-27; 17:15-22.) **3.** Funcionario del rey Salomón (1 R. 4:15.)

**Ahimán** *(mi hermano es un don)* **1.** Un gigante hijo de Anac (Nm. 13:22; Jue. 1:10.) **2.** Levita portero de Jerusalén (1 Cr. 9:17.)

**Ahimelec** *(hermano de un rey)* **1.** Sumo sacerdote en tiempo del rey Saúl; el rey lo hizo matar por ayudar a David (1 S. 21, 22.) **2.** Sacerdote en tiempo de David, hijo de Abiatar ( = Abimelec nº 4), (2 S. 8:17.) **3.** Un heteo al servicio de David (1 S. 26:6.)

**Ahimot** *(hermano de la muerte)* Hijo de Elcana (1 Cr. 6:25.)

**Ahinadab** *(mi hermano se ha mostrado generoso)* Gobernador en el reino de Salomón (1 R. 4:14.)

**Ahinoam** *(mi hermano es delicia)* **1.** Esposa del rey Saúl (1 S. 14:50.) **2.** Una de las esposas de David (1 S. 25:43; 27:3.)

**Ahío** *(fraternal)* **1.** Hijo de Abinadab nº 1; ayudó a llevar el arca a Jerusalén (2 S. 6:1-11.) **2.** Benjamita hijo de Elpaal (1 Cr. 8:14.) **3.** Hijo de Abi-gabaón (1 Cr. 8:31; 9:37.)

**Ahira** *(hermano de maldad)* Príncipe de Neftalí (Nm. 1:15; 2:29.)

**Ahiram** *(hermano exaltado)* Hijo de Benjamín, ( = Ahara), (Nm. 26:38.)

**Ahiramita.** Descendiente de Ahiram (Nm. 26:38.)

**Ahisahar** *(hermano del alba)* Descendiente de Benjamín (1 Cr. 7:10.)

**Ahisamac** *(mi hermano apoya)* Danita, padre de Aholiab (Ex. 31:6.)

**Ahisar** *(mi hermano cantó)* Mayordomo en el palacio del rey Salomón (1 R. 4:6.)

**Ahitob** *(hermano de bondad)* **1.** Hermano de Icabod e hijo de Finees el hijo de Elí (1 S. 14:3.) **2.** Padre de Sadoc el sumo sacerdote (2 S. 8:17.) **3.** Padre de otro Sadoc (1 Cr. 6:11, 12), si bien pudiera ser el mismo que el nº 2.

**Ahitofel** *(hermano de la necedad)* Consejero de David que se unió a la rebelión de Absalón. Cuando no se tomó en cuenta su consejo a Absalón de perseguir de inmediato a David, se retiró a su casa y se ahorcó (2 S. 17:1-23.)

**Ahiud** *(mi hermano es majestuoso)* **1.** Príncipe de la tribu de Aser (Nm. 34:27.) **2.** Hijo de Aod (1 Cr. 8:7.)

**Ahlab** *(fructífero)* Localidad de Aser (Jue. 1:31.)

**Ahlai** *(¡Ah! ¡quiera Dios que!)* **1.** Hija de Sesán que contrajo enlace con el esclavo de su padre (1 Cr. 2:31.) **2.** Padre de Zabad nº 3, uno de los soldados de David (1 Cr. 11:41.)

**Ahoa** *(fraternal)* Hijo de Bela (1 Cr. 8:4.)

**Ahogado.** Persona que muere por falta de respiración, ya sea por el agua o por la estrangulación. A los judíos les estaba prohibido comer animales que hubieran muerto ahogados, y el Concilio de Jerusalén les prohibió comer esa carne a los cristianos judíos (Hch. 15:20, 29; 21:25.)

**Ahohíta.** Patronímico de los descendientes de Ahoa (2 S. 23:9.)

**Ahola** *(Tabernáculo de ella)* Nombre simbólico de Samaria y de las diez tribus. En la parábola de Dios a Ezequiel (Ez. 23), es una mujer que representa a Samaria y con su hermana Aholiba que representa simbólicamente a Jerusalén y Judá, es acusada de ser infiel a Jehová.

**Aholiab** *(la tienda del padre)* Uno de los encargados de la construcción del Tabernáculo (Ex. 31:6; 38:23.)

**Aholiba** *(mi Tabernáculo en ella)* Ver Ahola.

**Aholibama** *(tienda en el lugar alto)* **1.** Esposa de Esaú (Judit), (Gn. 36:2, 5, 14.) **2.** Jefe edomita (Gn. 36:41; 1 Cr. 1:52.)

**Ahorcamiento, ahorcadura.** Acción de ahorcar o ahorcarse. En los días bíblicos no era la forma habitual de aplicar la pena de muerte. Cuando se la utilizó —a excepción de 2 S. 17:23 y Mt. 27:5— se refiere a la suspensión de un cadáver, de un árbol o de un poste, luego que el penado sufriera la pena de muerte

por otro medio (Gn. 40:19, 22; Dt. 21:22.)

**Ahumai.** Descendiente de Judá (1 Cr. 4:2.)

**Ahura-mazdah** *("el Señor Sabio")* El sapientísimo espíritu en el sistema dualista del zoroastrismo.

**Ahuzam** *(poseedor)* Un judaíta (1 Cr. 4:6.)

**Ahuzat** *(posesión)* Amigo de Abimelec que hizo un tratado de paz con Isaac en Beerseba (Gn. 26:26.)

**Aía.** Forma femenina para designar a la ciudad de Hai (Neh. 11:31.)

**Aín** *(fuente)* **1.** Límite en la frontera E. de la Tierra Prometida (Nm. 34:11.) **2.** Ciudad al S. de Judá (Jos. 15:32.)

**Aín Carem.** Frase hebrea que significa "las viñas de En-gadi" (Cnt. 1:14.)

**Aín Carim.** Aldea en la región montañosa de Judea.

**Aín Feshah.** Oasis al O. del Mar Muerto a 3 kilómetros al S. de Hirbet Qumran.

**Aja** *(azor)* Horeo, hijo de Zibeón (Gn. 36:24.) Padre de Rizpa, concubina de Saúl (2 S. 3:7.)

**Ajalón** *(lugar de gacelas)* **1.** Valle en el territorio de Dan (Jos. 10:12.) **2.** Lugar en Zabulón (Jue. 12:12.)

**Ajat.** Forma femenina para designar la ciudad de Hai (Is. 10:28.)

**Ajelet-sahar** *(cierva de la aurora)* Título del Salmo 22.

**Ajenjo.** Planta medicinal muy amarga y algo aromática. Bebida alcohólica aderezada con esencia de ajenjo y otras hierbas aromáticas (Dt. 29:18.) Es simbólica de amarga experiencia (Pr. 5:4.)

**Ajo** (Ver Plantas)

**Ajorca.** Adorno que usaban las mujeres en los tobillos.

**Akenatón** *(el que beneficia a Atón)* Nombre escogido por Amen-hotep IV (1377-1360 a. C.) cuando cambió la religión de sus país pasando del politeísmo al monoteísmo.

**Ala.** Con frecuencia se usa la palabra en forma figurada (Sal. 18:10; 55:6; 68:13; Mt. 23:37.)

**Alabanza.** Término de significado amplio que traduce las palabras o los hechos que exaltan u honran a personas, a Dios o a dioses (Lv. 19:24; Pr. 27:21; Jer. 13:11; Ap. 5:12); los salmos están llenos de alabanzas. Los salmos 113-118 se llaman "Hal-lel" que quiere decir "alabanzas". La alabanza por la redención domina el panorama del Nuevo Testamento (Lc. 2:13, 14; Ap. 19:5-7.)

**Alabastro.** Estalagmita de carbonato de calcio utilizado por los antiguos para la fabricación de vasijas y cajas para perfumes y ungüentos (Mt. 26:7.)

**Alamelec** *(roble de un rey)* Población en Aser (Jos. 19:26.)

**Alamat** *(encubrimiento)* Hijo de Bequer (1 Cr. 7:8.)

**Álamo** (Ver Plantas)

**Alamot** *(virgen)* Término musical de significado incierto (Sal. 46:1; 1 Cr. 15:20.)

**Albañil** (Ver Oficios y Profesiones)

**Alcimo** *(Dios establece)* Sumo sacerdote (1 M. 7:9.)

**Aldea.** En la antigüedad las grandes ciudades contaban con villas que las rodeaban y protegían (Nm. 21:25, 32; Jos. 15:45-47); a veces se entendía por aldea las localidades no amuralladas (Dt. 3:5; 1 S. 6:18.)

**Alef.** Primera letra del alfabeto hebreo.

**Alegoría.** Descripción de un tema utilizando la imagen de otro en lugar de una afirmación directa (Jn. 10:6; 16:25, 29; Gá. 4:24.)

**Alejandra.** Esposa de Aristóbulo, rey de los judíos (105-104 a. C.)

**Alejandría.** Ciudad fundada por Alejandro Magno al norte de Egipto. Llegó a ser la capital de la nación y un gran centro cultural y comercial. Miles de judíos vivían allí. (Hch. 6:9; 18:24.)

**Alejandrina.** Perteneciente a Alejandría (Hch. 27:6; 28:11.)

**Alejandro** *(defensor del hombre)* **1.** Hijo de Simón de Cirene, hermano de Rufo (Mr. 15:21.) **2.** Pariente del sumo sacerdote Anás (Hch. 4:6.) **3.** Judío de Efeso (Hch. 19:33.) **4.** Un apóstata (1 Ti. 1:20.) **5.** Calderero, enemigo de Pablo (2. Ti. 4:14.)

**Alejandro Magno.** Hijo de Filipo, rey de Macedonia. Vivió entre los años 356 y 323 a. C. Conquistó el mundo civilizado desde Grecia hasta la India. Descripto en Daniel 8.

**Aleluya** *(alabad con júbilo a Jehová)* Jaculatoria litúrgica que insta a alabar a Dios. Figura especialmente en los salmos 106, 111-113, 117, 135, 146-150 y al final de los salmos 104-106, 113, 115-117, 135, 146-150.

**Alemet** *(escondido)* **1.** Ciudad de los levitas ( = Almón), (1 Cr. 6:60.) **2.** Descendiente de Jonatán nº 2 (1 Cr. 8:26; 9:42.)

**Alfa.** Primera letra del alfabeto griego (Ap. 1:8, 11; 21:6.)

**Alfarería.** Arte de fabricar vasijas de barro. Es una de las más antiguas artesanías en los tiempos de la Biblia. El lugar donde trabajaba el alfarero se llamaba "campo del alfarero" (Mt. 27:7.) La vasija se hacía a mano trabajando sobre una rueda del alfarero que se hacía girar moviendo un pedal con el pie o haciéndolo un ayudante (Jer. 18:3-6); luego se la secaba y se la introducía en un horno. De esa manera se construían vasos (2 S. 12:3), vasijas (2 R. 2:20), copas (Sal. 23:5), platos (2 R. 21:13); tazas (Cnt. 7:2), jarros (Is. 22:24); tazones (Jue. 5:25); ladrillos (Jn. 13:5); ollas (2 R. 4:38); cazuelas (Lv. 2:7), sartenes (Lv. 7:9), cántaros (1 R. 18:33), tinajas (1 R. 17:12), redoma (1 S. 10:1), lámparas (Sal. 119:105), hornos (Os. 7:4), hornillos (Lv. 11:35), braseros (Jer. 36:22, 23.) Los arqueólogos han hallado miles de objetos de alfarería. Se han hecho prolijos estudios sobre el progreso histórico de los estilos del arte aplicado, de modo tal que los expertos pueden fijar con bastante aproximación la fecha en que se construyó una pieza determinada.

**Alfarero, Campo del** (Ver Campo del alfarero)

**Alfeo** *(sucesor)* **1.** Padre de Jacobo el apóstol (Mt. 10:3; Hch. 1:13.) **2.** Padre de Mateo (Leví), (Mr. 2:14.)

**Alfileres.** Se usaban como rizadores (Is. 3:22, Reina-Valera, edición 1909.)

**Algarroba.** Fruto del algarrobo (Lc. 15:16.)

**Algodón.** Originalmente designaba únicamente la muselina y el calicó o percal; luego incluyó el lino (Est. 1:6; Is. 19:9.)

**Alguacil** (Ver Oficios y Profesiones)

**Algummin o Almugguim** (Biblia de Jerusalén), Madera de Sándalo (Reina-Valera) (Ver Plantas de la Biblia.)

**Alheña.** Arbusto asiático espinoso, con fragantes flores blancas (Cnt. 1:14; 4:13.)

**Alimento.** En los tiempos bíblicos se consumía una gran variedad de alimentos. El principal artículo de la dieta lo constituía el pan (Gn. 3:19; Ex. 12:18; Lv. 7:13; Dt. 8:3; Mt. 26:26; Hch. 2:42; 1 Co. 11:23), de harina de trigo (Ex. 29:2), de cebada (Nm. 5:15) o de centeno (Ex. 9:32.) Se consumían verduras y hortalizas tales como habas (2 S. 17:28; Ez. 4:9), lentejas (Gn. 25:34; 2 S. 17:28; 23:11; Ez. 4:9), melones (Nm. 11:5), cebollas (Nm. 11:5), pepinos (Nm. 11:5), calabazas (2 R. 4:39), puerro (Nm. 11:15), ajo (Nm. 11:15), garbanzos (2 S. 17:28), avena (Is. 28:25; Ez. 4:9), millo (mijo, Ez. 4:9.) Abundaba la fruta y se la menciona con frecuencia: uvas (Dt. 23:24; Nm. 13:23; Mt. 7:16), higos (Nm. 13:23; Neh. 13:15; Jer. 24:1; Mt. 7:16), granadas (Nm. 13:23), pasas (1 S. 30:12; 1 Cr. 12:40), manzanas (Cnt. 2:5.) La carne de vaca o de res entraba en la dieta, pero con restricciones (Ex. 12:8; Ex. 16:3; Lv. 7:20) al igual que el pescado (Nm. 11:5; Neh. 13:16; Lc. 9:13; Jn. 21:13.) Había animales limpios cuya carne se podía comer tales como las vacas (Gn. 18:7), ovejas, bueyes, cabras, ciervos, gacelas, corzos, cabra montés, íbices, antílopes, el carnero montés y todo animal de pezuñas, que tiene hendidura de dos uñas y que rumiare entre los animales (Dt. 14:4-6.) Los animales inmundos que les estaba prohibido comer eran el camello, la liebre, el conejo y el cerdo. Entre los peces podían comer los que tuviesen aletas y escamas, no así los que carecían de ellas. Tampoco podían comer las aves carnívoras y ningún tipo de reptil ni de insectos, excepto cierto tipo de langostas (Dt. 14:4-21; Lv. 11:1-45.) En la dieta diaria se incluía leche (Gn. 18:8; 1 Co. 3:2), mantequilla (Gn. 18:8; Dt. 32:14), miel (1 S. 14:27; Is. 7:22), manteca (2 S. 17:29), sal (Lv. 2:13; Lc. 14:34), queso (1 S. 17:18; 2 S. 17:29), aceite (Ex. 29:2; Lv. 2:4), vino (Gn. 14:18; Pr. 9:5; Cnt. 5:1; 1 Ti. 5:23.)

**Alma.** El ego inmaterial del hombre en su relación con las cosas terrenales y físicas; la parte inmortal del hombre (Mt. 10:28.)

**Almacén.** Casa o edificio donde se guardan granos, pertrechos, comestibles, etc. (1 Cr. 27:28; Neh. 13:12; Jer. 40:10.)

**Almendro** (Ver Plantas de la Biblia)

**Almohada.** Colchoncillo que sirve para reclinar la cabeza en la cama (1 S. 19:13; 19:16.)

**Almodad** *(el amado)* Hijo de Joctán (Gn. 10:26; 1 Cr. 1:20.)

**Almón** *(escondido)* Ciudad levítica en Benjamín ( = Alemet nº 1), (Jos. 21:18.)

**Almón-diblataim** *(dos tortas de higos)* Uno de los sitios donde acamparon los israelitas mientras deambulaban por el desierto (Nm. 33:46, 47.)

**Almud** (Ver Pesas y Medidas)

**Aloe** *(árbol alto)* (Ver Plantas de la Biblia.)

**Alón** *(roble)* Príncipe simeonita (1 Cr. 4:37.)

**Alón-bacut** *(encina de lágrimas)* Arbol que indicó el sitio donde fue enterrada Débora (Gn. 35:8.)

**Alón-saananim.** Localidad en Neftalí (Jos. 19:33.) Está situada a 5 kilómetros al NE. del Monte Tabor.

**Alot.** Lugar en Aser o en Judá y citado en 1 Reyes 4:16.

**Altar** *(lugar de matanza)* Estructura elevada y plana donde se ofrendan los sacrificios a la deidad. En el A. T. eran numerosos y variados. Los judíos no han vuelto a ofrecer sacrificios desde la destrución del templo en el año 70 d. C.

**Al Tashet.** Expresión hebrea de significado incierto que pudiera significar "no destruyas" y que aparece en el título de los salmos 57, 58, 59 y 75.

**Alterar. 1.** Cambiar la esencia o forma de una cosa (Esd. 6:11; Dn. 6:17.)

**2.** Perturbar, trastornar, inquietar (Sal. 37:7.)

**Altísimo.** Nombre aplicado a Dios (Gn. 14:18, 19, 20, 22; Sal. 7:17; Mr. 5:7; Lc. 1:76.)

**Alús** *(estrépito de hombres)* Campamento israelita en el desierto (Nm. 33:13, 14.)

**Alva.** Jefe de un clan edomita (Gn. 36:40; 1 Cr. 1:51.)

**Alván** *(alto)* Horeo, descendiente de Seir (Gn. 36:23; 1 Cr. 1:40.)

**Amad.** Localidad en Aser (Jos. 19:26.)

**Amal.** Un aserita (1 Cr. 7:35.)

**Amalec. 1.** Hijo de Elifaz (Gn. 36:12.) **2.** Descendiente de n° 1 ( = Amalecita), (Ex. 17:8.)

**Amalecitas.** Antiguo pueblo nómade y merodeador, que habitó principalmente en el Neguev desde la época de Abraham hasta la época de Ezequías, aproximadamente entre los años 2.000 y 700 a. C. Se los menciona frecuentemente en la historia de Israel (Ex. 17:8ss.; Nm. 14:45; 1 S. 15.)

**Amam.** Localidad en Judá (Jos. 15:26.)

**Amán** *(ilustre, estimado)* Primer ministro de Asuero, rey de Persia, enemigo de los judíos (Est. 3:1, 10; 7:7-10.)

**Amana** *(constante)* Cerro cerca del Líbano (Cnt. 4:8.)

**Amarantino** *(que no se marchita)* Una herencia (1 P. 1:4), gloria (1 P. 5:4.)

**Amarías** *(Jehová ha dicho)* **1.** Antepasado de Esdras, abuelo de Sadoc n° 1 (1 Cr. 6:7, 52; Esd. 7:3.) **2.** Hijo de Azarías n° 7 (1 Cr. 6:11.) **3.** Un levita descendiente de Coat (1 Cr. 23:19; 24:23.) **4.** Un sacerdote en tiempo del rey Josafat (2 Cr. 19:11.) **5.** Levita en tiempo de Ezequías (2 Cr. 31:15.) **6.** Uno de los que se casaron con mujeres extranjeras en tiempo de Esdras (Esd. 10:42.) **7.** Firmante del pacto de Nehemías (Neh. 10:3; 12:2, 13.) **8.** Descendiente de Judá (Neh. 11:4.) **9.** Hijo de Ezequías, ascendiente del profeta Sofonías (Sof. 1:1.)

**Amarna, Tell el** *(el cerro Amarna)* Nombre moderno de la antigua capital de Amen-hotep IV (hacia 1387-1366 a. C.) donde en el año 1887 se encontraron numerosas tabletas de arcilla que contenían la correspondencia privada entre los faraones gobernantes egipcios y los dirigentes políticos de Palestina.

**Amasa** *(Jehová ha tomado protectoramente en sus brazos)* **1.** General de las fuerzas rebeldes de Absalón. Con posterioridad Joab lo asesinó (2 S. 17:25; 20:4-12.) **2.** Príncipe de Efraín en tiempo del rey Acaz (2 Cr. 28:12.)

**Amasai** *(Dios lleva como a un hijo)* **1.** Levita en tiempo de Ezequías, descendiente de Coat (1 Cr. 6:25, 35; 2 Cr. 29:12.) **2.** Un oficial que le aseguró a David de su lealtad y se le unió en Siclag (1 Cr. 12:18.) **3.** Sacerdote trompetero en tiempo de David (1 Cr. 15:24.) **4.** Sacerdote en tiempo de Nehemías (Neh. 11:13.)

**Amasías** *(a quien Jehová fortalece)* **1.** Noveno rey de Judá; corregente con su padre Joacaz, durante un año por lo menos; reinó 29 años. Murió durante una conspiración. El relato de su vida está narrado en 2 Reyes 14 y en 2 Crónicas 25. **2.** Sacerdote idólatra en Bet-el durante el reinado de Jeroboam II (Am. 7:10-17.) **3.** Un simeonita (1 Cr. 4:34.) **4.** Un levita descendiente de Merari (1 Cr. 6:45.) **5.** General del ejército del rey Josafat (2 Cr. 17:16.)

**Amatista** (Ver Minerales.)

**Ámbar** (Torres Amat), ELECTRO (Biblia de Jerusalén), BRONCE (Reina-Valera) utilizado únicamente para describir el color de la divina gloria (Ez. 1:4, 27; 8:2.)

**Amén** *(confirmar, apoyar)* Generalmente significa "así sea" "verdaderamente", "por cierto". (Nm. 5:22; Sal. 106:48; Ap. 22:20.)

**Ami.** Siervo de Salomón ( = Amón n° 4), (Esd. 2:57.)

**Amiel** *(Dios es mi pariente)* **1.** Danita, uno de los doce espías (Nm. 13:12.) **2.** Padre de Maquir n° 2 (2 S. 9:4, 5; 17:27.) **3.** Suegro de David, padre de Bat-súa (1 Cr. 3:5.) **4.** Portero del Tabernáculo (1 Cr. 26:5.)

**Aminadab** *(mi pariente es generoso)* **1.** Suegro de Aarón (Ex. 6:23.) **2.** Príncipe de Judá, padre de Naasón (Nm. 1:7; 2:3.) **3.** Hijo de Coat (1

Cr. 6:22.) **4.** Coatita que ayudó a traer de vuelta el arca (1 Cr. 15:10, 11.) **5.** Personaje desconocido (Cnt. 6:12.)

**Amisabad** *(mi pariente dotó)* Hijo de uno de los capitanes de David (1 Cr. 27:6.)

**Amisadai** *(el Altísimo es un aliado)* Padre de Ahiezer n° 1, jefe tribal en tiempo de Moisés (Nm. 1:12; 10:25.)

**Amitai** *(fiel)* Padre del profeta Jonás (2 R. 14:25; Jon. 1:1.)

**Amiud** *(mi pariente es glorioso)* **1.** Padre de Elisama, jefe de Efraín (Nm. 1:10.) **2.** Padre de Semuel n° 1 (Nm. 34:20.) **3.** Padre de Pedael (Nm. 34:28.) **4.** Padre de Talmai, rey de Gesur, con quien se refugió Absalón en su huida (2 S. 13:37.) **5.** Hijo de Omri (1 Cr. 9:4.)

**Amma** *(madre o comienzo)* Un collado cerca de Gabaón (2 S. 2:24.)

**Ammi** *(pueblo mío)* Nombre simbólico dado a Israel (Os. 2:1.)

**Amnón** *(seguro)* **1.** Primogénito de David que violó a su media hermana Tamar (2 S. 13.) **2.** Descendiente de Judá (1 Cr. 4:20.)

**Amo.** Cabeza o señor de la casa de familia. El que tiene uno o más criados respecto de ellos (Gn. 24:27; Ex. 21:6; 1 S. 30:15.)

**Amoc** *(profundo en sabiduría)* Un sacerdote que volvió del exilio con Zorobabel (Neh. 12:7, 20.)

**Amón** *(leal)* **1.** Una tribu descendiente de Ben-ammi que se llama "hijos de Amón" y algunas veces "Amón" ( = Amonita), (Nm. 21:24; 1 S. 12:12.) **2.** Gobernador de Samaria bajo Acab (1 R. 22:26.) **3.** Sucesor e hijo del rey Manasés y padre de Josías (2 R. 21:19.) **4.** Servidor de Salomón (Neh. 7:59.) **5.** Dios de Tebas, pero muchos eruditos afirman que se trata de la ciudad de NO (Jer. 46:25, Biblia de Jerusalén.) Fue la capital de Egipto. Tebas era su nombre griego.

**Amonita.** Descendiente de Ben-ammi ( = Amón n° 1), (Gn. 19:38.) Ocupaba un territorio inmediatamente al E. de Moab; era un pueblo nómada. Su capital era Rabá-ammón. Pueblo de gente feroz, guerrero e idólatra; su ídolo principal era Moloc, hostil a Israel (Jue.

11:13; 1 S. 11:2; Jer. 40:14; Ez. 25:1-7.)

**Amor.** En la Biblia expresa la naturaleza de Dios (1 Jn. 4:8, 16) y la mayor de las virtudes cristianas (1 Co. 13:13); esencial para la relación del hombre con Dios y con los demás hombres (Mt. 22:37-39); Cristo es el objeto del amor del Padre (Jn. 17:24); el amor de Dios por el hombre se revela en la redención que obró para él (Jn. 3:16; Ro. 5:8-10). El Espíritu Santo infunde amor en el creyente (Ro. 5:5; Gá. 5:22); el amor constituye la principal prueba del discipulado cristiano (Jn. 13:35; 1 Jn. 3:14); el cristiano debe amar a su enemigo tanto como a su hermano (Mt. 5:43-48; 1 Jn. 3:14.)

**Amorreo** *(montañeses)* Pueblo descendiente de Canaán (Gn. 10:16), cuyo reino en un tiempo ocupó la mayor parte de la Mesopotamia y Siria, con su capital en Harán. Uno de sus reyes fue Amrafel (Gn. 14:1.) Eran extremadamente malvados. Moisés los derrotó en una batalla; Josué terminó definitivamente su hostilidad contra Israel (1 S. 7:14; Jos. 11:1-14.)

**Amós** *(cargador)* Profeta cuyo ministerio transcurrió durante el reinado de Jeroboam II (hacia 786-746 a. C.) Trabajaba como boyero y cultivador de sicómoros (Am. 7:14, Biblia de Jerusalén) y vivía en Tecoa, no lejos de Jerusalén. Reprendió duramente la lujosa y desconsiderada forma de vivir de los habitantes de Samaria, y advirtió a los israelitas que abandonaran su idolatría y se volvieran a Dios. Anticipó la cautividad de Israel. En su libro de nueve capítulos enjuicia a las naciones extranjeras y a Judá e Israel (1-2); condena la malvada Samaria (3-5); anticipa el juicio y promete la restauración y la prosperidad (6-9.)

**Amoz.** Padre del profeta Isaías (2 R. 19:2, 20; Is. 1:1.)

**Amplias.** Cristiano a quien Pablo envió sus saludos (Ro. 16:8.)

**Ampolla** (Ver Enfermedades)

**Amrafel.** Rey de Sinar, uno de los

cuatro reyes que capturaron a Lot y a sus bienes (Gn. 14.)

**Amram** *(pueblo exaltado)* **1.** Padre de Moisés y Aarón (Ex. 6:18-20.) **2.** Hijo de Disón ( = Hemdán), (1 Cr. 1:41.) **3.** Hijo de Bani, uno de los que se casaron con mujeres extranjeras en tiempo de Esdras (Esd. 10:34.)

**Amramita.** Descendiente de Amram nº 1 (Nm. 3:27; 1 Cr. 26:23.)

**Amsi** *(Dios fortaleció)* **1.** Ascendiente de Etán nº 4 a quien David puso al frente del servicio del canto (1 Cr. 6:44-46.) **2.** Ascendiente de Adaías nº 3 (Neh. 11:12.)

**Amuleto.** Cualquier cosa que se utiliza como encantamiento contra la aojadura, las enfermedades, la brujería, *etc.* (Is. 3:20; Jer. 8:17.)

**Ana** *(gracia)* **1.** Madre de Samuel (1 S. 1:22; 2:1, 21.) **2.** Viuda y profetisa que a la edad de 82 años reconoció a Jesús como el Mesías cuando fue traído al templo (Lc. 2:36-38.)

**Aná. 1.** Padre de Aholibama nº 1 (Gn. 36:2, 14, 18, 25.) **2.** Hijo de Seir, príncipe edomita (Gn. 36:20, 29.) **3.** Hijo de Zibeón (Gn. 36:24; 1 Cr. 1:40, 41.)

**Anab** *(lugar de uvas)* Ciudad de los anaceos a quienes derrotó Josué (Jos. 11:21.)

**Anac** *(cuellilargo)* Tribu antigua del sur de Palestina (hijos de Anac-Anaceos) (Nm. 13:22, 28, 33.)

**Anaceos** = Hijos de Anac. Raza de gigantes preisraelitas cuyo núcleo principal habitaba en la comarca de Hebrón y en otros lugares de la montaña (Dt. 9:2; Jos. 11:21.)

**Anaharat.** Localidad en el territorio de Isacar (Jos. 19:19.)

**Anaías** *(Jehová ha contestado)* **1.** Un sacerdote (Neh. 8:4.) **2.** Un judío de la época de Nehemías (Neh. 10:22.)

**Anamelec.** Uno de los dioses adorados por los pueblos paganos que asentaron en Samaria por disposición del rey de Asiria (2 R. 17:31.)

**Anamim.** Tribu descendiente de Mizraim (Gn. 10:13; 1 Cr. 1:11.)

**Anán** *(nube)* Uno de los exilados que regresaron y que firmó el pacto de Nehemías (Neh. 10:26.)

**Anani** *(Dios se mostró)* Hijo de Elioenai, de la familia de David (1 Cr. 3:24.)

**Ananías** *(Dios fue misericordioso)* *Véase también Hananías.* **1.** Padre de Maasías (Neh. 3:23.) **2.** Población en Benjamín (Neh. 11:32.) **3.** Padre de Sedequías nº 6 (Jer. 36:12.) **4.** Compañero de Daniel ( = Sadrac), (Dn. 1:6.) **5.** Esposo de Safira (Hch. 5:1-11); ambos murieron por mentirle a Pedro sobre un dinero que entregaban a la iglesia. **6.** Discípulo en Damasco por cuya intervención le fue restaurada la vista a Pablo (Hch. 9:10-19.) **7.** El sumo sacerdote ante quien fue juzgado Pablo en Jerusalén (Hch. 23:1-5.)

**Anás** *(Dios es pleno de gracia)* Sumo sacerdote que actuó como tal entre los años 6 y 15 d. C., aproximadamente. Cinco de sus hijos y su yerno Caifás también fueron sumos sacerdotes. No se menciona como sumo sacerdote en Lucas 3:2 y en Hechos 4:6, pero eso se debe a que como era cabeza de la familia era el sacerdote más influyente y mantenía el título.

**Anat. 1.** Dios asirio-babilonio. **2.** Padre de Samgar (Jue. 3:31.)

**Anatema** *(lo dedicado)* Todo lo que es maldito o consignado a la condenación (Lv. 27:28, 29; 1 Co. 12:3; 16:22.)

**Anatot** *(lugar de la diosa Anat)* **1.** Ciudad de los sacerdotes en Benjamín (Jos. 21:18.) **2.** Descendiente de Bequer nº 1 (1 Cr. 7:8.) **3.** Firmante del pacto de Nehemías (Neh. 10:19.)

**Anatotías.** Benjamita hijo de Sasac (1 Cr. 8:24, 25.)

**Anatotita.** Perteneciente a Anatot nº 1 (2 S. 23:27; 1 Cr. 11:28.)

**Anciano de días.** Dios, tal cual se apareció a Daniel en una visión (Dn. 7:9, 13, 22.)

**Ancianos.** Son los hombres de mayor edad de una comunidad y altamente respetados por los judíos por su sabiduría y experiencia (Lv. 19:32; Dt. 32:7; Job 32:6); fueron jefes de familias y de clanes (Dt. 22:5; Ex. 3:16; 19:7.) Eran los dirigentes de las sinagogas. Se unieron a los sacerdotes y a los escribas contra Jesús (Mt. 27:12.) Fueron designados para cada congregación (Hch. 14:23.) En el N. T. se usan indistintamente los términos de "anciano" y "obispo" (Hch. 20:17, 28.) 1 Timoteo 3:1-7 y Tito 1:6-9 dan los requisitos que se exigen de los ancianos.

**Ancianidad.** Es la recompensa de la obediencia filial (Ex. 20:12.) La Biblia exige, como mandamiento, guardar el debido respeto a los ancianos (Lv. 19:32.)

**Ancla.** Instrumento para aferrarse al fondo del mar y sujetar la nave en un sitio determinado (Hch. 27:13, 29, 30; 27:40; He. 6:19.)

**Andrés** *(varonil)* Hermano de Simón Pedro; vivió en Capernaum; era un pescador; fue llevado a Cristo por Juan el Bautista (Jn. 1:40-42); uno de los doce apóstoles (Mt. 10:2.) La tradición sostiene que fue crucificado en una cruz en forma de X, que por ello se llama "cruz de San Andrés".

**Andrónico** *(vencedor de hombres)* Un cristiano a quien Pablo envió sus saludos (Ro. 16:7.)

**Anem** *(dos fuentes)* Pueblo en Isacar ( = En-ganim nº 2), (1 Cr. 6:73.)

**Aner** *(el dios Am es luz)* **1.** Hermano de Manre, aliado de Abraham (Gn. 14:13, 24.) **2.** Ciudad de refugio en Manasés (1 Cr. 6:70.)

**Anfípolis** *(ciudad presionada por todos lados)* Ciudad de Macedonia, no lejos de Filipos. Pablo pasó por allí (Hch. 17:1.)

**Ángel** *(enviado, mensajero)* Un ser sobrenatural o celestial, algo mayor en dignidad que el hombre. Los ángeles son seres creados (Sal. 148:2-5); espíritus (He. 1:14); no se casan (Lc. 20:34-36.) Fueron creados santos (Gn. 1:31; Jud. 6), algunos cayeron desde su estado de inocencia (2 P. 2:4), y de éstos, algunos están encadenados (2 P. 2:4), en tanto que otros andan libres y se oponen a la obra de Dios. Los dos Testamentos hablan mucho de los ángeles. Los ángeles buenos adoran a Dios y ayudan, protegen y liberan al pueblo de Dios (Gn. 19:11; Sal. 91:1.) Los ángeles malos se oponen a Dios y procuran anular su volun-

tad y frustrar sus planes (Dn. 10:12, 13; Mt. 4:3.)

**Ángel de Dios** o **Angel de Jehová.** Expresión repetida en el A. T. habitualmente con referencia a la deidad pero distinguible de Jehová (Gn. 16:7-14; 22:11-18; 31:11, 13.)

**Aniam** *(lamento del pueblo)* Descendiente de Manasés (1 Cr. 7:19.)

**Anías.** Levita que ayudó a Esdras en la lectura de la ley ( = Anaías), (Neh. 8:4.)

**Anillo.** Aro de metal u otra materia que se lleva, principalmente, como adorno (Stg. 2:2); los anillos con sello traducían autoridad (Gn. 41:42, 43; Lc. 15:22); los anillos con sello originariamente se utilizaron atados de una cadena que pendía del cuello pero con el tiempo se usaron en los dedos de la mano.

**Anim** *(fuentes)* Ciudad en el S. de Judá (Jos. 15:50.)

**Animales de la Biblia.** Las aves y los insectos van por nota separada en otros artículos. En esta sección se consideran, primero, los mamíferos y luego los no mamíferos que abarcan las esponjas, corales, moluscos y tres clases de vertebrados aparte de los mamíferos, a saber los peces, anfibios y reptiles.

I. MAMÍFEROS. *Antílope*. La palabra significa "rabadilla blanca" y se aplica probablemente al gran antílope africano. *Asno*. Los asnos, juntamente con las cebras y los caballos, pertenecen a la familia de los equinos. El asno o burro domesticado ha servido al hombre durante miles de años. Es más seguro para transitar por los angostos senderos de la montaña y mejor como animal de carga que el caballo. En la antigüedad se utilizaban los asnos para las tareas campestres y como animales de montura, en tanto se reservaban los caballos para la guerra. *Ballena*. La palabra original se la utiliza en la historia de Jonás, referida a "un gran pez" que R-V, edición 1909 traduce por "ballena", al igual que TA; la BJ y NC traducen "cetáceos". Las "grandes ballenas" de Gn. 1:21, R-V edición 1909, edición 1960, NC y BJ traducen "grandes monstruos" y TA "grandes peces". *Behemot*. Se piensa que se refiere ya sea al hipopótamo o al elefante (Job. 40:15, 23.) *Borrico*. Asno (Gn. 32:15.) *Caballo*. Por lo menos 4.000 años atrás ya se domaban caballos en el Asia central. Dios les advirtió a los israelitas que no confiaran en los caballos para la guerra. Quien más lo desobedeció fue Salomón, pues multiplicó su caballada. Su principal uso era para la guerra, pero también fueron utilizados para tareas de agricultura (Is. 28:24-29), en procesiones idólatras (2 R. 23:11), y para montar (2 R. 9:14-37.) *Cabra*. La Biblia menciona más de 200 veces a las cabras y cabritos. De las cabras se obtiene leche, mantequilla, queso y carne. Se la ofrece en sacrificio, y de su pelaje se fabricaba ropa (Gn. 27:9; He. 11:37.) *Camello*. Los camellos eran utilizados para montar, como animales de carga y para transportar la correspondencia; con su pelaje se hacen telas; y en algunas regiones su carne y leche son muy estimadas. Abraham y Lot eran ricos en camellos (Gn. 12:16.) Muchas ciudades orientales tenían puertas pequeñas para permitir el paso de los camellos de viandantes retrasados, una vez cerrados los grandes portales. Se les daba el nombre de "ojos de aguja" (Mt. 19:24.) Para poder entrar se obligaba a los camellos a arrodillarse, se los descargaba, y se arrastraban arrodillados. *Carnero montés* (Ver Lebrel) *Cerdo*. Se lo consideraba animal inmundo y estaba prohibido a los israelitas comerlo (Lv. 11:7.) *Cierva*. El salmo 18:33 y Hab. 3:19 comentan la velocidad con que corren. *Ciervo*. Los ciervos mencionados en la Biblia pueden haber sido los ciervos rojos de Europa y Asia o el ciervo sirio. Seguramente abundaron en Palestina, pues eran la vianda diaria de las mesa de Salomón (1 R. 4:23.) *Comadreja*. Mamífero carnicero nocturno, de cuerpo alargado que se alimenta de aves, ratas, ratones, etc. Para los israelitas era un animal

inmundo (Lv. 11:29.) *Conejo*. Mamífero del orden de los roedores. Les estaba prohibido a los judíos comerlo (Lv. 11:5.) *Cordero*. Es el recental de la oveja. Es símbolo de Cristo, "el Cordero de Dios" (Jn. 1:29.) *Corzo*. Cuadrúpedo rumiante, algo mayor que la cabra (Dt. 14:5; 1 R. 4:23, Reina-Valera); en la BJ figura como "gamo". *Chacal*. Era el perro salvaje de las regiones cálidas del Viejo Mundo. Los chacales cazaban en reducidas jaurías y se alimentaban también de carroña (Is. 13:22; Mal. 1:3.) *Damán*. Parecido al conejo, pero de patas y orejas cortas y sin cola. Viven en zonas rocosas; son vegetarianos y las mandíbulas se mueven como si estuvieran rumiando, pero no tienen el estómago de los rumiantes (Dt. 14:7, BJ.) *Dragón* (leviatán). Esta palabra, utilizada en la Biblia significa a veces un animal simbólico serpentiforme (Sal. 74:13 -leviatán-; Ez. 32:2 -dragón-), y otras veces un animal en sentido literal, ya sea un cocodrilo o un chacal. Juan utiliza el término para referirse a Satanás (Ap. 12:7.) *Dromedario*. Se distingue del camello, principalmente por no tener más que una giba en el dorso. Cuenta con extremidades más largas y camina más velozmente que el camello (Is. 60:6; Jer. 2:23.) *Elefante*. Los elefantes fueron muy utilizados durante las guerras macabeas (1 M. 1:17.) En la Biblia hay frecuentes referencias al marfil. Era muy valioso y se lo consieraba un producto suntuario (1 R. 10:18; Ap. 18:12.) *Gacela*. Algo menor que el corzo, sumamente veloz, habita las zonas áridas y calurosas del Viejo Mundo. Los judíos podían comer la gacela (Dt. 12:15.) *Galgo* (Ver Lebrel) *Gallo* (Ver Lebrel) *Gamo* (Ver Corzo) *Gamuza*, (BJ); carnero montés (R-V). La gamuza a que se refiere Dt. 14:4-6 era probablemente la oveja de monte de Egipto y de Arabia, conocida como "Oveja Barbari". *Ganado*. El ganado ocupa un lugar prominente en la Biblia. A los bueyes se los utilizaba para los sacrificios. Los terneros eran cotizados como alimento, para los sacrificios y para los cultos idolátricos. La leche, la mantequilla, el queso y el cuero valorizaban al ganado. Los bueyes servían no solamente como alimento y para ser sacrificados, sino también como animales de tiro. *Hiena.* Mamífero de hábitos nocturnos que se alimenta especialmente de carroña (Is. 13:22; 34:14.) *Hurón.* Mamífero carnicero de 20 cm de largo; originario del norte de Africa se los halla en América y Europa (Is. 13:21.) *Ibice.* Es un tipo de cabra montés (Dt. 14:5.) *Jabalí* (BJ) o "puerco montés" (R-V). El Salmo 80:13 habla del jabalí o puerco montés, pero otras referencias implican al cerdo domesticado (Mr. 5:11-13; Lc. 15:15, 16.) A los israelitas les estaba prohibido comer carne de cerdo. *Lebrel.* Se lo menciona en Pr. 30:31. No hay seguridad a qué animal se refiere, pues las distintas versiones traducen de manera diferente: "Lebrel" (R-V, edición 1909); "ceñido de lomos" (R-V, edición 1960); "gallo" (BJ, NC, TA); "galgo" (VM.) *León.* En la antigüedad los leones abundaban en Palestina, Siria y Asia Menor, y se los menciona a menudo en la Escritura (Jue. 14:5.) El tamaño y lo majestuoso de su porte le han ganado el título de "Rey de los Animales". En la Biblia se lo designa a menudo como símbolo de poder (Ap. 5:5.) *Leopardo.* También llamado "pantera"; es de color atezado con manchas negras. Animal feroz, audaz y muy inteligente (Os. 3:7; Ap. 13:2.) *Leviatán.* No se sabe a ciencia cierta de qué animal se trata. Algunos piensan que es el cocodrilo. En el Sal. 104:26 pudiera referirse tal vez al cachalote. *Liebre.* No son autóctonas de Palestina; existen por lo menos dos especies de liebres. A los israelitas les estaba prohibido comerlas (Dt. 14:7.) *Lobo.* No se los ve más en Palestina, pero abundaban en la antigüedad (Gn. 49:27; Mt. 7:15.) *Mono.* Los monos que Salomón traía de Tarsis eran probablemente los monos rhesus de la India (1 R. 10:22.) *Monstruo.* R-V edición 1960 traduce "chacales" (Job 30:29) en tanto la versión 1909 traduce "dragones" al igual que TA. En Gn. 1:21 R-V, edición 1960 traduce "grandes monstruos", en tanto la edición 1909 traduce "grandes ballenas" y TA "grandes peces". *Mula.* La mula es el producto de una cruza entre un burro macho y una yegua, y es casi siempre estéril. Se las ha utilizado desde la más remota antigüedad. A los israelitas les estaba prohibido producirlas (Lv. 19:19), pero las utilizaban (2 S. 13:29) *Murciélago.* Si bien son mamíferos, la Biblia los menciona entre las aves. Estaban incluidos en la clasificación de animales inmundos (Lv. 11:19; Is. 2:20.) *Oso.* El oso pardo de Siria, *Ursus syriacus,* es el oso del A. T. (1 S. 17:34; Lm. 3:10.) En un tiempo abundaron en Palestina. *Oveja.* Es el animal que más se menciona en la Biblia (Gn. 4:2.) Talvez sean los animales que primero se domesticaron. Se criaban ovejas más por su leche que por su carne. También proveían la lana y el cuero, y sus cuernos se utilizaban para llevar en su interior aceite y vino y también como trompetas. También eran muy usadas para los sacrificios (Lv. 3:6.) *Pantera* (Ver Leopardo) *Perro.* Se cuentan entre los animales que se domesticaron en la más remota antigüedad. Pero en aquel entonces no se los consideraba como animales amigos del hombre con quienes vivían, sino como un despreciado paria merodeador y de inmundos hábitos (Pr. 26:11.) *Pollino.* Asno joven y cerril. Por extensión cualquier borrico (Mr. 11:2.) *Puerco.* Cerdo (2 P. 2:22.) *Puerco montés.* (Ver Jabalí) *Ratón.* Los ratones mencionados en la Escritura incluían, probablemente, una serie de pequeños roedores. Los filisteos fueron asolados por una plaga de ratones cuando les quitaron el arca a los israelitas (1 S. 6:5.) *Sátiro.* En Is. 13:21 y 34:14, R-V edición 1960 traduce "cabras salvajes" en tanto la edición 1909 habla de "peludos". Traducen "sátiro" BJ, NC y TA. Los sátiros eran monstruos o semidioses, medio hombre y medio cabra, en la mitología griega. En Lv. 17:7 y en 2 Cr. 11:15 R-V traduce la misma palabra como "demonios", pero la BJ mantiene la traducción de "sátiros". *Tejón.* El tejón, tal cual lo conocemos, no habita las tierras bíblicas. Cuando el A. T. habla del tejón, probablemente se refiera a la cabra o al carnero, y así aparece en algunas versiones. R-V traduce *tejón* en Ex. 35:7 y Ez. 16:10. *Topo.* En Lm. 4:3 R-V traduce "chacales". En Is. 2:20 probablemente se refiera al topo o ratón topo de la Europa sudoriental y no al auténtico topo, que es el americano. *Unicornio.* Animal fabuloso de un solo cuerno. R-V edición 1960 y la BJ traducen "búfalo" (Nm. 23:22; Dt. 33:17) probablemente el bisonte europeo, animal que abundaba en Palestina. Visto de perfil pareciera tener un solo cuerno, y de ahí su nombre. R-V, edición 1909 y NC traducen "unicornio". *Zorro.* En la Biblia a veces se refiere al zorro común de la Palestina, que pertenece a la familia de los perros, y otras veces al chacal (Jue. 15:4; Cnt. 2:15.)

**II. NO MAMÍFEROS.** *Anfibios.* Había en Egipto dos especies de ranas y tres de sapos (Ex. 8:2; Lv. 11:29.) Una de las especies de rana, la *rana esculenta,* habita en toda Europa, Siria, Palestina y Egipto. *Coral.* Era muy apreciado por los judíos y a veces se lo equiparaba con las piedras preciosas (Job. 28:18; Lm. 4:7; Ez. 27:16.) *Esponjas.* Muy utilizadas en la antigüedad, para diversos fines, tales como relleno de escudos y armaduras, para el baño, para fregar los pisos y para beber (Mt. 27:28.) *Moluscos.* Incluye a todos los mariscos, excepto los crustáceos. La púrpura tiria se obtenía del *genera Murex* y del púrpura que era un molusco gasterópodo marino. Las *perlas* que se forman en el interior de las conchas de diversos moluscos se mencionan varias veces en el N. T. (Mt. 7:6; 13:45, 46.) *Peces.* Si bien hay varias referencias a peces en la Biblia, (Gn. 1:26; Jon. 1:17) no se menciona en particular ninguna

especie. Muchas veces se menciona la pesca, y el pescado era un importante producto alimenticio en todos los países aledaños al Mediterráneo (Lc. 5:9.) *Reptiles.* Animales vertebrados de sangre fría y respiración pulmonar: *Áspid,* reptil muy venenoso; cuando se lo menciona en la Biblia probablemente se refiere a la cobra egipcia (Dt. 32:33.) *Basilisco;* sin duda se refiere a un temible reptil la mención del basilisco en Is. 11:8 y 59:5 (R-V edición 1909 y TA); R-V edición 1960 y la BJ traducen víbora. *Camaleón;* hay varias especies en Africa y Asia. El monitor del Nilo alcanza una longitud de casi dos metros (Lv. 11:30.) *Lagarto;* se lo menciona únicamente en Lv. 11:30 y puede referirse a una salamanquesa, un cocodrilo, un *Salamanquesa* (Lv. 11:30, TA), pequeño saurio de unos echo cm de largo. R-V traduce "erizo", en tanto NC lo traduce "musgaño". *Serpiente* o *víbora del norte* abunda en Europa y Africa. La palabra traducida por "serpiente" tiene distintas acepciones en el idioma hebreo, de ahí la dificultad de saber a qué especie pertenece. La Biblia no menciona ninguna especie en particular (Gn. 1:24; Dt. 8:15.) *Tortuga;* animal inmundo (Lv. 11:29, NC); R-V traduce "rana"; BJ "lagarto"; TA "cocodrilo terrestre".

**Anís** (Ver Plantas)

**Anticristo** *(contra Cristo)* Esta palabra figura únicamente en los escritos de Juan (1 Jn. 2:18, 22; 4:3; 2 Jn. 7), y puede significar ya sea un enemigo de Cristo o alguien que usurpa el nombre y los derechos de Cristo, pero la idea que lleva implícita el vocablo se repite a lo largo de toda la Escritura. El A. T. revela la creencia general de los judíos de que al final de los tiempos alguna persona o poder hostil atacaría al pueblo de Dios, pero que sería aplastado por Jehová o su Mesías (Sal. 2; Ez. 38, 39; Zac. 12:14.) Jesús advierte contra los falsos Cristos (Mt. 24:24; Mr. 13:22.) 2 Tesalonicenses 2:1-12 nos da una detallada descripción de la actuación del anticristo, bajo el nombre de "hombre de pecado".

**Antiguo Testamento.** Es la parte de la Biblia que va desde el Génesis a Malaquías; está compuesto de 39 libros de los cuales cinco son libros de la ley, doce de historia, cinco de poesía, cinco profetas mayores y doce profetas menores. La división de la actual Biblia hebrea es diferente: cinco de la ley, ocho profetas y once de escritos misceláneos; estos 24 libros contienen nuestros 39. Los israelitas consideraban que todos estos libros constituían la Escritura, inspirada y con autoridad, antes del primer siglo después de Cristo. Se escribieron durante un período aproximado a los 1.000 años y se desconoce cuáles son los autores de muchos de ellos.

**Antilíbano** (Ver Líbano)

**Antílope** (Ver Animales)

**Antíoco** *(el que soporta)* **1.** Antíoco III El Grande (223-187 a. C.), rey de Siria; logró el control de Palestina en el año 198 a. C. **2.** Antíoco IV (Epífanes), hijo de Antíoco III (175-163 a. C.); su intento de helenizar a los judíos impulsó la revuelta de los macabeos. **3.** Antíoco V (Eupátor), hijo del anterior; fue asesinado luego de un breve reinado.

**Antioquía. 1.** Antioquía en Siria, capital de Siria, edificada en el año 301 a. C. sobre la margen izquierda del Orontes. En el año 65 a. C. los romanos capturaron la ciudad y la hicieron capital de la provincia romana de Siria. Llegó a ser la tercera ciudad en tamaño en todo el imperio romano, alcanzando una población de 500.000 habitantes. Pablo y Bernabé trabajaron allí y fue desde esa ciudad que Pablo y sus compañeros partieron para sus tres viajes misioneros. Allí se constituyó la primera iglesia de los gentiles (Hch. 6:5; 11:20.) **2.** Antioquía cerca de Pisidia. Pablo y Bernabé predicaron allí en su primer viaje misionero (Hch. 13:14-14:21; 2 Ti. 3:11.) Seguramente Pablo visitó la iglesia en esa ciudad en el segundo y tercero de sus viajes misioneros (Hch. 16:6; 18:23.)

**Antipas.** *(contracción de Antípatro)* **1.** Uno de los primeros mártires cristianos de Pérgamo (Ap. 2:13.) **2.** Herodes Antipas, hijo de Herodes el Grande; reinó sobre Galilea y Perea desde el año 4 a. C. al año 39 d. C. (Ver Herodes.)

**Antípater** (Ver Herodes)

**Antipatris** (perteneciente a Antípater). Ciudad edificada por Herodes El Grande en la carretera que une Jerusalén y Cesarea, y designada con ese nombre en honor de su padre. Pablo estuvo allí en calidad de preso por un breve lapso (Hch. 23:31.)

**Antitipo.** Lo representado por un tipo.

**Antonia, Torre de.** Castillo-fortaleza conectada con el templo en Jurusalén, edificada por Herodes El Grande. Contaba con una guarnición de soldados romanos que cuidaban el área del templo (Hch. 21:30ss.)

**Antorcha.** Mecha cubierta de substancias de fácil combustión que produce una llama viva (Gn. 15:19; Dn. 10:6; Ap. 8:10.)

**Anub** *(asociado)* Hijo de Cos, de la tribu de Judá (1 Cr. 4:8.)

**Anzuelo.** Garfios generalmente de metal que se utilizan para pescar o para sujetar (Job. 41:4; Am. 4:2; Mt. 17:27.)

**Año** (Ver Calendario)

**Año Nuevo** (Ver Fiestas, Fiesta de las Trompetas)

**Añublo.** Honguillo parásito que ataca las cañas, hojas y espigas de los cereales (Dt. 28:22; 1 R. 8:37; 2 Cr. 6:28.)

**Aod** *(unión)* **1.** Juez libertador de Israel, que asesinó a Eglón, rey de Moab (Jue. 3:15-30.) **2.** Descendiente de Benjamín (1 Cr. 7:10; 8:6.)

**Apaim** *(narigudo)* Hijo de Nadab (1 Cr. 2:30.)

**Aparejo.** Conjunto de palos, vergas, jarcias y velas de un buque (Hch. 27:19.)

**Aparición** (Ver Escatología)

**Apedreamiento** (Ver Lapidación)

**Apelación.** Procedimiento judicial por el cual se recurre al juez o tribunal superior, como lo hizo Pablo en la corte de Festo (Hch. 25:1-12.)

**Apelar.** Moisés estableció cortes de primera y segunda instancia (Ex. 18:26; Dt. 17:8-13.) En la época neotestamentaria el Sanedrín era la Suprema Corte de Justicia de los judíos; pero todo ciudadano romano podía apelar al emperador, como lo hizo Pablo (Hch. 25:11.)

**Apeles** *(mentor del pueblo)* Un cristiano romano (Ro. 16:10.)

**Apharsacheos.** Colonos de Samaria que protestaron ante el rey Darío por la reconstrucción del templo en Jerusalén (Esd. 4:9; 5:6; 6:6; Reina-Valera, edición 1909.)

**Apharseos.** Samaritanos que protestaron por la reconstrucción del Templo en Jerusalén (Esd. 4:9, Reina-Valera, edición 1909.)

**Apia.** Una cristiana en Colosas (Flm. 2.)

**Apia, Vía** (Ver Vía Apia)

**Apio, Foro** (Ver Foro Apio)

**Apio, Mercado de** (Ver Foro Apio)

**Apocalíptica, Literatura** (Ver Literatura Apocalíptica)

**Apócrifos, Libros** (Ver Libros Apócrifos)

**Apolión** (Ver Abadón)

**Apolonia** *(atinente a Apolo)* Localidad de Macedonia a unos 60 kilómetros al E. de Tesalónica (Hch. 17:7.)

**Apolos** *(perteneciente a Apolo)* Erudito y eminente judío alejandrino, catequizado por Priscila y Aquila en la fe cristiana, en Efeso, luego de lo cual se dirigió a Corinto y llegó a ser un poderoso predicador del evangelio. A poco andar se formó un grupo partidario de Apolos rival de los partidarios de Pablo, aún cuando aparentemente no hubo sentimientos de rivalidad entre Pablo y Apolos (Hch. 18:24-28; 1 Co. 3:4; 16:12; Tit. 3:13.)

**Aposento.** Cuarto o pieza pequeña interna de una casa. Pieza donde se come. También "sala" (Gn. 6:14; 1 S. 9:22; Lc. 22:11.)

**Aposento alto.** Pieza edificada sobre la pared o el techo de una casa; fué el escenario de la última cena de nuestro Señor (Mr. 14:15; Lc. 22:12.)

**Apostasía** *(defección; colocarse fuera de)* En la Biblia hay numerosas advertencias contra la apostasía (2 Ts. 2:3; Judas.) Entre los apóstatas podemos mencionar a Saúl (1 S. 15:11); Himeneo y Alejandro (1 Ti. 1:19), y Demas (2 Ti. 4:10.)

**Apóstol** *(enviado-enviar en pos de sí-enviado de parte de-mensajero)* Persona elegida y enviada para una comisión especial como representante plenipotenciario del que le envía. El nombre admite una doble acepción: a. como nombre oficial de los doce discípulos escogidos por Jesús para acompañarlo en su ministerio, verlo después de su resurrección y para echar las bases de su iglesia. b. en un sentido más amplio designa mensajeros cristianos comisionados por una comunidad (Hch. 13:3.) En una ocasión se le da a Jesús el nombre de apóstol (He. 3:1.) Los nombres de los doce apóstoles son los siguientes: Simón Pedro (Cefas, Bar Jona-NC-), Andrés, Juan, Felipe, Jacobo hijo de Zebedeo, Bartolomé (talvez el mismo que Natanael), Tomás (Dídimo), Mateo (Leví), Simón Zelote el cananita, Judas (Lebeo, Tadeo), Jacobo el menor, hijo de Alfeo, Judas Iscariote (Mt. 10.) Matías tomó el lugar de Judas Iscariote (Hch. 1:15-26.) Pablo fue llamado a ser apóstol (Hch. 9:1; 1 Co. 1:1; 2 Co. 10:12.) La Escritura nos dice poquísimo de la obra misionera de la mayor parte de los apóstoles y la tradición es poco confiable. Pareciera que casi todos sufrieron la muerte por martirio. En la iglesia primitiva ejercitaron y reclamaron absoluta autoridad para enseñar y poner las bases de la iglesia. Su cargo no podía ser transmitido a otros. Era único en su género.

**Apostólica, Era** (Ver Era apostólica)

**Aqabah, Golfo de** (Ver Golfo de Aqabah)

**Aquila** *(águila)* Judío cristiano constructor de tiendas, que con su esposa Priscila trabajaron con Pablo en Corinto y fue de gran ayuda a Apolos y a muchos otros (Hch. 18:2, 18, 26; Ro. 16:3, 4; 1 Co. 16:19; 2 Ti. 4:19.)

**Aquim** *(Jehová establecerá)* Antepasado de Cristo (Mt. 1:14.)

**Aquis.** Rey filisteo de Gat, al que David, cuando huía, pidió protección (1 S. 21:10-15.)

**Ar** *(campo)* Ciudad o distrito de Moab (Nm. 21:15; Dt. 2:9, 18, 19; Is. 15:5.)

**Ara** *(sudar)* **1.** Descendiente de Aser (1 Cr. 7:38.) **2.** Otro descendiente de Aser (1 Cr. 7:39.) **3.** Ascendiente de algunos que regresaron de Babilonia (Esd. 2:5; Neh. 7:10.) **4.** Ascendiente de Secanías nº 7 (Neh. 6:18), cuya nieta fue la esposa de Tobías.

**Arab** *(emboscada)* Aldea de Judá (Jos. 15:52.)

**Araba** *(desierto, estepa)* Nombre con que se designa a una falla o quiebra geológica que va desde el Monte Hermón al Golfo de Aqabah. Es un valle angosto y varía tanto en su anchura como en su productividad. Ahí se detuvieron a veces los israelitas cuando deambulaban por el desierto, y de sus minas el rey Salomón extrajo hierro y cobre (Dt. 1:1-7; 11:30; Jos. 3:16; 1 S. 23:24; Jer. 39:4.)

**Arabia** *(estepa)* Originariamente la región N. de la península que está entre el Mar Rojo y el Golfo Pérsico (Is. 21:13; Ez. 27:21), pero luego toda la península (Neh. 2:19; Hch. 2:11; Gá. 1:17; 4:25.) Sus mal definidas fronteras, su proximidad y su población que se dedicaba al saqueo, conformó uno de los principales factores condicionantes de la historia de Israel.

**Araceos.** Descendientes de Canáan, venidos de Arka, ciudad fenicia. La BJ traduce "arqueos" y NC "arqueuos" (Gn. 10:17; 1 Cr. 1:15.)

**Arácnidos, araña.** Arácnido pulmonado de cuatro pares de patas (Job 8:14; Pr. 30:28; Is. 59:5.) **Escorpión** *(Alacrán)* Arácnido pulmonado, de 6 a 8 cm de largo, cuya picadura en las regiones tropicales suele ser mortal (Dt. 8:15; 1 R. 12:11, 14.)

**Arad. 1.** Ciudad cananea distante alrededor de 27 kilómetros al S. de Hebrón (Jos. 12:14; Jue. 1:16.) **2.**

Descendiente de Benjamín (1 Cr. 8:15.)

**Arado.** En la antigüedad se componía de dos piezas de madera toscamente labradas y unidas; de una cama, provista de una reja de madera, sin vertedera, y de una mancera para guiar; se unía a los animales de tiro—que en Israel eran bueyes— por medio de un yugo rudimentario que sujetaba los cuellos de los animales (Job 1:14; Am. 6:12.) Semejante arado, sin partes de hierro, apenas si rascaba la superficie de la tierra.

**Arador** (Ver Oficios y Profesiones)

**Arados, Rejas de.** El transformar las espadas en rejas de arado era símbolo de una era de paz (Is. 2:4); lo contrario apuntaba a la posibilidad de una guerra (Jl. 3:10.)

**Aralot** *(de los prepucios)* Lugar cerca de Gilgal nº 1, donde Josué circuncidó la segunda vez a los hijos de Israel (Jos. 5:3.)

**Aram** *(altiplanicie)* **1.** Hijo de Sem (Gn. 10:22, 23; 1 Cr. 1:17.) **2.** Hijo de Kemuel, sobrino de Abraham (Gn. 22:21.) **3.** Los arameos o territorio habitado por ellos. Esta voz hebrea se traduce generalmente por Siria o sirios, y a veces Mesopotamia. Véase también Aram de Soba, Aram-naharaim, Padan-aram y Soba (Nm. 23:7; 1 Cr. 2:23; Os. 12:12.) **4.** El nombre hebreo Rãm en Mt. 1:3, 4 figura como Aram (R-V) y en Lc. 3:33 como Arni (BJ). El pueblo arameo se esparció desde Fenicia a la Fértil Media Luna y estrechamente relacionado con Israel cuyas historias se entremezclan.

**Arameo.** Pueblo migratorio descendiente de Sem, o su idioma. Era un idioma semítico, muy semejante al fenicio y al hebreo que evolucionó en varios dialectos y se extendió a toda el Asia sudoccidental. Las porciones en arameo del A. T. son las siguientes: Esd. 4:8-6:18; 7:12-26; Jer. 10:11; Dn. 2:4-7. En el N. T. figuran palabras arameas: Mt. 27:47; Mr. 5:41; Ro. 8:15; 1 Co. 12:22; Gá. 4:6. El arameo fue el idioma corriente y familiar en Palestina desde el retorno del exilio.

**Aram-Naharaim** *(Aram de los dos ríos)* En la Biblia es un término geográfico que designa el territorio de la Mesopotamia. Figura en el título del Salmo 60.

**Aram de Soba.** Lugar al norte de Israel. Figura en el título del Salmo 60.

**Arán** *(cabra montés)* Uno de los dos hijos de Disán (Gn. 36:28.)

**Ararat.** Nombre con que se designa Armenia (2 R. 19:37; Is. 37:38) y a su cadena montañosa (Gn. 8:4.) Se supone que el arca de Noé asentó sobre el Monte Ararat (Gn. 8:4.) En la actualidad la región pertenece a Turquía.

**Ararita** *(montañés)* Natural de los cerros de Judá (2 S. 23:11, 33; 1 Cr. 11:34, 35.)

**Arato de Soles.** Poeta griego que vivió alrededor del año 270 a. C. y quien Pablo cita en Hechos 17:28.

**Arauna** *(señor)* Jebuseo que vendió a David una era para edificar un altar (2 S. 24:16-24.)

**Arba.** Gigantesco antecesor de Anac (véase también Quiriat-arba), (Gn. 35:27; Jos. 14:15.)

**Arbatita.** Habitante de Bet-arabá (2 S. 23:31; 1 Cr. 11:32.)

**Arbita.** Patria de Paarai, uno de los valientes de David (2 S. 23:35.)

**Árbitro.** Mediador (Job 9:33.) En Job significa que ningún ser humano es digno de actuar como juez de Dios.

**Árbol.** En la antigüedad Palestina estaba más arbolada que ahora; se han identificado más de 25 especies de árboles que crecieron en la Tierra Santa; los árboles eran venerados por los paganos; a los israelitas les estaba prohibido plantar árboles en las proximidades de un altar sagrado (Dt. 16:21.)

**Árbol de la ciencia.** Era un árbol especial que Dios plantó en el huerto de Edén como instrumento para probar la obediencia de Adán y Eva (Gn. 2:9, 17.)

**Árbol de vida.** Otro árbol especial en el huerto del Edén. Quien comiera de su fruto lograba la inmortalidad (Gn. 2:8; 3:22, 25; Ap. 22:2.)

**Arbusto** (Ver Plantas)

**Arca. 1.** El arca de Noé fue construida de madera de gofer, de 150 metros de largo, de 25 metros de ancho y de 15 metros de alto. Nadie sabe qué se hizo luego que Noé la abandonara (Gn. 6-8.) **2.** La canasta de juncos en la cual fue abandonado Moisés en el río también se llamaba arca—"arquilla"—(Ex. 2:2-5.) **3.** El arca del pacto era un cofre de madera que contenía las tablas de la ley y se guardaba en el tabernáculo o en el templo. Hecha de madera y oro; su tapa, llamada "propiciatorio", era de oro puro. Para acarrearla se utilizaban postes. El arca del pacto se hizo luego que fuera destruido el becerro de oro (Dt. 10:1.) Aparte de contener las tablas de la ley también contenía el libro de la ley (Dt. 31:36), maná (Ex. 16:33), y la vara de Aarón. Los israelitas transportaron el arca con ellos mientras deambulaban por el desierto. Estuvo en distintos sitios hasta que David la llevó a Jerusalén. Para los israelitas simbolizó la presencia de Dios. Nadie sabe qué le ocurrió cuando el templo fue destruido. También se le llama "arca del testimonio" (Ex. 25:16, 22) y "arca de Dios" (1 S. 3:3.)

**Arcaduces** (Ver cubo)

**Arcángel** *(jefe o príncipe de los ángeles)* Sólo figura, concretamente, en el N. T. (1 Ts. 7:46; Jud. 9.) (Ver ángel)

**Arcilla.** Substancia mineral muy utilizada en la antigüedad para la construcción de ladrillos, argamasa, alfarería y, en algunos países, como tabletas para escritura. (Ver Tablas de arcilla)

**Arco** (Ver Armas y Armaduras)

**Arco de guerra** (Ver Armas y Armaduras)

**Arco Iris.** Señal del pacto de Dios con el hombre de que nunca jamás permitiría un diluvio universal (Gn. 9:8-22.)

**Ard** *(joroba, jorobado)* Hijo o nieto de Benjamín (Nm. 46:21.)

**Ardita.** Descendiente de Ard (Nm. 26:40.)

**Ardón** *(joroba, jorobado)* Hijo de Caleb (1 Cr. 2:18.)

**Areli** *(mi Dios es fuerza)* Fundador de la familia tribal de los arelitas (Gn. 46:16; Nm. 26:17.)

**Arelita.** Descendiente de Areli (Nm. 26:17.)

**Arena.** Conjunto de partículas desagregadas de las rocas. Se las halla en los desiertos y en las playas de los mares; es símbolo de lo incontable y de la inmensidad (Gn. 22:17; Jer. 33:22; 1 R. 4:29), del peso (Job 6:3) y de la inestabilidad (Mt. 7:26.)

**Areopagita.** Miembro del concilio del Areópago (Hch. 17:34.)

**Areópago** *(colina de Ares)* **1.** La colina montañosa de Ares, el dios griego de la guerra, en la Acrópolis de Atenas. **2.** Nombre de un tribunal que se reunía en la Colina de Marte. En el N. T. tenía una connotación más bien moral y educativa. A Pablo lo llevaron al Areópago (Hch. 17:19.)

**Aretas IV** *(virtuoso)* Rey nabateo, suegro de Herodes Antipas (2 Co. 11:32.)

**Arfad.** Ciudad cerca de Hamat (2 R. 18:34; Is. 10:9; Jer. 49:24.)

**Arfaxad.** Tercer hijo de Sem y antepasado de Abraham (Gn. 10:22.)

**Argob** *(gleba)* **1.** Parte del territorio de Og, rey de Basán, tomada por los israelitas bajo el mando de Moisés (Dt. 3:4) y entregada a la media tribu de Manasés (Dt. 3:13.) **2.** 2 R. 15:25 se refiere a un lugar o a una persona. El texto hebreo es incierto.

**Argol** (Ver Insectos)

**Aridai.** Hijo de Amán a quien mataron los judíos (Est. 9:9.)

**Aridata.** Hijo de Amán, a quien mataron los judíos (Est. 9:8.)

**Arie** (león) Persona o lugar. El texto es incierto (2 R. 15:25.)

**Ariel** *(león de Dios)* **1.** Líder a las órdenes de Esdras (Esd. 8:16.) **2.** Lo incierto del texto hace que R-V traduzca "dos leones" en 2 Samuel 23:20 y 1 Crónicas 11:22, mientras BJ y NC traducen "dos Ariel". **3.** Nombre con que se designa metafóricamente a Jerusalén (Is. 29:1, 2, 7.)

**Ariete** (Ver Guerra, Arte Militar)

**Arimatea.** Hogar de José, que enterró a Jesús en su propia tumba (Mt. 27:57; Mr. 15:43.) Su localización es incierta, pero se conjetura que se trata de Ramataim (patria de Samuel que en su evolución filológica se transformó en Arimatea, 1 S. 1:1) alrededor de 30 kilómetros al NO de Jerusalén.

**Arioc. 1.** Rey de Eleasar, en Siria, confederado de Quedorlaomer (Gn. 14:1, 4, 9.) **2.** Capitán de la guardia del rey Nabucodonosor (Dn. 2:14-25.)

**Arisai.** Hijo de Amán (Est. 9:9.)

**Aristarco** *(jefe eminente)* Un tesalonicense compañero de Pablo (Hch. 19:29; 20:4; 27:2; Col. 4:10; Flm. 24.)

**Aristóbulo** *(el mejor consejero)* Cristiano romano saludado por Pablo (Ro. 16:10.)

**Arkevitas** (Ver Erchueos)

**Arma** (Ver Armas y Armaduras)

**Armagedón** *(monte de Megido)* Palabra que figura únicamente en Apocalipsis 16:16 como campo de la batalla final entre las fuerzas del bien y del mal. Situado en el borde S. de la llanura de Esdrelón, fue escenario de muchas y decisivas batallas en la historia de Israel (Jue. 5:19, 20; 6:33; 1 S. 31; 2 R. 23:29.)

**Armas, armadura.** Las armas ofensivas que utilizaban los hebreos eran: la espada (Gn. 34:26; Ex. 17:13); la vara, que era un simple palo con un nudo más pesado en un extremo (Sal 23:4); la honda (1 S. 17:40, 49; 2 R. 3:25); arco y flechas (2 S. 22:35); venablo, lanza, javalina o dardo (Jos. 8:18; Jue. 5:8.) Armas defensivas: escudo (Ef. 6:16); casco (1 S. 17:5); cota de malla (1 S. 17:5, 38); grebas (1 S. 17:6); cinto (2 S. 20:8.)

**Armenia.** País montañoso al N. de Asiria, donde huyeron los hijos de Senaquerib luego de asesinarlo (2 R. 19:37, TA y VM; Is. 37:38 VM.) R-V y BJ traducen "Ararat".

**Armería.** Depósito de armas y objetos valiosos (Neh. 3:19; Cnt. 4:4.)

**Armoni** *(perteneciente al palacio)* Hijo de Saúl a quien ahorcaron los gabaonitas (2 S. 21:8-11.)

**Arnán** *(pino, fresno)* Descendiente de Salomón (1 Cr. 3:21.)

**Arnón.** Río que desemboca en la ribera E. del Mar Muerto un poco al N. de su parte central. Marcaba el límite entre los moabitas y los amorreos en épocas de Moisés (Nm. 21:13); más adelante entre Israel y los moabitas (Dt. 2:24; Jos. 12:1.)

**Arod** *(joroba)* Antecesor de los aroditas, hijo de Gad nº 1 ( = Arodi), (Nm. 26:17.)

**Arodi.** Nombre hebreo variante del de Arod (Gn. 46:16.)

**Arodita.** Descendiente de Arod (Nm. 26:17.)

**Aroer** *(desnudo)* **1.** Población en Galaad (Nm. 32:34; Jos. 13:25.) **2.** Localidad rubenita sobre el río Arnón, al oriente del Mar Muerto (Dt. 2:36; Jos. 13:9.) **3.** Localidad en el S. de Judá (1 S. 30:28.)

**Aoerita.** Perteneciente a Aoer nº 3 (1 Cr. 11:44.)

**Aromática** (Ver Caña Aromática)

**Arpa** (Ver Música)

**Arquelao.** Hijo de Herodes El Grande; reinó sobre Judea, Samaria e Idumea desde el año 4 a. C. al año 6 d. C. (Mt. 2:22.)

**Arqueología.** Es el estudio de restos de materiales del pasado, que se obtienen al excavar antiguas ciudades enterradas. Se descifran sus inscripciones, se evalúa su lenguaje, literatura, arquitectura, monumentos y otros aspectos de la vida humana y de las realizaciones del hombre. La arqueología bíblica concentra su atención en Palestina y otros países con quienes entraron en contacto los hebreos y los primeros cristianos. La arqueología moderna comenzó con la expedición de Napoleón a Egipto, en cuya ocasión le acompañaron numerosos eruditos para estudiar los monumentos egipcios (1798) y con los trabajos de Edward Robinson en Palestina (1838, 1852.) El descubrimiento de las tablillas de Mari, de Nuzi, de Tell-el-Amarna y de Ras Samrah revisten gran importancia pues arrojan luz sobre la época patriarcal. El descubrimiento de los manuscritos del Mar Muerto y las excavaciones en Qumram son los hallazgos arqueológicos más recientes. La arqueología es de gran ayuda para la comprensión mejor de la Biblia, para lidiar con las críticas respecto de la Biblia y para apreciar mejor la realidad del mundo antiguo.

**Arquero.** Cazador o guerrero de arco y flecha, arma universalmente utilizada en la antigüedad (Gn. 21:20; Jue. 5:11; 1 S. 20:17-42; Is. 21:17.) "Flecha" se utiliza a menudo en forma figurada (Job 6:4; Jer. 9:8), de igual manera que "arco" (Sal. 7:12; 64:3.)

**Arquipo** *(dueño del caballo)* Un cristiano en la iglesia de Colosas (Col. 4:17; Flm. 2.)

**Arquita.** Miembro de un clan de Efraín (Jos. 16:2; 1 Cr. 27:33.)

**Arquitectura.** Los materiales de construcción utilizados en la antigüedad fueron la madera, la arcilla, el ladrillo (hecho de arcilla y cocido al sol o al horno) y la piedra. El factor determinante en la elección del material a utilizar era su disponibilidad local. Las casas de los pobres no eran arquitectónicamente artísticas. En cambio, los nobles y los ricos ornamentaban sus palaciegas residencias con oro y marfil. Los restos arquitectónicos—templos, portales, arcos, zigurats, pirámides—permanecen intactos en gran abundancia y la arqueología ha desenterrado los cimientos de innumerables edificios. Cada país tenía su propio y característico estilo arquitectónico. Ninguno ha superado al de los griegos, si bien el templo de Salomón y el que edificó Herodes fueron universalmente admirados.

**Arras.** Lo que se da como prenda o señal en algún contrato o concierto; una señal de lo que vendrá (2 Co. 1:22; Ef. 1:14.)

**Arrastra sobre la tierra, Animal que se.** (Ver Animales de la Biblia—reptiles—insectos)

**Arrepentimiento.** Cambio de la mente y del corazón respecto del pecado, de modo de apartarse del mismo (Mt. 27:3; 2 Co. 7:9, 10.) El arrepentimiento es indispensable para la salvación (Mt. 3:2, 8; 4:17.)

**Arroyo.** Corriente de agua de poco caudal, que habitualmente corre sólo en épocas de lluvias (Dt. 2:13; 1 R. 18:40.)

**Arroyo de Cisón** (Ver Cisón)

**Arsa.** Mayordomo del rey Ela (1 R. 16:9.)

**Artajerjes** *(rey fuerte)* Nombre propio o probablemente el título de varios de los reyes de Persia. Ese es el nombre con que se denomina a dos y posiblemente a tres reyes persas en el A.T.: el seudo-Smerdis, de Esdras 4:7-23; "Longímano" que accedió al pedido de Esdras (Esd. 7:6) y de Nehemías (Neh. 2:1-8) de ir a Jerusalén; y posiblemente otro rey que reinó antes del año 516 a. C. (Esd. 6:14.)

**Arte.** Las seis artes mayores son la música, la danza, la arquitectura, la escultura, la pintura y la literatura. Se la clasifica en arte especial (arquitectura, escultura, pintura) y temporal (música, literatura); la danza abarca ambas categorías. Debido al mandamiento que prohibía el arte representacional (Ex. 20:4), poco es lo que aportaron los israelitas en lo que hace a la escultura y a la pintura. Fueron los artífices fenicios quienes ayudaron a los israelitas en sus obras arquitectónicas de envergadura. Practicaban la danza. La música alcanzó un alto grado de perfección; en cuanto a la literatura israelí no fue superada en la antigüedad.

**Artemas** *(don de Artemisa)* Compañero de Pablo en Nicópolis (Tit. 3:12.)

**Artemisa.** Diosa griega de la caza, la Diana de los romanos. Su templo más grande y famoso estaba en Efeso, considerado como una de las maravillas de la antigüedad (Hch. 19:23-41.)

**Artesa.** Cajón cuadrilongo, por lo común de madera, sin tapa, que sirve para amasar el pan y también para otros usos (Ex. 8:3; Dt. 28:5, 17.)

**Artesano.** Persona que ejercita un arte u oficio meramente mecánico (2 R. 24:14; 24:16; 2 Cr. 24:13; Jer. 24:1.) Los judíos entrenaban a todos los niños en algún oficio o trabajo manual. El apóstol Pablo hacía tiendas (Hch. 18:3) y nuestro propio Señor Jesucristo era carpintero (Mr. 6:3.) (Ver Oficios y Profesiones.)

**Artífice.** Persona que ejecuta a la perfección y acabadamente una obra mecánicamente o aplica a ella alguna de las bellas artes (Gn. 4:22; 2 Cr. 24:12; Jer. 10:3.)

**Arubot** *(ventana, esclusa)* Distrito administrativo de Judá que debía abastacer de comida a Salomón (1 R. 4:10.)

**Aruma.** Lugar cerca de Siquem donde vivía Abimelec nº 3 (Jue. 9:41.)

**Arvad.** Isla cerca de la costa fenicia (Ez. 27:8, 11.) Sus habitantes descendían de Cam (Gn. 10:18.)

**Arvadeo.** Habitante de Arvad (Gn. 10:18; 1 Cr. 1:16.)

**Asa** *(sanador)* 1. Tercer rey de Judá, que reinó desde el año 964 al 923 a. C. (1 R. 15:9-24; 2 Cr. 14:16.) Comenzó su reinado con una reforma religiosa (2 Cr. 14:3-5; 15:1-17) y fue un rey sumamente piadoso a pesar de sus idolátricos antecesores. Fueron pacíficos los primeros 10 años de su reinado; después entró en guerra contra Zera el etíope (2 Cr. 14:9-15) y contra el reino de Norte (1 R. 15.) Murió de una grave enfermedad a los pies porque no confió en el Señor (2 Cr. 16:12-14.) 2. Un levita, padre de Berequías nº 3 (1 Cr. 9:16.)

**Asadías** *(gracia o misericordia de Jehová)* Antepasado del profeta Baruc, que figura en el libro que lleva su nombre (Baruc 1:1.)

**Asael** *(a quien Dios hizo)* 1. Sobrino de David; un soldado valiente (1 Cr. 27:7); lo mató Abner (2 S. 2:18-23.) 2. Un maestro levita en tiempo de Josafat (2 Cr. 17:8.) 3. Mayordomo en el templo en tiempo del rey Ezequías (2 Cr. 31:13.) 4. Sacerdote, padre de Jonatán nº 10 (Esd. 10:15.)

**Asaf** *(Dios reunió)* 1. Padre de Joa, canciller de Ezequías (2 R. 18:18, 37; Is. 36:3, 22.) 2. Levita a cargo de la música en tiempo de David y de Salomón. Se le acreditan 12 Salmos (50, 73-83.) 3. Ascendiente de algunos levitas que regresaron del cautiverio (1 Cr. 9:15.) 4. Ascendiente de Meselemías (1 Cr. 26:1.) 5. Oficial del rey Artajerjes (Neh. 2:8.)

**Asaía** *(a quien hizo Jehová)* Oficial enviado por Josías a Hulda, la profetisa, a preguntarle acerca de la ley (2 R. 22:12-14.)

**Asaías** *(a quien hizo Jehová)* 1. Un simeonita (1 Cr. 4:36.) 2. Un levita en los tiempos de David, descendiente de Merari (1 Cr. 6:30; 15:6, 11.) **3.** Un silonita que regresó del cautiverio ( = Maasías nº 11) (1 Cr. 9:5.) **4.** Siervo del rey Josías (2 Cr. 34:20.)

**Asamblea, Gran** (Ver Gran Asamblea)

**Asán** *(humo)* Ciudad ( = Corasán), asignada primeramente a Judá (Jos. 15:42), luego a Simeón (Jos. 19:7; 1 Cr. 4:32) y posteriormente fue una ciudad levita (1 Cr. 6:59.)

**Asareel** *(Dios llenó de alegría)* Descendiente de Judá (1 Cr. 4:16.)

**Asarela.** Levita músico en la época de David, hijo de Asaf ( = Jesarela), (1 Cr. 25:2.)

**Asbel** *(reprobado de Dios)* Hijo de Benjamín (Gn. 46:21; Nm. 26:38; 1 Cr. 8:1.)

**Asbelita.** Descendiente de Asbel (Nm. 26:38.)

**Ascalón.** Una de las cinco principales ciudades de los filisteos, a 19 kilómetros al norte de Gaza; tomada por la tribu de Judá (Jue. 1:18) pero retomada por los filisteos, que la mantuvieron en su poder durante casi todo el período del A. T.; denunciada por Amós (1:6-8), Sofonías (2:4, 7) y Zacarías (9:5). Fue destruida en el año 1270 a. C.

**Ascaloneo.** Habitante de Ascalón (Jos. 13:3.)

**Ascua.** Pedazo de cualquier materia sólida y combustible penetrada de fuego pero sin dar llama (2 S. 14:7; Pr. 25:22; Ro. 12:20.)

**Ascensión de Cristo** (Ver Mr. 16:19; Lc. 24:50-52; Hch. 1:6-11.) Nombre dado al acontecimiento por el cual Cristo abandonó la tierra y retornó al Padre. Fue un retorno físico y reporta importantes beneficios a los creyentes.

**Asdod** *(plaza fuerte)* Una de las cinco principales ciudades filisteas (Jos. 11:22.) Centro del culto a Dagón (dios pez); allí fue llevada el arca pero luego devuelta (1 S. 5:1-7); conquistada por Uzías; Amós predijo su destrucción (Am. 1:8); capturada por Sargón II, rey de Asiria (Is. 20:1); procuró obstaculizar a los judíos de la época de Nehemías (Neh. 4:7-9; 13:23, 24.) En la Septuaginta y en el N. T. se la denomina Azoto (Hch. 8:40.)

**Asdodeo.** Habitante de Asdod (Jos. 13:3.)

**Asena. 1.** Nombre de dos ciudades de Judá (Jos. 15:33, 43.) **2.** Jefe de una familia de netineos que regresaron del exilio (Esd. 2:50.)

**Asenat** *(ella pertenece a Neit)* Esposa de José y madre de Manasés y Efraín (Gn. 41:45, 50; 46:20.)

**Asenúa.** Padre de una familia de Benjamín (1 Cr. 9:7.)

**Aser** *(feliz)* **1.** Octavo hijo del patriarca Jacob (Gn. 30:12, 13; 35:26.) **2.** Tribu descendiente de Aser (Jos. 19:24-31); territorio en el extremo NO. de Palestina.

**Asera.** Este nombre aparece frecuentemente en la Biblia, relacionado con las prácticas idolátricas del pueblo israelita. Designa a una diosa pagana, y a la estaca, madera o cipo simbólico a ella consagrada. Los reyes reformadores de Judá destruyeron esos emblemas idolátricos (1 R. 15:13; 2 R. 17:10; 21:3; 23:4.)

**Asesinato.** Prohibido bajo pena de muerte (Gn. 9:4-6; Ex. 21:14; Lv. 24:17; Dt. 19:11-13); el pariente más próximo al asesinado tenía el derecho de perseguir y matar al asesino (Nm. 35:19), pero el homicida podía huir a una ciudad de refugio donde se lo juzgaría y sería entregado al vengador, o protegido, según fuere el caso (Nm. 35:9-34; Dt. 19:1-10.)

**Asfalto.** Betún negro, sólido, quebradizo, que se derrite al fuego. Se lo llama también "Betún de Judea" (Gn. 11:3; 14:10.)

**Asia. 1.** Continente al E. de Europa. **2.** En el N. T. se refiere al Asia Menor (Hch. 19:26), la actual Turquía, o al Asia de la Roma proconsular en el SO. del Asia Menor (Hch. 20:4; 1 Co. 16:19.)

**Asiarcas** *(autoridades de Asia)* Funcionarios civiles y sacerdotales de la provincia romana de Asia, elegidos anualmente para presidir los juegos atléticos nacionales y las representaciones teatrales (Hch. 19:31, BJ.)

**Asiel** *(creado por Dios)* Príncipe simeonita (1 Cr. 4:35.)

**Asiento.** Silla, banquillo, trono (1 S. 20:18; Lc. 1:52.)

**Asima.** Divinidad que se hicieron para su culto los habitantes de Hamat, uno de los pueblos con que pobló Samaria el rey de Asiria (2 R. 17:30.)

**Asíncrito** *(incomparable)* Un cristiano amigo de Pablo en Roma (Ro. 16:14.)

**Asir** *(cautivo)* **1.** Hijo de Coré, primo de Moisés (Ex. 6:24; 1 Cr. 6:22.) **2.** Descendiente de Salomón, hijo de Jeconías (1 Cr. 3:17.) **3.** Descendiente de Coré, antepasado de Samuel (1 Cr. 6:23, 37.)

**Asiria.** Imperio al N. de Babilonia. Su primera capital fue Asur y posteriormente Nínive. Originalmente localizada entre el alto Tigris y el río Zab; en su mayor apogeo abarcaba todo el territorio entre el Mar Muerto y el Mar Caspio, el golfo de Persia y el Mar Mediterráneo (incluido Egipto). Sus habitantes eran semitas. Muchas veces sus reyes guerrearon contra Israel (2 R. 15:19, 29; 16:7, 9; 2 Cr. 28:20); finalmente llevó cautivo al reino del Norte en el año 721 a. C. (2 R. 17:6; 18:11.) Nínive fue capturada en el año 612 a. C.

**Askenaz. 1.** Hijo (o los descendientes de Gomer) (Gn. 10:3; 1 Cr. 1:6.) **2.** Pueblo asociado a Ararat, mencionado en Jer. 51:27.

**Asmón** *(robusto)* Localidad en la frontera S. de Judá (Nm. 34:4; Jos. 15:4.)

**Asmoneos.** Nombre que los escritores judíos dan a la dinastía descendiente de los Macabeos, cuyos soberanos fueron Juan Hircano, Aristóbulo I, Alejandro Janneo, Alejandra Salomé, Aristóbulo II y Antígono. (Ver Macabeos)

**Asnapar.** Rey de Asiria, habitualmente identificado con Asurbanipal (Esd. 2:50.)

**Asno** (Ver Animales de la Biblia)

**Asón.** Puerto de Misia en el Asia Menor (Hch. 20:13, 14.)

**Aspata** *(jinete)* Hijo de Amán (Est. 4:10.)

**Aspenaz.** Jefe de los eunucos en la corte de Nabucodonosor (Daniel 1:3.)

**Áspid** (Ver Animales de la Biblia)

**Aspirar.** Atraer al aire al interior de los pulmones (Jer. 14:6.)

**Asriel** *(el Dios de mi alegría jubilosa)* **1.** Descendiente de Manasés (Nm. 26:31; Jos. 17:2.) **2.** Hijo de Manasés (1 Cr. 7:14.)

**Asrielita.** Descendiente de Asriel (Nm. 26:31.)

**Asta.** Palo a cuyo extremo se coloca una bandera o un pabellón u otro objeto y que Moisés utilizó para colocar la serpiente de bronce (Nm. 21:8, 9.)

**Astarot. 1.** Ciudad en Basán, probablemente denominada así por tener un templo dedicado a Astarté (Dt. 1:4; Jos. 9:10; 12:4), ( = Astarot Karnaim). **2.** Diosa de los cananeos, aparentemente esposa de Baal, y ambos eran adorados con ritos lascivos. En ocasiones fueron adorados por los israelitas (Jue. 2:11-23; 1 S. 7:3, 4.) Josías destruyó los lugares donde se la adoraba.

**Astarotita.** Habitante de Astarot (1 Cr. 11:44.)

**Astarot Karnaim** = Astarot n° 1 (Gn. 14:5.)

**Astoret.** Diosa de los sidonios ( = Astarot), (1 R. 11:5; 2 R. 23:13.)

**Astrólogo.** El que procura descubrir la influencia que los astros ejercen sobre los asuntos humanos y predecir acontecimientos según sea su posición y aspecto (Dn. 2:27; 4:7; 5:7; Is. 47:12.)

**Astrólogos caldeos** (Ver Sabios)

**Astronomía.** Hay numerosos pasajes en la Biblia que se refieren a esta disciplina (Gn. 1:16; Sal. 147:4; Job 22:12; Sal. 19:1-6; Is. 13:10; Am. 5:8; 1 Co. 15:41.) Hay varias alusiones en la Biblia a eclipses de sol y de luna. En Is. 13:10 dice que "el sol se oscurecerá al nacer, y la luna no dará su resplandor" y en Joel 2:31 dice que "el sol se convertirá en tinieblas y la luna en sangre". Hay abundante evidencia escritural de que los escritores de la Biblia conocían, al menos, algunas de las constelaciones. Así, en Job 38:31 dice que "¿Podrás tú atar los lazos de las Pléyades, o desatarás las ligaduras de Orión?" Entre los problemas astronómicos aún no resueltos se cuenta el largo día de Josué (Jos. 10:12-14), el retroceso de la sombra en el reloj de Acaz (Is. 38:8), y la estrella que guió a los magos a Belén (Mt. 2:2.)

**Astucia.** Calidad de astuto, ardid (Job 5:13; Lc. 20:23; Fil. 4:14.)

**Astuto.** Agudo, hábil para engañar o evitar el engaño o para lograr artificiosamente cualquier fin (Gn. 3:1; Job 5:12; Pr. 7:10.)

**Asuero. 1.** Padre de Darío de Media (Dn. 9:1.) **2.** Rey de Persia mencionado en el Libro de Ester. Hay numerosas evidencias que abonan la tesis de que se trataba de Jerjes, que reinó del 486 al 465 a. C. El Asuero de Esdras probablemente sea también este mismo Jerjes, si bien algunas veces se lo identifica con Cambises, hijo de Ciro.

**Asunción de Moisés.** Libro apocalíptico judío, anónimo, escrito probablemente en el primer siglo d. C.; profetiza el futuro de Israel.

**Asur.** Dios de los asirios; reputado como fundador de los asirios; capital de Asiria; a menudo la nación asiria propiamente dicha (Gn. 10:22; 1 Cr. 1:17; Os. 14:3.)

**Asurbanipal** *(Asur es el creador de un hijo)* Rey de Asiria, reinó entre los años 668 y 626 a. C.; gran estudioso, su biblioteca, de más de 22.000 tablillas de arcilla, aún subsiste.

**Asureos.** Una de las tribus sobre las cuales Abner estableció por rey a Is-boset (2 S. 2:9, VM.)

**Asurim.** Tribu descendiente de Abraham y Cetura (Gn. 25:3.)

**Asvat** *(ciego)* Descendiente de Aser (1 Cr. 7:33.)

**Atac** *(tu tiempo)* Ciudad de Judá (1 S. 30:30.)

**Atad.** Nombre de un lugar, al E. del Jordán, donde endecharon a Jacob (= Abel-mizraim), (Gn. 50:10, 11.)

**Atai. 1.** Judaíta descendiente de Jerameel (1 Cr. 2:35, 36.) **2.** Guerrero gadita que se unió a David en Siclag (1 Cr. 12:11.) **3.** Hijo del rey Roboam, hermano del rey Abías de Judá (2 Cr. 11:20.)

**Ataías** *(Dios se ha revelado eminente)* Hijo de Uzías (Neh. 11:4.)

**Atalaya.** Centinela o vigía de una ciudad o del cuartel general de un ejército (2 S. 18:24-27; Ez. 33:2-7.)

**Atalía** *(Jehová manifestó su sublimidad)* Fue la única mujer que reinó sobre Judá. Hija de Acab y Jezabel y esposa del rey Joram de Judá. Reinó seis años y fue asesinada al salir del templo. Su historia está relatada en 2 R. 8:18, 25-28; 11:1-20; 2 Cr. 22:1-23:21; 24:7.

**Atalía.** Ciudad portuaria de Panfilia, en la región S. del Asia Menor (Hch. 14:25.)

**Atalías** *(Jehová manifestó su sublimidad)* **1.** Descendiente de Benjamín (1 Cr. 8:26.) **2.** Padre de Jesaías nº 4, que volvió del exilio (Esd. 8:7.)

**Atar y desatar.** El portar una llave o llaves era símbolo del poder delegado de abrir y de cerrar. A los apóstoles se les dio el poder de atar y de desatar. Pedro desató los pies del cojo a la Puerta de la Hermosa (Hch. 3:1-10) y Pablo ató o sujetó la vista de Barjesús (Hch. 13:8-11.)

**Atara** *(corona)* Esposa de Jerameel y madre de Onam (1 Cr. 2:26.)

**Atarim.** Camino en el Neguev utilizado por los israelitas para entrar en Canaán (Nm. 21:2.)

**Atarot** *(coronas)* **1.** Ciudad cerca de Galaad (Nm. 32:3, 24.) **2.** Población (= Atarot-adar) en la frontera entre Efraín y Benjamín (Jos. 16:2.) **3.** Lugar en la frontera oriental de Efraín (Jos. 16:7.)

**Atarot-adar.** Población en la frontera de Efraín y Benjamín (= Atarot nº 2), (Jos. 16:5; 18:13.)

**Atarot-sofán.** Ciudad edificada por los gaditas cerca de Atarot nº 1 (Nm. 32:35.)

**Ataúd.** Probablemente una caja en la cual se colocaban las momias (Gn. 50:25.)

**Atavío** (Ver Vestido)

**Atenas** *(ciudad de Atenea)* Ciudad principal de Grecia, capital del Ática. El nombre proviene de Atenea, su diosa patrona. Rodeaba una colina rocosa llamada Acrópolis. Los atenienses derrotaron a los persas en los años 490 y 480 a. C. y luego de ello construyeron un pequeño imperio. Vio su mayor apogeo y gloria durante el gobierno de Pericles (459-431). En el año 146 a. C. los romanos la hicieron parte de la provincia de Aquea. Subsistió como gran centro educacional y cultural. Pablo la visitó en su segundo viaje misionero (Hch. 17.)

**Ateniense.** Habitante de Atenas (Hch. 17:21, 22.)

**Ater** *(protector, salvador)* **1.** Antepasado de una familia de exilados que regresaron del cautiverio (Esd. 2:16; Neh. 7:21.) **2.** Padre de una familia de porteros del templo (posiblemente = n° 1), (Esd. 2:42; Neh. 7:45.) **3.** Líder judío, firmante del pacto de Nehemías (Neh. 10:17.)

**Atlai.** Un hombre que se divorció de su mujer extranjera (Esd. 10:28.)

**Atrio.** Espacio descubierto y por lo común cercado de pórticos, que hay en algunos edificios (Ex. 27:9; Mr. 15:16.) Andén que hay delante de algunos templos y palacios (Neh. 13:7; Sal. 65:4; Ez. 8:7.)

**Atrio de los gentiles.** Atrio exterior al templo propiamente dicho.

**Atrot-bet-joab** *(corona de la casa de Joab)* Descendiente de Judá (1 Cr. 2:54.)

**Augusta.** *(Cohorte, Compañía)* Título honorífico que ostentaba la cohorte o compañía a que pertenecía el centurión Julio, encargado de conducir preso a Roma a Pablo (Hch. 27:1.)

**Augusto César.** Primer emperador romano (27 a. C. a 14 d. C.). Jesús nació durante su reinado (Lc. 2:1; Hch. 25:21, 25.)

**Autoridad.** Persona revestida de algún poder, mandato o magistratura (Neh. 11:21; Mt. 7:29; Hch. 17:6, 8.)

**Ava.** Región asiria de la cual se llevó gente para colonizar Samaria (2 R. 17:24, 31.)

**Avén** *(vanidad, nada)* **1.** Ciudad de Heliópolis, en Egipto (Ez. 30:17.) **2.** Lugar de idolatría en Bet-el (Os. 10:5, 8.) **3.** Lugar en Siria, dedicado a cultos paganos; talvez Baal (Am. 1:5.)

**Aventar.** Proceso mediante el cual se separa el grano de la paja, sacudien-

do puñados de grano al viento; el grano cae en la era y la paja se la lleva el viento (Rt. 3:2; Is. 30:24.)

**Aventador.** Instrumento que sirve para aventar, es decir echar al viento los granos que se limpian en la era (Jer. 15:7; 51:2; Mt. 3:12.)

**Aveos, Avim. 1.** Antiguos habitantes de Gaza (Dt. 2:23; Jos. 13:3.) **2.** Ciudad benjamita (Jos. 18:23.)

**Aves.** En Palestina se encuentran 360-400 diferentes especies de aves, de las cuales 26 se encuentran solamente allí. La Biblia menciona alrededor de 50 que divide en limpias e inmundas (Lv. 11:13-19; Dt. 14:11-19.) Las aves se mencionan en todos menos en 21 libros de la Biblia. He aquí la lista: *abubilla* (Lv. 11:19); *águila* (Pr. 30:19); *avestruz* (Lm. 4:3); *azor* (Lv. 11:13); *buho* (Sal. 102:6); *buitre* (Job 28:7); *calamón* (Dt. 14:16); *cigüeña* (Sal. 104:17); *codorniz* (Nm. 11:31); *cuervo* (Lc. 12:24); *gallina* (Mt. 23:37); *gallinazo* (Dt. 14:13); *gallo* (Mt. 26:34); *garza* (Lv. 11:19); *gavilán* (Job 39:26); *gaviota* (Dt. 14:15); *golondrina* (Pr. 26:2); *gorrión* (Sal. 84:3); *grulla* (Is. 38:14); *ibis* (Lv. 11:17); *lechuza* (Is. 34:14); *milano* (Dt. 14:13); *mochuelo* (Is. 34:11); *paloma* (Gn. 8:8); *palomino* (Lc. 2:24); *pajarillos* (Mt. 10:29); *pavo real* (1 R. 10:22); *pelícano* (Sal. 102:6); *perdiz* (1 S. 26:20); *polluelos* (Mt. 23:37); *quebrantahuesos* (Dt. 14:12); *somormujo* (Lv. 11:17); *tórtola* (Sal. 74:19.)

**Avestruz** (Ver Aves)

**Avim** = Aveos (Jos. 18:23.)

**Avispa** (Ver Insectos)

**Avit** *(ruinas)* Ciudad capital de Hadad en Edom (Gn. 36:35.)

**Ayin.** Decimosexta letra del alfabeto hebreo.

**Ayuda idónea.** La que Dios le proveyó a Adán en forma de una mujer como compañera (Gn. 2:18.)

**Ayudan, Los que.** Uno de los dones del Espíritu, probablemente la capacidad de ejecutar buenas obras de una manera agradable (1 Co. 12:7-11, 28-31.)

**Ayuno.** El ayuno o la abstinencia de alimentos y de agua por un determinado lapso, largo o corto, acompañaba regularmente ciertos aspectos del culto, y se lo menciona con frecuencia en la Biblia. El único ayuno obligatorio, según la ley, era en el Día de la Expiación (Lv. 16:29, 31; Jer. 36:6.) Se ayunaba en ocasiones especiales como penitencia nacional o para impedir una inminente calamidad (1 S. 7:6.)

El ayuno lo practicaban los judíos estrictos en los días de Jesús (Lc. 2:37; 18:12), y el mismo Jesús ayunó en el desierto en ocasión de ser tentado (Mt. 4:2.) También la iglesia observó esta costumbre cuando se hizo necesario orar en ocasiones especiales (Hch. 13:2, 3; 14:23.) Jesús sancionó al ayuno pero no lo ordenó (Mr. 2:18-22.)

**Azada.** Herramienta agrícola que sirve para cavar tierras roturadas o blandas, remover el estiércol, etc. (Is. 7:25.)

**Azadón.** Se distingue de la azada en que la pala es algo más curva y larga y por ello sirve para rozar y romper tierras duras y otros usos (1 S. 13:20; Jl. 3:10; Mi. 4:3.)

**Azafrán** (Ver Plantas)

**Azai** *(mi protector)* Sacerdote, ascendiente de Amasai (Neh. 11:13.)

**Azal.** Lugar cerca de Jerusalén (Zac. 14:5.)

**Azalía** *(Jehová separó)* Padre de Safán nº 1, el escriba (2 R. 22:3; 2 Cr. 34:8.)

**Azán** *(fuerte)* Padre de Paltiel nº 1, príncipe de Isacar (Nm. 34:26.)

**Azanías** *(Dios oyó)* Levita, firmante del pacto de Nehemías (Neh. 10:9.)

**Azarael** *(Dios ayudó)* Sacerdote músico en tiempo de Nehemías (Neh. 12:36.)

**Azareel** *(Dios ayudó)* 1. Guerrero que se unió a David en Siclag (1 Cr. 12:6.) 2. Músico entre los hijos de Hemán ( = Uziel nº 4) (1 Cr. 25:18.) 3. Capitán del ejército de David (1 Cr. 27:22.) 4. Hombre que se divorció de su mujer extranjera (Esd. 10:41.) 5. Sacerdote, padre de Amasai (Neh. 11:13.)

**Azarías** *(Jehová ha ayudado)* 1. Hijo del sacerdote Sadoc (1 R. 4:2.) 2. Hijo de Natán, jefe de los gobernadores en tiempo de Salomón (1 R. 4:5.) 3. Rey de Judá ( = Uzías nº 1), (2 R. 14:21.) 4. Hijo de Etán (1 Cr. 2:8.) 5. Hijo de Jehú (1 Cr. 2:38, 39.) 6. Hijo de Aimaas nº 2 (1 Cr. 6:9.) 7. Sacerdote, nieto de nº 6 (1 Cr. 6:10, 11.) 8. Hijo del rey Josafat (2 Cr. 21:2.) 9. Otro hijo del rey Josafat (2 Cr. 21:2.) 10. Profeta en tiempo del Joram (2 Cr. 22:6; N. del Redactor: en R-V figura como Ocozías, pero el texto hebreo dice "Azarías"; cf. BJ, nota al pie.) 12. Nombre de un oficial del ejército que ayudó al sacerdote Joiada (2 Cr. 23:1.) 13. Otro oficial que hizo lo mismo (2 Cr. 23:1.) 14. Sumo sacerdote en tiempo del rey Uzías (2 Cr. 26:17, 20.) 15. Hijo de Johanán (2 Cr. 28:12.) 16. Levita en tiempo del rey Ezequías (2 Cr. 29:12.) 17. Otro levita del mismo tiempo (2 Cr. 29:12.) 18. Sumo sacerdote en tiempo del rey Ezequías (2 Cr. 31:10, 13.) 19. Ascendiente de Esdras (posiblemente = nº 13 ó nº 16), (Esd. 7:3.) 20. Hijo de Maasías (Neh. 3:23.) 21. Uno que regresó del exilio con Zorobabel (Neh. 7:7.) 22. Levita que ayudó a Esdras (Neh. 8:7.) 23. Firmante del pacto de Nehemías (Neh. 10:2.) 24. Príncipe de Judá en tiempo de Nehemías (Neh. 12:33.) 25. Enemigo del profeta Jeremías (Jer. 43:2.) 26. Compañero de Daniel ( = Abed-nego), (Dn. 1:7.)

**Azaz** *(fuerte)* Descendiente de Rubén (1 Cr. 5:8.)

**Azazel** *(víctima propiciatoria)* Palabra de significación dudosa que se encuentra únicamente en Levítico 16:8, 10, 26 en conexión con uno de los machos cabríos escogidos para el servicio en el Día de la Expiación. Se lo ha interpretado tanto personal como impersonalmente y su significado sería; 1) un espíritu maligno; 2) quitar; 3) el diablo.

**Azazías** *(Jehová es fuerte)* 1. Arpista (1 Cr. 15:21.) 2. Personaje de Efraín (1 Cr. 27:20.) 3. Un levita (2 Cr. 31:13.)

**Azbuc.** Padre de Nehemías nº 3 (Neh. 3:16.)

**Azeca** *(monte, hendidura)* Localidad en el NO. de Judá (Jos. 10:10; 11; 15:35; 1 S. 17:1.)

**Azel.** Descendiente de Jonatán (1 Cr. 8:37, 38; 9:43, 44.)

**Azgad** *(Dios es fuerte)* **1.** Ancestral jefe de una familia de judíos postexílicos (Esd. 2:12; 8:12; Neh. 7:7.) **2.** Firmante del pacto de Nehemías (Neh. 10:15.)

**Aziel** *(Dios es mi fuerza)* Músico en tiempo de David ( = Jaaziel), (1 Cr. 15:20.)

**Aziza** *(fuerte)* Un hombre que se divorció de su esposa extranjera (Esd. 10:27.)

**Azmavet** *(fuerte es la muerte)* **1.** Uno de los 30 valientes de David (2 S. 23:31.) **2.** Benjamita, padre de Jeziel y Pelet (1 Cr. 12:3.) **3.** Tesorero del rey David (1 Cr. 27:25.) **4.** Descendiente de Jonatán (1 Cr. 8:26.) **5.** Lugar al N. de Anatot (Esd. 2:24; Neh. 12:29.)

**Aznot-Tabor** *(orejas-cimas-del Tabor)* Lugar cerca del Monte Tabor, en la frontera de Neftalí (Jos. 19:34.)

**Azor** *(Jehová auxilió)* Antepasado postexílico de Cristo (Mt. 1:13, 14.)

**Azor** (Ver Aves)

**Azote.** El acto o el instrumento utilizado para infligir un severo castigo. La ley de Moisés permitía azotar a los culpables pero limitado al número de 40 azotes. Lo aplicaban las autoridades de la sinagoga local (Mt. 10:17) o el Sanedrín (Hch. 5:40.) Los romanos utilizaban la vara (Hch. 16:22) o el látigo (Mt. 27:26.) El término también se lo usa en sentido figurado para expresar "aflicción" (Jos. 23:13; Job 5:2.)

**Azoto** *(fortaleza, plaza fuerte)* Ese nombre le da la Septuaginta y el N. T. El A. T. la denomina Asdod. Es una de las cinco principales ciudades filisteas, a mitad de camino entre Jope y Gaza. Hogar de los anaceos; asignada a Judá; Uzías derribó sus muros (2 Cr. 26:6); Sargón la sitió (Is. 20:1); se opuso a la reconstrucción de los muros de Jerusalén (Neh. 4:7.) Fue allí donde predicó Felipe (Hch. 8:40.)

**Azricam** *(mi socorro se levantó)* **1.** Hijo de Nearías (1 Cr. 3:23.) **2.** Descendiente del rey Saúl (1 Cr. 8:38; 9:44.) **3.** Antepasado de Semaías nº 5 (1 Cr. 9:14; Neh. 11:15.) **4.** Mayordomo del rey Acaz (2 Cr. 28:7.)

**Azriel** *(Dios es ayuda)* **1.** Jefe de la tribu de Manasés (1 Cr. 5:24.) **2.** Neftalita, padre de Jerimot nº 4 (1 Cr. 27:19.) **3.** Padre de Seraías nº 9 (Jer. 36:26.)

**Azuba** *(olvidada)* **1.** Madre del rey Josafat (1 R. 22:42; 2 Cr. 20:31.) **2.** Mujer de Caleb (1 Cr. 2:18, 19.)

**Azufre.** En la destrucción de Sodoma y Gomorra Dios hizo llover azufre (Gn. 19:24.) También se usa la palabra en forma figurada para expresar castigo y destrucción (Job 18:15; Sal. 11:6; Ap. 21:8.)

**Azur** *(auxiliado)* **1.** Firmante del pacto de Nehemías (Neh. 10:17.) **2.** Padre de Hananías nº 10 (Jer. 28:1.) **3.** Padre de Jaazanías nº 4 (Ez. 11:1.)

**Baal** *(señor, poseedor, esposo)* **1.** En el A. T. figura con diversos significados: "amo" o "dueño" (Ex. 21:28, 34; 2 S. 11:26.) **2.** Pero habitualmente se refiere al dios de las granjas de los fenicios y de los cananeos, responsable de las cosechas, de los rebaños, de la fecundidad de las familias granjeras. Cada localidad contaba con su propio Baal. Se los adoraba en los lugares altos con ritos lascivos, autotortura y sacrificios humanos. En Palestina se erigieron altares a Baal; Jezabel en Israel y Atalía en Judá promovieron el culto a Baal (1 R. 16:31, 32; 2 Cr. 17:3.) **3.** Población en Simeón ( = Baalat-beer), (1 Cr. 4:33.) **4.** Descendiente de Rubén (1 Cr. 5:5.) **5.** Un benjamita (1 Cr. 8:30.) **6.** En forma compuesta generalmente es el nombre de una persona y no de Baal, p. ej. Baal-hanán (1 Cr. 1:49.)

**Baala de Judá** *(lugar sagrado de la diosa Baala)* **1.** Localidad en la frontera N. de Judá, antiguo nombre de Quiriat-Jearim (2 S. 6:2; 1 Cr. 13:6.) **2.** Monte en la frontera de Judá (Jos. 15:11.) **3.** Aldea de Judá ( = Bala y Bilha), (Jos. 15:29.)

**Baalat.** Población en Dan (Jos. 19:44.)

**Baalat-beer** *(la señora del pozo)* Ciudad en Simeón ( = Ramat del Neguev), (Jos. 19:8.)

**Baalbek** *(Señor del valle)* Ciudad de Coele-Siria, aproximadamente a 64 kilómetros al NO. de Damasco, famosa por sus ruinas.

**Baal-gad** *(Gad es Baal)* Sitio cerca del monte Hermón (Jos. 11:17; 12:7; 13:5.)

**Baal-hamón** *(Señor de Hamón)* Lugar donde Salomón tenía una viña (Cnt. 8:11.)

**Baal-hanán** *(Baal es piadoso)* **1.** Rey de Edom (Gn. 36:38.) **2.** Mayordomo del rey David (1 Cr. 27:28.)

**Baal-hazor** *(Señor de Hazor)* Hogar de Absalón, cerca del pueblo de Efraín (2 S. 13:23.)

**Baal-hermón** *(Señor de Hermón)* Localidad o lugar de los heveos cerca del Monte Hermón (posiblemente ( = Baal-gad), que marca el límite NO. de Manasés (Jue. 3:3.)

**Baalí** *(mi señor, mi dueño)* Nombre que con frecuencia se aplicaba a Jehová, en Israel (Os. 2:16.)

**Baalis** *(hijo o señor de Alis)* Rey de los amonitas (Jer. 40:14.)

**Baal-meón** *(Señor de Meón)* Ciudad en las fronteras de Moab (Nm. 32:38; Ez. 25:9.)

**Baal-peor** *(Señor de Peor)* Deidad de los moabitas y madianitas, adorada en el monte Peor (Nm. 25:1-9; Sal. 106:28.)

**Baal-perazim** *(Baal de las brechas)* Lugar cerca del valle de Refaim (2 S. 5:20.)

**Baal-salisa** *(Señor de Salisa)* Lugar en Efraín (2 R. 4:42-44.)

**Baal-tamar** *(Señor de la palmera)* Lugar de Benjamín, cerca de Gabaa de Benjamín y de Bet-el (Jue. 20:33.)

**Baal-zebub** *(Baal, o señor de las moscas)* Nombre bajo el cual adoraban los filisteos a Baal en Ecrón (2 R. 1:2, 3, 6.)

**Baal-zefón** *(Señor del norte)* Lugar cerca del Mar Rojo (Ex. 14:2, 9; Nm. 33:7.)

**Baana** *(hijo de opresión)* **1.** Israelita que juntamente con su hermano asesinó a Is-boset (2 S. 4.) **2.** Padre de Heleb (o Heled), (2 S. 23:29; 1 Cr. 11:30.) **3.** Gobernador de Salomón sobre Taanac y Meguido (1 R. 4:12.) **4.** Gobernador de Salomón sobre Aser y Alot (1 R. 4:16.) **5.** Uno que regresó del exilio con Zorobabel (Esd. 2:2; Neh. 7:7.) **6.** Uno que ayudó en la reparación del muro y firmó el pacto de Nehemías (Neh. 3:4; 10:27.)

**Baara** *(el que arde)* Esposa de Saharaim (1 Cr. 8:8.)

**Baasa** *(osadía)* Tercer rey de Israel; exterminó la casa de Jeroboam; declaró la guerra a Asa, rey de Judá (1 R. 15:16-21); idólatra; reinó 24 años; a su muerte Zimri mató a toda su casa (1 R. 16:1-12.)

**Baasías** *(el Señor es osado)* Antepasado de Asaf el cantor (1 Cr. 6:40.)

**Babel, Torre de** *(puerta de Dios)* Elevada estructura de ladrillos edificada en la llanura de Sinar, poco después del diluvio (Gn. 11:1-9.) Los *ziggurats* babilónicos fueron probablemente imitaciones de esa torre.

**Babilonia** *(puerta de Dios)* Forma griega de la palabra "Babel"; nombre de la ciudad y del país del cual fue su capital. Se la menciona por primera vez en Gn. 10:10; Hammurabi reinó en el siglo XVIII a. C.; alcanzó su esplendor y poder bajo el reinado de Nabucodonosor II (605-562 a. C.); conquistada por Ciro, rey de Persia en el año 539 a. C.; las profecías la mencionan a menudo (Is. 13:1, 19; 14:22; 21; 46; 47; Jer. 50; 51); famosa por sus jardines colgantes, templos y palacios; subsisten sus ruinas. En el N. T. es símbolo de oposición a Dios (1 P. 5:13; Ap. 14:8.)

**Babilónico.** Propio de Babilonia (Jos. 7:21.)

**Baca** *(balsamero)* Valle desconocido en Palestina (Sal. 84:6, R-V edición 1909); se refiere figurativamente a una experiencia de pesadumbre transformada en gozo.

**Bacbacar** *(investigador)* Levita, descendiente de Asaf el cantor (1 Cr. 9:15.)

**Bacbuc** *(botella)* Padre de una familia

de netineos que volvió de la cautividad (Esd. 2:51; Neh. 7:53.)

**Bacbuquías** *(frasco)* Un levita (Neh. 11:17.)

**Báculo.** Palo o cayado (Gn. 38:18; Is. 10:5; Ez. 29:6.)

**Bahurim.** Lugar en el camino que va de Jerusalén a Jericó (2 S. 16:5; 19:16.)

**Bala.** Localidad en la Palestina sudoccidental (Jos. 19:3.)

**Baalam** (talvez *"devorador"*) Hijo de Beor, de la ciudad de Petor, sobre el Eufrates (Dt. 23:4), un adivino contratado por el rey Balac para maldecir a los israelitas de Jehová (Nm. 31), y fue muerto por ellos. En el N. T. se lo toma como un ejemplo de la perniciosa influencia que ejercen maestros hipócritas que tratan de descarriar al pueblo de Dios (Judas 11; 2 P. 2:15.)

**Balac** *(devastador)* Rey de Moab que contrató a Balaam para maldecir a los israelitas (Nm. 22-24; Jue. 11:25.)

**Baladán** *(dio un hijo)* Padre de Merodac-baladán, rey de Babilonia (2 R. 20:12; Is. 39:1.)

**Balanza.** Instrumento para pesar (Lv. 19:36; Pr. 16:11; 20:23; Is. 40:12; Ez. 45:10; Mi. 6:11.)

**Balaustre.** Cada una de las columnitas que con los barandales forman los antepechos de balcones, azoteas, corredores y escaleras (1 R. 10:12.)

**Balde** (Ver Cubo)

**Balsamera** (Ver Plantas)

**Bálsamo.** Resina olorosa utilizada como ungüento para las heridas (Jer. 51:8.)

**Baluarte.** Obra de fortificación de figura pentagonal (2 Cr. 26:15; Jer. 51:32.)

**Ballena.** Mamífero cetáceo, el mayor de los animales conocidos. Figura con el nombre de "ballena" en Gn. 1:21, Ez, 32:2 y Mt. 12:40, en la versión de 1909 de R-V, en tanto en la edición 1960 figura como "grandes monstruos", "dragón" y "gran pez" respectivamente.

**Bama** *(lugar alto)* Sitio de adoración idolátrica (Ez. 20:29.)

**Bamot** *(lugares altos)* Lugar cerca del río Arnón, donde acamparon los israelitas (Nm. 21:19, 20.)

**Bamot-baal** *(altos de Baal)* Lugar al NE. del río Arnón donde había un santuario dedicado a Baal (Nm. 22:41; Jos. 13:17.)

**Banco.** En la antigüedad existía un sistema bancario primitivo. A los israelitas les estaba prohibido prestar a otros israelitas con interés (Ex. 22:25), pero sí podían hacerlo con los gentiles (Dt. 23:20.)

**Banco de los tributos públicos.** Los romanos imponían a los judíos, como a todos sus otros súbditos, tributos o impuestos para el mantenimiento de los gobiernos provinciales. Mateo era cobrador de impuestos o publicano, y dejó su oficio para seguir a Jesús (Mt. 9:9.)

**Bandera.** Las banderas, las enseñas, los pendones o los estandartes eran utilizados en la antigüedad, prácticamente igual que en el día de hoy, para fines militares, nacionales y eclesiásticos (Nm. 2:2; Is. 5:26; 11:10; Jer. 4:21.)

**Bani** *(posteridad)* **1.** Uno de los 30 valientes de David (2 S. 23:36.) **2.** Un levita, ascendiente de Etán nº 4 (1 Cr. 6:46.) **3.** Ascendiente de Utaí nº 1 (1 Cr. 9:4.) **4.** Ascendiente de un grupo que regresó del exilio con Zorobabel (Esd. 2:10; 10:29.) **5.** Ascendiente de algunos que se casaron con mujeres extranjeras en tiempo de Esdras (Esd. 10:34.) **6.** Descendiente de nº 5 (Esd. 10:38.) **7.** Padre de Rehum nº 3 (Neh. 3:17.) **8.** Levita en tiempo de Nehemías (Neh. 9:4.) **9.** Otro levita en tiempo de Nehemías (Neh. 9:4.) **10.** Uno de los firmantes del pacto de Nehemías (Neh. 10:13.) **11.** Otro firmante del pacto (Neh. 10:14.) **12.** Padre de Uzi nº 5 (Neh. 11:22.)

**Banquero** (Ver Oficios y Profesiones)

**Banquete.** Las reuniones y fiestas sociales eran una costumbre muy difundida entre los hebreos. Se festejaban los cumpleaños (Gn. 20:40), los casamientos (Gn. 29:22), los funerales (2 S. 3:35), la vendimia (Jue. 9:27), la esquila (1 S. 25:2, 36), los sacrificios (Ex. 34:15), y otras ocasiones. A veces se reiteraba la invitación el día de la fiesta (Lc. 14:17.) A los invitados se les daba la bienvenida con un beso (Lc. 7:45) y

se les lavaba los pies (Lc. 7:44.) A veces se animaban las fiestas con música, cantos y danzas (Lc. 15:23-25.)

**Baño, bañar, bañadero.** El baño, como medida higiénica o para refrescarse, no se menciona a menudo en la Biblia, pues la mayoría de las referencias son sobre higienización parcial. El bañarse, en la Biblia, tiene especialmente una connotación ritual, una ceremonia de purificación de las inmundicias (Ex. 30:19-21; Lv. 16:4, 24; Mr. 7:3, 4.)

**Bar.** Palabra aramea que significa "hijo"; en el N. T. se la usa como un prefijo (Mt. 16:17, NC.)

**Barac** *(relámpago)* Israelita que derrotó a Sísara por orden de la juez Débora (Jue. 4:6; He. 11:32.)

**Baraquel** *(Dios bendice)* Padre de Eliú nº 5, amigo de Job (Job 32:2, 6.)

**Barba.** Entre los semitas la barba es símbolo de dignidad varonil; se la arrancaban o cortaban como señal de duelo; les estaba prohibido a los israelitas despuntar sus barbas, probablemente porque ello se interpretaba como un acto religioso pagano; se la afeitaban si enfermaban de lepra (Lv. 14:9); en Egipto se afeitaban (Gn. 41:14.)

**Bárbaro.** Originariamente todo aquel que no hablaba el griego (Ro. 1:14 R-V edición 1909); más tarde los que no pertenecían a la cultura greco-romana (Col. 3:11.)

**Barbecho.** Tierra labrantía que no se siembra durante uno o más años (Pr. 13:23; Os. 10:12.)

**Barbero** (Ver Oficios y Profesiones)

**Barca** (Ver Barco)

**Barco.** Los israelitas eran un pueblo agrícola y no marítimo porque las costas de Palestina no ofrecían puertos naturales. Barcas de pesca y balsas de transporte navegaban en el Mar de Galilea y en el río Jordán (Mt. 4:21; 9:1; 14:22.) Salomón contaba con una flota surta en Ezión-geber (1 R. 9:26-28) pero estaba formada por barcos fenicios con tripulaciones también fenicias. La flota que tenía Josafat naufragó (2 Cr. 20:35-37.) Los fenicios eran los grandes navegantes de la antigüedad y llegaron hasta Cornualles en busca de estaño y a las Canarias. Algunas de las embarcaciones egipcias eran de junco (Is. 12:2.) Los barcos eran del tamaño que requerían las circunstancias y el uso que se les quería dar. Los había a remo (Is. 33:21; Ez. 27:6, 29), a vela (Ez. 27:7; Hch. 27:4, 17, 40; 28:11) hasta poderosos barcos de guerra de los romanos, trirremes y quinquerremes, y grandes barcos de carga -hasta de 3250 toneladas que utilizaban para transportar trigo desde Egipto. Pablo viajó en uno de esos barcos, el cual llevaba 276 personas a bordo cuando naufragó (Hch. 27.) Durante el otoño era sumamente peligroso el viaje por mar en el Mediterráneo, tal como lo demuestra la experiencia de Pablo.

**Barcos** *(pintados)* Fundador de una familia de netineos que volvieron de la cautividad (Esd. 2:53; Neh. 7:55.)

**Barhumita.** Habitante de Bahurim (2 S. 23:31; 1 Cr. 11:33.)

**Barías** *(fugitivo)* Descendiente de David (1 Cr. 3:22.)

**Barim.** Lugar no identificado (2 S. 20:14.)

**Barjesús** *(hijo de Jesús)* Un falso profeta y mago ( = Elimas) en la corte de Sergio Paulo (Hch. 13:6-12.)

**Bar Jona** *(hijo de Jonás)* Sobrenombre del apóstol Pedro (Mt. 16:17, NC.)

**Barrabás** *(hijo del padre)* Prisionero liberado por Pilato durante el juicio a Jesús (Mt. 27:17; Mr. 15:15.)

**Barrio.** Sector de la ciudad de Jerusalén cerca de la puerta del Pescado (2 Cr. 34:22.)

**Barsabás** *(hijo de Sabás)* Sobrenombre de José (Hch. 1:23) y de Judas (Hch. 15:22.)

**Bartimeo** *(hijo de Timeo)* Un ciego de Jericó curado por Jesús (Mr. 10:46-52.)

**Bartolomé** *(hijo de Tolmai)* Uno de los doce apóstoles (Mt. 10:3); talvez Natanael (Jn. 1:45.)

**Baruc** *(bendito)* **1.** Uno que ayudó en la restauración del muro de Jerusalén (Neh. 3:20.) **2.** Firmante del pacto de Nehemías (Neh. 10:6.) **3.** Padre de Maasías nº 11 (Neh. 11:5.) **4.** Amigo de confianza y amanuense del profeta Jeremías (Jer. 32:12.)

**Baruc, Libro de** (Ver Libro de Baruc)

**Barzilai** *(hecho de hierro)* **1.** Acaudalado galaadita que se mostró amistoso con David y lo ayudó (2 S. 17:27-29; 19:31-40.) **2.** Un meholatita cuyo hijo, Adriel, se casó con la hija de Saúl (2 S. 21:8.) **3.** Sacerdote yerno de nº 1 (Esd. 2:61; Neh. 7:63.)

**Basa.** Asiento sobre el que se pone la columna o estatua (Ex. 26:19; Cnt. 5:15; Jer. 52:17.)

**Basán** *(llano, tierra fértil)* Región al E. del Mar de Galilea, desde Galaad al monte Hermón; fértil y famoso por su ganado fino (Dt. 32:14; Ex. 39:18); fue asignada a la tribu de Manasés (Jos. 13:29, 30.) Fue incluida en el reino de Herodes el Grande y de su hijo Felipe.

**Basán-havot-jair** *(compamento de Jair en Basán)* Grupo de poblaciones no amuralladas en la región NO. de Basán (Nm. 32:41; Dt. 3:14; Jos. 13:30.)

**Basemat** *(fragante)* **1.** Hija de Elón heteo y mujer de Esaú (Gn. 26:34.) **2.** Hija de Ismael y mujer de Esaú (Gn. 36:3, 4, 10, 13, 17.) En Gn. 28:9 se la llama Mahalat. **3.** Hija de Salomón (1 R. 4:15.)

**Basilisco** (Ver Animales)

**Basmat** *(fragante)* = Basemat en 1 R. 4:15, BJ.

**Bastardo** *(hijo de incesto)* Los bastardos y sus descendientes hasta la décima generación eran excluidos de la asamblea del Señor (Dt. 23:2); no tenían el derecho a reclamar el cuidado paternal o los habituales privilegios y disciplina de los hijos legítimos.

**Batalla.** En la antigua Israel la ciencia militar era relativamente simple. Lo habitual era dividir a las fuerzas armadas en dos divisiones, una de las cuales quedaba a retaguardia como reserva. Se supone que los lanceros formaban la primera línea de ataque, seguidos por los arqueros y en tercera fila los honderos. A veces se entablaban duelos individuales previos a la batalla (1 S. 17:3ss.; 2 S.

2:14ss.) Los pusilánimes eran exceptuados (Dt. 20:8.) En muchas ocasiones transportaban el arca para asegurarse la victoria.

**Batanero.** Oficio del que golpea, desengrasa y enfurte los paños (2 R. 18:17; Is. 7:3, BJ.)

**Bato** (Ver Pesas y Medidas)

**Bat-rabim** *(hija de multitudes)* Puerta de Hesbón, ciudad de Moab (Cnt. 7:4.)

**Bautismo** *(sumergir)* La palabra *baptizo*, según el uso judío, aparece por primera vez en las leyes mosaicas sobre la purificación (Ex. 20:17-21; Lv. 11:25), donde significaba lavado o limpiamiento. Los judíos bautizaban a los prosélitos. El bautismo de Juan estaba relacionado con el arrepentimiento, de manera que los judíos pudieran estar espiritualmente preparados para reconocer y recibir al Mesías, y se diferenciaba del bautismo de Jesús (Lc. 3:16; Jn. 1:26.) El bautismo cristiano simboliza la unión con Cristo (Gá. 3:26, 27), remisión de los pecados (Hch. 2:38), identificación con Cristo en su muerte al pecado y resurrección a una nueva vida (Ro. 6:3-5), y formar parte, como miembro del cuerpo de Cristo (1 Co. 12:13.) Las bendiciones del bautismo se reciben por fe (Ro. 6:8-11.)

**Bavai** *(buen deseo, deseo de felicidad)* Levita que ayudó a la restauración del muro de Jerusalén (Neh. 3:18.)

**Bayit** *(casa)* Puede ser un error de texto en lugar de *bat* (Is. 15:2) "hija", y deba leerse "hija de Dibón" como en Jer. 48:18.

**Bazlut** *(cebolla)* Antepasado de una familia de netineos que regresaron del exilio (Esd. 2:52; Neh. 7:54.)

**Bealías** *(Jehová es Señor)* Benjamita que se unió a David en Siclag (1 Cr. 12:5.)

**Bealot** *(las diosas)* 1. Localidad en el sur de Judá (Jos. 15:24.) 2. Lugar en el norte de Israel (1 R. 4:16, que la versión de R-V menciona como "Alot".)

**Beatitud** *(Bienaventuranza)* Palabra que no figura en la versión castellana de la Biblia (Ver Bienaventuranza)

**Bevai.** 1. Antepasado de una familia que regresó del exilio con Zorobabel (Esd. 2:11; Neh. 7:16.) 2. Padre de Zacarías nº 21 (Esd. 8:11.) 3. Firmante del pacto de Nehemías (Neh. 10:15.)

**Bebida.** Los judíos tomaban agua (Gn. 24:11-18), vino (Gn. 14:18; Jn. 2:3) y leche (Jue. 4:19.)

**Becerra.** Vaca, desde que deja de mamar hasta que cumple un año (Gn. 15:9; Dt. 21:3.)

**Becerro.** Toro, desde que deja de mamar hasta que cumple un año; se lo utilizaba para alimento y para los sacrificios. Los becerros utilizados para sacrificios eran habitualmente machos de un año (Gn. 18:7; Ex. 29:3.)

**Becerro, Adoración de un.** La adoración de becerros formaba parte del culto religioso de casi todos los antiguos pueblos semitas. Los toros simbolizaban la fuerza, el vigor y la resistencia. Aarón construyó un becerro de oro (Ex. 32:4), y Jeroboam erigió dos becerros de oro durante su reinado (1 R. 12:29.)

**Becerro de oro** (Ver Becerro, adoración de un)

**Becerro, Piel de** (Ver Piel de Becerro)

**Becorat** *(primogénito)* Antepasado del rey Saúl (1 S. 9:1.)

**Bedad** *(solo)* Padre de Hadad, rey edomita (Gn. 36:35; 1 Cr. 1:46.)

**Bedán** *(hijo del juicio)* 1. Uno de los jueces hebreos (1 S. 11:12, R-V, edición 1909.) 2. Un manasita (1 Cr. 7:17.)

**Bedelio.** Gomorresina fragante, que figura también con piedras preciosas (Gn. 2:12; Nm. 11:7.)

**Bedias** *(siervo de Jehová)* Uno que se divorció de su esposa extranjera (Esd. 10:35.)

**Beeliada** *(el Señor sabe)* Hijo de David ( = Eliada nº 1), (1 Cr. 14:7.)

**Beelzebú.** Príncipe de los demonios. (Mt. 10:25; Mr. 3:22.)

**Beer** *(pozo)* 1. Lugar donde acampó Israel ( = Beer-elim) (Nm. 21:16.) 2. Lugar hacia donde escapó Jotam ( = Beerot), (Jue. 9:21.)

**Beera** *(pozo)* 1. Príncipe rubenita (1

Cr. 5:6.) **2.** Descendiente de Aser (1 Cr. 7:37.)

**Beer-elim** *(pozo de los terebintos)* Ciudad en Moab ( = Beer nº 1), (Is. 15:8.)

**Beeri** *(que pertenece al pozo)* **1.** Heteo, padre de Judit, mujer de Esaú (Gn. 26:34.) **2.** Padre del profeta Oseas (Os. 1:1.)

**Beerot** *(los pozos)* Ciudad en Benjamín (Jos. 9:17; Esd. 2:25.)

**Beerot-bene-jaacán.** Lugar donde acampó Israel (Dt. 10:6.)

**Beerotita.** Habitante de Beerot (2 S. 4:2; 1 Cr. 11:39.)

**Beer-seba** *(pozo de siete)* Lugar al S. de Judá donde Abraham hizo un pacto con Abimelec y cavó un pozo (Gn. 21:31); allí también se le apareció Dios a Jacob (Gn. 46:1); hacia allí huyó Elías (1 R. 19:3); en ese lugar Amós reprochó a sus habitantes (Am. 8:14.)

**Beestera.** Ciudad de los levitas en Manasés ( = Astarot nº 1), (Jos. 21:27.)

**Behemot** *(bestia)* (Ver Animales de la Biblia)

**Bel** *(señor)* Es el Baal de los babilonios (Is. 46:1); los hebreos lo llamaban Merodac (Jer. 50:2.) Ver Baal.

**Bela** *(Destrucción)* **1.** Región cerca del costado S. del valle de Sidim, también llamado Zoar (Gn. 14:2, 8.) **2.** Primer rey de Edom (Gn. 36:32.) **3.** Hijo de Benjamín (Gn. 46:21.) **4.** Descendiente de Rubén (1 Cr. 5:8.)

**Belaíta.** Descendiente de Bela nº 3 (Nm. 26:38.)

**Belén** *(casa de pan)* **1.** Ciudad a 8 kilómetros al SO. de Jerusalén. En los días de Jacob se llamaba Efrata. Después de la conquista de Canaán, se llamó Belén de Judá (Rt. 1:1) para diferenciarla de Belén de Zabulón. Lugar donde enterraron a Raquel (Gn. 35:19); hogar de Ibzán (Jue. 12:8-10), de Elimelec (Rt. 1:1, 2) y de Booz (Rt. 2:1-4.) Allí fue ungido David (1 S. 2:4, 11.) Y en esa localidad nació Jesús (Mt. 2:1; Lc. 2:15-18.) **2.** Población de Zabulón (Jos. 19:15.) **3.** Descendiente de Judá (1 Cr. 2:51, 54; 4:4.)

**Belial.** No es un sustantivo propio en el A. T. sino una palabra que significa "sin utilidad", "indignidad", "perversidad" (Dt. 13:13, TA; Jue. 19:22, TA; 1 S. 25:25; en esta cita no figura el nombre de Belial en ninguna de las versiones en castellano.) La palabra aparece personificada en 2 Corintios 6:15.

**Belsasar** *(quiera Bel proteger al rey)* Hijo de Nabonido, nieto de Nabucodonosor, último rey del imperio neobabilónico. En medio de una gran bacanal Daniel le informó que Dios lo había hallado falto; casi de inmediato Babilonia cayó ante el ataque de los medopersas y Belsasar fue muerto (Dn. 5:1-30.)

**Beltsasar** *(quiera Bel proteger su vida)* Nombre dado a Daniel por el mayordomo de Nabucodonosor (Dn. 1:7; 2:26; 4:8.)

**Ben** *(hijo)* Un levita (1 Cr. 15:18, R-V edición 1909.)

**Ben-adad** *(hijo de Adad)* Nombre patronímico de los gobernantes de Siria, que se pensaba descendían del dios sirio Hadad. **1.** Rey de Damasco, contemporáneo de Asa, rey de Judá (1 R. 15:18), a quien ayudó en su lucha contra Baasa (1 R. 15:18-21.) **2.** Rey de Siria en tiempo de Omri, rey de Israel (1 R. 20:1.) **3.** Rey de Siria en tiempo de Joacaz, rey de Israel (2 R. 13:3.) **4.** "Palacios (casas) de Ben-adad" (Jer. 49:27; Am. 1:4.)

**Benaía** *(Jehová edificó)* **1.** Un sacerdote levita, hijo de Joiada (2 S. 8:18); capitán de la guardia de David (2 S. 23:22); muy valiente (2 S. 23:20; 1 Cr. 11:22); supervisó la coronación de Salomón (1 R. 1:38s.) **2.** Uno de los valientes de David (2 S. 23:30.) **3.** Príncipe simeonita (1 Cr. 4:36.) **4.** Levita, músico en tiempo de David (1 Cr. 15:18, 20.) **5.** Sacerdote trompetero, en tiempo de David (1 Cr. 15:24.) **6.** Nieto de nº 1 (1 Cr. 27:34.) **7.** Antepasado del profeta Jahaziel (2 Cr. 20:14.) **8.** Mayordomo del rey Ezequías (2 Cr. 31:13.) **9.** Nombre de cuatro israelitas que se desprendieron de sus mujeres extranjeras (Esd. 10:25, 30, 35, 43.) **10.** Padre de Pelatías nº 4 (Ez. 11:1, 13.)

**Ben-ammi** *(hijo de mi pueblo)* Hijo de una de las hijas de Lot y progenitor de los amonitas (Gn. 19:38.)

**Bendecir, bendición.** Bendición significa hacer feliz, rogar por la felicidad de alguien, o cuidar y proteger o glorificar. Dios bendice (Gn. 1:22, 28; 2:3; Sal. 33:12. Bien conocidas bendiciones: Nm. 6:22-27; 2 Co. 13:14.)

**Bendición, Copa de** (Ver Copa de bendición)

**Bendición paternal.** Revestía gran importancia en los días del Antiguo Testamento; a menudo era profética del futuro del hijo (Gn. 27:4, 12, 27-29.)

**Bene-berac** *(hijo del relámpago)* Población de Dan, a pocos kilómetros al SE. de Jaffa (Jos. 19:45.)

**Bene-jaacán.** Lugar desértico donde acamparon los israelitas (= Beerot-bene-jaacán), (Nm. 33:31, 32.)

**Benevolencia.** Simpatía y buena voluntad hacia las personas (2 R. 25:28; Pr. 14:35.)

**Ben-hail** *(hijo de valiente)* Príncipe de Judá (2 Cr. 17:7.)

**Ben-hanán** *(hijo de gracia)* Un judaíta (1 Cr. 4:20.)

**Beninu** *(nuestro hijo)* Levita, firmante del pacto juntamente con Nehemías (Neh. 10:13.)

**Benjamín** *(hijo de mi diestra)* 1. El hijo menor de Jacob. Su madre Raquel, que moría en momentos del parto, le llamó Benoni, pero su padre le puso el nombre de Benjamín (Gn. 35:16-20); fue a Egipto con el resto de la familia (Gn. 43.) 2. Bisnieto del primero (1 Cr. 7:10.) 3. Israelita que se casó con una mujer extranjera (Esd. 10:32.) 4. Uno que ayudó a restaurar el muro de Jerusalén (Neh. 3:23.) 5. Príncipe de Judá en tiempo de Nehemías, posiblemente = n° 4, (Neh. 12:34.) 6. "Puerta de Benjamín", una puerta de Jerusalén (Jer. 20:2.)

**Benjamín, Tribu de.** Tribu que tomó el nombre del hijo menor de Jacob; Jacob anticipó y relató su futura fama (Gn. 49:27; Jue. 20:16); territorio entre Judá y Efraín (Jos. 18:11-28); fueron castigados por un asqueroso pecado que cometieron (Jue. 19:21.) El rey Saúl y el apóstol

Pablo eran benjamitas (1 S. 9:1, 2; Fil. 3:5.)

**Benjamita.** Descendiente de Benjamín n° 1 (Jue. 13:15; 1 S. 9:1.)

**Beno** *(su hijo)* Hijo de Jaazías (1 Cr. 24:26, 27.)

**Benoni** *(hijo de mi tristeza)* Nombre que al morir le dio Raquel al que luego se llamaría "Benjamín" (Gn. 35:18.) (Ver Benjamín.)

**Benzohet** *(ser fuerte)* Descendiente de Judá (1 Cr. 4:20.)

**Beodez** (Ver Embriaguez)

**Beón.** Población rubenita en Moab (Nm. 32:3.)

**Beor. 1.** Padre de Bela, rey de Edom, (Gn. 36:32; 1 Cr. 1:43.) **2.** Padre de Balaam (Nm. 22:5; 2 P. 2:15.)

**Beqa** (Ver Pesas y Medidas)

**Bequer** *(camello joven)* **1.** Segundo hijo de Benjamín (Gn. 46:21.) **2.** Hijo de Efraín (Nm. 26:35.)

**Bequerita.** Descendiente de Bequer n° 2 (Nm. 26:35.)

**Bera** *(regalo)* Rey de Sodoma (Gn. 14:2.)

**Beraca** *(valle de la bendición)* **1.** Guerrero benjamita que se unió a David en Siclag (1 Cr. 12:3.) **2.** Valle en el desierto de Judá (2 Cr. 20:26), donde Josafat alabó a Dios por la victoria.

**Beraías** *(Dios creó)* Hijo de Simei, de la tribu de Benjamín (1 Cr. 8:21.)

**Berea.** Ciudad al SO. de Macedonia (Hch. 17:10-14) donde Pablo fundó una iglesia en el curso de su segundo viaje misionero.

**Bered** *(estar frío)* **1.** Lugar entre Palestina y Egipto, en la vecindad de Cades-barnea (Gn. 16:14.) **2.** Hijo de Efraín (1 Cr. 7:20.)

**Berenice** *(victoriosa)* Hija mayor de Herodes Agripa I (Hch. 12:1), hermana de Herodes Agripa II y nieta de Herodes el Grande. Se casó con su tío Herodes, rey de Calcis, y abandonando a éste contrajo matrimonio con Polemón, rey de Cilicia; provocó un gran escándalo al vivir incestuosamente con su hermano Agripa II (Hch. 25:23; 26:30); fue amante de Vespasiano y de Tito.

**Berequías** *(Jehová bendice)* **1.** Hijo de Zorobabel (1 Cr. 3:20.) **2.** Padre de Asaf n° 2 (1 Cr. 6:39.) **3.** Habitante de Jerusalén después del exilio (1

Cr. 9:16.) **4.** Portero del arca (1 Cr. 15:23.) **5.** Uno de los principales de Efraín en tiempo del rey Peka (2 Cr. 28:12.) **6.** Padre de Mesulam nº 13 (Neh. 3:4, 30; 6:18.) **7.** Padre del profeta Zacarías (Zac. 1:1, 7; Mt. 23:35.)

**Beri** *(sabiduría)* Descendiente de Aser (1 Cr. 7:36.)

**Bería** *(ilustre)* **1.** Descendiente de Aser (Gn. 46:17.) **2.** Descendiente de Efraín (1 Cr. 7:23, 25.) **3.** Descendiente de Benjamín (1 Cr. 8:13, 16.) **4.** Descendiente de Simei nº 1 (1 Cr. 23:10.)

**Beriaítas.** Descendientes de Bería nº 1 (Nm. 26:44.)

**Berilo** *(jaspe amarillo)* Piedra preciosa engarzada en el pectoral del sumo sacerdote (Ex. 28:20; 39:13.) También se la menciona en Dn. 10:6 y Ap. 21:20.

**Ber-lajai-roi** *(Pozo del Viviente-que-me-ve)* Un pozo donde Jehová se apareció a Agar (Gn. 16:7, 14, NC.)

**Bermellón.** Rojo vivo (Jer. 22:14.)

**Bernabé** *(hijo de exhortación o hijo de consolación)* Levita, natural de Chipre (Hch. 4:36); fue uno de los primeros amigos y colaboradores de Pablo (Hch. 9:27); trabajó con Pablo en Antioquía (Hch. 11:22-26) y en el primer viaje misionero de Pablo (Hch. 13-14); junto con Pablo asistió al concilio de Jerusalén (Hch. 15); abandonó a Pablo porque no quiso llevarlo a Marcos en el segundo viaje misionero (Hch. 15:36-41.) En sus epístolas Pablo habla de él elogiosamente (1 Co. 9:6; Gá. 2:1, 9, 13; Col. 4:10.)

**Berota** *(pozos)* Población situada entre Damasco y Hamat (= Berotai), (Ez. 47:16.)

**Berotai** *(pozos)* Ciudad en Siria (= Berota), (2 S. 8:8.)

**Besai** *(aplastado)* Cabeza de una familia de netineos que retornó del exilio a Jerusalén (Esd. 2:49; Neh. 7:52.)

**Beser** *(fuerte)* **1.** Ciudad de refugio levita de la tribu de Rubén (Jos. 21:36.) **2.** Un héroe aserita (1 Cr. 7:37.)

**Beso.** Acción de besar. El beso entre personas expresa amistad, amor,

pasión, adoración, respeto, reverencia, *etc.* (Pr. 27:6; Cnt. 1:2; Lc. 7:45; 22:48.) "Osculo" es un sinónimo utilizado en el N. T. para saludarse formalmente (Ro. 16:16; 1 Co. 16:20; 2 Co. 13:12; 1 Ts. 5:26; 1 P. 5:14.)

**Besodías** *(confiado en Dios)* Padre de Mesulam nº 4, constructor a las órdenes de Nehemías (Neh. 3:6.)

**Besor.** Un torrente cerca de Gaza, al sur de Siclag (1 S. 30:9, 10.)

**Bestia.** Mamífero, no humano, diferenciado de las aves y de los peces (Gn. 1:29, 30.) **2.** Animal salvaje, a diferencia de los animales domésticos (Lv. 26:22; Is. 13:21, 22.) **3.** Cualquier animal de la escala inferior, para diferenciarlo del hombre (Sal. 147:9; Ec. 3:19.) **4.** Símbolo apocalíptico de la fuerza bruta, es decir sensual, licencioso y opuesto a Dios (Dn. 7; Ap. 13:11-18.)

**Bet** *(casa)* Segunda letra del alfabeto hebreo y el número hebreo 2.

**Beta** *(confianza)* Ciudad siria en el reino de Hadad-ezer, capturada por David (2 S. 8:8.) = Tibhat.

**Betábara** *(casa del vado)* Lugar en la orilla oriental del Jordán, donde Juan bautizaba (Jn. 1:28.)

**Bet-anat** *(templo de la diosa Anat)* Ciudad fuerte en Neftalí (Jos. 19:38; Jue. 1:33.)

**Betania** *(casa de aflicción; casa de los higos verdes)* **1.** La Betábara de Juan 1:28, aparece en los mejores manuscritos como "Betania". **2.** Aldea a 3 kilómetros al SE. de Jerusalén; hogar de María, Marta y Lázaro (Jn. 11:18); lugar desde donde ascendió Jesús (Lc. 24:50, 51.)

**Bet-anot** *(casa de la diosa Anot)* Aldea en Judá (Jos. 15:59.)

**Bet-araba** *(casa del desierto)* Localidad asignada a Judá, en el extremo N. del Mar Muerto (Jos. 15:6, 61; 18:22.)

**Bet-aram** *(la casa de la altura)* Localidad al E. del Jordán = Betarán, y perteneciente a Gad (Jos. 13:27.)

**Bet-arán** *(la casa de la altura)* Ciudad fortificada al E. del Jordán (Nm. 32:36.)

**Bet-arbel** *(casa de Arbel)* Ciudad destruida por Salmán, talvez en Neftalí (Os. 10:14.)

**Bet-asbea** *(casa del juramento)* Lugar no identificado (1 Cr. 4:21.)

**Bet-avén** *(casa de vanidad)* Localidad al N. de Benjamín (Jos. 18:12.) La palabra es empleada figurativamente en Oseas 4:15; 10:5.

**Bet-azmavet** *(casa del fuerte de la muerte)* Aldea de Benjamín, = Azmavet nº 5 (Neh. 7:28.)

**Bet-baal-meón** *(casa de Baal-meón)* Lugar al E. del Jordán, asignado a Rubén (Jos. 13:17.) Igual que Baalmeón y que Beón.

**Bet-bara** *(casa del vado)* Un vado en el Jordán (Jue. 7:24.)

**Bet-birai** *(casa de mi creador)* Ciudad en Simeón ( = Bet-lebaot), (1 Cr. 4:31.)

**Bet-car** *(casa de ovejas)* Lugar al O. de Mizpa (1 S. 7:11.)

**Bet-dagón** *(casa de Dagón)* 1. Aldea en Judá (Jos. 15:41.) 2. Lugar cerca del monte Carmelo (Jos. 19:27.)

**Bet-diblataim** *(casa de la doble torta de higos)* Localidad en Moab (Jer. 28:22.) También llamada "Almóndiblataim" (Nm. 33:46) y "Diblat" (Ez. 6:14.)

**Bet-edén** *(casa de las delicias)* = Edén nº 1 (Am. 1:5.)

**Bet-el** *(Casa de Dios)* 1. Ciudad importante a 18 kilómetros al N. de Jerusalén, conocida originariamente como "Luz" (Gn. 28:19.) Cerca de allí acampó Abraham (Gn. 12:8; 13:3); allí se encontró Dios con Jacob (Gn. 28:10-22) y Jacob edificó un altar, llamando a ese sitio "Elbet-el" (Gn. 35:7.) Fue asignada a Benjamín (Jos. 18:21, 22); capturada por los descendientes de José (Jue. 1:22-26); también allí estuvo el arca (Jue. 20:26-28.) Jeroboam erigió en ese sitio el becerro de oro (1 R. 12:26-30.) Amós y Oseas la denunciaron (Am. 3:14; llamada Bet-avén, "casa de ídolos", Os. 4:15.) Josías restauró el culto a Jehová (2 R. 23:15-23.) 2. Ciudad de Judá (1 S. 30:27.) Se la denomina "Betul" en Jos. 19:4.)

**Bet-emec** *(casa del valle)* Población en la frontera de Aser (Jos. 19:27.)

**Betén** *(hueco)* Población en la frontera de Aser (Jos. 19:25.)

**Beter** *(separación)* Cadana montañosa (Cnt. 2:17.)

**Betesda** *(casa de gracia)* Un estanque llenado por un manantial (Jn. 5:1-16) al cual se llevaba a los enfermos para ser curados.

**Bet-esel** *(casa vecina)* Población al S. de Judá (Mi. 1:11.)

**Betfagé** *(casa de los higos verdes)* Aldea al NO. de Betania (Mr. 11:1; Lc. 19:29.)

**Bet-gader** *(casa del muro)* Localidad en Judá (1 Cr. 2:51.)

**Bet-gamul** *(casa de recompensa)* Ciudad en Moab (Jer. 48:23.)

**Bet-gilgal** *(casa de Gilgal)* Probablemente igual que Gilgal (Neh. 12:27-29.)

**Bet-hanán** *(Casa de gracia o casa de Hanán)* Aldea en Dan (1 R. 4:9.)

**Bet-haquerem** *(casa de la viña)* Aldea en Judá (Neh. 3:14.)

**Bet-hogla** *(la casa de la perdiz)* Población en Benjamín (Jos. 15:6; 18:19, 21.)

**Bet-horón** *(lugar de una cañada)* Aldeas gemelas separadas entre ellas por algunos kilómetros, y a 17 kilómetros al NO. de Jerusalén (Jos. 16:3, 5; 18:13); asignadas a Efraín y entregadas a los coatitas (Jos. 21:22.)

**Bet-jesimot** *(casa de desierto)* Localidad en la llanura de Moab a 13 kilómetros al SE. de Jericó; asignada a Rubén (Jos. 12:3.)

**Bet-le-afra** *(la casa del polvo)* Nombre de un lugar, talvez en la planicie filistea (Mi. 1:10.)

**Bet-lebaot** *(casa de las leonas)* Ciudad en Simeón ( = Bet-birai), (Jos. 19:6.)

**Bet-maaca** *(prado de Bet-maaca)* (Ver Abel-bet-maaca)

**Bet-marcabot** *(casa de los carros)* Localidad en Simeón, cerca de Siclag (1 Cr. 4:31.)

**Bet-meón.** Población en Moab ( = Baal-meón), (Jer. 48:23.)

**Bet-nimra** *(La casa del leopardo)* Ciudad fortificada en Gad, al E. del Jordán (Nm. 32:2, 26.)

**Betonim.** Localidad de Gad, al E. del Jordán (Jos. 13:26.)

**Bet-pases** *(casa de la dispersión)* Ciudad en Isacar (Jos. 19:21.)

**Bet-pelet** *(casa de la huida)* Localidad al S. de Judá (Jos. 15:27.)

**Bet-peor** *(casa de Peor)* Lugar en Moab donde acampó Israel (Dt. 3:29) y donde lo enterraron a Moisés (Dt. 34:6.)

**Bet-rafa** *(familia de Rafa)* Hijo de Estón, un judaíta (1 Cr. 4:12.)

**Bet-rehob** *(casa de Rehob)* Localidad al N. de Palestina habitada por los arameos que pelearon contra David (2 S. 10:6.)

**Betsabé** *(hija de Sabé)* Esposa de Urías el heteo, soldado de David, con la cual David cometió adulterio (2 S. 11.) Después de haberlo hecho matar a Urías, David se casó con ella, y de ella tuvo cuatro hijos (2 S. 5:14; 1 Cr. 3:5) después de que muriera el primero; Natán y Salomón fueron dos de ellos (Mt. 1:6; Lc. 3:31.) = Bet-súa.

**Betsaida** *(casa de la pesca)* **1.** Ciudad sobre el Mar de Galilea, probablemente en las proximidades de Capernaum (Jn. 1:44; 12:21); hogar de Pedro, Andrés y Felipe; vituperada por Jesús (Mt. 11:20-23; Lc. 10:13-15.) **2.** Localidad en la ribera E. del Mar de Galilea, en Gaulanítida; reconstruida por Felipe el Tetrarca y hecha su capital. Jesús alimentó allí a 5.000 personas (Lc. 9:10-17.)

**Bet-sán** *(casa de quietud)* Ciudad de Manasés, a 22 kilómetros al S. del Mar de Galilea, en el valle de Jezreel. Su existencia se remonta a 3.500 años a. C. Después de la muerte de Saúl los filisteos colgaron su cuerpo del muro de Bet-sán (1 S. 31:8-12.) Salomón la incluyó en uno de sus distritos administrativos (1 R. 4:12.)

**Bet-seán.** Ciudad de Manasés (= Bet-sán), (Jos. 17:11; 1 Cr. 7:29.)

**Bet-semes** *(casa del sol)* **1.** Localidad al NO. de Judea, cerca de la frontera filistea (Jos. 15:10; 1 S. 6:12); allí llevaron el arca sobre un carro tirado por dos vacas (1 S. 6); allí Joás, rey de Israel, tomó preso a Amasías, rey de Judá (2 R. 14:11-13; 2 Cr. 25:21-23.) **2.** Ciudad en Isacar (Jos. 19:22.) **3.** Ciudad en Neftalí (Jos. 19:38.) **4.** La ciudad idolátrica de On, en Egipto (Jer. 43:13), la Heliópolis griega.

**Bet-sita** *(casa de la acacia)* Localidad situada en el valle de Jezreel y Zerera en el valle del Jordán (Jue. 7:22.)

**Bet-súa** *(Hija de la opulencia o Hija de Súa)* **1.** En Génesis 38:2 y en 1 Crónicas 2:3, R-V traduce "hija de Súa". **2.** En 1 Crónicas 3:5, madre de Salomón. Probablemente un error ortográfico de Betsabé.

**Bet-sur** *(casa de roca)* **1.** Localidad fortificada en Judá, a 6 kilómetros al N. de Hebrón (Jos. 15:58; 2 Cr. 11:7; Neh. 3:16); en época de los macabeos se llamaba Bet-sura. **2.** Descendiente de Judá (1 Cr. 2:45.)

**Bet-tapúa** *(casa de la manzana)* Localidad a 8 kilómetros, aproximadamente, al O. de Hebrón (Jos. 15:53.)

**Betuel** *(morada de Dios)* **1.** Hijo de Nacor y de Milca, sobrino de Abraham y padre de Rebeca y Labán (Gn. 22:22, 23; 24:15, 24, 27; 28:2.) **2.** Localidad en la región S. de Simeón (= Betul), (1 Cr. 4:30.)

**Betul** *(morada de Dios)* Población en Simeón (= Betuel n° 2), (Jos. 19:4.)

**Betún.** Alquitrán mineral utilizado para calafatear (Gn. 6:14; Ex. 2:3, R-V, edición 1909), y como argamasa para la construcción de la torre de Babel (Gn. 11:3.) Existe en los alrededores del Mar Muerto, en las proximidades del Eufrates, y en otros sitios.

**Beula** *(desposada)* Voz poética con que se designaba a la restaurada Israel (Is. 62:4.)

**Bezai. 1.** Jefe de una familia que volvió con Zorobabel del exilio (Esd. 2:17; Neh. 7:23.) **2.** Firmante del pacto de Nehemías (Neh. 10:18.)

**Bezaleel** *(a la sombra de Dios)* **1.** Un judaíta habilitado por el Espíritu de Dios como artífice en metales, madera y piedra para trabajar en el tabernáculo (Ex. 31:2; 35:30.) **2.** Un hijo que se divorció de su esposa extranjera (Esd. 10:30.)

**Bezec** *(esparcir, segar)* Localidad en Judá donde fue derrotado Adoni-bezec (Jue. 1:1-5.) **2.** Localidad aproximadamente a 22 kilómetros al NE. de Samaria (1 S. 11:8.)

**Biblia** *(los libros)* Nombre con que se designa la colección de libros del Antiguo y del Nuevo Testamento. En griego significa "libros" y a pesar de ser un sustantivo plural se utilizó en el latín como singular. De esta manera "los libros" se transformó, por consentimiento unánime, en "el libro". El término en plural *Biblia* pone énfasis en el hecho de que la Biblia es una colección de libros; y el que el vocablo llegara a ser usado en singular pone énfasis en el hecho de que hay en estos libros una maravillosa unidad. Los términos "Antiguo Testamento" y "Nuevo Testamento" se aplican desde el final del segundo siglo para distinguir las escrituras judías de las cristianas. La mayor parte del A. T. fue escrito en hebreo; unas pocas porciones en arameo (Esd. 4:8-7:18; 7:12-26; Jer. 10:11; Dn. 2:4-7:28.) Aparte de unas pocas palabras y frases en arameo, el N. T. fue escrito en griego que era el lenguaje más conocido de intercambio en el mundo heleno. La Biblia protestante contiene 66 libros, 39 en el A. T. y 27 en el N. T. El A. T. de la Biblia de la Iglesia Católica Apostólica Romana contiene 46 libros, aparte de ciertos aditamentos a los libros de Ester y de Daniel. Los judíos aceptan como canónicos solamente los 39 libros aceptados por los protestantes. Los protestantes consideran los libros adicionales como apócrifos. Son parte del A. T. griego conocido como la Septuaginta. Todas las divisiones de la iglesia cristiana coinciden en el canon del N. T. Si bien fue escrita durante un período de más de mil años, la Biblia ha llegado a nuestras manos en forma notablemente preservada. Los recientes descubrimientos de los manuscritos del Mar Muerto, que se remontan hasta el segundo y tercer siglos a. C. son testimonio de la notable semejanza al texto hebreo que tenemos hoy en día. En cuanto al N. T. la evidencia para el texto incluye 4500 manuscritos griegos, datados

desde alrededor del año 125 d. C. al invento de la imprenta; versiones, algunas de las cuales se remontan hacia el año 150 d. C.; y citas de la Escritura en los escritos de los Padres de la Iglesia, que se remontan hacia el final del primer siglo. La división en capítulos, tal cual la tenemos hoy, se hizo en el año 1228 y la división en versículos en 1551. En fecha muy temprana comenzaron las traducciones de la Biblia. La Septuaginta alrededor del 25-150 a. C.; el N. T. apareció en latín y en siríaco hacia el año 150 d. C. En la actualidad la Biblia en su totalidad o parcialmente, está vertida a más de 1.100 idiomas y dialectos. El tema central de la Biblia, en ambos Testamentos, es la redención del hombre. El A. T. nos habla del origen del pecado del hombre y de los recaudos que tomó Dios para solucionarlo por medio de su propio Hijo el Mesías. El N. T. describe el cumplimiento del plan redentor de Dios.

**Biblia.** *Versiones en español.* Es probable que la Biblia en castellano ya era conocida en España alrededor del siglo X. Se sabe que a principios del siglo III se circulaban ejemplares de las Sagradas Escrituras en el idioma del pueblo, pues se conserva un edicto de Jaime de Aragón fechado en 1223, en el que él, entre otras cosas, prohibía a sus súbditos tener los libros del Antiguo y Nuevo Testamento en romance, y les daba un plazo de ocho días a los que los poseyesen ya, para entregarlos al obispo de la diócesis a fin de que fueran quemados.

*Versión Alfonsina.* Se dice que hacia el año 1232 un sabio judío, David Quimche tradujo el Antiguo Testamento al romance y lo comentó en el mismo idioma, pero en la actualidad no quedan ni vestigios de su obra.

La primera versión romanceada de la cual se tienen datos precisos es la llamada Alfonsina, hecha por orden de Alfonso X de Castilla, a quien con toda justicia se le denomina "el sabio".

*Versiones anónimas.* Con posterioridad a la Biblia Alfonsina nos encontramos con algunas versiones anónimas que no carecen de importancia. En el Escorial se encuentra una traducción del Antiguo Testamento, excepto Eclesiastés, con fecha de 1420. *Versión de Moisés de Arragel.* Esta Biblia se llama también Biblia de la casa de Alba y Biblia de Olivares. Esta traducción fue hecha por el rabino Moisés Arragel, de Guadalajara, en cuya empresa trabajó doce años, resultando en un libro de 515 páginas. *Versión de Ferrara.* Algunos de los judíos exilados al salir de España y Portugal se establecieron en Ferrara, Italia donde tuvieron una imprenta en la cual se publicaron varias obras de importancia. En 1553 apareció una traducción del Antiguo Testamento que es conocida bajo el nombre de Versión de Ferrara debido al lugar de impresión. *Versión de Juan de Valdés.* Juan de Valdés fue el primero en traducir en nuestra lengua directamente del original griego algunas partes del Nuevo Testamento. Esta obra fue publicada en Venecia en 1556 por Juan Pérez.

A Francisco de Encinas se le debe la primera versión completa del Nuevo Testamento en nuestra lengua. *Versión de Juan Pérez.* Este escritor nos ha dado una versión de los Salmos y una revisión del Nuevo Testamento de Encinas. La obra de Pérez de Pineda que más nos interesa es su edición del Nuevo Testamento de Encinas. En efecto, sometió al Testamento de Encinas a una prolija revisión, y después de corregir algunos errores lo publicó en 1556. Algunos hablan de este libro como de una traducción hecha por Pérez, pero al parecer no se trata sino de una nueva edición revisada y corregida del Nuevo Testamento de Encinas.

*Versión de Casiodoro de Reina.* La traducción de Reina se conoce por el nombre de Biblia del Oso, debido a que en la portada había un grabado que representaba un oso al lado de un árbol. Casiodoro de Reina empleó muchos años en la traducción y dice que "exceptuando el tiempo empleado en viajes y el que estuve enfermo, no se me cayó la pluma de la mano durante nueve años enteros". *Versión de Reina, revisada por Cipriano de Valera.* Valera imprimió el Nuevo Testamento en Inglaterra en 1596 y la Biblia completa en 1602. La versión Reina-Valera ha sido elogiada grandemente por los entendidos. En 1861 la Sociedad Bíblica Británica y Extranjera publicó una revisión completa de la versión de Valera, bajo la responsabilidad del Dr. Lorenzo Lucena, ex-rector del Seminario de San Pelagio de Córdoba, y profesor de castellano en Oxford.

*Versión de Felipe Scio de San Miguel.* En el año 1780 el rey Carlos III encargó a un erudito sacerdote católico, el Padre Scio, la traducción de la Biblia al castellano. La primera edición apareció en Valencia en 1790. Desde 1790 hasta 1808 aparecieron cuatro ediciones. *Versión de Torres de Amat.* El sacerdote católico Félix Torres de Amat terminó en 1822 su versión de la Biblia, teniendo como el Padre Scio el apoyo del rey, quien no sólo ordenó que se le facilitaran los archivos y biblioteca sino que costeó la impresión de la obra. *La Biblia de la Versión Moderna,* de H. B. Pratt. Fue una traducción hecha directamente de los originales hebreo y griego al castellano, cotejada con la de Casiodoro de Reina, la de Reina revisada por Cipriano de Valera, las versiones católicas de Scio de San Miguel y la de Torres de Amat y otras. Esta Biblia fue publicada por la Sociedad Bíblica Americana en el año 1893.

*Versión hispano-americana del Nuevo Testamento.* Un comité integrado por representantes de las sociedades bíblicas, la británica y extranjera, tradujo el Nuevo Testamento al español. La primera edición de este Nuevo Testamento de la versión hispano-americana fue publicado por ambas sociedades bíblicas en 1916. *Sagrada Biblia de Nácar-Colunga.* Fue ésta la primera versión católica de la Biblia traducida directamente de los originales hebreo y griego al castellano, por Eloino Nácar Fuster y Alberto Colunga. Fue publicada por la Editorial Católica, en 1944. *Sagrada Biblia de Bóver-Cantera.* Es una versión católica de la Biblia, traducida de los originales hebreo y griego al castellano, por José María Bóver y Francisco Cantera Burgos. Fue publicada por la Editorial Católica en la ciudad de Madrid en 1951. *La versión de Cipriano de Valera, revisada en 1960.* Es una de las más empleadas en la actualidad.

*Versión en castellano popular.* En 1966 las sociedades bíblicas en América Latina publicaron una versión popular intitulada *Dios llega al hombre.* Se trata ésta de una traducción al lenguaje sencillo al alcance del pueblo en general.

*Biblia de Jerusalén.* Fue publicada en Bruselas, traducida por una comisión en base al texto de la Biblia francesa de Jerusalén.

Existen otras numerosas traducciones, que no se han podido incluir por falta de espacio.

**Biblia. Versiones inglesas.** John Wycliffe (1320-1384) fue quien primero tradujo la Biblia al idioma inglés. Hasta ese momento la gente no contaba con otra cosa que porciones del Antiguo y del Nuevo Testamento. Su traducción, en colaboración con otros eruditos, lo hizo de la Vulgata latina, no de los originales hebreo y griego. El N. T. apareció en 1380; el A. T. en 1382. Dado que la imprenta se inventó un siglo más tarde, la Biblia de Wycliffe aparecía en manuscrito. El común de la gente la recibió ansiosamente, pero la iglesia se opuso, y después de la muerte de Wycliffe desenterró sus huesos y los quemó. Se sancionó una ley prohibiendo la lectura de la Biblia en el idioma vernáculo, con la pena de muerte al que infringiera

dicha ley. William Tyndale (1494-1536) -exilado de Inglaterra por orden de la iglesia, porque planeaba una nueva traducción de la Biblia al inglés- publicó el N. T. en Alemania en el año 1525 y lo introdujo clandestinamente en Inglaterra, donde la iglesia públicamente quemaba las copias que caían en su poder. Su N. T. lo tradujo directamente del griego y fue el primero de los dos Testamentos impresos en el idioma inglés. Comenzó una traducción del A. T. del texto hebreo, pero falleció antes de terminarla. Fue traicionado por un católico romano inglés y quemado en la hoguera. Sus últimas palabras fueron: "Señor, abre los ojos del rey de Inglaterra."

Mientras Tyndale aún estaba en la prisión, apareció en Inglaterra una Biblia en inglés, impresa en el continente. Era una traducción de Miles Coverdale, si bien no pasó de ser una mera revisión de la obra de Tyndale, del N. T. y de la parte del A. T. que tradujo Tyndale. Esta fue la primera Biblia impresa completa en el idioma inglés. Dos años después obtuvo licencia real y su destribución contó con la anuencia del rey. La primera Biblia que se imprimió en Inglaterra fue la Biblia de Thomas Matthew, en el año 1537. La siguiente fue una revisión de la Biblia de Matthew, hecha por Coverdale. Apareció en 1539 y se la denominó la Gran Biblia por su gran tamaño y suntuosidad. Los protestantes que huyeron de Inglaterra cuando coronaron a María Tudor en 1553, editaron la Biblia Genovesa, en 1560, que gozó de gran popularidad. Durante el reinado de la reina Isabel, apareció la Biblia del Obispo, llamada así porque participaron en su producción varios obispos. Los eruditos católicos editaron el N. T. de Rheims en 1582 y el A. T. de Douai en 1609, 1610, ambos basados en la Vulgata latina.

La más famosa de todas las versiones inglesas, la Versión del rey Jacobo, fue la obra de 50 eruditos y apareció en 1611 durante el reinado de Jacobo I. En realidad fue una revisión de la Biblia del Obispo, cotejando los textos hebreos y griegos. A pesar de su calidad, pasaron muchos años antes de ganar aceptación universal. La Versión Inglesa Revisada nació de varios imperativos: con el correr de los años el idioma de la KJV se hizo obsoleto; se descubrieron numerosos manuscritos griegos muy superiores a los que sirvieron de base para la traducción de la KJV; y el adelanto en el conocimiento del hebreo posibilitó una mejor traducción del A. T. Los traductores ingleses contaron con la colaboración de eruditos norteamericanos. El N. T. apareció en 1881 y el A. T. en 1885. La Versión Standard Americana, publicada en 1901, es una revisión de la Versión Inglesa Revisada.

El descubrimiento de miles de papiros escritos en el idioma griego en las arenas de Egipto, reveló que el N. T. fue escrito en el idioma vernáculo, y esto dio por resultado una cantidad de traducciones en el idioma inglés corriente de la actualidad, entre los que podemos mencionar la de Weymouth (1903), Moffat (1913, 1914), Goodspeed (1923) y Phillips (1958) como los más populares. La Versión Inglesa Revisada que es una revisión de la ASV, apareció en 1946 (N. T.) y en 1952 (A. T.); y la parte del N. T. de la Nueva Biblia Inglesa en 1961.

**Bibliotecas.** Las bibliotecas, tanto las públicas como las privadas, no eran raras en la antigüedad, en Oriente, Grecia y Roma. Los manuscritos del Mar Muerto son un ejemplo de una antiquísima biblioteca que sobrevivió hasta nuestros días.

**Biblos.** Nombre griego de la ciudad marítima fenicia Gebal (Ver Gebal)

**Bicri** *(primogénito)* Padre de Seba nº 7 (2 S. 20:1.)

**Bicritas.** Los que siguieron a Seba en su revuelta contra David (2 S. 20:14, NC; R-V dice "Barim".)

**Bidcar** *(hijo de Deger)* Compañero de Jehú cuando mató al rey Joram (2 R. 9:25.)

**Bienaventuranza** *(Felicidad)* Significa: a) Los goces del cielo. b) Una declaración de beatitud. Las bienaventuranzas se repiten frecuentemente en el A. T. (Sal. 32:1, 2; 41:1.) Los evangelios contienen bienaventuranzas aisladas, emitidas por Cristo (Mt. 11:6; 13:16; Jn. 20:29), pero las más conocidas son las mencionadas en Mateo 5:3-11 y Lucas 6:20-22, que señalan las cualidades que deben caracterizar a sus discípulos.

**Bigta** *(don de Dios)* Eunuco del rey Asuero (Est. 1:10.)

**Bigtán.** Eunuco que conspiró contra el rey Asuero (Est. 2:21.)

**Bigvai** *(fortuna)* **1.** Uno que regresó del exilio con Zorobabel (Esd. 2:2; Neh. 7:7.) **2.** Antepasado de un hombre que retornó de la cautividad (Esd. 2:14; Neh. 7:19.) **3.** Firmante del pacto de Nehemías (posiblemente = nº 1), (Neh. 10:16.)

**Bildad** *(Bel [Dios] amó)* Ciudad de los levitas al O. de Manasés ( = Ibleam), (1 Cr. 6:70.)

**Bilga** *(jovialidad)* **1.** Cabeza de la decimoquinta suerte de sacerdotes (1 Cr. 24:14.) **2.** Sacerdote que regresó del exilio con Zorobabel ( = Bilgai), (Neh. 12:5, 18.)

**Bilgai** *(luz, resplandor)* Sacerdote firmante del pacto de Nehemías ( = Bilga nº 2), (Neh. 10:8.)

**Bilha** *(tonta)* **1.** Criada de Raquel; concubina de Jacob; madre de Dan y Neftalí (Gn. 29:29; 30:1-8.) **2.** Ciudad de Simeón ( = Bala y Baala nº 3), (1 Cr. 4:29.)

**Bilhán** *(tonto)* **1.** Jefe horeo, hijo de Ezer (Gn. 36:27; 1 Cr. 1:42.) **2.** Primitivo benjamita (1 Cr. 7:10.)

**Bilsán** *(buscador)* Líder judío que retornó de la cautividad con Zorobabel (Esd. 2:2; Neh. 7:7.)

**Bimhal.** Descendiente de Aser (1 Cr. 7:33.)

**Bina.** Descendiente del rey Saúl (1 Cr. 8:37; 9:43.)

**Binúi** *(edificado)* **1.** Jefe de una familia que regresó del exilio con Zorobabel (Esd. 8:33.) **2.** Nombre de dos que se divorciaron de sus mujeres extranjeras en tiempo de

Esdras (Esd. 10:30, 38.) **3.** Uno que ayudó en la restauración del muro de Jerusalén (Neh. 3:24; 10:9.) **4.** Levita en tiempo de Nehemías (posiblemente = nº 3), (Neh. 12:8.)

**Birsa.** Rey de Gomorra (Gn. 14:2, 10.)

**Birzavit** *(pozo del olivo)* Un aserita o una aldea de Aser (1 Cr. 7:31.)

**Bislam** *(en paz)* Oficial de Cambises, uno de los tres que escribieron carta al rey Artajerjes contra los judíos (Esd. 4:7.)

**Bitia** *(hija de Jehová)* Hija de Faraón nº 9 y esposa de Mered de Judá (1 Cr. 4:18.)

**Bitinia.** Región al N. del Asia Menor, donde el Espíritu Santo le prohibió predicar a Pablo (Hch. 16:6-10); destino de 1 Pedro (1 P. 1:1).

**Bitrón** *(territorio áspero)* Camino o valle entre el Jordán y Mahanaim (2 S. 2:29.)

**Bizotia** *(desprecio de Jehová)* Ciudad en el S. de Judá (Jos. 15:28.)

**Bizta.** Uno de los siete eunucos del rey Asuero (Est. 1:10.)

**Blanca.** (Gr. Lepton; ver Dinero)

**Blanco** *(s.)* Objeto situado lejos para ejercitarse en el tiro y puntería (1 S. 20:20; Job 7:20; 16:12; Lm. 3:12.)

**Blasfemia.** Según la ley judía es maldecir o vilipendiar a Dios o al rey (Sal. 74:10; Is. 52:5; Ap. 16:9, 11, 21.) La blasfemia contra Dios se castigaba con la pena de muerte por lapidación (Lv. 24:16). Nabot (1 R. 21:20-13), Esteban (Hch. 6:11) y Jesús (Mt. 9:3) fueron falsamente acusados de blasfemia.

**Blasto** *(brote, renuevo)* Camarero del rey Herodes Agripa I (Hch. 12:20.)

**Boanerges** *(hijos del trueno)* Nombre que Jesucristo les dio a Juan y a Santiago (Mr. 3:17.)

**Boaz** *(firmeza)* Nombre de una de las dos columnas a la entrada del templo de Salomón; la otra se llamaba "Jaquín" (1 R. 7:21.) (Ver Templo)

**Boca.** La palabra tiene diversas connotaciones en la Biblia: la boca anatómica, el lenguaje, la abertura; a veces personificada (Sal. 119:108; Pr. 15:14; Ap. 19:15.)

**Bocado.** Trozo de pan que se empapaba en un líquido cualquiera para comer (Rt. 2:14; Pr. 17:1; Jn. 13:27.)

**Bocina.** Instrumento musical de viento, cuyo sonido es monótono (1 Cr. 15:28; Sal. 98:6; Dn. 3:5, 10, 15; Os. 5:8.)

**Bocru** *(su primogénito)* Descendiente de Saúl (1 Cr. 8:38; 9:44.)

**Bodega.** Lugar donde se guarda el vino (1 Cr. 27:27.)

**Bohán** *(pulgar)* Descendiente de Rubén, en honor de quien se nombró un mojón o monumento monolítico (Jos. 15:6; 18:17.)

**Boj** (Ver Plantas)

**Bolsa.** Especie de talego o saco de tela para llevar o guardar alguna cosa (1 S. 17:49; 2 R. 5:23; Jn. 13:29.)

**Booz** *(firmeza, ingenioso)* Habitante de Belén de la época de los jueces; pariente y marido de Rut (Rt. 2:4.) Figura en la genealogía de Jesús (Mt. 1:5.)

**Boquim** *(los que lloran)* Lugar entre Gilgal y Bet-el, donde fueron reprendidos los israelitas (Jue. 2:1, 5.)

**Bordar.** Adornar una tela o piel con bordadura, es decir la labor de relieve ejecutada con aguja y diversas clases de hilos (Ex. 28:4; 28:39; Jue. 5:30; Sal. 45:14; Ez. 26:16; 27:7, 16.) Los hebreos y sus vecinos valoraban altamente los bordados. Las cortinas del templo y las vestiduras de los sacerdotes eran primorosamente bordados.

**Borde del vestido.** Parte del vestido donde los judíos tenían que colocar franjas, sobre cuyas franjas tenían que colocar un cordón azul (Nm. 15:38, 39.)

**Borrachera.** Efecto de emborracharse (Ro. 13:13; Gá. 5:21.) (Ver "Embriaguez")

**Boscat** *(terreno pedregoso y elevado)* Ciudad en la región S. de Judá (Jos. 15:39.)

**Boses.** Uno de los dos peñascos en Micmas y Gabaa (1 S. 14:4.)

**Bosor.** Ciudad fuerte de Transjordania. Judas y Jonatán Macabeo la conquistaron para apoyar a los judíos (1 Macabeo 5:26, 36.)

**Bosque.** En la antigüedad la mayoría de las montañas de Palestina estaban cubiertas de bosques. Los bosques del Líbano brindaban la madera de cedro y de ciprés que Hiram vendió a Salomón (1 R. 5:8-10.)

**Bosra. 1.** Ciudad de Edom (Gn. 36:33; Jer. 49:13, 22.) **2.** Ciudad de Moab aproximadamente a 120 kilómetros al S. de Damasco (Jer. 48:24.)

**Botella.** Recipiente hecho de diversos materiales y que sirve para contener líquidos. **1.** De cuero de cabra se llama "odre" (Job 32:19; Mt. 9:17.) **2.** De barro de alfarero, "vasija" (Jer. 19:1, 10, 11.) **3.** De vidrio, ancha de fondo que va angostándose hacia la boca, "redoma" (Sal. 56:8.) **4.** De barro cocido y a veces vidriado, "tinaja" (Jer. 13:12.)

**Botín.** Despojo de guerra. A veces se preservaba la propiedad y la vida de las personas y en otras ocasiones la destrucción era total (Jos. 6:18-21; Dt. 20:14, 16-18.) Abraham dio el diezmo (Gn. 14:20); David ordenó que el botín fuera repartido con los guardas que cuidaban del bagaje (1 S. 30:21-25.)

**Bóveda de Robinson.** Restos de una antigua construcción en Jerusalén, que lleva el nombre del arqueólogo norteamericano que la descubrió en el año 1838. Grandes piedras que sobresalen de la pared SO. del recinto del templo son, evidentemente, parte de una bóveda o viaducto que en el tiempo de Herodes unía la colina occidental con la colina oriental de Jerusalén.

**Bozal.** La ley mosaica prohibía poner bozal al buey mientras trillaba (Dt. 25:4.)

**Bramar.** Emitir ruidos discordes o manifestar con voces articuladas o inarticuladas la ira de que se está poseído (Job 30:7.)

**Brasa** (Ver Ascua)

**Brasero.** La gente pudiente utilizaba braseros de metal para cocinar (Ex. 27:3; Jer. 36:22; Zac. 12:62.) Era un

utensilio de metal, hondo, generalmente circular, con borde, y en el cual se echa o se hace lumbre para calentarse o cocinar.

**Braza** (Ver Pesas y Medidas)

**Brazalete.** Adorno en forma de aro, de metal u otra materia, que rodea el brazo por encima de la muñeca y era utilizado por ambos sexos, a veces como marca de realeza (Gn. 24:22, 30; 2 S. 1:10; Ez. 16:11.) En Ex. 35:22 podría tratarse de "broches".

**Brazo.** Utilizado como figura de poder (Is. 53:1; Ez. 30:25.)

**Brea.** Substancia viscosa, de color oscuro, que se obtiene por destilación de materias orgánicas, particularmente árboles coníferos y del carbón y que se usaba para calafatear (Gn. 6:14; Ex. 2:3; Is. 34:9.)

**Brocado.** Tela fina entretejida con oro y plata, de modo que el metal forme en el haz flores o dibujos briscados (Sal. 45:13.)

**Bronce.** Aparte de la plata y el oro, es el metal más mencionado en la Biblia. Aleación de cobre y estaño (Gn. 4:22; 2 S. 22:35; Dn. 2:31-39.) Se fabricaban arcos de bronce (2 S. 22:35; Job 20:24.)

**Bronce, Mar de** (Ver "Mar de Bronce")

**Bronce, Serpiente de** (Ver "Serpiente de Bronce")

**Buche.** Bolsa membranosa y muscular que, entre las clavículas y la parte anterior del cuello, tienen las aves, destinada a recibir la comida y de donde pasa a la molleja (Lv. 1:16.)

**Buenos Puertos.** Pequeña bahía en la costa S. de Creta, a unos ocho kilómetros al E. del Cabo Matala, donde permaneció Pablo durante un breve período en su viaje a Roma (Hch. 27:8-12.)

**Buey** (Ver Animales -ganado-)

**Buho** (Ver Aves)

**Buitre.** Nombre con que se designa a varias especies de grandes aves de presa y que se alimentan habitualmente de carroña; para los judíos era un ave inmunda (Lv. 11:14; Dt. 14:13.) (Ver aves)

**Bul.** Octavo mes del año eclesiástico judío (1 R. 6:38.)

**Buna** *(Dios edificó una familia)* Descendiente de Judá (1 Cr. 2:25.)

**Buni** *(Dios ha edificado una familia)* **1.** Levita en tiempo de Nehemías (Neh. 9:4.) **2.** Firmante del pacto de Nehemías (Neh. 10:15.) **3.** Ascendiente de Semaías (Neh. 11:15.)

**Buqui** *(botella)* **1.** Príncipe de la tribu de Dan (Nm. 34:22.) **2.** Sacerdote de Israel (1 Cr. 6:5, 51; Esd. 7:4.)

**Buquías** *(botella)* Un levita (1 Cr. 25:4, 13.)

**Burlador.** Uno que ridiculiza o se mofa de otro (2 P. 3:3; Jud. 18.)

**Burlar.** Ridiculizar, escarnecer, mofar (2 R. 2:23; Ez. 22:5.)

**Buz. 1.** Hijo de Nacor (Gn. 22:21.) **2.** Descendiente de Gad (1 Cr. 5:14.) **3.** Lugar de Arabia (Jer. 25:23.)

**Buzi** *(el de Bazu)* Padre del profeta Ezequiel (Ez. 1:3.)

**Buzita.** Habitante de Buz (Job 32:2, 6.)

**Cab.** Medida de capacidad de áridos, algo menos de dos litros (2 R. 6:25.)

**Caballeriza.** Sitio o lugar cubierto para caballos y bestias de carga. Las caballerizas de Salomón admitían 4.000 caballos (1 R. 4:26; 2 Cr. 9:25.)

**Caballo** (Ver Animales)

**Caballos, Puerta de los** (Ver Puerta de los Caballos)

**Cabaña.** Casilla tosca hecha de ramas, en el campo, para resguardarse, tanto los pastores como el ganado (Gn. 33:17); la misma palabra, en Levítico 23:42 se traduce "tabernáculo" y en Job 27:18, Mt. 17:4, Mr. 9:2 "enramada".

**Cabecera.** Parte superior de la cama donde se ponen las almohadas (Gn. 28:11; 1 S. 19:13.) Sitio de preferencia que en la mesa o en cualquier otra reunión ocupan las personas más dignas o autorizadas (1 S. 9:22; Jn. 20:12.)

**Cabellera.** El pelo de la cabeza, especialmente el largo y tendido sobre la espalda (Dt. 32:42.)

**Cabello.** Los judíos lo consideraban una señal de hermosura (Cnt. 4:1; 5:11) y a veces de orgullo (1 Co. 11:15.) Despreciaban la calvicie (2 R. 2:23; Is. 3:24; Jer. 47:5.) Los nazareos y las mujeres usaban el pelo largo (Nm. 6:5; Lc. 7:38.) A los israelitas no les era permitido cortarse la punta de sus barbas (Lv. 19:27.) (Ver Cubrir la cabeza)

**Cabestro** (Ver Freno)

**Cabeza.** Parte superior del cuerpo del hombre y superior de muchos animales que contiene el encéfalo y los principales órganos de los sentidos. En la Biblia se usa en forma literal y en sentido figurado (Is. 7:8; 9:14, 15; Ez. 9:10; Ef. 5:23.)

**Cabeza de ángulo** (Ver Piedra angular)

**Cabeza de la iglesia.** Cristo, que le da la vida, dirección y fuerza (Ef. 1:22; 5:23; Col. 1:18.)

**Cabezal.** Almohada pequeña en que se reclina la cabeza (Mr. 4:38.)

**Cabón** *(envolver, rodear)* Ciudad en Judá (Jos. 15:40), talvez igual que Macbena (1 Cr. 2:49.)

**Cabra** (Ver Animales)

**Cabra, Piel de** (Ver Piel de cabra)

**Cabritos** (Ver Animales: cabras)

**Cabseel** *(Dios reúne)* Ciudad en el S. de Judá, cerca de la frontera con Edom (Jos. 15:21.) Localización desconocida. En Nehemías 11:25 lleva el nombre de Jecabseel.

**Cabul.** **1.** Ciudad de Aser, aproximadamente a 14 kilómetros al SE. de Acre; aún deshabitada (Jos. 19:27.) **2.** Distrito al N. de Galilea, cedido por Salomón al rey Hiram de Tiro (1 Reyes 9:13; 2 Crónicas 8:2.)

**Cachorro.** Perro de poco tiempo. Hijo pequeño de otros carniceros como león, tigre, lobo, oso, etc. (Gn. 49:9; Dt. 33:22; Jer. 51:38; Neh. 2:11, 12.)

**Cadáver.** El cuerpo muerto de un ser humano o de un animal. A los judíos que tocaran un cadáver se los consideraba ceremonialmente inmundos (Lv. 11:8-40; Nm. 6:6-7, 9:10.)

**Cademot** *(regiones orientales)* Ciudad de los levitas al E. del Jordán, asignada a Rubén (Dt. 2:26; Jos. 13:18; 21:37.)

**Cadena.** Serie de muchos eslabones entrelazados entre sí por los extremos, hechos de hierro, plata, oro u otro material (Ex. 05:22; Mr. 5:4.)

En el Salmo 149:8 y en Lamentaciones 3:7 indica opresión.

**Cadera y muslo.** Expresión que denota la precisión con que Sansón mató a los filisteos (Jue. 15:8.)

**Cades** *(sed santos)* También conocido como En-mispat (Gn. 14:7), lugar situado aproximadamente a 110 kilómetros al S. de Hebrón, en cuya vecindad Israel deambuló durante 37 años (Dt. 1:46; Nm. 33:37); allí murió María (Nm. 20:1); desde ese lugar envió Moisés espías a Palestina (Nm. 13:21-26); ahí desagradó Moisés a Dios al golpear la peña en lugar de hablarle (Nm. 20:2-13.) Se lo conoce también con el nombre de Cades-barnea.

**Cades-barnea** = Cades y En-mispat (Nm. 32:8; Jos. 10:41.)

**Cadmiel** *(Dios está al frente)* **1.** Levita, padre de una familia que regresó del exilio con Zorobabel (Esd. 2:40; Neh. 7:43.) **2.** Varón de Judá que con sus hijos ayudó en la reconstrucción del templo (Esd. 3:9.) **3.** Levita en tiempo de Nehemías (Neh. 9:4, 5; 10:9; 12:9, 24.)

**Cadmoneos** *(pueblo del Este)* Antigua tribu árabe al oriente de Palestina, entre Egipto y el Éufrates (Gn. 15:19.)

**Caf.** Undécima letra del alfabeto hebreo que corresponde a nuestra letra "k" (excluida la "ch"). Además es el número "once" en el idioma hebreo.

**Cafira.** Ciudad hevea (Jos. 9:17) en el territorio de Benjamín (Jos. 18:26.)

**Caftor.** Lugar de donde provienen los filisteos (Am. 9:7), probablemente la isla de Creta.

**Caftoreos.** Habitantes de Caftor ( = Caftorim), (Dt. 2:23; 1 Cr. 1:12.)

**Caftorim.** Habitantes de Caftor ( = Caftoreos), (Gn. 10:14.)

**Caída, La.** La caída del hombre, tal como la relata el capítulo 3 del Génesis, es la elección histórica según la cual el hombre pecó voluntariamente y por consiguiente comprometió a toda la raza humana en la maldad (Ro. 5:12; 1 Co. 15:22.) Debido a esa caída el hombre se indispuso con Dios y se separó de él. El hombre fue creado a la imagen de Dios y, al igual que Dios, con una naturaleza racional y moral, sin impulsos interiores hacia el pecado y con libre albedrío para escoger la voluntad de Dios. El ceder a la tentación exterior lo alejó de Dios y creó un medio ambiente en el cual el pecado resultó un poderoso factor. La redención fue obra de Jesucristo, el segundo Adán (Ro. 5:12-21; 1 Co. 15:21, 22, 45-49.)

**Caifás** *(piedra)* Sumo sacerdote entre los años 18 y 36 d. C.; complotó y tomó parte activa en la condenación de Jesús (Mt. 26:3-5; 26:57; Jn. 18:28); actuó en el juicio contra Pedro y Juan (Hch. 4:6-22.)

**Caín** *(artífice)* **1.** Primer hijo de Adán y Eva (Gn. 4:1); asesinó a su hermano Abel (Gn. 4:8.) **2.** Progenitor de los ceneos (Nm. 24:22; Jue. 4:11.) **3.** Ciudad en Judá (Jos. 15:57.)

**Cainán** *(herrero)* **1.** Bisnieto de Adán, hijo de Enós y padre de Mahalaleel (Gn. 5:9-14; 1 Cr. 1:2; Lc. 3:57.) **2.** Hijo de Arfaxad (Lc. 3:36.)

**Caja. 1.** Pieza hueca de madera, metal, piedra u otra materia que sirve para meter dentro alguna cosa. En 2 Reyes 12:9, 10 y 2 Crónicas 24:8, 10, 11, se le llama "arca" y ahí se guardaba el dinero para la reparación del templo. La BJ le llama "cofre". **2.** Receptáculo para las ofrendas comunes (Lc. 21:2, Versión Popular.) **3.** Hace las veces de baúl (Ez. 27:24.)

**Cala.** Antigua ciudad de Asiria, sobre el Tigris, edificada por Nimrod, nieto de Cam, hijo de Noé (Gn. 10:6-12.)

**Calabacera** (Ver Plantas)

**Calafate.** Artesano que calafatea las embarcaciones para hacerlas impermeables (Ez. 27:9, 27.)

**Calai** *(veloz)* Sumo sacerdote en tiempo de Joiacim (Neh. 12:20.)

**Cálamo** (Ver Plantas)

**Calavera** (Ver Gólgota)

**Calcedonia.** Piedra preciosa, ágata muy translúcida, de color azulado lechoso (Ap. 21:18, R-V edición 1909; "Ágata", R-V edición 1960.)

**Calcol** *(pequeño y corpulento)* Un sabio (1 R. 4:31; 1 Cr. 2:6.)

**Caldea.** País del cual Babilonia fue la

capital (Gn. 11:31; Job 1:17; Is. 48:20; Jer. 50:10.)

**Caldeo.** Propio de Caldea (Gn. 11:28; Jer. 21:4.)

**Caldeos.** Astrólogos (Ver Sabios)

**Calderero.** El que vende o hace obras de calderería (2 Ti. 4:14.)

**Calderos.** Ollas para hervir carne (Jer. 52:18, 19.)

**Caleb** *(perro)* **1.** Hijo de Jefone; príncipe de Judá; uno de los doce hombres enviados a Canaán para espiar la tierra (Nm. 13:6), y que juntamente con Josué trajeron un buen informe; entró en la Tierra Prometida (Jos. 14:15; Nm. 13:14.) **2.** Hijo de Hezrón, hijo de Judá (1 Cr. 2:18, 19, 42), probablemente el mismo que en 1 Crónicas 2:9 se llama "Quelubai".

**Caleb de Efrata.** Lugar donde murió Hezrón (1 Cr. 2:19, 24.) Texto oscuro.

**Calendario.** En el período bíblico el tiempo se calculaba exclusivamente a base de observaciones astronómicas. El sol y la luna determinaban los días, meses y años. **1.** Los judíos no asignaron nombres a los días, sino simplemente números ordinales. El día judío comenzaba al atardecer, con la aparición de las primeras estrellas. Los días se subdividían en horas y vigilias. Los hebreos dividían las noches en tres vigilias (Ex. 14:24; Jue. 7:19; Lm. 2:19.) **2.** La semana de siete días es de origen semítico. Las semanas de los egipcios eran de 10 días. La semana judía tuvo su origen en el relato de la creación, y corría consecutivamente sin tener en cuenta los ciclos lunares o solares. Se la estableció para el bienestar físico y espiritual del hombre. El relato bíblico nada dice de la observancia del sábado en el período comprendido entre la Creación y Moisés. Fue Moisés quien reavivó o puso especial énfasis en la observancia del sábado (Ex. 16:23; 20:8.) **3.** El mes hebreo comenzaba con la luna nueva. Antes del exilio los meses se designaban por medio de números. Después del exilio se adoptaron los nombres babilónicos. Calendario sagrado judío sin-

cronizado: a. Nisán (marzo-abril) (7). b. Ijar (abril-mayo) (8). c. Siván (mayo-junio) (9). d. Thamus (junio-julio) (10). e. Ab (julio-agosto) (11). f. Elul (agosto-setiembre) (12). g. Tischri (setiembre-octubre) (1). h. Marqueshvan (octubre-noviembre) (2). i. Kislev (noviembre-diciembre) (3). j. Tebet (diciembre-enero) (4). k. Schebat (enero-febrero) (5). 1. Adar (febrero-marzo) (6). **4.** El calendario judío tenía dos años concurrentes: el año sagrado, que comenzaba en la primavera con el mes de Nisán, y el año cívico que comenzaba con Tischri, numerado entre paréntesis más arriba. El año lunar fue instituido por Moisés y consistía en meses lunares de 29 días cada uno, con un mes intercalado cada tres años, llamado Adar Sheni o Veadar. Cada siete años los judíos tenían el año sabático, o año solemne de descanso para los terratenientes, los esclavos, las bestias de carga, la tierra, y la libertad para los esclavos hebreos. Cada cincuenta años, es decir cada siete años sabáticos, se celebraba el año jubilar, con reuniones familiares, cancelación de hipotecas, y devolución de las tierras a sus dueños originarios (Lv. 25:8-17.)

**Calentura** *(fiebre palúdica, malaria)* (Ver Enfermedades, Malaria)

**Cáliz** (Ver Copa)

**Calne.** Una de las ciudades fundadas por Nimrod después del diluvio (Gn. 10:10) en la región S. de la Mesopotamia.

**Calno.** Ciudad que trató de resistir a los asirios (Is. 10:9.)

**Calumnia.** Acusación falsa, hecha maliciosamente para causar daño (Lv. 6:4; Sal. 31:13; Is. 59:13; Ro. 3:8.)

**Calvario** *(calavera)* En Latín *calvaria*; en hebreo *Gólgota* (Mt. 27:33; Mr. 15:22; Jn. 19:17.) Lugar cerca de los muros de Jerusalén donde crucificaron a Cristo y cerca del cual fue sepultado (Lc. 23:33.) Se discute el sitio exacto.

**Calvicie.** A los israelitas les estaba prohibido rasurar su cabeza (Lv. 21:5; Dt. 14:1) como sacrificio a la Deidad; pero cuando se afeitaban la cabeza lo hacían como señal de pesadumbre por los muertos (Lv. 21:5; Is. 15:2.) Los nazareos que cumplían un voto ofrecían sus afeitados cabellos a Jehová (Nm. 6:18; *cf.* Hch. 18:18; 21:24.)

**Calvo, va.** Que ha perdido el pelo de la cabeza (Lv. 13:40; 2 R. 2:23; Ez. 29:18.)

**Calzoncillos** (Ver vestidos)

**Cam** *(caliente)* **1.** Segundo hijo de Noé ("tierra de Cam" = Egipto.) Provocó a su padre por un acto de inmodestia (Gn. 9:21-27; 1 Cr. 1:4.) **2.** Descendientes de Cam (Sal. 78:51; 105:23; 106:22.) En estos pasajes "Cam" es homónimo de Egipto.

**Cama.** Armazón de madera, bronce o hierro en que generalmente se pone un jergón o colchón y que sirve para dormir y descansar en ella. En la antigüedad los pobres dormían en el suelo y su túnica les servía tanto de colchón como de manta. A veces la cama era una simple estera o felpudo. La cama, propiamente dicha, se conoce desde la más remota antigüedad (Dt. 3:11); los ricos tenían lujosísimas camas (Am. 6:4; Est. 1:6.)

**Camaleón** (Ver Animales -reptiles-)

**Cámaras.** Recintos importantes de una casa. Se las menciona en la visión del templo de Ezequiel (Ez. 41:6, 16; 42:3, 5, 6.)

**Cámaras de imágenes.** Aposentos en el templo donde 70 ancianos de Israel adoraban a los ídolos y quemaban incienso (Ez. 8:12.)

**Camarero.** En el A. T. era el eunuco a cargo del harén del rey (Est. 1:10, 12, 15; 2:3, 14, 15, 21.) En Hechos 12:20 el camarero era el que atendía a su señor en el dormitorio. En Romanos 16:23 es un tesorero.

**Cambista.** El que cambiaba dinero extranjero corriente por dinero para el santuario (Mt. 21:12.)

**Cambistas.** Comerciantes que se ocupaban del negocio del cambio de monedas, cobrando un interés (Mt. 21:12; Mr. 11:15; Jn. 2:14.)

**Camello.** Animal de tiro de los pueblos semitas (2 R. 8:9), fuente de riqueza; considerado inmundo por los israelitas (Lv. 11:4); con su pelo se hacían telas (2 R. 1:8; Mt. 3:4.)

**Camello, Pelo de** (Ver Pelo de camello)

**Caminante.** Viajero (Jue. 19:17; 2 S. 12:4; Is. 33:8; Jer. 9:2.)

**Camino.** Puede referirse a senderos o a carreteras; la Biblia menciona caminos en infinidad de ocasiones. Los ladrones asaltaban en los caminos (Lc. 10:30); los romanos construyeron carreteras a lo largo y ancho de su imperio, algunas de las cuales aún hoy se utilizan; los aprovechaban los comerciantes, viajeros y los ejércitos; Pablo utilizó los caminos romanos en sus viajes misioneros; el dicho "todos los caminos llevan a Roma" demuestra la amplísima red vial con que contaba.

A menudo se usa la palabra en forma metafórica, para describir una conducta o un estilo de vida (Ex. 32:8; Dt. 5:33.) En el N. T. significa el plan de salvación de Dios (Mt. 3:3), el cristianismo o judaísmo (Hch. 9:2; 19:9; 22:4.)

**Camino de un día de reposo.** Alrededor de 1.080 metros (Hch. 1:12.)

**Camino real.** Nombre que se daba a las vías de comunicación más anchas y más frecuentadas. La que cita Números 16:17, 19 y 21:21, 22 era el antiguo camino N. y S. al E. del Jordán que atravesaba Edom y Moab. Ese camino aún hoy es transitable y se utiliza como carretera.

**Camón** *(firmeza, solidez)* Ciudad en Galaad, cerca de Nazaret (Jue. 10:5.)

**Camoreos.** Sacerdotes idólatras (2 R. 23:5.) = Chemarim (Sof. 1:4.)

**Campamento. 1.** Grupo de tiendas o carpas utilizadas en los viajes o como residencia temporaria durante las guerras. **2.** Sitios donde acampaban los israelitas durante su travesía de Egipto a Canaán (Nm. 33.) Cuando el pueblo de Israel deambulaba por el desierto, seguía precisas instrucciones en cuanto al orden y disposición del campamento, tanto durante el descanso como sobre la marcha (Nm. 2, 3.) **3.**

También cuartel general de los ejércitos (1 S. 13:17; 2 Cr. 32:21.)

**Campamento de Dan. 1.** Lugar ubicado entre Zora y Estaol (Jue. 13:25.) **2.** Campamento ubicado al O. de Quiriat-jearim (Jue. 18:12.)

**Campanillas.** Se cosían campanillas a la túnica oficial del sumo sacerdote (Ex. 28:33, 34; 39:25, 26.) También se colocaban campanillas al cuello de los animales domésticos (Jue. 18:12.)

**Campo.** Terreno extenso fuera de poblado. Los campos, en la Biblia, generalmente no eran predios cerrados sino separados de sus vecinos por hitos. El "campo de Moab" (Gn. 36:35) era cualquier solar en el territorio de Moab.

**Campo del alfarero.** Terreno que compraron los sacerdotes con el dinero que recibió Judas para traicionar a nuestro Señor (Mt. 27:7.)

**Caná** *(caña)* **1.** Arroyo que corre entre Efraín y Manasés y se vierte en el Mediterráneo (Jos. 16:8; 17:9.) **2.** Ciudad a 12 kilómetros, aproximadamente, al SE. de Tiro, cerca de la frontera con Manasés (Jos. 19:28.) **3.** Ciudad en Galilea (Jn. 2:1, 11; 4:46; 21:2.)

**Canaán. 1.** Hijo de Cam; sus descendientes ocuparon Canaán (Gn. 9:18, 22; 10:6.) **2.** Canaán es uno de los antiguos nombres con que se designaba Palestina, tierra de los cananeos, que les fue quitada por los israelitas. En las cartas de Amarna (hacia el año 1.400 a. C.) se aplica a la costa fenicia. En el Hexateuco los cananeos incluyen toda la población pre-israelita, aún al E. del Jordán. Los cananeos eran de linaje semita, parte de la gran emigración de semitas desde el NE. de Arabia, en el tercer milenio a. C. Los israelitas nunca pudieron exterminarlos totalmente.

**Canal.** Túnel o albañal por el cual los soldados de David lograron penetrar en la fortaleza donde estaban los jebuseos (2 S. 5:8.)

**Cananeo. 1.** Natural de la tierra de Canaán (Ver Canaán), (Gn. 10:18; Mt. 15:22.) **2.** Descripción de Simón el Zelote o Celote, uno de los 12 apóstoles, en Mateo 10:4 y que R-V traduce incorrectamente "cananita". (Cf. Lc. 6:15; Hch. 1:13.) En arameo "cananeo" significa "zelote".

**Cananita.** Miembro de un partido nacionalista (véase también Zelote), (Mt. 10:4; Mr. 3:18.)

**Cananita, Simón el** (Ver Cananeo)

**Canasta.** Se las hacía de diversos materiales: hojas, junquillo, de enea, de varillas, sogas, y eran de variados tamaños y formas (Dt. 26:2; Sal. 81:6; Mt. 14:20; Jn. 6:13.)

**Canciller.** Funcionario persa en Palestina (Esd. 4:8, 9, 17.)

**Canción.** El canto jugaba un papel preponderante en la vida nacional de los hebreos (Ex. 15; Salmos) como asimismo en la iglesia primitiva (Ef. 5:19; Col. 3:16.)

**Canción de los tres niños hebreos.** Un agregado al Libro de Daniel, que figura entre los apócrifos del A. T. Autor desconocido, fue escrito alrededor del año 164 a. C.

**Candace.** Reina de los etíopes. Se la menciona únicamente en Hechos 8:27. Pareciera que con ese término se designaba a las reinas etíopes en general, lo mismo que "Faraón" lo era para los reyes egipcios.

**Candelabro.** Utensilio de dos o más brazos que se sustenta sobre su pie o sujeto a la pared y sirve para mantener derecha la vela o candela. En la antigüedad no había velas o candelas y por lo tanto, estrictamente, no eran ni candeleros ni candelabros sino más bien lámparas, pues quemaban combustible líquido (Zac. 4:2, 11; He. 9:2.) En el tabernáculo y en el templo eran de oro (Ex. 25:31-40; 37:17-24; y ardían a base de aceite de oliva (Ex. 27:20.)

**Candelero** (Ver Candelabro)

**Cané.** Ciudad que comerciaba con Tiro (Ez. 27:23.) = Calne y Calno.

**Canela** (Ver Plantas)

**Canonicidad.** Se entiende por "Canon" el conjunto de libros de la Biblia, aceptados por la iglesia cristiana como genuinos e inspirados. El canon protestante incluye 39 libros en el A. T. y 27 en el N. T. El canon católico romano cuenta con siete libros más en el A. T. y algunos aditamentos a ciertos libros. Los judíos y los protestantes coinciden en el mismo canon del A. T. El canon del A. T. se concluyó antes de la época de Cristo, como es evidente según Josefo (en sus libros Contra Apión 1:8) que escribió hacia el año 90 a. C. Poco sabemos, históricamente, sobre la aceptación como canónicos de los libros del A. T. Mucha mayor documentación tenemos sobre la formación del canon del N. T. El Canon de Muratori (hacia el año 170 d. C.) del cual solamente queda un fragmento, hace una lista de casi todos los libros del N. T. Durante un tiempo fueron puestos en tela de juicio algunos de los libros en base a diversas razones, generalmente por dudas sobre su paternidad literaria, pero al finalizar el siglo IV el actual canon fue casi universalmente aceptado. Esta aceptación no fue como resultado de una arbitraria decisión de obispos, sino por el consenso general de la iglesia.

**Cantar de los cantares.** El título completo es "Cantar de los cantares, el cual es de Salomón" (1:1); último de los cinco libros poéticos de la Biblia (sin contar los libros poéticos deuterocanónicos.) Tanto el libro como la tradición atribuyen a Salomón su paternidad literaria. Lineamientos generales: **1.** La mutua admiración de los amantes (1:2-2:7.) **2.** Crecimiento en amor (2:8-3:5.) **3.** Las bodas (3:6-5:1.) **4.** La añoranza de la esposa por su esposo ausente (5:2-6:9.) **5.** La hermosura de la novia sulamita (6:10-8:4.) **6.** La maravilla del amor (8:5-8:14.) Al libro se lo ha interpretado de las más diversas maneras: a. alegórica; b. típica; c. literal; d. dramática; e. literatura erótica; f. litúrgica; g. de didáctica moral. Los judíos interpretan que el novio representa a Dios; que la novia sulamita representa al pueblo de Israel. Muchos cristianos sostienen que el novio es Cristo y que la novia sulamita es la Iglesia.

**Cántaro.** Vasija grande de barro o metal, angosta de boca, ancha de cuerpo y estrecha por el pie, para mantener fresca el agua (Gn. 24:14; Jue. 7:16; Ec. 12:6; Jn. 2:6.)

**Cántico** (Ver Cantar de los cantares)

**Cántico gradual.** Título de los salmos 120 a 134. Se han propuesto muchas explicaciones pero ninguna definitivamente satisfactoria. Pareciera ser que los títulos representan una serie de himnos porque los cantaban los peregrinos durante los tres días de festividades anuales en Jerusalén.

**Canto del gallo.** Cuando se refiere al tiempo es el lapso entre las doce de la noche y las tres de la mañana (Mt. 26:34; Mr. 13:35.)

**Caña. 1.** Tallo de las plantas gramíneas. A veces en forma figurada para expresar inconstancia o veleidad (Mt. 11:7), debilidad (Is. 42:3) o falso apoyo (2 R. 18:21.) **2.** Unidad de medida hebrea, equivalente a seis codos (cerca de 3 metros), (Ez. 40:5.)

**Caña aromática.** Probablemente el cálamo aromático (Is. 43:24.)

**Caña olorosa.** Probablemente el cálamo aromático (Jer. 6:20.)

**Capa** (Ver Vestidos)

**Capadocia.** Provincia en la región occidental del Asia Menor; su población era aria (Hechos 2:9; 1 P. 1:1.)

**Capataz.** El que gobierna y vigila a cierto número de operarios (Ex. 5:6; 2 Cr. 2:18; Neh. 11:16.)

**Capernaum** *(aldea de Nahum)* Localidad sobre la ribera NO. del Mar de Galilea, donde Jesús tenía su centro de operaciones durante su ministerio en Galilea (Mt. 4:13; Mr. 2:1), y donde ejecutó muchos y notables milagros (Mt. 8:5-13; Mr. 2:1-12; Jn. 4:46-54.) No quedan ni rastros de la misma, y su localización exacta es desconocida con precisión.

**Capitán.** En la Biblia es un título que se aplica con un sentido de liderazgo y jerarquía, no necesariamente militar, como por ejemplo el "capitán del templo" (Hch. 4:1, Versión Moderna.) El término no se refiere a un grado o rango específico en la organización militar.

**Capitel.** Parte superior de la columna, que la corona con figura y ornamentación distinta, según el orden de arquitectura que corresponda (Ex. 26:32; 27:10, 17; 1 R. 7:16; Am. 9:1.)

**Caravana.** Grupo de gente que se une para hacer un viaje con seguridad y especialmente equipados para una larga travesía, sobre todo en el desierto o para atravesar territorios desconocidos o presumiblemente hostiles (Gn. 32, 33; 1 S. 30:1-20; Ez. 27:25.)

**Carbón.** La Biblia nunca habla del mineral carbón de piedra, pues nunca se lo ha hallado en Palestina propiamente dicha. Las referencias se reducen siempre a carbón o a brasas. Los hebreos utilizaban habitualmente el carbón vegetal para calentarse y para cocinar (Is. 47:14; Jn. 18:18; 21:9.) En diversos pasajes se menciona específicamente el carbón (Pr. 26:21; Ez. 1:13.)

**Carbunclo, carbúnculo.** Piedra preciosa, talvez un rubí o una esmeralda; iba adherida al pectoral del sumo sacerdote (Ex. 28:17; 39:10; Ez. 28:13.)

**Carca** *(tierra)* Ciudad en la frontera S. de Judá (Jos. 15:3.)

**Carcas** *(suelo)* Uno de los siete eunucos del rey Asuero (Est. 1:10.)

**Cárcel.** La Biblia relata que en ocasiones a los prisioneros se los confinaba en pozos o cisternas (Gn. 37:24; Jer. 38:6-13) o en mazmorras que eran parte de un palacio (1 R. 22:27.) Los Herodes y los romanos contaban con cárceles reales (Lc. 3:20; Hch. 12:4; 23:10, 35.) Jesús predijo el encarcelamiento de sus discípulos (Lc. 21:12.) Los espíritus desobedientes están ahora encarcelados (1 P. 3:19.) Satanás será encarcelado durante mil años (Ap. 20:2.)

**Cárcel, Puerta de** (Ver Puerta de la cárcel)

**Carcor** *(suelo liso)* Lugar en Galaad, al E. del Jordán, donde Gedeón derrotó a los madianitas (Jue. 8:10.) Se desconoce su ubicación exacta.

**Cardo.** Existen en Palestina numerosas variedades de cardos. En forma figurada significa

desolación, juicio y maldad (2 R. 14:9; 2 Cr. 25:18; Is. 5:6.)

**Carea** *(calvo)* Padre de Johanán y Jonatán, que en tiempo de Jeremías advirtió a Gedalías el peligro que corría (2 R. 25:23; Jer. 40:13, 15, 16; 21:11, 13, 14, 16; 42:1, 8; 43:2.)

**Carga.** Cosa que hace peso sobre otra cosa o sobre un animal o persona (en forma literal o metafórica), (Nm. 11:11; Mt. 11:30.) En forma literal significa bagaje (1 S. 17:22; Is. 10:27; 14:25.)

**Caridad.** En la Biblia nunca significa dar a los pobres. Es el amor, divinamente inspirado hacia los demás y su bienestar (1 Co. 13.) Es una traducción del griego *ágape*, que significa amor divino, no especulativo, espontáneo y generoso (Jn. 3:16; 1 Jn. 4:8.)

**Carisim** *(artífice)* Valle al Este de Jope, entre Ono al N. y Lod (Lida en el N. T.) al S. (1 Cr. 4:14.)

**Carmel.** 1. Promontorio montañoso que sobresale en el Mediterráneo al O. del Mar de Galilea. 2. Ciudad de Judá a 11 kilómetros al S. de Hebrón (Jos. 15:55; 1 S. 25:2, 5.)

**Carmelita.** Nativo de Carmel de Judea (1 S. 27:3; 1 Cr. 11:37.)

**Carmelo.** Monte en la costa de Palestina; véase también Carmel (Jos. 12:22; Cnt. 7:5.)

**Carmesí.** Aplícase al color de grana que se obtiene de las agallitas del insecto hemíptero quermes (2 Cr. 2:7; Jer. 4:30; Is. 1:18.) Tela fina de ese color se utilizó como colgaduras en el tabernáculo (Ex. 24:14; Nm. 4:8; Is. 1:18.)

**Carmi** *(mi viñedo)* 1. Hijo de Rubén (Gn. 46:9; Nm. 26:6.) 2. Descendiente de Judá y padre de Acán (Jos. 7:1, 18; 1 Cr. 2:7.)

**Carmitas.** Descendientes de Carmi n° 1 (Nm. 26:6.)

**Carnal.** Naturaleza humana corrompida por el pecado (Ro. 7:14; 2 Cr. 10:4; He. 7:16.) La expresión del A. T. "acto carnal" describe el adulterio (Lv. 18:20) y la fornicación (Lv. 19:20.)

**Carne.** 1. Parte blanda del cuerpo del ser humano o de los animales. 2. Todos los seres vivientes (Gn. 6:17.) 3. La humanidad en general (Nm.

16:22.) **4.** Intelecto y volición en contraste con el deseo emocional (Mt. 26:41.) **5.** La naturaleza humana desprovista del Espíritu Santo y dominada por el pecado (Ro. 7:14; Col. 2:18; 1 Jn. 2:16.) (Ver Comidas)

**Cazar.** Matar aves, fieras, y muchas clases de animales por deporte o para comer las piezas logradas (Gn. 25:28; 27:5.) También se usa el término en sentido figurado (Ez. 13:18; Lc. 11:54.)

**Carnero** (Ver Animales)

**Carnero, Piel de** (Ver Piel de Carnero)

**Carnicería.** Pablo la menciona respecto de una pregunta de conciencia (1 Co. 10:25.)

**Carpintero** (Ver Oficios y Profesiones)

**Carpo.** Cristiano en Troas, amigo de Pablo (2 Ti. 4:13.)

**Carquemis.** Ciudad de los heteos, situada sobre la orilla O. del Eufrates, a 100 kilómetros al NE. de Alepo (Is. 10:9.) Nabucodonosor logró ahí una gran victoria sobre el faraón Necao en el año 605 a. C. (Jer. 46:2; 2 Cr. 35:20.)

**Carrera.** Las carreras constituían un popular deporte en la antigüedad, especialmente entre los griegos (1 Co. 9:24; He. 12:1.)

**Carrizal** (Ver Plantas)

**Carro.** Vehículo liviano, pequeño, generalmente de dos ruedas, utilizado para transportar personas o carga, para la guerra, las carreras, las procesiones, *etc.* (Gn. 41:43; 1 R. 18:44; Hch. 8:28; Am. 2:13.) Utilizado por los enemigos de Israel (Ex. 14:7; 1 S. 13:5), pero no por Israel hasta la época de David (2 S. 8:4; 1 R. 9:19.)

**Carsena.** Uno de los siete príncipes de Media y de Persia (Est. 1:14.)

**Carta** *(ciudad)* Ciudad de los levitas en Zabulón (Jos. 21:34.)

**Cartán** *(dos ciudades)* Ciudad de los levitas gersonitas en Neftalí (= Quiriataim nº 2), (Jos. 21:32.)

**Casa. 1.** Genealogía (Nm. 12:7.) Casa de Dios: Bet-el (Gn. 28:17), tabernáculo (Ex. 34:26; Dt. 23:18), templo (1 R. 6:1.) **2.** Las casas en Palestina eran habitualmente cons-truidas con material de ese lugar. Los muy pobres vivían en cuevas cavadas en la piedra caliza (1 S. 24:3; 1 R. 18:4; 19:9.) Los nómades vivían en tiendas, hechas a menudo de pelo de camello o de cabra (Gn. 4:20.) Las tiendas grandes contaban con dos o más palos principales (Ex. 26:32.) Donde abundaban las piedras, las casas se construían de piedra caliza. A lo largo del Mediterráneo las casas se cons-truían de barro. Las ventanas eran angostas y abiertas en lo alto de las paredes. Los techos se hacían de capas alternadas de paja y barro. Las paredes se continuaban como un pretil, es decir un murete para evitar las caídas (Dt. 22:8; Jos. 2:6.) De la calle se llegaba al techo por una escalera exterior. En las casas más grandes había también un patio. En ocasiones las cabras y las ovejas ocupaban la planta baja, en tanto la familia la planta alta. Las familias más pudientes contaban también con piezas construidas alrededor del patio. Los ricos cons-truían mansiones y palacios (Am. 5:11.)

**Casa de esquileo.** Lugar entre Jezreel y Samaria, donde Jehú ex-terminó a la casa real de Acab, rey de Judá, matando a los 42 miembros de la misma (2 R. 10:12-14.)

**Casamiento.** Era una gozosa ocasión celebrada con música, fiesta, vino y bromas; después del exilio se ins-tituyó el sistema de contratos matrimoniales debidamente redac-tados y sellados; el novio iba a la casa de la novia acompañado de sus amigos y escoltaba a la novia a casa del primero (Mt. 25:7); se esperaba de los invitados que vistieran con in-dumentaria apropiada a la ocasión; las fiestas solían durar una o dos semanas (Gn. 29:27; Jue. 14:12.)

**Cascada.** Despeñadero de agua. (Sal. 42:7.)

**Casco** (Ver Armas)

**Casia** (Ver Plantas)

**Casifia** *(plata)* Lugar en Babilonia donde vivían los judíos exilados (Esd. 8:17.)

**Casis** *(valle quebrado)* Valle en Benjamín, cerca de Bet-hogla (Jos. 18:21.)

**Casluhim.** Pueblo descendiente de Mizraim (Gn. 10:14; 1 Cr. 1:12.)

**Castaño** (Ver Plantas)

**Castidad** (Ver Casto)

**Castigo.** Pena que se impone al que ha cometido una falta o un delito. Tiene varias connotaciones: punitivo (Jer. 30:14); disciplinario (He. 12:8); instructivo (Hch. 7:22; 22:3; 2 Ti. 3:16.) La pena de muerte se aplicaba cuando se golpeaba o se injuriaba a los padres, cuando se blasfemaba, cuando no se guardaba el sábado, cuando se practicaba la brujería, el adulterio, la violación, el vínculo incestuoso, el rapto, la idolatría (Ex. 21:15, 17; Lv. 24:14, 16, 23; Nm. 15:32-36.) La pena capital era por apedreamiento (Dt. 22:24); los romanos introdujeron la decapitación (Mt. 14:10) y la crucifixión (Mr. 15:21-25.) Otras formas de castigo: por sierra, por quemaduras, por horno, por fieras, por espada. La ley del Talión era de práctica común (Ex. 21:23-25.) Cristo logró el perdón de los hombres llevando en sí mismo el castigo por los pecados (Hch. 2:38; 10:38.)

**Castigo eterno.** Es una enseñanza de la Sagrada Escritura, y lo sufrirán todos aquellos que rechazan el amor de Dios revelado en Cristo (Mt. 25:46; Dn. 12:12.) En Mt. 25:46, la palabra *aionion* (traducida "eterna") se aplica al destino tanto de los salvados como de los perdidos. El sitio final donde se sufrirá el castigo eterno recibe el nombre de "lago de fuego" (Ap. 19:20; 20:10, 14, 15); también se llama "la segunda muerte" (Ap. 20:6.) "Infierno" en la Escritura, traduce el *Hades*, el ámbito invisible donde están las almas de todos los muertos. La Gehena es el lugar de castigo del Hades; el paraíso es el lugar de bendición del Hades (Lc. 16:19-31.) El castigo eterno se sufre cuando se rechaza el amor de Dios en Cristo (Jn. 3:18, 19.)

**Castillo** (Ver Fortaleza)

**Casto** *(puro, consagrado)* La palabra originalmente significaba puro en un sentido ritual, pero más adelante incorporó una connotación moral; virtuoso, puro en pensamiento y en hecho (2 Co. 11:2; Tit. 2:5; 1 P. 3:2; 1 Jn. 3:3.)

**Cástor y Pólux** (Ver Castores)

**Castores** *(hijos de Zeus)* Se llamaban Dióscuros o Castores a los gemelos Cástor y Pólux, hijos de Zeus y de Leda; se los consideraba las deidades tutelares de los navegantes (Hch. 28:11.)

**Catacumbas.** Cementerios subterráneos donde la iglesia primitiva enterraba a sus muertos. La mayoría están en Roma, y se extendían a lo largo de 960 kilómetros.

**Catat** *(pequeña)* Población en Galilea, asignada a Zabulón (Jos. 19:15) = Quitrón de Jue. 1:30.

**Caudillo** (Ver Jefe)

**Cautividad.** El término "cautividad" se refiere a la que sufrieron las 10 tribus en el año 722 a. C. y a la que soportó Judá en el año 586 a. C. Ambas se produjeron en etapas. Luego de una serie de invasiones de los reyes asirios Tiglat-pileser (2 R. 15:29; 1 Cr. 5:26) y Salmanasar (2 R. 17:3, 5), Sargón II (2 R. 17:6, 7) llevó cautivas a las 10 tribus y Esarhadón y Asnapar (identificado generalmente como Asurbanipal) importaron a la región de Samaria habitantes de zonas conquistadas del Este (Esd. 4:2-10.) El reino del Sur fue llevado en cautiverio por Nabucodonosor, rey de Babilonia, en un período de varios años. En el año 605 a. C. llevó cautivos a Babilonia algunos miembros de la nobleza, entre los que se contaba el profeta Daniel (2 Cr. 36:2-7; Jer. 45:1; Dn. 1:1-3); en el 597 a. C. llevó en cautiverio al rey Joaquín y a varios miles de miembros de la nobleza y dirigentes del pueblo (2 R. 24:14-16), entre ellos el profeta Ezequiel; en el año 586 a. C. destruyó Jerusalén y deportó a Babilonia a todos menos a los más pobres (2 R. 25:2-21); 5 años después llevó más cautivos a Babilonia. Los libros de Esdras y Nehemías describen el retorno de los cautivos, hecho que ocurrió en el año 538 a. C. cuando Ciro, rey de Persia, ante quien cayó Babilonia el año anterior, dictó un decreto permitiendo el retorno de los judíos (Esd. 1:1-4), de los cuales 43.000 volvieron con Zorobabel (Esd. 2:64.) En el año 458 a. C. 1.800 volvieron con Esdras.

**Cayado.** Palo o bastón que suelen usar los pastores (Gn. 32:10; Zac. 11:7.)

**Cazuela.** Vasija por lo común redonda y de barro, más ancha que honda, que sirve para guisar y otros usos (Lv. 2:7; 7:9.)

**Cebada** (Ver Plantas)

**Cebolla** (Ver Plantas)

**Cedar** *(poderoso u oscuro)* **1.** Hijo de Ismael (Gn. 25:13.) **2.** Tribu nómade descendiente de n° 1 (Sal. 120:5; Cnt. 1:5.)

**Cedema** *(hacia el oriente)* Hijo de Ismael (Gn. 25:15; 1 Cr. 1:31.)

**Cedes** *(lugar sagrado)* **1.** Ciudad cananea, posteriormente ciudad de refugio en Neftalí, al NO. del lago el-Hûleh (Jos. 19:37); allí reunieron a los israelitas Débora y Barac (Jue. 4:6-10.) **2.** Población en la frontera sur de Judá (Jos. 15:23.) **3.** Ciudad de los levitas en Isacar ( = Cisón n° 1), (1 Cr. 6:72.)

**Cedes de Neftalí** (Ver Cedes y la cita de Jue. 4:6-10.)

**Cedro** (Ver Plantas)

**Cedrón.** Barranca y torrente de invierno que corre hacia el sur entre Jerusalén y el monte de los Olivos para desembocar en el mar Muerto; fue camposanto (2 R. 23:6) y lugar donde se arrojaban los ídolos destruidos (1 R. 15:13; 2 Cr. 29:16; Jn. 18:1.)

**Cedrón, Valle de.** Valle que corre a lo largo del costado oriental de Jerusalén, se une al valle de Hinom y se extiende por 35 kilómetros hacia el mar Muerto; cementerio; David lo cruzó cuando huía de Absalón (2 S. 15:23); Jesús lo cruzó camino a Getsemaní (Jn. 18:1.)

**Ceelata** *(reunión)* Lugar donde acampó Israel (Nm. 33:22, 23.)

**Cefas** *(piedra)* Nombre dado por Jesús al apóstol Pedro (Jn. 1:42.)

**Celo, Agua de** (Ver Agua de celo)

**Celosía.** Enrejado de listoncillos de madera o hierro que se pone en las ventanas de los edificios para ventilación, decoración o para que las personas que están en el interior vean sin ser vistas (Jue. 5:28; Pr. 7:6; Cnt. 2:9.)

**Cena del Señor, La.** Instituida por Cristo la noche que fue entregado, inmediatamente después de la festividad de la pascua, en recuerdo de su muerte, y como un signo visible de las bendiciones de la salvación que resultan de su muerte. Responde a varios nombres: cuerpo y sangre de Cristo (Mt. 26:26, 28), comunión del cuerpo y de la sangre de Cristo (1 Co. 10:16), el pan y la copa del Señor (1 Co. 11:27), partimiento del pan (Hch. 2:42; 20:7), la cena del Señor (1 Co. 11:20.) No se debe participar de ella indignamente (1 Co. 11:27-32.)

**Cenaz** *(caza)* **1.** Hijo de Elifaz y nieto de Esaú, (Gn. 36:11, 15; 1 Cr. 1:36.) **2.** Jefe de los edomitas, (Gn. 36:42; 1 Cr. 1:53.) **3.** Padre de Otoniel (Jos. 15:17; Jue. 1:13.) **4.** Nieto de Caleb (1 Cr. 4:15.)

**Cencrea.** Puerto oriental de Corinto. Hubo allí una iglesia cristiana (Ro. 16:1.)

**Ceneos.** Beduinos madianitas emparentados con los cenezeos (Gn. 15:19.) Saúl les aconsejó que se separesen de los amalecitas (1 S. 15:6.) El suegro de Moisés era ceneo (Jue. 1:16), y también lo era Hobab, hijo de Ragüel (Nm. 10:29; Jue. 1:16; 4:11.)

**Cenezeos.** Descendientes de Cenaz n° 1 ó 2 (Gn. 18:27.) Caleb (Nm. 32:12) y Otoniel (Jos. 15:17) eran cenezeos.

**Cenizas de vaca.** Se las utilizaba como purificación en cierto tipo de ceremonias (Nm. 19:9.)

**Censo.** Padrón o lista de la población. La Biblia registra numerosos censos (Ex. 38:26; Nm. 1:2, 3; 26:51; 1 Cr. 21:1-6; 27:24; 1 R. 5:15; 2 Cr. 2:17; Esd. 2; Lc. 2:1.)

**Centeno** (Ver Plantas)

**Centurión** *(cien)* Jefe de una centuria (100 soldados) en la milicia romana (Mt. 8:5-13; Hch. 10:22-25; 23:17.)

**Cepillo.** Instrumento de carpintería que sirve para labrar la madera (Is. 44:13.)

**Cepo.** Instrumento de castigo con el cual se fijaba la cabeza o los pies o las manos, o todas esas partes (Job 13:27; Jer. 20:2.)

**Cerdo** (Ver Animales)

**Cereteo.** Tribu vecina de los filisteos, al S. de Palestina (1 S. 30:14; Ez. 25:16; Sof. 2:5.) **2.** Tropa que servía a David como su guardia personal (2 S. 8:18; 1 Cr. 18:17.)

**Cerrojo.** En la época bíblica se usaba un barrote de madera, de hierro o de bronce para asegurar las puertas o portones (Dt. 33:25; Neh. 3:3; Cnt. 5:5; Am. 1:5.)

**Cerviz.** Parte posterior del cuello y que en la Biblia tiene un significado literal y otro figurado (Ex. 32:9; Dt. 9:13; 2 Cr. 36:13; Job 16:12; Sal. 75:5; Hch. 7:51; 15:10.)

**César. 1.** Nombre de una familia romana de la cual el más prominente fue Cayo Julio César. **2.** Título de los emperadores romanos que sucedieron a Julio César (Mt. 22:17; Lc. 23:2; Jn. 19:15; Hch. 17:2.) El N. T. hace referencia a varios de los Césares (Lc. 2:1; 3:1; 20:22; Hch. 11:28; 25:8.)

**Cesarea.** Ciudad portuaria edificada por Herodes el Grande, a 40 kilómetros aproximadamente al NO. de Samaria, en honor de Augusto César; fue la capital romana de Palestina; hogar de Cornelio el centurión romano (Hch. 10) y de Felipe el evangelista (Hch. 8:40; 21:8); en esa ciudad estuvo prisionero Pablo durante dos años (Hch. 23:31-26:32.) Actualmente se llama Qisariyah.

**Cesarea de Filipo.** Ciudad que fue ampliada por Felipe el Tetrarca, quien le puso el nombre en honor del emperador romano. Fue allí donde Pedro confesó que Jesús era el Mesías (Mt. 16:13-17.)

**Cesia** *(casia)* Hija de Job, nacida después de la prueba a que fue sometido (Job 42:14.)

**Cetro.** Vara que empuñan los reyes como símbolo de su autoridad (Gn. 49:10; Nm. 24:17; Sal. 45:6.)

**Cetura** *(incienso)* Mujer de Abraham después de la muerte de Sara; con ella tuvo seis hijos, antepasados de las tribus árabes (Gn. 25:1, 4; 1 Cr. 1:32, 33.)

**Cielo. 1.** Una de las dos grandes divisiones del universo: la tierra y los cielos (Gn. 1:1; 14:19); estrellas y planetas (Gn. 1:14-17; Ez. 32:7, 8.) **2.** Nubes, firmamento (Dt. 33:26; Sal. 19:1.) **3.** Morada de Dios (Gn. 28:17; Sal. 80:14; Is. 66:1; Mt. 5:12) y de los ángeles buenos (Mt. 24:36.) **4.** Habitantes del cielo (Lc. 15:18; Ap. 18:20.)

**Ciencia.** Conocimiento (Dn. 1:4; 1 Ti. 6:20.)

**Cierva** (Ver Animales)

**Ciervo** (Ver Animales)

**Cigüeña** (Ver Aves)

**Cilicia.** País al SE. del Asia Menor. Su principal ciudad era Tarso, donde nació Pablo (Hch. 21:39; 22:3; 23:34.) Pasó a ser provincia romana en el año 100 a. C. Pronto lo alcanzó el evangelio (Hch. 15:23), probablemente por intermedio de Pablo (Hch. 9:30; Gá. 1:21), quien confirmó las iglesias allí establecidas (Hch. 15:41.)

**Cilicio.** Tela oscura y áspera hecha de tela de cabra y que se usaba para demostrar pesadumbre y duelo (2 S. 3:31; 2 R. 19:1, 2); los profetas lo usaban con frecuencia (Is. 20:2; Ap. 11:3) y también los cautivos (1 R. 20:31.)

**Címbalo** (Ver Música, Instrumentos musicales)

**Cina** *(lamentación)* Ciudad en el extremo S. de Judá. Se desconoce su ubicación exacta (Jos. 15:22.)

**Cineret. 1.** Nombre con que originariamente se designaba al Mar de Galilea (Nm. 34:11; Jos. 11:2.) **2.** Ciudad fortificada en Neftalí, en la orilla NO. del Mar de Galilea (Jos. 19:35.) **3.** Distrito en Galilea (1 R. 15:20.)

**Cinto.** Faja de cuero que se ciñe a la cintura, como prenda de vestir o para llevar las monedas, a modo de cartera (Ex. 39:20; Lv. 8:7; Mt. 10:9; Mr. 6:8.)

**Cinturón** (Ver Vestidos)

**Ciprés** (Ver Plantas)

**Circuncisión** *(cortar alrededor)* Cortar circularmente una porción del prepucio. Era un rito instituido por Dios como señal del pacto entre él y Abraham y sus descendientes (Gn. 17:10) de que sería su Dios, y ellos habrían de pertenecerle, adorando y obedeciendo solamente a él. Moisés le dio fuerza legal en el desierto (Lv. 12:3; Jn. 7:22, 23.) Todos los niños varones eran circuncidados al octavo día después del nacimiento. El rito también lo practicaron otros pueblos aparte de los judíos (egipcios, árabes, *etc.*) La iglesia cristiana se opuso a que se obligara a los gentiles a ser circuncidados (Hch. 15:5; Gá. 5:2.)

**Cirene** *(pared)* Ciudad de Africa del Norte, al Oeste de Egipto, aproximadamente a 16 kilómetros de la costa. Originariamente una ciudad griega, pasó a manos de los romanos. Había gente de Cirene en Jerusalén, el día de Pentecostés (Hch. 2:10.) Miembros de la Sinagoga, venidos de Cirene, disputaron con Esteban (Hch. 6:9.)

**Cireneo.** Por alusión a Simón de Cirene que ayudó a Jesús a llevar la cruz (Lc. 23:26.)

**Cirenio.** Su nombre completo era Publius Sulpicius Quirinius. Gobernador romano en Siria en la época en que nació Jesús. En esa fecha Roma consideraba a Siria-Palestina como una sola provincia. Famoso debido a la controversia suscitada por el censo, que Lucas afirma "se hizo siendo Cirenio gobernador de Siria". Al parecer fue dos veces gobernador de Siria: la primera vez en los años 6 ó 5 a. C. y la segunda vez 6-10 d. C. Tales censos se hacían cada 14 años. No hay la menor duda de que Cirenio fue gobernador de Siria cuando el emperador Augusto decretó el censo con el cual fue a cumplir José (Lc. 2:2) entre los años 6 y 9 d. C. y de que en ese período se ordenó el censo; pero no hay clara evidencia de que él era el gobernador y de que ordenó el censo 14 años antes de ello. Sin embargo, hay una inscripción que establece que Cirenio fue gobernador de Siria en dos oportunidades.

**Ciro.** Fundador del imperio persa; capturó Babilonia el año 539 a. C. dando fin al imperio neobabilónico; instituyó una política de misericordia de repatriación para los pueblos cautivos y permitió a los judíos retornar a Palestina (2 Cr. 36:22, 23; Esd. 1:1-14; Is. 44:28; 45:1-7.) Murió en el año 530 a. C.

**Cis** *(arco, poder)* **1.** Benjamita, padre del rey Saúl (1 S. 9:1-3; 10:11, 21; 2 S. 21:14; Hch. 13:21.) **2.** Benjamita, hijo de Jehiel o Abigabaón (1 Cr. 8:30; 9:36.) **3.** Levita, hijo de Mahli y padre de Jerameel (1 Cr. 23:21, 22; 24:29.) **4.** Levita que colaboró con el rey Ezequías (2 Cr. 29:12.) **5.** Ascendiente de Mardoqueo (Est. 2:5.)

**Cisón** *(tortuoso, sinuoso)* **1.** Arroyo en el N. de Palestina. Corre desde el monte Tabor y el monte Gilboa hacia el O. y atraviesa la llanura de Esdrelón y entra en la bahía de Acre al N. del monte Carmelo (Jue. 4:7, 13; 1 R. 18:40; Sal. 83:9.) En Jueces 5:21 se denomina "torrente de Cisón".

**Torrente de Cisón** (Ver Cisón)

**Cisterna.** Depósito subterráneo artificial cavado en la tierra o en la roca donde se recoge y conserva el agua llovediza o la que se lleva de algún río o manantial (Pr. 5:15; Ec. 12:6; Is. 36:16; Jer. 2:13.) Las cisternas eran imprescindibles en Palestina, con sus prolongadas sequías de verano. En algunas ocasiones las cisternas secas hacían las veces de prisiones (Gn. 37:22; Jer. 38:6; Zac. 9:11.)

**Citas de poetas paganos.** En el N. T. las menciona únicamente Pablo. Hechos 17:28 tiene una cita de Cleantes. Tito 1:12 una cita de Epiménidas. 1 Co. 15:33 quizá sea una de Menandro.

**Ciudad.** En la antigüedad las ciudades debían su origen a la agricultura y no a una urbanización planificada. Generalmente se las construía en las laderas de una montaña o en la cima de la misma, pero contando siempre con la garantía de una abundante provisión de agua. Las ciudades contaban todas ellas con murallas de hasta 6 y 10 metros de espesor, protegidas a veces con fosos y torres. De noche se cerraban las puertas de las murallas (Jos. 2:5, 7.) Dentro de las murallas lo más notable de la ciudad era la torre o plaza fuerte; un lugar alto donde se ofrecían los sacrificios y se realizaban las fiestas; el espacio abierto cerca de la puerta, sitio de reunión para distintos menesteres; las calles angostas, sinuosas, sin pavimentar y raramente limpias no eran iluminadas. Poco es lo que se sabe sobre la técnica administrativa de las ciudades.

**Ciudadanía** (Gr. *politeuma)* La palabra "ciudadano", en el N. T. no significa otra cosa que habitante de la ciudad (Jue. 9:2-20; Hch. 21:39) o de un país (Lc. 15:15; 19:14.) La ciudadanía romana se acompañaba de ciertos privilegios, tales como el derecho de apelar al emperador y el no ser sometido a vejámenes; se adquiría por nacimiento, comprándola, o como premio por servicios distinguidos (Hch. 16:37-39; 22:25-29; 23:27.) Pablo afirma que los cristianos son ciudadanos de una patria celestial y deberían vivir de acuerdo a esa ciudadanía (Fil. 1:27; 3:20.)

**Ciudad de David. 1.** Fortaleza jebusea de Sion capturada por David que la hizo su residencia real (2 S. 5:6-9.) **2.** Belén, el hogar de David (Lc. 2:4.)

**Ciudadela** (Ver Fortaleza)

**Ciudad fuerte** (Ver Fortaleza)

**Ciudades de aprovisionamiento.** Depósitos para provisiones y armas (1 R. 9:15-19; 2 Cr. 8:4-6; 16:4.)

**Ciudades de la llanura** *(Círculo del Jordán)* Eran ciudades situadas en los alrededores del mar Muerto y que incluían Sodoma, Gomorra, Adma, Zeboim y Zoar. Lot vivía en Sodoma (Gn. 19.) Fueron destruidas por su iniquidad (Gn. 19.) Probablemente estaban situadas al extremo S. del mar Muerto, y se cree que actualmente el mar cubre el sitio donde estaban.

**Ciudades de refugio.** Eran seis ciudades, tres a cada lado del Jordán, que Moisés y Josué destinaron como lugar de asilo para quienes hubieran cometido un homicidio no intencional. Ahí permanecían hasta que pudiera realizarse un juicio con todas las garantías de la ley. Si lograban probar que eran inocentes del cargo de homicidio intencional, debían permanecer en la ciudad de refugio

hasta la muerte del sumo sacerdote (Nm. 35:6, 11-32; Dt. 4:43; 19:1-13; Jos. 20); las ciudades de refugio al E. del Jordán eran Beser (en Benjamín), Ramot de Galaad, (en Gad), Golán (en Manasés); Al O. del Jordán: Hebrón (en Judá), Siquem (en Efraín) y Cedes (en Neftalí.)

**Ciudades fortificadas.** Eran las que estaban rodeadas de muros altos con puertas y defensas especiales que protegían la ciudad contra los ataques invasores (Dt. 3:5.)

**Cizaña.** Gramínea parecida al trigo cuya harina es venenosa (Mt. 13:25-40.)

**Clamar** (Ver Llamar)

**Clase de los sacerdotes y levitas.** David dividió a los sacerdotes y levitas en 24 grupos o suertes, llamados "clases" en Lucas 1:8, cada uno con sus propias cabezas de casas paternas (1 Cr. 24:1ss.) Cada grupo o clase oficiaba semanalmente.

**Clauda.** Isleta a 40 kilómetros, aproximadamente, al SO. de Creta. Los escritores latinos y la Vulgata prefieren llamarla "Cauda", como en la BJ (Hch. 27:16.)

**Claudia.** Una cristiana en Roma (2 Ti. 4:21.)

**Claudio.** Cuarto emperador romano (41-54 d. C.) Expulsó de Roma a todos los judíos (Hch. 18:2.) El hambre profetizado por Agabo ocurrió durante su reinado (Hch. 11:28.)

**Claudio Lisias.** Comandante de las fuerzas romanas en Jerusalén que rescató a Pablo de manos de una turba de judíos fanáticos (Hch. 21:31; 23:26; 24:22.) Para proteger a Pablo lo envió a Cesarea.

**Cleanto o Cleantes.** Filósofo griego estoico de fines del siglo IV y comienzos del III a. C. cuyo poema *Himno a Júpiter* cita Pablo en Hechos 17:28.

**Clemente.** Un cristiano colaborador de Pablo (Fil. 4:3.)

**Cleofas. 1.** Uno de los dos discípulos con quienes caminó Jesús en el camino de Emaús el día de la resurrección (Lc. 24:18.) **2.** Marido de una de las Marías que estuvieron junto a la cruz (Jn. 19:25.)

**Cloé** *(hierba verde)* Mujer conocida

de Pablo y de la iglesia de Corinto (1 Co. 1:11.)

**Coa.** Tribu al E. del Tigris, entre Elam y Media (Ez. 23:23.)

**Coat.** Segundo hijo de Leví (Gn. 46:11; Jos. 21:5; 2 Cr. 20:9.)

**Coatita.** Descendiente de Coat, incluso la familia sacerdotal de Aarón (Ex. 6:18-20; Nm. 3:27; Jos. 21:4; 1 Cr. 6:54.)

**Cobre.** Elemento metálico que se encuentra en la naturaleza en forma libre o combinado (Job 28:2; Dt. 8:9.)

**Cocina.** Por lo general las cocinas familiares eran de arcilla, pequeñas y transportables; se usaba el carbón vegetal como combustible (Ez. 46:24.) Los pudientes y los ricos usaban braseros o cocinas metálicas (Jer. 36:22, 23.)

**Cocinero.** (Ver Oficios y Profesiones)

**Cochero** (Ver Oficios y Profesiones)

**Codiciar.** Desear con ansia una cosa. **1.** Querer lo mejor (1 Co. 12:31.) **2.** Exagerado deseo de poseer lo que pertenece a otro (Ex. 20:17; Ro. 7:7.)

**Codo** (Ver Pesas y Medidas)

**Codorniz** (Ver Aves)

**Coele Siria** *(hueca Siria)* Nombre que se le da a la región de Siria comprendida entre el Líbano y el antilíbano.

**Cofre.** Caja usada por los filisteos para devolver el arca a los israelitas (1 S. 6:8, 11, 15, BJ.)

**Cohorte** (Ver Compañía)

**Cojo, cojear, cojera** (Ver Enfermedades)

**Colaías** *(voz de Jehová)* **1.** Benjamita (Neh. 11:7.) **2.** Padre del falso profeta Acab (Jer. 29:21.)

**Colhoze** *(el que lo ve todo)* **1.** Padre de Salum (Neh. 3:15.) y Baruc (Neh. 11:5.)

**Colirio.** Medicamento que se aplica a los ojos enfermos. Se usa también en sentido figurado para la restauración de la visión espiritual (Ap. 3:18.)

**Colonia.** Asentamiento de ciudadanos romanos, autorizado por el gobierno, en territorio conquistado. Actúa también como guarnición (Hch. 16:12.)

**Colosas.** Ciudad de Frigia

aproximadamente a 20 kilómetros de Laodicea y de Hierápolis (Col. 1:2.) Filemón y Onésimo eran miembros de esa iglesia (Col. 4:9.)

**Colosenses, Epístola a los** (Ver Epístola a los Colosenses)

**Columna.** Apoyo que sirve para sostener techumbres u otras partes de un edificio (Ex. 27:10; 1 R. 7:2; Jue. 16:29; 1 S. 2:8.) En sentido figurado persona o cosa que sirve de amparo, apoyo o protección (Ex. 13:21.) En el N. T., y en forma figurada, se refiere a Dios (1 Ti. 3:15), o a ciertos hombres (Gá. 2:9; Ap. 3:12) y a los pies de un ángel (Ap. 10:1.)

**Columna de nube y de fuego.** Dios guió a Israel, al sacarlo de Egipto, y luego por el desierto, con una columna de nube durante el día y una columna de fuego durante la noche (Ex. 13:21, 22.) La columna de nube se posaba sobre el Tabernáculo de Reunión cuando Dios hablaba con Moisés (Ex. 33:7-11.) La nube y el fuego eran manifestaciones divinas.

**Collar.** Adorno que ciñe o rodea el cuello. También se lo usa como señal de distinción (Gn. 41:42; Dn. 5:7.) En la antigüedad también los hombres utilizaban collares. A veces los collares estaban guarnecidos o formados por piedras preciosas.

**Comadreja.** Pequeño mamífero carnicero nocturno. Para los judíos era un animal inmundo que les estaba prohibo comer (Lv. 11:29.)

**Combustible.** En los tiempos bíblicos se utilizaba como combustible la leña (Lv. 1:7; Pr. 26:20; 26:21), el carbón (Pr. 26:21; Ez. 1:13), la hierba o pasto (Mt. 6:30; Lc. 12:28), el excremento humano (Ez. 4:12) y el estiércol de buey (Ez. 4:15.)

**Comezón** (Ver Enfermedades)

**Comidas.** En los tiempos bíblicos se servían habitualmente dos comidas diarias, sin horario fijo; la comida consistía en verduras, fruta y carne; muy cotizadas eran las especies; no se usaban cubiertos; la gente comía recostada; la comida se cocinaba sobre fuego hecho de carbón, madera, espinas, pasto.

**Comino** (Ver Plantas)

**Compañerismo.** Vínculo que existe

entre compañeros. Armonía y buena correspondencia entre ellos. Comunión. Concordia. El vínculo puede ser social, comercial o matrimonial (2 Co. 6:14-18); puede ser de membresía en la iglesia local (Hch. 2:42); de obrar conjuntamente en la obra del evangelio (2 Co. 8:4); como señal de amistad y de confianza (Gá. 2:9.)

**Compañero.** Persona que tiene o corre una misma suerte o fortuna con otra y están ligados por fuertes lazos como en el matrimonio o en el trabajo (Gn. 11:7; Jue. 7:13; 1 S. 14:20; Job 6:14; Mr. 15:7; Fil. 2:25.)

**Compañía.** Una cohorte (Hch. 10:1; 27:1.) En la BJ y NC figura como "cohorte".

**Compasión.** Sentimiento de ternura y lástima que se siente por las desgracias de los demás (Is. 54:8; Mt. 9:36; 14:14.)

**Conanías** *(Jehová ha fundado)* **1.** Un levita (2 Cr. 31:12, 13.) **2.** Otro levita (2 Cr. 35:9.)

**Conciencia.** Conocimiento interior del bien que debemos hacer y del mal que debemos evitar (Hch. 23:1; 1 Ti. 1:5; He. 13:18.) Pasajes importantes sobre este tema en el N. T.: Romanos 2:14, 15; 1 Corintios 8:10. El N. T. hace hincapié en la necesidad de tener una buena conciencia para con Dios.

**Concilio.** Junta o congreso para tratar alguna cosa. Así, el Sanedrín judío (Mt. 26:59; Hch. 5:34) y tribunales inferiores (Mt. 10:17; Mr. 13:9.)

**Concubina.** Mujer que vive y cohabita con un hombre como si fuera su marido, pero en una posición legal inferior a la de la esposa (Gn. 16:1; 22:24; Jue. 8:31; 2 S. 3:7; 5:13.) La ley de Moisés lo permitía (Ex. 21:7-11; Dt. 21:10-14.) Varios de los más prominentes personajes bíblicos tenían concubinas: Abraham (Gn. 25:6), Jacob (Gn. 35:22), Gedeón (Jue. 8:31), David (2 S. 5:13.) También Salomón (1 R. 11:3) y Roboam (2 Cr. 11:21.)

**Concupiscencia.** Apetito desordenado de placeres. Dios aborrece ese pecado (Ro. 6:12; 1 Ts. 4:5; Tit. 3:3; Stg. 1:14.)

**Condenación.** Con respecto al futuro significa, principalmente, la eterna separación de Dios que se acompaña de tremendos castigos (Mt. 5:29; 10:28; 23:33; 24:51.) El grado de pecado determina la severidad del castigo (Lc. 12:36-48), y es eterno (Mr. 3:29; 2 Ts. 1:9; Is. 66:24; Jud. 6, 7.)

**Conducto.** Canal para llevar agua desde la fuente de producción al destino deseado (2 R. 20:20; Is. 7:3.)

**Conejo** (Ver Animales)

**Confección.** Medicamento de consistencia blanda, compuesto de varias substancias pulverizadas, casi siempre de naturaleza vegetal, con cierta cantidad de jarabe o miel (Ex. 30:34, 35, R-V, edición 1909.)

**Confesión.** Reconocer nuestra fe en todo, ya sea en la existencia o autoridad de Dios como de los pecados de los cuales somos culpables (Mt. 10:32; Lv. 5:5; Sal. 32:5); conceder o permitir (Jn. 1:20; Hch. 24:14; He. 11:13); alabar a Dios reconociéndole agradecidamente (Ro. 14:11; He. 13:15.)

**Congregación.** El pueblo hebreo visto colectivamente como el pueblo de Dios o como una asamblea de gente reunida para un propósito determinado y definido (1 R. 8:65.) A veces se refiere a la asamblea de todo el pueblo; otras veces a una parte del mismo (Nm. 16:3; Ex. 12:6; 35:1; Lv. 4:13.)

**Conías** *(Jehová crea)* Rey de Judá (= Jeconías y Joaquín), (Jer. 22:24, 28; 37:1.)

**Conjuro.** El sustantivo no aparece en la Biblia, pero sí el verbo, varias veces, tanto en el A. T. como en el N. T. (Nm. 5:19; 2 Cr. 18:15; Cnt. 2:7; Mr. 5:7.)

**Consagración.** Acto mediante el cual se dedican a Dios los hombres destinados a su servicio, y aún los objetos y lugares inanimados que para el culto divino deben emplearse: Levitas (Ex. 13:2; Nm. 3:12; objetos (Jos. 6:19); naciones (Ex. 19:6.)

**Consejo. 1.** Grupo de gente reunida para deliberar (Nm. 16:2; 1 Cr. 12:19.) **2.** El Sanedrín judío (Mt.

26:4; Hch. 9:23) y los tribunales inferiores (Mt. 10:17; Mr. 13:9.)

**Consejero.** Persona que aconseja o sirve para aconsejar; miembro del Sanedrín (Mr. 15:43; Lc. 23:50.)

**Consolador, El.** Que consuela. Vocablo que Juan aplica al Espíritu Santo en el Evangelio de Juan (Jn. 14:16, 26; 15:26; 16:7) y a Jesús en 1 Juan 2:1, donde traduce "abogado" (Paracleto)

**Contaminación.** Abominación ceremonial o moral, profanación, inmundicia (Hch. 15:20; 2 Co. 7:1; 1 P. 1:19; 2 P. 2:20.)

**Constructor** (Ver Oficios y Profesiones)

**Conversión** *(tornar)* Un volverse que se puede tomar en forma literal o figurada, ética o religiosa, ya sea de Dios o, más frecuentemente a Dios (Hch. 15:3.) Implica un volverse de algo hacia algo y está, por lo tanto, íntimamente ligado al arrepentimiento (Hch. 3:19; 26:20) y a la fe (Hch. 11:21.) En lo negativo es volverse del pecado y en lo positivo es fe en Dios (Hch. 20:21.) Si bien es un acto volitivo del hombre, se logra por el poder de Dios (Hch. 3:26.) En el proceso de la salvación es el primer paso en la transición del pecado a Dios.

**Convicción.** Convicción, prueba, y fallo condenatorio. Es la primera etapa del arrepentimiento, cuando al penitente se lo enfrenta con el pecado y se le prueba que es culpable del mismo. La palabra figura una sola vez en toda la Biblia (Heb. 11:1) pero tanto el N.T. como el A. T. están llenos de ejemplos de convicciones, y el más notable de todos, sin duda alguna, es el Salmo 51.

**Convocación.** Festival religioso durante el cual se prohibía todo tipo de trabajo (Nm. 28:18; Is. 4:5.)

**Convocar** (Ver Llamar)

**Cónyuge** (Ver Matrimonio)

**Copa, cáliz.** Palabra que se aplica en forma literal y en forma figurada. Las copas eran de diferentes formas y diseños, y hechas de distintos materiales: oro, plata, loza, cobre, bronce, *etc.* En forma figurada la copa simboliza la prosperidad o la maldición (Sal. 11:6; 16:5); ebriedad (Pr. 23:31); bendición (1 Co. 10:16); la suerte que le toca en la vida (Sal. 11:6; 16:5.)

**Copa de bendición.** Es la copa de comunión, separada para la Cena del Señor (1 Co. 16:10.)

**Copero.** Funcionario palaciego que servía el vino en la mesa del rey (Gn. 40:1; 1 R. 10:5.)

**Corasán.** Lugar al S. de Judá (1 S. 30:30.)

**Corazín.** Ciudad en Galilea, a 3 kilómetros de Capernaum (Mt. 11:21; Lc. 10:13.)

**Corazón.** En la Biblia se considera al corazón como el asiento del intelecto, de los sentimientos, de la voluntad y del ser interior (Gn. 6:5; 18:5; Sal 119:2; Gn. 6:6.) A menudo la palabra corazón entraña la naturaleza moral del hombre caído (Jer. 17:9.)

**Corbán** *(ofrenda)* Una ofrenda, cruenta o incruenta, ofrecida a Dios (Lv. 1:2, 3; 2:1; 3:1; Nm. 7:12-17; Mr. 7:11.)

**Corchete.** Especie de broche que sirve para ajustar alguna cosa (Ex. 26:6; 36:13, 18.)

**Cordel.** Cuerda delgada (2 S. 8:2; 2 R. 21:13; Jer. 31:39.)

**Cordero.** Utilizado como alimento (Dt. 32:14; Am. 6:4) y para sacrificios (Gn. 4:4; 22:7), especialmente para la Pascua (Ex. 12:3-5.) Cristo tipifica el cordero sacrificial (Jn. 1:29; Ap. 5:6, 8.)

**Cordero de Dios.** Juan el Bautista llamó a Jesús "Cordero de Dios" (Jn. 1:29, 36), poniendo énfasis, de esa manera, en el carácter redentor de la obra de Cristo. En Apocalipsis se menciona a menudo el cordero como símbolo de Cristo.

**Cordón.** Cuerda, por lo común redonda, de seda, lino, lana u otra materia filiforme, utilizada como adorno en el templo. El sumo sacerdote lo usaba para unir el pectoral con el efod (Ex. 28:28, 37; 39:21, 31.)

**Coré** *(calvo)* 1. Hijo de Esaú (Gn. 36:5, 14, 18; 1 Cr. 1:35.) 2. Nieto de Esaú (Gn. 36:16.) 3. Levita que encabezó una revuelta contra Moisés (Ex. 6:24; 1 Cr. 9:19; Jud. 11.) 4. Hijo de Hebrón (1 Cr. 2:43), descendiente de Caleb. **5.** Portero, (1 Cr. 9:19; 26:1.) **6.** Levita, funcionario del rey Ezequías (2 Cr. 31:14.)

**Coreíta.** Descendiente de Coré (Ex. 6:24; 1 Cr. 12:6.)

**Corintio.** Habitante de Corinto (Hch. 18:8; 2 Co. 6:11.)

**Corintios, Epístolas a los** (Ver Epístolas a los corintios)

**Corinto** *(adorno)* Ciudad griega en el istmo entre el Peloponeso y la tierra firme. Fue destruida por los romanos en el año 146 a. C. y reconstruida en el año 46 a. C. Capital de la provincia romana de Acaya. En esa ciudad fundó Pablo una iglesia (Hch. 18:1; 20:2, 3) y le dedicó dos epístolas.

**Cornalina** (Ver Minerales, Piedras preciosas)

**Cornelio** *(de un cuerno)* Centurión romano apostado en Cesarea, primer gentil que se convirtió al cristianismo (Hch. 10, 11.)

**Cornerina** (Ver Minerales, Piedras preciosas)

**Corneta** (Ver Música, Instrumentos musicales)

**Coro. 1.** Medida de capacidad ( = 370 litros) (Ver Pesas y Medidas) **2.** Grupo de cantores (Neh. 12:31, 38, 40.)

**Corona.** Cerco de ramas o flores naturales o imitadas o de metal precioso con que se ciñe la cabeza, y es, ya simple adorno, ya insignia honorífica, ya símbolo de dignidad, y utilizada por sacerdotes, reyes y reinas (Ex. 28:36-38; 2 Cr. 23:11; Est. 2:17.) En el N. T. se utilizan dos palabras griegas para expresar corona: *stefanos* y *diadema;* la primera referida a la guirnalda que colocaban en las sienes de los atletas victoriosos (2 Ti. 4:8; Ap. 2:10), y la segunda la corona utilizada por los reyes (Ap. 19:12.) A Jesús le ciñeron una corona de espinas para ridiculizarlo (Mt. 27:29.) No se sabe qué variedad de espinas se utilizaron para esa cruz.

**Corona de espinas** (Ver Corona)

**Corral.** Sitio cercado para guardar el ganado (Hab. 3:17; Sof. 2:6.)

**Correa.** Tira de cuero larga y delgada que sirve para unir, atar, ceñir y otros varios usos (Gn. 14:23; Is. 5:27; Mr. 1:7.)

**Cortador** (Ver Oficios y Profesiones)

**Cortaplumas.** Navaja pequeña con que se cortaban las plumas de aves o las cañuelas para escribir (Jer. 36:23.)

**Cortina. 1.** Paño grande hecho de tejidos de seda, lana, lino u otro género que se colgaba en el tabernáculo para resguardar lo privado y sagrado que había dentro (Ex. 27:9; Nm. 3:25; Ez. 27:7.) **2.** En sentido figurado los cielos (Is. 40:22.)

**Corzo** (Ver Animales)

**Cos. 1.** Descendiente de Judá (1 Cr. 4:8.) **2.** Jefe de una familia de sacerdotes cuyos descendientes regresaron del exilio (1 Cr. 24:10; Esd. 2:61; Neh. 7:63.) **3.** Ascendiente de Meremot, que ayudó a restaurar el muro (Neh. 3:4, 21.) **4.** Isla en el mar Egeo, mencionada en conexión con el tercer viaje misionero de Pablo (Hch. 21:1.)

**Cosam** *(oráculo)* Ascendiente de Jesucristo (Lc. 3:28.)

**Coselete.** Coraza ligera, generalmente de cuero, que usaron ciertos soldados de infantería (2 Cr. 18:33; 26:14.)

**Cosmético.** Dícese de las confecciones hechas para hermosear la tez o el pelo (2 R. 9:30; Jer. 4:30; Ez. 23:40.)

**Costa.** Orilla del mar y tierra que está cerca de ella (Jos. 15:2; Dt. 1:7; Sof. 2:5; Lc. 6:17.)

**Costra.** Erupción postulosa por reacción alérgica (Job 7:5.)

**Costumbre.** Hábito adquirido; práctica muy usada; menstruo o regla de las mujeres; modales, manera de ser, estatutos (Gn. 31:35; Jue. 11:40; Jer. 32:11.) En el N. T. significa modo, uso, hábito (Lc. 1:9; Hch. 6:14) y "prácticas religiosas".

**Cozbi** *(mi falsedad)* Mujer madianita muerta por Finees (Nm. 25:15, 18.)

**Cozeba** *(mentiroso)* Aldea en Judá (1 Cr. 4:22.)

**Creación.** La Biblia enseña con toda claridad que el universo y toda la materia tuvo un comienzo y se originó por la voluntad del eterno Dios (Gn. 1, 2.) La Biblia no nos informa cuánto tiempo duró la creación original de la materia, o cuándo comenzó el primer día de la creación o terminó el sexto día. Pareciera que Dios terminó su actividad creadora después del sexto día y ahora descansa de sus labores. La Biblia no apoya el punto de vista de que todo lo que existe ha llegado a su actual condición como resultado de un desarrollo natural. Fue Dios quien determinó que las plantas y los animales habrían de reproducirse "según su género". La Escritura no especifica la amplitud de cada "género", y nada hay en la Biblia que niegue la posibilidad de cambio y de desarrollo dentro de ciertos límites de un "género" en particular. Los dos relatos de la creación en Génesis 1 y 2 se complementan. El capítulo primero de Génesis describe la creación del universo como un todo; el capítulo segundo relata en detalle la creación del hombre y nada dice sobre la creación de la materia, de la luz, de los cuerpos celestes, de las plantas y animales, excepto para decir que la creación de los animales y de las plantas ocurrió en época anterior.

**Creciente fértil.** Moderna descripción del territorio que se extiende del golfo Pérsico a Egipto, e irrigado por los ríos Eufrates, Tigris, Orontes, Jordán y Nilo. Media Luna Fértil.

**Credo.** Símbolo de la fe, en el cual se contienen los principales artículos de ella. Pasajes como Mateo 16:16 y 1 Timoteo 3:16 nos dan los fundamentos bíblicos para el credo cristiano. Existen tres antiguos credos: el Credo de los Apóstoles, el Credo de Nicena y el Credo de Atanasio. Los reformadores también redactaron credos.

**Crescente** *(creciente)* Compañero de Pablo (2 Ti. 4:10.)

**Creta.** Isla en el Mediterráneo, de 265 kilómetros de largo por un ancho que varía entre 10 y 56 kilómetros aproximadamente y forma un puente natural entre Europa y el Asia Menor. Fue el legendario lugar de nacimiento de Zeus. Pablo y Tito fundaron allí una iglesia (Tito 1:5-14.) El A. T. denominaba ceretos a los cretenses (1 S. 30:14; Ez. 25:16.) Había cretenses en Jerusalén el día de Pentecostés (Hch. 2:11.) Según Pablo, no tenía un alto nivel moral (Tit. 1:12.)

**Cretense.** Habitante de Creta (Hch. 2:11; Tit. 1:12.)

**Criado, da.** Persona del sexo masculino o femenino que sirve por un salario, y especialmente la que se emplea para servicios domésticos (Gn. 12:16; Ex. 2:15; Rt. 2:5; Ro. 14:4.)

**Criatura.** Toda cosa creada (Ro. 1:25; 8:39; He. 4:13.)

**Criba.** Dispositivo para cribar o zarandear la semilla; se las hacía de junquillos, de pelo de caballo o hilos (Is. 30:28; Am. 9:9.)

**Crisol.** Vaso más ancho de arriba que de abajo, y a veces con tres o cuatro picos en la boca, que se hace de barro refractario, porcelana, grafito, hierro, plata o platino, y se emplea para fundir alguna materia a temperatura muy elevada (Pr. 17:3.)

**Crisólito** (Ver Minerales, Piedras Preciosas)

**Crisopraso** (Ver Minerales, Piedras Preciosas)

**Crispo.** Principal de la sinagoga judía en Corinto, convertido por Pablo (Hch. 18:8; 1 Co. 1:14.)

**Cristal.** Probablemente cristal de roca o cuarzo cristalizado (Ap. 4:6; 21:11; 22:1.)

**Cristianismo.** La palabra no figura en la Biblia. Ignacio la usó por primera vez en la primera mitad del siglo II. Designa todo lo que Cristo brinda a los hombres de fe, vida y salvación.

**Cristiano.** Significa "adherente de Cristo". Los discípulos recibieron por primera vez el nombre de "cristianos" en la ciudad de Antioquía (Hch. 11:26.)

**Cristo Jesús** (Ver Jesucristo)

**Crónicas, Libros de** (Ver Libros de Crónicas)

**Cronista** (Ver Oficios y Profesiones)

**Cronología.** I. *Nuevo Testamento.* En la antigüedad los historiadores no registraban los datos históricos con fechas exactas. Les bastaba con dejar sentado un acontecimiento específico relacionado con el reinado de un famoso gobernante o un famoso contemporáneo. Nuestro método para darle fecha a sucesos relacionados con el nacimiento de Cristo lo inició Dionisio Exiguo, monje que vivió en el siglo VI. Podemos fijar la fecha del nacimiento de Cristo al finalizar el año 5 a. C., ya que sabemos que Herodes el Grande murió el año 4 a. C., y de acuerdo a los evangelios Jesús nació poco antes de la muerte del rey. Cuando Jesús fue bautizado Lucas le da la edad de "como de treinta años" (Lc. 3:23.) De ahí que la fecha del bautismo sería alrededor del año 26 ó 27 d. C. Tomando en cuenta que Herodes comenzó la reconstrucción del templo en el año 20 a. C., los "cuarenta y seis años" mencionados por los judíos, durante la primera Pascua del Ministerio de Jesús (Jn. 2:13-22) fija el año 27 d. C. para esta primera Pascua. El ministerio de Juan el Bautista comenzó el año 26 d. C., a mediados del mismo. La fecha de la crucifixión está determinada por el tiempo que duró el ministerio de Jesús. Según el Evangelio de Marcos le llevó dos años. El Evangelio de Juan menciona explícitamente tres pascuas (Jn. 2:23; 6:4; 11:55.) Si la fiesta mencionada en Juan 5:1 también era una pascua, como parece probable, entonces el tiempo que duró el ministerio de Jesús fue de algo más de tres años. Esto sitúa la crucifixión en la pascua del año 30 d. C. En cuanto a la era apostólica, las fechas cronológicas son escasas e inciertas. La muerte de Herodes Agripa I (una de las fechas bien conocidas del Nuevo Testamento) ocurrió en el año 44 d. C. Fue el mismo año del encarcelamiento de Pedro y de su milagrosa liberación. Galo fue procónsul entre los años 51 y 52 d. C. lo cual haría que el ministerio de Pablo en Corinto, comenzara el año 50 d. C. La ascensión de Festo al gobierno, bajo cuyo mandato Pablo fue enviado a Roma, ocurrió probablemente el año 59/60 d. C.

La siguiente tabla cronológica se considera aproximadamente correcta:

Segundo encarcelamiento de
Pablo en Roma ........ 66 d.C.
2 Timoteo ............ 66 d.C.
Muerte de Pablo, en Roma,
final del 66 o comienzo 67 d.C.
Epístola de Judas ..... 67-68 d.C.
Escritos de Juan,
antes del ............ 100 d.C.
Muerte de Juan ...... 98-100 d.C.

**II.** *Antiguo Testamento.* La
cronología del A. T. plantea
numerosos problemas más com-
plejos y difíciles de resolver. A
menudo faltan las fechas por completo y cuando las hay no son de fiar.
Y aun en los casos en que hay abundancia de fechas, no surge con
claridad el significado exacto, y por
lo tanto el problema queda abierto a
numerosas interpretaciones. Para el
período que va entre la creación y el
diluvio, las únicas fechas bíblicas
son las edades de los patriarcas en
las tablas genealógicas de Génesis 5
y 7:11. Faltan casi por completo
fuentes extrabíblicas para ese
período. Para el período que va del
diluvio hasta Abraham, nuevamente
tenemos que depender de las fechas
genealógicas de la Biblia. Las cifras
varían según el texto masorético, la
LXX y el Pentateuco Samaritano.
Sobre los datos y fechas con que
contamos es imposible establecer
una correcta cronología desde Adán
a Abraham. Tentativamente
podemos decir que los patriarcas
vivieron los años 2.100-1.875
a. C.; el Éxodo ocurrió hacia el año
1.455 a. C.; el comienzo de la
conquista de Canaán, hacia el 1.405
a. C. Es imposible establecer una
cronología certera al período de los
jueces, porque no se establece el
tiempo que duraron en sus funciones, y sin duda varios jueces, en
algún momento u otro, gobernaron
simultáneamente. La monarquía
unida comenzó hacia el año 1.050 a.
C.; la monarquía dividida comenzó
en el año 931 a. C. El reino de Israel
fue llevado a la cautividad, por los
asirios, hacia el 722 a. C.; el reino de
Judá fue llevado por los babilonios
hacia el 586 a. C. Judá volvió de la
cautividad babilónica en el año 538

a. C. Nehemías volvió de Babilonia
en el 433 a. C.
**Crucifixión** (Ver Cruz)
**Crujir.** Rechinar los dientes como expresión de ira (Job 16:9); odio (Sal.
27:12); frustración (Sal. 112:10.) En
el N. T. expresa angustia y fracaso
más que ira (Mt. 8:12; 13:42, 50.)
**Cruz.** Hubo cuatro diferentes cruces.
**1.** La cruz latina, con el palo transversal cerca de la extremidad
superior del palo vertical (†) **2.** La
cruz de San Andrés, en forma de
una equis (X) **3.** La cruz de San An-
tonio, en que el palo transversal
está colocado por encima del palo
vertical, como si fuera un letra
mayúscula T (T). **4.** La cruz griega
con los palos transversal y vertical
del mismo tamaño (+). Muchas
veces la cruz no era tal, estrictamente hablando, y se reducía a un
madero vertical.
    La crucifixión la practicaban,
especialmente en tiempo de guerra,
los cartagineses, los egipcios y los
romanos. Antes de sufrir la
crucifixión se azotaba al prisionero.
La crucifixión se hacía atando o
clavando al condenado. La muerte
por crucifixión se producía no por la
hemorragia sino por paro cardíaco.
Las víctimas habitualmente no
morían antes de dos o tres días. Se
adelantaba la muerte rompiéndole
las piernas. A veces se encendía un
fuego al pie de la cruz, para que el
humo sofocara al sufriente. En ciertas ocasiones se emplea la palabra
cruz en sentido figurado para expresar el evangelio (Gá. 6:14) o el
sufrimiento (Efesios 2:16.)
**Cuajar.** Última de las cuatro
cavidades en que se divide el estómago de los rumiantes (Dt. 18:3.)
**Cuarentena, Monte de la** (Ver Monte
de la Cuarentena)
**Cuartel** (Ver Fortaleza)
**Cuarto.** Cristiano de Corinto que envió saludos por intermedio de Pablo
(Ro. 16:23.)
**Cuaternión.** Guardia romana formada por cuatro soldados (Hch.
12:4, R-V edición 1909.)
**Cubo. 1.** Pieza central en que se en-
cajan los rayos de las ruedas de los
carruajes (1 R. 7:33.) **2.** Vaso de

madera, metal u otra materia, por lo común de figura de cono truncado, con asa en la circunferencia mayor, que es la de encima, y fondo en la menor (Is. 40:15.) La palabra se aplica en forma figurada en Is. 40:15 y en Nm. 24:7, que la Versión Moderna traduce "arcaduces".

**Cubrir la cabeza.** En la antigua Grecia solamente las mujeres inmorales salían a la calle con la cabeza descubierta. Pablo, en 1 Co. 11:15, quiere significar que las mujeres cristianas no pueden tomar en poco y hacer caso omiso de los convencionalismos sociales so pena de arruinar su testimonio.

**Cuclillo** (Ver Aves)

**Cuchillo.** Instrumento cortante que en épocas primitivas se hacía de pedernal (Jos. 5:2, 3); en Israel no se utilizaron cuchillos de metal hasta casi al final de la monarquía. Los cuchillos se utilizaban para diversos propósitos (Gn. 22:6; 1 R. 18:28; Ez. 5:1.)

**Cuenco.** Vaso de barro o de oro (Ec. 12:6.)

**Cuerda.** En el antiguo Oriente las cuerdas se hacían de hilos de lino, cáñamo, estopa, pieles de animales, viñas, corteza de árboles u otra materia semejante que, torcidas, formaban un solo cuerpo más o menos grueso que sirve para atar, medir, suspender pesos, *etc.* (Ex. 35:18; Jos. 2:15; Jue. 15:14; 16:9; Sal. 78:55; Jn. 2:15.) En la Biblia se usa la palabra también en forma figurada (Job 36:8; Pr. 5:22.)

**Cuerno.** Prolongación ósea que tienen algunos animales en la región frontal. Convenientemente trabajado se lo usó en la antigüedad como trompeta (Jos. 6:5) y como recipiente (1 S. 16:1.) A las prolongaciones de las esquinas del altar se las llamó "cuernos del altar" (Ex. 27:2; 1 R. 1:50.) Moisés compara la gloria y el vigor de los hijos de José a las astas (cuernos) del toro y del búfalo. Es un símbolo de fuerza y honor (Sal. 18:2, R-V edición 1909; Dn. 7:7; Lc. 1:69, edición 1909 de R-V.)

**Cuerno de carnero** (Ver Música, Instrumentos musicales)

**Cuerno de Hattín** *(hueco)* Cerro cerca de la aldea de Hattín desde cuya cima, según la tradición, predicó Jesús el Sermón del Monte.

**Cuero.** Pellejo que cubre la carne de los animales, después de curtido y preparado para los diferentes usos a que se aplica en la industria. Los cueros se utilizaban para fabricar diversos artículos (Lv. 13:48, 49, 51), entre otras cosas botellas para agua o vino (Jos. 9:4; 1 S. 25:18), cinturones (2 R. 1:8, Mt. 3:4; Mr. 1:6), vestidos (Ez. 16:10.)

**Cuerpo muerto** (Ver Cadáver)

**Cuervo** (Ver Aves)

**Cueva.** Cavidad subterránea, ya natural, ya construida artificialmente las más de las veces en roca caliza, utilizada como unidad habitacional, lugar de refugio, cementerio, almacenaje, cisterna o establo para ganado (Gn. 19:30; 1 R. 19:19; Jue. 6:2; Mt. 27:60.)

**Culantro** (Ver Plantas)

**Culpa.** Falta más o menos grave, cometida a sabiendas y voluntariamente y que da motivo para exigir legalmente alguna responsabilidad. En la Biblia se entiende que el culpable es objeto de castigo por infracción a la ley. Y también en la Biblia la culpabilidad podría estar dada por un pecado inconsciente (Lv. 5:17) o incurrir en culpa todo un grupo por el pecado de un individuo (Jos. 7:10-15.) Hay tres grados de culpabilidad (Lc. 12:47, 48; Hch. 17:30), pero a los ojos de Dios todos los hombres son culpables de pecado (Ro. 3:19.)

**Cun.** Ciudad aramea (1 Cr. 18:8), que en 2 Samuel 8:8 toma el nombre de "Berotai".

**Cuneiforme.** Sistema de escritura en forma de cuña o de clavo que usaron algunos pueblos de los territorios del Éufrates y el Tigris, de Persia, Armenia y en parte de Egipto. Adquirió un carácter rígido debido al instrumento con que se dibujaban los caracteres en planchas de arcilla. Se han hallado más de medio millón de tales tabletas.

**Curtidor** (Ver Oficios y Profesiones)

**Cus. 1.** Nombre antiguo de la región del Tigris y del Éufrates (Gn. 2:13.)

**2.** Hijo de Cam, uno de los tres hijos de Noé, y padre de Nimrod (Gn. 10:6-8; 1 Cr. 1:8-10; Ez. 38:5.) **3.** Benjamita, enemigo de David y cuyo nombre aparece en el título del Salmo 7.

**Cusaías.** Levita merarita, padre de Etán (1 Cr. 15:17) y que en 1 Cr. 6:44 se llama Quisi.

**Cusán.** Voz poética (Hab. 3:7.)

**Cusan-risataim.** Rey de Mesopotamia y opresor de Israel (Jue. 3:8, 10.)

**Cusi. 1.** Ascendiente de Jehudí (Jer. 36:14.) **2.** Padre del profeta Sofonías (Sof. 1:1.)

**Cusita.** Descendiente de Cus o de Cusán (Nm. 12:1.)

**Cuta.** Ciudad, probablemente al NE. de Babilonia, desde la cual Sargón, rey de Asiria, llevó inmigrantes para repoblar la región de Samaria que había saqueado el año 722 a. C. (2 R. 17:24-30.)

**Chacal** (Ver Animales)

**Chemarim.** Esta palabra figura en Sofonías 1:4 en la edición 1909 de R-V, "kemarim" en la Versión Moderna y "ministros o sacerdotes idólatras" en R-V edición 1960. En 2 Reyes 23:5 figura como "camoreos" en R-V edición 1909, "kemarim" en la VM y "sacerdotes idólatras en R-V edición 1960. En Oseas 10:5, figura como "sacerdotes" en R-V ediciones 1909 y 1960 y "kemarim" en VM.

**Chipre** *(cobre)* Isla en el Mediterráneo oriental, cercana a las costas de Siria y Cilicia, de alrededor de 240 kilómetros de largo por 65 kilómetros de ancho. Rica en depósitos de cobre. Allí vivieron muchos judíos. Hogar de Bernabé (Hch. 4:36.) La isla fue evangelizada por Pablo, Bernabé y Marcos (Hch. 13:4; 15:39.)

**Chisme.** Noticia con que se pretende indisponer a una persona con otra (Pr. 11:13; Jer. 6:28; 1 Ti. 5:13.)

**Chivo emisario.** El segundo de los dos machos cabríos sobre el cual se echaban suertes en el día de la expiación (Lv. 16:8, 10, 26.) Al primero se lo sacrificaba como ofrenda por el pecado, pero al segundo se le transferían los pecados del pueblo, por medio de la oración, y se lo llevaba al desierto donde se lo soltaba. (Véase Azazel)

**Chúb.** Aliado de Egipto (Ez. 30:5, R-V edición 1909.)

**Chuza** *(vidente)* Intendente de Herodes Antipas cuya esposa, Juana, era una de las mujeres que servían a Jesús y a sus discípulos (Lc. 8:3.)

**Daberat** *(tierra de pastos)* Ciudad levítica en Isacar (Jos. 19:12; 21:28; 1 Cr. 6:72.)

**Dabeset** *(jiba de camello)* Localidad en la frontera occidental de Zabulón (Jos. 19:11.)

**Dador de la Ley.** Dios es el único dador de la ley en forma absoluta (Stg. 4:12); también a Moisés le cupo ese título, pero solamente como instrumento (Jn. 1:17; 6:19.)

**Dagón.** Deidad pagana de los filisteos con cuerpo de pez, cabeza y manos de hombre. Probablemente dios de la agricultura. Adorado en Mesopotamia y Canaán. Templos en Asdod (1 S. 5:1, 7), Gaza (Jue. 16:21-30) y en Israel (1 Cr. 10:10.) Sansón destruyó el templo de Gaza (Jue. 16:30.)

**Dalaías** *(Dios libró)* Descendiente de David (1 Cr. 3:24.)

**Dalfón.** Uno de los diez hijos de Amán (Est. 9:7.)

**Dalila** *(refinada)* Mujer filistea que engañó a Sansón y lo llevó a la ruina (Jue. 16:4-20.)

**Dalmacia** *(engañoso)* Provincia en la costa NE. del mar Adriático, llamada también Ilírico (Ro. 15:19; 2 Ti. 4:10.)

**Dalmanuta** *(el lugar de su morada)* Localidad en la orilla occidental del Mar de Galilea, próxima a Magdala (Mr. 8:10.)

**Dámaris** *(becerra)* Mujer en Atenas, convertida de Pablo (Hch. 17:34.)

**Damasceno.** Propio de Damasco (Gn. 15:2; 2 Co. 11:32.)

**Damasco** *(lugar bien irrigado)* Antiquísima ciudad de Siria, que supera los 4.000 años de existencia, emplazada a 600 metros sobre el nivel del mar; irrigada por los ríos Abana y Farfar (2 R. 5:12); en la ladera oriental de las montañas del antilíbano. Jugó un papel importante en la historia bíblica. David la conquistó (2 S. 8:5, 6; 1 Cr. 18:3, 6.) Gobernantes que desempeñaron un papel importante en la historia de Israel y Judá: Rezón (1 R. 11:23-25), Ben-adad (1 R. 15:16-21), Hazael (2 R. 8:15; 13:22-25), Ben-adad (2 R. 13:24, 25.) En los días neotestamentarios Damasco era gobernada por los árabes, bajo el rey Aretas (2 Co. 11;32.) Pablo se convirtió cerca de Damasco (Hch. 9:1-18) y predicó allí (Hch. 9:22.) En el año 635 a. C. fue capturada por los musulmanes formándose allí el centro del mundo mahometano.

**Dan** *(Dios juzga)* Quinto hijo de Jacob y primogénito de Bilha (Gn. 30:6; 46:23.)

**Dan, Campamento de** (Ver Campamento de Dan)

**Dan** (CIUDAD) Ciudad en el extremo norte de Palestina; originariamente se llamó Lesem (Jos. 19:47; Jue. 18:29); "desde Dan hasta Beerseba" (Jue. 20:1; 1 S. 3:20), significa todo el largo de Palestina.

**Dan** (TRIBU) Tribu que se inició con Dan, el quinto hijo de Jacob y a la que se le adjudicó un territorio en Canaán que se extendía entre Judá y el mar Mediterráneo, ocupado por los filisteos, pero al no poder conquistarlos se dirigieron hacia el norte, donde capturaron Lesem y le pusieron el nombre de Dan (Jos. 19:47; Jue. 18:1-29.) Sansón era un danita (Jue. 13:2.) En Dan colocó Jeroboam un becerro de oro (1 R. 12:25-33.) Pul llevó cautivos a muchos danitas (1 Cr. 5:26.)

**Dana** *(baja)* Localidad en Judá,

probablemente cerca de Hebrón (Jos. 15:49.)

**Daniel** *(Dios es mi juez)* **1.** Segundo hijo de David (1 Cr. 3:1; es el Quileab de 2 S. 3:3.) **2.** Un sacerdote post-exílico (Esd. 8:2; Neh. 6:10.) **3.** Profeta de Judá y autor del libro que lleva su nombre. Fue uno de los rehenes deportados a Babilonia por el rey Nabucodonosor en el año 605 a. C. donde le dieron el nombre de Beltasar y ocupó importantísimas posiciones en los reinados de Nabucodonosor, Belsasar, Darío y Ciro. Lo último que hizo fue durante el reinado de Ciro, en el tercer año (536 a. C.), donde recibió una visión sobre el curso de la historia del mundo y el juicio final (Dn. 10-12:4.)

**Daniel, Libro de** (Ver Libro de Daniel)

**Danjaán** *(Dan de la selva)* Lugar, probablemente alcanzado en Dan por el censo de David (2 S. 24:6.)

**Danza, baile.** Se practica para expresar alegría, para festejar un nacimiento o un casamiento (Job 21:11; Jer. 31:4; Mt. 11:17; Lc. 15:25); para celebrar una victoria (Ex. 15:20; Jue. 11:34; 1 S. 18:6); como adoración (2 S. 6:14; Sal. 149:3.) A menudo expresa disipación y orgía (Ex. 32:19; Mr. 6:22.) El baile hebreo no se practicaba entre ambos sexos, y generalmente lo practicaban las mujeres. Los hombres bailaban solos (2 S. 6:14-16) o en grupos (1 S. 30:16.)

**Dar.** En la Biblia hay por lo menos once palabras para significar el hecho de dar: *eshkar*, una recompensa (Sal. 72:10); *minhah*, una ofrenda a un superior (Jue. 3:15); *mattan*, lo que se da para ganar u obtener un favor (Gn. 34:12), o como un acto de sumisión (Sal 68:29); *mattena* y *mattanah*, una ofrenda (Gn. 25:6; Dn. 2:6); *shodadh*, un soborno (Dt. 16:19); en el N. T. *dosis* y *doron*, cualquier cosa que se da (Lc. 21:1; Stg. 1:17); *doma*, un obsequio (Mt. 7:11); *caris* y *carisma*, especial investidura (Ro. 1:11; 1 Ti. 4:14.)

**Dara.** Hijo de Zera y nieto de Judá (1 Cr. 2:6.)

**Darcón** *(duro)* Descendiente de Jaala, siervo de Salomón, que retornó del exilio con Zorobabel (Esd. 2:56; Neh. 7:58.)

**Darda** *(espino)* Miembro de una familia de hombres reconocidamente sabios (1 R. 4:31.) = Dara.

**Dardo.** Arma arrojadiza, semejante a una lanza pequeña y delgada, que se tira con la mano (2 S. 18:14; Hab. 3:14; Ef. 6:16.)

**Dardo de mano.** Figura solamente en Ezequiel 39:9, probablemente una vara o un "bastón de mano" como dice R-V edición 1909, o una "maza" según la Biblia de Jerusalén.

**Dardos** (Ver Armas, armadura)

**Darico.** Moneda de oro persa utilizada en Palestina después del retorno de la cautividad (Esd. 2:69; Neh. 7:70-72, VM.) Valor aproximado de cinco dólares estadounidenses. (Ver Dinero)

**Darío** *(el que mantiene el dios)* Nombre muy común entre los gobernantes medo-persas. **1.** Darío de Media (Gubaru), hijo de Asuero (Dn. 5:31; 9:1); Ciro lo hizo gobernador de Babilonia, pero aparentemente gobernó por un período corto (Dn. 10:1; 11:1); prominente en el libro de Daniel (6:1, 6, 9, 25, 28; 11:1.) **2.** Darío Histaspes, cuarto y más famoso de los gobernantes persas (521-486 a. C.); reorganizó la administración pública en satrapías y amplió los límites del Imperio; fue un gran constructor; derrotado por los griegos en Maratón en el año 490 a. C.; renovó el edicto de Ciro y colaboró para la reconstrucción del templo (Esd. 4:5, 24; 5:5-7; 6:1-12; Hag. 1:1; 2:1, 10, 18; Zac. 1:1, 7; 7:1.) Murió en el año 486 a. C. y lo sucedió Jerjes, nieto de Ciro el Grande. **3.** Darío el persa, último rey de Persia (336-330 a. C.); derrotado por Alejandro el Grande en el año 330 a. C. (Neh. 12:22.) Algunos eruditos lo identifican con Darío II (Noto) que gobernó a Persia y Babilonia (423-408 a. C.)

**Datán** *(lleno de vigor)* Rubenita que, con sus hermanos, se rebeló contra Moisés (Nm. 16:1-15.)

**David** *(amado* o, como en el antiguo Mari, *comandante)* El más grande y más amado rey de Israel, cuya historia se relata desde 1 Samuel 16 hasta 1 Reyes 2:11 (1⁻ Cr. 11-29), además de numerosos salmos. Nació en el año 1040 a. C. (2 S. 5:4), el menor de los hijos de Isaí, de Belén (1 S. 16:10, 11); cuidaba de las ovejas de su padre (1 S. 16:11; 17:34-36); Samuel lo ungió rey (1 S. 16:13); tocaba el arpa para Saúl (1 S. 16:18, 23); mató a Goliat (1 S. 17:45-51); se hizo íntimo amigo de Jonatán (1 S. 18:1-3); Saúl, celoso de su fama, trató de quitarle la vida (1 S. 18:13-16, 28; 19:1); expulsado y puesto al margen de la ley por Saúl (1 S. 19:11; 21:10); huyó a la ciudad filistea de Gat (1 S. 21) y luego al desierto, donde vivió en la cueva de Adulam (1 S. 22); se le unió Abiatar y una variedad de descontentos (1 S. 22:2); fue perseguido por Saúl (1 S. 23; Sal. 7:4; 1 S. 26); luego de la muerte de Saúl en el monte de Gilboa, en el año 1010 a. C. fue declarado rey de Judá (2 S. 2-4). En el año 1003 a. C. todo Israel lo proclamó rey (2 S. 5:1-5; 1 Cr. 11:10; 12:38.) Después de derrotar a los filisteos (2 S. 5:18-25) capturó la fortaleza jebusea de Jerusalén y la hizo su capital religiosa al llevar el arca a Jerusalén (2 S. 6; 1 Cr. 13; 15:1-3); organizó el culto (1 Cr. 15, 16); expandió los límites del reino por todos los costados (2 S. 8; 10; 12:26-31); planeó construir el templo (2 S. 7; 1 Cr. 17; 22:7-10); tuvo problemas familiares (2 S. 12-19; 1 R. 1); pecó con Betsabé (2 S. 11:1-12:23; Sal. 51); peleó a los filisteos (2 S. 21:15-22); designó sucesor a Salomón (1 R. 1, 2); murió después de reinar durante 40 años (2 S. 2:11; 5:4; 1 Cr. 29:27.) Escribió 73 salmos; fue antepasado de Jesús (Mt. 1:1; 22:41-45.)

**David, Ciudad de. 1.** Porción de Jerusalén ocupada por David en el año 1003 a. C.; emplazada a 760 metros sobre el nivel del mar. Originariamente una ciudad cananea (Ez. 16:3), su fundación se remonta al tercer milenio a. C. Salomón amplió la ciudad de David para edificar el templo y otras construcciones y posteriormente otros reyes la ampliaron aún más (2 Cr.

32:4, 5, 30; 2 R. 20:20; Is. 22:9-11.) **2.** Belén (Lc. 2:11.)

**Debir** *(oráculo)* **1.** Ciudad cananea en el Neguev; posteriormente ciudad de los levitas en Judá ( = Quiriat-sefer y Quiriat-sana), a 16 kilómetros al SO. de Hebrón; Josué la capturó de los anaceos (Jos. 10:38, 39); más adelante fue destinada a ciudad levítica (Jos. 21:15; 1 Cr. 6:58.) **2.** Rey amorreo de Eglón que fue derrotado por Josué en Gabaón (Jos. 10:1-11.) **3.** Localidad al E. del Jordán, en la frontera de Gad (Jos. 13:24-26.) **4.** Localidad en el camino entre Jerusalén y Jericó (Jos. 15:7.)

**Débora** *(abeja)* Nodriza de Rebeca (Gn. 24:59; 35:8.) **2.** Profetisa y juez de Israel; instó a Barac a que combatiera contra Sísara (Jue. 4:4-14); compuso y cantó un cántico de triunfo (Jue. 5.)

**Decacordio** (Ver Música, Instrumentos musicales)

**Decálogo** *(diez palabras)* Los mandamientos dados por Dios a Moisés en el Sinaí (Ex. 20); fueron escritos en dos tablas de piedra (Dt. 4:13) y colocadas en el arca del pacto (Dt. 10:2.) Jesús aprobó la ley (Mt. 5:18; 22:40) y la cumplió (Mt. 5:27-48; 23:23.)

**Decápolis** *(diez ciudades)* Liga de diez ciudades griegas al E. del Jordán, establecida después que los romanos ocuparon esa área (año 65 a. C.) Acuñaban sus propias monedas, tenían sus propios tribunales y su propio ejército. Más tarde se le agregaron otras ciudades.

**Decar** *(zapapico)* Padre de uno de los abastecedores del rey Salomón (1 R. 4:7-9.)

**Decisión, Valle de la.** Lugar donde Dios un día reunirá a todas las naciones para juzgarlas (Joel 3:2, 12, 14.)

**Decreto.** Resolución, decisión o determinación de un jefe de Estado, de su Gobierno o de un Tribunal o Juez sobre cualquier materia o negocio. Traduce distintas palabras en el A. T.: sentencia (Dn. 2:9); ley (Dn. 3:10); proclamación o anuncio (Jonás 3:7); ordenanzas (Hch. 16:4);

escritos (Ap. 13:8); decretos (Est. 1:20.)

**Decreto nazareo.** Inscripción sobre una losa de mármol blanco, de alrededor del año 40-50 d. C., de Claudio César, y hallada en Nazaret, según la cual se aplicaría la pena de muerte a quienes profanaran los sepulcros y las tumbas.

**Dedán. 1.** Pueblo árabe descendiente de Noé y Cus nº 2 (Gn. 17:7; 1 Cr. 1:9.) Vivían al NO. del golfo Pérsico. **2.** Hijo de Jocsán, descendiente de Abraham y Cetura (Gn. 25:3; 1 Cr. 1:32.) **3.** Tribu de Arabia descendiente de nº 2 (Is. 21:13; Ez. 25:13.)

**Dedicación** *(santificar, consagrar)* Acto por el cual se separan cosas o personas para el uso de Dios: el tabernáculo (Nm. 7), el templo (1 R. 8); el muro de Jerusalén (Neh. 12:27); domicilios particulares (Dt. 20:5), personas (Ex. 19:14.)

**Dedicación, Fiesta de la.** Fiesta anual judía para celebrar la restauración del templo luego de la profanación de Antíoco Epífanes (1 Macabeos 4:52-59 y 2 Macabeos 10:5.) Jesús pronunció un discurso en esa fiesta (Jn. 10:22ss.)

**Delaía** *(liberado por Jehová)* **1.** Jefe de la vigesimatercera suerte de sacerdotes (1 Cr. 24:18.) **2.** Antepasado de unos que regresaron del exilio con Zorobabel (Esd. 2:60; Neh. 7:62.) **3.** Padre de Semaías nº 19 (Esd. 6:10.) Príncipe y funcionario del rey Joacim, que trató de evitar la destrucción del rollo de Jeremías (Jer. 36:12, 25.)

**Delantal.** Prenda de vestir que, atada a la cintura, cubre la delantera de la falda (Gn. 3:7; Hch. 19:12.)

**Demas** *(popular)* Compañero y colaborador de Pablo (Col. 4:14; Flm. 24) y que luego lo abandonó (2 Ti. 4:10.)

**Demetrio** *(perteneciente a Deméter)* **1.** Platero en Efeso que provocó un alboroto por la predicación de Pablo (Hch. 19:23-27.) **2.** Discípulo elogiado por Juan (3 Jn. 12.)

**Demonios.** Espíritus malignos (Mt. 8:16; Lc. 10:17, 20); invisibles, incorpóreos; forman una jerarquía (Ef. 6:10-12); cuentan con una in-

teligencia sobrehumana; se oponen a Dios; toman posesión de las personas provocándoles males tales como la ceguera (Mt. 12:22), insanía (Lc. 8:26-36), mudez (Mt. 9:32, 33), y manía suicida (Mr. 9:22.) Hay dos clases de demonios: los que están libres (Ef. 2:2; 6:11, 12) y los que están aprisionados en el abismo (Lc. 8:31; Ap. 9:1-11; 20:1-3.)

**Denario** (Ver Dinero)

**Depravación.** Pérdida de la pureza original del hombre y de su amor por Dios, con la corrupción moral resultante lo cual lo hace irresistiblemente inclinado hacia el mal. En este estado no puede hacer nada que sea perfectamente agradable a Dios, y sin la gracia salvadora del Padre no hay salvación posible (Nm. 14:27; Pr. 6:12; Is. 1:4.)

**Derbe.** Ciudad en el extremo SE. de Licaonia, en el Asia Menor (Hch. 14:20.)

**Derecha, Calle.** Una calle en Damasco (Hch. 9:11.)

**Desavenencia.** Una división formal en un grupo religioso (1 Co. 12:25.)

**Descanso.** Palabra que la Biblia cita con frecuencia. Dios ordenó que el séptimo día fuera de descanso (Ex. 16:23; 31:15) y que la tierra tenía que descansar cada siete años (Lv. 25:4.) Dios promete descanso a quienes confían en él (Mt. 11:28-30; He. 4.)

**Deseado de todas las naciones, El.** Algunos expositores bíblicos sostienen que es una alusión a la primera venida de Cristo; otros a la segunda venida; otros le niegan totalmente aplicación mesiánica y afirman que se refiere a los preciados dones de todas las naciones (Hag. 2:7.)

**Desierto.** Lugar yermo, desolado, despoblado y a menudo árido (Dt. 32:10; Job 24:5.) Región de pastoreo, sitio apartado (Job 24:5; Mal. 1:3; Mt. 14:3; He. 11:38.)

**Desjarretar.** Cortar las piernas por el jarrete (Gn. 49:6; 2 S. 8:4; 1 Cr. 18:4.)

**Desnudo. 1.** Sin vestido (Gn. 2:25; 3:7-11.) **2.** Escasamente vestido (Job 22:6.) **3.** Desprovisto de la ropa exterior (Jn. 21:7.) A menudo se usa la palabra en sentido figurado para significar pobreza espiritual (Ap. 3:17.)

**Desoladora, Abominación.** Expresión que se encuentra en Dn. 11:31 y 12:11 que la mayoría de los expositores bíblicos sostienen se refiere a la profanación idólatra del templo hecha por Antíoco Epífanes en el año 168 a. C., ocasión en que se ofrecieron sacrificios paganos sobre el altar. Jesús tomó la expresión y la aplicó a lo que habría de ocurrir cuando los ejércitos romanos atacaran a Jerusalén (Lc. 21:20.)

**Despabiladera.** Tijera con que se quita el pabilo a las velas y candiles (Ex. 25:38; Nm. 4:9; Jer. 52:18.)

**Despojo** (Ver Botín)

**Destetar.** Hacer que deje de mamar el niño del pecho de la madre. Se celebraba el acontecimiento con una fiesta (Gn. 21:8) y una ofrenda (1 S. 1:24.)

**Deuda.** Obligación que uno tiene de pagar, satisfacer o reintegrar a otro una cosa, por lo común dinero. Por la ley de Moisés les estaba prohibido a los judíos cobrar interés por préstamos facilitados a connacionales (Ex. 22:25.) Leyes especiales protegían a los judíos contra los usureros (Ex. 22:25-27.) Los deudores que no podían pagar podían perder sus posesiones y su familia y perder además su libertad individual (Lv. 25:25-41) y aun ser encarcelados (Mt. 18:21-26.) La palabra tiene también connotaciones morales (Mt. 6:12; Ro. 8:12.)

**Deuel** *(Dios conoce)* Un gadita (= Reuel nº 3), padre de Eliasaf (Nm. 1:14; 7:47; 10:20.)

**Deuteronomio** *(segunda ley)* Su nombre judío es "palabras" según la expresión inicial del libro "Estas son las palabras que habló Moisés" (Dt. 1:1.) La paternidad literaria de Moisés está establecida por 31:9, 24, 26. El libro contiene tres discursos de despedida de Moisés, a la vista de Canaán que le estuvo vedado entrar, y una renovación del pacto de Israel con Dios. Lineamientos generales: **1.** El primer discurso (1-

4.) **2.** Segundo discurso (5-26.) **3.** Tercer discurso (27-30.) **4.** Consejos finales; bendiciones antes de partir (31-34.)

**Devota, Cosa.** Consagrada, dedicada. Objeto de la devoción de uno. Lo que se aparta para Dios y por lo tanto deja de pertenecer al anterior dueño (Jos. 7:17-19.)

**Día.** Palabra con varios significados en la Biblia: denota tiempo desde la salida del sol hasta la puesta del sol (Sal. 74:16); tiempo en general (Jue. 18:30; Abd. 12; Job 18:20); longitud de la vida (Gn. 5:4); tiempo de oportunidad (Jn. 9:4); etc.

**Día de Cristo.** Término usado en el N. T. para indicar el ministerio redentor de Jesús, tanto cuando estaba en la carne como cuando venga en su segunda venida. A veces se lo denomina "aquel día" (Mt. 7:22) y otras veces "el día" (1 Co. 3:13.)

**Día de Expiación.** Fiesta anual hebrea durante la cual el sumo sacerdote ofrecía sacrificios por los pecados de la nación (Lv. 23:27; 25:9.) Era el único día de abstinencia exigido por la ley mosaica (Lv. 16:29; 23:31.) Se lo observaba a los diez días del mes séptimo; era un día de gran solemnidad y estricta observancia de la ley.

**Día del Señor.** En el A. T. el día en que la divinidad derrota al mal y triunfa el reino de Dios (Is. 2:12; 13:6; Ez. 13:5; Sof. 1:14); en el N. T. es el día en que vendrá Cristo a juzgar a los incrédulos (Mt. 10:15; Ro. 2:5, 6; 2 P. 3:7, 12), y significará la liberación y gozo para el pueblo de Dios (Mt. 16:27; 24:30; Jn. 6:39; 2 Co. 1:14; Fil. 1:6, 10.) Culminará en el nuevo cielo y la nueva tierra (Is. 65:17; 66:22; Ap. 21:1.) Además el Día del Señor es un día especialmente asociado con el Señor Jesucristo; día consagrado al Señor; el primer día de la semana, que conmemora la resurrección de Jesús (Jn. 20:1-25) y el derramamiento del Espíritu Santo (Hch. 2:1-41); separado para la adoración (Hch. 20:7.)

**Diablo** *(calumniador)* Uno de los principales títulos de Satanás, el archienemigo de Dios y de los hombres. No se sabe cómo se originó a menos que una clave sea Isaías 14:12-20 y Ezequiel 28:12-19, pero es seguro que no fue creado malvado. Se rebeló contra Dios mientras gozaba de un estado de santidad y aparentemente indujo a otros ángeles a que se rebelaran juntamente con él (Jud. 6; 2 P. 2:4.) Es un ser que posee sabiduría y goza de poderes sobrehumanos, pero no es ni omnipotente ni omnisciente. Procura frustrar los planes que Dios tiene para con los seres humanos. Su principal método de ataque es la tentación. Su poder es limitado y no puede ir más allá de lo que Dios le permite. El Día del Juicio será arrojado al infierno y allí permanecerá para siempre.

**Diácono, diaconisa** *(servidor)* La palabra "diácono" y "diaconisa" aparece varias veces en el N. T. y la palabra griega figura más de 30 veces. En la mayoría de los casos no traduce un significado técnico relativo a una función especializada en la iglesia. Básicamente la palabra significa servidor o sirviente. Pablo la aplica refiriéndose a sí mismo y unido a la idea de provisión de necesidades materiales y de servicio (Ro. 15:25; 2 Co. 8:4.) El diaconato, como oficio eclesiástico, se basa, por inferencia, en Hechos 6:1-8; pero por lo menos dos de los siete hombres eran evangelistas. Según las especificaciones de 1 Timoteo 3, los diáconos no eran considerados miembros laicos ordinarios de la iglesia. Esto es evidente según Filipenses 1:1. No surge, de todo el N. T. que las diaconisas fueran funcionarias de la iglesia. Ver Romanos 16:1.

**Diadema.** El vocablo hebreo generalmente traduce la "mitra" o el "turbante". Es una faja o cinta blanca que antiguamente ceñía la cabeza de los hombres (Job 29:14), de las mujeres (Is. 3:23 "turbantes" Versión Moderna), de los sacerdotes (Ez. 21:26, que traduce "tiara") y de los reyes (Is. 28:5; 62:3.) La diadema es muy distinta a la corona (Gr. *Stefanos*) que se daba a los atletas victoriosos. Las diademas eran hechas de fajas de seda cubiertas de gemas.

**Diamante.** Piedra más dura que el pedernal (Ez. 3:9; Zac. 7:12.)

**Diana.** Diosa romana de la caza y de la luna, identificada con Artemis, su contraparte griega. Se la representa generalmente como una virgen cazadora. La Diana de los efesios (Hch. 19:24-35) era una combinación de la Artemis griega y de la diosa semítica Astarot, patrona del instinto sexual. Sus imágenes eran lascivas. Su especial lugar de adoración era el gran templo en Efeso.

**Diáspora** *(lo que se siembra)* Nombre aplicado a los judíos que vivían fuera de Palestina y que viviendo entre los gentiles mantenían la fe de sus mayores. En los días de Cristo la Diáspora tiene que haber sido varias veces la población de Palestina.

**Diblaim** *(dos pastas de higo)* Padre de Gomer nº 3 y suegro del profeta Oseas (Os. 1:3.)

**Diblat** *(multiplicar)* Probablemente un error de los copistas en lugar de Ribla, localidad a 80 kilómetros de Hamat (Ez. 6:14.)

**Dibón. 1.** Lugar en Moab, a 16 kilómetros al E. del Mar Muerto; Moisés se lo entregó a Rubén (Jos. 13:9, 17), = Dibón-gad. **2.** Localidad en el S. de Judá (Neh. 11:25.)

**Dibón-gad.** = Dibón (Nm. 33:45, 46), lugar donde se halló la Piedra Moabita.

**Dibri** *(charlatán)* Hombre de la tribu de Dan (Lv. 24:11-16.)

**Dicla** (palmera) Hijo de Joctán (Gn. 10:27; 1 Cr. 1:21.)

**Dídimo** (mellizo) Sobrenombre de Tomás (Jn. 11:16; 20:24; 21:2.)

**Didracma** (Ver Dinero)

**Diente.** La Biblia habla de dientes humanos y de dientes de animales (Nm. 11:33; Dt. 32:24.) Con frecuencia en forma figurada: "dientes limpios" significan hambre (Am. 4:6); "crujir de dientes", rabia y desesperación (Job 16:9), y opresión (Pr. 30:14); los dientes también traducen abundancia (Gn. 49:12.)

**Diezmo** *(décima parte)* Se entiende por "diezmo" el separar la décima parte de los que se gana y entregarlo al gobierno o a la iglesia. Se desconoce el origen de esta costumbre pero se remonta a épocas remotísimas, mucho antes del tiempo de Moisés y se la practicaba casi en todas partes, desde Babilonia a Roma. Abraham le entregó el diezmo a Melquisedec (Gn. 14:20; He. 7:2, 6); Jacob le prometió sus diezmos a Dios (Gn. 28:22); la ley mosaica exigía el diezmo de todo lo producido por la tierra, es decir de la agricultura y de la ganadería (Lv. 27:30-33); el diezmo era para el sostén de los levitas y sacerdotes (Nm. 18:21-32); y en ciertas circunstancias se requería diezmos adicionales (Dt. 12:5-18; 14:22-29); se castigaba a quienes no daban el diezmo y se valían de tretas para evitarlo (Lv. 27:31; Dt. 26:13-15.) Los fariseos daban el diezmo aún de las hierbas (Mt. 23:23; Lc. 11:42.)

**Difundir.** Divulgar, propalar (Mt. 4:24; Mr. 1:28; Hch. 13:49.)

**Dileán** *(campo de calabazas)* Ciudad en las tierras bajas de Judá (Jos. 15:38.)

**Diluvio.** Cuando se habla de "el diluvio" se refiere al diluvio de Noé (Gn. 6:13-8:19) que Dios envió para destruir una raza de hombres perdidamente depravados (Is. 54:9; Mt. 24:37-39; Lc. 17:26, 27; He. 11:7; 1 P. 3:20) y del cual se salvaron Noé y su familia, en un arca. De acuerdo al Génesis, las aguas cubrieron todo el territorio visible (Gn. 7:19) y duró más de un año. Todos los seres humanos fueron destruidos, con excepción de Noé y su familia. No se conoce a ciencia cierta la fecha del diluvio, pero debe haber precedido en varios siglos a la época de Abraham.

También se usa en la Escritura para describir una masa de agua (Sal. 29:10.)

**Dimna** *(estiércol)* Ciudad levita en Zabulón (Jos. 21:35.) Pudiera ser la misma que Rimón (1 Cr. 6:77.)

**Dimón** *(ciudad del silencio)* Ciudad de Moab, generalmente llamada "Dibón", pero en Is. 15:9 dos veces se la escribe "Dimón". Está situada a unos 6 kilómetros al norte de Arcer.

**Dimona.** Ciudad en el S. de Judá (Jos. 15:22), probablemente la "Dibón" de Nehemías 11:25.

**Dina** *(litigio)* Hija de Jacob y Lea (Gn. 30:21); cuando moza fue violada por Siquem (Gn. 34:2.)

**Dinaba.** Ciudad de Bela, rey de Edom (Gn. 36:32.)

**Dineos.** Gente sacada de Asiria para colonizar Samaria (2 R. 17:24; Esd. 4:7-10, Versión Moderna.)

**Dinero.** En Israel se acuñó dinero sólo después del exilio. Antes de ello el intercambio comercial se hacía por trueque y permutas; después de eso idearon el sistema de pesar los objetos o el metal precioso (Gn. 23:16; 1 Cr. 21:25.) Los israelitas se vieron obligados a utilizar las monedas de sus conquistadores paganos. Entre las monedas utilizadas figuran las siguientes: la *blanca* (gr. *lepton*) = 1/8 *asarion* (Lc. 21:2); *cuadrante* (gr. *kodrantes*) = 1/4 *asarion* (Mr. 12:42); *cuarto* (gr. *asarion* = 1/16 *denario* (Mt. 10:29); *dárico*, moneda de oro persa, valor 5 dólares estadounidenses (Esd. 2:69, BJ); *denario* (representa por lo general el salario diario de un jornalero) = casi 4 gramos de plata (Ap. 6:6); *didracma* = 2 denarios o sea medio siclo (Mt. 17:24, BJ); *dracma* (aproximadamente igual al denario) = 3, 6 gramos de plata (Lc. 15:8, 9), *estatero*, moneda del valor de cuatro dracmas (Mt. 17:27); *libra* (Jn. 12:3) = 327,5 gramos; *libra de plata* = 100 dracmas (360 gramos de plata) (Esd. 2:69); *siclo* (la unidad básica) = 11,4 gramos de plata (Gn. 23:15); *talento* = 6.000 dracmas (21.600 gramos de plata) (Mt. 25:15.)

**Dintel.** Parte superior de las puertas, ventanas u otros huecos que carga sobre las jambas (Ex. 12:7, 22, 23; Sof. 2:14.)

**Dionisio** *(el que pertenece a Dioniosos)* Miembro del Areópago, Suprema Corte de Atenas; convertido por Pablo (Hch. 17:34.)

**Dios.** La Biblia no da ninguna definición de Dios, pero hace muchas alusiones a su ser y a sus atributos. Dios es espíritu, es decir, es una persona, (Jn. 4:24), de poder infinito (Dn. 4:25), completo en sabiduría, absolutamente verdadero (He. 6:18), perfectamente santo (Lv. 11:44.) Se reveló a través de la naturaleza (Ro. 1:18, 19) y por su Hijo (He. 1:1, 2.) Hay un solo Dios verdadero (Dt. 6:4.) La Biblia menciona dioses falsos (Jue. 6:31; 1 R. 18:27; 1 Co. 8:4-6), que son seres demoníacos (1 Co. 10:19-22.)

**"Dios No Conocido".** Inscripción en un altar de Atenas dedicado a un dios desconocido que sus adoradores no querían dejar de lado o pasar por alto (Hch. 17:23.)

**Dioscuros** *(hijos de Júpiter)* Sobrenombre colectivo· de los mellizos Cástor y Pólux, hijos de Júpiter. Considerados por los marinos como deidades guardianas (Hch. 28:11.)

**Diótrefes** *(alimentado por Júpiter)* Dictatorial cristiano condenado por Juan (3 Jn. 9, 10.)

**Diputado.** Persona nombrada por un cuerpo o autoridad competente, para representarlo. Tal es el caso de regentes o "gobernadores" (1 R. 22:47) o un cónsul o procónsul romano (Hch. 13:7; 18:12.)

**Disán** *(antílope)* Hijo de Seir (Gn. 36:21.)

**Discernimiento de espíritus.** La capacidad para discernir entre los que hablan por el Espíritu de Dios y los que lo hacen movidos por falsos espíritus (1 Co. 12:10.)

**Discípulo** *(aprendiz)* Alumno de algún maestro. La palabra entraña la aceptación intelectual y en su aplicación a la vida, de las ideas y prácticas del maestro (Mt. 9:14; 22:16; Jn. 9:28.) A veces es con referencia a los doce apóstoles (Mt. 10:1; 11:1), pero más a menudo se refiere simplemente a los cristianos (Hch. 6:1, 2, 7; 9:36.)

**Disentería** *(dolor de entrañas)* (Ver Enfermedades) (Hch. 28:8.)

**Disolución.** Relajación de vida y costumbres (Ef. 5:18; Tit. 1:6; 1 P. 4:4; 2 P. 2:2, 18.)

**Disón** *(antílope)* 1. Jefe horeo (Gn. 36:21.) 2. Descendiente de Seir el

horeo (Gn. 36:25.) Es probable que los dos sean una misma persona.

**Dispensación** *(leyes o disposiciones de una casa)* En 1 Co. 9:17, Ef. 3:2 y Col. 1:25, significa "comisión", "administración", "función", "mayordomía". En Ef. 1:10 la palabra dispensación se refiere al plan de salvación de Dios. En el N. T. se aplica la palabra en dos sentidos: con respecto a alguien en autoridad, significa arreglo o plan; con respecto a alguien sujeto a autoridad, significa mayordomía o administración.

**Dispersión** *(Ver Diáspora)*

**Dives.** Nombre que la Vulgata aplica al hombre rico en la parábola del rico y Lázaro (Lc. 16:19-31.)

**Divieso** (Ver Enfermedades)

**Dizahab** *(que tiene oro)* Lugar en el desierto del Sinaí donde Moisés pronunció un discurso de despedida (Dt. 1:1.)

**Doce, Los** (Ver Apóstol)

**Doctor** *(maestro)* Generalmente preceptor o maestro (Lc. 2:46; 5:17; Hch. 5:34; 1 Ti. 1:7.)

**Dodai.** Oficial en el ejército de David (= Dodo n° 2) (1 Cr. 27:4.)

**Dodanim.** Antiquísima tribu descendiente de Javán, el hijo de Jafet (Gn. 10:4; 1 Cr. 1:7.)

**Dodava** *(amigo de Dios)* Padre de Eliezer n° 6 (2 Cr. 20:37.)

**Dodo. 1.** Abuelo de Tola, juez de Israel (Jue. 10:1.) **2.** Un ahohita, padre de Eleazar n° 3 (= Dodai), (2 S. 23:9; 1 Cr. 11:12.) **3.** Padre de Elhanán n° 2, uno de los valientes de David (2 S. 23:24; 1 Cr. 11:26.)

**Doeg** *(temeroso)* Edomita, siervo del rey Saúl, que comunicó al rey que el sacerdote Ahimelec ayudó a David. En venganza, Saúl le ordenó a Doeg que matara a Ahimelec y a todos los habitantes de la ciudad de Nod (1 S. 22:9-23.)

**Dofca** *(turquesa)* Campamento israelita entre el Mar Rojo y el Sinaí (Nm. 33:12.)

**Domingo.** Primer día de la semana en el cual se recuerda la resurrección de Jesús (Jn. 20:1-25) y el día de Pentecostés (Hch. 2:1-41.) Durante un tiempo después de la ascensión de Jesús, los cristianos se congregaban el séptimo y el primer día de la semana, pero a medida que las iglesias judeo-cristianas declinaron su influencia, desapareció paulatinamente la tendencia a observar el sábado judío. Los discípulos en Troas adoraban el primer día de la semana (Hch. 20:7.) Pablo exhortó a los cristianos a que pusieran algo aparte, según Dios los hubiere prosperado, haciéndolo semanalmente el primer día (1 Co. 16:2.) La expresión "día del Señor" figura en Ap. 1:10.

**Dominio propio.** Auto-control (Hch. 24:25; 2 P. 1:16.)

**Don.** Cualquiera de los bienes naturales o sobrenaturales que tenemos, respecto a Dios de quien lo recibimos (1 Co. 7:7; Ef. 2:8.)

**Doncella.** Mujer que no ha conocido varón. Criada que sirve cerca de la señora, o se ocupa de los quehaceres domésticos ajenos a la cocina (Gn. 24:11; Ex. 2:5; Dt. 22:15; Jue. 11:40; Cnt. 1:3; 2:7; 1 Co. 7:34.)

**Dones espirituales.** Dones extraordinarios que el Espíritu Santo da a los cristianos para equiparlos para el servicio de la iglesia (Ro. 12:6-8; 1 Co. 12:4-11, 28-31; Ef. 4:7-11.) *Carismata* es un término teológico que significa todo don que conceda la gracia de Dios (Ro. 1:11.) Pablo los trata en 1 Corintios 12-14 e incluye el poder de hablar en lenguas desconocidas (1 Co. 14:1-33), poder para exorcizar demonios (Hch. 13:7-12), la facultad de curar enfermos (1 Co. 12:9), el don de la profecía (Ro. 12:6), gran sabiduría y conocimiento (1 Co. 12:4-8.) Todo individuo es responsable por el ejercicio de su propio don (1 P. 4:10.) Es el Espíritu Santo el que distribuye los dones (He. 2:4.)

**Dor** *(la tierra de la colina)* Ciudad cananea en las costas de Palestina, a 12 kilómetros aproximadamente al N. de Cesarea (Jos. 12:23.)

**Dorcas** *(gacela)* Cristiana que vivía en Jope y a quien Pedro resucitó (Hch. 9:36-43.)

**Dormir. 1.** Descanso físico (Sal. 4:8; Jn. 11:12.) **2.** La muerte (1 Co. 11:30; 1 Ts. 4:13.) **3.** Indolencia espiritual (Mt. 25:5; Ro. 13:11; Ef. 5:14.)

**Dotán** *(dos pozos)* Lugar aproximadamente a 20 kilómetros de Siquem donde fue vendido José (Gn. 37:17) y donde Eliseo tuvo una visión de ángeles (2 R. 6:13-23.)

**Dote.** Precio pagado por el pretendiente a los padres de la presunta novia (Gn. 29:15-20; 34:12; 1 S. 18:25); asimismo el dinero que la novia entrega al esposo (1 R. 9:16.)

**Dracma** (Ver Dinero)

**Dragón.** Ser imaginario de gran tamaño y aspecto horripilante (Job 30:29; Sal. 44:19; Is. 13:22.) Satanás (Ap. 12:9; 20:2.)

**Dromedario** (Ver Animales)

**Drusila.** Hija de Herodes Agripa I, casada primero con Aziz, rey de Emesa, luego con Félix, procurador de Judea (Hch. 24:24, 25.)

**Duma** *(silencio)* **1.** Hijo de Ismael (Gn. 25:14; 1 Cr. 1:30.) **2.** Ciudad en el S. de Judá (Jos. 15:25.) **3.** Lugar (desconocido) relacionado con Seir o Edom (Is. 21:11.)

**Dura** *(muralla, casa)* Llanura en Babilonia donde Nabucodonosor erigió una estatua (Dn. 3:1.)

**Ebal** *(fuerte, firme)* **1.** Hijo de Sobal (Gn. 36:23; 1 Cr. 1:40.) **2.** Monte de 1.000 metros de altura en Samaria, cerca de Siquem, opuesto al monte Gerizim; de ahí se pronunciaron maldiciones (Dt. 27:4-26.) **3.** Hijo de Joctán ( = Obal), (1 Cr. 1:22.)

**Ebed** *(siervo)* **1.** Padre de Gaal (Jue. 9:26-45.) **2.** Hijo de Jonatán (Esd. 8:6.)

**Ebed-melec** *(siervo del rey)* Eunuco etíope que sacó a Jeremías de la cisterna de cieno (Jer. 38:11-13.)

**Eben-ezer** *(piedra del auxilio)* Ciudad de Efraín donde los israelitas fueron derrotados por los filisteos (1 S. 5:1.) Luego, después de haber derrotado a su vez a los filisteos, los israelitas erigieron un monumento de piedra, dándole el nombre de Eben-ezer (1 S. 7:12.)

**Eber** *(allende)* Sacerdote en tiempo de Nehemías (Neh. 12:20.)

**Ebiasaf** *(mi padre ha aumentado)* = Abiasaf (1 Cr. 6:23, 37; 9:19.)

**Ebriedad** (Ver Embriaguez)

**Ecbatana.** Capital de Media, donde Ciro dictó el decreto autorizando la reconstrucción del templo (Esd. 6:2, BJ.) En R-V figura "Acmeta".

**Eclesiastés, Libro de** (Ver Libro de Eclesiastés)

**Ecrón** *(erradicación)* La más nórdica de las cinco ciudades filisteas; situada en el límite entre Judá y Dan (Jos. 15:11; 19:43); asignada a Judá (Jos. 15:45); el arca fue llevada a Ecrón (1 S. 5:10.)

**Ecroneo.** Habitante de Ecrón (Jos. 13:3.)

**Ecronita.** Habitante de Ecrón (1 S. 5:10.)

**Ecumenismo.** Deriva del griego *oikoumene* (la tierra habitada). Es un movimiento entre los diversos grupos cristianos: protestantes, ortodoxos orientales y católicos romanos para lograr una mayor unidad en trabajo y organización. La palabra no figura en la Biblia, pero el apoyo bíblico del movimiento es Juan 17, capítulo en el cual Jesús ora por la unidad de su iglesia.

**Ed** *(testimonio)* Nombre del altar que erigieron las tribus de Rubén, Gad y el Manasés oriental, en testimonio de su origen y su religión comunes con las demás tribus de Israel (Jos. 22:34.)

**Edad** (Ver Eón)

**Edar** *(rebaño)* **1.** Aldea en territorio de Judá, cerca de Edom (Jos. 15:21) posiblemente igual que Adar. **2.** Levita, hijo de Musi (1 Cr. 23:23; 24:30.)

**Edén** *(delicia)* **1.** Lugar donde Dios plantó un huerto en el cual puso a Adán y Eva. Se desconoce el sitio exacto, pero se acepta, tradicionalmente, que es en la región del Tigris-Eufrates. **2.** Región de la Mesopotamia conquistada por los asirios (2 R. 19:12; Is. 37:12.) **3.** Gersonita (2 Cr. 29:12; 31:15.)

**Edom** *(rojo)* **1.** Nombre dado a Esaú porque vendió su primogenitura por un plato de guisado de color rojo (Gn. 25:30.) **2.** Descendientes de Esaú (Sal. 83:6) y su territorio (Jue. 11:17; Nm. 34:3.) Situado en el límite SE. de Palestina. Capital: Sela (Petra). Los habitantes primitivos fueron los horeos (Gn. 14:6.)

**Edomitas.** Descendientes de Esaú (Dt. 23:7); rehusaron a los israelitas el paso por su territorio (Nm. 20:14-21); Saúl combatió contra ellos (1 S.

14:47); David los conquistó (2 S. 8:14); fueron permanentes enemigos de Israel (1 R. 11:14-22; 2 Cr. 21; 25; Is. 34:5-8; 63:1-4; Jer. 49:17.) Bajo los macabeos formaron parte de Israel.

**Edrei** *(fuerte)* **1.** Una ciudad principal de Og, rey de Basán (Dt. 1:4; Jos. 12:4.) Fue asignada a Manasés (Jos. 13:12, 31.) Estaba situada aproximadamente a 16 kilómetros de Ramot de Galaad. **2.** Ciudad de Neftalí de ubicación desconocida (Jos. 19:37.)

**Educación** (Ver Escuela)

**Efa** (Ver Pesos y Medidas)

**Efa** *(oscuridad)* **1.** Un hijo de Madián y su posteridad (Gn. 25:4; 1 Cr. 1:33; Is. 60:6.) **2.** Concubina de Caleb (1 Cr. 2:46.) **3.** Una familia de los descendientes de Caleb (1 Cr. 2:47.)

**Efai** *(taciturno)* Netofatita. Padre de algunos militares que se juntaron con Gedalías en Mizpa (Jer. 40:8.)

**Efata.** Palabra aramea que significa "Sé abierto" (Mr. 7:34.)

**Efer** *(gamuza joven)* **1.** Nieto de Abraham (Gn. 25:4.) **2.** Judaíta (1 Cr. 4:17.) **3.** Manasita (1 Cr. 5:23, 24.)

**Efes-damín** *(hito de sangre)* Paraje entre Soco y Azeca donde acampó el ejército de los filisteos y donde David mató a Goliat (1 S. 17:1.) Llamado Pas-damín en 1 Cr. 11:13.

**Efesio.** Habitante de Efeso (Hch. 19:28, 34, 35.)

**Efesios, Epístola a los** (Ver Epístola a los Efesios)

**Efeso** *(deseable)* Capital de la provincia romana de Asia. Se levantaba sobre el río Caistro a 5 kilómetros del mar; gran ciudad comercial; famosa por su templo de Diana. En esa ciudad fundó Pablo una iglesia y le dirigió una epístola (Hch. 19, 20; 1 Co. 16:8. Una de las siete cartas del Apocalipsis le está dedicada (Ap. 2:1-7.)

**Eflal** *(juez)* Judaíta, descendiente de Jerameel (1 Cr. 2:37.)

**Efod.** Padre de Haniel, príncipe de Manasés (Nm. 34:23.)

**Efod.** Prenda sagrada que en un comienzo vestía únicamente el sumo sacerdote (Ex. 28:4ss; 39:2ss.) Más

adelante también la vistieron otras personas (1 S. 2:28; 14:3; 22:18.)

**Efraín** *(doble fruto)* **1.** Hijo de José y Asenat (Gn. 41:50-52; progenitor de la tribu que lleva su nombre y que asentó en la región central de Palestina y luego formó parte del reino del Norte (1 R. 12; Is. 7:2; 11:13; Ez. 37:15-22.) **2.** Ciudad al N. de Jerusalén (2 S. 13:23; Jn. 11:54.) **3.** Puerta en el muro de Jerusalén (2 R. 14:13.)

**Efraín, Bosque de.** Lugar en Galaad donde David derrotó a Absalón (2 S. 18:6.)

**Efraín, Monte de.** Región montañosa de Efraín (Jos. 17:15.)

**Efraín, Puerta de** (Ver Puerta de Efraín)

**Efrata** *(tierra fértil)* **1.** Lugar donde enterraron a Raquel (Gn. 35:16.) **2.** Esposa de Caleb (1 Cr. 2:19, 50; 4:4.) **3.** Antiguo nombre de Belén (Mi. 5:2.)

**Efrateo. 1.** Miembro de la tribu de Efraín (Jos. 16:10; Jue. 12.) **2.** Perteneciente a Efrata n° 1 (Rt. 1:2; 1 S. 17:12.)

**Efrón** *(cervatillo)* **1.** Heteo de quien Abraham compró la cueva de Macpela (Gn. 23:16; 49:30.) **2.** Monte en la frontera de Judá aproximadamente a 10 kilómetros al NO. de Jerusalén (Jos. 15:9.)

**Egipto.** País en el NE. de Africa; se lo llamaba también "tierra de Cam" (Sal. 105:23, 27;) irrigado por el Nilo, el río más largo del mundo (6.000 kilómetros), sus crecientes anuales revisten la máxima importancia para el país, debido a la ausencia casi total de lluvias. Se divide la nación en Alto y Bajo Egipto. El Bajo Egipto incluye el área del delta. El valle del Nilo y su delta tienen por límites naturales el desierto. Los israelitas lo llamaban Mizraim. Gobernaba el Faraón. Religión politeísta; sus dioses: Osiris, Isis, Horus, Amón, Mut, Honsu. La historia comienza alrededor del año 3.000 a. C. Fue un poderoso imperio en los días del A. T.; llegó a ser el granero del Imperio Romano y centro cultural en los días neotestamentarios. Mantuvo a Israel en la esclavitud durante varios siglos hasta que apareció Moisés (Ex. 1-14.) Tuvo contactos frecuentes con Israel (1 R. 3:1; 14:25, 26.)

**Egipto, Río de** *(torrente, arroyo)* Denominación que se da en las Sagradas Escrituras a dos corrientes de agua, distintas una de otra con los nombres de "río" y "torrente" o "arroyo". Constituye la línea divisoria entre Canaán y Egipto. No es en realidad un "río" en el sentido estricto del vocablo, sino un valle atravesado por el cauce de un arroyo que se seca en tiempo de sequía. En Nm. 34:5 figura como "torrente de Egipto"; en Jos. 15:4 "arroyo de Egipto" y en Jos. 15:47 y Gn. 15:18, "río de Egipto".

**Egla** *(vaquillona)* Esposa de David (2 S. 3:5; 1 Cr. 3:3.)

**Eglaim** *(los dos estanques)* Población en la frontera de Moab (Is. 15:8.)

**Eglón** *(becerro)* **1.** Ciudad de los cananeos situada entre Gaza y Laquis (Jos. 10:3, 5, 23); capturada por Josué (Jos. 10:36, 37); asignada a Judá (Jos. 15:39.) **2.** Rey de Moab que quitó Jericó de manos de los israelitas (Jue. 3:12, 13, 14, 21.)

**Ehi** *(mi hermano [Dios] es excelso)* Hijo de Benjamín (Gn. 46:21.)

**Ejecutor.** Que ejecuta o hace una cosa. En la Biblia generalmente era el capitán de la guardia del rey el que hacía ejecutar las sentencias del soberano (Gn. 37:36; Jer. 39:9; Dn. 2:14.)

**Ejército.** Todos los varones de Israel, con excepción de los levitas, cumplían el servicio militar obligatorio a los 20 años de edad (Nm. 1:3, 17.) Cada división de ejército se subdividía en miles y en cientos, con sus respectivos oficiales (Nm. 31:14.) En tanto Israel no tuvo su primer rey careció de un ejército permanente y estable, pero cuando hubo necesidad Dios designó hombres de capacidad especial para salvar a su pueblo de los enemigos. Hasta la época de Salomón la mayor parte del ejército lo formaba la infantería (1 S. 4:10); luego se añadieron la caballería y los carros de guerra (2 S. 8:4; 1 R. 10:26, 28, 29.) El ejército romano estaba compuesto de legiones que a su vez se dividían en cohortes, y centurias (Hch. 10:1; 21:31.)

**Ejido.** Tierras cercanas a las ciudades para el pastoreo del ganado (Jos. 21:2, 42; Ez. 45:2.)

**El** *(Dios)* Vocablo genérico para indicar a Dios en los lenguajes semíticos; el principal Dios cananeo se llamaba El; los hebreos tomaron ese nombre de los cananeos, si bien generalmente utilizaban la forma plural Elohim. Usado a menudo en formas compuestas.

**Ela** *(terebinto)* **1.** Jefe de Edom (Gn. 36:41; 1 Cr. 1:52.) **2.** Valle en el territorio de Judá donde David mató a Goliat (1 S. 17:2, 19; 21:9.) **3.** Padre de Simei nº 3, funcionario de Salomón (1 R. 4:18.) **4.** Rey de Israel, hijo de Baasa, muerto por Zimri (1 R. 16:6.) **5.** Padre de Oseas, el último rey de Israel (2 R. 15:30.) **6.** Hijo de Caleb (1 Cr. 4:15.) **7.** Un benjamita que regresó a Babilonia (1 Cr. 9:8.)

**Elad** *(Dios atestiguó)* Descendiente de Efraín (1 Cr. 7:21.)

**Elada** *(Dios adornó)* Descendiente de Efraín (1 Cr. 7:20.)

**Elam** *(altiplano)* **1.** Hijo de Sem (Gn. 10:22; 1 Cr. 1:17.) **2.** País situado al E. del Tigris, frente a Babilonia, la Persia de la antigüedad (hoy Irán.) Fue una de las primeras civilizaciones; figura en lugar prominente en las historias de Babilonia y Asiria (Gn. 14:1; Jer. 25:25; Dn. 8:2.) Algunos de sus habitantes fueron llevados por los asirios para colonizar Samaria (Esd. 4:9, 10.) Hubo elamitas en Jerusalén el día de Pentecostés (Hch. 2:9.) **3.** Descendiente de Benjamín, hijo de Sasac (1 Cr. 8:24.) **4.** Hijo de Meselemías (1 Cr. 26:3.) **5.** Antepasado de una familia que volvió del exilio (Esd. 2:31; Neh. 7:34.) **6.** Otro antepasado de una familia que retornó del exilio (Esd. 2:31; Neh. 7:34.) **7.** Padre de dos hombres que volvieron del exilio (Esd. 8:7.) **8.** Antepasado de un hombre que se casó con una mujer extranjera (Esd. 10:2, 26.) **9.** Jefe de uno que suscribió el pacto con Nehemías (Neh. 10:14.) **10.** Sacerdote que participó en la dedicación del muro (Neh. 12:42.)

**Elamita.** Habitante de Elam (Esd. 4:9; Hch. 2:9.)

**Elasa** *(Dios hizo)* **1.** Descendiente de Jerameel (1 Cr. 2:39, 40.) **2.** Descendiente de Saúl (1 Cr. 8:37; 9:43.) **3.** Hijo de Pasur sacerdote, que se casó con una mujer extranjera (Esd. 10:22.) **4.** Hijo de Safán, mensajero del rey Sedequías, que llevó una carta de Jeremías a los exilados en Babilonia (Jer. 29:3.)

**Elasar.** Ciudad-estado en Babilonia en tiempos de Abraham (Gn. 14:1, 9.)

**Elat** *(árbol altísimo)* Ciudad y puerto en el Mar Rojo ( = Elot), sobre el Golfo de Aqaba (Dt. 2:8) en Edom, cerca de Ezión-geber, puerto marítimo de Salomón (1 R. 9:26.)

**El-bet-el** *(el Dios de la casa de Dios)* Nombre que Jacob le dio a Luz porque allí se le reveló Dios (Gn. 35:7.)

**Elcana** *(Dios poseyó)* **1.** Padre de Samuel (1 S. 1:1-2:21.) **2.** Hijo de Coré (Ex. 6:23, 24.) **3.** Nombre que aparece en varias listas de levitas (1 Cr. 6:25; 9:16; 15:23.) **4.** Benjamita que se unió a David en Siclag (1 Cr. 12:6.) **5.** Oficial del rey Acaz (2 Cr. 28:7.)

**Elcos.** Lugar de donde era el profeta Nahum (Nah. 1:1.)

**Elda** *(Dios llamó)* Hijo de Madián (Gn. 25:4; 1 Cr. 1:33.)

**Eldad** *(Dios amó)* Uno de los 70 ancianos escogidos por Moisés y que profetizó en el campamento de Israel (Nm. 11:26, 27.)

**Eleale** *(Dios asciende)* Ciudad de Rubén, al oriente del río Jordán, a poco menos de dos kilómetros al N. de Hesbón (Nm. 32:3, 37; Is. 15:4; 16:9; Jer. 48:34.)

**Eleazar** *(Dios ayudó)* **1.** Tercer hijo y sucesor de Aarón (Ex. 6:23.) Llegó a ser sumo sacerdote (Nm. 3:32; 20:28); asistió a Moisés (Nm. 26:1, 2); ayudó a Josué a dividir la Tierra Prometida (Jos. 14:1.) **2.** Hijo de Abinadab, comisionado para cuidar el arca del pacto (1 S. 7:1.) **3.** Hijo de Dodo, uno de los tres valientes de David (2 S. 23:9, 10; 1 Cr. 11:12-14.) **4.** Hijo de Mahili (1 Cr. 23:21, 22;

24:28.) **5.** Levita sacerdote en tiempo de Esdras (Esd. 8:32-34.) **6.** Uno de los que se habían casado con mujeres extranjeras en tiempo de Esdras (Esd. 10:25.) **7.** Sacerdote en tiempo de Nehemías (Neh. 12:42.) **8.** Antepasado de José, esposo de María (Mt. 1:15.)

**Elef** *(el buey)* Ciudad de Benjamín, cerca de Jerusalén (Jos. 18:28.)

**Elefante** (Ver Animales)

**El-Elohe-Israel** *(Dios, el Dios de Israel)* Altar que erigió Jacob cerca de Siquem (Gn. 33:20.)

**Elemento.** Principio físico o químico que entra en la composición de los cuerpos (2 P. 3:10 y 2 P. 3:12.)

**Eleusis.** Lugar en Atica donde los adoradores de Demetrio se iniciaban en los misterios propios del nuevo nacimiento.

**Elhanán** *(Dios se compadeció)* **1.** Hijo de Jaare-oregim (también llamado Jair), quien mató a Lahmi, hermano de Goliat (2 S. 21:19; 1 Cr. 20:5.) **2.** Uno de los 30 valientes de David (2 S. 23:24; 1 Cr. 11:26.)

**Elí** *(Dios es ensalzado)* **1.** Descendiente de Aarón; actuó en su doble calidad de juez y sumo sacerdote en Israel (1 S. 1:4.) No pudo disciplinar a sus hijos y eso lo arruinó; el sacerdocio pasó a la línea de Sadoc (1 R. 2:27.) **2.** Padre de José, esposo de María (Lc. 3:23) o talvez padre de María, la madre de Jesús, según la puntuación del vocablo griego. **3.** Palabra que significa "Dios mío" ( = Eloí; Mt. 27:46.)

**Elí, Elí, ¡lama sabactani?** *(Dios mío, Dios mío, ¿por qué me has desamparado?)* Una de las siete exclamaciones de Jesús desde la cruz (Mt. 27:46; Mr. 15:34.)

**Eliab** *(mi Dios es padre)* **1.** Jefe de la tribu de Zabulón (Nm. 1:9; 2:7; 7:24, 29; 10:16.) **2.** Rubenita, padre de Datán y Abiram, compañeros de Coré (Nm. 16:1, 12; 26:8, 9; Dt. 11:6.) **3.** Hermano mayor de David ( = Eliú nº 4), (1 S. 16:6; 17:13, 28; 1 Cr. 11:18.) **4.** Levita, ascendiente del profeta Samuel (1 Cr. 6:27) llamado Eliú en 1 Samuel 1:1 y Eliel en 1 Cr. 6:34. **5.** Guerrero gadita que se unió a David en Siclag (1 Cr. 12:9.) **6.** Levita, músico en tiempo de David (1 Cr. 15:18, 20; 16:5.)

**Eliaba** *(Dios ampara)* Uno de los 30 valientes de David (2 S. 23:32; 1 Cr. 11:33.)

**Eliacim** *(Dios alza o Dios establece)* Sacerdote en tiempo de Nehemías (Neh. 12:41.)

**Eliada** *(Dios conoció)* **1.** Hijo de David nacido en Jerusalén (2 S. 5:16; 1 Cr. 3:8.) **2.** Padre de Rezón (1 R. 11:23.) **3.** General benjamita, jefe militar del rey Josafat (2 Cr. 17:17.)

**Eliam. 1.** Padre de Betsabé ( = Amiel n° 3), (2 S. 11:3.) **2.** Hijo de Ahitofel, uno de los 30 valientes de David (2 S. 23:34.)

**Eliaquim** *(Dios instituye)* **1.** Mayordomo del rey Ezequías; el rey lo envió para negociar con los invasores asirios (2 R. 18:17-37; Is. 36:1-22) y luego para pedirle ayuda al profeta Isaías (2 R. 19:2; Is. 37:2.) **2.** Nombre original del rey Joacim (2 R. 23:34; 2 Cr. 36:4.) **3.** Sacerdote que en Nehemías 12:41 toma el nombre de Eliacim. **4.** Ascendiente de Jesús (Mt. 1:13.) **5.** Otro de los primitivos antepasados de Jesús (Lc. 3:30.)

**Elías** *(Jehová es Dios)* **1.** Elías tisbita, el profeta. Le predijo a Acab que habría una sequía; fue alimentado por cuervos y luego cuidado por una viuda en Sarepta de Sidón (1 R. 17:17-24.) Después de tres años le propuso a Acab una prueba para comprobar si el Baal cananeo o Jehová de los israelitas era el verdadero Dios (1 R. 18:17-40.) En el monte Carmelo desacreditó en forma rotunda al dios Baal y fueron ejecutados 450 profetas de Baal. Jezabel juró vengarse del profeta (1 R. 19:1-8) y éste huyó al desierto, donde escuchó la apacible y delicada voz del Señor. Lo ungió a Eliseo para sucederle como profeta. Reprende a Acab por el asesinato de Nabot (1 R. 21:27-29.) Le anunció a Ocozías, hijo de Acab, su muerte (2 R. 1.) Fue arrebatado al cielo en un torbellino (2 R. 2:1-15.) A Juan el Bautista lo llamaron Elías (Mt. 11:14; 17:10-13; Lc. 1:17.) Elías estuvo con Jesús en el Monte de la Transfiguración (Mt. 17:3; Mr. 9:4, 5; Lc. 9:30-33.) **2.** Descendiente de Benjamín (1 Cr. 8:27.) **3.** Sacerdote

en tiempo de Esdras, hijo de Harim (Esd. 10:21.) **4.** Uno que repudió a su mujer extranjera en tiempo de Esdras (Esd. 10:26.)

**Eliasaf** *(Dios añadió)* **1.** Príncipe de la tribu de Gad mientras deambulaban por el desierto (Nm. 1:14; 2:14; 7:42, 47; 10:20.) **2.** Levita, príncipe de los gersonitas (Nm. 3:24.)

**Eliasib** *(Dios restituye)* **1.** Descendiente de Zorobabel (1 Cr. 3:24.) **2.** Jefe de la undécima suerte sacerdotal (1 Cr. 24:12.) **3.** Uno que despidió a su mujer extranjera en tiempos de Esdras (Esd. 10:24.) **4.** Otro que hizo lo mismo (Esd. 10:27.) **5.** Otro que hizo lo mismo (Esd. 10:36.) **6.** Antepasado de un hombre que ayudó a Esdras (Esd. 10:6; Neh. 12:10, 22, 23.) **7.** Sacerdote en tiempo de Nehemías (Neh. 3:1, 20, 21; 13:4, 7, 28.)

**Eliata** *(Dios mío eres tú)* Músico del templo en tiempo del rey David (1 Cr. 25:4, 27.)

**Elica.** Uno de los valientes de David (2 S. 23:25.)

**Elidad** *(Dios amó)* Príncipe benjamita (Nm. 34:21.)

**Eliel** *(Dios es Dios)* **1.** Jefe de la tribu de Manasés (1 Cr. 5:24.) **2.** Levita, cantor en el templo, antepasado de Samuel (1 Cr. 6:34), ( = Eliab n° 4.) **3.** Hijo de Simei (1 Cr. 8:20.) **4.** Hijo de Sasac (1 Cr. 8:22.) **5.** Capitán en el ejército de David (1 Cr. 11:46.) **6.** Uno de los 30 valientes de David (1 Cr. 11:47.) **7.** Gadita, probablemente = n° 6 (1 Cr. 12:11.) **8.** Jefe judaíta, talvez el mismo que n° 5 (1 Cr. 15:9.) **9.** Jefe levita (1 Cr. 15:11.) **10.** Levita supervisor (2 Cr. 31:13.)

**Elienai** *(El es Dios)* Benjamita (1 Cr. 8:20.)

**Eliezer** *(Dios es ayuda)* **1.** Mayordomo de Abraham (Gn. 15:2.) Talvez la misma persona que el siervo que menciona Gn. 24. **2.** Hijo de Moisés y de Séfora (Ex. 18:4; 1 Cr. 23:15, 17; 26:25.) **3.** Descendiente de Benjamín (1 Cr. 7:8.) **4.** Sacerdote que ayudó a traer el arca a Jerusalén (1 Cr. 15:24.) **5.** Jefe rubenita (1 Cr. 27:16.) **6.** Profeta que reprochó a Josafat (2 Cr. 20:37.) **7.** Jefe enviado a inducir a los israelitas a volver a Jerusalén (Esd.

6:16.) **8.** Sacerdote que repudió a su mujer extranjera (Esd. 10:18.) **9.** Levita que hizo lo mismo (Esd. 10:23.) **10.** Hijo de Harim que hizo lo mismo (Esd. 10:31.) **11.** Antepasado de Jesús (Lc. 3:29.)

**Elifal** *(Dios juzgó)* Uno de los 30 valientes de David ( = Elifelet nº 3), (1 Cr. 11:35.)

**Elifaz** *(Dios es oro)* **1.** Primogénito de Esaú y Ada (Gn. 36:4, 10, 11, 12, 15, 16; 1 Cr. 1:35, 36.) **2.** Principal de los tres amigos de Job (Job 2:11; 42:9); en sus discursos atribuye todas las aflicciones al pecado.

**Elifelehu** *(mi Dios le distingue)* Levita, músico nombrado por David para el servicio del templo (1 Cr. 15:18, 21.)

**Elifelet** *(mi Dios es ayuda)* **1.** Hijo de David (2 S. 5:16.) **2.** Otro hijo de David (1 Cr. 3:6-8; 14:7.) **3.** Uno de los valientes de David ( = Elifal, (2 S. 23:34.) **4.** Benjamita, descendiente de Saúl (1 Cr. 8:39.) **5.** Uno que regresó del exilio con Esdras (Esd. 8:13.) **6.** Hombre que despidió a su esposa extranjera en tiempo de Esdras (Esd. 10:33.)

**Elihoref.** Secretario del rey Salomón (1 R. 4:3.)

**Elim** *(terebinto)* Lugar del segundo campamento de Israel en el desierto, luego de abandonar Egipto (Ex. 15:27; Nm. 33:9, 10.)

**Elimas** *(sabio)* Nombre griego del judío (mago y falso profeta) Barjesús (Hch. 13:8.)

**Elimelec** *(mi Dios es rey)* Esposo de Noemí y suegro de Rut (Rut 1:2, 3; 2:1, 3; 4:3, 9.)

**Elioenai** *(a Jehová elevo mis ojos)* **1.** Descendiente de David, hijo de Nearías (1 Cr. 3:23, 24.) **2.** Príncipe simeonita (1 Cr. 4:36.) **3.** Un benjamita (1 Cr. 7:8.) **4.** Levita coreíta, portero en el templo (1 Cr. 26:3.) **5.** Jefe de una familia que regresó con Esdras (Esd. 8:4.) **6.** Sacerdote que se había casado con mujer extranjera en tiempo de Esdras (Esd. 10:22.) **7.** Uno que despidió a su mujer extranjera (Esd. 10:27.) **8.** Sacerdote en tiempo de Nehemías, talvez = nº 6 (Neh. 12:41.)

**Elisa** *(Dios salva)* Hijo de Javán, cuyo nombre fue dado a un antiguo territorio (no identificado) y a sus habitantes (Gn. 10:4; 1 Cr. 1:7; Ez. 27:7.)

**Elisabet** *(Dios es mi juramento)* **1.** Mujer de Aarón (Ex. 6:23.) **2.** Esposa de Zacarías, parienta de María, madre de Juan el Bautista (Lc. 1:5-57.)

**Elisafat** *(Dios juzgó)* Oficial que ayudó a Joiada contra Atalía (2 Cr. 23:1.)

**Elisama** *(Dios oyó)* **1.** Abuelo de Josué (Nm. 1:10; 2:18; 7:48, 53; 10:22; 1 Cr. 7:26.) **2.** Hijo de David (2 S. 5:16; 1 Cr. 3:8.) **3.** Otro hijo de David, conocido también como Elisúa (1 Cr. 3:6; *cf.* 2 S. 5:15.) **4.** Padre de Netanías, abuelo de Ismael nº 2 (2 R. 25:25; Jer. 41:1.) **5.** Judaíta, descendiente de Jerameel (1 Cr. 2:41.) **6.** Sacerdote en tiempo del rey Josafat (2 Cr. 17:8.) **7.** Oficial del rey Joacim (Jer. 36:12, 20, 21.)

**Eliseo** *(Dios es salvación)* Hijo de Safat; fue ungido como sucesor de Elías (1 R. 19:16-21); tuvo un largo ministerio durante los reinados de Joram, Jehú, Ocozías y Joás, reyes de Israel; realizó diversos milagros (2 R. 4-6.)

**Elisúa** *(mi Dios es salvación)* Hijo de David ( = Elisama nº 3) (2 S. 5:15; 1 Cr. 14:5.)

**Elisur** *(mi Dios es roca)* Príncipe rubenita (Nm. 1:5; 2:10; 7:30-35; 10:18.)

**Eliú** *(El es mi Dios)* **1.** Bisabuelo de Samuel (1 S. 1:1), ( = Eliel nº 2.) **2.** Manasita (1 Cr. 12:20.) **3.** Levita, portero del templo (1 Cr. 26:7.) **4.** Hermano de David ( = Eliab nº 3), 1 (Cr. 27:18.) **5.** Joven que habló a Job después de sus tres amigos (Job 32:2-6; 34:1; 35:1; 36:1.)

**Eliud.** Antepasado de Jesucristo (Mt. 1:14, 15.)

**Elizafán** *(Dios escondió protectoramente)* **1.** Hijo de Uziel, jefe en la familia de Coat ( = Elzafán), (Nm. 3:30; 1 Cr. 15:8.) **2.** Príncipe de Zabulón (Nm. 34:25.)

**Elmodam.** Antepasado de Jesucristo (Lc. 3:28.)

**Elnaam** *(Dios es gozo)* Padre de dos soldados de David (1 Cr. 11:46.)

**Elnatán** *(Dios ha dado)* **1.** Abuelo materno del rey Joaquín (2 R. 24:8.)

**2.** Hijo de Acbor (Jer. 26:22.) Puede ser la misma persona que nº 1. **3.** Levita que ayudó a Esdras (Esd. 8:16.)

**Eloí** *(ser fuerte)* El vocablo más frecuente del idioma hebreo para designar a Dios; es el plural de EL (Gn. 1:1.) También se aplicó la palabra a los dioses paganos (Ex. 18:11), ángeles (Sal. 8:5), jueces (Ex. 21:6), y Jehová.

**Elón** *(hombre de Dios)* **1.** Heteo cuya hija se casó con Esaú (Gn. 26:34; 36:2.) **2.** Hijo de Zabulón (Gn. 46:14; Nm. 26:26.) **3.** Aldea en Dan (Jos. 19:43; 1 R. 4:9.) **4.** Juez de Israel (Jue. 12:11.)

**Elonita.** Descendiente de Elón nº 2 (Nm. 26:26.)

**Elot** *(árbol altísimo)* Puerto en el mar Rojo ( = Elat), (1 R. 9:26.)

**Elpaal** *(Dios creó)* Benjamita (1 Cr. 8:11, 12, 18.)

**Elpelet** *(mi Dios es ayuda)* Hijo de David ( = Elifelet nº 1) (1 Cr. 14:5.)

**El-Saday.** Nombre cuyo significado exacto se desconoce pero que probablemente sea el de "Dios Omnipotente" bajo el cual se apareció Dios a Abraham y que figura a menudo en el A. T. (Gn. 17:1; 28:3; Ex. 6:3; Nm. 24:4, 16; Sal. 68:15a, BJ.)

**Eltecón.** Aldea en Judá (Jos. 15:59.)

**Eltequé.** Ciudad de los levitas en Dan (Jos. 19:44; 21:23.)

**Eltolad.** Ciudad al S. de Judá, asignada a Simeón ( = Tolad) (Jos. 15:30; 19:4.)

**Elul** *(mes de la cosecha)* Sexto mes en el calendario hebreo, alrededor de agosto y setiembre (Neh. 6:15.)

**Eluzai.** Guerrero benjamita que se juntó con David en Siclag (1 Cr. 12:5.)

**Elzabad** *(Dios concedió)* **1.** Guerrero gadita que se unió a David en Siclag (1 Cr. 12:12.) **2.** Levita portero del templo (1 Cr. 26:7.)

**Elzafán** *(Dios escondió protectoramente)* ( = Elizafán nº 1) (Ex. 6:22; Lv. 10:4.)

**Emanuel** *(Dios con nosotros)* Niño nacido de una virgen, cuyo nacimiento fue profetizado por Isaías y habría de ser una señal para Acaz (Is. 7:14); cuando naciera la salvación estaría cerca. Muchas profecías se refieren a este Niño (Is. 8:9, 10; 9:6, 7; 11:1; Miqueas 5:2, 3; Mt. 1:22, 23.)

**Emaús.** Aldea situada a 11 kilómetros de Jerusalén (Lc. 24:7-35.)

**Embajador.** Un enviado o mensajero (2 Cr. 35:21; Is. 18:2.)

**Embalsamar.** Técnica para preservar de la corrupción o putrefacción los cuerpos muertos. La práctica de embalsamar los cadáveres tuvo su origen en Egipto. Jacob y José fueron embalsamados (Gn. 50:2, 3, 26.)

**Embriaguez.** Uno de los mayores vicios de la antigüedad, aun entre los hebreos, pero especialmente entre los pudientes. La Biblia prohibe terminantemente la embriaguez (Lv. 10:9; Dt. 21:20; Pr. 23:21; 1 Co. 5:11; 6:10; Gá. 5:21.) Entre los personajes bíblicos del A. T. que se emborracharon figuran Noé (Gn. 9:21), Lot (Gn. 19:33, 35), Nabel (1 S. 25:36), Urías (2 S. 11:13.) A veces se usa el vocablo en forma figurada (Is. 29:9.)

**Emita.** Antiguo habitante de Palestina (Gn. 14:5; Dt. 2:10, 11.)

**Enaim** *(lugar de una fuente)* Lugar cerca de Adulam (posiblemente = Enam), (Gn. 38:14, 21.)

**Enalbardar.** Colocar la pieza principal del aparejo de los animales de carga (Gn. 22:3; Nm. 22:21; 2 R. 4:24.)

**Enam.** Aldea en Judá, (posiblemente = Enaim) (Jos. 15:34.)

**Enano** *(delgado, pequeño, macilento)* Les estaba vedado oficiar ante el altar (Lv. 21:20.)

**Encantadores.** Magos o hechiceros, de ambos sexos, en liga con los espíritus inmundos que practican la magia negra; estrictamente condenado por la ley (Ex. 22:18; 1 S. 28:3, 9; Is. 8:19.)

**Encantamiento.** Uso de cualquier tipo de magia, que incluye la adivinación; prohibida al pueblo de Dios (Dt. 18:10; Hch. 8:9.)

**Encarnación** *(hacerse carne)* Doctrina según la cual el eterno Hijo de Dios se hizo humano y que al hacerlo no perdió ni siquiera en mínimo grado su naturaleza divina (Jn. 1:14; Ro. 8:3.)

**Encina** (Ver Plantas)

**Encrespamiento.** Acción y efecto de ensortijar y rizar el cabello, criticado por el apóstol Pedro (1 P. 3:3, R-V, ed. 1909.)

**Endor** *(Manantial de habitación)* Aldea, a 11 kilómetros, aproximadamente, de Nazaret (Jos. 17:11; 1 S. 28:7; Sal. 83:10.)

**Eneas.** Un paralítico curado por Pedro (Hch. 9:32-35.)

**Enebro** (Ver Plantas)

**En-eglaim** *(fuente de los dos becerros)* Lugar en la costa del mar Muerto (Ez. 47:10.) Se desconoce su ubicación exacta.

**Eneldo** (Ver Plantas)

**Enfermedades.** Las que menciona la Biblia existen, en su mayor parte, hoy en día. I. Las enfermedades con manifestaciones primordialmente cutáneas, eran de dos tipos: las que requerían aislamiento y las que no lo requerían. A. Las que requerían aislamiento: *lepra* (Ex. 4:6); *lepra maligna* (Lv. 13:51, 52); *lepra crónica* (Lv. 13:11); *mancha blanca* (Lv. 13:2); *sífilis* (Pr. 7:22, 23); *viruela* probablemente la "*sarna maligna*" de Job (Job 2:7); *úlcera* pérdida de substancia de los tejidos, generalmente acompañada de pus, enfermedad que padeció Ezequías (2 R. 20:7, VM), "llaga" (ampolla) en R-V, (Is. 1:6); *hinchazón* (Lv. 13:2); *erupción de la piel* (Lv. 13:7); *sarpullido*, que es una erupción en la piel formada por numerosos granitos o ronchas (Ex. 9:9, 10); *ántrax* (Ex. 9:3); *sarna* (Ex. 28:27.) B. Las que no requerían aislamiento: *inflamación* (Lv. 22:22); *comezón* (Dt. 28:27). II. Enfermedades con manifestaciones primordialmente internas. A. *Peste bubónica* (1 S. 5:9; 6:5) y *peste neumónica* (2 R. 19:35.) B. *Tuberculosis* (Lv. 21:20); *fiebre tifoidea, malaria* (Lv. 26:16; Dt. 28:22); *diarrea, disentería y cólera* (Hch. 28:8.) III. Enfermedades causadas por gusanos y víboras: *ascariasis* (Hch. 12:21-23); *infección por el áscaris lumbricoides*, las *mordeduras de serpiente* (Hch. 28: 3, 6.) IV. Enfermedades de los ojos: *ceguera epidémica* (2 R. 6:18), la "enfermedad del cuerpo" (Gá. 4:13) del apóstol Pablo se refería al aguijón en su carne (2 Co. 12:7) y que muchos creen se trataba de un *tracoma*, enfermedad infecciosa de los ojos. V. Enfermedades nerviosas y mentales. VI. Enfermedades varias: *excesivo flujo menstrual* (Lc. 8:43, 44), *gangrena* (2 Ti. 2:17); *hidropesía* (Lc. 14:2); *mudez* (Lc. 1:20, 22, 64); *divieso* (Lv. 13:18-23); *oclusión coronaria* (2 S. 24:10); *cretinismo* (Lv. 21:20); *cojera* (Lc. 14:21); *parálisis* (Mt. 9:2.) Médicos mencionados en el N. T.: (Mt. 9:12; Lc. 4:23; Col. 4:14.)

**Enfermo** (Ver Enfermedades)

**En-gadi** *(fuente de la cabra salvaje)* Oasis en la costa occidental del mar Muerto, en el territorio de Judá (Jos. 15:62.) En Génesis 14:7 figura como Hazezón-tamar.

**En-ganim** *(fuente de jardines)* **1.** Población en Judá (Jos. 15:34.) **2.** Ciudad de los levitas en Isacar (Jos. 19:21; 21:29.)

**Engañador.** Falso maestro, talvez utilizando artes mágicas (2 Ti. 3:13.)

**Engaste.** Cerco o guarnición de metal que abraza y asegura lo que se engasta (Ex. 25:17; 28:11, 13, 14, 20, 25.)

**Engendrando.** Curiosa expresión, difícil de interpretar, que se encuentra únicamente en 1 Timoteo 2:15.

**Engordar.** Cebar, dar mucho de comer para poner gordo. Un animal limpio engordado para ofrecerlo a Dios (2 S. 6:13; Sal. 66:15.)

**En-hacore** *(fuente del que lloró)* Manantial de Sansón, en Lehí (Jue. 15:19.)

**En-hada** *(fuente veloz)* Población en Isacar (Jos. 19:21.)

**En-hazor** *(fuente de la aldea)* Ciudad fortificada en Neftalí (Jos. 19:37.)

**Enigma.** Dicho de sentido artificiosamente encubierto para que sea difícil entenderlo o interpretarlo (Nm. 12:8; Pr. 1:6.) Puede ser una parábola (Sal. 49:4) o simplemente algo para que la gente adivine (Jue. 14:12-19) o una pregunta difícil (1 R. 10:1; 2 Cr. 9:1.)

**Enlosado, El.** Patio, fuera del palacio de Jerusalén, donde Pilato sentenció públicamente a Jesús (Jn. 19:13.) Su nombre hebreo es Gábata.

**En-mispat** *(fuente del juicio)* Primitivo nombre de Cades (Gn. 14:7.)

**Enoc** *(consagrado)* **1.** Primogénito de Caín y padre de Irad (Gn. 4:17.) **2.** Ciudad edificada por Caín (Gn. 4:17.) **3.** Hijo de Jared y padre de Matusalén (Gn. 5:21, 22); caminó con Dios (Gn. 5:24); fue transportado al cielo (Gn. 5:18-24; He. 11:5.) **4.** Hijo de Rubén ( = Hanoc nº 2), (Nm. 26:5.)

**Enoc, Libros de** (Ver Libros de Enoc)

**Enojo. 1.** Enojo de los hombres (Gn. 30:2; 1 S. 17:28 -ira-); puede ser un mal enojo (2 Co. 12:20) o una reacción contra el mal (1 S. 20:34); obra de la carne (Gá. 5:20.) **2.** Enojo de Dios; es la reacción del justo Dios contra los pecadores y contra toda forma de maldad (Dt. 9:8; Is. 13:9; Ro. 1:18; Ef. 5:6; Ap. 14:10.)

**Enón** *(manantiales)* Lugar cerca de Salim donde bautizaba Juan el Bautista (Jn. 3:22, 23.)

**Enoquita.** Descendiente de Enoc nº 3 (Nm. 26:5.)

**Enós** *(mortal)* Hijo de Set (Gn. 4:26; 5:6-11; 1 Cr. 1:1.)

**Enramada** (Ver Cabaña)

**Enrejado.** Malla de cobre, colocada debajo del gran altar, para sostener el sacrificio mientras arde (Ex. 27:4; 35:16; 38:4, 5.)

**En-rimón** *(fuente de la granada)* Lugar al S. de Jerusalén ( = Rimón nº 1), (Neh. 11:29.)

**En-semes.** Manantial en la frontera de Judá y Benjamín (Jos. 15:7; 18:17.)

**Ensenada.** Recodo que forma seno, entrando el mar en la tierra. Figura en Hechos 27:39 y está situada a 12 kilómetros al NO. de la localidad de Zaleta en la isla de Malta.

**Enseñanza.** En los días de Cristo, los muchachos recibían instrucción en las sinagogas. En el N. T. los maestros eran cristianos con esa vocación y ese ministerio (Ef. 4:11.) El N. T. presenta a Jesús como un maestro venido de Dios (Jn. 3:2.)

**Ensillar.** Poner la silla al caballo, mula, *etc.* (Jue. 19:10; 1 R. 13:27.) A los asnos no se los montaba; se los utilizaba para transportar carga, colocando sobre su lomo una albarda.

**Entierro.** Los israelitas envolvían los cadáveres en una sábana limpia o los ataban con vendas (Mt. 27:59; Juan 11:44); a los ricos se les ungía el cuerpo con especies y perfumes (Jn. 12:7; 19:39); a los cadáveres se los enterraba y sea en la tierra o en cuevas (Mt. 27:60.) A veces se contrataban los servicios de plañideras o endechadoras para acompañar con sus lamentos a los amigos (Jer. 9:17.)

**Entrañas.** Son los órganos contenidos en las principales cavidades del cuerpo humano o de los animales (Gn. 25:23; Hch. 1:18.) (Ver Intestino)

**Eón.** Palabra que significa un período de duración indefinida (He. 9:26), generalmente traducida "siglo" (Ro. 12:2), "mundo" (2 Ti. 4:10), "siglos venideros" (Ef. 2:7) o "edades" (Col. 1:26.)

**Epafras.** Cristiano colosense; visitó a Pablo en la prisión (Col. 1:4, 7, 8; 4:12.)

**Epafrodito** *(hermoso)* Mensajero enviado por la iglesia de Filipos a Pablo en Roma (Fil. 2:25-30; 4:18.)

**Epeneto** *(alabado)* Convertido de Pablo (Ro. 16:15.)

**Epicúreos.** Seguidores y discípulos de Epicuro, el filósofo griego (341-270 a. C.) que enseñaba que la meta suprema del hombre es alcanzar la felicidad; materialista; negaba la existencia de una vida después de la muerte (Hch. 17:16-33.)

**Epístola** *(carta)* Cartas formales que tratan de la doctrina cristiana y de exhortaciones, referidas en particular a las 21 epístolas del N. T. y que se dividen en epístolas paulinas y epístolas generales. No figuran todas las epístolas que escribieron los apóstoles (1 Co. 5:9.) A continuación un resumen de las 21 epístolas, según el orden en que figuran en el Nuevo Testamento:

**A los Romanos.** Escrita por Pablo durante su estadía de tres meses en

Corinto, en su tercer viaje misionero (Hch. 20:2, 3; Ro. 1:1; 15:25-27.) Proyectaba visitar España, luego de un breve período en Jerusalén, y quería visitar Roma en viaje a España (Ro. 1:10, 11; 15:14-33.) Hasta ese momento no conocía Roma y en la epístola expone claramente el evangelio que predicaba. *Lineamientos generales:* **1.** Introducción (1:1-15.) **2.** Pecaminosidad del hombre, tanto de los gentiles como de los judíos (1:16-3:20.) **3.** Justificación por la fe (3:21-5:21.) **4.** Santificación (6-8.) **5.** Israel y la salvación universal (9-11.) **6.** Detalles sobre la conducta cristiana (12-15:13.) **7.** Comentarios finales y saludos (15:14-16:27.)

**Primera a los Corintios.** Fue escrita por el apóstol Pablo desde Efeso en el transcurso de su tercer viaje misionero (Hch. 19; 1 Co. 16:8, 19), probablemente en el año 56 ó 57. Antes de eso escribió otra carta a los corintios que no ha llegado a nuestras manos (1 Co. 5:9) y en respuesta de la cual recibió una carta en la que se le formulaban una serie de preguntas. Pablo supo por los siervos de Cloé que había facciones en la iglesia (1:11.) Estas circunstancias lo impulsaron a escribir 1 Corintios. *Lineamientos generales:* **1.** Facciones en la iglesia (1-4.) **2.** Matrimonios incestuosos (5.) **3.** Las disputas entre cristianos son llevadas a los tribunales paganos (6.) **4.** Problemas matrimoniales (7.) **5.** Carne ofrecida a los ídolos (8-10.) **6.** Atavío de las mujeres; adecuadas observancias para la cena del Señor (11.) **7.** Dones espirituales (12-14.) **8.** Resurrección del cuerpo (15.) **9.** Ofrendas para los pobres de Jerusalén; salutaciones finales (16.)

**Segunda a los Corintios.** Fue escrita por Pablo desde algún lugar de Macedonia durante su tercer viaje misionero, como resultado de un informe que recibió de la iglesia, que le hizo conocer Tito. *Lineamientos generales:* **1.** Reflexiones sobre la crisis que atravesó la iglesia (1-7.) **2.** Colecta para los pobres (8, 9.) **3.** Defensa del ministerio de Pablo con-

tra los ataques de sus enemigos y una reivindicación de su apostolado (10-13.)

**A los Gálatas.** Breve pero importante carta de Pablo, en la cual eleva una protesta contra el legalismo y aclara los alcances del evangelio de la gracia de Dios. La escribió al concluir su primer viaje misionero a las iglesias de Galacia (Gá. 1:1) para contrarrestar la doctrina de ciertos maestros judíos que insistían en que a la fe en Cristo había que agregarle la circuncisión y la obediencia a la ley mosaica (2:16; 3:2, 3; 4:10, 21; 5:2-4; 6:12.) *Lineamientos generales:* **1.** Introducción (1:1-10.) **2.** Pablo reivindica su autoridad apostólica (1:11-2:21.) **3.** Significado de la justiciación por la fe (3:1-4:31.) **4.** Explica la naturaleza de la vida cristiana en libertad (5:1-6:10.) **5.** Conclusión (6:11-17) y bendición (6:18) que conforman un llamado personal a los gálatas para retornar a su fe inicial.

**A los Efesios.** Fue escrita por Pablo (1:1; 3:1) desde la prisión (3:1; 4:1; 6:20), probablemente en Roma (Hch. 28:30, 31.) Destinada a varias iglesias, incluida la de Efeso (1:1.) Pone de relieve las bendiciones que el creyente se asegura en Cristo. *Lineamientos generales:* Doctrina. Bosquejo del plan de redención: tanto los judíos como los gentiles forman un solo cuerpo en Cristo, con Pablo como mensajero de este misterio (1-3.) Exhortaciones prácticas. Los cristianos deben caminar como santos de Dios; sus deberes como miembros de la familia de Dios; la armadura del cristiano (4-6.)

**A los Filipenses.** Escrita por Pablo desde la prisión, probablemente en Roma, si bien no es seguro que así sea. Les escribió agradeciéndoles a los filipenses de la iglesia la donación en dinero que le enviaron por medio de Epafrodito, quien enfermó y tuvo que ser atendido por Pablo y enviado de vuelta a Filipos, portador de la carta. No registra una sola crítica a la iglesia; el mayor énfasis está puesto en el gozo y en el triunfo de la fe. *Lineamientos* *generales:* **1.** Saludos y expresiones de gratitud (1:1-11.) **2.** Progreso del evangelio (1:12-20.) **3.** Trabajar y sufrir por Cristo (1:21-30.) **4.** Exhortación a la humildad (2:1-13.) **5.** Exhortación a la vida cristiana (2:14-18.) **6.** Comentarios personales referidos a Timoteo y a Epafrodito (2:19-30.) **7.** Exhortaciones y advertencias (3:1-4:9.) **8.** Acción de gracias (4:10-20.) **9.** Saludos finales (4:21, 22.)

**A los Colosenses.** Fue escrita por Pablo desde la prisión, si bien no dice de qué ciudad (Col. 4:3, 10, 18); es probable que haya sido desde Roma, hacia el año 62 d. C. El motivo de la misma era contrarrestar un grave error judaicognóstico. *Lineamientos generales:* **1.** Saludos y acción de gracias (1:1-8.) **2.** Sección doctrinal (1:9-2:5.) **3.** Exhortaciones prácticas (2:6-4:6.) **4.** Saludos finales (4:7-18.)

**A los Tesalonicenses.** Las cartas a los tesalonicenses fueron escritas por Pablo en Corinto, hacia el año 51 d. C., durante el transcurso de su segundo viaje misionero, al poco tiempo de fundar la iglesia.

**Primera a los Tesalonicenses.** Tuvo por objeto estimular el crecimiento de los tesalonicenses en la fe cristiana y aclarar algunas preguntas que planteaban, respecto del problema de los que morían antes de la segunda venida de Cristo. Les preocupaba si gozarían o no de las mismas bendiciones de que gozarían los que estuvieran vivos en ese acontecimiento. *Lineamientos generales:* **1.** La conversión de los tesalonicenses (1:1-10.) **2.** El ministerio de Pablo en Tesalónica (2.) **3.** La preocupación de Pablo y sus oraciones en favor de la iglesia (3.) **4.** Problemas de la iglesia: instrucción moral, la venida del Señor, deberes éticos (4:1-5:22.) **5.** Conclusión (5:23-28.)

**Segunda a los Tesalonicenses.** Fue escrita para corregir algunos erróneos conceptos respecto de la segunda venida de Cristo. *Lineamientos generales:* **1.** Consuelo en la persecución (1.) **2.** Señales sobre el Día de Cristo:

apostasía, aparición del hombre de pecado, preservación del pueblo de Dios (2.) **3.** Consejos espirituales (3.)

**A los Laodicenses.** Epístola mencionada por Pablo en Col. 4:16; podría ser una epístola de Pablo que se perdió o la Epístola a los Efesios. Existe, sí, una epístola apócrifa a los laodicenses, de 20 versículos.

**Epístolas Pastorales.** Título común que alcanza a las dos cartas a *Timoteo* y la carta a *Tito,* escritas por el apóstol Pablo a sus enviados especiales en misiones específicas y de acuerdo a las necesidades de la hora. 1 Timoteo fue escrita a Timoteo desde Efeso cuando Pablo viajaba por las regiones costeras del mar Egeo; Tito fue escrita a Tito desde Creta, probablemente desde Nicópolis o una ciudad de Macedonia; 2 Timoteo desde Roma, hacia el final de su segundo encarcelamiento. Las epístolas tratan de la organización y la disciplina, incluso el nombramiento de obispos y diáconos, la oposición de miembros herejes o rebeldes, y las provisiones para el mantenimiento de la buena doctrina.

Algunos eruditos han impugnado la paternidad literaria del apóstol Pablo, debido a las diferencias en el estilo literario, comparándolas con las demás epístolas atribuidas a Pablo, y porque las referencias a sus viajes no coinciden con los itinerarios descriptos en el Libro de los Hechos de los Apóstoles. Las diferencias, si bien reales, han sido exageradas, y se las puede explicar en base a cambios en el tiempo, temas y destino. Estas cartas las escribió un anciano a sus discípulos al final de su carrera y para el uso de iglesias que habían superado la era pionera. Podemos incorporar las referencias históricas a la biografía de Pablo, si pudiéramos hacer abstracción del primer encarcelamiento mencionado en Hechos, y si reinició sus viajes antes de su último encarcelamiento y ejecución. No existen discrepancias teológicas entre las epístolas pastorales y las demás epístolas, pues si bien éstas ponen énfasis en las obras, también subrayan la salvación por la fe (Tit. 3:5.)

*Trasfondo:* liberado de su primer encarcelamiento, Pablo dejó a Tito en Creta, para organizar las iglesias (Tit. 1:5) y marchó a Efeso, donde dejó a Timoteo (1 Ti. 1:3, 4.) Viajó a Macedonia desde donde escribió a Timoteo y a Tito. Por supuesto que Pablo había visitado las ciudades jónicas inmediatamente antes de su último arresto, pues menciona Troas, Corinto y Mileto (2 Ti. 4:13, 20.) La mayoría de sus amigos le habían abandonado (2 Ti. 4:10, 11) y había sido sometido a juicio una vez (2 Ti. 4:16.)

**Primera a Timoteo.** *Lineamientos generales:* **1.** Testimonio personal (1:1-20.) **2.** Normas y reglamentos oficiales (2:1-4:5.) **3.** Consejo administrativo (4:6-6:21.)

**Segunda a Timoteo.** *Lineamientos generales:* **1.** Recuerdos del pasado (1:1-18.) **2.** Mandato para el futuro (2:1-26.) **3.** Amenazas de apostasía (3:1-17.) **4.** Memorándum para la acción (4:1-22.)

**A Tito.** *Lineamientos generales:* **1.** Administración de la iglesia (1:1-16.) **2.** Conducta individual (2:1-3:8.) **3.** Consejos personales (3:9-15.)

**A Filemón.** Escrita por Pablo durante su primer encarcelamiento en Roma y dirigida a "Filemón . . . Apia . . . Arquipo . . . y a la iglesia que está en tu casa". Trata de Onésimo, el esclavo prófugo de Filemón, que se convirtió por medio de Pablo, quien lo afirmó en la fe, y envió de vuelta a Filemón con una súplica para que le perdonara por el daño provocado a su amo. Aparentemente el esclavo robó dinero de su amo, que despilfarró; Pablo le sugiere a Filemón que se olvide del dinero, pero que en caso de querer cobrarse la deuda, Pablo la pagaría.

**A los Hebreos.** Se desconoce la paternidad literaria de esta epístola. Se han sugerido diversos autores, entre otros a Pablo, Timoteo, Bernabé, Apolos. Tampoco hay certeza sobre el sitio donde se escribió. El año 70 d. C. es una fecha probable para esta carta. Fue escrita a cristianos en peligro de apartarse de

su fe. *Lineamientos generales:* **1.** Preeminencia de Cristo (1:1-4:13.) Cristo superior a los ángeles y a Moisés. **2.** Sacerdocio de Cristo (4:14-10:18.) Cristo un sacerdote como Melquisedec. **3.** Perseverancia de los cristianos (10:19-12:29.) **4.** Postdata: exhortaciones, preocupaciones personales, bendición (13:1-25.)

**Epístolas Católicas.** Término con que se designa a las epístolas de Santiago, Pedro, Juan y Judas, debido a que la mayoría de esas epístolas no están dirigidas a iglesias o personas en particular, sino a la iglesia universal.

**Epístola de Santiago.** Escrita por Santiago (1:1), probablemente el hermano del Señor, a los judíos cristianos, para confortarlos en sus pruebas y para advertirles y reprenderlos respecto a errores y pecados en los que habían caído. *Lineamientos generales:* **1.** Confortar (1.) **2.** Advertencia contra pecados específicos de los cuales eran culpables, tales como favorecer a los ricos, ser lengüilargos y creer en la fe sin obras (2-4.) **3.** Exhortación a orar y a ser pacientes en el sufrimiento (5.)

**Primera de Pedro.** Escrita por el apóstol Pedro (1 P. 1:1) desde "Babilonia", probablemente Roma (1 P. 5:13); tuvo por destinatarios a los cristianos de "Ponto, Galacia, Capadocia, Avia y Bitinia" (1 P. 1:1); fecha: probablemente a mediados de la década del 60. Propósito: estimular a los cristianos que soportaban y sufrían una persecución. *Lineamientos generales:* **1.** Saludos (1:1, 2.) **2.** Naturaleza de la salvación (1:3-12.) **3.** Experiencia de la salvación (1:13-25.) **4.** Obligaciones propias de la salvación (2:1-10.) **5.** Etica de la salvación (3:13-4:11.) **6.** Confianza en la salvación (3:13-4:11.) **7.** Comportamiento de los salvados ante el sufrimiento (4:12-5:11.) **8.** Saludos finales (5:12-14.)

**Segunda de Pedro.** Escrita por el apóstol Pedro (1:1); tuvo los mismos destinatarios que 1 Pedro (3:1); no se sabe con exactitud desde dónde fue escrita, pero pareciera que lo fue de Roma; fecha en que fue escrita: al finalizar la vida del apóstol; propósito: advertir contra la amenaza de la apostasía. *Lineamientos generales:* 1. Saludos (1:1.) 2. Carácter del conocimiento espiritual (1:2-21.) 3. Naturaleza y peligros de la apostasía (2:1-22.) 4. Condenación de los impíos (3:1-7.) 5. Esperanza de los creyentes (3:8-13.) 6. Exhortaciones finales (3:14-18.)

**Primera de Juan.** Sin duda escrita por el autor del cuarto Evangelio; la fecha es incierta pero pareciera ser a fines del primer siglo; propósito: advertir a los destinatarios sobre los falsos maestros (gnósticos) y exhortarlos a que se aferren a la fe de Cristo y a cumplir los deberes cristianos, especialmente los del amor. Les da a los falsos maestros el nombre de "anticristos" (2:18, 22; 4:3); no es fácil discernir un plan determinado en la epístola, pero el pensamiento que se repite a menudo es la necesidad de obrar rectamente como evidencia de la condición de hijos de Dios, la necesidad de amar a los hermanos y la necesidad de creer que Jesús es el Cristo que vino en la carne.

**Segunda de Juan.** Escrita para exhortar a los lectores a mantenerse firmes en el cumplimiento de los mandamientos que recibieron, para advertir contra los falsos maestros que niegan que Cristo vino en la carne, y para comunicarles que pronto los visitaría. La expresión "señora elegida" puede significar una señora o la iglesia.

**Tercera de Juan.** Fue dirigida a Gayo para felicitarlo por su vida cristiana y por su hospitalidad a los evangelistas enviados para censurar a Diótrefes por su mala conducta.

**Epístola de Judas.** El autor se denomina a sí mismo "hermano de Jacobo"; probablemente ambos eran hermanos de Jesús, y no aceptaron sus pretensiones hasta después de la resurrección. Fecha: anterior al año 81 d. C. Ocasión: una alarmante herejía con tendencias inmorales y talvez gnosticismo. *Lineamientos generales:* 1. In-

troducción (1-4.) 2. Condena a los falsos maestros (5-16.) 3. Exhortaciones (17-23.) 4. Doxología (24, 25.)

**Equer** *(raíz)* Hijo de Ram, nieto de Jerameel (1 Cr. 2:27.)

**Er** *(vigilante)* 1. Hijo de Judá (Gn. 38:3, 6, 7.) 2. Hijo de Sela (1 Cr. 4:21.) 3. Ascendiente de Jesús (Lc. 3:28.)

**Era.** Espacio de tierra limpia y firme, algunas veces empedrado, donde se trillan las mieses (Nm. 18:27; Dn. 2:35; Jl. 2:24.)

**Era apostólica.** Período en la historia de la iglesia cristiana cuando aún vivían los apóstoles.

**Erán** *(vigilante)* Nieto de Efraín (Nm. 26:36.)

**Eranita.** Descendiente de Erán (Nm. 26:36.)

**Erasto** *(amado)* 1. Un convertido y compañero de Pablo (Hch. 19:22; 2 Ti. 4:20.) 2. Cristiano, tesorero de la ciudad de Corinto (Ro. 16:23.)

**Erchueos.** Colonos de Samaria que se quejaron al rey de Persia porque los judíos reconstruían Jerusalén (Esd. 4:9, R-V, Ed. 1909.)

**Erec.** Ciudad babilónica fundada por Nimrod (Gn. 10:10; Esd. 4:9), ubicada a 64 kilómetros al NO. de Ur.

**Eri** *(vigilante)* Hijo de Gad nº 1 (Gn. 46:16; Nm. 26:16.)

**Erita.** Descendiente de Eri (Nm. 26:16.)

**Errante.** Que anda de una parte a otra sin tener asiento fijo. Es la palabra que utilizó Dios en la maldición emitida contra Caín (Gn. 4:12, 14.) Errante anduvo Agar por el desierto (Gn. 21:14.)

**Esán** *(soporte)* Aldea cerca de Hebrón (Jos. 15:52.)

**Esar-hadón** *(Asur dio un hermano)* Rey de Asur, hijo y sucesor de Senaquerib; reinó entre los años 681 y 669 a. C. (2 R. 19:37; Is. 37:38); restauró la ciudad de Babilonia; conquistó Egipto; llevó deportados a Samaria, para colonizarla (Esd. 4:2); llevó cautivo a Manasés (2 Cr. 33:11.)

**Esaú** *(velludo)* Primogénito de dos mellizos, Esaú y Jacob, hijos de Isaac y Rebeca (Gn. 25:24, 25); vendió su primogenitura a su hermano por un plato de guiso (Gn. 25:30-34); se casó con dos mujeres heteas (Gn. 26:34); decidió matar a Jacob por haberle despojado, por medio de engaños, de la bendición de Isaac (Gn. 27); posteriormente se reconcilió con Jacob (Gn. 37:2-33:15.) La Biblia a veces le da el nombre de Esaú al territorio de Edom en el cual vivieron sus descendientes (Gn. 36:8.)

**Es-baal** *(hombre de Baal)* ( = Is-boset), hijo de Saúl; gobernó dos años y fue asesinado por gente de David (2 S. 2:8-10; 4:5-12.) Al principio se llamó Es-baal (1 Cr. 8:33; 9:39) pero luego, en los demás pasajes donde se lo cita figura como Is-boset.

**Esbán** *(erudito)* Horeo, descendiente de Esaú (Gn. 36:26; 1 Cr. 1:41.)

**Escalera.** Serie de escalones que sirven para subir y bajar y para poner en comunicación los pisos de un edificio o dos terrenos de diferente nivel (Gn. 28:12; 1 R. 6:8; Ez. 41:7.)

**Escama.** Membrana córnea que recubre ciertos animales, especialmente los peces (Lv. 11:9; Ez. 29:4.)

**Escarcha.** Aparecía en el invierno, en las regiones elevadas de las tierras bíblicas (Ex. 16:14; Job 38:29; Sal. 78:47.)

**Escarlata.** Color carmesí fino, menos subido que el de la grana (Mt. 28:28; He. 9:1; Ap. 18:16.)

**Escatología** *(doctrina de las cosas postreras)* Es la parte de la teología sistematizada que trata de la doctrina de las últimas cosas, tales como la muerte, la resurrección, la segunda venida de Cristo, el final de los tiempos, el juicio divino y el estado futuro. El A. T. enseña de una futura resurrección y día del juicio (Job 19:25, 26; Is. 25:6-9; Dn. 12:2, 3.) El N. T. interpreta, elabora y complementa la escatología del A. T. Pone énfasis en la segunda venida de Cristo (1 Co. 15:51, 52), la resurrección (Ro. 8:11; 1 Co. 15) y el juicio final cuando los incrédulos sean echados en el infierno (Ap. 20) y los justos entren en el cielo (Mt. 25:31-46.) Los cristianos difieren en sus opiniones sobre la interpretación del milenio en Ap. 20:1-6 y se dividen en amilenialistas, postmilenialistas y premilenialistas.

**Esceva.** Sumo sacerdote de Efeso cuyos siete hijos eran exorcistas (Hch. 19:14.)

**Escita.** Pueblo nómada, conocido por su ferocidad y que vivía al N. del mar Negro (Col. 3:11.)

**Esclava.** Dícese de la mujer que por estar bajo el dominio de otro carece de libertad (Dt. 21:14; Gá. 4:22, 23, 30.) En sentido figurado la que se halla sometida al deber, la pasión, el afecto, el vicio, *etc.*, que priva de libertad (Tit. 2:4.)

**Esclavitud.** Estado de esclavo (Ro. 8:15; Gá. 2:4; 1 Ti. 6:1.)

**Esclavo.** Dícese del hombre que por estar sometido a otro carece de libertad. Los israelitas podían adquirir esclavos o esclavas comprándolos (Lv. 25:44, 45) o como botín de guerra (Nm. 31:25-47.) Además los israelitas podían caer ellos mismos en esclavitud debido a su pobreza (Ex. 21:1-11; Lv. 25:39, 47; 2 R. 4:1.) En sentido figurado el que se halla sometido al deber, la pasión, el afecto, el vicio, *etc.*, que priva de la libertad (Ro. 6:17; 1 Co. 7:22.)

**Escoba.** Palabra utilizada metafóricamente para expresar una destrucción total (Is. 14:23.)

**Escogido** *(elegido)* Personas apartadas por Dios para cumplir un propósito especial y determinado (Sal. 106:23; Is. 43:20; 45:4.) Entre las personas escogidas que menciona la Biblia figuran Moisés, los israelitas, Cristo, los ángeles, los discípulos de Cristo.

**Escol** *(racimo)* 1. Amorreo aliado de Abraham (Gn. 14:13, 24.) 2. Valle cerca de Hebrón, famoso por el tamaño de sus racimos de uva (Nm. 13:23, 24.)

**Escoria.** Substancia vítrea que sobrenada en el crisol de los hornos de fundir metales y procede de la parte menos pura de los mismos. Figuradamente una cosa vil, desechada, de ningún valor (Is. 1:22, 25; Ez. 22:18, 19.)

**Escorpión.** Arácnido pulmonado cuya

cola termina en gancho perforado por donde inocula el veneno (Dt. 8:15; Ez. 2:6; Lc. 10:19.) El "castigo con escorpiones" probablemente se refiera a la flagelación (1 R. 12:11; 2 Cr. 10:11.)

**Escriba** (Ver Oficios y Profesiones)

**Escribano.** Funcionario en las ciudades greco-romanas del primer siglo, tal como en Efeso (Hch. 19:35.)

**Escribas judíos.** Clase de eruditos que estudiaban la ley en forma sistemática y hacían de ello su profesión. También se los llamaba "intérpretes de la ley" (Mt. 22:35), "doctores de la ley" (Lc. 5:17), "Rabí" (Mt. 23:8.) Se dedicaban a la conservación, transcripción y exposición de la ley. Para salvaguardar la santidad de la ley desarrollaron gradualmente un complicado sistema de enseñanza, conocido como "la †radición de los ancianos" (Mt. 15:2-6.) En sus manos estaba la enseñanza superior. A menudo actuaban como jueces en las cortes judías y conformaban un importante elemento en la membresía del Sanedrín (Mt. 26:57.) No eran sacerdotes sino laicos. La mayoría se dedicaba a determinado oficio, pues no recibían dinero por sus enseñanzas. Se opusieron tenazmente a Jesús (Mr. 2:16) y él, a su vez, los denunció (Mt. 23.) Desempeñaron un rol importante en la muerte de Jesús (Mt. 26:57) y también persiguieron a la iglesia primitiva (Hch. 4:5; 6:12.)

**Escudero** (Ver Oficios y Profesiones)

**Escritura.** Fue inventada por los sumerios, probablemente, en la Mesopotamia, alrededor del año 2.500 a. C.; era una escritura primitiva, no alfabética, linear; las ideas se representaban por símbolos visuales y no auditivos. La siguiente etapa introdujo el fonograma, es decir el tipo o símbolo que indica un sonido; por último apareció la escritura alfabética. Fueron los egipcios los primeros en contar con un sistema alfabético. Los hebreos derivaron su alfabeto de los fenicios. En Serabit el-Khadim se han hallado escritos semíticos que se remontan

a los años 1.900 y 1.500 a. C. Los griegos obtuvieron su alfabeto de los fenicios y de los arameos. La primera mención de escritura, en la Biblia, ocurre en Ex. 17:14. Los Diez Mandamientos fueron escritos con el dedo de Dios (Ex. 31:18; 32:15, 16.) En la antigüedad utilizaban el siguiente material de escritura: arcilla, cera, madera, metal, revoque (Dt. 27:2, 3; Jos. 8:32; Lc. 1:63); más adelante pergaminos (2 Ti. 4:13) y papiros (2 Jn. 12.) Se escribía con junquillo o pluma en materiales blandos como el papiro o los pergaminos y el buril para los materiales duros (Ex. 32:4.)

**Escudo** (Ver Armas, Armadura)

**Escuela.** Lugar o institución dedicado a la enseñanza y al aprendizaje. En la Israel primitiva la enseñanza religiosa se impartía en el hogar y se hacía principalmente por medio de la conversación, el ejemplo y la imitación. Toda la enseñanza estaba orientada hacia lo religioso. Samuel dirigía una escuela de profetas (1 S. 19:19, 20.) Durante la cautividad babilónica la sinagoga era la escuela. Era un lugar de enseñanza y no de sacrificio. Con el tiempo la enseñanza primaria se impartía en la sinagoga (Lc. 4:20.) Lugar prominente jugaba la memorización. Los maestros desempeñaban un rol importante en la obra de la iglesia (Ro. 12:7; Stg. 3:1.)

**Escultura** (Ver Arte)

**Escupir.** Escupir en el rostro era un insulto y ofensa de grueso calibre (Nm. 12:14; Dt. 25:9; Mt. 26:67; Mr. 14:65.)

**Esdras** *(ayuda)* 1. Descendiente de Judá (1 Cr. 4:17.) 2. Sacerdote y escriba judío, descendiente de Eleazar, principal personaje del Libro de Esdras y colaborador de Nehemías. Con la autorización de Artajerjes, rey de Persia (458 a. C.) retornó a Jerusalén con 1.800 judíos para realizar una reforma religiosa. Forzó a los judíos que se habían casado con mujeres extranjeras a que se divorciaran. Trece años más tarde (446 a. C.) aparece en Jerusalén junto con Nehemías; leyó e interpretó la ley de Moisés ante el pueblo, asistió a la dedicación del muro, y ayudó a Jeremías a lograr una reforma religiosa (Esd. 7:1, 6; 10:16; Neh. 8:5.) **3.** Sacerdote que acompañó a Zorobabel (Neh. 12:1, 13.) **4.** Otro sacerdote en tiempo de Nehemías (Neh. 12:33.)

**Esdras, Libro de** (Ver Libro de Esdras)

**Esdras, Libros de** (Ver Libros Apócrifos)

**Esdrelón.** Nombre griego de la mayor llanura de Palestina, situada a todo lo ancho del país entre Galilea al N. y Samaria al S. Más precisamente en la parte occidental del valle de Jesreel, de cuyo topónimo hebreo no es más que una corrupción o derivación. El vocablo Esdrelón no aparece en la Biblia hebrea, pero sí figura en Judit 1:8, 3:9; 4:5, 6; 7:3, (Biblia de Jerusalén.) Ese valle fue asignado a Isacar y a Zabulón; fue escena de importantes batallas en la historia bíblica (Jue. 4; 1 S. 31; 2 R. 23:29.)

**Esec** *(opresión)* Descendiente de Jonatán (1 Cr. 8:38-40.)

**Esek** *(contención)* Pozo cavado por los siervos de Isaac en el valle de Gerar (Gn. 26:20.)

**Esem.** Ciudad en Simeón, ( = Ezem), (Jos. 15:29.)

**Esenos.** Secta religiosa judía no mencionada en la Biblia pero descripta por Josefo, Filo y los Manuscritos del mar Muerto; hacían vida comunitaria y votos de celibato; observaban estrictamente la ley; practicaban ceremonias bautismales; profesaban ideas apocalípticas; se oponían al sacerdocio del templo.

**Esferas.** Molduras en que terminaban los capiteles de las columnas del templo (2 Cr. 4:12, 13.)

**Esli** *(separar, reservar)* Antepasado de Cristo (Lc. 3:25.)

**Esmeralda** *(destellar)* (Ver Minerales: Piedras preciosas)

**Esmirna** *(mirra)* Antiguo puerto en la costa occidental del Asia Menor, a 64 kilómetros al N. de Efeso; asiento de una importante iglesia cristiana (Ap. 1:11; 2:8-11.)

**Espada** (Ver Armas, Armadura)

**Espalda.** Parte superior del cuerpo humano, desde los hombros hasta la cintura (Ex. 33:25; 2 S. 2:23.) En sentido figurado "volver la espalda" es desobedecer (Zac. 7:11.)

**Espaldilla.** Diminutivo de espalda, que en los cuadrúpedos se llama lomo y que va desde la cruz hasta las ancas. Cuarto delantero de algunas reses, como el cordero por ejemplo (Lv. 8:25; 1 S. 9:24.) La espaldilla del buey o del cordero sacrificado le correspondían al sacerdote (Lv. 7:33; Dt. 18:3.)

**Espaldilla elevada** (Ver Ofrendas)

**España.** Nación de la Europa sudoccidental, en la Península Ibérica. Pablo ansiaba visitar esa provincia romana (Ro. 15:24-28.)

**Esparcir.** Separar, extender lo que está junto o amontonado (Gn. 10:32; Is. 11:12; Hch. 8:1.)

**Especia.** Compuesto de vegetales aromáticos utilizados para la higiene, para embalsamar, ungir, con fines medicinales y para las ceremonias religiosas (Ex. 25:6; Cnt. 4:10; Jn. 19:39, 40.)

**Espejo.** Tabla de cristal azogada por la parte posterior para que se representen en él los objetos que tenga delante. En la antigüedad se los hacía de metal bruñido (Ex. 38:8; 1 Co. 13:12.)

**Esperanza.** Un don del Espíritu Santo (1 Co. 13:8, 13); no una mera expresión de anhelos y deseo sino plena confianza (Ro. 15:13.) Cristo, nuestra esperanza (1 Ti. 1:1); depende de la resurrección de Cristo (1 Co. 15:19.)

**Espesura.** La expresión "espesura del Jordán" es una referencia a las crecientes del río en la primavera (Jer. 12:5; 49:10.)

**Espía.** Persona que con disimulo escucha y observa lo que pasa para comunicarlo al que tiene interés en saberlo (Gn. 42:9; Jos. 6:23; 1 S. 26:4; Lc. 20:20.)

**Espiga.** Extremo de un madero que encaja en el hueco de otro donde se ha de ensamblar (Ex. 26:17.)

**Espina desgarradora** (Ver Plantas)

**Espinas, Corona de** (Ver Corona)

**Espinos** (Ver Plantas)

**Espíritu** *(aire en movimiento, viento, aliento, hálito)* (Ez. 37:5-10.) La muerte es la entrega del espíritu

(Gn. 25:8; 35:29; 49:33; Job 11:20; Mt. 27:50; Jn. 19:30.) Es el ego inmaterial en relaciones especiales: al "yo" se lo llama "espíritu" cuando lo enfático es la relación directa del individuo con Dios (Ro. 8:15, 16.)

**Espirituales, Dones** (Ver Dones espirituales)

**Espíritu pitónico.** Es el espíritu de una persona muerta o un demonio a quien los médiums aseguran poder llamar en consulta (Dt. 18:11, Versión Moderna). La pretensión es que tales espíritus pueden revelar el futuro (1 S. 28:7, Versión Moderna; Is. 8:19.) A los israelitas les estaba prohibido consultar tales espíritus (Lv. 19:31) bajo pena de muerte (Lv. 20:6.)

**Espíritu Santo.** Tercera persona de la Deidad (Mt. 28:19; 2 Co. 13:14.) Mora en los cristianos (Jn. 14:17), convence de pecado (Jn. 16:8), inspira las Escrituras y habla por medio de ellas (Hch. 1:16; 2 P. 1:21), intercede en favor de los creyentes (Ro. 8:26.) Cuenta con atributos de personalidad: voluntad (1 Co. 12:11), mente (Ro. 8:27), pensamiento, conocimiento, palabras (1 Co. 2:10-13), amor (Ro. 15:30.) Puede ser tratado como una persona; se le puede mentir y tentar (Hch. 5:3, 4, 9); puede ser resistido (Hch. 7:51), contristado (Ef. 4:30), blasfemado (Mt. 12:31.) Equiparado con el Padre y con el Hijo (Mt. 28:19; 2 Co. 13:14.)

**Espíritus encarcelados.** Los que en los días de Noé hicieron caso omiso al mensaje que se les predicó (1 P. 3:18-20; 4:6.)

**Espíritus malignos** (Ver Demonios)

**Esponja** (Ver Animales)

**Esquilador** (Ver Oficios y Profesiones)

**Esquileo, Casa de** (Ver Casa de esquileo)

**Esrom.** Hijo de Fares, ( = Hezrón), (Mt. 1:3; Lc. 3:33.)

**Establo.** Lugar cubierto en que se encierra ganado (2 Cr. 32:28.)

**Estaca.** Palo con punta en un extremo para fijarlo en tierra, pared u otra parte (Ex. 27:19; Is. 33:20; Ez. 15:3.)

**Estación** (Ver tiempo, calendario)

**Estacte.** Uno de los perfumes que debían mezclarse al incienso ritual (Ex. 30:34.)

**Estadio** (Ver Pesas y Medidas)

**Estado intermedio.** Lapso transcurrido entre la muerte y la resurrección. Para los justificados es un período de bienaventuranza (2 Co. 5:8); para los impíos es de sufrimiento, con plena conciencia del mismo (Lc. 16:19-31.)

**Estanque.** Depósito natural o artificial de agua para proveer al riego, criar peces, etc. (2 R. 18:17; Neh. 2:14; Cnt. 7:4; Jn. 5:2.) Sumamente necesarios en el oeste asiático, debido a periódicas sequías y otros factores.

**Estanques de Salomón.** Tres estanques cerca de Jerusalén, que surtían de agua a Jerusalén por medio de acueductos (Ec. 2:6.) Todavía se utilizan.

**Estaño** (Ver Minerales)

**Estaol.** Ciudad a 20 kilómetros al NO. de Jerusalén (Jos. 15:33), asignada a Dan (Jos. 19:41); escenario de las hazañas de Sansón (Jue. 13:24, 25; 16:31.)

**Estaolita.** Habitante de Estaol (1 Cr. 2:53.)

**Estaquis.** Cristiano de Roma saludado por Pablo (Ro. 16:9.)

**Estatero** (Ver Dinero)

**Estatura.** Altura medida de una persona, desde la cabeza a los pies (2 S. 21:20; Is. 45:14; Lc. 19:3.)

**Este.** Lugar por donde sale el sol. Significativa dirección para los hebreos (Ex. 38:13; Nm. 3:38; Ez. 10:19; 11:23; 43:2, 4.) Cuando se hablaba de "gente del Este" u "orientales", se referían a pueblos al Este de Palestina.

**Esteban** *(corona)* Uno de los siete diáconos de la iglesia apostólica (Hch. 6:1-6); predicó en la sinagoga de Jerusalén y condenado a muerte por el Sanedrín, se convirtió en el primer mártir cristiano (Hch. 7); Pablo tuvo en sus manos la ropa de los que lo apedrearon.

**Estéfanas** *(corona)* Cristiano en Corinto (1 Co. 1:16; 16:15, 17.)

**Estemoa** *(obediencia)* **1.** Ciudad en Judá, al S. de Hebrón, asignada a los levitas (Jos. 21:14; 1 S. 30:28.) **2.**

Ciudad de los levitas en Judá (Jos. 15:50.) **3.** Hijo de Isbá (1 Cr. 4:17.) **4.** Maacateo (1 Cr. 4:19.)

**Estela.** Losa plantada en tierra en sentido vertical con inscripciones grabadas en conmemoración de un acontecimiento, para señalar una tumba, y estelas votivas erigidas por reyes y personajes importantes o con la imagen de una deidad. Las principales estelas se las ha encontrado en Egipto y Grecia.

**Ester** (Nombre que pudiera provenir de *Ishtar*, diosa babilónica) Joven judía, prima de Mardoqueo. Llegó a ser reina del rey Asuero (Jerjes I, 486-465 a. C.) Salvó de la destrucción a los de su raza.

**Ester, Libro de** (Ver Libro de Ester)

**Estiércol.** Se sancionaron leyes especiales respecto al excremento humano y al estiércol de los animales utilizados en el sacrificio (Dt. 23:12-14; Ex. 29:14; Lv. 8:17.) Una vez seco se lo usaba como combustible (Ez. 4:12-15) y como fertilizante (Is. 25:10; Lc. 13:8.)

**Estiércol de paloma.** En casos de hambre extrema se utilizó como alimento (2 R. 6:25.)

**Estoicismo.** Escuela filosófica fundada por el griego Zenón; sistema de monismo panteísta; consideraba la virtud como el bien más elevado; su ética era austera; a los estoicos no los conmueve ni el placer ni el dolor (Hch. 17:18.)

**Estón** (*afeminado*) Descendiente de Judá (1 Cr. 4:11, 12.)

**Estopa.** Parte gruesa del lino o del cáñamo que queda en el rastrillo cuando se peina y rastrilla (Jue. 16:9; Abd. 18; Mal. 4:1.)

**Estornudar.** Despedir con violencia el aire debido a un estímulo que irrita la pituitaria (2 R. 4:35.)

**Estornudo.** Acción y efecto de estornudar (Jos. 41:18.)

**Estrado.** Plataforma (2 Cr. 6:13; Stg. 2:3.) Tarima cubierta con alfombra sobre la cual se coloca el trono real o la mesa presidencial en los actos solemnes (2 Cr. 9:18); también se usa como figura de sometimiento (Sal. 110;1) de la tierra (Is. 66:1) o como estrado de Dios (Mt. 5:35.)

**Estrella.** Cada uno de los in-

numerables cuerpos que brillan en la bóveda celeste, a excepción del Sol y la Luna (Gn. 1:16; Mt. 2:2; Ap. 22:16.)

**Estrella de los magos de Oriente** (Ver Astronomía)

**Estrella resplandeciente de la mañana** (Ver Lucero)

**Etam. 1.** Primer lugar donde acampó Israel al salir de Egipto (Ex. 13:20; Nm. 33:6-8.) **2.** Peña donde se escondió Sansón (Jue. 15:8-11.) **3.** Descendiente de Judá (1 Cr. 4:3.) **4.** Aldea de Simeón (1 Cr. 4:32.) **5.** Ciudad en Judá (2 Cr. 11:6.)

**Etán. 1.** Un sabio de la época de Salomón (1 R. 4:31); Título del Salmo 89. **2.** Hijo de Zera y nieto de Judá (1 Cr. 2:6-8.) **3.** Ascendiente del cantor Asaf y descendiente de Gersón (1 Cr. 6:42, 43.) **4.** Cantor del templo nombrado por David (1 Cr. 6:44.)

**Etanim.** Séptimo mes en el calendario de los judíos (1 R. 8:2.)

**Et-baal** (*con Baal*) Rey de Sidón; padre de Jezabel (1 R. 16:31.)

**Eter** (*abundancia*) Ciudad de Judá situada entre Libia y Asán (Josué 15:42.) **2.** Aldea de Simeón (Jos. 19:7.)

**Eternidad.** Perpetuidad que no tiene principio ni tendrá fin, y en ese sentido es atributo propio de Dios, su experiencia de todos los tiempos (Jer. 1:5; Sal. 90.) (Ver Vida eterna)

**Etíope, Eunuco** (Ver Eunuco etíope)

**Etiopía** (*que tiene la faz tostada*) País que se extendía en forma indefinida al S. de Egipto, e incluía Nubia, Sudán y el N. y talvez hasta el S. de la moderna Etiopía. Moisés se casó con una mujer etíope (Nm. 12:1.) En los días neotestamentarios el país lo gobernaba una reina cuyo nombre o título era Candace 15:12.)

**Etnán** (*recompensa de Dios*) Judaíta (1 Cr. 4:7.)

**Etni** (*recompensa de Dios*) Levita gersonita líder de canto (1 Cr. 6:41.)

**Eubulo** (*buen consejero*) Cristiano romano que envió saludos por intermedio de Pablo (2 Ti. 4:21.)

**Éufrates.** Río de la Mesopotamia que 2.800 kilómetros de longitud que corre desde Armenia y desemboca en el golfo Pérsico. Llamado "el río", "el gran río" (Is. 8:7; Dt. 1:7.) Límite de los territorios de David y Salomón (1 Cr. 18:3; 2 S. 8:3-8; 1 R. 4:21; 2 Cr. 9:26.)

**Eunice** *(buena victoria)* Madre de Timoteo (2 Ti. 1:5.)

**Eunuco.** Hombre castrado. Eran custodios del harén real y funcionarios de la corte (Dn. 1:3; Hch. 8:27; 2 R. 20:18; Jer. 41:16; Est. 1:10; 2:21.) Entre los judíos no se practicaba la castración; además los eunucos no podían pertenecer a la congregación (Dt. 23:1.)

**Eunuco etíope.** Tesorero de Candace, reina de Etiopía (Hch. 8:26-39); se convirtió al cristianismo por la predicación de Felipe.

**Eurgetes.** Bienhechor o benefactor, título honorífico (Lc. 22:25.)

**Euroclidón.** Viento huracanado que levanta elevadísimas olas en el mar Mediterráneo; hundió el barco que transportaba a Pablo (Hch. 27:14.)

**Eutico** *(afortunado)* Joven que se durmió mientras predicaba Pablo y cayó desde una ventana del tercer piso, matándose con el golpe. Pablo le devolvió la vida (Hch. 20:9, 10.)

**Eva** *(vida)* La primera mujer; esposa de Adán; madre de los vivientes (Gn. 3:20.) Engañada por Satanás introdujo el pecado en el mundo.

**Evangelio.** Etimológicamente la palabra "evangelio" proviene del latín *evangelium* ("buena nueva") que a su vez se deriva del griego, de "bien" y "mensajero". Tal cual se usa el término hoy en día, significa el mensaje de la cristiandad y los libros que relatan la vida y enseñanzas de Cristo (Ro. 1:15, 16.) En el N. T. nunca se aplica la palabra a un libro sino a un mensaje (Ro. 1:1; 1 Ts. 2:2; Hch. 20:24; Ef. 6:15.)

**Evangelio de Tomás.** Evangelio gnóstico que consiste íntegramente de supuestos dichos de Jesús; datado alrededor del año 140 d. C. y hallado en Nag-Hammadi, Egipto, en el año 1945.

**Evangelios.** Los escritos de Mateo, Marcos, Lucas y Juan tomaron el nombre de Evangelios porque contienen los hechos básicos de la vida de Jesús. A los tres primeros se los designa como "sinópticos" porque "ven el todo en su conjunto" y exponen puntos de vista similares de la vida y enseñanzas de Cristo. Mateo presenta a Cristo como el Mesías; Marcos hace hincapié en su actividad y en la reacción popular con respecto a él; Lucas pone de relieve sus dotes humanitarias; y el Evangelio de Juan es una colección de memorias seleccionadas y prolijamente dispuestas para inducir a creer (Jn. 20:30, 31.)

A continuación un resumen de los cuatro Evangelios, según el orden en que figuran en el Nuevo Testamento:

**Mateo.** Hubo unanimidad, entre los primeros padres de la iglesia, en asignarle al apóstol Mateo la paternidad literaria del Evangelio que lleva su nombre; no se sabe a ciencia cierta ni la fecha ni el lugar en que se escribió, pero hay razones poderosas y valederas para creer que fue antes del año 70 d. C. *Lineamientos generales:* **1.** Nacimiento y primeros años de la vida del Mesías (1:1-4:16.) **2.** Ministerio galileo de Jesús (4:17-18:35.) **3.** Ministerio en Perea (19, 20.) **4.** Semana de la Pasión y la Resurrección (21-28.) *Características:* evangelio didáctico; señala el cumplimiento, en Cristo, de las profecías del A. T.; subraya la realeza de Cristo; teje la trama del Evangelio alrededor de cinco grandes discursos.

**Marcos.** Segundo y más breve de los Evangelios. Tanto la tradición como la evidencia interna le asignan la paternidad literaria a Juan Marcos. Escrito probablemente en Roma hacia los años 64-69 d. C., a pedido de los cristianos romanos que querían un relato escrito de lo predicado por Pedro sobre Jesús. *Características:* rapidez de acción, fuerza y brillo en el detalle y descripción pintoresca. *Lineamientos generales:* **1.** Bautismo y tentación de Jesús (1:1-3.) **2.** Ministerio galileo (1:14-9:50.) **3.** Ministerio en Perea (10.) **4.** Semana de la Pasión y la Resurrección (11-16.)

**Lucas.** Tercer libro del N. T. escrito,

de acuerdo a la tradición, por Lucas, el médico amado y compañero de Pablo. El prefacio del libro de Los Hechos demuestra que el Evangelio se escribió antes, entre los años 58 y 60 d. C.; ambos libros fueron escritos por la misma persona, tal como lo sostiene la tradición y lo demuestra la evidencia interna. El autor declara, en el prefacio (1:2), que el material lo reunió de testigos oculares. *Lineamientos generales:* **1.** Treinta años de vida privada (1:4-13.) **2.** Ministerio de Jesús en Galilea (4:14-9:50.) **3.** Viaje de Galilea a Jerusalén (9:51-19:44.) **4.** Ultimos días de Jesús en Jerusalén, su crucifixión y entierro (19:45-23:56.) **5.** Resurrección y aparición del Señor Jesucristo y su ascensión al cielo (24:1-53.)

**Juan.** Tanto la tradición de la iglesia primitiva como la evidencia interna le atribuyen este libro al apóstol Juan. La tradición más antigua establece el final del primer siglo como la fecha más aproximada y lo escribió en el Asia Menor. El autor declara su propósito al escribir el libro, en 20:30, 31, al afirmar que Jesús es el Cristo, el Hijo de Dios, y que los que creen en él tendrán vida en su nombre. Las siguientes son algunas de las características del Evangelio de Juan que lo distingue de los otros tres: un énfasis sobre la deidad de Cristo; hincapié sobre el Rey más que sobre el reino; no utiliza parábolas para su enseñanza; énfasis sobre la venida y obra del Espíritu Santo. *Lineamientos generales:* **1.** El Verbo encarnado (1:1-18.) **2.** Testimonio al mesianismo de Jesús (1:19-2:11.) **3.** La autorrevelación de Jesús por medio de sus palabras y de sus hechos (2:12-12:50.) **4.** La autorrevelación de Jesús en su crucifixión y resurrección (13-21.)

**Evangelista** *(el que anuncia las buenas nuevas)* **1.** El que predicaba, por todas partes, las buenas nuevas de Jesucristo (Hch. 21:8; Ef. 4:11; 2 Ti. 4:5.) **2.** Los que escribieron los Evangelios.

**Evi** *(amor, predilección)* Uno de los cinco reyes madianitas (Nm. 31:8; Jos. 13:21.)

**Evil-merodac** *(maldito, insensato)* Rey de Babilonia (562-560 a. C.); fue asesinado por su cuñado; liberó a Joaquín (2 R. 25:27-30; Jer. 52:31-34.)

**Evodia** *(fragante)* Cristiana de Filipos (Fil. 4:2.)

**Excremento** (Ver Estiércol)

**Excomunión.** Exclusión disciplinaria de la comunión de la iglesia. Los judíos la practicaban en forma permanente y en forma temporaria. La primitiva iglesia la practicaba (1 Co. 5:5; 1 Ti. 1:20.)

**Exilio.** En la Biblia habitualmente se refiere al lapso durante el cual el Reino del Sur (Judá) sufrió el cautiverio en Babilonia. Comenzó durante el reinado de Joacim (609-598 a. C.) y terminó con el decreto de Ciro que permitió a los judíos retornar a Palestina (536 a. C.)

**Éxodo** *(salida)* Emigración de un pueblo. En la Biblia, salida del pueblo de Israel de Egipto bajo el liderazgo de Moisés.

**Éxodo, Libro de** (Ver Libro del Éxodo)

**Exorcismo** *(conjuro)* Expulsión de demonios valiéndose de fórmulas y ceremonias mágicas (Mt. 12:27; Mr. 9:38; Hch. 19:13.)

**Expansión.** Acción y efecto de extenderse o dilatarse. En el primer capítulo del Génesis se confunde con el término "firmamento", y en ese sentido la expansión es la porción de cielo que rodea la tierra y separa las aguas de las aguas (Gn. 6:6.) El vocablo hebreo *raqia* no denota una substancia sólida sino tenue (Ez. 1:22; 23, 25, 26; 10:1; Am. 9:6.)

**Expiación** *(cubrir, cancelar)* Satisfactoria reparación por una ofensa o una injuria; lo que produce reconciliación (Ex. 30:16.) Es el acto mediante el cual se rectifican o reparan los pecados (Ex. 29:36; He. 10:6-8.) En la Biblia significa cubrir los pecados del hombre por medio del derramamiento de sangre; en el A. T. la sangre de los animales sacrificados; en el N. T. la sangre de Jesucristo, el Redentor del hombre.

**Expiación, Día de.** Celebración

hebrea, instituida por Moisés, el día 10 del séptimo mes e involucra abstinencia de todo trabajo, ayuno, penitencia y sacrificios por el pecado. Ese era el único día del año en que el sumo sacerdote podía penetrar en el lugar santísimo (Lv. 16.)

**Éxtasis.** Estado mental en el cual quedan suspendidos parcial o totalmente los sentidos y la persona se abstrae de su medio ambiente mientras contempla algo extraordinario (Hch. 10:10; 11:5; 22:17.)

**Extranjero.** Entre los judíos, todo el que no perteneciera a la nación de Israel era considerado inferior (Gn. 31:15, donde la palabra ha sido traducida "extraño") y poseía derechos restringidos. No podía comer la Pascua (Ex. 12:42, "extraño"), ni penetrar en el santuario (Ez. 44:9), ni ser ungido rey (Dt. 17:15) ni casarse en iguales condiciones que los judíos (Ex. 34:12-16.) Podían incorporarse a la nación si aceptaban la ley y sus requerimientos. En el N. T. la palabra se aplica a los que no son miembros del reino de Dios (Ef. 2:19.)

En la Biblia se reconocen tres categorías de extranjeros: **1.** Los que se ponían bajo la protección de Israel y se sometían a diversos requerimientos de la ley de Israel y tenían, por lo tanto, ciertos privilegios (Ex. 20:10; 22:21.) **2.** Los que no participaban del culto de Israel y de los hábitos de esa nación (Ez. 44:7-9.) **3.** Pueblos totalmente distintos a Israel y hostiles a él (Is. 1:7; Ez. 11:9.)

**Exvoto** (Ver Corbán)

**Ezbai.** Padre de Naarai, uno de los 30 valientes de David (1 Cr. 11:37.)

**Ezbón. 1.** Hijo de Gad nº 1 ( = Ozni), (Gn. 46:16.) **2.** Descendiente de Benjamín (1 Cr. 7:7.)

**Ezel.** Piedra que señalaba el lugar del último encuentro entre David y Jonatán (1 S. 20:19.)

**Ezem** *(hueso, osamenta)* Ciudad de Simeón, ( = Esem) (Jos. 19:3.)

**Ezequías** *(Jehová fortaleció)* **1.** Decimotercer rey de Judá (hacia el

año 724-695 a. C.); hijo y sucesor de Acaz; gran reformador religioso y próspero gobernante; Isaías profetizó y los ejércitos de Senaquerib fueron destruidos durante su reinado; le sucedió en el trono su hijo Manasés. Su historia está relatada en 2 Reyes 18-20, 2 Crónicas 29-32 y en Isaías 36-39. **2.** Descendiente de Salomón (1 Cr. 3:23.) **3.** Jefe de Efraín, durante el reinado de Acaz (2 Cr. 28:12.) **4.** Jefe de una familia que regresó de Babilonia ( = Ater), (Esd. 2:16; Neh. 7:21; 10:17.) **5.** Ascendiente del profeta Sofonías (Sof. 1:1.)

**Ezequiel** *(Dios fortalece)* Profeta hebreo del exilio; perteneció a una familia sacerdotal (Ez. 1:3); deportado a Babilonia con Joaquín en el año 597 a. C.; contemporáneo de Jeremías y de Daniel; vivió con los exilados judíos junto al río de Quebar (Ez. 1:1, 2; 3:15); se reconocen dos períodos en su ministerio: el primero termina con el sitio de Jerusalén en el año 587 a. C. (Ez. 24:1, 27), y el segundo con la noticia de la caída de Jerusalén (Ez. 33:21, 22.)

**Ezequiel, Libro de** (Ver Libro de Ezequiel)

**Ezer** *(ayuda)* **1.** Jefe horeo, hijo de Seir (Gn. 36:21; 1 Cr. 1:38.) **2.** Descendiente de Ur (1 Cr. 4:4.) **3.** Efrateo (1 Cr. 7:21.) **4.** Guerrero gadita que se juntó con David en Siclag (1 Cr. 12:9.) **5.** Levita que ayudó a reedificar el muro de Jerusalén (Neh. 3:19.) **6.** Levita cantor en tiempo de Nehemías (Neh. 12:42.)

**Ezión-geber.** Ciudad cerca de Elat sobre el Golfo de Aqabah; campamento de los israelitas (Nm. 33:35, 36.) En los astilleros de ese puerto Salomón y Josafat construyeron barcos (1 R. 9:26ss.; 2:48, 49; 2 Cr. 8:17, 18; 20:35, 36.)

**Eznita.** Patronímico de Adino, uno de los jefes militares de David (2 S. 23:8.)

**Ezraíta.** Nombre con que se designa a Etán y Hemán (1 R. 4:31.) Títulos de los Salmos 88 y 89.

**Ezri.** Funcionario del rey David (1 Cr. 27:26.)

# F

**Fábula.** Narración en la cual los animales y los objetos inanimados hablan como si fueran seres humanos. Hay dos fábulas en el Antiguo Testamento (Jue. 9:7-15 y 2 R. 14:9) si bien no figuran con la palabra "fábula". En el N. T. significa una ficción, una historia que es improbable o no verdadera (1 Ti. 1:4; 4:7; 2 Ti. 4:4; Tito 1:14; 2 P. 1:16.)

**Faja.** Tira de tela que rodea el cuerpo por la cintura, dándole varias vueltas (Ez. 16:4; 30:21); el término aparece de manera figurada en Job 38:9.

**Faldas.** Vestiduras con más o menos vuelos que desde la cintura caen hacia abajo (2 R. 4:39; Is. 6:1; Ez. 5:3; Hag. 2:12.)

**Falso, falsos.** Engañoso, fingido, falto de ley, de realidad o veracidad. **1.** Apóstoles (2 Co. 11:13.) **2.** Balanza (Pr. 20:23; Mi. 6:11.) **3.** Corazón (Jer. 5:23.) **4.** Hermanos (Gá. 2:4.) **5.** Jurar, juramento (Lv. 6:3; Jer. 7:9; Zac. 8:17.) **6.** Lengua (Pr. 26:28.) **7.** Liberalidad (Pr. 25:14.) **8.** Maestros (2 P. 2:1.) **9.** Medida (Pr. 20:10.) **10.** Negar (Lv. 6:3.) **11.** Obra (Pr. 11:18.) **12.** Pesa (Pr. 20:10; Os. 12:7.) **13.** Peso (Pr. 11:1.) **14.** Rumor (Ex. 23:1.) **15.** Testigo (Ex. 23:1; Dt. 19:16; Mt. 26:60.) **16.** Testimonio (Ex. 20:16; Dt. 5:20; Mt. 26:59.)

**Falso profeta.** Toda persona que pretenda poseer un mensaje de Dios pero que no ha sido divinamente comisionado (Jer. 29:9; Mt. 7:15; 24:11, 24; Mr. 13:22; Lc. 6:26.) *El falso profeta* figura en Apocalipsis 19:20 y se lo identifica habitualmente con la bestia de dos cuernos de Apocalipsis 13:11-18.

**Falsos cristos.** Jesús advirtió a sus discípulos que después de su partida aparecerían imitadores y pretendientes fraudulentos que tratarían de engañar a sus seguidores (Mt. 24:5-11, 23-25; Mr. 13:6, 22; Lc. 21:8.)

**Falú** *(distinguido)* Hijo de Rubén (Gn. 46:9; 1 Cr. 5:3.)

**Faluitas.** Descendientes de Falú (Nm. 26:5.)

**Familia.** El concepto de la familia en los tiempos bíblicos difiere de la moderna institución. La familia hebrea era más numerosa que la de hoy en día, pues incluía al jefe de la familia, sus padres, si vivían, su esposa o esposas e hijos, sus yernos y nueras, sus esclavos, invitados y extranjeros que estaban bajo su protección. El matrimonio se arreglaba entre el padre del novio y la familia de la novia, por quien se le entregaba una dote al padre (Gn. 24.) Se practicaba la poligamia y el concubinato, pero Dios no favorecía esa práctica. El marido podía divorciarse de la mujer pero no la mujer del marido. El padre de una familia tenía poder de vida y de muerte sobre sus hijos. Deshonrar al padre era castigado con la pena de muerte (Ex. 21:15, 17.) El concepto en el N. T. se ajustaba al del A. T. Disponía u ordenaba que los padres y los hijos, los maridos y sus esposas, los amos y los esclavos, vivieran juntos en armonía y en amor (Ef. 5:22-6:9.)

**Fanuel** *(rostro de Dios)* Padre de la profetisa Ana (Lc. 2:36.)

**Faraón** *(gran casa)* Título de los gobernantes egipcios. Se han registrado 26 dinastías separadas de faraones, que se extienden en un período que va desde el año 3.400 a. C., con la dinastía de Menes, hasta

Psamtik III, depuesto en la conquista persa en el año 525 a. C. Al nacer recibían nombres propios tales como Faraón Necao, Faraón Hofra, Sisac, *etc.* Faraones mencionados en el contexto del A. T.: **1.** Faraón en tiempo de Abraham (Gn. 12:10-20.) **2.** Faraones mencionados en conexión con José (Gn. 39:1; 40:2ss.; 45:16-21; 47:1-11.) **3.** Faraón en tiempo de la infancia de Moisés y que oprimió a los israelitas en Egipto (Ex. 1:11-2:10; Hch. 7:21; He. 11:24.) **4.** Faraón cuando Moisés era hombre y que oprimió a los israelitas (Ex. 2:15.) **5.** Faraón cuando Moisés regresó de Madián (Ex. 3:10-18:10; Ro. 9:17.) **6.** Faraón Sosenq I (945-924 a. C.) que gobernó Egipto en la época en que Salomón gobernaba Israel (1 R. 3:1; 9:16, 24; 11:1-22.) **7.** Faraón en los tiempos de Senaquerib y de Ezequías (2 R. 18:21; Is. 19:11.) **8.** Faraón Necao, en tiempo del rey Josías (2 R. 23:29-35.) **9.** Padre de Bitia, mujer de Mered (1 Cr. 4:18.) **10.** Faraón Hofra, que fue derrotado por Nabucodonosor (Jer. 44:30.)

**Fares** *(rotura, brecha)* Hijo de Judá por Tamar, hermano mellizo de Zara (Gn. 38:29; 1 Cr. 2:4.) Antepasado de los faresitas (Nm. 26:20), de David (Rt. 4:12) y de Jesús (Mt. 1:3.)

**Faresitas.** Descendientes de Fares, hijo de Judá (Nm. 26:20.)

**Farfar.** Río de Damasco (2 R. 5:12.)

**Fariseo.** Secta prominente de los judíos en tiempo de Cristo; se opusieron a Jesús y a sus enseñanzas; complotaron para matarlo (Mt. 12:14); Jesús los denunció (Mt. 22.) Enseñanzas características: creencia en la ley, tanto la oral como la escrita; resurrección del cuerpo; creencia en un mundo espiritual; inmortalidad del alma; predestinación; futuros castigos y recompensas de acuerdo a las obras (Mt. 9:11-14; 12:1-8; 16:1-12, 23; Lc. 11:37-44; Hch. 15:5; 23:6-8.)

**Faros** *(una pulga)* Padre de Pedaías nº 4 (Neh. 3:25.)

**Fasélida.** Colonia rodiana en Licia (1 Mac. 15:23.)

**Faselius.** Latinización de Fasael, hijo de Antípatro el Idumeo y hermano de Herodes el Grande.

**Fe.** En la Biblia figura con un sentido activo y un sentido pasivo. La primera acepción es la lealtad hacia una persona o fidelidad a una promesa; la segunda, confianza en la palabra o en la seguridad dada por otro. En el A. T. la palabra *fe* figura tres veces (Nm. 35:30; Is. 57:11; Hab. 2:4), y la palabra *creer*, 43 veces. Los siervos de Dios enseñaban la fe por medio de su ejemplo, siervos que entregaron sus vidas al Señor en inalterable confianza y obediencia. La fe, en el A. T. no se reduce a un mero asentimiento, a un juego de doctrinas, a una aceptación exterior de los principios establecidos por la ley, sino absoluta y total confianza en la fidelidad de Dios y una amante obediencia a su voluntad.

En el N. T. *fe* y *creer* se repiten alrededor de 450 veces. El N. T. afirma que ya vino el Mesías prometido y que el Mesías fue Jesús de Nazaret. El creer en él significaba hacerse cristiano y era de capital importancia en la experiencia del individuo. Jesús se ofreció como el objeto de la fe y dejó claramente sentado que era necesario tener fe en él para contar con la vida eterna.

Los primeros cristianos se denominaron entre ellos "creyentes" (Hch. 2:44) y lograron persuadir a otros para que creyeran en Jesús (Hch. 6:7; 28:34.) En las epístolas de Pablo se establece el contraste entre la fe y las obras como medio de salvación (Ro. 3:20-22.) Tener fe es confiar en la persona de Jesús, la verdad de su enseñanza y la obra redentora que realizó en el Calvario.

También puede referirse la fe al cuerpo de doctrinas que conforman la totalidad del mensaje cristiano (Jud. 3.)

**Febe** *(pura)* Diaconisa de la iglesia en Cencrea (Ro. 16:1.)

**Felipe** *(amante de los caballos)* **1.** Rey de Macedonia; padre de Alejandro Magno; fundador de la ciudad de Filipos (1 Mac. 1:1.) **2.** Felipe V, rey de Macedonia (1 Mac. 8:5.) **3.** Gobernador de Jerusalén, regente de Siria (2 Mac. 5:22.) **4.** Apóstol. Nativo de Betsaida, al igual que Andrés y Pedro (Mt. 10:3); no hay duda que primero fue un discípulo de Juan el Bautista (Jn. 1:43); llevó a Jesús a su amigo Natanael (Jn. 1:45); llamado al apostolado (Mt. 10:3; Mr. 3:18; Lc. 6:14); Jesús probó su fe antes de alimentar a 5.000 personas (Jn. 6:5, 6); llevó a unos griegos a Jesús (Jn. 12:20-23); pidió ver al Padre (Jn. 14:8-12); estuvo en el aposento alto con 120 discípulos (Hch. 1:13.) **5.** Herodes Felipe, hermano de Herodes Antipas (Mt. 14:3; Mr. 6:17; Lc. 3:19.) **6.** Herodes Felipe II, otro hermano de Herodes Antipas, tetrarca de Batanea, Traconítide, Gaulanítide y parte de Jamnia. Fue el mejor de los Herodes. **7.** Diácono y Evangelista. Fue elegido uno de los siete diáconos (Hch. 6:5; fue un helenista, es decir un judío que hablaba el griego; predicó en Samaria (Hch. 8); un eunuco etíope se convirtió por medio de él (Hch. 8:26-40); Pablo paró en su casa en Cesarea, donde vivía con sus cuatro hijas solteras, que eran profetisas (Hch. 21:8, 9.)

**Félix** *(feliz)* Procurador romano de Judea entre los años 52 a 60 d. C. y bajo cuya administración fue encarcelado Pablo (Hch. 23:24; 24:3; 25:14.)

**Fenice.** Localidad y puerto en la costa S. de Creta (Hch. 27:12.)

**Fenicia.** País que se extendía a lo largo de las costas del Mediterráneo, en una extensión aproximada de los 190 kilómetros desde Avard o Arados hasta Dor, inmediatamente al S. del Carmelo. El término proviene de un vocablo griego que significa "rojo oscuro" talvez porque los fenicios fueron quienes descubrieron que del múrice, molusco univalvo, se podía obtener, al igual que del púrpura, un licor muy usado en la tintorería. Sus habitantes eran semitas que emigraron de la Mesopotamia en el segundo milenio a. C. Se hicieron un pueblo marítimo y establecieron colonias en Cartago y España y es posible que llegaran hasta Inglaterra. Se hicieron famosos como expertos constructores de barcos (Ez. 27:9) y como carpinteros (1 R. 5:6.) Tiro y Sidón fueron sus más famosas ciudades. Practicaban una religión politeísta e inmoral que Jezabel introdujo en Israel (1 R. 16:31; 18:19.) Hiram, uno de sus reyes fue amigo de David y de Salomón (2 S. 5:11; 1 R. 5:1-12; 2 Cr. 2:3-16), y otro Hiram ayudó a construir el templo de Jerusalén (1 R. 7:13-47; 2 Cr. 2:13, 14.) Jesús curó la hija de una mujer sirofenicia en esa región (Mr. 7:24-30.) En Fenicia Pablo visitó a cristianos (Hch. 15:3; 21:2-7.)

**Ferezeo.** Tribu antigua de Palestina, aborigen de Canaán (Gn. 13:7; 34:30; Ex. 3:6, 17; 23:23; 33:2; 34:11; Dt. 20:17; Jos. 3:10; 24:11; Jue. 1:4.)

**Feria.** Mercado donde se exponían los animales, géneros o cosas para la venta al público (Ez. 27:12, 13, 16, 19, 20.)

**Fértil, Creciente** (Ver Creciente Fértil)

**Festividad.** Fiesta o celebridad con que se festeja una cosa (2 Cr. 2:4; Neh. 10:33; Os. 2:11.)

**Festo, Porcio.** Procurador de Judea que sucedió a Félix en el gobierno de la provincia de Judea (Hch. 24:27.) Presidió la audiencia donde el apóstol Pablo hizo su defensa ante Herodes Agripa II (Hch. 24:27-26:32.) Cuando Pablo apeló al César, Festo lo envió a Roma. Es incierta la fecha del ascenso al poder de Festo, probablemente el 59-60 d. C. Murió siendo gobernador, en el año 62 d. C.

**Fiador.** Se aplica al que responde por otro. (Gn. 44:32; Pr. 6:1; He. 7:22.)

**Fianza.** Obligación accesoria que uno hace para seguridad de que otro pagará lo que debe (Job 17:3; Pr. 11:15; Hch. 17:9.)

**Fibras de su corazón** (Ver Redaño)

**Ficol.** Nombre del capitán del ejército de Abimelec nº 1 y nº 2 (Gn. 21:22, 32; 26:26.)

**Fidelidad.** Atributo tanto de Dios como del hombre, que implica lealtad, constancia y estar despojados de arbitrarias veleidades (2 S. 15:20; 2 Cr. 34:12; Sal. 33:4; Is. 11:5; Ro. 3:3.)

**Fiebre** (Ver Enfermedades)

**Fiesta.** Festejo de una solemnidad religiosa. En la Biblia eran las festividades sagradas del judaísmo que daban ocasión a la adoración pública. Eran siete en total:

1. *La Pascua o fiesta del pan sin levadura*, establecida antes de contar con la ley, para celebrar el éxodo de Egipto. Comenzaba el día 14 de Nisán (primer mes del año en el calendario hebreo) y duraba una semana (Lv. 23:5-8.) La asistencia y participación de los varones era obligatoria (Dt. 16:16.)

2. La Fiesta de Pentecostés o *Fiesta de las Semanas*, que se celebra 50 días después de la pascua. Duraba un día y señalaba la terminación de la cosecha de trigo; ese día se hacían dos panes con la harina del grano recién recogido y se los ofrecía a Dios (Dt. 16:9-12.)

3. La *Fiesta de las Trompetas* o *Luna Nueva*, se celebraba el día primero del séptimo mes (octubre), y daba comienzo al año civil de los judíos (Lv. 23:24.)

4. El *Día de Expiación* se observaba diez días después, como un día de penitencia y pesadumbre nacional. El sumo sacerdote confesaba los pecados de la comunidad y entraba en el Lugar Santísimo con la sangre del sacrificio para hacer expiación por el pueblo (Lv. 23:26-32.)

5. La *Fiesta de los Tabernáculos* era la última de las fiestas prescriptas por la ley. Comenzaba dos días después del Día de Expiación (Lv. 23:34; Dt. 16:13), y duraba ocho días. Conmemoraba la entrada a la Tierra Prometida después de haber deambulado por el desierto.

6. La *Fiesta de las Luces* o de las *Luminarias* (Ver Biblia de Jerusalén, 1 Macabeos 4:59, nota al pie.) Se originó con la limpieza del templo bajo el régimen de los macabeos, y se observaba durante ocho días, comenzando el 25 de Kisleu (diciembre.)

7. La *Fiesta de Purim*, en memoria de la ocasión en que los judíos fueron librados por Ester del complot de Amán (Est. 9:16-26.)

**Fiesta de amor.** Comida en la que participaban los primitivos cristianos, relacionada con la Cena del Señor, para expresar y profundizar el amor fraternal (1 Co. 11:18-22, 33, 34.)

**Figelo.** Cristiano de la provincia de Asia, que abandonó al apóstol Pablo (2 Ti. 1:15.)

**Figura.** Forma exterior de un cuerpo por el cual se diferencia de otro. Estatua o pintura que representa el cuerpo de un hombre o un animal. Cosa que representa o significa otra (Nm. 12:8; Dt. 4:16; 1 R. 6:26; 2 Cr. 2:14; Est. 2:7; Ro. 5:14.)

**Filactería** (Ver Vestidos)

**Filadelfia** *(amor fraternal)* Ciudad en Lidia, en la provincia del Asia Menor (Ap. 1:11; 3:7.)

**Filemón** *(amante)* Convertido de Pablo en Colosas; el apóstol Pablo le envió una epístola (Flm. 1.)

**Filemón, Epístola a** (Ver Epístola a Filemón)

**Fileto** *(digno de amor)* Falso maestro en la iglesia de Efeso, mencionado por Pablo (2 Ti. 2:17.)

**Filipenses, Epístola a los** (Ver Epístola a los Filipenses)

**Filipos.** Ciudad de Macedonia, fundada por Felipe II, padre de Alejandro Magno en el año 358 a. C.; escenario de la famosa batalla de Filipos en el año 42 a. C.; el emperador Octaviano la hizo colonia romana; fue la primera ciudad europea en escuchar el mensaje de un misionero cristiano (Hch. 16.)

**Filisteos.** Habitantes de la llanura de filistea en Palestina durante la mayor parte de los días veterotestamentarios. El país se extendía desde Jope al S. de Gaza y contaba con cinco ciudades: Asdod, Gaza, Ascalón, Gat y Ecrón (Jos. 13:3; 1 S. 6:17.) Originariamente llegaron de Caftor (Jer. 47:4; Am. 9:7), que pudiera ser Creta o las islas del mar Egeo; no eran semitas; más probablemente arios y llegaron a Palestina en gran número alrededor de la época de los jueces. Con el tiempo toda la tierra de

Canaán adoptó el nombre de la pequeña franja costera donde vivían los filisteos. Sabían trabajar el metal, cosa que los hebreos ignoraban hasta la época de David (Jue. 13:1.) La liberación de Israel, de mano de los filisteos, la obtuvieron varios libertadores: Samgar (Jue. 3:31), Sansón (Jue. 13-16), Samuel (1 S. 7:1-14); Jonatán los derrotó (1 S. 14) y David los sometió (1 S. 17:18.) Recuperaron su poderío cuando la monarquía se dividió (1 R. 15:27; 2 Cr. 21:16; 28:18.) Sargón (722-705 a. C.) deportó a algunos de ellos y los dominó instalando un gobierno asirio.

**Filólogo** *(amante de las letras)* Cristiano saludado por el apóstol Pablo (Ro. 16:15.)

**Filosofía** *(amor a la sabiduría)* San Pablo atacó a la falsa filosofía (Col. 2:8.)

**Filósofo** *(amante de la sabiduría)* El N. T. menciona entre los filósofos a los epicúreos y estoicos (Hch. 17:18.)

**Finees** *(boca de bronce)* 1. Sacerdote, hijo de Eleazar y nieto de Aarón (Ex. 6:25; 1 Cr. 6:4, 50; 9:20; Esd. 7:5; 8:2), que mató a Zimri y a Cozbi por orden de Dios (Nm. 26:6; Sal. 106: 30.) 2. Hijo de Elí; sacerdote pecador (1 S. 1:3; 2:12-17, 22-25, 27-36.) Tanto él como su hermano murieron a mano de los filisteos (1 S. 4.) 3. Padre de Eleazar, que retornó del exilio (Esd. 8:33.)

**Firmamento.** La bóveda celeste en que están, aparentemente, los astros (Sal. 19:1; 150:1; Dn. 12:3.)

**Flauta** (Ver Música)

**Fleco.** Adorno compuesto por una serie de hilos o cordoncillos colgantes de una tira de tela (Dt. 22:12; Mt. 23:5.)

**Flecha** (Ver Armas y Arquero)

**Flegonte** *(quemado)* Creyente en Roma a quien Pablo envió sus saludos (Ro. 16:14.)

**Flor.** Organo reproductor de las plantas, formado por el cáliz, corola, estambre y pistilos (Ex. 25:31; Cnt. 1:14; Stg. 1:11.)

**Flor de harina.** Polvo que resulta de la molienda del trigo o de otras semillas, y que se usaba tanto para comer como para las ofrendas sacrificiales (Gn. 18:6; Ex. 29:2; Lv. 2:1; Nm. 8:8.)

**Flujo de sangre** (Ver Enfermedades)

**Fornicación.** Tener ayuntamiento o cópula carnal fuera del matrimonio (1 Co. 5:1; 6:9, 18; Ef. 5:3.) Se lo asociaba a los cultos paganos (Jer. 2:20; 3:6), y se utilizaba como figura de deslealtad a Dios (Ez. 16:3-22.)

**Foro Apio.** El "mercado de Apio", lugar sobre la Vía Apia, aproximadamente a 60 kilómetros de Roma, de donde se llegaron algunos cristianos para recibir al apóstol Pablo (Hch. 28:15.)

**Forraje.** Cualquiera de los vegetales que se le da al ganado, a los caballos, *etc.* especialmente en la primavera (Gn. 24:25; Jue. 19:19.)

**Fortaleza.** Recinto fortificado, que en la antigüedad contaba con una muralla. Según las distintas versiones el vocablo se traduce de diversa manera: "Fortaleza" (Neh. 7:2; R-V; VM); "Ciudadela" (Neh. 7:2; BJ; NC); "Palacio" (Neh. 7:2, R-V, ed. 1909; 2 Cr. 27:24, R-V, ed. 1909); "Ciudad fuerte" (Pr. 18:19, R-V, BJ); "Cuartel" (Hch. 21:34, BJ); "Castillo" (2 Cr. 27:4, BJ, VM); "Campamento" (Gn. 25:16, R-V); "Habitaciones" (1 Cr. 6:24, R-V, ed. 1960.)

**Fortificadas, Ciudades** (Ver Ciudades Fortificadas)

**Fortunato** *(bendecido, afortunado)* Cristiano de Corinto, amigo de Pablo (1 Co. 16:17.)

**Forzar.** Tal cual aplica Jesús esta palabra en Lucas 14:23, no significa imponer la fuerza física sino el celo y la urgencia moral.

**Fragmento** (Ver Tiesto, Ostraca)

**Franja.** Guarnición tejida de hilo de oro, plata, seda, lino o lana que sirve para adornar los vestidos u otras cosas (Nm. 15:38, 39.)

**Freno.** Esta palabra tiene un sentido literal y otro figurado, traduciéndose también "cabestro" (Pr. 26:3; Sal. 32:9; Stg. 1:26; 3:2; Ap. 14:20.)

**Frente.** Parte superior de la cara, comprendida entre una y otra sien y desde encima de los ojos hasta que empieza la vuelta del cráneo. Suele revelar el carácter de una persona: desvergüenza (Jer. 3:3), coraje (Ez. 3:9), piedad (Ap. 7:3.)

**Frigia.** Provincia al SO. del Asia Menor que una vez abarcaba su mayor parte; fue obtenida por Roma en el 133 a. C. Pablo predicó en Frigia durante su segundo viaje misionero y también en el transcurso de su tercer viaje (Hch. 16:6; 18:23.)

**Frontal.** Cualquier cosa atada a la frente (Dt. 6:8; 11:18.) (Ver VESTIDOS, Filacteria)

**Frontera** (Ver Mojón)

**Fruta** (Ver Comida) Metafóricamente se utiliza la palabra como producto o resultado de algo (Dt. 7:13; Pr. 1:31; Gá. 5:22.)

**Fúa** *(muchacha)* 1. Hijo de Isacar (Gn. 46:13; Nm. 26:23; 1 Cr. 7:1.) 2. Partera de las hebreas en Egipto, que se negó a obedecer la orden del Faraón de matar a los varones recién nacidos de las mujeres hebreas (Ex. 1:15.) 3. Padre de Tola, juez de Israel (Jue. 10:1.)

**Fuego.** Un emblema de la presencia de Dios (Ez. 1:27) y una forma de juicio (Jn. 19:24.) Las ofrendas en el Tabernáculo eran consumidas por fuego (Lv. 9:24); el "fuego extraño" estaba terminantemente prohibido (Lv. 10:1, 2.) El fuego se utilizaba para cocinar (Jn. 21:9), para calefacción (Jn. 18:18) y para quemar la basura (Jn. 15:6.) El fuego era un emblema de prueba (1 Co. 3:12-15) y de juicio (Ap. 1:14.)

**Fuelle.** Dispositivo de cuero para echar viento y avivar el fuego (Jer. 6:29.)

**Fuente.** Manantial de agua que brota de la tierra, sumamente apreciada en territorios áridos como ocurre en Palestina (Dt. 7:8.) En forma figurada habla de la vida eterna (Jn. 4:14; Ap. 21:6.)

**Fuente** *(palangana)* Vasija con agua colocada entre el altar y la puerta del Tabernáculo, en la cual los sacerdotes se lavaban las manos y los pies antes de oficiar (Ex. 30:17-22.)

**Fuente, Puerta de la** (Ver Puerta de la Fuente)

**Fuerte.** Lugar resguardado con obras de defensa que le hacen capaz de resistir los ataques del enemigo (Nm. 13:28; 1 Cr. 12:8.)

**Funcionario.** Empleado público (Hch. 8:27.)

**Fundamento.** Cimiento sobre el que se construye un edificio. Se usa el término en forma figurada refiriéndose a la base de la fe (1 Co. 3:10, 11) o de la iglesia (Ef. 2:20.)

**Funeral.** Ceremonia en la que se dispone de un cadáver. En Palestina se enterraba el cuerpo a las pocas horas del fallecimiento, en una tumba o cueva. Lavaban el cuerpo, lo ungían con especies aromáticas y lo envolvían en lienzos (Jn. 12:7; 19:39, 40.) No había mayor desgracia que la negativa de un correcto entierro (Jer. 22:19.)

**Funitas.** Descendientes de Fúa nº 1, es decir de la tribu de Isacar (Nm. 26:23.)

**Fura** *(rama)* Criado de Gedeón (Jue. 7:10, 11.)

**Fut. 1.** Tercer hijo de Cam (Gn. 10:6; 1 Cr. 1:8.) **2.** Región del Africa y sus habitantes, entre Etiopía (Cus) y Egipto (Mizraim), (Gn. 10:6.) Muchos fueron soldados mercenarios (Ez. 27:10.)

**Futiel.** Suegro de Eleazar nº 1 (Ex. 6:25.)

**Futitas.** Familia de los descendientes de Caleb (1 Cr. 2:53.)

**Gaal** *(asco)* Hijo de Ebed, que dirigió a los hombres de Siquem en la revuelta contra Abimelec, el hijo de Gedeón (Jue. 9:26-41.)

**Gaas** *(tembloroso)* **1.** Monte en Efraín, situado al S. de Timatsera, lugar donde enterraron a Josué (Jue. 2:9.) **2.** Río en Efraín (2 S. 23:30; 1 Cr. 11:32.)

**Gabaa** *(altura)* **1.** Ciudad no identificada en el territorio montañoso de Judá (Jos. 15:57.) **2.** Ciudad de Benjamín en el costado Este del camino que se dirige de Norte a Sur, a pocos kilómetros al N. de Jerusalén, donde estaba ubicado el palacio de Saúl (Jue. 19:12; 20:10; 1 S. 13:2; 15:34; Is. 10:29.) Se la menciona por primera vez durante la guerra civil con los benjamitas (Jue. 19-20); capital del reino unido en sus comienzos (1 S. 22:6.) **3.** Localidad en el territorio montañoso de Efraín (Jos. 24:33, TA; R-V dice simplemente "collado".) **4.** Cerro donde se guardó el arca hasta que David la llevó a Jerusalén (1 S. 7:1; 2 S. 6:3, 4, TA.)

**Gabaatita.** Habitante de Gabaa (1 Cr. 12:3.)

**Gabai** *(recaudador)* Un jefe de la tribu de Benjamín (Neh. 11:8.)

**Gabaón.** Ciudad en Benjamín (Jos. 9:3; Jer. 28:1.)

**Gabaonitas.** Habitantes de Gabaón; heveos (Jos. 9:3, 7) u horeos (Gn. 36:20; Dt. 2:12.) Josué los redujo a la esclavitud por haber logrado un tratado valiéndose de malas artes (Jos. 9.)

**Gabata** *(lugar elevado)* Nombre hebreo de "el Enlosado" (Jn. 19:13) donde Jesús fue juzgado por Pilato.

**Gabriel** *(varón de Dios)* Angel que hizo de mensajero de Dios (Dn. 8:16; 9:21; Lc. 1:11, 19, 26-38.)

**Gacela** (Ver Animales)

**Gad** *(fortuna)* **1.** Séptimo hijo de Jacob (Gn. 30:9-11.) La tribu que se asentó al E. del Jordán luego de la conquista de Canaán. **2.** Profeta y biógrafo de David (1 S. 22:5; 2 S. 24:11-18; 1 Cr. 29:29.) **3.** Divinidad cananea de la fortuna (Is. 65:11.)

**Gadara, gadarenos.** Una de las ciudades que formaban la Decápolis, cerca del extremo SE. del mar de Galilea, en la proximidad del sitio donde vivían endemoniados a quienes sanó Jesús (Mr. 5:1; Lc. 8:26, 37; Mt. 8:28, texto griego.)

**Gadi** *(mi Dios es Gad)* **1.** Uno de los doce espías, representante de la tribu de Manasés, a quien Moisés envió para reconocer la tierra (Nm. 13:11.) **2.** Padre de Manahem, rey de Israel (2 R. 15:14, 20.)

**Gadiel** *(mi Gad es Dios)* Uno de los doce espías, representante de la tribu de Zabulón, a quien envió Moisés para reconocer la tierra (Nm. 13:10.)

**Gadita.** Descendiente de Gad nº 1 (Dt. 3:12; Jos. 13:8.)

**Gaham.** Hijo de Nacor con su concubina Reúma (Gn. 22:24.)

**Gahar** *(pobre de espíritu)* Familia de servidores del templo (netineos), que regresó del exilio con Zorobabel y fue a Jerusalén (Esd. 2:47; Neh. 7:49.)

**Galaad** *(rugoso; majano del testimonio)* **1.** Territorio montañoso perteneciente a Israel al E. del río Jordán, que se extiende desde el extremo S. del mar de Galilea al extremo N. del mar Muerto y al E. con el desierto. En la época de Moisés estaba cubierto de bosques y de tierra de pastoreo. Jacob acampó en Galaad. Al ser conquistada Canaán, el territorio de Galaad fue entregado a la tribu de Rubén, de Gad y a la media tribu de Manasés (Dt. 3:13.) Galaad fue famosa por su bálsamo (Jer. 9:22; 46:11; 51:8) que se exportaba a Egipto (Gn. 37:25) y a Tiro (Ez. 27:17.) Posteriormente los galaaditas cayeron en la más atroz idolatría (Os. 6:8; 12:11); fueron conquistados por los asirios (2 R. 10:32-34); llevados en cautividad por Tiglat-Pileser (2 R. 15:27-29.) **2.** El majano de piedras que levantaron Jacob y Labán en el monte de Galaad (Gn. 31:47, 48.) **3.** Hijo de Maquir y nieto de Manasés (Nm. 26:29; Jos. 17:1; 2 Cr. 7:17.) **4.** Padre de Jefté (Jue. 11:1, 2.) **5.** Descendiente de Gad (1 Cr. 5:14.)

**Galaadita.** Habitante de Galaad nº 1 o descendiente de Galaad nº 3 (Nm. 26:29; Jue. 10:3; Esd. 2:61; Neh. 7:63.)

**Galacia.** Originariamente un territorio en la región nord-central del Asia Menor donde asentaron los galos en el año 278 a. C.; posteriormente el nombre de una provincia romana en el centro del Asia Menor, desde el año 25 a. C. A esa provincia pertenecieron las ciudades de Antioquía de Pisidia, Iconio, Listra y Derbe. El uso que hace Pablo del término (1 Co. 16:1; Gá. 1:2; 2 Ti. 4:10) y la alusión de Pedro (1 P. 1:1) probablemente se refiere a la provincia en su totalidad.

**Galal** *(tortuga)* **1.** Levita entre los que regresaron de Babilonia (1 Cr. 9:15.) **2.** Ascendiente de uno que regresó de Babilonia (1 Cr. 9:16; Neh. 11:17.)

**Gálatas, Epístola a los** (Ver Epístola a los Gálatas)

**Gálbano.** Gomorresina utilizada en el incienso sagrado (Ex. 30:34)

**Galera.** Embarcación de vela y remo, la más larga de quilla y que calaba menos agua entre las de vela latina (Is. 33:21.)

**Galería.** Especie de balcón alargado en el templo de la visión de Ezequiel (Ez. 42:5.)

**Galilea** *(círculo o circuito; región)* La más nórdica de las tres provincias de Palestina (Galilea, Samaria, Judea.) Su extensión aproximada es de 80 kilómetros de N. a S. y de 50 kilómetros de E. a O. Se halla limitada al O. por la llanura costera a lo largo de la cual corría el camino de Egipto a Fenicia y las rutas de las caravanas que desde la costa se dirigían a Damasco y al E. cruzaba su parte S. por el valle del Esdrelón. La parte oriental fue ocupada por gentiles después de la cautividad de Israel, y en los días de Jesús sus descendientes aún vivían allí (Mt. 4:13-15.) Los galileos hablaban con un acento característico y peculiar (Mt. 26:73), y eran despreciados por los judíos del Sur (Jn. 7:52.) Desde el año 4 a. C. hasta el año 39 d. C. Galilea fue gobernada por Herodes Antipas (Lc. 3:1; 13:32), quien edificó la ciudad de Tiberíades. Jesús actuó durante la mayor parte de su ministerio en Galilea, especialmente en las ciudades que rodeaban el lago de Genesaret.

**Galilea, Mar de** (Ver Mar de Galilea)

**Galileo.** Nativo de Galilea (Mt. 26:69; Jn. 4:45; Hch. 1:11; 5:37.)

**Galim** *(montones)* Una ciudad de Benjamín (1 S. 25:44; Is. 10:30.)

**Galión, Lucio Junio Anneo.** Procónsul romano de Acaya cuando Pablo estaba en Corinto en el año 51 d. C. Se negó a escuchar las acusaciones que se hicieron contra Pablo y lo absolvió (Hc. 18:12-17.)

**Gallina** (Ver Aves)

**Gallinazo** (Ver Aves)

**Gallo** (Ver Aves)

**Gamadeos** *(valientes)* La guarnición en las almenas de Tiro (Ez. 27:11.)

**Gamaliel** *(recompensa de Dios)* **1.** Jefe de la tribu de Manasés (Nm. 1:10; 2:30; 10:23.) **2.** Eminente fariseo y maestro de la ley, maestro de Pablo (Hch. 22:3.) De gran amplitud mental fue tolerante con los primitivos cristianos (Hch. 5:34-39.)

**Gamul** *(Dios ha recompensado)* Jefe de la vigesimosegunda suerte de sacerdotes (1 Cr. 24:17.)

**Gamuza** (Ver Animales)

**Ganadero** (Ver Oficios y Profesiones)

**Ganado.** Conjunto de bestias mansas que se apacientan y andan juntas

(Gn. 1:25; Ex. 9:3; Nm. 20:19; Lc. 17:7; Jn. 4:12.)

**Gancho.** Instrumento de metal, madera, etc., corvo y por lo común puntiagudo en uno o en ambos extremos, que sirve para prender, agarrar o colgar una cosa (Ez. 40:43; Am. 4:2.)

**Gangrena.** Pudiera significar cáncer (2 Ti. 2:17.)

**Garbanzo** (Ver Plantas)

**Gareb** (tiñoso) **1.** Uno de los 30 valientes de David (2 S. 23:38; 1 Cr. 11:40.) **2.** Una colina cerca de Jerusalén (Jer. 31:39.)

**Garfio.** Instrumento de hierro, curvo y puntiagudo, que sirve para aferrar algún objeto (Ex. 27:3; 1 Cr. 28:17; Ez. 38:4.)

**Garmita** (significado obscuro) Patronímico de Keila nº 2 (1 Cr. 4:19.)

**Garza.** Ave grande, acuática, que a los judíos les estaba prohibido comer (Lv. 11:19; Dt. 14:18.)

**Gasmu** (perezoso) A veces llamado Gesem, árabe que se opuso a que Nehemías restaurara Jerusalén (Neh. 6:6.)

**Gat** (lagar) Una de las cinco principales ciudades de los filisteos (1 S. 6:17), hogar de Goliat (1 S. 17:4) y escenario de algunas de las hazañas de David (1 S. 21:10-15.)

**Gatam** (delgado y débil) Nieto de Esaú, jefe edomita (Gn. 36:11, 16; 1 Cr. 1:36.)

**Gat-hefer** (lagar del pozo) Población en la frontera de Zabulón (Jos. 19:12, 13), lugar de nacimiento del profeta Jonás (2 R. 14:25.)

**Gat-rimón** (lagar de Rimón) **1.** Ciudad de los levitas en Dan en la planicie de los filisteos (Jos. 19:45; 21:24.) **2.** Ciudad de los levitas en Manasés, al O. del Jordán (Jos. 21:24; 1 Cr. 6:69.)

**Gaulanítida.** Nombre dado en época grecorromana a la región de Golán, provincia al NE. del mar de Galilea, gobernada por Herodes Agripa.

**Gavilla.** Conjunto de sarmientos, cañas, mieses, hierbas, etc. que los segadores dejaban atrás para que las mujeres y niños recogieran y llevaran al lagar (Rut 2:7, 15.) El dueño del campo dejaba atrás algunas gavillas para que las recogieran los pobres (Dt. 24:19.)

**Gaviota** (Ver Aves)

**Gayo. 1.** Discípulo macedonio que viajó con Pablo (Hch. 19:29.) **2.** Un hombre de Derbe que acompañó a Pablo desde Macedonia hasta Asia (Hch. 20:4.) **3.** Un cristiano en Corinto a quien bautizó Pablo (1 Co. 1:14.) **4.** Destinatario de la tercera epístola de Juan (3 Jn. 1:5-8.)

**Gaza** (fuerte) Una de las cinco principales ciudades filisteas. Es la que está situada más al SO. en dirección a Egipto. Era un punto de parada importante en la ruta de las caravanas. Originariamente fue una ciudad cananea (Gn. 10:19.) Josué asignó Gaza a Judá (Jos. 15:47), y fue ocupada más adelante (Jue. 13:1.) Capturada por los filisteos (Jue. 13:1) y controlada por ellos hasta la época de Ezequías (2 R. 18:8.) Sansón fue aprisionado y murió en Gaza (Jue. 16:1, 21.) Se la menciona una vez en el N. T. en conexión con el ministerio de Felipe al eunuco etíope (Hch. 8:26.)

**Gazam** (ave de rapiña; avispa) Uno de los netineos (sirvientes del templo), cuyos descendientes retornaron del exilio (Esd. 2:48; Neh. 7:51.)

**Gazeo.** Habitante de Gaza (Jos. 13:3.)

**Gazez** (esquilador) Nombre del hijo y del nieto de Efa (1 Cr. 2:46)

**Geba.** Ciudad de los levitas en Benjamín (Jos. 18:24; 21:17.) Allí venció Jonatán a los filisteos (1 S. 13:3, VM.) Asa fortificó la ciudad (1 R. 15:22), y en la época de Ezequías era la ciudad más nórdica de Judá (2 R. 23:8.) Hombres de Geba retornaron después del exilio (Esd. 2:26.)

**Gebal** (frontera) **1.** Ciudad y puerto de mar en Fenicia, al norte de Sidón, la moderna Jebeil, 40 kilómetros al norte de Beirut. Josué 13:5, 6 menciona la tierra de los giblitas. La ciudad era famosa por sus expertos picapedreros (1 R. 5:17, 18) y por sus astilleros (Ez. 27:9.) **2.** Región en los montes al S. del Mar Muerto, entre este mar y Petra (Sal. 83:6-8.)

**Geber. 1.** Uno de los proveedores de Salomón en Ramot de Galaad (1 R.

4:13.) **2.** Un oficial de Salomón, hijo de Uri (1 R. 4:19.)

**Gebim** *(cisternas)* Lugar cercano a Anatot (Is. 10:31.)

**Gedalías** *(Dios se ha engrandecido)* **1.** Hijo de Safán, gobernador de Mizpa bajo el reinado de Nabucodonosor y amigo de Jeremías (2 R. 25:22-25; Jer. 40:5-16); asesinado por Ismael, hijo de Netanías (Jer. 41:1-3.) **2.** Músico en tiempo de David (1 Cr. 25:3, 9.) **3.** Sacerdote de los hijos de Jesúa, en tiempo de Esdras (Esd. 10:18.) **4.** Hijo de Pasur, príncipe en Jerusalén, enemigo de Jeremías (Jer. 38:1.) **5.** Abuelo del profeta Sofonías (Sof. 1:1.)

**Gedeón** *(derribador; desbastador)* Juez de Israel ( =Jerobaal), hijo de Joás, que vivió en Ofra cerca del monte de Gerizim (Jue. 6:1-9:6.) Fue llamado por Dios para liberar a los israelitas de los madianitas (Jue. 6:17-23); derribó el altar de Baal y taló el bosque sagrado. Llamó en su ayuda a las tribus. Por una serie de pruebas redujo sus fuerzas a 300 hombres escogidos (Jue. 7:1-8) con los cuales derrotó a los madianitas y liberó a todo el territorio de su dominio. Rehusó la corona real pero juzgó a Israel durante cuarenta años (Jue. 8:22-28.)

**Gedeoni** *(derribador)* Padre de Abidán, príncipe de Benjamín (Nm. 7:60), cuyo hijo los gobernó (Nm. 10:24.)

**Geder** *(muro)* Ciudad cananea capturada por Josué (Jos. 12:13.)

**Gedera** *(muro)* Nombre, posiblemente, de dos poblaciones hebreas. **1.** Ciudad de Judá, la moderna Herbit Gedirah, ubicada entre los valles de Sorec y Ajalón, en las montañas de Judá (Jos. 15:36.) **2.** Debió existir otra ciudad homónima en Benjamín, si se atiende al gentilicio "gederatita" (1 Cr. 12:4.)

**Gederatita.** Habitante de Gedera (1 Cr. 12:4.)

**Gederita.** Habitante de Geder (1 Cr. 27:28.)

**Gederot** *(muralla)* Ciudad en Judá (Jos. 15:41; 2 Cr. 28:18.)

**Gederotaim** *(los dos muros)* Población en Judá (Jos. 15:36.)

**Gedolim.** Padre de Zabdiel (Neh. 11:14.)

**Gedor** *(muro)* **1.** Ciudad en la región montañosa de Judá (Jos. 15:58.) **2.** Localidad desconocida donde vivía Jeroham (1 Cr. 12:7.) **3.** Ciudad en la frontera de Simeón, (posiblemente = Gerar), (1 Cr. 4:39.) **4.** Descendiente de Benjamín (1 Cr. 8:31; 9:37.) **5.** Nombre de dos descendientes de Judá (1 Cr. 4:4, 18.)

**Gehenna** *(Valle de Hinom)* Transcripción latina de la palabra griega que, a su vez, no es sino la helenización del arameo *gé hinnám.* Es un valle situado al O. y SO. de Jerusalén, que formaba parte de la frontera entre Judá y Benjamín (Jos. 15:8; 18:16; Neh. 11:30, 31.) Posteriormente se efectuaron en ese lugar sacrificios paganos (2 Cr. 28:3; 33:6; Jer. 32:35), Josías envileció el lugar transformándolo en un basural en el cual ardía permanentemente un fuego para quemar los residuos (2 R. 23:10.) Los escritores apocalípticos judíos la llamaron "entrada al infierno" y se transformó en figura del mismo infierno. Jesús la utilizó en ese sentido (Mt. 5:22; 18:8 BJ) (Ver Hades, Infierno)

**Gelilot** *(círculo)* Lugar en la frontera con Benjamín ( = Gilgal), (Jos. 18:17.)

**Gemalí** *(camellero)* Padre de Amiel nº 1, y uno de los doce espías enviados a reconocer la tierra (Nm. 13:12.)

**Gemarías** *(Dios cumplió)* **1.** Un hijo de Hilcías enviado como embajador a Nabucodonosor (Jer. 29:3.) **2.** Hijo del escriba Safán y amigo de Jeremías (Jer. 36:10-25.)

**Genealogía.** Serie de progenitores y ascendentes de cada individuo y el estudio de las líneas de descendencia. Las genealogías en la Biblia estudian las descendencias biológicas; los derechos de herencia; las líneas de sucesión de un cargo, generalmente real; o las relaciones étnicas y geográficas. Figuran numerosas listas genealógicas en el libro de Génesis (Gn. 5:1-32; 10:1-32; 11:10-32; 35:22-29; 36:1-43; 46:8-27) y en 1 Cr. 1-9. En el libro de

Esdras figuran las genealogías de algunas familias (Esd. 2:1-63; 8:1-20) lo que también se constata en Nehemías (Neh. 7:7-63.) En el N. T. las "genealogías" parecieran referirse a una excesiva preocupación por series paganas o gnósticas o de seres angélicos (1 Ti. 1:4; Tito 3:9.)

**Genealogía de Jesucristo.** El N. T. nos da dos genealogías de nuestro Señor: en Mateo 1:1-17 y en Lucas 3:23-28. Mateo traza la genealogía de Jesús desde Abraham y David y la divide en tres series de catorce generaciones cada una. Omite tres generaciones después de Jorán, a saber Ocozías, Joás y Amasías (1 Cr. 3:11, 12.) Contrariamente a las prácticas hebraicas nombra cinco mujeres: Tamar, Rahab, Rut, Betsúa y María. El sentido de "engendrar" en las genealogías hebraicas, no es ni exacto ni preciso: indica tanto un descendiente inmediato como uno remoto, una relación adoptiva o una herencia legal. La genealogía de Lucas va de Jesús a Adán y concuerda con 1 Crónicas 1:17, 24-28 entre Abraham y Adán. De David a Abraham coincide con Mateo; de Jesús a David difiere de Mateo. Talvez Mateo da la línea de herencia legal en tanto que Lucas da la de la descendencia física.

**Generación.** En el A. T. traduce dos vocablos hebreos: a. *toledhoth* señala la descendencia a partir de un antepasado (Gn. 2:4; 5:1; 6:9; Rut 4:18.) b. *dor*, que marca un período de tiempo (Dt. 32:7; Ex. 3:15; Sal. 102:24); o todos los hombres que viven en un determinado período (Jue. 3:2); o una clase de hombres que participan de una determinada cualidad (Sal. 14:5); o un grupo reunido (Sal. 49:19.)

En el N. T. la palabra *generación* traduce cuatro vocablos griegos, todos ellos con referencia a la descendencia: a. *genea*, descendencia a partir de un antepasado (Mt. 1:17); o todos los hombres que viven en un determinado período (Mt. 11:16); o una clase de hombres que participan de una determinada cualidad (Mt. 12:39); o un período de

tiempo (Hch. 13:36); b. *génesis*, que significa *genealogía* (Mt. 2:17); c. *gennema*, que significa progenie o prole (Mt. 3:7; 12:34; 23:33); d. *genes*, clan, raza, clase, nación (1 P. 2:9.)

**Género.** Conjunto de especies que tienen un cierto número de caracteres comunes (Gn. 1:11; 1:25; Job 12:10; Mt. 17:21.)

**Genesaret.** 1. La "tierra de Genesaret" es una llanura fértil y fructífera al NO. del mar de Galilea (Mt. 14:34; Mr. 6:53.) 2. El "lago de Genesaret" ( = Cineret), que es uno de los nombres con que se designa al mar de Galilea (Lc. 5:1.) (Ver mar de Galilea)

**Génesis, Libro del** (Ver Libro del Génesis)

**Gente.** Nombre colectivo que se da a cada una de las clases que pueden distinguirse en la sociedad, según el aspecto desde el cual se la considere (Gn. 12:20; Ex. 12:38; Nm. 11:4; Mr. 2:13; Jn. 5:13.)

**Gente extranjera.** Eran los no israelitas que viajaban y se vinculaban con los hebreos (Nm. 11:4-6; Neh. 13:3.)

**Gentiles.** En hebreo es *goy* o *goyim*, es decir, *nación, pueblo*. Habitualmente se refiere a los no judíos (Is. 11:10; Mr. 10:33; Ro. 1:13; Ef. 2:11.)

**Gentiles, Atrio de los** (Ver Atrio de los Gentiles)

**Genubat** *(robo)* Hijo de Hadad nº 2, el edomita (1 R. 11:20.)

**Gera** *(forastero)* Nombre común a la tribu de Benjamín. 1. Hijo de Benjamín (Gn. 46:21.) 2. Nieto de Benjamín (1 Cr. 8:3, 5.) 3. Padre de Aod, juez de Israel (Jue. 3:15.) 4. Padre de Simei nº 2 (2 S. 16:5; 19:16, 18; 1 R. 2:8.) 5. Hijo de Aod (1 Cr. 8:7.)

**Gera.** Moneda (Ver Pesos y Medidas)

**Gerar** *(círculo, región)* Ciudad y distrito en el Neguev, situado sobre la ruta de una caravana. Tanto Abraham como Isaac vivieron allí (Gn. 20:1, 2; 26:1-33.)

**Gerasa, gerasenos.** Ciudad helenística de la Decápolis, situada a unos 30 kilómetros al E. del Jordán, a mitad de camino entre el mar de Galilea y el mar Muerto. El N. T. no la menciona de nombre, pero cita el adjetivo gadareno en Marcos 5:1, equivalente al gaseno.

**Gergesa, gergeseos, gergesenos.** Lugar, probablemente al E. del lago de Genesaret, donde la ribera es de fuerte pendiente. Los gergeseos eran uno de los pueblos que, según la Biblia, ocupaban el país de Canaán antes de la conquista llevada a cabo por Josué (Gn. 10:16.) En el N. T. se le confunde con el país de los gadarenos (Mt. 8:28; Mr. 5:1; Lc. 8:26, 37.)

**Gerizim.** Montaña de Samaria, de 950 metros de altura, al SO. del monte Ebal, cerca de la antigua Siquem y junto a Nablus. Lugar donde se recitaron las bendiciones de la ley (Dt. 11:29; 27:12.) Allí edificaron los samaritanos un templo donde adoraban (Jn. 4:20, 21.)

**Germen** (Ver Renuevo)

**Gersón** *(arrojar o extranjero)* **1.** El mayor de los tres hijos de Leví (Gn. 46:11.) Sus descendientes fueron los responsables, mientras deambulaban por el desierto, del cuidado y del transporte del Tabernáculo (Nm. 3:23-26.) **2.** Primer hijo de Moisés (Ex. 2:22.) **3.** Padre del levita que fue sacerdote de los danitas en Lais (Jue. 18:30.) **4.** Uno de los "jefes de familia" que volvieron con Esdras de Babilonia (Esd. 8:2.)

**Gersonita.** Descendiente de Gersón nº 1, y la familia que formó su posteridad (Nm. 3:24; 26:57; 1 Cr. 29:8.)

**Gerut-quimam.** Mesón cerca de Belén (Jer. 41:17.)

**Gesam.** Descendiente de Caleb (1 Cr. 2:47.)

**Gesem** *(lluvia)* Arabe que se opuso a la tarea de Nehemías (Neh. 2:19; 6:1, 2), que en Nehemías 6:6 toma el nombre de Gasmu.

**Gesur** *(puente)* **1.** Pequeño reino entre Basán y Siria, en la frontera occidental de Basán, al E. del Jordán (Dt. 3:14; 2 S. 3:3; 1 Cr. 2:23.) **2.** Distrito en el S. de Palestina cerca del territorio filisteo (Jos. 13:2; 1 S. 27:8.)

**Gesureos. 1.** Pueblo que vivía en el Neguev, cerca de los filisteos

( = Gesuritas), (Josué 13:2.) **2.** Habitantes de Gesur (Jos. 13:11, 13.)

**Gesurí** *(puente)* (Probablemente = Gesur) (2 S. 2:9.)

**Gesuritas** ( = gesureos) (1 S. 27:8.)

**Geteo** *(de Gat)* Habitante de Gat (Jos. 13:1-3; 2 S. 6:8-11; 15:18; 21:19.)

**Geter.** Tercer hijo de Aram (Gn. 10:23; 1 Cr. 1:17.)

**Getsemaní** *(molino de aceite)* Un sitio en el monte de los Olivos donde había un huerto o un jardín, y donde Jesús se retiraba a orar (Mt. 26:36; Mr. 14:32; Jn. 18:1.)

**Geuel** *(rescatado por Dios)* Representante de la tribu de Gad enviado como espía a Canaán (Nm. 13:15.)

**Gezer** *(porción)* Ciudad fortificada a 29 kilómetros al NO. de Jerusalén. Josué derrotó a su rey (Jos. 12:12) y el pueblo fue sometido a la esclavitud (16:10.) Con posterioridad la ciudad fue asignada a los levitas (Jos. 21:21.)

**Gezritas.** Pueblo que vivía al sur de los filisteos, y a quien se nombra juntamente con los gesuritas y amalecitas (1 S. 27:8.)

**Gía.** Lugar no identificado, cerca de Hebrón (2 S. 2:24.)

**Gibar** *(héroe)* ( = Gabaón) Hombre cuyos hijos retornaron de la cautividad con Zorobabel (Esd. 2:20.)

**Gibea.** Nieto de Caleb (1 Cr. 2:49.)

**Gibetón** *(ondulación)* Ciudad al O. de Gezer, en el territorio de Dan (Jos. 19:44.) Fue entregada a los levitas (Jos. 21:23.)

**Giblitas.** Los habitantes de Gebal o Biblos (Jos. 13:5.) (Ver Gebal)

**Gidalti.** Músico en tiempo de David (1 Cr. 25:4, 29.)

**Gidel** *(alegre)* **1.** Uno de los sirvientes del templo que retornaron del exilio (Esd. 2:47; Neh. 7:49.) **2.** Hijos de Gidel (Esd. 2:56; Neh. 7:58.)

**Gidgad** *(caverna de Gilgad)* Lugar donde acampó Israel (Nm. 33:32, 33) que en Dt. 10:7 se llama Gudgoda.

**Gidom** *(desolación)* Lugar desolado en Benjamín, al E. de Bet-el, (Jue. 20:45.)

**Giezi** *(valle de visión)* Criado del

profeta Eliseo (2 R. 4:8-37; 5:1-27; 8:4-6.) Fue castigado con lepra por su avaricia.

**Gigantes.** Hombres de excepcional estatura y fuerza. Génesis 6:4 los llama "Nefilim" (Versión Moderna) y "rifaítas" (Versión Moderna.) Entre los gigantes figuran Og, rey de Basán (Dt. 3:11; Jos. 12:4; 13:12) y Goliat a quien mató David (1 S. 17.)

**Gihón** *(hacer erupción)* 1. Uno de los cuatro ríos del huerto de Edén (Gn. 2:8-14), que algunos suponen que es el Nilo, pero no ha sido identificado. 2. Un manantial cerca de Jerusalén (1 R. 1:32-40; 2 Cr. 32:30.)

**Gilalai** *(tortuga)* Músico que actuó en la dedicación del muro de Jerusalén (Neh. 12:36.)

**Gilboa** *(burbujeante)* Sierra al E. de la llanura de Esdrelón y que toma su nombre de un famoso manantial. A Saúl lo derrotaron, y se suicidó, en una batalla en el monte de Gilboa (1 Cr. 10:1-18.)

**Gilgal** *(círculo de piedras)* 1. Lugar donde primero acamparon los israelitas después de cruzar el Jordán (Jos. 4:19, 20) cerca de Jericó. Con el tiempo llegó a ser una de las ciudades fronterizas de Judá (Jos. 15:7) que fue visitada por Samuel cuando era juez de Israel (1 S. 7:16.) Allí fue confirmado Saúl como rey (1 S. 11:15) y posteriormente perdió su reino (13:8-15.) 2. Ciudad en los montes de Samaria (Jos. 12:23.) 3. Collado alto al N. de Bet-el (2 R. 2:1; 4:38.)

**Gilo.** Hogar de Ahitofel, uno de los consejeros de David (Jos. 15:51; 2 S. 15:12.)

**Gilonita.** Habitante de Gilo (2 S. 15:12; 23:24.)

**Gimzo** *(lugar de jugosos sicómoros)* Ciudad en Judá al costado de la carretera a Jerusalén, a 5 kilómetros al SO. de Lida (2 Cr. 28:18.)

**Ginat** (protector) Padre de Tibni (1 R. 16:21.)

**Gineto** ( = Ginetón) (Ver Ginetón) (Neh. 12:4.)

**Ginetón** *(jardinero)* 1. Sacerdote en tiempo de Esdras, que retornó a Jerusalén con Zorobabel (Neh.

10:6.) 2. Antepasado de una familia de sacerdotes (Neh. 12:6.)

**Gispa** *(oyente)* Superior de los netineos, es decir, de los servidores del Templo; inferior a los levitas, encargado de los trabajos más humildes (Neh. 11:21.)

**Gitaim** *(dos prensas de lagar)* Localidad de Benjamín, de ubicación desconocida, hacia la cual huyeron los beerotitas (Neh. 11:31, 33; 2 S. 4:3.)

**Gitit.** Vocablo que figura en los títulos de los Salmos 8, 81 y 84. Pudiera tratarse de un instrumento musical importado de Gat o el nombre de una tonada.

**Gizonita.** Habitante de Gimzo; título de un miembro de la guardia personal de David (1 Cr. 11:34.)

**Gloria.** Respecto a Dios, la exhibición de sus divinos atributos y perfecciones (Sal. 19:1) o el brillo de su presencia (Lc. 2:9); respecto al hombre, la manifestación de sus cualidades más loables, tales como la sabiduría, la probidad, el autocontrol, la capacidad, *etc.* La gloria es el destino de los creyentes (Fil. 3:21; Ro. 8:21; 1 Co. 15:43.)

**Glotón, glotonería.** Que come con exceso y con ansia (Dt. 21:20; Tit. 1:12; Ro. 13:13.)

**Gnido.** Antigua ciudad de la región de Caria, en el extremo SO. del Asia Menor, al frente de la cual navegó Pablo en su viaje a Roma (Hch. 27:7.)

**Goa.** Lugar no identificado, al O. de Jerusalén (Jer. 31:39.)

**Gob** *(pozo, cisterna)* Lugar donde David libró dos batallas contra los filisteos ( = Gezer), (2 S. 21:18, 19.)

**Gobernador.** En la Biblia se aplica el término de gobernador al funcionario que ejerce el gobierno de un territorio en nombre del rey o emperador de quien es el subordinado. El término se aplicó en el A. T. a José (Gn. 45:8) y a Gedalías (Jer. 40:5, VM) y en el N. T. a los procuradores romanos en Judea, Pilato (Mt. 27:2), Cirenio (Lc. 2:2), Félix (Hch. 23:24) y Festo (Hch. 26:30.)

**Gobernante.** Que gobierna. El que se

somete a gobernar una cosa (Pr. 29:12; Mt. 20:25; Tit. 3:1.)

**Gofer, Madera de** (Ver Madera de Gofer)

**Gog. 1.** Descendiente de Rubén (1 Cr. 5:4.) **2.** Príncipe de Mesec y Tubal (Ez. 38:2; Ap. 20:8.)

**Goim. 1.** Una tribu, posiblemente de los heteos (Gn. 14:1, 9.) **2.** Una tribu, posiblemente de los filisteos (Jos. 12:23.)

**Golán.** Ciudad en la media tribu de Manasés, en Basán, dedicada a ciudad de refugio y asignada a los levitas (Dt. 4:33.)

**Gólgota** *(calavera)* Lugar donde crucificaron a Jesús, en las afueras de Jerusalén (Mt. 27:33; Mr. 15:22) sobre la carretera (Jn. 19:17.)

**Goliat** *(exilio)* Uno de los últimos gigantes, con una estatura de alrededor de 2,90 m (1 S. 17.) Otro, con el mismo nombre fue muerto por Elhanán (2 S. 21:19.)

**Golondrina** (Ver Aves)

**Gomer. 1.** Hijo de Jafet (Gn. 10:2, 3; 1 Cr. 1:5, 6.) **2.** Una tribu descendiente de n° 1 (Ez. 38:6.) **3.** Mujer del profeta Oseas (Os. 1:3.)

**Gomer** (medida) (Ver Pesas y Medidas.)

**Gomorra** *(sumersión)* Una de las cinco "ciudades de la llanura", la Pentápolis, localizada en el extremo S. del mar Muerto, y ahora sumergida bajo sus aguas. Fueron destruidas por una explosión de gases que las abrumó bajo una lluvia de sal y azufre caliente, luego de lo cuaˡ se hundieron en el mar por la sumersión del lugar (Gn. 19:24-28.)

**Gorrión** (Ver Aves)

**Gosén** *(montón de tierra)* **1.** Región fértil al NE. del delta del río Nilo donde asentaron los israelitas, con Jacob a la cabeza, en momentos en que José desempeñaba las funciones de primer ministro (Gn. 46.) **2.** Distrito al S. de Palestina, entre Gaza y Gabaón (Jos. 10:41.) **3.** Ciudad en la región SO. de las montañas de Judá (Jos. 15:51.)

**Gozán.** Ciudad y distrito cerca del río Eufrates, en la Mesopotamia nordoriental, sobre el río Habor, hacia donde fueron deportados los israelitas por los asirios (2 R. 17:6; 18:11; 19:12; 1 Cr. 5:26.)

**Gozo.** Emoción provocada por la esperanza o la adquisición de algún bien; atributo de Dios (Sal. 104:31); uno de los frutos del Espíritu Santo (Gá. 5:22, 23, 24); no es lo mismo que la alegría, que depende en gran parte de los acontecimientos, ya que puede ser experimentado aun en la aflicción (2 Co. 13:9; Col. 1:11; Stg. 1:2; 1 P. 1:8.)

**Grabador** (Ver Oficios y Profesiones)

**Grabar.** Labrar en hueco o en relieve sobre una superficie de piedra, metal, madera, *etc.*, un letrero, figura o representación de cualquier objeto. El arte de grabar estaba m u y d e s a r r o l l a d o entre los israelitas y pueblos vecinos (Gn. 38:18; Est. 3:12; Jer. 22:24.) También *grabado* (Ex. 39:30) y *grabadura* (Ex. 28:11; 39:14.)

**Gracia.** Término empleado por los escritores bíblicos con una amplia gama de significados: encanto, dulzura, hermosura (Sal. 45:2); la actitud de Dios para con los hombres (Tit. 2:11); el método de la salvación (Gá. 5:4); lo opuesto al legalismo (Gá. 5:4); el impartimiento del poder y de los dones espirituales (2 Ti. 2:1); la libertad que Dios brinda a los hombres (Jud. 4.)

**Gradas.** Entarimado, balaustrada. Conjunto de escalones que suelen tener los edificios grandes y majestuosos (1 R. 10:19; 2 Cr. 9:11; Ez. 40:6.)

**Gradual.** Figura en los Salmos 120 a 134. Motivo incierto.

**Gradual, Cántico** (Ver Cántico Gradual)

**Grana.** Color rojo que se obtenía de un insecto. (Is. 1:18.)

**Granado** (Ver Plantas)

**Gran asamblea.** Cuerpo colegiado de eruditos supuestamente organizado por Nehemías, luego del retorno del exilio (Neh. 5:7, 8-10, al cual la tradición judía atribuyó el origen y promulgación de numerosas ordenanzas y reglamentaciones.)

**Granero.** Sitio donde se recoge y custodia el grano (Gn. 41:56; Jl. 1:17; Mt. 3:12; Lc. 3:17.)

**Granizo.** Las tormentas que se acompañaban de granizo en el Cercano Oriente, dañaban considerablemente las cosechas (Ex. 9:23, 24; Jos. 10:11.) Se usa la palabra en sentido figurado para indicar el castigo divino (Ap. 16:21.)

**Grano** (Ver Plantas -trigo-)

**Graznar.** Dar graznidos, que es la voz de ciertas aves como el cuervo, el grajo, el ganzo, *etc.* (Is. 10:14.)

**Grebas** (Ver Armas, Armadura)

**Grecia.** Península y archipiélago de islas entre el Adriático y el mar Egeo, llamada Javán en el primitivo catálogo de naciones (Gn. 10:3) y Acaya en el N. T. (Dn. 8:21; Zac. 9:13; Hch. 20:2; Hch. 19:21; Ro. 15:26.)

**Gremios.** Sociedades de comerciantes organizadas principalmente para un intercambio social (Hch. 19.) No eran sindicatos en el sentido moderno de la palabra.

**Grey.** Rebaño del ganado menor (Sal. 68:10; Jer. 13:20.) Figuradamente los cristianos (1 P. 5:2, 3.)

**Griego. 1.** Habitante de Grecia (Jl. 3:6.) **2.** Persona que hablaba griego; con frecuencia era equivalente a gentil (Mr. 7:26; Hch. 6:1; Ro. 1:16.)

**Griego, Idioma** (Ver Idioma Griego)

**Grillos.** Conjunto de los grilletes con un perno común que se coloca en los pies de los presos para impedirles andar (2 S. 3:34; Sal. 105:18; Jer. 39:7; Mr. 5:4; Lc. 8:29.)

**Grosura.** Substancia grasa. En la Biblia se usa para describir la capa de grasa que cubre los riñones u otras vísceras de los animales sacrificados, que les estaba prohibido comer pero que podían quemar como ofrenda a Jehová (Lv. 4:31; Nm. 18:17; Dt. 32:38; Is. 43:24.)

**Grulla** (Ver Aves)

**Guarda.** Hombre o grupo de hombres que cuida de una ciudad, de las cosechas, *etc.* (Neh. 4:9; Jer. 4:17; Mt. 28:4.)

**Guarda de la puerta.** Custodios de las puertas y portones de los edificios públicos, templos, ciudades amuralladas, A veces se los llama "porteros" (2 R. 7:10; 2 Cr. 31:14; Mr. 13:34.)

**Guardia.** Conjunto de soldados o gente armada que asegura o defiende una persona o un puesto (Gn. 37:36; 1 S. 22:17; 1 Cr. 11:25.) Traduce varios vocablos hebreos y griegos: a. *tabbah*, matarife (Gn. 37:36; 2 R. 25:8; Dn. 2:14); b. *corredores*, mensajeros de confianza del rey (1 R. 14:27, 28); c. *mishmar*, centinela (Neh. 4:22); d. *mishma'ath*, guardia (2 S. 23:23); e. *spekoulator*, "ejecutor", un guardia o espía (Mt. 27:65.)

**Guardia pretoriana.** Guardia del palacio imperial o del gobernador provincial a la que Pablo se refiere como "los de la casa de César" (Fil. 1:13; 4:22.)

**Guarida** (Ver Jaula)

**Guarnición.** Tropas que guarnecen una plaza o castillo. Generalmente son las tropas de ocupación de un país conquistado (1 S. 10:5; 13:13; 2 S. 8:6, 14; 1 Cr. 18:6.)

**Gudgoda** *(grieta)* Lugar no identificado donde acampó Israel durante su viaje por el desierto ( = Gidgad), (Dt. 10:7.)

**Guedeja.** Cabellera larga (Jue. 16:13; Cnt. 4:1; Ez. 8:3.)

**Guerra.** Para los israelitas la guerra tenía una significación religiosa; a menudo los sacerdotes participaban de la batalla que comenzaban con ritos sacrificiales (1 S. 7:8-10), luego de consultar el oráculo divino (Jue. 20:18ss.; 1 S. 14:37); el llamado a las armas se hacía sonando la trompeta por todo el territorio (Jue. 3:27.) Entre las armas utilizadas figuraban las hondas, lanzas, javalinas, arcos y flechas, espadas y arietes. Los movimientos estratégicos incluían las emboscadas (Jos. 8:3ss), los ataques simulados (Jue. 20:20ss.) los movimientos de flanco (2 S. 5:22s.), los ataques sorpresivos (Jos. 11:1s) la incursión (1 Cr. 14:9), el pillaje (2 S. 3:22) el saqueo para asegurar el aprovisionamiento (2 S. 23:11.) A veces la suerte de una guerra se decidía en combate singular (1 R. 11:15.) A los prisioneros se los vendía como esclavos o se los mataba (Dt. 20:16-18; Am. 1:6, 9); el botín era repartido equitativamente (1 S. 30:24, 25.)

**Guía.** Persona que encamina, conduce y enseña a otra el camino (Job 31:18; Pr. 12:26; Mt. 23:16; Ro. 2:19.)

**Guni** *(pájaro)* **1.** Hijo de Neftalí (Gn. 46:24; Nm. 26:48; 1 Cr. 7:13.) **2.** Jefe de una familia gadita (1 Cr. 5:15.)

**Gunita.** Descendiente de Guni n° 1 (Nm. 26:48.)

**Gur** *(subida de Gur)* Lugar donde murió Ocozías, al NE. de Samaria, cerca de Ibleam (2 R. 9:27.)

**Gur-Baal** *(morada de Baal)* Ciudad de los árabes, en Edom, posiblemente localizada en Beerseba (2 Cr. 26:7.)

**Gusano.** Invertebrado de cuerpo blando, cilíndrico, alargado y contráctil (Ex. 16:20; Is. 51:8; Hch. 12:23.) En sentido metafórico traduce la insignificancia del hombre (Job 25:6; Is. 41:14.)

**Gustar.** Sentir y percibir en el paladar el sabor de las cosas (Gn. 27:4, 9, 14; 1 S. 14:29.)

# H

**Haba** (Ver Plantas)

**Habacuc** *(abrazo)* Profeta del libro que lleva su nombre.

**Habacuc, Libro de** (Ver Libro de Habacuc)

**Habaía** *(Jehová ha escondido)* Sacerdote cuyos descendientes fueron excluidos del sacerdocio (Esd. 2:61; Neh. 7:63.)

**Habasinías.** Antepasado de los recabitas, en tiempos de Jeremías (Jer. 35:3.)

**Habiru.** Pueblo mencionado en las tabletas de Mari, Nuzu y el-Amarnah. Etimológicamente el nombre de Habiru sería el de "deambuladores", de origen racial mezclado, formado por semitas y no semitas. La relación que pudieran haber tenido con los hebreos se mantiene todavía una incógnita.

**Habitaciones** (Ver Fortaleza)

**Habor.** Río de la Mesopotamia, que nace en Ras el-Aín y desemboca en el Eufrates a cuya región el rey asirio Salmanazar exiló las tribus nórdicas de Israel (2 R. 17:6; 18:11.)

**Hacalías** *(espera en Jehová)* Padre de Nehemías (Neh. 1:1; 10:1.)

**Hacatán** *(el pequeño)* Padre de Johanán nº 10, que regresó con Esdras de la cautividad (Esd. 8:12.)

**Hacmoni** *(sabio)* **1.** Padre de Jasobeam, valiente de David (1 Cr. 11:11.) **2.** Padre de Jehiel, valiente de David, (1 Cr. 27:32.)

**Hacufa** *(inclinado)* Antepasado de un netineo (Esd. 2:51; Neh. 7:53.)

**Hacha.** Instrumento para cortar (1 R. 6:7; Jer. 10:3.)

**Hacha de combate.** Muy utilizada en la antigüedad como arma ofensiva (Jer. 33:4; 46:22; Ez. 26:9.)

**Hachón.** Mecha que se hace de esparto y alquitrán para que resista el viento sin apagarse (Job 41:19; Ez. 1:13.)

**Hadad** *(agudeza, ferocidad)* **1.** Nieto de Abraham (Gn. 25:15, que en R-V figura como Hadar.) **2.** Rey de Edom (Gn. 36:35, 36; 1 Cr. 1:46, 47.) **3.** Príncipe edomita que se rebeló contra Salomón (1 R. 11:14-25.) **4.** Hijo de Ismael ( =Hadar nº 1), (1 Cr. 1:30.) **5.** Otro rey de Edom (1 Cr. 1:50, 51.) **6.** Supremo dios de Siria, deidad de la tormenta y del trueno.

**Hadad-ezer** *(Hadad es una ayuda)* Rey de Soba, derrotado por David (2 S. 8:3ss.; 10:15-19.)

**Hadad-rimón** *(Hadad y Rimón, dos divinidades sirias)* Lugar de llanto en el valle de Megido (Zac. 12:11.)

**Hadar** *(afilado)* **1.** Hijo de Ismael (Gn. 25:15.) **2.** Rey de Edom (Gn. 36:39.) (Ver Hadad)

**Hadasa** *(nueva)* **1.** Aldea en Judá (Jos. 15:37.) **2.** Nombre hebreo de la reina Ester (Est. 2:7.)

**Hades** *(lo invisible)* Lugar o estado de los muertos, equivalente al "Seol" hebreo, que se traduce "tumba", "infierno", "abismo". (Ver Seol.) La palabra del N. T. que habitualmente es traducida por "infierno" no supone necesariamente un lugar de tormento, sino el frío y triste aspecto de la muerte (Hch. 2:27; Ap. 1:18; 6:8; 20:13, 14.) Puede también incluir la idea de retribución (Lc. 16:23.)

**Hadid** *(filoso)* Población en Benjamín, aproximadamente a cinco kilómetros de Lida (Esd. 2:33; Neh. 7:37.)

**Hadlai** *(indulgente)* Padre de Amasa (2 Cr. 28:12.)

**Hadrac.** Población en el Líbano (Zac. 9:1.)

**Hafaraim** *(dos hoyos)* Ciudad de Isacar cerca de Sunem (Jos. 19:19.)

**Hagab.** Saltamontes (Lv. 11:22.)

**Hagab** *(langosta)* Padre de una familia de netineos (Esd. 2:46.)

**Hagaba** *(langosta)* Padre de una familia de netineos (Esd. 2:45.)

**Hageo** *("el festivo"; "el nacido en una fiesta")* Profeta de los judíos en el año 520 a. C.; poco es lo que se conoce su historia personal; fue contemporáneo de Zacarías y de Darío Histaspes.

**Hageo, Libro de** (Ver Libro de Hageo)

**Hagiógrafos** *(escritos sagrados)* Los judíos dividían los libros del A. T. en tres grandes grupos: Ley, Profetas y Escritos. Este último grupo, el de los hagiógrafos, comprende los siguientes libros: Salmos, Proverbios, Job, los cinco "rollos" o volúmenes -Cantar de los Cantares, Rut, Lamentaciones, Eclesiastés y Ester- y además Daniel, Esdras, Nehemías y 1 y 2 Crónicas.

**Hagrai** *(trotamundo)* Padre de Mibhar, uno de los 30 valientes de David (1 Cr. 11:38.)

**Hagui** *(festivo)* Hijo de Gad (Gn. 46:16; Nm. 26:15.)

**Haguía** *(festival de Jehová)* Levita, descendiente de Merari (1 Cr. 6:30.)

**Haguit** *(festivo)* Esposa de David y Madre de Adonías (2 S. 3:4; 1 R. 1:5, 11; 2:13; 1 Cr. 3:2.)

**Haguita.** Descendiente de Hagui (Nm. 26:15.)

**Hai** *(montón)* 1. Ciudad al E. de Bet-el, cerca de Bet-avén. 2. Ciudad de los amonitas (Jer. 49:3.)

**Halac** *(monte pelado)* Monte en el S. de Palestina que marca el límite S. de la conquista de Josué (Jos. 11:17; 12:7.)

**Halah.** Región de la Mesopotamia, donde fueron llevados cautivos los israelitas (2 R. 17:6; 18:11; 1 Cr. 5:26.)

**Halhul.** Ciudad en Judá, cerca de Hebrón (Jos. 15:58.)

**Halí** *(adorno)* Población en la frontera de Aser (Jos. 19:25.)

**Hallel** *(alabanza)* Término utilizado por los judíos para designar a una serie de salmos que comienzan por la palabra aleluya (hallelú yáh "alabad a Jehová".) Había tres *hallel:* el egipcio (compuesto por los Salmos 113-118) el gran *hallel* (integrado por los Salmos 120 a 136, sobre todo el último) y el pequeño *hallel* (formado por los cinco últimos Salmos, 146-150.)

**Halohes** *(el que susurra)* 1. Padre de Salum (Neh. 3:12.) 2. Firmante del pacto de Nehemías (Neh. 10:24), talvez una sola y única persona.

**Ham** *(caliente)* Ciudad de los zuzitas al oriente del Jordán (Gn. 14:5.)

**Hamat** *(fortificación)* 1. Antiquísima e importante ciudad sobre el río Orontes, en Siria (Nm. 13:21; 2 R. 14:25; Is. 10:9; Zac. 9:2.) 2. Ciudad fortificada en Neftalí ( =Hamón n° 2 y Hamot-dor), (Jos. 19:35.) 3. Otra ciudad de Siria ( =Soba), (2 S. 8:9; 2 Cr. 8:3, 4.) 4. Padre de Recab y fundador de los recabitas (1 Cr. 2:55.)

**Hamateo.** Habitante de Hamat n° 1 (Gn. 10:18; 1 Cr. 1:16.)

**Hambre.** Frecuente en la antigua Palestina debido a la escasez de lluvias, a las tormentas destructoras, a las plagas de insectos, especialmente las langostas, o a las guerras (Ver Gn. 12:10; 41:56; 1 R. 17:1; 18:2; 2 R. 6:25.) El hambre también se presentaba a veces por un juicio de Dios, debido a la maldad de la gente (Jer. 14:12, 15.) En forma figurada la palabra "hambre" traduce déficit o escasez de la Palabra de Dios (Am. 8:11.)

**Hamea** *(cien)* Torre en el muro de Jerusalén (Neh. 3:1; 12:39.)

**Hamedata.** Padre de Amán el agagueo (Est. 3:1, 10; 8:5; 9:10, 24.)

**Hamelec** *(el rey)* Padre de Jerameel y de Malaquías (Jer. 36:26; 38:6.) Reina-Valera traduce incorrectamente como nombre propio. En los dos pasajes de Jeremías debe traducirse "hijo del rey" y no "hijo de Hamelec".

**Hammurabi.** Rey de Babilonia (1728-1686 a. C.) La identificación de este rey con Amrafel, soberano de Sinar (Gn. 14:9) ya no se admite generalmente, debido a la falta de pruebas. Hammurabi fue un gran constructor y codificador, siendo famoso el Código de Hammurabi.

**Hamolequet** *(la reina)* Hermana de Galaad y ascendiente de varias familias de Manasés (1 Cr. 7:18.)

**Hamón** *(termas)* 1. Población en la frontera de Aser, a 16 kilómetros al S. de Tiro (Jos. 19:28.) 2. Ciudad de los levitas en Neftalí (1 Cr. 6:76) (=Hamat n° 2 y Hamot-dor.)

**Hamona** *(multitud)* Nombre profético de una ciudad cerca de la cual es derrotado Gog (Ez. 39:16.)

**Hamón-gog** *(multitud de Gog)* (Ver Valle de Hamón-gog)

**Hamor** *(asno)* Padre de Siquem n° 2 (Gn. 34:2ss.; Hch. 7:16.)

**Hamot-dor** *(termas de Dor)* Ciudad de los levitas en Neftalí (=Hamat n° 2 y Hamón n° 2), (Jos. 21:32.)

**Hamuel** *(calor de Dios)* Descendiente de Simeón (1 Cr. 4:26.)

**Hamul** *(apiadado)* Hijo de Fares y nieto de Judá; antepasado de los hamulitas (Gn. 46:12; Nm. 26:21; 1 Cr. 2:5.)

**Hamulita.** Descendiente de Hamul (Nm. 26:2.)

**Hamutal** *(el suegro es rocío)* Esposa de Josías; madre de Joacaz y de Sedequías (2 R. 23:31; 24:18; Jer. 52:1.)

**Hanameel** *(Dios fue compasivo)* Primo de Jeremías (Jer. 32:7-12.)

**Hanán** *(benigno)* 1. Un benjamita (1 Cr. 8:23.) 2. Hijo de Azel, ascendiente del rey Saúl (1 Cr. 8:38; 9:44.) 3. Hijo de Maaca, uno de los 30 valientes de David (1 Cr. 11:43.) 4. Padre de una familia de netineos que retornó de la cautividad con Zorobabel (Esd. 2:46; Neh. 7:49.) 5. Levita que ayudó a Esdras en la lectura de la ley (Neh. 8:7.) 6. Nombre de tres firmantes del pacto de Nehemías (Neh. 10:10, 22, 26.) 7. Ayudante de los tesoreros del templo (Neh. 13:13.) 8. Judío influyente en Jerusalén, padre de unos que disponían de aposentos en el templo y los pusieron a disposición de Jeremías (Jer. 35:4.)

**Hanani** *(benigno)* 1. Padre del profeta Jehú (1 R. 16:1, 7; 2 Cr. 19:2; 20:34.) 2. Levita, hijo de Henán, cantor en el templo (1 Cr. 25:4, 25.) 3. Vidente que reprendió

al rey Asa (2 Cr. 16:7-10.) 4. Uno que despidió a su mujer extranjera en tiempo de Esdras (Esd. 10:20.) 5. Hermano de Nehemías (Neh. 1:2; 7:2.) 6. Músico que actuó en la dedicación del templo de Jerusalén (Neh. 12:36.)

**Hananeel** *(Dios es benigno)* Torre en el muro de Jerusalén (Jer. 31:38; Zac. 14:10.)

**Hananías** *(Jehová es benigno)* 1. Hijo de Zorobabel (1 Cr. 3:19, 21.) 2. Descendiente de Benjamín (1 Cr. 8:24.) 3. Cantor, hijo de Hemán (1 Cr. 25:4, 23.) 4. Capitán del ejército del rey Uzías (2 Cr. 26:11.) 5. Uno de los que despidieron a sus mujeres extranjeras en tiempo de Esdras (Esd. 10:28.) 6. Hijo de un perfumero que restauró un tramo del muro de Jerusalén (Neh. 3:8.) 7. Hijo de Selemías que restauró otro tramo (Neh. 3:30.) 8. Jefe de la fortaleza de Jerusalén bajo Nehemías (Neh. 7:2.) 9. Firmante del pacto de Nehemías (Neh. 10:23.) 10. Jefe de una familia sacerdotal (Neh. 12:12, 41.) 11. Falso profeta que se opuso a Jeremías en los días de Sedequías (Jer. 28:10ss.) 12. Ascendiente de Irías (Jer. 37:13.)

**Hanatón** *(benigno)* Población en la frontera de Zabulón (Jos. 19:14.)

**Hanes.** Ciudad en Egipto (Is. 30:4.)

**Haniel** *(gracia de Dios)* 1. Príncipe de la tribu de Manasés (Nm. 34:23.) 2. Guerrero de la tribu de Aser (1 Cr. 7:39.)

**Hanoc** *(iniciación)* 1. Hijo de Madián, nieto de Abraham con Cetura (Gn. 24:4; 1 Cr. 1:33.) 2. Hijo de Rubén (Gn. 46:9; Ex. 6:14; 1 Cr. 5:3.)

**Hanún** *(favorecido)* 1. Rey de los amonitas que provocó a David a guerrear (2 S. 10:1-5; 1 Cr. 19:2-6.) 2. Nombre de dos varones que ayudaron en la restauración del muro de Jerusalén (Neh. 3:13, 30.)

**Haquila** *(colina)* Collado cerca de Zif y Maón, donde David se escondió de Saúl (1 S. 23:19; 26:1; 26:3.)

**Hara.** Región de la Mesopotamia, en Asiria, hacia la cual los asirios exilaron a los israelitas (1 Cr. 5:26.)

**Harada** *(terror)* Lugar donde acampó Israel (Nm. 33:24, 25.)

**Harán** *(montañés)* 1. Hermano de

Abraham (Gn. 11:27, 28.) **2.** Ciudad al N. de la Mesopotamia, sobre el río Balic, tributario del Eufrates. Allí vivió Abraham antes de dirigirse a Canaán (Gn. 11:31), y también allí envió a su mayordomo para buscar esposa para Isaac (Gn. 24:4.) Se menciona la ciudad en 2 Reyes 19:12, Isaías 37:12, Ezequiel 27:23 y Hechos de los Apóstoles 7:2, 4. **3.** Hijo de Caleb (1 Cr. 2:46.) **4.** Levita gersonita, hijo de Simei (1 Cr. 23:9.)

**Harbona** *(mulero)* Eunuco que servía al rey Asuero (Est. 1:10.)

**Haref** *(desdeñoso)* Descendiente de Judá, hijo de Caleb (1 Cr. 2:51.)

**Haret** *(bosque de Haret)* Bosque en Judá donde se escondió David (1 S. 22:5.)

**Harhaía.** Padre de Uziel nº 6, un platero (Neh. 3:8.)

**Harhas.** Ascendiente de Salum nº 2 (2 R. 22:14; 2 Cr. 34:22.)

**Harhur** *(fiebre)* Jefe de una familia de netineos que retornó con Zorobabel (Esd. 2:51; Neh. 7:53.)

**Harif** *(otoño)* **1.** Ascendiente de algunos que regresaron del exilio con Zorobabel (Neh. 7:24.) **2.** Firmante del pacto de Nehemías (Neh. 10:19.)

**Harim** *(consagrado)* **1.** Sacerdote (1 Cr. 24:8.) **2.** Familia que regresó del exilio con Zorobabel (Esd. 2:39; Neh. 7:35.) **3.** Familia de sacerdotes (Esd. 2:39; 10:21; Neh. 7:42; 12:5.) **4.** Familia que se casó con mujeres extranjeras (Esd. 10:31.) **5.** Padre de uno que trabajó en la restauración del muro de Jerusalén (Neh. 3:11.) **6.** Firmante del pacto de Nehemías (Neh. 10:27.)

**Harina.** Polvo que resulta de la molienda del trigo, del centeno o de la cebada (Gn. 18:6; Nm. 6:15; Jue. 6:19; Ap. 18:13.)

**Harina, Flor de** (Ver Flor de harina)

**Harnefer** *(el dios Horus es bueno)* Descendiente de Aser (1 Cr. 7:36.)

**Harod** *(temblando)* Fuente en la falda del monte Gilboa, junto a la cual acampó Gedeón (Jue. 7:1.)

**Harodita.** Patronímico de Sama y Alica. Habitante de Harod, posiblemente una población cerca de la fuente de Harod (2 S. 23:25; 1 Cr. 11:27.)

**Haroe** *(el vidente)* Nieto de Caleb (1 Cr. 2:52.)

**Haroset-goim** *(bosque de los gentiles)* Ciudad cananea al N. de Palestina, alrededor de 25 kilómetros al NO. de Megido; lugar de origen de Sísara (Jue. 4:2, 13, 16.)

**Harsa** *(mudo)* Padre de una familia de netineos que regresó del exilio con Zorobabel (Esd. 2:52; Neh. 7:54.)

**Harufita.** Designación de Sefatías (1 Cr. 12:5.)

**Harum** *(ensalzado)* Padre de Aharhel (1 Cr. 4:8.)

**Harumaf** *(de nariz partida)* Padre de Jedaías nº 3 (Neh. 3:10.)

**Haruz** *(diligente)* Suegro de Manasés, rey de Judá y abuelo del rey Amón (2 R. 21:19.)

**Hasabías** *(a quien Jehová estima)* **1.** Levita, descendiente de Merari, antepasado de Etán (1 Cr. 6:45.) **2.** Levita, ascendiente de Samaías nº 5 (1 Cr. 9:14; Neh. 11:15.) **3.** Levita, hijo de Jedutún, cantor en el templo (1 Cr. 25:3, 19.) **4.** Hebronita, funcionario del rey David (1 Cr. 26:30.) **5.** Jefe de los levitas bajo el rey David (1 Cr. 27:17.) **6.** Jefe de los levitas bajo el rey Josías (2 Cr. 35:9.) **7.** Maestro levita que regresó del exilio con Esdras (Esd. 8:19.) **8.** Sumo sacerdote que regresó del exilio con Esdras (Esd. 8:24.) **9.** Funcionario que ayudó en la restauración del muro de Jerusalén (Neh. 3:17.) **10.** Firmante del pacto de Nehemías (Neh. 10:11.) **11.** Levita en días de Nehemías (Neh. 11:15.) **12.** Levita, descendiente de Asaf y antepasado de Uzi (Neh. 11:22.) **13.** Sacerdote en tiempo de Joiacim (Neh. 12:21.) **14.** Principal levita en tiempo de Nehemías (Neh. 12:24.)

**Hasabna.** Firmante del pacto de Nehemías (Neh. 10:25.)

**Hasabnías** *(Dios premió mi justicia con un hijo)* **1.** Padre de Hatús nº 2 (Neh. 3:10.) **2.** Levita en tiempo de Esdras (Neh. 9:5.)

**Hasadías** *(Jehová es bueno)* Hijo de Zorobabel (1 Cr. 3:20.)

**Hasar-adar** *(aduar de la magnitud)*

Ciudad fortificada en la frontera S. de Judá (Nm. 34:4.)

**Hasbadana.** Levita que ayudó a Esdras en la lectura de la ley (Neh. 8:4.)

**Hasem.** Padre de algunos de los valientes de David (1 Cr. 11:34.)

**Haserín** (aldeas) Figura así en Reina-Valera, ed. 1909. En la ed. 1960 traduce, más correctamente, "aldeas" (Dt. 2:23.)

**Hasmanim.** Palabra hebrea que significa "desconocido" y que el Salmo 68:33 traduce por *los cielos de los cielos.*

**Hasmona.** Lugar donde acampó Israel (Nm. 33:29, 30.)

**Hasub** (considerado) **1.** Padre de un levita -Semaías nº 5- que regresó del exilio (1 Cr. 9:14; Neh. 11:15.) **2.** Uno que ayudó en la restauración del muro de Jerusalén (Neh. 3:11.) **3.** Otro que ayudó en la misma tarea (Neh. 3:23.) **4.** Firmante del pacto de Nehemías (Neh. 10:23.)

**Hasuba** (gracia de Jehová) Hijo de Zorobabel (1 Cr. 3:20.)

**Hasufa** (veloz) Padre de una familia de netineos que regresó del exilio con Zorobabel (Esd. 2:43; Neh. 7:46.)

**Hasum** (de nariz ancha) **1.** Padre de una familia que regresó del exilio (Esd. 2:19; 1:33; Neh. 7:22.) **2.** Sacerdote levita que ayudó a Esdras en la lectura de la ley (Neh. 8:4.) **3.** Firmante del pacto de Nehemías (Neh. 10:18.)

**Hatac.** Eunuco del rey Asuero (Est. 4:5-10.)

**Hatat** (terror) Hijo de Otoniel (1 Cr. 4:13.)

**Hatifa** (robado) Jefe de una familia de netineos que regresó del exilio con Zorobabel (Esd. 2:54; Neh. 7:56.)

**Hatil** (ondeante) Padre de una familia de siervos de Salomón que regresó del exilio con Zorobabel (Esd. 2:57; Neh. 7:59.)

**Hatita** (explorando) Padre de una familia de porteros que regresó del exilio con Zorobabel (Esd. 2:42; Neh. 7:45.)

**Hattín, Cuerno de** (Ver Cuerno de Hattín)

**Hatús. 1.** Descendiente de Zorobabel

(1 Cr. 3:22.) **2.** Hombre que regresó de Babilonia (Esd. 8:2.) **3.** Varón que ayudó en la restauración del muro de Jerusalén (Neh. 3:10); puede ser el mismo que nº 2. **4.** Firmante del pacto de Nehemías (Neh. 10:4), probablemente el mismo que nº 1 ó nº 2. **5.** Sacerdote que regresó del exilio con Zorobabel (Neh. 12:2.)

**Haurán** ("tierra negra" o "tierra de cuevas") Meseta al E. del Jordán y al N. de Galaad, en la Transjordania septentrional (Ez. 47:16, 18.) En la antigüedad la región llevaba el nombre de Basán y en tiempo de los romanos se llamó Auranítide.

**Havila** (terreno arenoso) **1.** Territorio circundado por el río Pisón (Gn. 2:11, 12.) **2.** Hijo de Cus nº 2 (Gn. 10:7; 1 Cr. 1:9.) **3.** Hijo de Joctán (Gn. 10:29; 1 Cr. 1:23.) **4.** Uno de los límites de los ismaelitas (1 S. 15:7.)

**Havot-jair** (aduar de Jair) Grupo de aldeas en Galaad que tomó Jair, el hijo de Manasés (Nm. 32:41.)

**Haya** (Ver Plantas)

**Hazael** (Dios ve) Rey de Damasco (841-798 a. C.); mató y sucedió a Ben-adad (2 R. 8:7-15); oprimió a Israel (2 R. 13:22); sitió a Jerusalén (2 R. 12:17, 18.)

**Hazaías** (Jehová ve) Judaíta, ascendiente de Maasías (Neh. 11:5.)

**Hazar.** Prefijo descriptivo de lugares; también denomina campamentos de nómadas.

**Hazar-enán** (aduar de fuentes) Ciudad al pie del monte Hermón, en el extremo NE. de Canaán (Nm. 34:9, 10; Ex. 47:17; 48:1.)

**Hazar-gada** (aduar de buena fortuna) Ciudad en el S. de Judá, cerca de Simeón (Jos. 15:27.)

**Hazar-haticón** (aduar del medio) Posiblemente =Hazar-enán, lugar cerca de Damasco (Ez. 47:16.)

**Hazar-mavet** (aduar de muerte) Hijo y descendiente de Joctán (Gn. 10:26; 1 Cr. 1:20.)

**Hazar-sual** (aduar del chacal) Población en el S. de Judá que fue entregada a Simeón (Jos. 15:28; 1 Cr. 4:28.)

**Hazar-susa** (aduar de una yegua) Perteneció a Judá pero le fue entregada a Simeón (Jos. 19:5.)

**Hazar-susim** *(aduar de los caballos)* = Hazar-susa, localidad de ubicación desconocida (1 Cr. 4:31.)

**Haze-lelponi.** Hermana de Jezreel, Isma e Ibdas (1 Cr. 4:3.)

**Hazerot** *(cortes o aldeas)* Lugar donde acampó Israel en el desierto (Nm. 11:35; 12:16.)

**Hazezón-tamar** *(Hazezón de las palmeras)* Ciudad de los amorreos en la ribera occidental del mar Muerto ( = En-gadi), (Gn. 14:7.)

**Haziel** *(Dios ve)* Levita, descendiente de Gersón (1 Cr. 23:9.)

**Hazo** *(Dios vio)* Hijo de Nacor (Gn. 22:22.)

**Hazor** *(lugar cercado)* 1. Ciudad importante de los cananeos, a 8 kilómetros aproximadamente de las aguas de Merom, gobernada por Jabín (Jos. 11:1-13); fue conquistada por Josué y, más tarde, por Débora y Barac (Jue. 4; 1 S. 12:9); fortificada por Salomón (1 R. 9:15); sus habitantes fueron llevados al exilio por los asirios (2 R. 15:29.) 2. Ciudad en el Neguev de Judá (Jos. 15:23.) 3. Ciudad en el Neguev de Judá ( = Hezrón n° 3), (Jos. 15:25.) 4. Ciudad al N. de Jerusalén (Neh. 11:33.) 5. Región en el S. de Arabia (Jer. 49:28-33.)

**Hazor-hadata** *(nueva Azor)* Aldea en el Neguev de Judá (Jos. 15:25.)

**He.** Quinta letra del alfabeto hebreo que también representa el número 5.

**Heber** *(asociado)* 1. Hijo de Sala (Sela) y bisnieto de Sem (Gn. 10:24; 11:14-17; 1 Cr. 1:18; Lc. 3:35.) 2. Hijo de Bería, nieto de Aser y bisnieto de Jacob (Gn. 46:17; Nm. 26:45; 1 Cr. 7:31, 32.) 3. Voz poética que significa la posteridad de Sem (Nm. 24:24.) 4. Ceneo cuya esposa, Jael, mató a Sísara (Jue. 4:11-21.) 5. Descendiente de Judá, hijo de Esdras (1 Cr. 4:18.) 6. Gadita (1 Cr. 5:13.) 7. Nombre de tres descendientes de Benjamín (1 Cr. 8:12, 17, 22.)

**Heberita.** Descendiente de Heber n° 2 (Nm. 26:45.)

**Hebreo, hebreos.** Designación para Abraham y sus descendientes, equivalente a israelitas. Abraham es la primera persona en el A. T. a quien se llama hebreo (Gn. 14:14.) Se desconoce el origen de la palabra; pudiera ser el Habiru que aparece en las tablas de arcilla de el-Amarnah; pudiera provenir de "Heber", padre de Peleg y Joctán (Gn. 10:24, 25), o de una raíz hebrea que significa "atravesar" (por cruzar Abraham el Eufrates).

**Hebreo de hebreos.** De pura cepa, estrictamente judío (Fil. 3:4-6.)

**Hebreo, Idioma** (Ver Idioma hebreo)

**Hebreos, Epístola a los** (Ver Epístola a los Hebreos)

**Hebrón** *(liga, confederación)* 1. Antigua e importante ciudad de Judá, situada aproximadamente a 30 kilómetros al SO. de Jerusalén; allí acampó Abraham; allí lo encontraron los hijos de Anac (Nm. 13:22); entregada a Caleb (Jos. 14:6-15); capital de David por un período de siete años y medio (2 S. 2:11.) 2. Población de Aser (Jos. 19:28.) 3. Hijo de Coat (Ex. 6:18; Nm. 3:19.) 4. Descendiente de Caleb (1 Cr. 2:42, 43.)

**Hebronita.** Descendiente de Hebrón n° 3 (Nm. 3:27; 1 Cr. 26:23.)

**Hechicera.** Mujer en liga con los espíritus malignos y que practica la magia negra y la brujería (Ex. 22:18; Is. 57:3.)

**Hechicero.** El que sostiene poseer poderes y conocimientos sobrenaturales. Los profetas prohibieron la hechicería (Is. 47:9.)

**Hechos de los Apóstoles, Libro de los** (Ver Libro de los Hechos de los Apóstoles)

**Hefer** *(pozo)* 1. Descendiente de Galaad, padre de Zelofehad, cabeza de los heferitas (Nm. 26:32.) 2. Ciudad cananea conquistada por Josué y posteriormente parte de un distrito administrativo de Salomón (Jos. 12:77; 1 R. 4:10.) 3. Hijo de Asur, descendiente de Judá (1 Cr. 4:6.) 4. Uno de los valientes de David (1 Cr. 11:36.)

**Heferita.** Descendiente de Hefer n° 1 (Nm. 26:32.)

**Hefzi-bá** *(mi deleite está en ella)* Voz poética y simbólica dada a Sión (Is. 62:4.)

**Hegai.** Eunuco encargado del harén del rey Asuero (Est. 2:3, 8.)

**Hela** *(adorno para el cuello)* Mujer de Asur nº 1 (1 Cr. 4:5, 7.)

**Helam.** Ciudad en Galaad, en el desierto de Siria, al E. del Jordán, donde David derrotó a las tropas de Hadad-ezer (2 S. 10:16, 17.)

**Helba** *(región fértil)* Ciudad en Aser (Jue. 1:31.)

**Helbón** *(fértil)* Ciudad al N. de Siria (Ez. 27:18.)

**Helcai.** Sacerdote en tiempos de Joiacim (Neh. 12:15.)

**Helcat** *(campo)* Ciudad al S. de Aser (Jos. 19:25) ( = Hucoc)

**Helcat-hazurim** *(Campo de filos de espada)* Llanura cerca del estanque de Gabaón donde pelearon los soldados de Joab y Abner (2 S. 2:16.)

**Heldai** *(topo)* 1. Funcionario del rey David ( = Heled) (1 Cr. 27:15.) 2. Uno que volvió del cautiverio ( = Helem) (Zac. 6:10.)

**Heleb.** Uno de los 30 valientes de David ( = Heldai nº 1 y Heled), (2 S. 23:29.)

**Helec** *(Dios es mi porción)* Hijo de Galaad, descendiente de Manasés (Nm. 26:30; Jos. 17:2.)

**Heled.** Uno de los 30 valientes de David ( = Heldai nº 1 y Heleb), (1 Cr. 11:30.)

**Helef** *(cambio)* Población en la frontera de Neftalí (Jos. 19:33.)

**Helem** *(salud)* 1. Descendiente de Aser ( = Hotam), (1 Cr. 7:35.) 2. Embajador ( = Heled y Heldai nº 2), (Zac. 6:14.)

**Helenistas o helénicos** *("hablar griego")* Eran los judíos que habían vivido fuera de Palestina y disponían en Jerusalén de sinagogas particulares en las que se leía la Biblia en griego (Hch. 6:1; 9:29, Biblia de Jerusalén, nota al pie)

**Helequita.** Descendiente de Helec (Nm. 26:30.)

**Heles** *(Dios ha dado salvación)* 1. Uno de los valientes de David (2 S. 23:26; 1 Cr. 11:27; 27:10.) 2. Descendiente de Judá (1 Cr. 2:39.)

**Heliópolis** *(helios* = sol, *polis* = ciudad: "ciudad del sol")* Ciudad cercana al extremo S. del delta del Nilo llamada "On" en la Biblia (Gn. 41:45; 46:20.)

**Helón** *(valiente)* Padre de Eliab, jefe de Zabulón (Nm. 1:9.)

**Hemam.** Horeo, hijo de Lotán ( = Homam), (Gn. 36:22.)

**Hemán** *(fiel)* 1. Hijo de Zera, notable por su sabiduría (1 R. 4:31; 1 Cr. 2:6.) 2. Levita, jefe de los cantores del templo en tiempo de David (1 Cr. 6:33; 25:5.) 3. El Salmo 88 se le atribuye a Hemán ezraíta, que pudiera ser el mismo que nº 1 (Ver título del Salmo 88.)

**Hemdán** *(agradable)* Horeo, hijo de Disón ( = Amram nº 2), (Gn. 36:26.)

**Hen** *(favor)* Hijo de Sofonías nº 4 ( = Josías nº 2), (Zac. 6:14.)

**Hena.** Pueblo conquistado por Senaquerib, situado en la orilla S. del Eufrates, a 290 kilómetros al NO. de Babilonia (2 R. 18:34; 19:13; Is. 37:13.)

**Henadad** *(favor de Hadad)* Cabeza de una familia de sacerdotes cuyos descendientes ayudaron a Zorobabel (Esd. 3:9) y a Nehemías (Neh. 3:18, 24.)

**Hepsiba** *(mi deleite está en ella)* Esposa de Ezequías, madre del rey Manasés (2 R. 21:1.)

**Heredad** (Ver Mojón)

**Heredad del lavador.** Campo en las afueras de Jerusalén donde los bataneros (BJ) o lavadores (R-V) lavaban la tela que procesaban (2 R. 18:17; Is. 7:3; 36:2.)

**Heredero** (Ver Herencia)

**Herejía** *(escoger)* 1. Secta que no representa, necesariamente, apartarse de la doctrina ortodoxa (Hch. 5:17; 24:5, 14; 28:22.) 2. Doctrina o secta que se aparta de la sana doctrina (2 P. 2:1.)

**Herencia.** En el A. T. se usa la palabra en sentido literal para referirse a propiedades heredadas (Dt. 21:15-17; Nm. 27:8; Rt. 3:12, 13); la tierra de Canaán, prometida a Abraham y a su descendencia (1 R. 8:36; Nm. 34:2; Dt. 4:21, 38); Jehová mismo (Jer. 10:16); Israel (Dt. 4:20); en el N. T. se refiere generalmente al reino de Dios con todas sus bienaventuranzas (Mt. 25:34; 1 Co. 6:9; Gá. 5:21), tanto actual como escatológico (Ro. 8:17-23; 1 Co. 15:50; He. 11:13; 1 P. 1:3, 4.)

**Heres** *(sol)* 1. Monte cerca de Ajalón

(Jue. 1:35.) **2.** Levita que regresó del exilio (1 Cr. 9:15.)

**Herez** *(ciudad del sol)* Ciudad de Egipto, sin duda Heliópolis que, según los Manuscritos, se traduce "ciudad de destrucción" o "ciudad del sol". Figura únicamente en Is. 19:18.

**Hermana. 1.** Hermana o media hermana (Gn. 20:12; Dt. 27:22.) **2.** Esposa (Cnt. 4:9.) **3.** Mujer del mismo país o tribu (Nm. 25:18.) **4.** Parientes consanguíneos (Mt. 13:56; Mr. 6:3.) **5.** Hermanas en Cristo (Ro. 16:1; 2 Jn. 13.)

**Hermano. 1.** Persona que, con respecto a otra, tiene los mismos padres (Gn. 27:6) o solamente el mismo padre (Gn. 28:2) o la misma madre (Jue. 8:19.) **2.** Habitante de un mismo país (Ex. 2:11; Hch. 3:22.) **3.** Miembro de la misma tribu (2 S. 19:12.) **4.** Un aliado (Am. 1:9.) **5.** Perteneciente a una misma progenie (Nm. 20:14.) **6.** De la misma religión (Hch. 9:17; Ro. 1:13.) **7.** Compañeros en una tarea (Esd. 3:2.) **8.** Alguien de igual rango o jerarquía (1 R. 9:13.) **9.** Cualquier miembro de la raza humana (Mt. 7:3-5; He. 2:17.) **10.** Alguien bienamado (2 S. 1:26.) **11.** Pariente (Gn. 14:16; Mt. 12:46.)

**Hermanos de nuestro Señor.** A Jacobo, José, Simón y Judas se los llama "hermanos" de nuestro Señor (Mt. 13:55); también tenía hermanas (Mt. 13:56); en Juan 7:1-10 se nos dice que sus hermanos no creían en él. No hay unanimidad de opinión en cuanto a que los "hermanos" lo eran en toda la extensión de la palabra, o si eran primos o hijos de José de un matrimonio anterior.

**Hermas.** Cristiano saludado por Pablo (Ro. 16:14.)

**Hermes. 1.** Dios griego (mensajero), el Mercurio de los romanos (Hch. 14:12.) **2.** Cristiano saludado por Pablo en Roma (Ro. 16:14.)

**Hermógenes** *(nacido de Hermes)* Cristiano que abandonó a Pablo (2 Ti. 1:15.)

**Hermón** *(montaña sagrada)* Macizo montañoso situado al sursudeste del Antilíbano, del cual lo separa un profundo valle, a casi 50 kilómetros al SO. de Damasco y de una altura de 2.700 metros sobre el nivel del mar; señala el límite N. de Palestina y tiene tres picos. Se lo conoce con diversos nombres: Senir (Dt. 3:9); Sirión (Dt. 3:9); Sion (Dt. 4:48.) Es probable que sea el monte de la Transfiguración (Mt. 17:1.) Asiento del culto a Baal (Jue. 3:3.)

**Hermonita.** Habitante de la región del monte Hermón (Sal. 42:6.)

**Hermoso.** Dotado de hermosura (Ex. 2:2; 1 S. 9:2; Cnt. 1:15.)

**Hermosura.** Belleza de las cosas que pueden ser percibidas por el oído o por la vista (Ex. 28:2; Is. 53:2; Zac. 9:17.)

**Herodes.** Gobernantes idumeos de Palestina (47 a. C. - 79 d. C.) La casa de Herodes se inició con Antípater, a quien Julio César hizo procurador de Judea en el año 47 a. C. **1.** Herodes el Grande, primer procurador de Galilea, luego rey de los judíos (37-4 a. C.); edificó la ciudad de Cesarea y el templo de Jerusalén; ordenó una matanza de niños en Belén (Mt. 2:1-8.) A su muerte el reino se dividió entre sus tres hijos: Arquelao, Herodes Antipas y Filipo. **2.** Arquelao gobernó Judea, Samaria e Idumea (4 a. C. - 6 d. C.) y fue destituido por los romanos (Mt. 2:22.) **3.** Herodes Antipas reinó sobre Galilea y Perea (4 a. C. - 39 d. C.); hizo matar a Juan el Bautista (Mt. 14:1-12); Jesús se refirió a él como "zorra" (Lc. 13:32.) **4.** Filipo, tetrarca de Batanea, Traconítide, Gaulanítide y parte de Jamnia (4 a. C. - 34 d. C.) Fue el mejor de los Herodes. **5.** Herodes Agripa I; nieto de Herodes el Grande; tetrarca de Galilea; rey de Palestina (41-44 d. C.); mató a Jacobo el apóstol (Hch. 12:1-23.) **6.** Herodes Agripa II, rey del territorio oriental de Galilea (c. 53-70 d. C.); Pablo compareció frente a él (Hch. 25:13-26:32.)

**Herodiano.** Judíos partidarios de la dinastía real de Herodes y de Roma (Mt. 22:16; Mr. 12:13.)

**Herodías.** Hija de Aristóbulo y de Berenice, nieta de Herodes el Grande y hermanastra de Herodes Agripa I, rey de Judea. Se unió a su tío Filipo, hijo de Herodes el Grande y de Mariamme. De él tuvo una hija llamada Salomé. Logró que decapitaran a Juan el Bautista (Mt. 14:3-6; Mr. 6:17; Lc. 3:19.)

**Herodión.** Cristiano saludado por Pablo, pariente del apóstol (Ro. 16:11.)

**Herramienta.** La Biblia menciona diversas clases de herramientas: **1.** *Herramientas cortantes: cuchillo* (Gn. 22:6); *sierra* (Is. 10:15); *hoz* (Jl. 3:13); *hacha* (Dt. 19:5); *podadera* (Is. 18:5.) **2.** *Herramientas perforantes: lesna* (Ex. 21:6.) **3.** *Herramientas para recoger: horquilla* (1 S. 13:21, R-V, ed. 1909); *garfio* (2 Cr. 4:16); *pala* (Jer. 52:18); *despabiladera* (Ex. 25:38.) **4.** *Herramientas de carpintería: martillo* (Ex. 25:18); *cepillo* (Is. 44:13.) **5.** *Herramientas de dibujo: regla* (Is. 44:13); *compás* (Is. 44:13.) **6.** *Herramientas de albañilería: plomada* (Am. 7:7.) **7.** *Herramientas de medición: cordel* (Ez. 40:4); *caña de medir* (Ez. 40:5); *vara de medir* (Ap. 11:1.) **8.** *Herramienta de forja: el yunque* (Is. 41:7.) **9.** *Herramienta de picapedrero: el pico* (Ex. 20:25.)

**Herrero** (Ver Oficios y Profesiones)

**Hesbón** *(cálculo)* Importante ciudad moabita, aproximadamente a 33 kilómetros al E. del Jordán; gobernada por Sehón, los israelitas la conquistaron (Nm. 21:21-31); fue asignada a Rubén (Nm. 32:37; Jos. 13:17) más tarde quedó en poder de los levitas (Jos. 21:39; 1 Cr. 6:81.)

**Hesed** *(misericordia)* Padre de un funcionario de Salomón (1 R. 4:10.)

**Hesmón.** Población al S. de Judá (Jos. 15:27.)

**Het.** Hijo de Canaán, bisnieto de Noé, progenitor de los heteos (Gn. 10:15; 23:3; 27:46.) (Hijos de Het =heteos)

**Heteos.** Descendientes de Het, segundo hijo de Cam (Gn. 10:15; 1 Cr. 1:13); muy citado en el A.T. (Gn. 15:20; 26:34; Jos. 9:1; Jue. 3:5; 1 R. 11:1; Esd. 9:1); prominentes durante todo el segundo milenio a. C. Carquemis, su plaza fuerte, cayó ante los asirios en el año 717 a. C. Los arqueólogos han puesto al descubierto 10.000 tabletas en su antigua capital Boghaz-koy; se conoce bien, ahora, cuál fue su civilización.

**Hetlón.** Lugar situado inmediatamente al N. del monte Líbano (Ez. 47:15.)

**Heveo.** Uno de los siete antiguos pueblos de Canaán conquistados por Josué (Jos. 24:11); mencionado a menudo en el A. T. (Jos. 11:3; Jue. 3:3; 2 S. 24:7); la última vez que se lo menciona es cuando Salomón tomó el remanente que quedaba y lo hizo tributario de su reino (2 Cr. 8:7.)

**Hexateuco.** Término por el cual se engloba al Pentateuco con Josué para formar una sola unidad literaria.

**Hezequiel** *(Dios fortalecerá)* Sacerdote en tiempo de David (1 Cr. 24:16.)

**Hezión** *(visión)* Abuelo de Ben-adad, rey de Siria (1 R. 15:18.)

**Hezir** *(bruto)* **1.** Jefe de la decimoséptima suerte de sacerdotes (1 Cr. 24:15.) **2.** Firmante del pacto de Nehemías (Neh. 10:20.)

**Hezrai.** Uno de los 30 valientes de David (2 S. 23:35; 1 Cr. 11:37.)

**Hezro** ( = Hezrai.)

**Hezrón** *(cercamiento)* **1.** Hijo de Rubén (Gn. 46:9; Ex. 6:14; 1 Cr. 5:3.) **2.** Hijo de Fares y nieto de Judá (Gn. 46:12; Nm. 26:6, 21; Rt. 4:18, 19.) **3.** Ciudad en la frontera S. de Canaán (Jos. 15:3, 25.)

**Hezronita.** Descendiente de Hezrón n° 2 (Nm. 26:6, 21.)

**Hicsos.** Pueblo semita occidental que gobernaron un imperio que abarcaba Siria y Palestina; conquistaron Egipto alrededor del año 1.700 a. C.

**Hidai** *(guía)* Uno de los 30 valientes de David (2 S. 23:30.) Es el mismo que figura como Hurai en 1 Crónicas 11:32.

**Hidekel.** Nombre hebreo del río Tigris (Gn. 2:14; Dn. 10:4), uno de los dos grandes ríos de la Mesopotamia, de 1.850 kilómetros de largo.

**Hidropesia** (Ver Enfermedades)

**Hiel** *(Dios vive)* Varón de Bet-el que reedificó a Jericó y atrajo sobre sí la maldición de Dios (1 R. 16:34.)

**Hiel. 1.** Secreción de la vesícula biliar

(Job 16:13.) **2.** Veneno de las serpientes (Job 20:14.) **3.** Una hierba amarga y venenosa (Jer. 9:15), talvez como calmante contra el dolor (Mt. 27:34.)

**Hiena** (Ver Animales)

**Hierápolis** *(ciudad sagrada)* Antigua ciudad de Frigia, cercana a Colosas (Col. 4:13.)

**Hierba.** Término genérico para diversos tipos de plantas, incluso los yerbajos (Gn. 1:11, 13; Mt. 6:30; Ap. 8:7.)

**Hierbas amargas.** Utilizadas en la fiesta de la Pascua, para recordarles a los israelitas la servidumbre en Egipto (Ex. 12:8.)

**Hierro.** Al hierro se lo aprovecha y utiliza por lo menos desde el año 2.700 a. C. Se popularizó en Palestina en el siglo XIII a. C. Durante el período de los jueces, los israelitas tuvieron que recurrir a los filisteos para adquirir o hacer reparar sus herramientas (1 S. 13:22.) Cuando David conquistó a los filisteos, la industria del hierro recibió un gran impulso entre los israelitas. El mineral de hierro se obtenía de España y de las cadenas montañosas del Líbano (Dt. 8:9; 1 R. 8:51) y probablemente de Egipto (Dt. 4:20.) Entre los elementos que se fabricaban de hierro figuran utensilios (Jos. 6:19, 24), trillos (Am. 1:3), hachas (2 S. 12:31), varios instrumentos de hierro (1 R. 6:7), armas (Nm. 35:16), armaduras (2 S. 23:7), carros (Jos. 17:16), puertas (Hch. 12:10), barrotes de prisiones (Sal. 107:10), cerrojos (Sal. 107:16), herramientas (Is. 10:34.) Con frecuencia se aplica en forma figurada (Dt. 28:23, 48; Sal. 107:10; Dn. 2:33; Jer. 1:18.)

**Hígado.** Considerado el centro de la vida y de los sentimientos (Pr. 7:23, R-V ed. 1909); se lo usaba para los sacrificios (Ex. 29:13) y para formular los augurios (Ez. 21:21.)

**Higaión.** Voz hebrea musical que significa, probablemente, "meditación" o "sonido solemne" (Sal. 9:16.)

**Higuera** (Ver Plantas)

**Hija.** Palabra con distintas acepciones en la Biblia, se refiere tanto a personas como a cosas, abstracción hecha de parentesco o sexo. **1.** Hija (Gn. 11:29) o descendiente femenina (Gn. 24:48.) **2.** Mujeres en general (Gn. 28:6; Nm. 25:1.) **3.** Adoradoras del verdadero Dios (Sal. 45:10; Is. 62:11; Mt. 21:5; Jn. 12:15.) **4.** Ciudad (Is. 37:22.) **5.** Ciudadanos (Zac. 2:10.)

**Hijo. 1.** Todo vástago humano, de cualquier sexo que sea (Gn. 3:16.) **2.** Descendiente masculino (2 R. 9:20; Mal. 3:6.) **3.** Miembro de una corporación o profesión (2 R. 2:3; Neh. 3:8.) **4.** Hijo espiritual (1 Ti. 1:18.) **5.** Apelativo de un hombre más joven (1 S. 3:6.) **6.** Seguidor (Nm. 21:29; Dt. 14:1.) **7.** Hijo adoptivo (Ex. 2:10.) **8.** Nativo (Lm. 4:2.) **9.** Poseedor de una cualidad (1 S. 25:17, R-V, ed. 1909, nota al margen "hijo de Belial"; Lc. 10:6.) **10.** Designación de Cristo en un sentido único en su género.

**Hijo de Dios.** Título con que se designa a Jesús y que hace a su coigualdad, coeternidad y a su consubstanciación con el Padre y con el Espíritu Santo, en la Deidad eterna y trina (Jn. 5:18, 23, 36.) Cristo afirmó que él era eterno, coigual al Padre y consubstanciado con él. Es el Hijo de Dios de una manera única y exclusiva.

**Hijo del Hombre. 1.** Miembro de la humanidad (Ez. 2:1, 3, 8ss.; Dn. 8:17.) **2.** Dios utiliza la expresión al dirigirse a Daniel (Dn. 8:17) y a Ezequiel, (más de 80 veces); también la utilizó Daniel al describir un personaje que vio en una visión nocturna en un sentido mesiánico (Dn. 7:13, 14.) **3.** Jesús la usó muchas veces para referirse a sí mismo, sin duda identificándose con el Hijo del Hombre de la profecía de Daniel y poniendo énfasis sobre su misión con la humanidad (Lc. 9:56; 19:10; Jn. 6:62.) En algunas ocasiones lo aplica con referencia a su misión terrenal, pero también lo hace cuando describe su triunfo final como Redentor y Juez (Mt. 16:27; 19:28; 24:30; 25:31.) Pareciera identificarse con el Hijo del Hombre de Dn. 7:13, 14.

**Hijo de perdición.** Expresión para

designar a Judas Iscariote (Jn. 17:12) y al "hombre de pecado" que es el anticristo (2 Ts. 2:3.)

**Hijos.** Los israelitas deseaban fervientemente tener hijos (Gn. 15:2; 30:1; 1 S. 1:11, 20); los primogénitos pertenecían a Dios y debían ser rescatados (Nm. 3:40-51); a los hijos varones se los circuncidaba desde la época de Abraham (Gn. 17:12; 21:4); se los corregía con toda firmeza (Pr. 22:15) y se les ordenaba el respeto a los padres (Ex. 21:17.) En los evangelios leemos del amor que Jesús sentía por los niños (Mt. 9:23-26; Mr. 5:35-43; Lc. 18:15-17.) La Biblia nos ofrece hermosos cuadros sobre la niñez de algunos de sus más famosos personajes: Moisés (Ex. 2:1-10); Samuel (1 S. 1:20-3:19); Jesús (Lc. 2:7-40.)

**Hijos de Dios.** Toda criatura que pertenece a Dios. **1.** Seres angelicales (Job 1:6; 2:1; 38:7.) **2.** Hombres, por creación (Lc. 3:38; Is. 64:8.) **3.** La totalidad de la raza humana (Hch. 17:28.) **4.** Israel en su relación contractual con Dios (Ex. 4:22.) **5.** Israelitas individuales (Os. 1:10.) **6.** Gentiles (Is. 19:25.) **7.** Jesús (Mt. 3:17; 17:5; Lc. 1:35.) **8.** Los redimidos de Dios (Jn. 1:12; 14:6), a diferencia de los irredentos (1 Jn. 3:10.) Los "hijos de Dios" de Gn. 6:1-4 eran probablemente seres humanos y al designarlos así se hacía hincapié sobre la naturaleza humana creada a imagen de Dios.

**Hijos de Israel** (Ver Israel)

**Hijos de los profetas.** Miembros de una corporación o escuela de profetas; se reunían alrededor de grandes profetas como Samuel o Elías, para rendir culto a Dios, para orar unidos, para instruir al pueblo (1 S. 10:5, 10; 2 R. 4:38.) En los tiempos de Elías y de Eliseo vivían juntos en Bet-el, Jericó y Gilgal (2 R. 2:3, 5; 4:38.)

**Hilar.** Reducir a hilo el lino, cáñamo, lana, seda, algodón, *etc.* (Ex. 35:25; Mt. 6:28; Lc. 12:27.)

**Hilcías** *(porción de Jehová).* **1.** Padre de Eliaquim (2 R. 18:18, 26; Is. 22:20.) **2.** Sumo sacerdote que encontró el libro de la ley y se lo envió al rey Josías (2 R. 22:4-14; 23:4, 24;

1 Cr. 6:13; 9:11; 2 Cr. 34:9-22; Esd. 7:1.) **3.** Levita, descendiente de Merari (1 Cr. 6:45.) **4.** Levita, en tiempo del rey David (1 Cr. 26:11.) **5.** Uno que ayudó a Esdras en la lectura de la ley (Neh. 8:4.) **6.** Padre de Seraías (Neh. 11:11.) **7.** Sacerdote que regresó del exilio con Zorobabel (Neh. 12:7.) **8.** Sacerdote en tiempo de Joiacim (Neh. 12:21.) **9.** Padre del profeta Jeremías (Jer. 1:1.) **10.** Padre de Gemarías (Jer. 29:3.)

**Hilel** *(él alabó)* Padre de Abdón, juez de Israel (Jue. 12:13, 15.)

**Hilén.** Aldea levítica en Judá (1 Cr. 6:58.)

**Himeneo.** Cristiano apóstata excomulgado por Pablo (1 Ti. 1:19; 2 Ti. 2:16-18.)

**Himno** (Ver Música)

**Hin** (Ver Pesos y Medidas)

**Hinom, Valle de** (Ver Valle de Hinom)

**Hipocresía.** Dícese comúnmente de la falsa apariencia de virtud o devoción y en la esfera religiosa (Jer. 23:15; Mt. 23:28; Mr. 12:15; Lc. 12:1; Gá. 2:13; 1 Ti. 4:2; Stg. 3:17; 1 P. 2:1.)

**Hir** *(vigía)* Descendiente de Benjamín (1 Cr. 7:12.)

**Hira.** Adulamita, amigo de Judá nº 1 (Gn. 38:1, 12, 20.)

**Hiram** *(nacido noble)* **1.** Rey de Tiro en tiempo de David y Salomón, a quienes envió comida, oro y materiales de construcción para erigir el templo (2 S. 5:11; 1 R. 9:11-14.) **2.** Arquitecto del templo de Salomón ( = Hiram-abi) (1 R. 7:13, 14, 40, 45; 2 Cr. 4:11.) **3.** Descendiente de Benjamín (1 Cr. 8:5.)

**Hiram-abi** ( = Hiram nº 2) (2 Cr. 2:13; 4:16.)

**Hisopo** (Ver Plantas)

**Hizqui.** Descendiente de Benjamín (1 Cr. 8:17.)

**Hoba.** Región alrededor de Damasco (Gn. 14:15.)

**Hobab.** Suegro o cuñado de Moisés (Nm. 10:29; Jue. 4:11.)

**Hocico.** Parte prolongada de la cabeza de ciertos animales como por ejemplo el cerdo (Pr. 11:22.)

**Hod** *(majestad)* Descendiente de Aser (1 Cr. 7:37.)

**Hodavías** *(dad gracias a Jehová)* **1.** Descendiente del rey David (1 Cr.

3:24.) **2.** Jefe en la tribu de Manasés (1 Cr. 5:24.) **3.** Descendiente de Benjamín (1 Cr. 9:7.) **4.** Padre de una familia de levitas que regresaron del exilio con Zorobabel (Esd. 2:40; Neh. 7:43.)

**Hodes.** Esposa del benjamita Saharaim (1 Cr. 8:9.)

**Hodías** *(alabad a Jehová)* **1.** Benjamita que se casó con la hermana de Naham (1 Cr. 4:19.) **2.** Levita que ayudó a Esdras en la lectura de la ley (Neh. 8:7; 9:5.) **3.** Nombre de tres firmantes del pacto de Nehemías (uno de ellos = n° 2) (Neh. 10:10, 13, 18.)

**Hodsi.** Lugar al E. del Jordán, en el país de los heteos (2 S. 24:6.)

**Hogla** *(perdiz)* Segunda hija de Zelofehad (Nm. 26:33; 27:1; 36:11; Jos. 17:3.)

**Hoham.** Rey amorreo de Hebrón que integró una alianza contra Josué (Jos. 10:3.)

**Hoja.** Hoja de un árbol (Gn. 3:7; 8:11; Mt. 24:32); hoja de un cuchillo (Jue. 3:22), hojas de las puertas (1 R. 6:34; Ez. 41:24.) Metafóricamente las hojas verdes simbolizan prosperidad y las hojas secas ruina y decadencia (Sal. 1:3; Pr. 11:28; Job 13:25; Is. 1:30.)

**Hojuela.** Fruta de sartén muy extendida y delgada (Ex. 16:31; 1 Cr. 23:29.)

**Holocausto** (Ver Ofrenda)

**Holocausto de la mañana** (Ver Ofrendas y Sacrificios)

**Holón. 1.** Ciudad levítica en el territorio montañoso de Judá (Jos. 15:51; 21:15.) **2.** Población en Moab (Jer. 48:21.)

**Homam.** Hijo de Lotán, nieto de Seir (1 Cr. 1:39.)

**Hombre.** Creado por Dios a su imagen y semejanza (Gn. 1:26, 27); tiene cuerpo, alma y espíritu (Mt. 6:25; Gn. 2:7; 41:8); depende de Dios (Mt. 6:26-30); cayó en el pecado (Gn. 3; Ro. 5); sujeto a la muerte (Ro. 5:12, 17); se salva por fe en Cristo (Ro. 3:21, 22.) El hombre nuevo denota el individuo regenerado (Ef. 2:15; 4:24); el hombre natural denota el individuo no regenerado (1 Co. 2:14); el hombre interior denota el alma (Ro. 7:22; Ef.

3:16); el hombre exterior denota el cuerpo (2 Co. 4:16.)

**Hombre de pecado** (Ver Anticristo)

**Hombre, Hijo del** (Ver Hijo del Hombre)

**Hombrera.** Labor o adorno especial de los vestidos en la parte correspondiente a los hombros como, por ejemplo, en el efod (Ex. 28:7, 12, 25, 27; 39:4, 7, 18, 20.)

**Hombreras.** Refuerzo a los escudos (Job 15:26, R-V ed. 1909.)

**Hombro.** Parte superior y lateral del tronco de las personas, de donde nacen los brazos (Gn. 9:23; Ex. 12:24.) Los muebles sagrados del tabernáculo tenían que ser transportados a hombro (Nm. 7:9.) Así también se acarreaban las piedras (Jos. 4:5.)

**Homer** (Ver Pesos y Medidas)

**Homicida.** Que ocasiona la muerte de una persona. Cuando el homicidio era preterintencional, es decir, sin intención, se podía refugiar en una ciudad de refugio, donde estaría a salvo del vengador (Nm. 35; Dt. 4:42; 19:3-10; Jos. 20:3.)

**Hor** *(montaña)* **1.** Monte en la frontera de Edom, donde murió y donde enterraron a Aarón (Nm. 20:22-29; 33:37-44; Dt. 32:50.) **2.** Monte que marcó el límite N. de la herencia de Israel (Nm. 34:7, 8) de localización exacta desconocida.

**Hora.** En la Biblia puede referirse a un momento del día (Mt. 8:13) o a un período (Ap. 17:12.) Los israelitas contaban los días de puesta de sol a puesta de sol; los romanos de la medianoche al mediodía.

**Horam** *(sagrado)* Rey de Geser (Jos. 10:33.)

**Horca.** Conjunto de tres palos, dos hincados en la tierra y el tercero encima, trabando los dos, y en el cual, a manos del verdugo, morían ahorcados los condenados a esta pena (Est. 5:14.)

**Horeb** *(sequía, desierto)* Monte en la península de Sinaí ( = monte Sinaí), escena de numerosos acontecimientos en la vida de Moisés (Ex. 3:1; 17:6; 33:6; Dt. 1:2.) Elías huyó ahí (1 R. 19:8.)

**Horem** *(consagrado)* Ciudad fortificada en Neftalí (Jos. 19:38.)

**Horeo.** Antigua tribu en la tierra de Seir (Edom), conquistada por Quedarlaomer (Gn. 14:6.) Pudieran ser los heveos (Gn. 34:2; Jos. 9:7), o los hurritas del altiplano de Media.

**Hores** *(bosque)* Lugar en el desierto de Zif (1 S. 23:15-19.)

**Hori** *(cavernícola)* Hijo de Lotán horeo hijo de Seir (Gn. 36:22, 29, 30; 1 Cr. 1:39.) **2.** Espía simeonita, padre de Safat nº 1 (Nm. 13:5.)

**Horma** *(lugar dedicado)* Ciudad situada entre Gaza y Beer-seba (Nm. 14:5; Dt. 1:44), originariamente llamada Sefat (Jue. 1:17.)

**Hormiga** (Ver Insectos)

**Hornaza.** Horno pequeño que utilizan los plateros y fundidores de metales en general (Pr. 17:3; 27:21.)

**Hornero** (Ver Oficios y Profesiones)

**Hornillo.** Horno manual de barro refractario o de metal para laboratorio, cocinas, *etc.* (Lv. 11:35.)

**Horno.** Construcción en la que se desarrolla calor (Lv. 2:4; Dn. 3:6, 11, 15; Neh. 4:14.) Los hornos antiguos eran sumamente primitivos; a veces un simple agujero en la tierra, revestido de una capa de arcilla dentro del cual se hacía un fuego. A veces los hornos se hacían de piedra, y cuando el horno estaba caliente se sacaba el fuego con un rastrillo, y se colocaba la masa para hacer el pan (Os. 7:4-7.)

**Horonaim** *(dos cavidades)* Población en Moab (Is. 15:5; Jer. 48:3.)

**Horonita.** Sobrenombre de Sanbalat (Neh. 2:10, 19; 13:28.)

**Hortaliza** (Ver Plantas)

**Hosa** *(refugio)* **1.** Población en la frontera de Aser (Jos. 19:29.) **2.** Levita, padre de una familia de porteros del templo (1 Cr. 16:38; 26:10, 11, 16.)

**Hosama.** Hijo del rey Jeconías (1 Cr. 3:18.)

**Hosanna** *(sálvanos ahora)* Fue originariamente una oración "sálvanos ahora, te ruego" (Sal. 118:25.) Se la entonó cuando Jesús entró en Jerusalén (Mt. 21:9-15; Mr. 11:9, 10.)

**Hospedador.** Que hospeda (Ro. 16:23; 1 Ti. 3:2; Tit. 1:8.)

**Hospedaje.** Alojamiento y asistencia que se da a una persona (Gn. 19:2; He. 13:2.)

**Hospitalidad** *(amor a los extranjeros)* Si bien la palabra aparece pocas veces en la Biblia (Ro. 12:13; 1 Ti. 5:10; He. 13:2) la idea se remonta a los comienzos del relato bíblico y constituyó un mandamiento de la ley de Moisés (Lv. 19:34.) Ilustraciones de la hospitalidad: Gn. 14:17-19; 18; 19; 24:15-28; 29:1-14; 43:15-34; Ex. 2:15-22; Jue. 13:2-23; Mt. 14:15-21; Lc. 10:38-42.

**Hotam** *(sello)* **1.** Descendiente de Aser (1 Cr. 7:32.) **2.** Aroerita, padre de Sama y Jehiel, valientes de David (1 Cr. 11:44.)

**Hotir** *(celoso)* Coateo cantor, hijo de Hemán (1 Cr. 25:4, 28.)

**Hoyo.** Concavidad u hondura formada naturalmente en la tierra o hecha de intento (2 S. 18:17; Job 9:31; Sal. 103:4; Mt. 15:14.)

**Hoz.** Instrumento que sirve para segar mieses y hierbas, compuesto de una hoja acerada, curva, con dientes muy agudos y cortantes por la parte cóncava, afianzada en un mango de madera (Dt. 16:9; Is. 2:4; Jl. 3:10; Mi. 4:3.) En sentido figurado significa el juicio de Dios (Ap. 14:14-19.)

**Hucoc. 1.** Población en la frontera de Neftalí (Jos. 19:34.) **2.** Población de los levitas en Aser (1 Cr. 6:75.)

**Huerto.** Sitio de corta extensión en que se cultivan flores, verduras, arbustos, árboles (especialmente frutales) rodeado de una cerca o un muro de barro o de piedra (Pr. 24:31) o de ramas espinosas (Is. 5:5.) A veces hacían de cementerios (Gn. 23:17; 2 R. 21:18, 26; Jn. 19:41.) El futuro estado de los salvados se compara, figuradamente, con un huerto (Ap. 22:1-5.)

**Huerto del rey.** Cerca del estanque de Siloé (2 R. 25:4; Jer. 39:4; 52:7; Neh. 3:15.)

**Hueso.** Vocablo utilizado en la Escritura tanto en forma literal como figurada. Con esta última acepción significa fuerza, parentesco (Gn. 29:14.) Huesos secos describen un cuadro de muerte inexorable (Ez. 37:1-12.)

**Hueste.** Ejército en campaña (Ex. 12:17; 12:41; Lc. 2:13; Ef. 6:12.)

**Huevo.** Figura varias veces (Dt. 22:6; Job 6:6; Lc. 11:12.)

**Hufam.** Hijo de Benjamín ( = Hupim), fundador de los hufamitas (Nm. 26:39.) •

**Hufamita.** Descendiente de Hufam (Nm. 26:39.)

**Hul.** Hijo de Aram (Gn. 10:23; 1 Cr. 1:17.)

**Hulda** *(comadreja)* Profetisa durante el reinado de Josías (2 R. 22:14-20; 2 Cr. 34:22-28.)

**Humanidad de Cristo** (Ver Jesucristo)

**Humildad.** Virtud caracterizada por mansedumbre, modestia y ausencia de orgullo. A los cristianos se les ordena ser humildes (Fil. 2:3, 4; Ro. 12:10; 1 Co. 13:4-6; 1 P. 5:5, 6.)

**Humta** *(lugar de lagartos)* Aldea en Judá (Jos. 15:54.)

**Hupa** *(Dios protege como un escudo)* Sacerdote en tiempo de David (1 Cr. 24:13.)

**Hupim.** Hijo de Benjamín ( = Hufam), (Gn. 46:21; 1 Cr. 7:12, 15.)

**Hur** *(blancura)* **1.** Un hombre que, juntamente con Aarón, sostenía las manos de Moisés (Ex. 17:10, 12; 24:14.) **2.** Abuelo de Bezaleel, artesano especialista en la construcción del tabernáculo (Ex. 31:2; 35:30; 38:22.) **3.** Rey de Madián (Nm. 31:8; Jos. 13:21.) **4.** Padre de un funcionario del rey Salomón (1 R. 4:8.) **5.** Primogénito de Efrata (1 Cr. 2:50; 4:4.) **6.** Hijo de Judá (1 Cr.

4:1.) **7.** Padre de Refaías nº 5, (Neh. 3:9.)

**Hurai.** Uno de los valientes de David (1 Cr. 11:32) ( = Hidai.)

**Huri** *(muchacho)* Descendiente de Gad (1 Cr. 5:14.)

**Hurón.** Mamífero carnicero, de unos 20 cm de largo, originario del Africa, común en Europa y América (Is. 13:21.)

**Hurritas.** En Génesis 14:6, entre las poblaciones que vencieron Quedarloamer y sus confederados, figuran los "horeos" "en el monte de Seir hasta la llanura de Parán" (Ver Horeos)

**Husa** *(prisa)* Hijo de Ezer, descendiente de Judá (1 Cr. 4:4.)

**Husai** *(Dios premió mi justicia con un hijo)* Arquita consejero del rey David que echó abajo los consejos de Ahitofel (2 S. 15:32, 37; 16:16-18; 17:5-15; 1 Cr. 27:33.)

**Husam** *(nariz grande)* Rey de Edom (Gn. 36:34, 35; 1 Cr. 1:45.)

**Husatita.** Sobrenombre de Sibecai (o Mebunai) uno de los valientes de David (2 S. 21:18; 23:27; 1 Cr. 11:29; 20:4; 27:11.)

**Husim. 1.** Hijo de Dan (Gn. 46:23), llamado Súham en Nm. 26:42. **2.** Descendiente de Benjamín (1 Cr. 7:12.) **3.** Mujer de Saharaim (1 Cr. 8:8, 11.)

**Huso.** Instrumento que sirve para hilar (Ex. 35:25; Pr. 31:19.)

**Huzab.** Vocablo de significado incierto; puede ser un sustantivo o un verbo (Nah. 2:7, VM.)

**Ibdas** *(dulce como la miel)* Descendiente de Judá (1 Cr. 4:3.)

**Ibhar** *(él escoge)* Hijo de David (2 S. 5:15; 1 Cr. 3:6; 14:5.)

**Íbice** (Ver Animales)

**Ibis** (Ver Aves)

**Ibleam.** Ciudad asignada a la tribu de Manasés (Jos. 17:11.) Allí fue asesinado Ocozías (2 R. 9:27.) Se la identifica generalmente con Bileam (1 Cr. 6:70.)

**Ibneías** *(Jehová construye)* Benjamita que regresó del exilio (1 Cr. 9:8.)

**Ibnías** *(Jehová construye)* Ascendiente de Mesulam (1 Cr. 9:8.)

**Ibri** *(un hebreo)* Levita merarita en tiempo de David (1 Cr. 24:27.)

**Ibzán** *(rápido)* Décimo juez de Israel (Jue. 12:8-10); tuvo 30 hijos y 30 hijas.

**Icabod** *(sin gloria)* Hijo de Finees, nieto de Elí (1 S. 4:1ss.)

**Iconio.** Ciudad al S. de la región central del Asia Menor; fue visitada por Pablo (Hch. 13:51; 14:1-22; 3:11.)

**Idala** *(colgante)* Población en Zabulón (Jos. 19:15.)

**Iddo** *(señor)* **1.** Padre de Ahinadab (1 R. 4:14.) **2.** Levita, descendiente de Gersón (1 Cr. 6:21.) **3.** Funcionario del rey David, hijo de Zacarías (1 Cr. 27:21.) **4.** Vidente y profeta (2 Cr. 9:29; 12:15; 13:22.) **5.** Abuelo del profeta Zacarías (Esd. 5:1; 6:14; Zac. 1:1, 7.) **6.** Jefe de un grupo de netineos (Esd. 8:17.) **7.** Sacerdote que regresó del exilio (Neh. 12:14.) **8.** Sacerdote en tiempo de Joiacim (Neh. 12:16.)

**Idioma griego.** Rama de la familia indoeuropea, de la cual derivan la mayoría de los idiomas europeos. El dialecto ático, que se hablaba en Atenas y en sus colonias de la costa jónica, se combinaba con otros dialectos en el ejército de Alejandro Magno, y se esparció, a favor de sus conquistas, en todo el Oriente. El griego se hablaba en toda Palestina y fue el idioma más utilizado en la iglesia primitiva (Hch. 21:37.)

**Idioma hebreo.** Es la rama nordoccidental de la familia de idiomas semíticos; tiene una estrecha afinidad con el ugarítico, el fenicio, el moabita y los dialectos cananeos; idiomas hermanos incluyen el arábigo, el acadio y el arameo. Con excepción de algunos pocos pasajes en Esdras, Daniel y Jeremías, el hebreo es el idioma del Antiguo Testamento.

**Idiomas.** Numerosos eran los idiomas que se hablaban en la época del A. T. Los israelitas lo hacían en hebreo cuando entraron en Palestina y siguieron haciéndolo por lo menos hasta el tiempo de Nehemías. En ningún momento dejó de ser el idioma literario. Pero en el uso familiar fue reemplazado por el arameo. Los principales idiomas en la Palestina neotestamentaria fueron el arameo (hebreo), y el griego y latín (Jn. 19:20.)

**Idolatría.** En la antigüedad todas las naciones que rodeaban a Israel eran idolátricas, e Israel muchas veces cayó en ese pecado, por lo cual Dios se vio obligado a castigar severamente a la nación. Los ídolos se fabricaban de diversos materiales: plata, oro, madera, piedra, *etc.* (Is. 40:19, 20; 44:9-20; Jer. 10:9.) A los cristianos también se les advirtió que estuvieran en guardia contra la idolatría (1 Co. 5:10; Gá. 5:20.)

**Ídolo** (Ver Idolatría)

**Idumea** *(perteneciente a Edom)* Nombre griego y romano para Edom (Mr. 3:8.)

**Ifdaías** *(Jehová redime)* Descendiente de Benjamín (1 Cr. 8:25.)

**Igal** *(Dios redime)* **1.** Uno de los doce espías, representante de Isacar (Nm. 13:7.) **2.** Uno de los valientes de David (2 S. 23:36.) **3.** Descendiente de Jeconías (1 Cr. 3:22.)

**Igdalías** *(Jehová es grande)* Padre de Hanán nº 8 (Jer. 35:4.)

**Iglesia.** La palabra proviene del latín *ecclesia* y ésta del griego *ekklesia* (de aquí "eclesiástico") y significa asamblea o congregación. En la antigua Grecia *ekklesia* significaba la asamblea de ciudadanos de una comunidad. En la LXX es la traducción de *gahal* que significa "convocación", "asamblea" (Dt. 23:2; 1 S. 19:20; 2 Cr. 20:5; Sal. 149:1; Esd. 10:8.) En el N. T. se aplica la palabra para describir a los grupos locales de creyentes (Hch. 5:11; 7:38; 8:1; Ro. 16:1; 1 Co. 1:2; 1 Ts. 1:10), y a todos los creyentes en la comunión universal (1 Co. 10:32.) La Iglesia no es, primariamente, una estructura humana, sino la Iglesia de Jesucristo (Mt. 16:18), o del Dios viviente (1 Ti. 3:15.) Es la comunión del pueblo de Dios; la esposa de Cristo (Ef. 5:25); el cuerpo de Jesucristo (Ro. 12:5; 1 Co. 12:12; Ef. 4:4, 12, 16.)

**Iglesia de Laodicea** (Ver Laodicea)

**Iglesia del Santo Sepulcro.** Iglesia que construyó Constantino en el año 325 d. C. sobre el lugar donde se supone estuvo la tumba de Cristo.

**Iim** *(montones, ruinas)* Ciudad al S. de Judá (Jos. 15:29.)

**Ije-abarim** *(ruinas de Abarim)* Lugar donde acampó Israel (Nm. 21:11; 33:44, 45.)

**Ijón** *(una ruina)* Ciudad en Neftalí, aproximadamente a 13 kilómetros de Baniás (1 R. 15:20; 2 R. 15:29; 2 Cr. 16:4.)

**Ilai.** Uno de los valientes de David (1 Cr. 11:29.)

**Ilírico.** Provincia romana en la costa oriental del Adriático. Pablo predicó allí (Ro. 15:19.) Hoy es parte de Yugoslavia.

**Iliterato.** Persona sin mayor preparación cultural (Hch. 4:13); indocto (2 P. 3:16; 1 Co. 14:16, 23s.)

**Imagen.** Figura, representación, semejanza y apariencia de una cosa (Gn. 1:26; Jue. 3:7; Ap. 20:4.) (Ver Idolatría)

**Imagen de Dios.** Dios creó al hombre a su imagen (Gn. 1:26, 27; 5:1, 3; 9:6; 1 Co. 11:7; Ef. 4:24; Col. 3:10; Stg. 3:9.) La imagen no es física o corporal sino racional, espiritual, y social. La caída del hombre destruyó pero no aniquiló la imagen. La restauración de la imagen comienza con la regeneración.

**Imagen de Nabucodonosor.** Figura simbólica que Nabucodonosor vio en un sueño, cuya significación interpretó Daniel (Dn. 2.)

**Imágenes, Adoración de** (Ver Idolatría)

**Imágenes talladas.** Imagen de madera, piedra o metal, generalmente utilizada como ídolo: imagen (Is. 44:9-17); ídolo (Is. 45:20); escultura (Dt. 7:5.)

**Imer** *(cordero)* **1.** Sacerdote contemporáneo de David, cabeza de la decimosexta suerte sacerdotal (1 Cr. 9:12; 24:14; Esd. 2:37; 10:20; Neh. 7:40; 11:13.) **2.** Lugar en Babilonia (Esd. 2:59; Neh. 7:61.) **3.** Padre de Sadoc nº 5 (posiblemente =nº 1) (Neh. 3:29.)

**Imla** *(plenitud)* Padre del profeta Micaías (1 R. 22:8; 2 Cr. 18:7.)

**Imna** *(buena fortuna)* **1.** Primogénito de Aser (Gn. 46:17; Nm. 26:44; 1 Cr. 7:30.) **2.** Descendiente de Aser (1 Cr. 7:35.) **3.** Padre de Coré nº 6 (2 Cr. 31:14.)

**Imnita.** Descendiente de Imna nº 1 (Nm. 26:44.)

**Impacientar.** Perder la paciencia (Sal. 37:1; Zac. 11:8.)

**Imperdonable, Pecado** (Ver Pecado imperdonable)

**Imperio romano.** La ciudad de Roma fue fundada en el año 753 a. C.; monarquía hasta el año 509 a. C.; república desde el año 509 al 31 a. C.; el imperio comenzó el año 31 a. C. y cayó en el siglo V. Roma extendió su poderío a toda Italia y eventualmente a todo el mundo del Mediterráneo: las Galias, Bretaña, los límites de los ríos Danubio y Rin, hasta la lejana Partia. Augusto, el primer emperador romano, dividió las provincias romanas en provincias senatoriales -regidas por procónsules (Hch. 13:7; 18:12; 19:38) - y provincias imperiales, regidas por gobernadores (Mt. 27:2; Lc. 2:2; Hch. 23:24.) La corrupción moral fue la responsable de la declinación y caída del imperio romano. Todavía se ven los estanques, acueductos, caminos, edificios públicos y estatuas que hicieron. El N. T. designa por nombre, en varias ocasiones, a jerarcas romanos, entre ellos los emperadores Augusto César (Lc. 2:1), Tiberio César (Lc. 3:1), Claudio (Hch. 11:28) y sin nombrarlo directamente, se refiere a Nerón en Hch. 25:11, 12.

**Imposición de las manos.** Acto simbólico por el cual se imparten los derechos de la herencia (Gn. 48:14-20), dones y derechos de un ministerio (Nm. 27:18, 23); dedicación de animales (Lv. 1:4), sacerdotes (Nm. 8:10), personas para servicios especiales (Hch. 6:6; 8:18; 13:3; 1 Ti. 4:14; 2 Ti. 1:6; He. 6:2.) Ceremonia basada en la idea de transferencia, identificación y devoción a Dios (Ex. 29:10.)

**Imprecatorios, Salmos** (Ver Salmos imprecatorios)

**Imprimir.** Estampar un sello u otra cosa por medio de la presión (Lv. 19:28; Job 41:30.)

**Impuestos.** Son las cargas que los gobiernos, sean civiles o eclesiásticos, imponen sobre las propiedades de sus súbditos. Los hebreos no pagaban impuestos durante su vida nómadica. Bajo la teocracia de Israel, todo hombre pagaba medio siclo para el sostén del tabernáculo (Ex. 30:13; 38:25, 26.) Los impuestos alcanzaron su máxima expresión bajo el gobierno de los reyes, de modo tal que cuando murió Salomón las diez tribus del norte se sublevaron (1 R. 12.) Los ptolomeos, seléucidas y romanos,

cobraban impuestos (Mt. 17:24; 22:17.)

**Impuro** (Ver Inmundo)

**Imputación.** Atribuir a otro una culpa, delito o acción. Algunos aspectos de esta doctrina en el N. T. son los siguientes: la imputación del pecado de Adán a su posteridad; la imputación a Cristo de los pecados del hombre; la imputación de la justicia de Cristo al creyente (Gn. 2:3; Ro. 3:24; 5:15; Gá. 5:4; Tit. 3:7; 1 P. 2:24.)

**Imra** *(Dios resiste)* Descendiente de Aser (1 Cr. 7:36.)

**Imri. 1.** Judaíta, ascendiente de Utai nº 1 (1 Cr. 9:4.) **2.** Padre de Zacur nº 5 (Neh. 3:2.)

**Incensario.** Braserillo para quemar incienso (Nm. 16:6, 17, 39.) Los incensarios del templo eran de oro (1 R. 7:50; 2 Cr. 4:22.)

**Incienso.** Gomorresina -que proviene de árboles que crecen en Arabia, India y Africa- mezclada con especies aromáticas que al arder despiden un olor característico y que se usa principalmente en los servicios religiosos. Exodo 30:23s especificaba los ingredientes del incienso del templo. Se lo quemaba en el templo a la mañana y a la noche (Ex. 30:1-10) y era llevado al lugar santísimo el día de la expiación (Lv. 16:12, 13.) Simbolizaba la oración (Sal. 141:2; Ap. 5:8; 8:3, 4.)

**Incircunciso. 1.** Dícese de la persona que no se ha sometido al rito judío de la circuncisión. **2.** Gentiles (Gn. 34:14; Jue. 14:3; Ro. 4:9.) **3.** Persona cuyo corazón no está abierto a Dios (Jer. 4:4; 6:10; Hch. 7:51.)

**Incontaminado.** Dícese de las personas o las cosas no mancilladas de inmundicia moral (Sal. 119:1; He. 7:26; 13:4; 1 P. 1:4.)

**India.** País situado en el límite oriental del reino de Asuero (Est. 1:1; 8:9.)

**Infierno.** Lugar y condición de retribución para el hombre irredento; eterno (Mt. 18:8, 9); fuego que nunca se apagará (Mt. 3:12; Mr. 9:44); lago de fuego (Ap. 20:14); fuego y gusanos (Mt. 9:48); lugar de tormento (Ap. 14:10); tinieblas de afuera (Mt. 8:12; 22:13; 25:30.)

**Inflamación** (Ver Enfermedades)

**Ingeniero** (Ver Oficios y Profesiones)

**Injerto.** Proceso que consiste en injerir en la rama o tronco de un árbol (preferiblemente salvaje) alguna parte de otro (cultivado) en la cual ha de haber yema para que pueda brotar (Ro. 11:17)

**Inmortalidad.** El concepto bíblico de la inmortalidad no se reduce simplemente a la supervivencia del alma después de la muerte corporal, sino la continuidad, en plena conciencia, de la personalidad del individuo, cuerpo y alma, en un estado de bienaventuranza, en base a la redención de Cristo, y la posesión de la "vida eterna". En ningún pasaje de la Biblia se trata de probar esta doctrina, pero a todo lo largo del relato se la da como un postulado indiscutible. La condición de los creyentes en su estado de inmortalidad no es una vacía existencia sin fin, sino una comunión con Dios en eterna satisfacción y bienaventuranza (Job 19:23-27; Sal. 16:9-11; 17:15; 49:15; 73:24; Is. 26:19; Dn. 12:2; Os. 13:14; Mt. 10:28; Lc. 23:43; Jn. 11:25s.; Ro. 2:7; 1 Co. 15:53; 2 Co. 5:1, 10; 1 Ti. 6:16; 2 Ti. 1:10).

**Inmundicia. 1.** Se reconocían dos clases de inmundicias: moral y ceremonial. **2.** Alimentos considerados inmundos en el A. T.: animales que no rumiaban ni tenían pezuña hendida; animales o aves que se alimentaban de sangre o de carroña; animales muertos por estrangulamiento o muertos sin que se los hubiera matado (Lv. 11:1-8; 26-28); de los animales acuáticos les estaba prohibido comer, por inmundos, los que carecieran de aletas y de escamas (Lv. 11:9-12); tampoco podían comer, por inmundos, los insectos que carecieran de patas para saltar (Lv. 11:20-24). **3.** Otros tipos de inmundicia ceremonial: contacto con los cadáveres (Lv. 11:24-40; 17:15; Nm. 19:16-22); lepra (Lv. 13; 14; Nm. 5:2); descarga sexual (Lv. 15:16-33); parto (Lv. 12:6-8.) Para el cristianismo la inmundicia es moral, no ceremonial.

**Inmundo.** Impuro. Profanar, contaminar, ensuciar (Gn. 34; Ez. 18:11; Lm. 4:15; Ap. 22:11.)

**Inmutabilidad.** Calidad de inmutable, inalterable. Es la perfección de Dios por la cual está exento de todo cambio esencial, de sus atributos, de su conciencia, de su voluntad y de sus promesas (Sal. 33:11; 102:26; Mal. 3:6; He. 6:17, 18; 7:24.)

**Inocentes, Matanza de los** (Ver Matanza de los inocentes)

**I.N.R.I.** Sigla del título latino en la cruz de Jesús: *IESUS NAZARENUS REX IUDAEORUM*: Jesús Nazareno, Rey de los Judíos (Mt. 27:37; Mr. 15:26; Lc. 23:38; Jn. 19:19.)

**Inscripción.** Escrito breve grabado en un material cualquiera (Mt. 22:20; Mr. 12:16; Lc. 20:24; Hch. 17:23.)

**Insectos de la Biblia.** Entre los numerosos insectos que se citan en la Biblia, figuran los siguientes: *abeja* (Sal. 118:12); *argol* (Lv. 11:22); *avispa* (Ex. 23:28); *hagab* (Lv. 11:22); *hormiga* (Pr. 6:6); *langosta* (Ap. 9:3); *langostín* (Lv. 11:22); *langostón* (Nah. 3:15); *mosca* (Is. 7:18); *mosquito* (Mt. 23:24); *oruga* (Am. 4:9); *polilla* (Stg. 5:2); *pulga* (1 S. 24:14); *pulgón* (Nah. 3:15); *revoltón* (Lv. 1:4); *saltón* (Jl. 2:25); *tábano* (Jos. 24:12.)

**Inspiración.** Es una especial influencia del Espíritu Santo en guiar a ciertas personas a hablar y escribir lo que Dios quería comunicar a otros, sin anular su actividad individual o su personalidad (1 Co. 2:13; 2 Ti. 3:16; 1 P. 1:10, 11; 2 P. 1:19-21.)

**Instrumentos de cuerda** (Ver Música)

**Intendente** (Ver Oficios y Profesiones)

**Interés.** La ley de Moisés prohibía prestar dinero a interés entre israelitas (Ex. 22:25) pero permitía hacerlo a los extranjeros (Dt. 23:20.) Los profetas condenaron la práctica de prestar a interés (Ez. 18:8, 13, 17; Jer. 15:10.) El N. T. menciona la práctica de prestar a interés (Mt. 25:27; Lc. 19:23.)

**Intérprete de la ley.** Intérprete profesional de la ley oral y escrita;

también se le llama escriba (Mt. 22:35; Lc. 10:25.)

**Intérprete** (Ver Oficios y Profesiones)

**Intestino.** Palabra que traduce diversos vocablos hebreos. **1.** Literalmente (2 Cr. 21:15-19.) **2.** Órganos de procreación (Gn. 15:4 "entrañas", R-V, ed. 1909; Sal. 71:6.) **3.** Asiento de las emociones, "corazón" (entrañas) (Lm. 1:20; Fil. 1:8.)

**Invierno, Casa de.** Los ricos y poderosos tenían residencias estacionales para invierno y verano (Jer. 36:22; Am. 3:15.)

**Iques** *(torcido)* Padre de Ira n° 2, uno de los valientes de David (2 S. 23:26; 1 Cr. 11:28; 27:9.)

**Ira** (n) **1.** Sacerdote del rey David (2 S. 20:26.) **2.** Uno de los valientes de David (2 S. 23:26; 1 Cr. 11:28; 27:9.) **3.** Uno de los 30 valientes de David (2 S. 23:38; 1 Cr. 11:40.)

**Ira** (s) (Ver Enojo)

**Irad.** Hijo de Enoc n° 1 y nieto de Caín (Gn. 4:18.)

**Iram.** Jefe de Edom (Gn. 36:43; 1 Cr. 1:54.)

**Iri** *(asno salvaje)* Descendiente de Benjamín (1 Cr. 7:7, 12.)

**Irías** *(Jehová ve)* Capitán que arrestó a Jeremías (Jer. 37:13, 14.)

**Irón.** Ciudad fortificada en Neftalí (Jos. 19:38.)

**Irpeel** *(Dios cura)* Población en Benjamín (Jos. 18:27.)

**Irrigación.** Se practicó en Palestina (Ec. 2:5, 6; Is. 58:11) y en Egipto (Dt. 11:10.)

**Ir-semes** *(ciudad del sol)* Ciudad en Dan (Jos. 19:41.)

**Iru** *(ciudad)* Hijo mayor de Caleb (1 Cr. 4:15.)

**Isaac** *(risa)* Unico hijo de Abraham por Sara (Gn. 17:19); circuncidado (Gn. 21:4); casi fue sacrificado por su padre (Gn. 22); se casó con Rebeca (Gn. 24) y tuvo dos hijos: Jacob y Esaú (Gn. 25:20, 26); murió en cuanto a su mujer (Gn. 26:10); bendijo a sus hijos (Gn. 27); murió en Manre (Gn. 35:27-29.)

**Isacar** *(hombre de salario)* **1.** Hijo de Jacob y de Lea y la tribu que formó su posteridad (Gn. 30:18; Nm. 1:28; Ap. 7:7.) **2.** Coreíta, portero en tiempo de David (1 Cr. 26:5.)

**Isaí** *(siervo de Dios)* Nieto de Booz (Rt. 4:18-22); hijo de Obed (Rt. 4:17); padre de David (Rt. 4:17; 1 S. 17:12-14); vivió en Belén.

**Isaías** *(salvación de Jehová)* Profeta de Judá durante los reinados de Uzías, Jotam, Acaz y Ezequías (Is. 1:1); hijo de Amoz; tuvo dos hijos (Is. 7:3; 8:3); comenzó su ministerio el año en que murió Uzías (Is. 6:1); fue respetado por todos, especialmente por Ezequías (2 R. 19:1-11); fue preeminentemente el profeta de la redención; anunció la venida del Mesías (9:6; 25:1; 28:29; 53, *etc.*) Primero de los profetas mayores. Autor del libro de Isaías.

**Isaías, Libro de** (Ver Libro de Isaías)

**Isba** *(pospóngase la cólera divina)* Un judaíta (1 Cr. 4:17.)

**Isbac** *(preceder)* Hijo de Abraham y Cetura (Gn. 25:2; 1 Cr. 1:32.)

**Isbi-benob.** Gigante filisteo muerto por Abisai (2 S. 21:16, 17.)

**Is-boset** *(hombre de vergüenza)* Originariamente se llamó Esbaal; sucedió en el reino a Saúl su padre y reinó por dos años, pero fue asesinado por hombres de David (2 S. 2:8-32; 4:5-12.)

**Isca.** Hija de Harán y hermana de Milca (Gn. 11:29.)

**Iscariote.** Sobrenombre de Judas el traidor (Ver Judas Iscariote)

**Ishi** *(mi marido)* Nombre simbólico que expresa la relación ideal entre Dios e Israel (Os. 2:16.)

**Isi** *(saludable)* **1.** Judaíta (1 Cr. 2:31.) **2.** Otro judaíta (1 Cr. 4:20.) **3.** Simeonita (1 Cr. 4:42.) **4.** Manasita (1 Cr. 5:24.)

**Isías** *(Jehová existe)* **1.** Descendiente de Isacar (1 Cr. 7:3.) **2.** Uno de los valientes de David (1 Cr. 12:6.) **3.** Un levita (1 Cr. 23:20.) **4.** Otro levita (1 Cr. 24:21.) **5.** Otro levita (1 Cr. 24:25.) **6.** Uno de los que se casaron con mujeres extranjeras en tiempo de Esdras (Esd. 10:31.)

**Isla. 1.** Tierra seca en el sentido de opuesto al mar (Is. 42:15; Ez. 26:28; Hch. 13:6.) **2.** Territorio totalmente rodeado de agua (Jer. 2:10, Biblia de Jerusalén.) **3.** Costa (Gn. 10:5; Is. 20:6.) **4.** Las más apartadas regiones de la tierra (Is. 41:5, Biblia de

Jerusalén; Sof. 2:11, Biblia de Jerusalén.)

**Isma**. Descendiente de Judá (1 Cr. 4:3, 4.)

**Ismael** *(Dios oye)* **1.** Hijo de Abraham y Agar, la criada de Sara (Gn. 16); circuncidado (Gn. 17:26); expulsado de la hacienda de Abraham, a instancias de Sara (Gn. 21); progenitor de los ismaelitas (Gn. 17:20; 25:12-16.) **2.** Judío que se rebeló y mató al gobernador Gedalías (2 R. 25:25; Jer. 40:7-16; 41:1-18.) **3.** Descendiente del rey Saúl (1 Cr. 8:38; 9:44.) **4.** Padre de Zebadías (2 Cr. 19:11.) **5.** Oficial del ejército, hijo de Johanán, aliado con el sacerdote Joiada (2 Cr. 23:1.) **6.** Uno de los que se casaron con mujeres extranjeras en tiempo de Esdras (Esd. 10:22.)

**Ismaelita.** Descendiente de Ismael. Los ismaelitas eran nómades (Gn. 37:25-28; 39:1; Jue. 8:24; 1 Cr. 2:17; Sal. 83:6.)

**Ismaías** *(Jehová oye)* **1.** Gabaonita, uno de los 30 valientes de David (1 Cr. 12:4.) **2.** Oficial de Zabulón, bajo David (1 Cr. 27:19.)

**Ismaquías** *(Jehová sostiene)* Mayordomo del templo bajo el rey Ezequías (2 Cr. 31:13.)

**Ismerai** *(Jehová guarda)* Benjamita (1 Cr. 8:18.)

**Isod** *(hombre majestuoso)* Manasita (1 Cr. 7:18.)

**Ispa** *(firme)* Benjamita (1 Cr. 8:16.)

**Ispán** *(se esconderá)* Benjamita (1 Cr. 8:22.)

**Israel** *(el que lucha con Dios* ( = Jacob nº 1.) **1.** Nombre dado a Jacob (Gn. 32:28; 35:10.) **2.** Nombre colectivo para las doce tribus de Israel (Ex. 3:16.) **3.** Nombre dado al reino del N. luego de la revuelta de las diez tribus (1 S. 11:8; 1 R. 14:19, 29.) **4.** Nombre dado a todos los que tienen fe en Abraham (Sal. 73:1; Is. 45:17; Jn. 1:47; Ro. 11:13-36; Gá. 6:15.)

**Israelita.** Descendiente de Israel ( = Jacob nº 1) (Ex. 11:7.)

**Israhías** *(Jehová se levanta* o *Jehová brilla)* Jefe de la tribu de Isacar (1 Cr. 7:3.)

**Is-tob** *(los hombres de Tob)* Ciudad y distrito en Haurán ( = Tob) que

suplieron 12.000 mercenarios a los amonitas para luchar contra David (2 S. 10:6, 8.)

**Isúa** *(nivelará)* Hijo de Aser (Gn. 46:17; 1 Cr. 7:30.)

**Isúi** *(nivel)* **1.** Hijo de Aser (Gn. 46:17; Nm. 26:44; 1 Cr. 7:30.) **2.** Hijo del rey Saúl (1 S. 14:49.)

**Isuitas.** Descendientes de Isúi nº 1 (Nm. 26:44.)

**Ita-cazin.** Población en la frontera de Zabulón, de localización desconocida (Jos. 19:13.)

**Itai. 1.** Filisteo, amigo fiel de David (2 S. 15:19-22; 18:2, 5, 12.) **2.** Uno de los 30 valientes de David (2 S. 23:29.)

**Italia.** País situado entre los Alpes y Mesina, y Roma es su capital (Hch. 18:2; 27:1, 6; He. 13:24.)

**Italiana, La.** La Cohorte de soldados italianos estacionados en Cesarea cuando Pedro le predicó a Cornelio (Hch. 10:1.)

**Itamar.** El más joven de los hijos de Aarón; fue el fundador de la familia sacerdotal (Ex. 6:23; 1 Cr. 6:3; 24:1.)

**Itiel** *(Dios es)* **1.** Benjamita, ascendiente de Salú nº 1 (Neh. 11:7.) **2.** Una de las dos personas a las cuales dirigió Agur su profecía (Pr. 30:1.)

**Itma** *(pureza)* Moabita, uno de los valientes de David (1 Cr. 11:46.)

**Itnán.** Ciudad no identificada en el S. de Judá (Jos. 15:23.)

**Itra** *(abundancia)* Padre de Amasa ( = Jeter), (2 S. 17:25.)

**Itrán** *(excelente)* **1.** Horeo, hijo de Disón (Gn. 36:26; 1 Cr. 1:41.) **2.** Aserita (1 Cr. 7:37.)

**Iteram.** Hijo de David y Egla (2 S. 3:5; 1 Cr. 3:3.)

**Itrita** *(excelencia)* Familia que vivía en Quiriat-jearim. Dos de los valientes de David pertenecieron a esa familia (2 S. 23:38; 1 Cr. 2:53; 11:40.)

**Iturea** *(perteneciente a Jetur)* Región al NE. de Palestina; sus habitantes descendían de Jetur, hijo de Ismael y de quien deriva el nombre Iturea (Gn. 25:15; Lc. 3:1.)

**Iva.** Ciudad, probablemente en Siria, capturada por los asirios (2 R. 18:34; 19:13; Is. 37:13.)

**Izar.** Hacer subir alguna cosa tirando

de la cuerda de la cual está colgada (Hch. 27:40.)

**Izhar** *(el que brilla)* **1.** Levita, hijo de Coat (Ex. 6:18; Nm. 3:19; 6:18, 38.) **2.** Descendiente de Judá (1 Cr. 4:7, VM.)

**Izharitas.** Descendientes de Izhar (Nm. 3:27; 1 Cr. 24:22.)

**Izquierda.** Diversa significación en la Biblia: simple dirección (Gn. 13:9); menor bendición (Gn. 48:13-19); debilidad (Jue. 3:21), *etc.*

**Izrahías** *(Jehová aparece o Jehová brilla)* Director de cantores (Neh. 12:42.)

**Izraíta** *(surge, brilla)* Sobrenombre de Samhut (1 Cr. 27:8.)

**Izri** *(creador, formador)* Director de uno de los coros de levitas ( = Zeri), (1 Cr. 25:11.)

# J

**Jaacán.** Descendiente de Esaú (1 Cr. 1:42.)

**Jaacoba.** Príncipe simeonita (1 Cr. 4:36.)

**Jaala.** Hombre cuyos ascendientes retornaron de Babilonia (Esd. 2:56; Neh. 7:58.)

**Jaalam** *(guerrera)* Hijo de Esaú (Gn. 36:5, 14, 18; 1 Cr. 1:35.)

**Jaanai.** Hijo de Gad (1 Cr. 5:12.)

**Jaare-oregim.** Padre de Elhanán nº 1 ( = Jair nº 3) que mató al gigante hermano de Goliat (2 S. 21:19.)

**Jaasai.** Uno que despidió a su mujer extranjera (Esd. 10:37.)

**Jaasiel** *(Dios hace)* **1.** Uno de los 30 valientes de David (1 Cr. 11:47.) **2.** Hijo de Abner y oficial de David (1 Cr. 27:21.)

**Jaazanías** *(Jehová oye)* También llamado Azarías (Jer. 43:2.) **1.** Hijo de un capitán maacateo que quedó en Judá después de la derrota de Jerusalén (2 R. 25:23; Jer. 40:7, 8.) **2.** Hijo de Jeremías -no el profeta- (Jer. 35:1-11.) **3.** Manasita que mató a Gedalías y dirigió a los israelitas hacia Egipto (Jer. 43:1-7.) Jeremías lo llama Jezanías (40:8; 42:1) y Azarías (43:2.) **4.** Líder en el culto idolátrico (Ez. 8:10-12.) **5.** Príncipe denunciado por Ezequiel (Ez. 11:1-3.)

**Jaazías** *(Jehová fortalece)* Levita, descendiente de Merari (1 Cr. 24:26, 27.)

**Jaaziel** *(Jehová fortalece)* Músico del templo, levita del segundo orden sacerdotal ( = Aziel), (1 Cr. 15:18.)

**Jabal.** Primogénito de Lamec y Ada (Gn. 4:20.)

**Jabalí** (Ver Animales)

**Jabalina** (Ver Armas)

**Jabes** *(seco)* **1.** Ciudad en Galaad

( = Jabes de Galaad y Jabes-galaad) (1 S. 11:1-10; 31:12, 13; 1 Cr. 10:12.) **2.** Padre del rey Salum (2 R. 15:10-14.) **3.** Lugar en Judá, cerca de Belén (1 Cr. 2:55.) **4.** Descendiente de Judá (1 Cr. 4:9, 10.)

**Jabes de Galaad** ( = Jabes nº 1 y Jabes-galaad), (1 S. 11:1; 2 S. 2:45; 1 Cr. 10:11.)

**Jabes-galaad** ( = Jabes nº 1 y Jabes de Galaad), (Jue. 21:8-14.)

**Jabín** *(capaz de discernir)* **1.** Rey de Hazor; fue derrotado y muerto por Josué (Jos. 11.) **2.** Rey de Canaán, derrotado por Barac (Jue. 4; 1 S. 12:9; Sal. 83:9.)

**Jabneel** *(Dios hace construir)* **1.** Lugar en la frontera N. de Judá ( = Jabnia), inmediatamente al S. de Jope (Jos. 15:11), la moderna Jabna. En 2 Cr. 26:6 toma el nombre de Jabnia y posteriormente Jamnia. **2.** Aldea en la frontera de Neftalí (Jos. 19:33.)

**Jabnia** ( = Jabneel nº 1), (2 Cr. 26:6.)

**Jaboc** *(que fluye)* Río al E. del Jordán, tributario del mismo, aproximadamente a mitad del camino entre el mar Muerto y el mar de Galilea; marcaba el límite entre los reinos de Sehón y Og (Gn. 32:22; Nm. 21:24; Jos. 12:2.)

**Jabón.** Pasta que resulta de la combinación de un álcali con los ácidos del aceite y sirve para lavar. Tal como se lo conoce en la actualidad era un producto desconocido en los tiempos veterotestamentarios, pero los bataneros fabricaban un material a partir de los álcalis vegetales (Pr. 25:20; Jer. 2:22; Mal. 3:2.)

**Jabón de lavadores.** Sustancia

alcalina utilizada para limpiar la ropa nueva (Mal. 3:2.)

**Jacán.** Descendiente de Gad (1 Cr. 5:13.)

**Jacinto.** Cilicato de circonio, amarillento rojizo; piedra fina de doble refracción, probablemente el zafiro azul (Ex. 28:19; 39:12; Est. 1:6; Cnt. 5:14.) Aparece en los cimientos de la Nueva Jerusalén (Ap. 21:20.)

**Jacob** *(suplantador)* 1. Hijo de Isaac y de Rebeca; mellizo menor de Esaú (Gn. 25:21-26) a quien compró la primogenitura por un plato de guisado de lentejas (Gn. 25:29-34); fraudulentamente obtuvo la bendición de su padre Isaac (Gn. 27:1-41); huyó a Harán y en el camino tuvo una visión de una escalera (Gn. 27:42-28:22); sirvió a Labán por muchos años y se casó con sus hijas Lea y Raquel (Gn. 29:1-30); de sus esposas y de sus criadas Bilha y Zilpa tuvo 12 hijos y una hija (Gn. 29-31); huyó de Labán (Gn. 31); luchó con un ángel del Señor que se le apareció en Peniel (Gn. 32:24-32); se reconcilió con Esaú (Gn. 33); fue a Egipto durante una gran hambre (Gn. 42-46) y murió allí (Gn. 49.) 2. Patronímico de israelitas (Nm. 23:10; Sal. 59:13.) 3. Padre de José, marido de María (Mt. 1:15, 16.)

**Jacobo.** 1. Hijo de Zebedeo y de Salomé (Mr. 1:19; 15:40); hermano mayor del apóstol Juan (Mt. 17:1; Mr. 3:17; 5:37); uno de los apóstoles (Mt. 17:1); puede haber sido primo de Jesús; pescador (Lc. 5:10, 11); estuvo con Jesús en ocasión de su transfiguración (Mt. 17:1-8) y en Getsemaní (Mt. 26:36-46); juntamente con Juan fue apellidado Boanerges (Mr. 3:17); ofendió a los otros apóstoles (Mr. 10:41); fue muerto por Herodes Agripa (Hch. 12:1.) 2. Apóstol, hijo de Alfeo (Mt. 10:3; Hch. 1:13.) 3. Hermano del Señor (Mt. 13:55; Mr. 6:3; Gá. 1:19); no creyó en Jesús durante su ministerio (Jn. 7:5) pero sí lo aceptó después de la resurrección (1 Co. 15:7); fue el principal dirigente de la iglesia en Jerusalén (Hch. 12:17; 21:18; Gá. 1:19; 2:9, 12); presidió el concilio de Jerusalén (Hch. 15:13;

21:18); aconsejó a Pablo (Hch. 21); Josefo sostiene que sufrió el martirio por orden del sumo sacerdote judío (hacia el año 62 d. C.) 4. "El menor" (Mt. 27:56; Lc. 24:10.) 5. Hermano de Judas -no el Iscariote- (Lc. 6:16; Hch. 1:13.)

**Jacobo el menor** (Ver Jacobo)

**Jada** *(un sabio)* Judaíta, hijo de Onam (1 Cr. 2:26, 28.)

**Jadau.** Israelita que desposó una mujer extranjera durante el cautiverio (Esd. 10:43.)

**Jadón** *(abogará)* Uno que ayudó en la restauración del muro de Jerusalén (Neh. 3:7.)

**Jadúa** *(conocido)* 1. Príncipe firmante del pacto de Nehemías (Neh. 10:21.) 2. Hijo de Jonatán, sumo sacerdote, último mencionado en el A. T. (Neh. 12:11, 22.)

**Jael** *(cabra salvaje)* Esposa de Heber ceneo, que mató a Sísara con una estaca (Jue. 4:18-23.)

**Jafet** *(Dios ampliará)* Hijo de Noé (Gn. 5:32; 6:10; 6:13; 10:21); tuvo siete hijos (Gn. 10:2); sus descendientes ocuparon "Las islas de las gentes" (Gn. 10:5, R-V, ed. 1909); Noé lo bendijo (Gn. 9:20-27.)

**Jafía** *("alto" o "quiera Dios darle brillo")* 1. Rey de Laquis muerto por Josué (Jos. 10:3.) 2. Ciudad situada en el límite oriental de Zabulón (Jos. 19:12.) 3. Hijo de David (2 S. 5:15; 1 Cr. 3:7.)

**Jaflet.** Aserita (1 Cr. 7:32.)

**Jafletita.** Descendiente de Jaflet (Jos. 16:3.)

**Jagur.** Ciudad en el S. de Judá (Jos. 15:21.)

**Jah.** Forma abreviada de *Jehová* que figura en poesías (Sal. 68:4) y en compuestos de nombres propios.

**Jahat** (talvez *"Dios arrebatará")* Nieto de Judá (1 Cr. 4:1, 2.) 2. Levita descendiente de Gersón (1 Cr. 6:20, 43.) 3. Levita, otro descendiente de Gersón (1 Cr. 23:10, 11.) 4. Levita, descendiente de Izhar (2 Cr. 34:12.) 5. Levita merarita, funcionario del rey Salomón (2 Cr. 34:12.)

**Jahaza** *(lugar abierto)* Lugar al N. del río Arnón, en Moab, que le fuera quitado a Sehón (Nm. 21:21-25) y asignado a Rubén (Jos. 13:18; 21:36), ( = Jaza)

**Jahazías** *(Dios ve)* Israelita que se opuso a Esdras en cuanto a la disposición de divorciarse de las mujeres extranjeras (Esd. 10:15.)

**Jahaziel** *(Dios ve)* 1. Guerrero que se unió a David en Siclag (1 Cr. 12:4.) **2.** Sacerdote contemporáneo de David (1 Cr. 16:6.) **3.** Levita contemporáneo de David (1 Cr. 23:19; 24:23.) **4.** Levita profeta, contemporáneo del rey Josafat (2 Cr. 20:14.) **5.** Padre de Secanías y antepasado de una familia que regresó del exilio (Esd. 8:5.)

**Jahdai** *(Dios conduzca)* Descendiente de Caleb (1 Cr. 2:47.)

**Jahdiel** *(Dios da gozo)* Manasita (1 Cr. 5:24.)

**Jahdo.** Gadita (1 Cr. 5:14.)

**Jahleel** *(muéstrese Dios bien dispuesto)* Hijo de Zabulón; fundador de la familia de los jahleelitas (Nm. 26:26.)

**Jahleelita.** Descendientes de Jahleel (Nm. 26:26.)

**Jahmai** *(Dios preserva)* Nieto de Isacar; jefe de familia (1 Cr. 7:2.)

**Jahzeel** *(Dios concede la dicha)* Hijo de Neftalí (Gn. 46:24; Nm. 26:48; 1 Cr. 7:13.)

**Jahzeelita.** Descendiente de Jahzeel (Nm. 26:48.)

**Jair** *(él ilumina)* 1. Hijo de Manasés (Nm. 32:40, 41; 1 Cr. 2:23.) **2.** Galaadita, juez de Israel (Jue. 10:3-5.) **3.** Padre de Elhanán, que mató a Lahmi, hermano de Goliat geteo (1 Cr. 20:5.) **4.** Padre de Mardoqueo (Est. 2:5.)

**Jaireo** *(el de Jair)* Habitante de una de las aldeas de Jair n° 1 (2 S. 20:26.)

**Jairo.** Principal de una sinagoga en Galilea, a cuya hija resucitó Jesús (Mr. 5:22; Lc. 8:41.)

**Jalón.** Judaíta (1 Cr. 4:17.)

**Jambres.** Uno de los magos que enfrentaron a Moisés ante el Faraón (2 Ti. 3:8.) (Ver Janes y Jambres)

**Jamín** *(mano derecha)* 1. Hijo de Simeón (Gn. 46:10; Ex. 6:15.) **2.** Judaíta, descendiente de Jerameel (1 Cr. 2:27.) **3.** Levita que ayudó a Esdras en la lectura de la ley (Neh. 8:7.)

**Jaminita.** Descendiente de Jamín n° 1 (Nm. 26:12.)

**Jamlec** *(a quien Dios hace rey)* Príncipe simeonita (1 Cr. 4:34.)

**Jana.** Ascendiente de Jesucristo (Lc. 3:24.)

**Janes y Jambres.** Magos egipcios que enfrentaron a Moisés ante el Faraón (2 Ti. 3:8.)

**Janoa** *(descanso, tranquilidad)* 1. Ciudad en la frontera de Efraín (Jos. 16:6, 7.) 2. Ciudad de Neftalí (2 R. 15:29.)

**Janum.** Aldea en Judá (Jos. 15:53.)

**Jaqué** *(muy religioso)* Padre de Agur, escritor de proverbios (Pr. 30:1.)

**Jaquim** *(Dios eleva)* 1. Descendiente de Benjamín (1 Cr. 8:19.) 2. Sacerdote (1 Cr. 24:12.)

**Jaquín** *(Dios establece)* 1. Hijo de Simeón (Gn. 46:10; Ex. 6:15; Nm. 26:12.) 2. Una de dos columnas de bronce en el templo de Salomón (1 R. 7:21; 2 Cr. 3:17.) 3. Sacerdote contemporáneo de David (1 Cr. 9:10; 24:17.)

**Jaquinita.** Descendiente de Jaquín n° 1 (Nm. 26:12.)

**Jaquín y Boaz** (Ver Templo)

**Jara** *(panal de miel)* Descendiente de Gabaón (1 Cr. 9:42), Joada en 1 Cr. 8:36.

**Jardín.** Terreno donde se cultivan plantas deleitosas por sus flores, matices o fragancias y que suele adornarse, además, con árboles o arbustos de sombra, fuentes, estatuas, *etc.* (Ec. 2:5; Jer. 52:7.)

**Jareb** *(contendiente)* Rey asirio a quien Efraín recurrió en busca de ayuda (Os. 5:13.)

**Jared.** Hijo de Jahalaleel y padre de Enoc (Gn. 5:18-20.)

**Jaresías.** Benjamita (1 Cr. 8:27.)

**Jarha.** Esclavo egipcio de Sesán (1 Cr. 2:34, 35.)

**Jarib** *(él procura)* 1. Hijo de Simeón, también llamado Jaquín (1 Cr. 4:24.) 2. Jefe israelita que ayudó a Esdras (Esd. 8:15-20.) 3. Uno que despidió a su mujer extranjera (Esd. 10:18.)

**Jarmut** *(altura)* 1. Ciudad de Judá, a 25 kilómetros al SO. de Jerusalén (Jos. 15:35); identificada con Yarmuk. 2. Ciudad levita de Isacar (Jos.

21:28, 29), "Ramot" en 1 Cr. 6:73, "Remet" en Jos. 19:21.

**Jarda** *(delicado)* Gadita (1 Cr. 5:14.)

**Jarro.** Vasija de barro, loza, vidrio o metal a manera de jarra y con sólo un asa (Nm. 7:13; 7:85; Is. 22:24; Mr. 7:4, 8.)

**Jasén** *(brillante)* Padre de algunos de los valientes de David (2 S. 23:32); Hasem en 1 Cr. 11:34.

**Jaser, Libro de** (Ver Libro de Jaser)

**Jasobeam** *(el pueblo regresa)* 1. El primero de los tres valientes de David ( = Joseb-basebet), (1 Cr. 11:11; 27:2.) 2. Guerrero que se unió a David en Siclag (1 Cr. 12:6.)

**Jasón** *(curar)* 1. Cristiano en Tesalónica (Hch. 17:5-9.) 2. Pariente de Pablo (Ro. 16:21.)

**Jaspe.** Piedra preciosa engarzada en el pectoral del sumo pontífice y en los cimientos de la Nueva Jerusalén (Ex. 28:20; Ap. 21:19.)

**Jasub** *(él retorna)* 1. Hijo de Isacar ( = Job nº 1), (Nm. 26:24; 1 Cr. 7:1.) 2. Sear-jasub, un hijo de Isaías (Is. 7:3.) 3. Uno que despidió a su mujer extranjera en tiempo de Esdras (Esd. 10:29.)

**Jasubi-lehem.** Palabra de dudoso significado: probablemente sea un miembro de la tribu de Judá (1 Cr. 4:22, R-V, ed. 1909.)

**Jesubita.** Descendiente de Jasub nº 1 (Nm. 26:24.)

**Jatir** *(preeminencia)* Ciudad levítica en Judá (Jos. 15:48; 21:14; 1 S. 30:27; 1 Cr. 6:57.)

**Jatniel.** Levita, portero del templo (1 Cr. 26:2.)

**Jaula.** 1. Caja hecha con listones de madera, mimbre, alambres, *etc.* para encerrar animales pequeños, vivos (Jer. 5:27.) 2. Jaula de prisioneros (Ez. 19:9.) 3. Guarida (Ap. 18:2.)

**Javán.** 1. Hijo de Jafet; padre de Elisa, Tarsis, Quitim y Dodanim (Gn. 10:2; 1 Cr. 1:5, 7.) 2. Descendientes de nº 1 y de su tierra, que es la misma que la Jonia griega, con quien comerciaban los hebreos (Is. 66:19; Ez. 27:13, 19; Jl. 3:4-6.)

**Jaza.** Ciudad al oriente del Jordán ( = Jahaza), (1 Cr. 6:78.)

**Jazer** *(ayudador)* Plaza fuerte amonita, aproximadamente a 22 kilómetros al N. de Hesbón y situada al E. del Jordán; fue asignada a Gad (Jos. 13:24, 25); posteriormente fue entregada a los levitas (Jos. 21:39.)

**Jazera.** Sacerdote, ascendiente de Masai (1 Cr. 9:12.)

**Jaziz.** Encargado de los rebaños del rey David (1 Cr. 27:21.)

**Jearim** *(monte de los bosques)* Monte en el límite norte de Judá (Jos. 15:10.)

**Jeatrai.** Levita, descendiente de Gersón (1 Cr. 6:21.)

**Jerebequías** *(Dios bendice)* Padre de Zacarías nº 29, (Is. 8:2.)

**Jebús.** Nombre antiguo de Jerusalén, cuando perteneció a los jebuseos (Jos. 15:63; Jue. 19:10); fue tomada por los israelitas pero su fortaleza no fue capturada hasta los tiempos de David (2 S. 5:7, 8.)

**Jebuseo.** Tribu cananea que habitaba en Jebús (Jos. 10:16; 15:21; Nm. 13:29; Jos. 11:13); Josué mató a su rey (Jos. 10:23-27.)

**Jecabseel** *(Dios junta)* Lugar rehabitado por los judaítas ( = Cabseel), (Neh. 11:25.)

**Jecamán** *(el pariente se levantará)* Hijo de Hebrón, jefe de una familia levita (1 Cr. 23:19; 24:23.)

**Jecamías** *(quiera Jehová establecerse)* 1. Judaíta, descendiente de Jerameel (1 Cr. 2:41.) 2. Hijo del rey Jeconías (1 Cr. 3:18.)

**Jecolías** *(Dios puede)* Madre del rey Uzías (2 R. 15:2; 2 Cr. 26:3.)

**Jeconías** *(Jehová establece)* Rey de Judá ( = Joaquín y Conías), (1 Cr. 3:16.) Fue llevado en cautiverio por Nabucodonosor (Est. 2:6; Jer. 27:20.)

**Jecutiel** *(Dios alimentará)* Judaíta (1 Cr. 4:18.)

**Jedaía** *(Jehová sabe)* Padre de una familia de sacerdotes ( = Jedaías nº 2), (Neh. 7:39.)

**Jedaías** *(Jehová sabe)* 1. Descendiente de Simeón (1 Cr. 4:37.) 2. Padre de una familia de sacerdotes ( = Jedaía), (1 Cr. 9:10; 24:7; Esd. 2:36.) 3. Uno que ayudó en la restauración del muro de Jerusalén (Neh. 3:10.) 4. Sacerdote que volvió del exilio (Neh. 11:10; Zac. 6:10.) 5.

Otro sacerdote que regresó del exilio (Neh. 12:7, 21.)

**Jediael** *(conocido de Dios)* **1.** Benjamita (1 Cr. 7:6, 10, 11.) **2.** Uno de los valientes de David (1 Cr. 11:45.) **3.** Levita, portero del templo (1 Cr. 26:2.)

**Jediael.** Guerrero que se unió a David en Siclag (1 Cr. 12:20.)

**Jedida** *(amado)* Madre del rey Josías (2 R. 22:1.)

**Jedidías** *(amado de Jehová)* Nombre que Natán dio a Salomón (2 S. 12:24, 25.)

**Jedutún** *(alabanza)* **1.** Levita designado por David como director de los músicos en el tabernáculo (1 Cr. 9:16; 25:1-3.) **2.** Tonada para salmos (Salmos 39, 62, 77, título).

**Jefe.** En términos generales líder de un clan o tribu (Gn. 26:15); en Exodo 15:15 toma el nombre de caudillo y en Jos. 13:21 el de príncipe.

**Jefone** *(estará preparado)* **1.** Padre de Caleb (Nm. 13:6.) **2.** Hijo de Jeter (1 Cr. 7:38.)

**Jefté** *(abre)* Noveno juez de Israel; Jueces 11:1-12:7 relata su historia. Sus hermanos lo expulsaron de su casa por ser hijo ilegítimo, pero Israel lo llamó de vuelta para combatir a los amonitas a quienes derrotó; sacrificó a su hija debido a una precipitada promesa. En He. 11:32 figura entre los héroes de la fe.

**Jefte-el.** Valle en la frontera de Zabulón y Aser (Jos. 19:14, 27.)

**Jegar Sahaduta** *(abundante testimonio)* Nombre dado por Labán al majano de piedras erigido en memoria del pacto entre él y Jacob. Jacob le dio el nombre de Galaad (Gn. 31:47, 48.)

**Jehalelel** *(resplandezca Dios)* **1.** Descendiente de Judá (1 Cr. 4:16.) **2.** Levita merarita (2 Cr. 29:12.)

**Jehedias** *(Jehová se alegrará)* **1.** Levita, descendiente directo de Moisés, contemporáneo de David (1 Cr. 24:20.) **2.** Meronotita, funcionario de David, encargado de los asnos (1 Cr. 27:30.)

**Jehías** *(Jehová vive)* Levita, portero del arca en tiempo de David (1 Cr. 15:24.)

**Jehiel** *(Dios vive)* **1.** Ascendiente del

rey Saúl (1 Cr. 15:24.) **2.** Uno de los valientes de David (1 Cr. 11:44.) **3.** Levita, músico en tiempo de David (1 Cr. 15:18, 20; 16:5.) **4.** Levita, tesorero del templo ( = Jehieli) (1 Cr. 23:8; 29:8.) **5.** Hijo de Hacmoni, instructor de los hijos de David (1 Cr. 27:32.) **6.** Hijo de Josafat (2 Cr. 21:2.) **7.** Levita en tiempo del rey Ezequías, a quien ayudó en su reforma (2 Cr. 29:14; 31:13.) **8.** Funcionario del templo bajo el rey Josías (2 Cr. 35:8.) **9.** Padre de Obadías nº 5 (Esd. 8:9.) **10.** Padre de Secanías nº 5 (Esd. 10:2.) **11.** Sacerdote que despidió a su mujer extranjera (Esd. 10:21.) **12.** Otro sacerdote que se comprometió a hacer lo mismo (Esd. 10:26.)

**Jehieli.** Levita gersonita ( = Jehiel nº 4), en tiempo del rey David (1 Cr. 26:21, 22.)

**Jehielitas.** Familia de Jehieli (1 Cr. 26:22.)

**Jehová.** Transliteración castellana del tetragrama hebreo YHWH, nombre del Dios de Israel; se desconoce su pronunciación original, pues debido a la reverencia que se le profesaba al nombre de Dios, nunca se lo pronunciaba. Cuando se añadieron los puntos vocales al texto consonantal hebreo, los escribas judíos insertaron en YHWH las vocales para Adonái, y se transformó en Adonái (Señor). El nombre deriva del verbo "ser" y de ahí que implica la eternidad de Dios. En el A. T. hay diez combinaciones de la palabra "Jehová".

**Jehová-jireh** *(Jehová proveerá)* Nombre con que Abraham designó el sitio donde estuvo a punto de sacrificar a Isaac (Gn. 22:14, R-V, ed. 1960, nota al pie)

**Jehová-nisi** *(Jehová es mi estandarte)* Nombre dado por Moisés al altar que erigió como memorial de su victoria sobre los amalecitas (Ex. 17:15.)

**Jehová-salom** *(Jehová es paz)* Nombre que Gedeón le dio al altar en Ofra (Jue. 6:24.)

**Jehová-sama** *(Jehová allí)* Nombre dado a la Jerusalén celestial en la visión de Ezequiel (Ez. 48:35.)

**Jehová-tsidkenu** *(Jehová, justicia*

*nuestra)* Nombre dado al rey -en el original- que habrá de reinar sobre Israel y la ciudad de Dios (Jer. 23:6; 33:16.)

**Jehú** *(Jehová es él)* **1.** Profeta; reprendió a Baasa (1 R. 16:1, 7, 12) y a Josafat (2 Cr. 19:1-3.) **2.** Décimo rey de Israel; hijo de Josafat; mató a Joram (2 R. 9:24-26), a Ocozías, rey de Judá y a Jezabel, también a adoradores de Baal; comenzó una dinastía que duró más de 100 años. **3.** Judaíta (1 Cr. 2:38.) **4.** Simeonita (1 Cr. 4:35.) **5.** Guerrero que se unió a David en Siclag (1 Cr. 12:3.)

**Jehúba.** Aserita (1 Cr. 7:34.)

**Jehud.** Ciudad en Dan aproximadamente a 11 kilómetros al E. de Jope (Jos. 19:45.)

**Jehudaía** *(judía)* Mujer de Esdras (1 Cr. 4:18.)

**Jehudí** *(un judío)* Príncipe en la corte de Joacim (Jer. 36:14.)

**Jehús.** Benjamita, ascendiente del rey Saúl (1 Cr. 8:39.)

**Jeiel** *(Dios ha juntado)* **1.** Príncipe de la tribu de Rubén (1 Cr. 5:7.) **2.** Portero en el templo (1 Cr. 9:18.) **3.** Nombre de dos músicos levitas (1 Cr. 15:21; 16:5.) **4.** Levita de los hijos de Asaf (2 Cr. 20:14.) **5.** Escriba del rey Uzías (2 Cr. 26:11.) **6.** Levita en tiempo del rey Ezequías (2 Cr. 29:13.) **7.** Jefe de los levitas en tiempo del rey Josías (2 Cr. 35:9.) **8.** Uno que regresó con Esdras del exilio (Esd. 8:13.) **9.** Uno de los que se casaron con mujeres extranjeras en tiempo de Esdras (Esd. 10:43.)

**Jemima** *(una paloma)* Primera hija de Job después de su restauración (Job 42:14.)

**Jemuel.** Primogénito de Simeón (Gn. 46:10; Ex. 6:15.) Figura como Nemuel en Nm. 26:12 y 1 Cr. 6:24.

**Jera** *(luna)* Tribu árabe descendiente de Octán (Gn. 10:46.)

**Jerameel** *(quiera Dios tener compasión* o *Dios se compadece)* **1.** Padre de un linaje importante en el S. de Judá (1 S. 27:10; 1 Cr. 2:9.) **2.** Levita merarita, hijo de Cis nº 3 (1 Cr. 24:29.) **3.** Oficial del rey Joacim, enviado para arrestar a Jeremías (Jer. 36:26.)

**Jerebai** *(Jehová ruega)* Uno de los valientes de David (1 Cr. 11:46.)

**Jeremai.** Uno que repudió a su mujer extranjera (Esd. 10:33.)

**Jered** *(descenso)* Judahíta (1 Cr. 4:18.)

**Jeremías** *(Jehová funda* o *Jehová exalta)* **1.** Jeremías de Libna, padre de Hamutal, esposa del rey Josías (2 R. 23:30, 31; 24:18; Jer. 52:1.) **2.** Jefe en la tribu de Manasés (1 Cr. 5:24.) **3.** Nombre de tres guerreros que se unieron a David en Siclag (1 Cr. 12:3, 10, 13.) **4.** Profeta. Uno de los más grandes profetas hebreos (hacia el 640-587 a. C.); nació en el seno de un hogar sacerdotal en Anatot, a 4 .kilómetros al NE. de Jerusalén; por una visión se sintió llamado al ministerio profético (Jer. 1:4-10), y profetizó durante los reinados de los últimos cinco reyes de Judá (Josías, Joacaz, Joacim, Joaquín, Sedequías); probablemente ayudó a Josías en su tarea reformadora (2 R. 23); advirtió a Joacim contra la formación de una alianza con Egipto; el rey Joacim quemó el manuscrito con las profecías de Jeremías (Jer. 36); fue perseguido por los nobles en los últimos tiempos del último rey (Jer. 36, 37); Nabucodonosor se mostró bondadoso con él después de la destrucción de Jerusalén (Jer. 39:11, 12); fue obligado a ir a Egipto con los judíos que mataron a Gedalías, y ahí murió (Jer. 43:6, 7.) **5.** Firmante del pacto de Nehemías (Neh. 10:2.) **6.** Sacerdote que volvió del exilio con Zorobabel (Neh. 12:1, 12.) **7.** Príncipe de Judá en la dedicación del muro de Jerusalén (Neh. 12:34.) **8.** Padre de Jaazanías recabita (Jer. 35:3.)

**Jeremías. Libro de** (Ver Libro de Jeremías)

**Jeremot** *(hinchado, grueso)* **1.** Descendiente de Benjamín (1 Cr. 8:14.) **2.** Levita descendiente de Merari ( = Jericot nº 3), (1 Cr. 23:23.) **3.** Uno de los hijos de Hemán, jefe de músicos (1 Cr. 25:4, 22.) **4.** Nombre de dos hombres que repudiaron a sus esposas en tiempo de Esdras (Esd. 10:26, 27.)

**Jerías** *(Jehová ve)* Jefe de los hebronitas en tiempo de David (1 Cr. 23:19; 24:23; 26:31.)

**Jericó** *(ciudad luna)* Ciudad a 8 kilómetros al O. del Jordán y a 11 kilómetros al N. del mar Muerto, a casi 240 metros bajo el nivel del mar, un verdadero oasis en un clima tropical. Hay tres ciudades de Jericó: la Jericó del A. T.; la Jericó del N. T. y la Jericó moderna. Las tres están situadas muy cerca unas de otras. Se trata, probablemente, de la ciudad más antigua del mundo; se halla emplazada estratégicamente para controlar la antigua ruta comercial que iba desde el Oriente a Palestina. Fue destruida por Josué (Jos. 6); asignada a Benjamín (Jos. 18:21); reconstruida por Hiel (1 R. 16:34.) La Jericó del A. T. fue excavada por John Garstang y Kethleen Kenyon.

**Jeriel** *(Dios ve)* Descendiente de Isacar (1 Cr. 7:2.)

**Jerimot** *(grueso, hinchado)* **1.** Nombre de dos descendientes de Benjamín (1 Cr. 7:7, 8.) **2.** Guerrero benjamita que se unió a David en Siclag (1 Cr. 12:5.) **3.** Merarita ( = Jeremot nº 2), (1 Cr. 24:30.) **4.** Jefe de la tribu de Neftalí (1 Cr. 27:19.) **5.** Hijo del rey David (2 Cr. 11:18.) **6.** Funcionario del rey Ezequías (2 Cr. 31:13.)

**Jeriot** *(cortina de tiendas)* Hijo de Caleb (1 Cr. 2:18.)

**Jerjes.** Rey del imperio persa, ( = Asuero), (486-465 a. C.)

**Jerobaal** *(vengarse, defenderse)* ( = Gedeón) (Jue. 6:32; 1 S. 12:11.)

**Jeroboam I** *(el pueblo contiende o el pueblo se hace numeroso)* Primer rey de Israel después de la división del reino, supervisor de obras públicas en el reinado de Salomón (1 R. 11:28); el profeta Ahías le aseguró que con el tiempo sería rey de las diez tribus (1 R. 11:29-40); huyó a Egipto porque Salomón trató de matarlo (1 R. 11:40); ascendió al trono y estableció la capital en Siquem (1 R. 12:1-25); edificó centros de adoración con becerros de oro en Dan y en Bet-el (1 R. 12:25-35); el profeta Ahías le profetizó su caída (1 R. 13, 14.)

**Jeroboam II** *(el pueblo contiende o el pueblo se hace numeroso)* Decimotercer rey de Israel (hacia el 785-754 a. C.); hijo y sucesor de Joás, rey de Israel; tuvo éxito en las guerras con sus vecinos y extendió el territorio de Israel; durante su reinado prevaleció la corrupción y la idolatría; los profetas contemporáneos fueron: Oseas, Joel, Jonás, Amós; le sucedió en el trono su hijo Zacarías (2 R. 14:23-29.)

**Jeroglífico.** Aplícase a la escritura en que las palabras no se representan con signos fonéticos o alfabéticos sino con figuras o símbolos. Usaron este género de escritura los egipcios y otros pueblos antiguos, principalmente en los monumentos.

**Jeroham** *(digno de compasión)* **1.** Padre de Elcana y abuelo del profeta Samuel (1 S. 1:1; 1 Cr. 6:27, 34.) **2.** Benjamita (1 Cr. 8:27.) **3.** Otro benjamita, ascendiente de Ibneías (1 Cr. 9:8), (talvez = nº 2.) **4.** Sacerdote, ascendiente de Adaía nº 3 (1 Cr. 9:12; Neh. 11:12.) **5.** Padre de Joela y Zabadías, valientes de David (1 Cr. 12:7.) **6.** Padre de Azareel nº 3 (1 Cr. 27:22.) **7.** Padre de Azarías (2 Cr. 23:1.)

**Jeruel** *(fundado por Dios)* Desierto entre Tecoa y En-gadi (2 Cr. 20:16.)

**Jerusa** *(casada)* Esposa del rey Uzías y madre del rey Jotam (2 R. 15:33; 2 Cr. 27:1.)

**Jerusalén** (significado probable *"ciudad de la paz")* Ciudad ubicada a 53 kilómetros al E. del Mediterráneo y a 22 kilómetros al O. del mar Muerto, edificada sobre una meseta rocosa de 765 metros de altura. Su temperatura promedio es de 12ºC. Se halla limitada por el valle de Cedrón al E, el Valle de Hinom (Gehenna) al O. y al S. y el valle de Tiropeón atraviesa la ciudad de N. a S. Al E. del valle de Cedrón está Getsemaní y el monte de las Olivas. El agua se obtiene de manantiales y de pozos y se la almacena en represas construidas en la ciudad. El valle de Tiropeón dividía la ciudad en varias colinas: la colina Occidental, la colina del Templo, la colina de Ofel y el monte Acra; antigua ciudad jebusea, situada en la colina al S. de Ofel (extremo sudoriental de Jerusalén) y su ejido era de 375 metros por 120 metros (1 Cr. 11:4-8.) Los muros de la ciudad se extendían hacia el N. y el S. Los muros actuales datan de la época de Suleimán el Magnífico (1542 d. C.). El templo estaba situado sobre el Monte Sion (roca de Moríah). Es la misma ciudad de Salem de la época de Melquisedec (Gn. 14:18.) Otros nombres: Jebus (Jue. 19:10, 11.), Sion, "ciudad de David" (1 R. 8:1; 2 R. 14:20); ciudad de Judá (2 Cr. 25:28), Ciudad de Dios (Sal. 46:4); Ciudad del Gran Rey (Sal. 48:2); Ciudad Santa (Neh. 11:1.)

**Jerusalén, Nueva** (Ver Nueva Jerusalén)

**Jesahías** *(Jehová salva)* Levita ( = Jesaías nº 2), (1 Cr. 25:15.)

**Jetla** *(lugar altísimo)* Aldea en Dan (Jos. 19:42.)

**Jetro** *(excelencia)* Sacerdote de Madián y suegro de Moisés (Ex. 3:1.) Nombre propio probablemente Reuel (Ex. 2:18.) Padre de Séfora con quien se casó Moisés (Ex. 2:21.) Dio buenos consejos a Moisés (Ex. 18:14-24.)

**Jetur.** Hijo de Ismael y su descendencia (Gn. 25:15; 1 Cr. 1:31; 5:19.) De ahí se deriva la Iturea del N.T. (Lc. 3:1.)

**Jeuel.** Jefe de un grupo que regresó del exilio (1 Cr. 9:6.)

**Jeús** *(viene a ayudar)* 1. Hijo de Esaú y Aholibama (Gn. 36:5, 14, 18; 1 Cr. 1:35.) 2. Benjamita (1 Cr. 7:10.) 3. Levita gersonita (1 Cr. 23:10, 11.) 4. Hijo del rey Roboam (2 Cr. 11:19.)

**Jeúz** *(aconseja)* Benjamita (1 Cr. 8:10.)

**Jezabel.** Hija de Et-baal, sacerdote de Astarot, rey de Tiro y de Sidón; esposa de Acab, rey de Israel (hacia el año 874-853 a. C.); mató a profetas de Jehová (1 R. 18:13); se opuso a Elías (1 R. 19:1, 20); provocó el asesinato de Nabot (1 R. 21); fue asesinada por orden de Jehú (2 R. 9:30-37.) En Ap. 2:20 es un símbolo de fornicación espiritual.

**Jesaías** *(Jehová salva)* 1. Descendiente de David, nieto de Zorobabel (1 Cr. 3:21.) 2. Levita músico entre los hijos de Jedutún durante el reinado de David ( = Jesahías), (1 Cr. 25:3, 15.) 3. Levita, tesorero del

templo (1 Cr. 26:25.) 4. Hijo de Atalías, que regresó del exilio (Esd. 8:7.) 5. Levita merarita que regresó del exilio (Esd. 8:19.) 6. Benjamita, ascendiente de Salú (Neh. 11:7.)

**Jesana** *(antiguo)* Ciudad cerca de Bet-el, en Efraín, conquistada por el rey Abías ( = Sen), (2 Cr. 13:19.)

**Jesarela.** Ancestral cabeza de la suerte de músicos (1 Cr. 25:14), que en el v. 2 figura como Arasela.

**Jesebeab** *(disfruta el padre de larga vida)* Ancestral cabeza de la decimocuarta suerte de sacerdotes (1 Cr. 24:13.)

**Jeser** *(integridad)* Hijo de Caleb (1 Cr. 2:18.)

**Jesimiel** *(Dios establece)* Príncipe simeonita (1 Cr. 4:36.)

**Jesisai** *(anciano)* Gadita, descendiente de Buz (1 Cr. 5:14.)

**Jesohaia.** Príncipe de la tribu de Simeón (1 Cr. 4:36.)

**Jesúa** *(Jehová es salvación)* 1. Cabeza de la novena suerte de sacerdotes (1 Cr. 24:11.) 2. Levita contemporáneo del rey Ezequías (2 Cr. 31:15.) 3. Importante familia levita (Esd. 2:40; Neh. 7:43.) 4. Sumo sacerdote que volvió del exilio con Zorobabel ( = Josué nº 4), (Esd. 2:2; Neh. 7:7.) 5. Antepasado de un grupo que volvió del exilio (Esd. 2:6; Neh. 7:11.) 6. Padre de Jozabad nº 6 (Esd. 8:33.) 7. Padre de Ezer nº 5 (Neh. 3:19.) 8. Nombre de uno o más levitas en tiempo de Nehemías (Neh. 8:7; 9:4, 5; 10:9; 12:8, 24.) 9. Población habitada por judíos que volvieron del exilio (Neh. 11:26.)

**Jesucristo.** Gr. *Iesous;* Heb. Josué, *Yehosua (Jehová es salvación)* Heb. *Masíah* (mesías) Gr. *Christos,* ungido. Jesús significa *"Salvador"* (Mt. 1:21, 25; Lc. 1:31.) Cristo significa *"Ungido"* (Hch. 10:38.)

I. *Vida y Obra.* La Biblia enseña la preexistencia de Jesús (Jn. 1:1.) En él fueron creadas todas las cosas y en él subsisten todas las cosas (Col. 1:16, 17.) De él hablaron Moisés y los profetas en los días del A. T. (Jn. 5:46; Lc. 24:27, 44.) En la época veterotestamentaria apareció como el ángel de Jehová (Gn. 18:1-19; Jue. 13:3.) Por su encarnación adoptó la naturaleza humana para poder revelar más plenamente a Dios (Jn. 1:14, 18) y para redimir a los hombres (Mr. 10:45.) Todavía es el Dios-Hombre, y en el cielo aboga ante Dios por los santos (1 Jn. 2:1; He. 7:25.) Un día volverá a su pueblo, juzgará a todos los hombres, e implantará su reino eterno, donde no habrá ni pecado ni muerte.

**II.** *Su ministerio terrenal.* El Mesías anunciado en el A. T. vino a su debido tiempo (Gá. 4:4.) Dios, en su providencia, preparó el trasfondo apropiado para su aparición y misión. Puede verse la mano de Dios que usó a Augusto para hacer posible que el nacimiento de Cristo ocurriera en el lugar anunciado proféticamente (Lc. 2:1-7; Mi. 5:2.) Los pastores y los sabios del Oriente, ilustran el regocijo de gente humilde en ver al Salvador y el anhelo de los gentiles de compartir los beneficios de la encarnación. Cristo no fue simplemente un mensajero de Dios, como un profeta del A. T., sino el eterno Hijo de Dios, que tomó naturaleza humana, pero sin la más ínfima mancha de pecado. En una sola persona se unían su naturaleza divina y su naturaleza humana. El niño Jesús creció normalmente. Su cuerpo se desarrolló como el de todo muchacho, y mentalmente progresó en conocimiento y sabiduría. No obró ningún milagro antes de comenzar su ministerio público. En ocasión de su bautismo, el Espíritu Santo lo ungió, capacitándolo para su ministerio. Inmediatamente después de su bautismo Satanás lo tentó a que renegara de su dependencia del Padre y actuara como Hijo de Dios. Su ministerio fue muy breve, calculado entre dos años y medio y tres años y medio. El Evangelio de Juan suplementa a los evangelios sinópticos en hablarnos sobre el lugar donde actuó. Gran parte del Evangelio de Juan informa de su ministerio en Judea, mientras los sinópticos lo hacen aparecer preferentemente en Galilea, si bien hay indicios de que visitó Tiro y Sidón (Mt. 15:21-28), Cesarea de Filipo (Mt. 16:13ss.), Decápolis (Mr. 7:31), Samaria (Lc. 9:51-56) y Perea (Mr. 10:1; Ver Perea.) Durante su ministerio en Galilea estableció su centro de operaciones en Capernaum. De ahí visitaba todo el territorio curando a los enfermos, quitando los demonios a los endemoniados, y predicando la venida del reino de Dios sobre los suyos. El reino es una realidad tanto presente como futura. La entrada en la fase actual del reino se logra por fe en el Hijo de Dios. La fase final ocurrirá cuando Jesús venga de nuevo en poder y gloria. La parábola fue el estilo preferido por Jesús para enseñar. Las utilizaba para esconder la verdad a sus enemigos, que esperaban oírle decir algo que lo incriminara y poderlo así arrestar, y también para revelar con mayor claridad la verdad a sus amigos. En la primera etapa de su ministerio Jesús habló mayormente a las multitudes. Mantuvo su popularidad hasta que se negó a que lo proclamaran rey luego de haber alimentado milagrosamente a 5.000 personas, y cuando dejó claramente sentado que no era el libertador político que esperaban, sino el pan del cielo. Fue entonces que la multitud lo abandonó y gran parte de su ministerio lo dedicó a enseñarles a los doce, especialmente sobre su muerte y resurrección. Aunque parezca extraño, aun los más allegados no veían la necesidad de que tuviera que morir, aun cuando lo reconocieron como Mesías e Hijo del Dios viviente, como lo hizo Pedro en Cesarea de Filipo. Sus más tenaces opositores fueron los escribas y los fariseos, resentidos por su rechazo de la tradición que guardaban con tanto esmero y escandalizados cuando proclamó su deidad y perdonó pecados. Hicieron causa común con sus viejos adversarios los saduceos y con los herodianos, para destruir a Jesús. Desde el día de la Transfiguración, en adelante, su ministerio lo acercó a Jerusalén, para cumplir su misión en la cruz. No menos de la cuarta parte de los evangelios están dedicados a la semana de la pasión y al relato de la resurrección, lo cual demuestra que, para la iglesia primitiva, los acontecimientos de este período revistieron una importancia suprema. Cristo vino a morir; pero su resurrección fue la certificación del Padre en cuanto a las verdades proclamadas por Cristo sobre sí mismo.

**III.** *Nombre, títulos y ministerio.* Jesús significa Salvador (Mt. 1:21), y es igual al nombre hebreo Josué. Generalmente va unido a otros vocablos; cuando aparece solo es para poner de relieve su humanidad. *Cristo*, que significa "el ungido" es el equivalente griego del vocablo hebreo *Mesías*. A menudo se acompaña del artículo definido que le da la fuerza de "el Cristo prometido". En algunas ocasiones Jesús prohibió a la gente que lo hicieran conocer como Mesías (Mt. 16:20.) Jesús sabía que si comenzaban a utilizar este título libremente entre los judíos, excitarían al populacho a esperar de él un mesías político. Y desde el momento en que no era ése el propósito de Jesús, suprimió el uso del término excepto entre sus apóstoles (Mt. 16:16.) El nombre de *Emanuel* figura una sola vez (Mt. 1:23) y significa "Dios con nosotros". Debido a los años en que vivió en Nazaret, con frecuencia se lo denomina "el nazareno" (Lc. 24:19.) Cuando Jesús se refería a sí mismo lo hacía habitualmente como *Hijo del Hombre*. Esto puede ocasionalmente subrayar la humanidad de Cristo, pero más que todo sirve para señalar su trascendencia como una figura celestial (Dn. 7:13.) La designación de *Hijo de Dios* señala a un hijo único en su género. Es de notar que cuando Jesús hablaba del Padre reconocía una relación íntima con él, imposible de ser compartida por ningún otro ser humano. El título *Hijo de David* (Mt. 21:9; Lc. 18:38) es un título netamente mesiánico que lo señala como el que cumplió el pacto davídico. Algunos pasajes hablan directamente de Jesús como *Dios* (Jn. 1:1-18; 20:28; Ro. 9:5; Tit. 2:13;

He. 1:8.) El término *Señor* (Hch. 2:36; 10:36; Ro. 10:9; 1 Co. 8:6; Fil. 2:11) denota la soberanía de Cristo, su señorío sobre el creyente individual, sobre la iglesia como un cuerpo y sobre todas las cosas. El título *Verbo* (Jn. 1:1, 14; 1 Jn. 1:1) señala a Jesús como el que revela a Dios. La designación de *Siervo* (Fil. 2:7) ilustra el hecho de que la iglesia primitiva consideraba que Jesús desempeñaba el papel de Siervo de Jehová en sí mismo (ver Mt. 12:17-21.) El nombre *Salvador* sugiere la razón que tuvo Cristo para venir al mundo (Lc. 2:11; Jn. 4:42.) La misión salvadora de Cristo también se traduce en la expresión de *Cordero de Dios* (Jn. 1:29, 36.) La Carta a los Hebreos habla de Jesús como el *Gran Sumo Sacerdote* (He. 4:14) y como *Mediador* entre Dios y los hombres (1 Ti. 2:5.) Pablo usa el título *Postrer Adán* en contraposición con el primer Adán, lo cual sugiere que se deshacen las consecuencias del pecado introducidas en el mundo por la transgresión de Adán.

**IV.** *Carácter.* Es imposible describir a Jesús en la plena perfección de su carácter. Ciertas perfecciones merecen mención especial, pero no se puede decir que se destacó por éstas más que por otras. Tenía *integridad*. Era la verdad encarnada. Tenía *coraje*, tanto el coraje físico como el coraje de la convicción. Sentía *compasión* por la gente con quien trataba. Se vistió de *humildad*. Y su carácter calzaba la corona de la *pureza*, es decir, ausencia total de pecado y santidad en todo cuanto hacía y hablaba.

**V.** *Influencia.* Todos los libros del N. T. se refieren como tema central a Jesús y a la influencia que ejerció a pesar de que su vida fue tan corta. Cuando entra en la vida de una persona introduce un nuevo punto de referencia y un nuevo juego de valores. Los pecadores son transformados por él. Jesús ha afectado poderosamente la sociedad en su organización. Le ha enseñado al mundo la dignidad de la vida humana, mejoró la condición social de la mujer, abolió la esclavitud, estimuló el interés de la obra social. Las artes deben sus obras más sublimes al deseo de honrarlo. Aun los moralistas y los filósofos que no reconocen su Deidad, reconocen la excelencia de sus enseñanzas morales.

**Jesurún** *(probo, honrado)* Forma poética del nombre de Israel, que lleva implícita una connotación honorífica (Dt. 32:15; Is. 44:2.)

**Jesús** (Ver Jesucristo)

**Jeter** *(abundancia)* 1. Primogénito de Gedeón (Jue. 8:20.) 2. Padre de Amasa (1 R. 2:5, 32; 1 Cr. 2:17.) 3. Judaíta, descendiente de Jerameel (1 Cr. 2:32.) 4. Judaíta, hijo de Esdras n° 1 (1 Cr. 4:17.) 5. Aserita ( = Itrán *cf.* 1 Cr. 7:37 con el v. 38.)

**Jetet.** Jefe edomita (Gn. 36:40; 1 Cr. 1:51.)

**Jezanías** *(Jehová oye)* Capitán judío que quedó con Gedalías después de la deportación (Jer. 40:8; 42:1.)

**Jezer** *(forma, propósito)* Jefe en la tribu de Manasés, hijo de Neftalí (Nm. 26:30, 49; 1 Cr. 7:13), Abiezer en Josué 17:2.

**Jezerita.** Descendiente de Jezer (Nm. 26:30, 49.)

**Jezías** *(Jehová une)* Hombre que repudió a su mujer extranjera (Esd. 10:25.)

**Jeziel** *(el rey es Dios)* Benjamita que se unió a David (1 Cr. 12:3.)

**Jezlías** *(Jehová entrega)* Benjamita (1 Cr. 8:18.)

**Jezoar** *(el que brilla)* Judaíta (1 Cr. 4:5-7.)

**Jezreel** *(Dios planta)* 1. Población en Judá (Jos. 15:56; 1 S. 25:43.) 2. Ciudad en la frontera de Isacar a 8 kilómetros al N. de Jerusalén (Jos. 19:18; 2 S. 2:9; 2 Cr. 22:6.) 3. Valle entre Galilea y Samaria (Jos. 17:16; Jue. 6:33; Os. 1:5.) 4. Judaíta (1 Cr. 4:3.) 5. Hijo del profeta Oseas (Os. 1:4, 5.)

**Jezreelita.** Originaria de Jezreel n° 1; sobrenombre de Ahinoma, mujer de David (1 S. 27:3; 30:5; 1 Cr. 3:1.)

**Jibsam** *(fragante)* Descendiente de Isacar (1 Cr. 7:2.)

**Jidlaf** *(él llora)* Hijo de Nacor y de Milca (Gn. 22:22.)

**Jifta** *(Dios abre)* Aldea no iden-

tificada, en el territorio bajo de Judá (Jos. 15:43.)

**Joa** *(Jehová es hermano)* 1. Canciller del rey Ezequías (2 R. 18:18, 26, 37; Is. 36:3, 11, 22.) 2. Levita, descendiente de Gersón (1 Cr. 6:21.) 3. Levita hijo de Obed-edom (1 Cr. 26:4.) 4. Levita en tiempo del rey Ezequías, posiblemente = n° 1 (2 Cr. 29:12.) 5. Canciller del rey Josías (2 Cr. 34:8.)

**Joab** *(Jehová es padre)* 1. General del ejército del rey David. Hijo de Sarvia, la media hermana de David (2 S. 2:18); hermano de Asael y Abisai (1 Cr. 2:16); mató a Abner (2 S. 3:22-39); alcanzó el grado de Comandante en Jefe del ejército de David (1 Cr. 11:4-9); derrotó a los sirios, a los edomitas y a los amonitas (2 S. 10-12); dispuso el asesinato de Urías (2 S. 11); mató a Absalón (2 S. 18:9-15) y a Amasa (2 S. 20:4-13); apoyó a Adonías (1 R. 1); fue muerto por orden de Salomón (1 R. 2:28-34.) 2. Judaíta, hijo de Seraías (1 Cr. 4:14.) 3. Fundador de una familia que regresó del exilio con Zorobabel (Esd. 2:6; 8:9; Neh. 7:11.)

**Joacaz** *(Jehová captó)* 1. Rey de Israel, hijo y sucesor de Jehú; reinó durante 17 años entre los años 817-800 a. C., aproximadamente (2 R. 10:35; 13:1; 2 Cr. 25:17.) Mantuvo el culto al becerro instaurado por Jeroboam; fue derrotado por los reyes de Siria; le sucedió en el trono su hijo Joás (2 R. 13:2-9; 22-25.) 2. Rey de Judá, 608 a. C. Hijo y sucesor de Josías; reinó solamente tres meses; murió en Egipto (2 R. 23:30-34); también llamado Salum (1 Cr. 3:15; Jer. 22:10-22.) 3. Rey de Judá, hijo y sucesor de Joram ( = Ocozías), (2 Cr. 21:17; 25:23.) 4. Nombre completo de Acaz, rey de Judá, de acuerdo a una inscripción de Tiglat-Pileser III. 5. Padre de Joa n° 5 (2 Cr. 34:8.)

**Joacim** *(Jehová instala)* 1. Rey de Judá, hijo de Josías y sucesor de Joacaz n° 2 ( = Eliaquim n° 2); originariamente llamado "Eliaquim", Faraón Necao lo cambió por Joacim luego de hacerlo rey e imponerle tributo; rebelóse tres años después y murió una muerte ignominiosa (2 R. 23:34-37; 24:1-6; 2 Cr. 36:4-8.) **2.** Descendiente de Judá (1 Cr. 4:22.)

**Joada.** Benjamita, descendiente del rey Saúl (1 Cr. 8:36.) En 1 Cr. 9:42 figura como "Jara".

**Joadán** *(Dios es delicia)* Esposa del rey Joás de Judá (2 Cr. 25:1.)

**Joana.** Ascendiente de Jesucristo (Lc. 3:27.)

**Joaquín** *(Jehová establece)* Rey de Judá, hijo y sucesor de Joacim (= Conías y Jeconías). Próximo al último rey de Judá. Reinó tres meses, en el año 597 a. C. (2 Cr. 36:9.) En Jer. 22:24, 28; 37:1, figura como "Conías" y en Mt. 1:11, 12, como "Jeconías". Quemó las profecías de Jeremías (Jer. 36:23, 32.) Deportado a Babilonia, donde después de 37 años de cautividad fue puesto en libertad por Evil-merodac (2 R. 25:27.)

**Joás** *(Jehová dio)* **1.** Padre de Gedeón (Jue. 6:11; 8:32.) **2.** Hijo del rey Acab (1 R. 22:26; 2 Cr. 18:25.) **3.** Octavo rey de Judá, hijo de Ocozías; reinó durante 40 años; al principio restauró la religión de Jehová, pero luego apostató; hizo asesinar a Zacarías y fue asesinado por sus sirvientes (2 R. 12:20; 2 Cr. 24:25.) **4.** Rey de Israel, hijo y sucesor de Joacaz; reinó entre los años 800-784 a. C.; demostró buena voluntad y amistad hacia el profeta Eliseo; le sucedió en el trono su hijo Jeroboam II (2 R. 13:10-13; 2 Cr. 25:17.) **5.** Judaíta (1 Cr. 4:22.) **6.** Benjamita (1 Cr. 7:8.) **7.** Uno de los valientes de David (1 Cr. 12:3.) **8.** Administrador de los almacenes de aceite del rey David (1 Cr. 27:28.)

**Job.** Personaje principal del libro de Job, uno de los libros sapienciales del A. T., obra maestra de literatura, escrita en forma de poema.

**Job, Libro de** (Ver Libro de Job)

**Jobab** *(llamar en voz alta, gritar)* **1.** Hijo de Joctán (Gn. 10:29; 1 Cr. 1:23.) **2.** Segundo rey de Edom (Gn. 36:33, 34; 1 Cr. 1:44, 45.) **3.** Rey de Madón (Jos. 11:1; 12:19.) **4.** Benjamita (1 Cr. 8:9.) **5.** Benjamita (1 Cr. 8:18.)

**Jocabed** *(Jehová es gloria)* Hija de

Leví, esposa de Amram y madre de Moisés (Ex. 6:20; Nm. 26:59.)

**Jocdeam.** Aldea en Judá (Jos. 15:56.)

**Jocmeam** *(dejen levantarse al pueblo)* **1.** = Jocneam (1 R. 15:56.) **2.** Ciudad levítica en Efraín (1 Cr. 6:68.)

**Jocneam.** Ciudad levítica en Zabulón, en o cerca del Monte Carmelo (= Jocmeam nº 1) (Jos. 12:22; 19:11; 21:34.)

**Jocasán.** Hijo de Abraham y Cetura (Gn. 25:2, 3; 1 Cr. 1:32.)

**Joctán** *(hijo menor)* Tribu descendiente de Sem (Gn. 10:25, 26, 29; 1 Cr. 1:19, 20, 23.)

**Jocteel. 1.** Aldea en Judá (Jos. 15:38.) **2.** Lugar en Edom, probablemente Petra (2 R. 14:7.)

**Joed** *(Jehová es testigo)* Benjamita (Neh. 11:7.)

**Joel** *(Jehová es Dios)* **1.** Primogénito de Samuel (1 S. 8:2; 1 Cr. 6:33.) **2.** Príncipe simeonita (1 Cr. 4:35.) **3.** Jefe rubenita (1 Cr. 5:4, 8.) **4.** Jefe gadita (1 Cr. 5:12.) **5.** Ascendiente del profeta Samuel (1 Cr. 6:36.) **6.** Descendiente de Isacar (1 Cr. 7:3.) **7.** Uno de los valientes de David (1 Cr. 11:38.) **8.** Levita (1 Cr. 15:7, 11; 23:8) probablemente = nº 9. **9.** Tesorero del templo en tiempo de David (1 Cr. 26:22) probablemente = nº 8. **10.** Funcionario del rey David (1 Cr. 27:20.) **11.** Levita en tiempo del rey Ezequías (2 Cr. 29:12.) **12.** Hombre que se casó con mujer extranjera (Esd. 10:43.) **13.** Funcionario en Jerusalén en tiempo de Nehemías (Neh. 11:9.) **14.** Profeta; autor del segundo de los profetas menores; nada se conoce de su vida.

**Joel, Libro de** (Ver Libro de Joel)

**Joela** *(permítanle ayudar)* Guerrero que se unió a David en Siclag (1 Cr. 12:7.)

**Joezer** *(Jehová es ayuda)* Guerrero que se unió a David en Siclag (1 Cr. 12:6.)

**Jofaina.** Vasija en forma de taza, de gran diámetro y poca profundidad, que sirve principalmente para lavarse la cara y las manos, y otros fines (Ex. 24:6; Zac. 9:15; Jn. 13:5.)

**Jogbaha** *(elevado)* Ciudad fortificada en Galaad, asignada a Gad (Nm. 32:35; Jos. 8:11.)

**Jogli** *(llevado al exilio)* Danita, padre de Buqui (Nm. 34:22.)

**Joha. 1.** Benjamita (1 Cr. 8:16.) **2.** Uno de los 30 valientes de David (1 Cr. 11:45.)

**Johanán** *(Jehová ha sido propicio)* **1.** Dirigente judío que trató de salvar a Gedalías del complot para asesinarlo (Jer. 40:13, 14) y llevó a los judíos, incluso a Jeremías, a Egipto (Jer. 40-43.) **2.** Hijo del rey Josías (1 Cr. 3:15.) **3.** Hijo de Elioenai (1 Cr. 3:24.) **4.** Padre de Azarías, sumo sacerdote en tiempo de Salomón (1 Cr. 6:9, 10.) **5.** Benjamita, guerrero que se unió a David en Siclag (1 Cr. 12:4.) **6.** Gadita, capitán en el ejército de David (1 Cr. 12:12, 14.) **7.** Portero del templo (1 Cr. 26:3.) **8.** Oficial del ejército del rey Josafat (2 Cr. 17:15.) **9.** Padre de Ismael, que ayudó a Joiada (2 Cr. 23:1.) **10.** Efrateo, padre de Azarías (2 Cr. 28:12.) **11.** Uno de los que regresaron de Babilonia con Esdras (Esd. 8:12.) **12.** Sacerdote, hijo del sumo sacerdote Eliasib (Esd. 10:6; Neh. 12:22, 23.) **13.** Uno de los que se casaron con mujeres extranjeras en tiempo de Esdras (Esd. 10:28.) **14.** Hijo de Tobías amonita, que se casó con una judía en tiempo de Nehemías (Neh. 6:18.) **15.** Sacerdote en tiempo de Joiacim (Neh. 12:13.) **16.** Sumo sacerdote, nieto de Eliasib (Neh. 12:22.) **17.** Sacerdote en tiempo de Nehemías, que cantó en la dedicación del nuevo muro de Jerusalén (Neh. 12:42.)

**Joiacim** *(Jehová levanta)* Hijo de Jesúa nº 4, padre de Eliasib (Neh. 12:10, 12, 26.)

**Joiada** *(Jehová sabe)* **1.** Padre de Beanía, uno de los más fieles oficiales de David (2 S. 23:22; 1 R. 4:4.) **2.** Nieto del anterior (1 Cr. 27:34.) **3.** Príncipe del linaje de Aarón, que ayudó a David en Siclag (1 Cr. 12:27.) **4.** Sumo sacerdote; su esposa, Josabet, hija del rey Joram, escondió a Joás; participó en el complot para derrocar a la reina Atalía (2 Cr. 23; 2 R. 11.) **5.** Uno que ayudó en la restauración del muro de Jerusalén (Neh. 3:6.) **6.** Sumo sacerdote, hijo de Eliasib (Neh. 12:10, 11,

22; 13:28.) **7.** Sacerdote en tiempo del profeta Jeremías (Jer. 29:26.)

**Joiarib** *(Jehová contenderá)* Sacerdote que regresó de Babilonia con Zorobabel (1 Cr. 9:10; Neh. 11:10; 12:6, 19.) **2.** Sacerdote en tiempo de David (1 Cr. 24:7.) **3.** Mensajero docto, enviado por Esdras (Esd. 8:16.) **4.** Judaíta, ascendiente de Maasías (Neh. 11:5.)

**Jonadab** *(Jehová es dadivoso)* **1.** Sobrino de David, hijo de su hermano Simea (2 S. 13:3.) **2.** Ceneo, hijo de Recab, que ayudó a Jehú a abolir el culto a Baal en Samaria (2 R. 10:15s.)

**Jonán** *(Jehová es propicio)* Ascendiente de Jesucristo (Lc. 3:30.)

**Jonás** *(paloma)* **1.** Profeta de Israel; hijo de Amitai; predijo que Jeroboam II, que reinó entre el 790 y el 750 a. C. triunfaría en la guerra contra los sirios; autor del libro de Jonás (2 R. 14:25; Jon. 1:1.) **2.** Padre de Simón Pedro (Mt. 16:17; Jn. 1:42.)

**Jonás, Libro de** (Ver Libro de Jonás)

**Jonatán** *(Jehová dio)* **1.** Levita; sacerdote de Micaía y de Efraín, y posteriormente de los danitas (Jue. 18:30.) **2.** Hijo de Saúl el rey de Israel (1 S. 13:16; 1 Cr. 8:33); venció a los filisteos en una batalla (1 S. 13, 14); leal amigo de David, amistad que ha llegado a ser símbolo del más noble amor entre dos personas, y por la cual arriesgó su propia vida (1 S. 19:1-7; 20); los filisteos lo mataron juntamente con su padre en el monte de Gilboa (1 S. 31:2-10.) **3.** Hijo del sumo sacerdote Abiatar (2 S. 15:27, 36; 17:17-20; 1 R. 1:42, 43) **4.** Hijo de Simea, sobrino de David (2 S. 21:21; 1 Cr. 20:7.) **5.** Uno de los 30 valientes de David (2 S. 23:32; 1 Cr. 11:34.) **6.** Descendiente de Jerameel (1 Cr. 2:32, 33.) **7.** Hijo de Uzías, funcionario del rey David (1 Cr. 27:25.) **8.** "Tío" y consejero del rey David (1 Cr. 27:32.) **9.** Levita en tiempo del rey Josafat (2 Cr. 17:8.) **10.** Padre de Ebed nº 2 (Esd. 8:6.) **11.** Hijo de Azael; se opuso a las disposiciones tomadas por Esdras (Esd. 10:15.) **12.** Sumo sacerdote, hijo de Joiada nº 6 y padre de Jadúa (Neh. 12:11.) **13.**

Nombre de un jefe de familia sacerdotal en tiempo de Joiacim (Neh. 12:14.) **14.** Nombre de un jefe de otra familia sacerdotal en tiempo de Joiacim (Neh. 12:18.) **15.** Levita, padre de Zacarías n° 28 (Neh. 12:35.) **16.** Hijo de Matatías (1 Mac. 2:5; 9-13.) **17.** Hijo de Absalón (1 Mac. 13:11.) **18.** Sacerdote (1 Mac. 1:23.) **19.** Escriba contemporáneo del profeta Jeremías (Jer. 37:15, 20; 38:26.) **20.** Capitán, hijo de Carea, que se unió a Gedalías después de la deportación (Jer. 40:8.)

**Jope.** Antigua ciudad amurallada y puerto en la costa de Palestina, aproximadamente a 56 kilómetros al NO. de Jerusalén; fue asignada a Dan; se la menciona en las cartas de El-Amarna; era el puerto que utilizaba Jerusalén. En los días neotestamentarios en esa ciudad el apóstol Pedro resucitó a Dorcas (Hch. 9:36ss.) y tuvo la visión del lienzo lleno de animales (Hch. 10:1ss.; 11:5ss.) Es la actual Jaffa.

**Jora.** Padre de una familia que regresó del exilio con Zorobabel (Esd. 2:18.)

**Jorai** *(a quien Jehová enseña)* Gadita (1 Cr. 5:13.)

**Joram** *(Jehová es exaltado)* **1.** Hijo de Toi, rey de Hamat (2 S. 8:10.) **2.** Rey de Judá, hijo y sucesor de Josafat a quien sucedió como rey en el año 849 a. C.; asesinó a sus propios hermanos; contrajo enlace con Atalía, hija de Acab y Jezabel (1 R. 22; 2 Cr. 18); un idólatra; Elías lo denunció; murió de una muerte horrible (2 R. 9:14-26.) **3.** Rey de Israel, hijo de Acab, hermano y sucesor de Ocozías (2 R. 8:29.) **4.** Levita (1 Cr. 26:25.) **5.** Sacerdote en tiempo del rey Josafat (2 Cr. 17:8.)

**Jorcoam.** Descendiente de Caleb (1 Cr. 2:44.)

**Jordán, Río** (Ver Río Jordán)

**Jorim.** Ascendiente de Jesús (Lc. 3:29.)

**Jornalero.** Persona que trabaja a jornal, es decir que cobra por día de trabajo (Ex. 12:45; Dt. 15:18; Mal. 3:5; Lc. 15:17, 19.)

**Josaba** *(Juramento de Jehová)* Hija del rey Joram de Judá ( = Josabet); esposa del sumo sacerdote Joiada;

escondió a Joás en su casa para que Atalías no lo matara (2 R. 11:2.)

**Josabad** *(Dios otorgó)* Jefe de los levitas en tiempo del rey Josías (2 Cr. 35:9.)

**Josabet** *(el juramento de Jehová)* Hija del rey Joram de Judá ( = Josaba), (2 Cr. 22:11.)

**Josacar** *(de quien Jehová se acordó)* Asesino del rey Joás de Judá (2 R. 12:21.)

**Josadac** *(Jehová es justo)* Sumo sacerdote durante la cautividad babilónica (1 Cr. 6:14), padre de Jesúa n° 4 (Neh. 12:26.)

**Josafat** *(Jehová es juez)* **1.** Cronista de David y Salomón (2 S. 8:16; 1 R. 4:3.) **2.** Proveedor del rey Salomón (1 R. 4:17.) **3.** Cuarto rey de Judá, hijo y sucesor de Asa; reinó durante 25 años, y el comienzo de su reinado se calcula hacia el 871 a. C. (2 Cr. 17-20); quitó los lugares altos y enseñó al pueblo la ley; censurado por aliarse con Acab y Ocozías; murió alrededor del año 850 a. C. y su hijo Joram le sucedió en el trono. **4.** Padre de Jehú, rey de Israel, que destruyó la casa de Acab (2 R. 9:2, 14.) **5.** Uno de los 30 valientes de David (1 Cr. 11:43.) **6.** Sacerdote contemporáneo de David (1 Cr. 15:24.) **7.** Valle no identificado (Jl. 3:2, 12.)

**Josafat, Valle de** (Ver Valle de Josafat)

**Josavía.** Hijo de Elnaán, uno de los 30 valientes del rey David (1 Cr. 11:46.)

**Josbecasa.** Líder de la decimoséptima suerte de músicos (1 Cr. 25:4.)

**José** *(quiera Dios añadir)* **1.** Hijo del patriarca Jacob y de Raquel (Gn. 30:22-24); fue el hijo preferido de Jacob (Gn. 37:3, 4); sus hermanos lo vendieron a unos mercaderes y fue llevado a Egipto (Gn. 37); encarcelado por resistir la tentación ofrecida por la esposa de Potifar (Gn. 39.) El Faraón lo promovió a una máxima jerarquía, únicamente inferior a él, por haber interpretado sus sueños (Gn. 40, 41); salvó del hambre a Egipto y a su familia (Gn. 42-45); estableció su familia en Egipto (Gn. 47); sus huesos fueron llevados a Siquem; es el antepasado de las tribus de Manasés y Efraín. Hombre de gran nobleza de carácter; magnánimo; perdonador; fiel en el cumplimiento del deber. **2.** Descendiente de Isacar, padre de Igal nº 1, uno de los doce espías (Nm. 13:7.) **3.** Levita en tiempo de David, cabeza de la primera suerte de músicos (1 Cr. 25:2, 9.) **4.** Uno de los que repudió a su mujer extranjera en tiempo de Esdras (Esd. 10:42.) **5.** Sacerdote en tiempo de Joiacim (Neh. 12:14.) **6.** Hijo de Zacarías (1 Mac. 5:18, 55-62.) **7.** Marido de María, la madre de Jesús (Mt. 1:16; Lc. 3:23); carpintero (Mt. 13:55), vivía en Nazaret (Lc. 2:4); ascendencia davídica (Mt. 1:20); fue a Belén con María para ser empadronado en el censo, y allí nació Jesús (Lc. 2:4-6); huyó con María y con Jesús a Egipto (Mt. 2:13-18); llevó a Jesús, de 12 años de edad, a Jerusalén (Lc. 2:41-45.) **8.** Uno de los hermanos de Jesús (Mt. 13:55; Mr. 6:3.) **9.** Hijo de María nº 5 (Mt. 27:56; Mr. 15:47.) **10.** José de Arimatea, miembro del Sanedrín (Mt. 27:57; Mr. 15:43); discípulo secreto de Jesús (Jn. 19:38); enterraron a Jesús en una tumba de su propiedad (Mt. 25:57-60; Lc. 23:50-53; Jn. 19:38.) **11.** Nombre de tres ascendientes de Jesús (Lc. 3:24, 26, 30.) **12.** José Barsabás, candidato al apostolado para reemplazar a Judas Iscariote. La suerte cayó sobre Matías (Hch. 1:23.) **13.** = Bernabé (Hch. 4:36.)

**Joseb-basebet.** Principal de los tres valientes de David ( = Jasobeam) (2 S. 23:8; 1 Cr. 11:11.)

**Josías** *(Jehová lo sostiene)* **1.** Decimosexto rey de Judá; hijo y sucesor de Amón; ascendió al trono a los ocho años de edad y gobernó durante 31 años (hacia el 640-609 a. C.); notorio gobernante por su honradez; suprimió la idolatría; reparó el templo; encontró el libro de la ley y lo hizo leer públicamente (2 R. 22, 23; 2 Cr. 34, 35: Sof. 1:1; Mt. 1:10, 11.) **2.** Descendiente de Simeón (1 Cr. 4:34.) **3.** Hijo de Sofonías (Zac. 6:10); puede ser la misma persona que figura como "Hen" en el v. 14.

**Josibías** *(Dios hace morar)* Descendiente de Simeón (1 Cr. 4:35.)

**Josifías** *(Jehová aumentará)* Padre de Selomit nº 7, antepasado de una familia que regresó con Esdras del exilio (Esd. 8:10.)

**Josué** *(Jehová es salvación)* Sus derivaciones son "Jesúa" y "Jesús". **1.** Efrateo, hijo de Nun, ayudante de Moisés (1 Cr. 7:27); repelió un ataque amalecita (Ex. 17:9); uno de los 12 espías (Nm. 13:8); sucedió a Moisés en el mando (Dt. 31; Jos. 1); entró, conquistó y se apoderó de Canaán (Josué); al morir fue enterrado en Timnat-sera. **2.** Habitante de Bet-semes (1 S. 6:14, 18.) **3.** Gobernador de Jerusalén, en el reinado del rey Josías (2 R. 23:8.) **4.** Sumo sacerdote en tiempo de los profetas Hageo y Zacarías ( = Jesúa nº 4) (Hag. 1:1, 12, 14; 2:2, 4; Zac. 3:1-9; 6:11.) **5.** Ascendiente de Jesucristo (Lc. 3:29.)

**Josué, Libro de** (Ver Libro de Josué)

**Jota.** Letra más pequeña del alfabeto hebreo, similar a nuestro signo de apóstrofe ('). Se la usa familiarmente en el sentido de "sin faltar jota" o "sin faltar una jota" o "sin faltar una coma", para expresar una cosa mínima (Mt. 5:17, 18.)

**Jotam** *(Jehová es perfecto)* **1.** Hijo menor de Gedeón; enunció la primera parábola que figura en la Biblia (Jue. 9:5-57.) **2.** Undécimo rey de Judá, hijo y sucesor de Uzías, de quien fue regente por un tiempo; rey exitoso y probo (2 R. 15:5-38; 2 Cr. 27); contemporáneo de Isaías (Is. 1:1), de Oseas (Os. 1:1) y de Miqueas (Mi. 1:1); antepasado de Jesús (Mt. 1:9.) **3.** Judaíta, descendiente de Jerameel (1 Cr. 2:47.)

**Jotba** *(agrado)* Ciudad levítica en Judá, lugar de donde era Mesulemet, madre del rey Amón de Judá (2 R. 21:19.)

**Jotbata** *(agrado)* Lugar donde acampó Israel (Nm. 33:33; Dt. 10:7.)

**Joyas.** En el A. T. figuran las siguientes joyas: *alhajas* (Gn. 24:53); *anillo* (Stg. 2:2); *brazaletes* (Ez. 16:11); *collar* (Dn. 5:7); *diadema* (Ap. 19:12); *gargantilla* (Cnt. 4:9); *joyel*

(Pr. 25:2); *luneta* (Is. 3:18); *pendiente* (Gn. 24:22); *redecillas de oro* (Is. 3:18.) Además se utilizaban cajas para guardar los perfumes costosos y las joyas (1 S. 6:8, 11, 15; Ez. 27:24.) Las joyas eran utilizadas como adorno personal y en las festividades religiosas. No es mucho lo que se dice sobre joyas en el N. T. y lo que se dice es condenatorio (1 Ti. 2:9; Stg. 2:2.) La nueva Jerusalén está adornada con joyas (Ap. 21:19.)

**Jozabad** *(Jehová otorgó)* Conspirador y asesino del rey Joás de Judá (2 R. 12:21; 2 Cr. 24:26.) **2.** Nombre de tres guerreros que se unieron a David en Siclag (1 Cr. 12:4, 20.) **3.** Portero del templo (1 Cr. 26:4.) **4.** Comandante militar benjamita en el ejército del rey Josafat (2 Cr. 17:18.) **5.** Levita, mayordomo del templo bajo el rey Ezequías (2 Cr. 31:13.) **6.** Levita en tiempo de Esdras (posiblemente = n° 8), (Esd. 8:33.) **7.** Nombre de dos que se casaron con mujeres extranjeras en tiempo de Esdras (Esd. 10:22, 23.) **8.** Levita que ayudó a Esdras en la lectura de la ley (posiblemente = n° 6) (Neh. 11:16.)

**Jozabed** *(Jehová otorgó)* = Jozabad n° 8 (Neh. 8:7.)

**Juan** *(Jehová ha sido propicio)* **1.** Padre de Matatías (1 Mac. 2:1.) **2.** Padre de Eupolemo (1 Mac. 8:17; 2 Mac. 4:11.) **3.** Hijo mayor de Matatías (1 Mac. 9:36.) **4.** Juan Hircano, hijo de Simón Macabeo (1 Mac. 13:53; 16:1.) **5.** Un mensajero judío (2 Mac. 11:17.) **6.** Juan el Bautista (Ver en párrafo aparte). **7.** Juan el apóstol (Ver en párrafo aparte). **8.** Dignatario religioso judío que exigió a Pedro y a Juan explicaran los motivos que tenían para predicar a Jesús (Hch. 4:6.) **9.** Juan Marcos (Ver en párrafo aparte.)

**Juan el apóstol.** Hijo de Zebedeo y de Salomé (Mt. 4:21; 27:56; Mr. 15:40; Hch. 12:1, 2); vivió en Galilea, probablemente en Betsaida (Lc. 5:10; Jn. 1:44.) De profesión pescador (Mr. 1:19, 20); Juan el Bautista lo convenció para que fuera discípulo de Cristo (Jn. 1:35);

llamado al apostolado (Mr. 1:19, 20; Lc. 5:10); uno de los tres apóstoles juntamente con Pedro y Santiago más íntimos de Jesús; estuvo presente cuando Jesús resucitó a la hija de Jairo (Mr. 5:37; Lc. 8:51); asistió a la transfiguración de Jesús (Mt. 26:37; Mr. 14:33); le pidió a Jesús que hiciera descender fuego del cielo para aniquilar a los samaritanos y Jesús le dio, juntamente con su hermano Santiago, el nombre de Boanerges, es decir "hijos del trueno" (Mr. 3:17; Lc. 9:54); su madre pidió que tanto él como su hermano Santiago ocuparan lugares de privilegio en el futuro reino (Mt. 20:20-28); ayudó a Pedro a preparar la pascua (Lc. 22:8); apoyó su cabeza sobre el hombro de Jesús en la última Cena (Jn. 13:25); estuvo presente en el juicio a Jesús (Jn. 18:15, 16); presenció la crucifixión de Jesús (Jn. 19:26, 27); reconoció a Jesús a orillas del mar de Galilea (Jn. 21:1-7); fue activo, juntamente con Pedro, en la iglesia apostólica (Hch. 3:1-4:22; 8:14-17.) Vivió hasta una avanzada edad. Se le atribuye la paternidad literaria del cuarto Evangelio, de tres epístolas y del Apocalipsis.

**Juan el Bautista.** Precursor de Jesús; hijo de Zacarías y Elisabet, ambos de linaje sacerdotal (Lc. 1:5-25, 56-58); vivió en el desierto como un nazareo; comenzó su ministerio en el decimoquinto año del gobierno del emperador Tiberio César (Lc. 3:1-3); predicó el bautismo del arrepentimiento en preparación de la venida del Mesías (Lc. 3:4-14); bautizó a Jesús (Mt. 3:13-17; Mr. 1:9, 10; Lc. 3:21); anunció que Jesús era el Mesías (Jn. 1:24-42); encarcelado y ejecutado por orden de Herodes Agripa (Mt. 14:6-12; Mr. 6:17-28); Jesús lo elogió (Mt. 11:7-14; Lc. 7:24-28); sus discípulos le fueron fieles hasta mucho después de su muerte (Hch. 18:25.)

**Juan, Epístolas de** (Ver Epístolas de Juan)

**Juan, Evangelio de** (Ver Evangelio de Juan)

**Juan Marcos** (Ver Marcos, Juan)

**Juana.** Esposa de Chuza, intendente de Herodes (Lc. 8:2; 24:10.)

**Jubal** *(sonido)* Hijo de Lamec y de Ada; fue el inventor del arpa y de la flauta (Gn. 4:21.)

**Jubileo** *(trompeta)* Lo celebraban los israelitas cada 50 años; se lo anunciaba haciendo sonar la trompeta. Hechos más conspicuos: se liberaban a todos los esclavos judíos; se devolvían las tierras a sus dueños originales; se suspendía la siembra durante todo ese año para que la tierra reposase (Lv. 25.)

**Jubileos, Libro de los** (Ver Libro de los Jubileos)

**Jucal** *(Jehová es capaz)* Príncipe de Jerusalén enviado por el rey Sedequías a Jeremías solicitando sus oraciones y terminó encarcelando al profeta (Jer. 37:3; 38:1.)

**Judá** *(alabado)* **1.** Hijo de Jacob y de Lea (Gn. 29:35); salvó la vida de José (Gn. 37:26-28); tuvo hijos gemelos con Tamar (Gn. 38:12-30); fue líder entre sus hermanos (Gn. 43:3; 46:28; 49:8-12); fue bendecido por Jacob (Gn. 49:9, 10); antepasado de David (Rt. 4:18-22) y de Cristo (Mt. 1:3-16.) **2.** Tribu hebrea descendiente de Judá, el hijo de Jacob; adquirió casi todo el S. de Palestina (Jos. 15:20-63); ocupó un lugar prominente durante toda la historia de Israel. Judaítas famosos: Caleb (Nm. 13:6; 34:19); Otoniel (Jue. 3:8-11); David y Salomón (1 S. 17:12.) **3.** Levita ( = Hodavías nº 4), (Esd. 3:9.) **4.** Otro levita (Esd. 10:23.) **5.** Descendiente de Benjamín (Neh. 11:9.) **6.** Ascendiente de Petaías (Neh. 11:24.) **7.** Levita que regresó de Babilonia con Zorobabel (Neh. 12:8.) **8.** Príncipe de Judá en tiempo de Nehemías (Neh. 12:34.) **9.** Sacerdote y músico (Neh. 12:36.) **10.** Nombre de dos ascendientes de Jesucristo (Lc. 3:26, 30,)

**Judá, Reino de** (Ver Reino de Judá)

**Judaico, ca.** Perteneciente a los judíos (2 Cr. 32:18; Tit. 1:14.)

**Judaísmo.** Sistema religioso sostenido por los judíos. Sus enseñanzas provienen del A. T. (Gá. 1:13; 1:14.)

**Judas. 1.** Iscariote ("hombre de Queriot") probablemente del S. de Judá; fue escogido como apóstol (Mt. 10:4; Mr. 3:19; Lc. 6:16); actuaba como tesorero del grupo apostólico (Jn. 12:6; 13:29); codiciaba el dinero (Mt. 26:6-13); traicionó a Jesús (Mt. 26:47-49); se ahorcó (Mt. 27:3-5; Hch. 1:17, 18.) **2.** Hermano de Jesús (Mt. 13:55; Mr. 6:3.) **3.** Apóstol ( = Lebeo y Tadeo) (Lc. 6:16, Jn. 14:22; Hch. 1:13; Jud. 1.) **4.** Revolucionario galileo (Hch. 5:37.) **5.** Cristiano en Damasco en cuya casa paró Pablo (Hch. 9:11.) **6.** "Varón principal" en la iglesia de Jerusalén, de sobrenombre Barsabás (Hch. 15:22, 27, 32.) **7.** Autor de la última de las epístolas del N. T.; hermano de Jacobo (Jud. 1), probablemente hermano del Señor (Mr. 6:3.)

**Judas Barsabás** (Ver Judas)

**Judas, Epístola de** (Ver Epístola de Judas)

**Judas galileo** (Ver Judas)

**Judea.** Término aplicado a la provincia de Palestina a la cual retornaron las tribus de Judá y de Benjamín después de la cautividad en Babilonia (Esd. 5:8; 7:14.) Desde el momento en que la mayoría de los exilados pertenecían a la tribu de Judá con el tiempo se los llamó judíos y a su tierra, Judea. Bajo el dominio romano estuvo gobernada por un procurador cuyo superior jerárquico inmediato era el procónsul de Siria, y cuya residencia oficial era Cesarea. Geográficamente tiene alrededor de 90 kilómetros de N. a S. y otros tantos de E. a O. desde el Mediterráneo al mar Muerto y desde Jope hasta el extremo S. del mar Muerto. (Lc. 3:1.)

**Judío, judía.** Después de la división del reino, la palabra judío servía para designar a un miembro del reino del N. en contraste con el reino del S. Después de la cautividad de Babilonia se dio el nombre de judíos a todos los hebreos (Mt. 27:11; Hch. 2:5.)

**Judit** *(judía)* **1.** Esposa de Esaú (Gn. 26:34.) **2.** Heroína del libro apócrifo de Judit.

**Jueces, Los.** Líderes y libertadores de los israelitas desde la muerte de

Josué hasta la coronación del rey Saúl (Otoniel, Aod, Samgar, Débora, Barac, Gedeón, Abimelec, Tola, Jair, Jefté, Ibzán, Elón, Abdón y Sansón.) También actuaron como jueces Elí, el sumo sacerdote, y el profeta Samuel.

**Jueces, Libro de los** (Ver Libro de los Jueces)

**Juegos.** Poco se sabe de las diversiones y pasatiempos de los hebreos. Hay referencias al baile (Jer. 31:13; Lc. 15:25) y en la Escritura se menciona el juego de los niños (Zac. 8:5; Mt. 11:16, 17; Lc. 7:32.) Pablo alude a las competencias atléticas (1 Co. 9:24, 25; Ef. 6:12) y el autor de la Carta a los Hebreos habla de las carreras (He. 12:1, 2.)

**Juez.** Magistrado civil. Moisés organizó el sistema judicial de Israel (Ex. 18:13-26; Dt. 1:9-17); los profetas se quejaron por la existencia de cortes corrompidas por el cohecho (Is. 1:23; Am. 5:12; Mi. 3:11.)

**Juicio. 1.** En la Biblia se refiere a veces el pronunciamiento de una opinión formal o a una decisión tomada por los hombres, pero más a menudo a una calamidad que se considera enviada por Dios, por medio de un castigo, o a una sentencia de Dios, como Juez de todo. La historia de Israel es el relato de una sucesión de juicios contra los enemigos del pueblo de Dios y contra la nación del pacto cuando se apartaron de su voluntad. El "Día de Jehová" es un día de castigo para los injustos, aun para aquellos que se jactan de pertenecer al pueblo del pacto (Is. 2:12; Am. 5:18; Os. 5:8, 9); pero el juicio de Dios contra su pueblo no lleva el propósito de destruirlos, sino de purificarlos. Jesús advierte contra juicios no caritativos (Mt. 7:1); también lo hace Pablo (Ro. 14; 1 Co. 8-10.) El juicio final lo mencionan Mt. 11:20-24; 25:31-46; Jn. 16:11; el mundo actual será sacudido y destruido (Mt. 24:29-35) y será confiado a Cristo (Mt. 3:11, 12; Jn. 5:22; Ro. 2:16.) **2.** Nombre de una de las puertas de Jerusalén (Neh. 3:31.)

**Juicio a Jesús** (Ver Proceso a Jesús)
**Juicio, Día del** (Ver Juicio)

**Juicio, El último** (Ver Juicio)
**Juicios de Dios** (Ver Juicio)
**Juicios, Los** (Ver Juicio)

**Julia.** Cristiana en Roma, a quien Pablo envió saludos (Ro. 16:15.)

**Julio.** Centurión romano que custodió a Pablo (Hch. 27:1, 3.)

**Junco** (Ver Plantas)

**Junias** *(Perteneciente a Junio)* Pariente y compañero de prisión de Pablo (Ro. 16:7.)

**Júpiter.** Principal de los dioses romanos, a quien los griegos llamaban Zeus (Hch. 14:12, 13; 19:35.)

**Juramento.** Solemne apelación a Dios, a una persona o a un objeto, para testificar la verdad de una declaración, o de la obligatoriedad del cumplimiento de una promesa (Gn. 21:23; 42:15; Mt. 5:33, 34.) Algunos juramentos eran simples; algunos lo eran elaborados. Se utilizaban diversas fórmulas y ceremonias (Gn. 14:22; 24:2, 3; Jer. 34:18, 19.) Cristo condenó el tomar los juramentos en forma liviana e indiscriminada (Mt. 5:33-37.) Los apóstoles juraban (2 Co. 11:31; Gá. 1:20.)

**Jurar** (Ver Juramento)

**Jusab-hesed** *(vuelve la misericordia)* Hijo de Zorobabel (1 Cr. 3:20.)

**Justicia.** Atributo de Dios. Como consecuencia de la caída el hombre está corrompido y carece de justificación (Ro. 3:23), y es incapaz de justificarse a sí mismo (Ro. 3:19, 20.) Mediante el acto de la justificación el hombre es declarado justo por fe, por medio de la imputada justicia de Cristo (2 Co. 5:21.) En la santificación el hombre adquiere ese atributo en su carácter y en su conducta (1 Jn. 1:7-9.)

**Justificación** *(Absolver, rectificar o hacer justa una cosa)* Es el acto judicial de Dios mediante el cual, en base a la meritoria obra de Cristo, se justifica el pecador arrepentido, quien recibe la justificación por fe, se ve liberado de la pena y se considera justificado (Hch. 13:38, 39; Ro. 3:24-26; 4:5-8.)

**Justo** *(justo)* **1.** Sobrenombre de José Barsabás (Hch. 1:23-26.) **2.** Sobrenombre de Tito, de Corinto (Hch. 18:7.) **3.** Sobrenombre de Jesús, uno de los primeros judíos cristianos en Roma (Col. 4:11.)

**Juta** *(Extendido)* Ciudad de Judá (Jos. 15:55; 21:16.)

**Keila** *(cresta montañosa)* **1.** Ciudad de Judá, que David rescató de los filisteos (Jos. 15:44; 1 S. 23:1-13.) **2.** Descendiente de Caleb (1 Cr. 4:19.)

**Kelaía** *(Despreciado del Señor)* Levita que repudió a su mujer extranjera ( = Kelita), (Esd. 10:23.)

**Kelita.** Levita en tiempo de Esdras y Nehemías ( = Kelaía) (Esd. 10:23; Neh. 8:7; 10:10.)

**Kemarim** (Ver Chemarim)

**Kemuel** *(Dios establece)* **1.** Hijo de Nacor; tío de Labán y Rebeca (Gn. 22:21.) **2.** Príncipe de Efraín (Nm. 34:24.) **3.** Padre de Hasabías, dirigente levita (1 Cr. 27:17.)

**Kenat** *(posesión)* Ciudad amorrea en la región de Basán, en el reino de Og (Nm. 32:42; 1 Cr. 2:22, 23.)

**Keren-hapuc** *(cuerno de antimonio, es decir, un hermoseador)* Hija de Job, nacida después de las pruebas que él sufrió (Job 42:14, 15.)

**Kenosis** *("despojo", "anonadamiento", "se despojó")* Término que se aplica al hecho de que Cristo, en la encarnación, tomó forma de siervo (Fil. 2:7.)

**Kibrot-hataava** *(tumbas de lujuria o de codicia)* Lugar donde acampó Israel, aproximadamente a 50 kilómetros al NE. del Sinaí; ahí se hartaron de codornices (Nm. 11:34, 35; 33:16, 17; Dt. 9:22.)

**Kibsaim.** Ciudad en Efraín (Jos. 21:22.) En 1 Cr. 6:68 figura como "Jocmeam".

**Kir** *(cercado, pared)* **1.** Lugar en Mesopotamia donde los asirios llevaban cautivos a los habitantes de Damasco (2 R. 16:9; Is. 22:6; Am. 1:5; 9:7.) **2.** Ciudad de Moab ( = Kir-hareset y Kir-hares), (Is. 15:1.)

**Kir de Moab** (Ver Kir)

**Kir-hares.** Ciudad de Moab ( = Kir n° 2 y Kir-hareset) (Jer. 48:31; 48:36.)

**Kir-hareset.** Ciudad de Moab ( = Kir n° 2 y Kir-hares) capital del territorio del mismo nombre, cuando Joram, rey de Israel, combatió con Mesa, rey de Moab (2 R. 3:25; Is. 16:7, 11.)

**Laada** *(de garganta carnosa)* Judaíta (1 Cr. 4:21.)

**Laadán** *(de garganta carnosa)* **1.** Ascendiente de Josué (1 Cr. 7:26.) **2.** Levita, hijo de Gersón (1 Cr. 23:7-9; 26:21.)

**Labán** *(blanco)* **1.** Sobrino de Abraham; vivió en Harán; hermano de Rebeca (Gn. 24:29); tío de Jacob a quien le dio en matrimonio a sus hijas Raquel y Lea (Gn. 29.) **2.** Lugar en las llanuras de Moab (Dt. 1:1.)

**Labor.** Las Sagradas Escrituras consideran que el trabajo es una actividad honorable (Sal. 128:2; Pr. 21:25; 1 Ts. 4:11), en tanto el trabajo oneroso era el resultado de la maldición (Gn. 3:17-19.)

**Labrador.** Que labra la tierra (Gn. 4:2; Jl. 1:11; Jn. 15:1.)

**Labranza** (Gn. 26:14; 1 Cr. 27:26; Mt. 22:5; 1 Co. 3:9) Cultivo de los campos. Era la principal ocupación de los israelitas después de la conquista de Canaán. Cada familia recibía una parcela o heredad claramente delimitada y que no podía ser modificada (Dt. 19:14.) Se araba en el otoño, cuando la tierra estaba blanda a consecuencia de las lluvias. Se sembraba en febrero y se cosechaba en la primavera, que generalmente duraba desde la pascua hasta Pentecostés. Cortaban las espigas con una hoz y el espigueo lo dejaban para los pobres (Rut 2:2.) El grano se trillaba sobre la era, espacio circular de piso durísimo de unos ocho metros de diámetro; los animales arrastraban una rastra sobre las gavillas para separar el grano. Se aventaba el grano arrojándolo al aire para permitir que el viento se llevara la paja y luego se lo tamizaba para separar las impurezas (Sal. 1:4.) El trigo y la cebada eran los granos más importantes, pero también se cultivaban otros cereales y verduras.

**Lacum** *(obstrucción)* Localidad de Neftalí (Jos. 19:33) de ubicación desconocida.

**Ladrillo.** Material de construcción hecho de arcilla y secado al sol. El ladrillo se menciona por primera vez en la Biblia en el relato de la torre de Babel (Gn. 11:3.) En la antigüedad los ladrillos eran generalmente cuadrados y mucho más grandes que los actuales. Los ladrillos eran cocidos al sol o en hornos.

**Ladrón.** La ley mosaica castigaba severamente el latrocinio (Ex. 22:1-4; Dt. 24:7.)

**Lael** *(perteneciente a Dios)* Levita, padre de Eliasaf (Nm. 3:24.)

**Lagar.** Recipiente, generalmente de piedra, donde se pisa la uva para obtener el mosto (Dt. 15:14; Neh. 13:15; Jer. 48:33; Jl. 2:24; Hag. 2:16); también se usa la palabra en forma figurada (Lm. 1:15; Ap. 14:19, 20.)

**Lagarto** (Ver Animales)

**Laguna.** Depósito natural de agua, generalmente dulce y menor que el lago (Is. 14:23; Ez. 47:11.)

**Lahad** *(indolente)* Judaíta (1 Cr. 4:2.)

**Lahmam.** Aldea en Judea (Jos. 15:40), talvez la moderna El-Lahm.

**Lahmi.** Hermano de Goliat geteo (1 Cr. 20:5.)

**Lais** *(león)* **1.** Ciudad cananea en el N. de Palestina ( = Lesem), en el valle del Jordán superior; los danitas la redesignaron con el nombre de Dan (Jue. 18:7, 14, 27, 29.) **2.** Padre de Palti nº 2 (1 S. 25:44) o Paltiel (2 S. 3:15.)

**Lajai-roi** (Ver Ber-lajai-roi)

**Lamec. 1.** Hijo de Metusael (Gn. 4:18-24); padre de Jabal, Jubal, Tubalcaín y Naama. **2.** Hijo de Matusalén y padre de Noé (Gn. 5:25-31; Lc. 3:36.)

**Lamentaciones de Jeremías, Libro de las** (Ver Libro de las Lamentaciones de Jeremías)

**Lamento, pesadumbre.** El A. T. contiene advertencias contra los ritos de endechas paganos (Dt. 14:1, 2; Lv. 19:27, 28); a los sacerdotes israelitas se les prohibía participar en ceremonias de duelo (Lv. 21:1-4, 10, 11.) Los plañideros rasgaban sus vestidos (2 S. 1:2); se echaban polvo o ceniza sobre sus cabezas (Jos. 7:6); se ponían cilicio (Is. 22:12); usaban el cabello largo (Lv. 10:6.) Se alquilaban plañideras profesionales (Jer. 9:17-22; Am. 5:16; Mt. 9:23); el luto duraba un mínimo de siete días (1 S. 31:13.)

**Lamer.** Pasar repetidamente la lengua por alguna cosa. En el idioma hebreo -y así lo aplica la Biblia- es un verbo que indica estar alerta (Jue. 7:5-7) y disgusto (1 R. 21:19; 22:38.)

**Lámpara.** Utensilio para dar luz, que consta de uno o varios mecheros con un depósito para la materia combustible, cuando es líquida (Ex. 27:20; Nm. 8:2; Job 18:6.) Se usa el vocablo en forma figurada para expresar la Palabra de Dios (Sal. 119:105), la dirección de Dios (2 S. 22:29), *etc.*

**Lamparilla.** Diminutivo de lámpara (Ex. 25:37; Nm. 4:9; 2 Cr. 4:21.)

**Langosta** (Ver Insectos)

**Langostín** (Ver Insectos)

**Langostón** (Ver Insectos)

**Lanza** (Ver Armas)

**Lanzadera.** Parte del telar. En la Biblia se usa para expresar lo efímero de la vida (Job 7:6.)

**Laodicea.** Ciudad en el valle del Lico, en el Asia Menor, fundada por Antíoco II (261-246 a. C.); próspera ciudad comercial (Col. 2:1; 4:15; Ap. 1:11; 3:14-22.) La iglesia que se

reunía en ella fue condenada por su tibieza (Ap. 3:14-22.)

**Laodicense.** Perteneciente a Laodicea (Col. 4:16.)

**Laodicenses, Epístola a los** (Ver Epístola a los laodicenses)

**Lapidación.** Fue la forma más común de castigo capital aplicado por la ley hebrea (Lv. 20:2), para los casos de blasfemia (Lv. 24:16), idolatría (Dt. 13:6-10), violación del día de reposo (Nm. 15:32-36), sacrificios humanos (Lv. 20:2), ocultismo (Lv. 20:27.) La ejecución se hacía en las afueras de la ciudad (Lv. 24:14; 1 R. 21:10, 13; Hch. 7:58.)

**Lapidot** *(antorchas* o *destello)* Marido de Débora la profetisa (Jue. 4:4.)

**Laquis** *(áspero)* Ciudad real cananea y fortaleza en la frontera de Judea, que ocupaba el estratégico valle a 40 kilómetros al SO. de Jerusalén; se la ha identificado con Tel-el-Duweir, túmulo excavado por J. K. Starkey entre los años 1932 y 1938. Josué la capturó (Jos. 10:31-33; Dt. 7:2); fue quemada hacia el año 1230 a. C.; fortificada por Roboam (2 Cr. 11:9); sitiada por Senaquerib en el año 701 a. C. (2 Cr. 32:9); destruida por Nabucodonosor juntamente con Jerusalén (2 R. 24, 25; Jer. 34:7); reconstruida y vuelta a habitar después del exilio (Neh. 11:30.) Las Cartas de Laquis (ostraca) del tiempo de Jeremías, revelan mucho sobre la ciudad.

**Lasa.** Lugar no identificado, cercano a Sodoma y Gomorra (Gn. 10:29.)

**Lascivia.** Inmoralidad desvergozada (Mr. 7:22; 2 Co. 12:21; Gá. 5:19.)

**Lasea.** Ciudad portuaria en la costa S. de Creta; fue visitada por Pablo (Hch. 27:8.)

**Látigo.** Por lo general una tralla atada a un mango (Pr. 26:3; Nah. 3:2.) Se usa la palabra en forma figurada (Lm. 3:1.)

**Latín.** Idioma de los romanos (Jn. 19:20.)

**Latina.** Referente al latín (Lc. 23:38.)

**Laurel** (Ver Plantas)

**Lavador.** El que limpia una cosa con agua u otro líquido (Mal. 3:2; Mr. 9:3.) (Ver Batanero)

**Lavador, Heredad del** (Ver Heredad del Lavador)

**Lavatorio.** La higienización frecuente era necesaria en tierras bíblicas; lavado de manos antes de las comidas y de pies después de los viajes (Gn. 18:4; Ex. 30:19, 21; Jue. 19:21.)

**Lázaro** *(Dios ayudó)* **1.** Mendigo que murió y fue al seno de Abraham (Lc. 16:20-25.) **2.** Hermano de Marta y de María; Jesús lo resucitó de entre los muertos (Jn. 11:1-12:19.)

**Lazo.** Trampa o dispositivo para cazar aves o animales (Am. 3:5) o un enredo para engañar o destruir (Job 18:9; Sal. 140:5; 141:9; Is. 8:14.) También se usa la palabra en forma figurada (Sal. 91:3.)

**Lazo de cazador.** Expresión utilizada en el A. T. (Sal. 91:3; 124:7; Os. 9:8.)

**Lea** *(antílope)* Hija de Labán y primera esposa de Jacob (Gn. 29:16-32; Rt. 4:11.)

**Lebana** *(blanco)* Antepasado de una familia que regresó del exilio (Esd. 2:45; Neh. 7:48.)

**Lebaot** *(leonas)* Ciudad en el S. de Judá ( = Bet-lebaot y Betbirai), (Jos. 15:32.)

**Lebeo** *(esforzado)* Uno de los 12 apóstoles ( = Judas n° 3 y Tadeo) (Mt. 10:3.)

**Lebona** *(incienso)* Ciudad al N. de Bet-el, ubicada entre Silo y Siquem (Jue. 21:19.)

**Lebrel** (Ver Animales)

**Lebrillo** (Ver Jofaina)

**Leca** *(caminando)* Un "hijo" de Er, probablemente una aldea desconocida (1 Cr. 4:21.)

**Leche** (Ver Alimento)

**Lecho** (Ver Cama)

**Lechuza** (Ver Aves)

**Legión. 1.** Máximo cuerpo de tropa romano, compuesto de infantería y caballería. **2.** Número abundante e indeterminado de personas o de espíritus (Mt. 26:53; Mr. 5:9; Lc. 8:30.)

**Legislador** (Ver Oficios y Profesiones)

**Legumbres** (Ver Plantas)

**Lehabim.** Tercer hijo de Mizraim (Gn. 10:13; 1 Cr. 1:11) y descendientes, los libios (Ez. 30:5.)

**Lehem.** Lugar en Judá (1 Cr. 4:22.)

**Lehi** *(mandíbula, mejilla)* Lugar donde Sansón mató 1.000 filisteos con una quijada de asno (Jue. 15:9, 14.)

**Lejía.** Agua en que se han disuelto álcalis o sus carbonatos. En Egipto se han hallado depósitos de álcalis (Jer. 2:22.)

**Lemuel** *(dedicado a Dios)* Rey, por lo demás desconocido, a quien su madre le enseñó las máximas en Pr. 31:2-9; probablemente Salomón (Pr. 31:1; 31:4.)

**Lengua. 1.** Órgano de la fonación (Job 27:4.) **2.** Órgano del cuerpo (Jue. 7:5.) **3.** Idioma o dialecto (Gn. 10:5, 20; Dt. 28:49.) **4.** Pueblo o raza de un mismo idioma (Is. 66:18; Dn. 3:4.) **5.** Palabra muy utilizada figurativamente (Sal. 64:3; 140:3.)

**Lengua, Confusión de la.** Castigo de Dios por el arrogante intento de construir una torre que llegara al cielo (Gn. 11:1-9.)

**Lengua extraña.** Es el don carismático de hablar en lenguas (1 Co. 14:2, 4, 13, 14, 19, 27.)

**Lenguas de fuego.** Uno de los fenómenos que ocurrieron cuando el derramamiento del Espíritu Santo el Día de Pentecostés; simbólico del Espíritu Santo que descendió en poder sobre la iglesia (Hch. 2:3.)

**Lenguas, Don de.** Es un don espiritual citado en Mr. 16:17; Hch. 2:1-13; 10:44-46; 19:6; 1 Co. 12, 12. El don se manifestó el día de Pentecostés cuando el Espíritu Santo se derramó sobre los creyentes reunidos (Hch. 2:1-13.) En otra ocasión el fenómeno se reprodujo en la casa de Cornelio (Hch. 10:44-11:17), en Efeso (Hch. 19:6), y en la iglesia en Corinto (1 Co. 12, 14.) Pablo instruye sobre el uso del don de lenguas en 1 Co. 12-14.

**Lenteja** (Ver Plantas)

**Lento.** Tardo y pausado en la operación (Sal. 86:15; 103:8.)

**Leño.** Trozo de madera adorado por la apóstata Israel (Jer. 2:27.)

**León** (Ver Animales)

**Leopardo** (Ver Animales)

**Lepra** (Ver Enfermedades)

**Lepra crónica en la piel** (Ver Enfermedades)

**Leproso** (Ver Enfermedades)

**Lesem** *(gema)* Ciudad a la que se le

puso el nombre de Dan, situada en el extremo N. de Palestina ( = Lais), (Jos. 19:47.)

**Lesna.** Instrumento para agujerear (Ex. 21:6; Dt. 15:17.)

**Letra.** Designa un símbolo alfabético, una educación rudimentaria (Jn. 7:15), comunicación escrita, lo externo (Ro. 2:27, 29), el legalismo judío (Ro. 7:6; 2 Co. 3:6.) En la antigüedad la correspondencia se entregaba en la mano. La arqueología ha descubierto una gran diversidad de letras.

**Letras unciales.** Dícese de ciertas letras, todas mayúsculas y del tamaño de una pulgada, que se usaron hasta el siglo VII. Los primeros manuscritos griegos del N. T. están escritos en unciales.

**Letrina.** Lugar destinado en las casas para expeler las inmundicias y los excrementos (2 R. 10:27; Mt. 15:17; Mr. 7:19.)

**Letusim** *(afilado)* Segundo hijo de Dedán, nieto de Abraham (Gn. 25:3.)

**Leumim** *(pueblos, naciones)* Tercer hijo de Dedán (Gn. 25:3.)

**Leva** *(tributo)* Recluta o enganche obligatorio de personas para trabajo forzado al servicio de otros (1 R. 5:13, 14; 9:15.)

**Levadura.** Masa constituida principalmente por microorganismos capaces de actuar como fermentos. Se la emplea para leudar el pan o las tortas (Ex. 12:34, 39; Jer. 7:19; Os. 7:4.) No podía figurar en alimentos ofrendados a Dios (Lv. 2:11) o en la Pascua (Lv. 2:11; Ex. 12). Símbolo de influencia moral, buena o mala (Mt. 13:33; 16:6.) SIN LEVADURA. No mezclada con levadura (1 Co. 5:7, 8) (Ver Panes sin levadura)

**Leví** *(unido)* 1. Tercer hijo de Jacob con su esposa Lea (Gn. 29:34; 35:23); vengó la deshonra de su hermana Dina (Gn. 34.) 2. Apóstol ( = Mateo), (Mr. 2:14; Lc. 5:27, 29.) 3. Antepasado de Jesús (Lc. 3:24.) 4. Otro antepasado de Jesús (Lc. 3:29.)

**Leviatán** (Ver Animales)

**Levirato.** Antiquísima costumbre judía según la cual cuando moría un israelita sin dejar heredero masculino, el pariente más cercano se casaba con la viuda, y el primogénito de ese matrimonio era el heredero del primer marido (Dt. 25:5-10.)

**Levitas.** Nombre dado a los descendientes de Leví a través de sus ascendientes Gersón, Coat y Merari (Ex. 6:16-25; Lv. 25:32); estaban dedicados a los servicios del templo, como substitutos de los primogénitos de todos los israelitas (Nm. 3:11-13; 8:16); había una triple organización: en el nivel superior figuraban Aarón y sus hijos, y solamente ellos eran sacerdotes en un sentido restringido; un nivel intermedio compuesto por algunos levitas que no pertenecían a la familia de Aarón, que tenían el privilegio y la responsabilidad de atender el tabernáculo (Nm. 3:27-32); el nivel inferior incluía todos los miembros de las familias de Gersón y Merari, con deberes menores en el tabernáculo (Nm. 3:21-26, 33-37.) Los sacerdotes eran levitas de la familia de Aarón, pero los levitas no eran necesariamente sacerdotes. A los levitas no les correspondía territorio tribal; se les asignaron 48 ciudades (Nm. 35) y el sostén ministerial lo obtenían, de los diezmos (Lv. 27:30-33; Nm. 18:21-24.)

**Levítico.** Relativo a los levitas (He. 7:11.)

**Levítico, Libro de** (Ver Libro de Levítico)

**Ley. 1.** Los diez mandamientos entregados a Moisés (Ex. 20:3-17; Dt. 5:6-21) resumían los requerimientos de Dios para el hombre. 2. *Tora:* los cinco primeros libros del A. T. (Mt. 5:17; Lc. 16:16.) 3. El A. T. (Jn. 10:34; 12:34.) 4. La voluntad de Dios en palabras, hechos y preceptos (Ex. 30:1-17; Sal. 19.) Los judíos del A. T. manifestaban su fe en Dios observando la ley; la respetaban, la amaban y le asignaban la más profunda significación (Mt. 5:17-48.) La ley del A. T. tenía como propósito preparar el camino para la venida de Cristo (Gá. 3:24.) La ley le muestra al hombre su pecaminosidad, pero no puede derrotar al pecado (Ro. 3-8; Gálatas.) Jesús resume la ley: exige el total amor hacia Dios y hacia el prójimo, comparable al amor que se siente por uno mismo (Mt. 22:35-40.)

**Ley, Dador de la** (Ver Dador de la Ley)

**Ley de Moisés** (Ver Ley)

**Ley, Intérprete de la** (Ver Intérprete de la Ley)

**Libación.** Derramamiento de aceite, vino u otro líquido en ofrenda a una deidad, como un acto de adoración (Ex. 29:40; Jer. 44:17-25.)

**Líbano** *(blanco)* Cordillera que se extiende por 160 kilómetros en dirección NE. a lo largo de la costa siria, desde Tiro y Arvad, y el país que lleva su nombre. Entre las cordilleras del Líbano y del Antilíbano está el valle de Celesiria. Algunas montañas alcanzan una altura de 3.000 metros. El Monte Hermón (2.900 metros sobre el nivel del mar) constituye el extremo S. del Antilíbano. Formaba el límite N. de Palestina (Dt. 1:7.) Región sumamente boscosa, conocida especialmente por sus famosos cedros (Jue. 9:15; 1 R. 5:6.)

**Libertad.** Facultad natural que tiene el hombre de obrar de una manera o de otra, y de no obrar, por lo que es responsable de sus actos. La libertad tiene un alcance físico, moral y espiritual. Los israelitas esclavizados obtenían su libertad el año del jubileo (Lv. 25:8-17.) Por la muerte y resurrección de Cristo, los creyentes se liberan del dominio del pecado (Jn. 1:29; 8:36; Ro. 6, 7), del control de Satanás (Hch. 26:18), de la ley (Gá. 3), del temor, de la muerte segunda y del juicio futuro.

**Liberto.** Un esclavo a quien se le ha concedido la libertad, respecto de su patrono (Hch. 6:9; 1 Co. 7:22) o un hombre libre en contraste con un esclavo (Gá. 4:22, 23.)

**Libia.** Antiguo nombre griego para un país en el N. de Africa, al O. de Egipto (Ez. 30:5; Dn. 11:43; Nah. 3:9.)

**Libio.** Probablemente los libios; se los menciona siempre conjuntamente con Egipto o con los etíopes (2 Cr. 12:3; 16:8.)

**Libna** *(blancura)* **1.** Lugar no identificado donde acampó Israel (Nm. 33:20, 21.) **2.** Ciudad cananea cerca de Laquis, capturada por Josué (Jos. 10:29-32); pasó a ser una ciudad levita (Jos. 21:13; 1 Cr. 6:57.)

**Libni** *(blanco)* **1.** Hijo de Gersón (Ex. 6:17; Nm. 3:18, 21; 1 Cr. 6:17, 20.) **2.** Levita, hijo de Merari (1 Cr. 6:29.)

**Libnitas.** Descendientes de Libni, el hijo de Gersón (Nm. 26:58.)

**Libra** (Ver Pesas y Medidas)

**Libro.** La mayoría de los libros de la antigua Asiria y Babilonia fueron escritos sobre arcilla blanda que luego se endurecía en el horno. En Egipto se utilizaba el papiro miles de años antes de la época de Cristo. Alrededor de 200 años antes de Cristo comenzó a utilizarse la piel de los animales. Los libros de pergamino y de papiro tenían la forma de rollos. Los códices (libros con páginas) aparecieron en el segundo siglo d. C. Israel utilizó papiros y pergaminos.

**Libros de la Biblia.** A continuación un resumen de los libros del A. T. en el orden en que figuran en la Biblia, según la versión Reina-Valera. Del N. T. únicamente los libros de Hechos de los apóstoles y Apocalipsis, pues los evangelios figuran como "Evangelios" y las epístolas como "Epístolas".

**Génesis.** Primer libro de la Biblia. La palabra deriva de un vocablo griego que significa "origen" o "comienzo", que es, justamente, el título del libro en la Septuaginta griega. Contiene los comienzos de la vida física (1-2), el progreso y avance de la civilización hasta el diluvio (3-8) y los descendientes de Noé hasta Abraham (9-11:26.) Génesis 11:27 hasta 50:26 relata la historia de Abraham y Lot; Ismael e Isaac; Jacob y Esaú y José y sus hermanos en Egipto.

**Exodo.** Segundo libro de la Biblia. La palabra "éxodo" significa "salir", se refiere a la salida de Israel de Egipto. No se conoce a ciencia cierta la fecha de ese acontecimiento, pero ocurrió entre los años 1280 y 1447 a. C. *Lineamientos generales:* **1.** Israel en Egipto (1:1-12:36.) **2.** El viaje al Sinaí (12:37-19:2.) **3.** Israel en Sinaí (19:3-40:38.)

**Levítico.** Tercer libro del Pentateuco; la tradición le asigna a Moisés la paternidad literaria; describe los deberes de los sacerdotes y levitas; pone énfasis en la santidad de Dios y la necesidad de recurrir a él por los carriles apropiados. *Lineamientos generales:* **1.** Sacrificios y ofrendas (1-7.) **2.** Deberes de los sacerdotes (8-10.) **3.** Limpieza y santidad (11-22.) **4.** Fiestas (23.) **5.** Promesas y advertencias (25-27.)

**Números.** Cuarto libro del Pentateuco y de la Biblia; se llama así porque la fuerza bélica de Israel fue numerada dos veces (1:2-46; 26:2-51.) El título en hebreo es EN EL DESIERTO porque el libro describe la deambulación de los israelitas en el desierto, luego de su arribo al Sinaí (Ex. 19.) *Lineamientos generales:* **1.** Legislación adicional; organización de las fuerzas (1-10:11.) **2.** Marcha desde el Sinaí a Cades-barnea (10:12-12:16.) **3.** Derrota en Cades (13; 14.) **4.** Deambulación por el desierto (15-21:11.) **5.** Conquista de Transjordania y preparativos para entrar en Canaán (21:12-36:13.)

**Deuteronomio** *(segunda ley)* Su nombre judío es "palabras", según la expresión inicial del libro "Estas son las palabras que habló Moisés" (Dt. 1:1.) La paternidad literaria de Moisés está establecida por 31:9, 24, 26. El libro contiene tres discursos de despedida de Moisés, a la vista de Canaán que le estuvo vedado entrar, y una renovación del pacto de Israel con Dios. *Lineamientos generales:* **1.** El primer discurso (1-4.) **2.** Segundo discurso (5-26.) **3.** Tercer discurso (27-30.) **4.** Consejos finales; bendiciones antes de partir (31-34.)

**Josué.** Sexto libro de la Biblia; primero de los "libros históricos", en nuestra edición en castellano, pero primero de los libros proféticos en el A. T. hebreo. Relata de qué manera Josué, el sucesor de Moisés, conquistó Canaán, tal como lo

prometió Dios (Jos. 1:1; 24:31.) No figura el nombre del autor, y se desconoce la fecha en que fue escrito, pero es probable que fuera antes del año 1.200 a. C. *Lineamientos generales:* **1.** Conquista de Canaán (1-12.) **2.** Distribución a las tribus del territorio conquistado (13-22.) **3.** Discurso de despedida de Josué (22-24.)

**Jueces.** Séptimo libro del A. T. Toma su título de los hombres que gobernaron Israel desde la muerte de Josué a Samuel; su principal función fue lograr la liberación por las armas cuando los enemigos los oprimían. Se desconoce la paternidad literaria del libro y la fecha en que fue escrito. Cubre un período de alrededor de 300 años. *Lineamientos generales:* **1.** Introducción (1:1-2:10.) **2.** Cuerpo principal del libro que describe los ciclos de fracaso, opresión y liberación por parte de los jueces. Describe la actividad de 13 jueces (2:11-16:31.) **3.** Apéndice (17-21.)

**Rut.** Romance histórico que narra el relato de Rut, la mujer moabita que fue ascendiente de David y de Cristo. Su primer matrimonio fue con un hijo de Elimelec y Noemí, de Belén (Rt. 1:1-4.) Cuando murió su esposo, viajó con su suegra a Judá (1:7), donde se casó con Booz, pariente de Noemí (2:20-23), luego de haber declinado esa responsabilidad un pariente más cercano (4:6, 13.)

**Samuel.** Libros históricos que llevan el nombre del notable personaje de la primera sección. Originariamente los dos libros de Samuel formaban un solo libro; la Septuaginta los dividió en dos. No dan el nombre del autor, pero la tradición judía le atribuye la paternidad literaria al profeta Samuel, aun cuando relatan la muerte de Samuel y aunque los sucesos narrados en 1 Samuel 25-31 y 2 Samuel ocurrieron después de la muerte de Samuel. Los libros de Samuel relatan el establecimiento de la monarquía en Israel. *Lineamientos generales:* **1.** Samuel como juez (1 S. 1-7.) **2.** Saúl como rey (1 S. 8-2 S. 1.) **3.** David como rey

(2 S. 2-24.)

**Reyes.** Son dos libros, denominados Primero y Segundo libro de los Reyes. Relatan la historia de lo que ocurrió durante el reinado de los reyes de Israel durante cuatro siglos, desde el año de la muerte de David, en el 930 a. C., a Joacim, en Babilonia, después del año 561 a. C.; constituyen una secuela de los libros de Samuel, que abarcan los reinados de Saúl y de David; originariamente los dos libros formaban una unidad, pero se los dividió al traducirse la Septuaginta; muestran de qué manera Dios premia a los buenos y castiga a los malvados. *Lineamientos generales:* **1.** Reinado de Salomón (1 R. 1-11.) **2.** Reyes de Israel y de Judá (1 R. 12-2 R. 18.) **3.** Reinos de Judá hasta el exilio (2 R. 18-25.)

**Crónicas.** Son dos libros, que se denominan Primero y Segundo libro de Crónicas. El nombre hebreo es "Las palabras (asuntos) de los días", es decir, "los anales". Fue San Jerónimo quien les dio el título de "Crónicas". Originariamente formaron una sola composición literaria, pero en la Septuaginta se los dividió en 1 y 2 Crónicas, hacia el año 150 a. C. Ocupan el último lugar en el canon hebreo. Tanto la tradición antigua como los eruditos modernos sugieren que fueron escritos por Esdras, hacia el año 450 a. C. *Lineamientos generales:* **1.** Las genealogías, que permitían a los judíos establecer su linaje (1 Crónicas 1-9.) **2.** El reino de David, como modelo ideal de un estado teocrático (1 Crónicas 10-29.) **3.** La gloria de Salomón (2 Crónicas 1-9.) **4.** La historia del reino del Sur (2 Crónicas 10-36.)

**Esdras.** Se llama así porque Esdras es su personaje principal; pudiera ser su autor, como lo sostiene la tradición judía. El libro de Esdras continúa el relato de Crónicas, y cuenta la historia del retorno de Babilonia y la reedificación del templo. El autor se propone mostrar la forma en que Dios cumplió su promesa, emitida por medio de los profetas, de hacer que su pueblo exilado volviera a su tierra y escogió grandes hombres para reconstruir el templo, restablecer las antiguas formas de culto, y poner fin a sus compromisos con el paganismo. Cubre un período que va desde el año 536 hasta el 458 a. C. *Lineamientos generales:* **1.** Relato del retorno de los judíos desde Babilonia, bajo la dirección de Zorobabel, y la reimplantación del culto en el templo reconstruido (1-6.) **2.** Un segundo grupo de exilados vuelven con Esdras, y se imponen las reformas religiosas de Esdras (7-10.)

**Nehemías.** Clausura la historia del período bíblico. Estrechamente vinculado al libro de Esdras, formaba un solo volumen en el canon judío. Relata la historia y reformas de Nehemías, quien gobernó del 444 a 420 a. C. *Lineamientos generales:* **1.** Nehemías regresa a Jerusalén (1, 2.) **2.** Reedifica a pesar de la oposición (3:1-7:4.) **3.** Genealogía del primer grupo de exilados que regresó (7:5-73.) **4.** Avivamiento y firma del pacto (8:1-10:39.) **5.** Residentes en Jerusalén y genealogías (11:1-12:26.) **6.** Dedicación de los muros (12:27-47.) **7.** Reformas finales (13:1-31.)

**Ester.** Último de los libros históricos del A. T. Autor desconocido. Escrito probablemente alrededor del año 400 a. C. Hechos sobresalientes del libro: no se menciona el nombre de Dios; no se hace mención de oración alguna; relata la historia de la joven judía Ester que llegó a ser reina de Persia y salvó a su pueblo de la destrucción. *Lineamientos generales:* **1.** Ester alcanza la dignidad de reina (1-2:17.) **2.** Los judíos corren inminente peligro (2:18-3:15.) **3.** Los judíos se salvan (4-10.) En la versión de los LXX figuran varias interpolaciones a lo largo del escrito.

**Job.** Uno de los libros sapienciales del A. T. Trata de la justicia de Dios en su trato con los seres humanos. *Lineamientos generales:* **1.** Prólogo (1, 2.) **2.** Las quejas de Job (3) **3.** Discusiones entre Job y sus tres amigos (4-31.) **4.** Discurso de Eliú

(32-37.) **5.** La voz de Dios (38-41.) **6.** Sumisión y restauración de Job (42.)

**Salmos.** El vocablo hebreo significa "alabanza"; el griego *"Psalmoi"* significa "canciones entonadas con el acompañamiento de instrumentos de cuerda". Es el libro más voluminoso de la Biblia y cuenta con 150 salmos. Casi siempre el nombre del autor figura en el título: Moisés (90); David (3-9, 11-32, 34-41, 51-65, 68-70, 86, 101, 103, 108-110, 122, 124, 131, 133, 138-145); Salomón (72, 127), Asaf (50, 73-83), hijos de Coré (42, 44-49, 84, 87, 88), Hemán (88), Etán (89). Muchos de estos títulos de salmos incluían términos musicales en hebreo, algunos que designaban antiguas melodías y otros dando instrucciones musicales. El significado de algunos de estos términos es incierto o desconocido. El salterio bíblico está dividido en cinco libros: **1.** 1-41. **2.** 42-72. **3.** 73-89. **4.** 90-106. **5.** 107-150. Cada uno de los salmos sigue la forma clásica de la poesía hebrea, la cual consiste, no en el ritmo, como característica principal, sino en un paralelismo de pensamiento. La mayoría posee una cualidad lírica, cantada.

**Proverbios.** Es el más alto exponente de la literatura sapiencial de la antigua Israel; afirma la paternidad literaria de Salomón (1:1; 10:1); no se trata de una mera colección de antiguas máximas, sino que es un compendio de instrucción moral que trata del pecado y de la santidad. El autor da instrucciones sobre la vida y la santidad en forma de proverbios. *Lineamientos generales:* **1.** Introducción (1:1-9.) **2.** Personificación y contraste del pecado y de la probidad (1:10-9:18.) **3.** Contraste entre el pecado y la probidad por versículo (10:1-22:6.) **4.** Misceláneas y contrastes en varios versículos (22:17-29:27.) **5.** La justicia y la honradez en poemas que alcanzan el clímax (30:1-31:31.)

**Eclesiastés** *(predicador)* Su título hebreo es Qohélet, orador oficial de una asamblea, el predicador. Gr. *Ekklesiastes.* Tradicionalmente atribuido a Salomón. El autor

pareciera hablar desde una posición general y no tanto de una revelación especial; examina la vida desde todos sus posibles ángulos, para ver dónde puede hallar la satisfacción y descubre que solamente en Dios. Mientras tanto debemos gozar de las buenas cosas de la vida como dones de Dios, pero recordando siempre al Creador. El libro está compuesto de dos pensamientos básicos: la futilidad de la vida y la respuesta de una fe práctica.

**Cantares.** El título completo es "Cantar de los Cantares, el cual es de Salomón" (1:1); último de los cinco libros poéticos de la Biblia (sin contar los libros poéticos deuterocanónicos). Tanto el libro como la tradición atribuyen a Salomón la paternidad literaria de la obra. *Lineamientos generales:* **1.** La mutua admiración de los amantes (1:2-2:7.) **2.** Crecimiento en amor (2:8-3:5.) **3.** Las bodas (3:6-5:1.) **4.** La añoranza de la esposa por su esposo ausente (5:2-6:9.) **5.** La hermosura de la novia sulamita (6:10-8:4.) **6.** La maravilla del amor (8:5-8:14.) Al libro se lo interpreta de las más variadas maneras: a. alegórica; b. típica; c. literal; d. dramática; e. literatura erótica; f. litúrgica; g. de didáctica moral. Los judíos interpretaban que el novio representa a Dios; que la novia sulamita representa al pueblo de Israel. Muchos cristianos sostienen que el novio es Cristo y que la novia sulamita es la iglesia.

**Isaías.** Fue preeminentemente el profeta de la rendención. En su libro anunció la venida del Mesías. *Lineamientos generales:* **1.** Introducción (1.) **2.** Formula una denuncia contra Jerusalén (2-5.) **3.** Visión del templo (6.) **4.** Libro de Emanuel (7-12.) **5.** Profecías contra las naciones (13-23.) **6.** Profecías sobre juicios y futuras bendiciones (24-35.) **7.** Acontecimientos históricos (36-39.) **8.** Libro de consolación (40-66.)

**Jeremías.** Fue escrito por el profeta Jeremías, dictado a su secretario Baruc (cap. 36); en la Septuaginta es 1/8 más corto que en la versión hebrea; el material no está dispuesto en orden cronológico. *Lineamientos generales:* **1.** Oráculos de Jeremías contra la teocracia (1:1-25:38.) a. El llamado del profeta (1:1-19.) b. Reproches y amonestaciones (2:1-20:18.) c. Profecías posteriores (21:1-25:38.) **2.** Acontecimientos en la vida de Jeremías (26:1-45:5.) a. Sermón del templo y arresto de Jeremías (26:1-24.) b. Yugo de Babilonia (27:1-29:32.) c. Libro consuelo (30:1-33:26.) d. Experiencias de Jeremías antes de la caída de Jerusalén (34:1-36:32.) e. Jeremías durante el sitio y destrucción de Jerusalén (37:1-39:18.) f. Últimos días de Jeremías (40:1-45:5.) **3.** Oráculos de Jeremías contra naciones extranjeras (46:1-51:64); Egipto, Filistea, Moab, Edom, Damasco, Cedar, Hazor, Elam, Babilonia. **4.** Apéndice: la caída de Jerusalén y sucesos relacionados con ese hecho (52:1-34.)

**Lamentaciones.** No se sabe quién es el autor, pero los eruditos antiguos asignaban a Jeremías la paternidad literaria del libro. La Septuaginta, la Vulgata y la Biblia en castellano colocan el libro después de Jeremías, pero en la Biblia hebrea aparece entre Rut y Eclesiastés. El título define con toda precisión el contenido, pues lamenta el sitio y destrucción de Jerusalén y se entristece por los sufrimientos de los habitantes durante este período; hace una conmovedora confesión de pecado en beneficio del pueblo y de sus líderes, reconoce una total sumisión a la voluntad divina y ora para que Dios una vez más restaure a su pueblo. Los cinco capítulos son cinco poemas, cuatro de los cuales son acrósticos basados en el alfabeto hebreo.

**Ezequiel.** Fue escrito por el profeta durante la cautividad, para advertir y al mismo tiempo consolar a Israel, y demostrarle al pueblo que no había sido abandonado. La última parte del libro mira hacia la venida del reino de Dios. *Lineamientos generales:* **1.** Acusación a Judá e Israel (1-24.) Las profecías de esta sección fueron pronunciadas antes de la caída de Jerusalén. Fecha: 593-588 a. C. **2.** Oráculos en contra de las naciones extranjeras (25-32.) Fecha: 587-571 a. C. **3.** Futura restauración de Israel (33-48.) Fecha: 585-573 a. C.

**Daniel.** Libro profético incluido entre los "escritos" o hagiógrafos en el Antiguo Testamento hebreo (que se dividía en "la ley, los profetas y los escritos") porque al mismo tiempo que contaba con el don de un profeta (Mt. 24:15), su posición era la de un funcionario gubernamental. El libro tiene un carácter apocalíptico y abunda en lenguaje figurado y simbólico, por lo cual ha sido interpretado de muy diversas maneras. *Lineamientos generales:* **1.** La primera mitad del libro (caps. 1-6) consiste en seis narraciones sobre la vida de Daniel y de sus amigos: su educación, su revelación del sueño de Nabucodonosor, el juicio por fuego en un horno, su predicción sobre la locura de Nabucodonosor, su interpretación sobre una escritura en la pared, y su experiencia en la cueva de los leones. **2.** La segunda mitad (7-12) consiste en cuatro visiones apocalípticas, según las cuales predice el curso de la historia de la humanidad. Hay referencias al libro de Daniel en el N. T. (Mt. 24:15; Lc. 1:19, 26; He. 11:33, 34.) Los capítulos 2:4b-7:28 fueron escritos en arameo; el resto en hebreo. El libro fue escrito para inspirarles confianza en Jehová a los judíos exilados (4:34-37.)

**Oseas.** Contemporáneo de Isaías, Amós y Miqueas. *Lineamientos generales:* **1.** El desdichado matrimonio de Oseas y su resultado (1-3). **2.** Los sacerdotes toleran la inmoralidad (4.) **3.** Israel será castigada por sus pecados a menos que se arrepienta (5.) **4.** El pecado de Israel es cabal y completo; su arrepentimiento es a medias (6.) **5.** Depravación interior y deterioro exterior (7.) **6.** El juicio se aproxima (8.) **7.** Calamidad inminente (9.) **8.** Culpa y castigo de Israel (10.) **9.** Dios procura atraer a Israel con amor (11.) **10.** Exhortación al arrepentimiento y promesa de la restauración (12-14.)

**Joel.** Las fechas sugeridas oscilan entre los años 830 a 350 a. C. No hay ninguna clara indicación en el libro en cuanto a la fecha en que fue escrito. El trasfondo del libro es una plaga de langostas, que el profeta atribuye a un castigo por el pecado. Eso lo obliga a llamar la atención del pueblo para que se arrepienta de sus pecados y predice peores consecuencias para el futuro Día del Señor. *Lineamientos generales:* **1.** La plaga de langosta y su eliminación (1:1-2:27.) **2.** Futuro Día del Señor (2:28-3:21.) a. Derramamiento del Espíritu de Dios (2:28-32.) b. Juicio de las naciones (3:1-17.) c. Al juicio siguen bendiciones para Israel (3:18-21.)

**Amós.** Reprendió duramente la lujosa y desconsiderada forma de vivir de los habitantes de Samaria, y advirtió a los israelitas que abandonaran su idolatría y se volvieran a Dios. Anticipó la cautividad de Israel. *Lineamientos generales:* **1.** Enjuicia a las naciones extranjeras y a Judá e Israel (1-2.) **2.** Condena a la malvada Samaria (3-5.) **3.** Anticipa el juicio y promete la restauración y la prosperidad (6-9.)

**Abdías.** Cuarto de los profetas menores. Su tema es la destrucción de Edom, que desde tiempo inmemorial fue hostil a Israel. Se desconoce cuando fue escrito, pero una fecha probable es al final del siglo VIII a. C., durante el reinado de Acaz de Judá, cuando los edomitas y los filisteos se aliaron para combatir contra Israel (v. 19.) *Lineamientos generales:* **1.** Juicio pronunciado contra Edom (1-14.) **2.** La restauración de Israel en el Día de Jehová (15-21.)

**Jonás.** Fue escrito para demostrar que los misericordiosos propósitos de Dios no se limitan exclusivamente a Israel, sino que se extienden a los gentiles; resulta una gran obra sobre misiones extranjeras (4:11;) si bien figura entre los profetas menores, tiene muy poco de profético. *Lineamientos generales:* **1.** Comisión de Jonás, su

desobediencia y castigo (1:1-16.) **2.** Liberación de Jonás (1:17-2:10.) **3.** Jonás predica; Nínive se arrepiente y se salva (3.) **4.** Explica la misericordia de Dios (4.)

**Miqueas.** Sexto de los profetas menores, de finales del 700 a. C.; predijo la caída de Samaria, lo cual ocurrió en el 722 a. C.; se refiere también a los pecados de Jerusalén en los días de Ezequías, alrededor del 700 a. C. *Lineamientos generales:* **1.** Predijo la desolación de Samaria y de Jerusalén (1:1-3:12.) **2.** Eventuales bendiciones para Sion (4:1-8.) **3.** Invasiones y liberación por el gobernante davídico (4:9-5:15.) **4.** Condenación por los pecados (6:1-7:6.) **5.** Ayuda eventual de Dios (7:7-20.)

**Nahum.** Predijo la caída de Nínive, la capital de Asiria. Fue escrito entre los años 663 y 612 a. C. *Lineamientos generales:* **1.** Poema que cuenta la grandeza de Dios, 1:1-15. **2.** Poema que relata en detalle la destrucción y caída de Nínive (2:1-3:19.)

**Habacuc.** Escribió cuando el templo todavía estaba en pie (2:20; 3:19,) alrededor de los años 605-587 a. C., probablemente durante el reinado de Joacim, rey de Judá. *Lineamientos generales:* **1.** Poema que cuenta profeta por cuanto los judíos pecadores no son castigados y por el hecho de que Dios utilizó una nación pagana para castigar a los judíos (1.) **2.** Dios contesta que los orgullosos caldeos serán, a su vez, castigados (2.) **3.** Oración de Habacuc (3.)

**Sofonías.** Noveno de los profetas menores y el último antes de los 70 años de cautividad de Judá; denunció las maldades de su época; emitió la profecía durante el reinado de Josías (639-608 a. C.) *Lineamientos generales:* **1.** Juicio contra Judá y Jerusalén (1:2:3.) **2.** Juicio contra Filistea, Moab, Amón y Asiria (2:4-15.) **3.** Juicio contra Jerusalén (3:1-8.) **4.** Efectos del juicio (3:9-13.) **5.** Restauración de Israel (3:14-20.)

**Hageo.** Décimo de los profetas menores. Profeta de los judíos en el año 520 a. C. *Lineamientos generales:* **1.** Llamado y estímulo para edificar (1.) **2.** La esperanza mesiánica (2.)

**Zacarías.** El autor fue un contemporáneo de Hageo; comenzó a profetizar en el año 520 a. C.; trata del destino del pueblo de Dios. *Lineamientos generales:* **1.** Una serie de ocho visiones nocturnas (1-6.) **2.** Profecías emitidas dos años después; exhortaciones y advertencias (7, 8.) **3.** Juicio y misericordia; el futuro día del Señor (9-14.)

**Malaquías.** Duodécimo libro de los profetas menores y último de la Biblia. Principales temas del libro: pecado y apostasía de Israel; juicio con que se juzgará a los incrédulos y bendiciones sobre los fieles. *Lineamientos generales:* **1.** Pecados de los sacerdotes (1:1-2:9.) **2.** Pecados del pueblo (2:10-4:1.) **3.** Venida del Sol de justicia (4:2-6.)

**Hechos de los apóstoles.** Libro del Nuevo Testamento que relata la historia de los comienzos del cristianismo desde la ascensión de Cristo hasta el final del encarcelamiento de Pablo en Roma. Es una selección de lo que hicieron y dijeron los apóstoles, que ilustra el progreso de la iglesia en el primer siglo. Tradicionalmente el autor es Lucas, "el médico amado" (Col. 4:14.) Nada dice el libro sobre el lugar donde fue escrito, pero desde el momento en que el libro termina abruptamente mientras Pablo espera su juicio en Roma, es probable que fuera escrito en esa ciudad poco después de los últimos acontecimientos mencionados, alrededor del año 62 d. C. Hechos hace hincapié en el crecimiento misionero de la iglesia entre los gentiles y en la obra del Espíritu Santo. *Lineamientos generales:* **1.** Los orígenes de la iglesia en Jerusalén (1:1-8:3.) **2.** La transición del ministerio judío al ministerio gentil, lo que incluye la predicación a Samaria (cap. 8), la conversión de Pablo (cap. 9) y el comienzo, en Cesarea, de la obra entre los gentiles (cap. 10) y Antioquía (11, 12.) **3.** Los viajes misioneros de Pablo (13-28.)

**Apocalipsis.** Último libro de la Biblia; único libro del Nuevo Testamento de carácter exclusivamente profético; apocalíptico; la tradición dice que reconoce por autor al apóstol Juan; fue escrito en la isla de Patmos, donde Juan estaba prisionero por su fe, poco después de la muerte de Nerón o al final del primer siglo; dirigido a siete iglesias de la provincia romana de Asia; su tema fue corregir impiedades cometidas en las iglesias y preparar a sus miembros para los acontecimientos que habrían de producirse. *Lineamientos generales:* **1.** Cristo, el crítico de las iglesias (1:1-3:22.) **2.** Una serie de sellos, de trompetas y de vasos; el juicio de Dios contra un mundo controlado por el mal (4:1-16:21.) **3.** Caída de la sociedad, religión y gobierno malvados en la destrucción de Babilonia y la derrota por Cristo, de la bestia y sus ejércitos (17:1-21:8.) **4.** Establecimiento de la Ciudad de Dios, el eterno destino de su pueblo (21:9-22:5.) **5.** Epílogo: apelación e invitación (22:6-21.)

**Libros apócrifos.** Apócrifo *(escondido, espúreo)* Se trata de libros y de capítulos entremezclados con los libros canónicos del A. T. en la Vulgata y que no figuran en el A. T. hebreo. La Iglesia Católica Apostólica Romana aceptó como canónico en el Concilio de Trento todos estos libros, a excepción de 1 y 2 Esdras y la Oración de Manasés. Desde la época de Lutero los protestantes han rechazado su canonicidad. Los libros apócrifos incluyen: 1 y 2 Esdras, Tobías, Judit, adiciones al Libro de Ester, Sabiduría de Salomón, Eclesiástico, Baruc, Epístola de Jeremías, la Oración de Azarías, la Canción de los Tres Jóvenes, Susana, Bel y el Dragón, 1 y 2 Macabeos, la Oración de Manasés. Con cierto detalle anotamos los cuatro libros apócrifos siguientes:

**Libro de Baruc.** Libro apócrifo judío, incluido en la Septuaginta, que pretende ser un tratado escrito por Baruc, el escribiente de Jeremías, dirigido a los exilados judíos en

Babilonia.

**Libro de Enoc.** Literatura apocalíptica escrita por varios autores y que circuló bajo el nombre de Enoc; escrito entre los años 150 a. C. y 50 d. C.

**Libro de Jaser.** Libro citado en Jos. 10:13; 2 S. 1:18; en 1 R. 8:53 de la Septuaginta.

**Libro de los jubileos.** Es un libro judío apocalíptico, escrito en el período intertestamentario.

**Libro de la vida.** La expresión "Libro de la vida" se refiere, figuradamente, al registro que Dios ha hecho de los que heredan la vida eterna (Fil. 4:3; Ap. 3:5; 21:27.)

**Licaonia.** Distrito en la región de la planicie central del Asia Menor, al N. de la cordillera del Tauro (Hch. 14:6.)

**Licaónica.** Perteneciente a Licaonia (Hch. 14:11.)

**Licia.** Provincia al SO. del Asia Menor (Hch. 27:5.)

**Lida.** Ciudad en Judea ( = Lod) situada aproximadamente a 50 kilómetros al NO. de Jerusalén (Hch. 9:32, 35, 38.)

**Lidia.** Primera convertida de Pablo en Europa; residía en Filipos; vendía púrpura; Pablo paró en su casa (Hch. 16:14, 15, 40.)

**Liebre** (Ver Animales)

**Lienzo.** Tela que se fabrica de lino, cáñamo o algodón (Hch. 10:11.)

**Likhi.** Manasita (1 Cr. 7:19.)

**Límite.** Término, confín o lindero de países, provincias, posesiones, *etc.* que se señalan con mojones, cotos, hitos, *etc.* (Ex. 23:31; Dt. 27:4, 5; Ez. 48:22.)

**Limosna.** Caritativa ayuda a los pobres, ordenada en el Antiguo y Nuevo Testamento; tomó carácter legal entre los fariseos (Lv. 19:9; Hch. 9:36.)

**Limpio.** Que no tiene mancha, suciedad, o mezcla de otra cosa y que tiene el hábito del aseo y la pulcritud (Pr. 20:11; Zac. 3:5.)

**Linaje.** Ascendencia o descendencia de cualquier familia (Gn. 17:12; Esd. 2:59; Ap. 22:16.)

**Lindero** (Ver Mojón)

**Lingote.** Trozo o barra de metal en

bruto, principalmente de hierro, plata, oro o platino (Jos. 7:21, 24.)

**Lino** (Ver Plantas)

**Lino.** Cristiano en Roma, amigo de Pablo (2 Ti. 4:21.)

**Lino.** Hebra o tela hecha de la planta de lino; se remonta a la Edad de Piedra; se utilizaba para confeccionar vestidos (Gn. 41:42; Ez. 9:2), especialmente las vestiduras sacerdotales de los levitas y de los personajes reales (Ex. 28:5-42; 2 Cr. 5:12; 2 S. 6:14); el velo del templo era de tela de lino (2 Cr. 3:14); era un símbolo de riqueza (Lc. 16:19) y también de pureza (Ap. 19:8, 14.)

**Lira** (Ver Música, Instrumentos musicales)

**Lirio** (Ver Plantas)

**Lirios.** Término que aparece en los títulos de algunos salmos (Ver Sosannim)

**Lisanias.** Tetrarca de Abilinia (Lc. 3:1.)

**Lisias.** Tribuno romano en Jerusalén; rescató a Pablo y lo envió a Cesarea (Hch. 23:26; 24:7, 22.)

**Listado.** Aspecto del color de los borregos de Jacob (Gn. 30:39, 40.)

**Listra.** Ciudad en Licaonia (Hch. 14:6; 16:1; 2 Ti. 3:11.)

**Litera.** Vehículo antiguo, a modo de caja, y con dos varas laterales, que transportaba hombres o animales (Cnt. 3:7; Is. 66:20.)

**Literatura apocalíptica.** Hay dos tipos de esta literatura: la canónica y la no canónica. La primera incluye a Daniel y al Apocalipsis, que revelan los secretos propósitos de Dios, hasta el fin del mundo. La segunda abarca un período de alrededor de 400 años, entre el 200 a. C. y el 200 d. C. y participa con la primera en su propósito de revelar lo que ocurrirá en los postreros tiempos, la salvación de Israel, el juicio final y el más allá. Los principales apocalipsis son: 1 Enoc, el Libro de los jubileos, la Asunción de Moisés, el segundo Libro de Esdras, el Apocalipsis de Baruc, 2 Enoc. Los Testamentos de los doce profetas, los Salmos de Salomón (decimoséptimo y decimooctavo) y los Oráculos Sibilinos, también forman parte de la literatura apocalíptica. Se distinguen por ciertas características. Tratan del futuro; imitan las visiones de los profetas; llevan nombres de personas notables del A. T.; utilizan simbolismos; son mesiánicos.

**Lo-ammi** *("no pueblo mío")* Nombre simbólico del tercer hijo de Oseas (Os. 1:9, 10; 2:23.)

**Lobo.** En forma figurada se refiere a los malvados (Ez. 22:27; Mt. 10:6), y a los falsos maestros (Mt. 7:15; Hch. 20:29.)

**Lod.** Ciudad en Benjamín ( = Lida), (1 Cr. 8:12; Esd. 2:33; Neh. 7:37.)

**Lodebar** *(sin pasturas)* Localidad en Galaad, al E. del Jordán (2 S. 9:4, 5; 17:27ss.)

**Lodo suelto.** Se utilizaba como revoque en lugar de la mezcla con cal y arena (Ez. 13:10-15; 22:28.)

**Log** (Ver Pesas y Medidas)

**Logia.** Término griego utilizado para expresar los dichos de Cristo que no figuran en la Biblia, tales como el llamado "Evangelio de Tomás", descubierto en el año 1945.

**Logos.** Término filosófico y teológico traducido "Verbo", y que se refiere al principio dinámico de la razón que opera en el mundo y constituye un medio de comunicación entre Dios y el hombre. En el N. T. se encuentra este concepto, principalmente en el contexto del Evangelio y de las epístolas de Juan (Jn. 1:1ss.; 1 Jn. 1:1; Ap. 19:13.)

**Loida.** Abuela de Timoteo (2 Ti. 1:5.)

**Lomo.** Parte inferior y central de la espalda, entre las costillas y los huesos de la cadera. Es el lugar donde se ajusta el cinturón (Ex. 12:11; 2 R. 1:8) y la espada (2 S. 20:8.)

**Lo-ruhama** *("no compadecida")* Nombre simbólico dado a la hija del profeta Oseas (Os. 1:6, 8; 2:23.)

**Lot** *(envoltura, cubrimiento)* Hijo de Harán y sobrino de Abraham (Gn. 11:31; 12:5); fue con Abraham a Canaán (Gn. 11:27-32; 12:4, 10; 13:1); se instaló cerca de Sodoma (Gn. 13:5-13); rescatado por Abraham (Gn. 14:1-16); abandona Sodoma (Gn. 19); antepasado de Moab y de Ben-ammi (Gn. 19:36-38.)

**Lotán** *(una envoltura)* Hijo de Seir (Gn. 36:20, 22, 29.)

**Lucas, Evangelio de** (Ver Evangelio de Lucas)

**Lucero** *(que da luz)* El planeta Venus; se le ve como estrella de la mañana anunciando el amanecer (Is. 14:12; 2 P. 1:19; Ap. 22:16.)

**Lucifer** (Ver Demonio, Satanás)

**Lucio. 1.** Cristiano de Cirene (Hch. 13:1.) **2.** Cristiano en Corinto, pariente de Pablo (Ro. 16:21.)

**Lucha.** Pelea entre dos en que, abrazándose uno a otro, procura cada cual dar con su contrario en tierra (Gn. 32:24, 25); también se usa el vocablo en forma figurada (Gn. 30:8; Ef. 6:12.)

**Lud. 1.** Hijo de Sem (Gn. 10:22; 1 Cr. 1:17.) **2.** Pueblo que vivía en el Asia Menor (Is. 66:19; Jer. 46:9; Ez. 27:10.)

**Ludim.** Descendiente de Mizraim (Gn. 10:13; 1 Cr. 1:11.)

**Lugar.** Espacio ocupado o que puede ser ocupado. **1.** Una pieza, como el Aposento Alto (Hch. 1:13.) **2.** Puede indicar una posición social (Mt. 23:6; Lc. 14:7, 8; 20:46.)

**Lugares altos.** Sitios elevados donde se adoraba (Nm. 22:41; 1 R. 11:7), a menudo asociado a actividades licenciosas (Os. 4:11-14; Jer. 3:2) y sacrificios humanos; a los israelitas se les ordenó destruir los lugares altos cananeos (Nm. 33:52; Dt. 33:29.) Pero no lo hicieron del todo y ellos mismos los utilizaron para rendirle culto a Balaam; en algunas ocasiones los judíos adoraron a Jehová en los lugares altos (1 R. 3:2, 4.)

**Luhit.** Ciudad de Moab (Is. 15:5; Jer. 48:5.)

**Lujuria.** Apetito desordenado de los deleites carnales (Ro. 13:13.)

**Luna** (Ver Astronomía)

**Luna nueva** (Ver Calendario, Fiestas)

**Luz** *(desviar)* **1.** Ciudad en la frontera N. de Benjamín, perteneciente a los cananeos y que luego fue llamada Bet-el (Jos. 16:2; Jue. 1:23.) **2.** Ciudad en la tierra de los heteos (Jue. 1:26.)

**Luz.** Creada por Dios (Gn. 1:30); Jesús, la Luz del mundo (Jn. 1:4-9); Dios es luz (1 Jn. 1:5); símbolo de iluminación espiritual (2 Co. 4:6; Ef.

5:14); la Palabra de Dios es luz (Sal. 119:105); los discípulos de Cristo son luces (Mt. 5:14.)

**Llaga** (Ver Enfermedades)

**Llamamiento** (Ver Llamar)

**Llamar.** Es uno de los verbos más repetidos de la Biblia y tiene cuatro significados principales: **1.** Expresar una oración (Jer. 33:3) y en este caso utiliza el verbo "clamar". **2.** Citar o intimar (Jer. 1:15), es decir "convocar". **3.** Nombrar a una persona o a una cosa (Gn. 1:5.) **4.** Invitar a los hombres a que acepten la salvación (He. 3:1), es decir, hacer un "llamamiento".

**Llanura.** Campo o terreno igual y dilatado, sin altos ni bajos (Gn. 11:2; Jos. 4:13; Jue. 9:6.)

**Llave** *(abridor)* En el Oriente las llaves se hacían de madera. En sen-tido figurado, símbolo de autoridad (Is. 22:20; Mt. 16:19.)

**Lluvia.** En Palestina la estación de las lluvias se prolonga desde octubre hasta abril; la estación seca de mayo a octubre. Las lluvias tempraneras caen en octubre y noviembre (Sal. 84:6; Is. 30:23; Jer. 5:24); las lluvias tardías en marzo y abril (Job 29:23; Pr. 16:15; Jer. 3:3; 5:24; Zac. 10:1.) La siembra se hace en una fecha que aproveche la estación de las lluvias. La palabra "lluvia" se usa en el A. T. también con sentido figurado. Una lluvia abundante significa ricas bendiciones de Jehová sobre su pueblo (Dt. 28:12); la falta de lluvia es un signo del descontento de Dios (Dt. 28:23, 24.) La religión cananea concebía a Baal como el dios de la lluvia y por ello él era ardientemente adorado.

**Maaca** *(opresión)* **1.** Hijo de Nacor, hermano de Abraham (Gn. 22:24.) **2.** Reino al oriente de Basán (véase también Maacateo), (Dt. 3:14; 2 S. 10:6, 8.) **3.** Esposa de David, madre de Absalón (2 S. 3:3; 1 Cr. 3:2.) **4.** Ascendiente de Elifelet nº 2 (2 S. 23:34.) **5.** Padre de Aquis, rey de Gat (1 R. 2:39.) **6.** Madre de Abías, rey de Judá (1 R. 15:2; 2 Cr. 11:20.) **7.** Madre de Asa, rey de Judá (1 R. 15:10; 2 Cr. 15:16.) **8.** Concubina de Caleb (1 Cr. 2:48.) **9.** Esposa de Maquir nº 1, el hijo de Manasés (1 Cr. 7:15, 16.) **10.** Madre de Jeiel, ascendiente de Saúl (1 Cr. 8:29; 9:35.) **11.** Padre de Hanán nº 3 (1 Cr. 11:43.) **12.** Padre de Sefatías nº 4 (1 Cr. 27:16.)

**Maacateo.** Habitante de Maaca nº 2 (Jos. 13:11; Jer. 40:8.)

**Maadías** *(Jehová es adorno)* Jefe de los sacerdotes que regresó del exilio con Zorobabel (Neh. 12:5.)

**Maai** *(ser compasivo)* Sacerdote músico que actuó durante la dedicación del muro de Jerusalén (Neh. 12:36.)

**Maala** *(enfermedad)* Hija de Zelofehad (Nm. 26:33; Jos. 17:3.)

**Maarat** *(lugar desprovisto de árboles)* Ciudad en Judá, cerca de Hebrón (probablemente = Marot), (Jos. 15:59.)

**Maaseías.** Sacerdote en tiempo de Nehemías (Neh. 12:41.)

**Maasías** *(obra de Jehová)* **1.** Músico, levita en tiempo de David (1 Cr. 15:18, 20.) **2.** Oficial militar que ayudó al sacerdote Joiada a destronar a Atalía (2 Cr. 23:1.) **3.** Oficial del rey Uzías (2 Cr. 26:11.) **4.** Hijo del rey Acaz, de Judá (2 Cr. 28:7.) **5.** Gobernador de Jerusalén bajo el rey Josías (2 Cr. 34:8.) **6.** Sacerdote que se casó con mujer extranjera en tiempo de Esdras (Esd. 10:18.) **7.** Otro sacerdote que hizo lo mismo (Esd. 10:21.) **8.** Otro sacerdote que hizo lo mismo (Esd. 10:22.) **9.** Israelita que se casó con mujer extranjera en tiempo de Esdras (Esd. 10:30.) **10.** Ascendiente de Azarías nº 18 (Neh. 3:23.) **11.** Sacerdote que ayudó a Esdras en la lectura de la ley (Neh. 8:4.) **12.** Levita que interpretó la lectura de la ley para el pueblo (Neh. 8:7.) **13.** Jefe firmante del pacto de Nehemías (Neh. 10:25.) **14.** Descendiente del hijo de Baruc (Neh. 1:5.) **15.** Benjamita, ascendiente de Salú nº 1 (Neh. 11:7.) **16.** Sacerdote que hizo sonar la trompeta durante la dedicación del muro de Jerusalén (Neh. 12:42.) **17.** Padre del sacerdote Sofonías (Jer. 21:1; 37:3.) **18.** Padre de Sedequías nº 5 (Jer. 29:21.) **19.** Ascendiente de Baruc (Jer. 32:12; 51:59.) **20.** Portero del templo en tiempo de Jeremías (Jer. 35:4.)

**Maat** *(ser pequeño)* Ascendiente de Jesucristo (Lc. 3:26.)

**Maaz** *(ira)* Descendiente de Jerameel (1 Cr. 2:27.)

**Maazías** *(consuelo de Jehová)* **1.** Jefe de la vigesimocuarta suerte de sacerdotes en tiempo de David (1 Cr. 24:18.) **2.** Sacerdote firmante del pacto de Nehemías (Neh. 10:8.)

**Macabeos** *(martillo)* Familia judía asmonea de Modín, que encabezó la revuelta contra Antíoco IV Epífanes, rey de Siria, y logró la victoria de los judíos. La familia estaba formada por el padre, Matatías, anciano sacerdote, y sus cinco hijos: Juan, Simón, Judas, Eleazar y Jonatán. Judas fue el primero que recibió el nombre de "macabeo", talvez por las derrotas infligidas por Judas y sus sucesores a sus enemigos, como potentes "martillazos" a los ejércitos sirios; el nombre pasó a sus hermanos. La revuelta comenzó en el año 168 a. C. El templo fue recapturado y en el año 168 a. C. se reiniciaron los sacrificios. La limpieza del templo y la reiniciación de los sacrificios se ha festejado anualmente, desde entonces, en la Fiesta de la dedicación. Los macabeos actuaron en su doble categoría de sacerdotes y reyes. La historia de los macabeos está relatada en dos libros apócrifos, 1 y 2 Macabeos. Macabeos prominentes: Judas (166-160 a. C.); Jonatán (160-142 a. C.); Simón (142-134 a. C.); Juan Hircano (134-104 a. C.); Aristóbulo (104-103 a. C.); Alejandro Janneo (103-76 a. C.); Alejandra (76-67 a. C.); Aristóbulo II (66-63 a. C.). En el año 63 a. C. los romanos tomaron el poder cuando Pompeyo conquistó a los israelitas.

**Macaz.** Ciudad cerca de Bet-semes, en uno de los distritos administrativos de Salomón (1 R. 4:9.)

**Macbanai** *(vestido con una capa)* Militar que se unió a David en Siclag (1 Cr. 12:13.)

**Macbena** *(vínculo)* Lugar en Judá (1 Cr. 2:49.) "Padre" podría significar "fundador".

**Maceda** *(lugar de pastores)* Ciudad cerca de Libna y Azeca (Jos. 10:10ss.); asignada a Judá (Jos. 15:41.)

**Macedonia.** País al N. de Grecia, en la Península Balcánica, primero gobernado por Felipe (359-336 a. C.) y luego por su hijo Alejandro el Grande (336-323 a. C.); se convirtió en provincia romana en el año 168 a. C.; Pablo la visitó con frecuencia (Hch. 16:9, 10, 12; 20:3; Ro. 15:26; 1 Co. 16:5; 2 Co. 1:16; 2:13; 7:5; 8:1; 9:2; 11:9; Fil. 4:15; 1 Ts. 1:7, 8; 4:10; 1 Ti. 1:3.)

**Macedonio.** Habitante de Macedonia (Hch. 16:9; 2 Co. 9:4.)

**Macelot.** Lugar donde acampó Israel en el desierto (Nm. 33:25, 26.)

**Macnadebai.** Israelita que se divorció de su mujer extranjera en tiempo de Esdras (Esd. 10:40.)

**Macpela** *(caverna doble)* Terreno y cueva que compró Abraham como cementerio para Sara (Gn. 23:19, 20.) Abraham, Isaac, Rebeca, Lea y Jacob fueron enterrados allí (Gn. 25:9; 49:30, 31; 50:13.)

**Mactes** *("mortero" o "hueco en forma de mortero")* Lugar de ubicación desconocida (Sof. 1:11.)

**Madai** *(ornamento)* **1.** Hijo de Jafet (Gn. 10:2; 1 Cr. 1:5.) **2.** Uno que se casó con mujer extranjera en tiempo de Esdras (Esd. 10:34.)

**Madera de gofer.** Madera con la cual Noé construyó el arca (Gn. 6:14.)

**Madián.** Hijo de Abraham y Cetura, y la tribu que formó su posteridad ( = Madianita), (Gn. 25:2; Ex. 2:15; 1 Cr. 1:32.)

**Madianita.** Descendiente de Madián (Gn. 37:28; Nm. 10:29; Jue. 6:2.)

**Madmana** *(muladar)* **1.** Ciudad en el S. de Judá, a 12 kilómetros de Quiriat-sefer (Jos. 15:31.) **2.** Nieto de Caleb (1 Cr. 2:48, 49.)

**Madmena** *(muladar)* **1.** Localidad no identificada en Benjamín (Is. 10:31.) **2.** Lugar en Moab (probablemente = Dimón), (Jer. 48:2.)

**Madón** *(contención)* Ciudad cananea cerca de la moderna Hattín (Jos. 11:1; 12:19.)

**Maestresala** (Ver Oficios y Profesiones)

**Maestro.** El que enseña una ciencia, arte, oficio, principio o doctrina (1 Cr. 15:27; He. 5:12.) A Cristo se le dio el título de Maestro (Mt. 9:11; Lc. 18:18; Jn. 20:16.) En tiempo de Cristo los muchachos recibían instrucción en las sinagogas. En el N. T. el ser maestro constituía uno de los ministerios cristianos (Ef. 4:11.) El N. T. muestra a Cristo como un Maestro enviado por Dios (Jn. 3:2.)

**Magbis** *(juntado o congregado)* Nombre de lugar o persona (Esd. 2:3.)

**Magdala** *(torre)* Ciudad ubicada sobre la ribera NO. del Mar de Galilea, a 5 kilómetros al N. de Tiberias (Mt. 15:39.) Dalmanuta en Mr. 8:10. Hogar de María Magdalena.

**Magdalena.** Habitante de Magdala. (Véase María nº 4.)

**Magdiel** *(Dios es mi honor)* Jefe de Edom (Gn. 36:43; 1 Cr. 1:54.)

**Magia.** Es el arte o la ciencia de influenciar o controlar el curso de la naturaleza, los acontecimientos y los poderes sobrenaturales, por medio de ciencias ocultas o artes misteriosas (Hch. 8:9; 19:19.) Incluye la invocación a los muertos (nigromancia) (Dt. 18:11; 1 S. 28:7-25), el exorcismo (Mt. 12:27), los sueños (Gn. 20:3), adivinación (1 S. 28:8), sacudir las saetas (Ez. 21:21), estudio de las entrañas de animales, hechizos (Is. 47:9; Mal. 3:9), encantamientos (Is. 47:9), astrología (Dn. 2:27; 4:7), los que cuentan los meses (Is. 47:13), agoreros (Jer. 27:9), caldeos (Dn. 4:7), revelar misterios (Dn. 2:27), sortilegios (Dt. 18:10), evocadores (1 S. 28:9), terafines (2 R. 23:24.)

**Mágico.** Pertenecer a la magia (Ez. 13:18-21; Hch. 8:11.)

**Magistrado** *(juez, gobernante)* Funcionario principal en el gobierno de una colonia romana (Hch. 16:20, 22, 35, 36.)

**Magníficat.** Canto de alabanza de María, en Lc. 1:46-55.

**Mago, sabio.** Originariamente componente de una secta religiosa entre los persas; dedicado a la astrología, la adivinación y la interpretación de los sueños (Gn. 41:8; Dn. 1:20.) Con el tiempo la palabra se aplicó en general a los sortílegos y adivinos y a los que practicaban cultos de religiones esotéricas en todo el mundo del Mediterráneo (Hch. 13:6, 8.) Nada se sabe de los magos del relato de la Navidad (Mt. 2); talvez vinieron de Arabia. (Ver Sabio)

**Mago, Simón el** (Ver Simón)

**Magog** *(talvez "tierra de Gog")* **1.** Hijo de Jafet (Gn. 10:2; 1 Cr. 1:5.) **2.** Tierra y pueblo de Gog. Se los identifica con los escitas, los lidos y los tártaros de Rusia. Simbólicamente representa las fuerzas del mal (Ap. 20:7.9.)

**Magor-misabib** *(terror por todas partes)* Nombre simbólico dado por Jeremías a Pasur (Jer. 20:3.)

**Magpías** *(mata polillas)* Israelita, fir-

mante del pacto de Nehemías (Neh. 10:20.)

**Mahala** *(enfermedad)* Hijo o hija (sexo no identificado) de Hamolequet (1 Cr. 7:18.)

**Mahalaleel** *(alabanza de Dios)* **1.** Hijo de Cainán y padre de Jared (Gn. 5:12; 1 Cr. 1:2; Lc. 7:37.) **2.** Ascendiente de Ataías (Neh. 11:4.)

**Mahalat** *(enfermedad)* **1.** Hija de Ismael, mujer de Esaú (Gn. 28:9.) **2.** Mujer del rey Roboam (2 Cr. 11:8.) **3.** Una tonada o un instrumento musical en el título de los salmos 53 y 88.

**Mahanaim** *(dos campamentos)* Aldea en Galaad, al E. del Jordán, en la frontera entre Gad y Manasés; asignada a los levitas (Jos. 21:38); en ese sitio se encontró Jacob con los ángeles (Gn. 32:2); hacia allí fue David al huir de Absalón (2 S. 17:24; 19:32); capital de Israel por un breve período (2 S. 2:8.) No se conoce su ubicación exacta.

**Maharai** *(impetuoso)* Capitán zeraíta en el ejército de David; uno de los 30 valientes (2 S. 23:28; 1 Cr. 11:30.)

**Mahat** *(toma de posesión)* **1.** Coatita; ascendiente del cantor Hemán (1 Cr. 6:35.) **2.** Levita que ayudó a Ezequías (2 Cr. 39:12; 31:13.)

**Mahavita.** Gentilicio que se aplica a Eliel, uno de los 30 valientes de David (1 Cr. 11:46.)

**Mahaziot** *(visiones)* Hijo del cantor Hemán (1 Cr. 25:4, 30.)

**Maher-salal-hasbaz** *(el despojo se apresura, la presa se precipita)* Nombre simbólico que dio Isaías a su hijo (Is. 8:1, 3.)

**Mahli** *(enfermo)* **1.** Primogénito de Merari (Ex. 6:19; Nm. 3:20; Esd. 8:18.) **2.** Hijo de Musi (1 Cr. 6:47; 23:23; 24:30.)

**Mahlita.** Descendiente de Mahli, hijo de Merari (Nm. 3:33; 26:58.)

**Mahlón** *(enfermo)* Hijo de Elimelec, marido de Rut (Rt. 1:2; 4:9.)

**Mahol** *(baile)* Padre de Hemán, Calcol y Darda, hombres famosos por su sabiduría (1 R. 4:31.)

**Maínán.** Ascendiente de Jesucristo (Lc. 3:31.)

**Majada.** Lugar o paraje donde se recoge de noche el ganado y se albergan los pastores (Nm. 32:16; Hab. 3:17; Sof. 2:14.)

**Majano.** Montón de cantos sueltos que se forman en las tierras de labor o en las encrucijadas y divisiones de términos (Gn. 31:46; Jer. 31:21.)

**Majar.** Triturar, machacar, moler, pulverizar (Pr. 27:22.)

**Mal.** Lo que está en desarmonía con el orden divino, tanto moral como físico (Gn. 3; Job 2:10; Sal. 23:4; Lc. 16:25.)

**Malaquías** *(mensajero de Jehová)* Profeta de Judá que vivió alrededor del 450-400 a. C.; autor del libro que lleva su nombre en el A. T. Nada se sabe de él fuera de lo que dice el libro; contemporáneo de Nehemías (Mal. 2:11-17; Neh. 13:23-31.)

**Malaquías, Libro de** (Ver Libro de Malaquías)

**Malcam** *(siervo del rey)* Descendiente de Benjamín (1 Cr. 8:9.)

**Malco** *(ser rey)* Siervo del sumo sacerdote a quien Pedro cortó la oreja con la espada (Jn. 18:10.)

**Maldad** (Ver Pecado)

**Maldición.** Imprecación que se dirige contra una persona o cosa. A nivel divino para impartir juicio (Gn. 3:14, 17.) Al que maldecía a sus padres se lo castigaba con la pena de muerte (Lv. 20:9.) A los cristianos se los exhorta a bendecir y no a maldecir (Mt. 5:11; Lc. 6:28; Ro. 12:14.)

**Malhechor** *(hacedor de maldad)* Que comete un delito, y especialmente que lo comete por hábito (Lc. 23:32; Jn. 18:30.)

**Maloti** *(he hablado)* Hijo del cantor Hemán (1 Cr. 25:4, 26.)

**Malquías** *(Jehová es mi rey)* **1.** Gersonita, ascendiente de Asaf el cantor (1 Cr. 6:40.) **2.** Ascendiente de Adahía nº 3 (1 Cr. 9:12; Neh. 11:12.) **3.** Sacerdote en tiempo de David (1 Cr. 24:9.) **4.** Israelita que se casó con mujer extranjera en tiempo de Esdras (Esd. 10:25.) **5.** Otro que hizo lo mismo (Esd. 10:25.) **6.** Un tercero que hizo lo mismo (Esd. 10:31.) **7.** Hijo de Hari, que ayudó a la reedificación del muro de Jerusalén (Neh. 3:11.) **8.** Hijo de Recab que ayudó en la misma obra (Neh. 3:14.) **9.** Orfebre que ayudó en la

reedificación del muro de Jerusalén (Neh. 3:31.) **10.** Hombre que ayudó a Esdras en la lectura de la ley (Neh. 8:4.) **11.** Firmante del pacto de Nehemías (Neh. 10:3.) **12.** Sacerdote en tiempo de Nehemías (Neh. 12:42.) **13.** Padre de Pasur nº 1, que ayudó a arrestar a Jeremías (Jer. 21:1; 38:1.) **14.** Residente de Jerusalén en tiempo de Jeremías (Jer. 38:6.)

**Malquiel** *(Dios es mi rey)* Descendiente de Aser, hijo de Bería (Gn. 46:17; 1 Cr. 7:31.)

**Malquielita.** Descendiente de Malquiel (Nm. 26:45.)

**Malquiram** *(mi rey es ensalzado)* Hijo del rey Jeconías (1 Cr. 3:18.)

**Malquisúa** *(mi rey es salvación)* Hijo del rey Saúl (1 Cr. 8:33.)

**Malta.** Isla situada aproximadamente a 95 kilómetros de Sicilia; escenario del naufragio de Pablo (Hch. 28:1.)

**Maluc** *(consejero)* **1.** Levita, antepasado de Etán nº 4 (1 Cr. 6:44.) **2.** Uno que se casó con mujer extranjera (Esd. 10:29.) **3.** Otro que hizo lo mismo (Esd. 10:32.) **4.** Sacerdote que retornó del exilio con Zorobabel (Neh. 10:4; 12:2.) **5.** Firmante del pacto de Nehemías (Neh. 10:27.)

**Malva** (Ver Plantas)

**Malla, Cota de** (Ver Armas)

**Mammón** *(riqueza)* Palabra de origen arameo que se traduce "riquezas" (Mt. 6:24; Lc. 16:11, 13, R-V, ed. 1909.)

**Mamre** *(fuerza)* **1.** Lugar a pocos kilómetros al N. de Hebrón, donde crecían encinas (Gn. 13:18; 18:1; 23:17, 19; 25:9.) **2.** Amorreo aliado de Abraham (Gn. 14:13, 24.)

**Maná.** Alimento semejante a la helada blanca, milagrosamente provisto por Dios, a Israel en el desierto (Nm. 11:9; Ex. 16:14-36); no puede ser identificado con ninguna substancia natural conocida.

**Manada.** Hato o rebaño de ganado que está al cuidado de un pastor (Gn. 32:16; Dt. 14:23; Cnt. 6:6; Ez. 43:23.) Figuradamente los discípulos de Cristo (Lc. 12:32.)

**Manaén** *(consolador)* Hermano de crianza de Herodes Antipas;

cristiano eminente en Antioquía (Hch. 13:1.)

**Manahat** *(lugar de reposo)* **1.** Edomita hijo de Sobal, descendiente de Seir (Gn. 36:23; 1 Cr. 1:40.) **2.** Ciudad de Edom (1 Cr. 8:6), de ubicación desconocida.

**Manahem** *(consolado)* Decimosexto rey de Israel; fue un malvado; asesinó a su predecesor Salum (2 R. 15:14-23.)

**Manahetita. 1.** Descendiente de Sobal, hijo de Caleb (1 Cr. 2:52.) **2.** Descendiente de Salma, hijo de Caleb (1 Cr. 2:54.)

**Manasés** *(el que se olvida)* **1.** Hijo de José y de Asenat (Gn. 41:50, 51.) **2.** La tribu que formó su posteridad (Gn. 50:23; Nm. 26:28-34); media tribu asentó al E. del Jordán (Nm. 32:33-42); la otra mitad al O. del Jordán (Jos. 17:5-10.) **3.** Sacerdote llamado Moisés, cuyo nombre fue cambiado porque deshonró a Dios (Jue. 18:30, Reina-Valera, edición 1909.) **4.** Decimocuarto rey de Judá; hijo y sucesor de Ezequías; idólatra (2 R. 21:1-7; 23:11); persiguió a los que se mantenían fieles a Jehová (2 R. 21:6); arruinó a su país (Jer. 15:4); fue llevado cautivo a Babilonia (2 Cr. 33:11); posteriormente se le permitió volver (2 Cr. 33:10-13, 15, 17.) **5.** Hombre que se casó con mujer extranjera en tiempo de Esdras (Esd. 10:30.) **6.** Hombre que hizo otro tanto (Esd. 10:33.)

**Mancha.** Señal que una cosa hace en un cuerpo, ensuciándolo y echándolo a perder (Lv. 13:24; Job 11:15; Pr. 9:7; Jud. 24.)

**Manchadas.** Que tiene manchas (Gn. 30:32-35; Os. 6:8.)

**Mandamiento.** Traduce una serie de vocablos hebreos y griegos que significan ley, ordenanza, estatuto, palabra, juicio, precepto, dicho, acusación, *etc.*

**Mandamientos, Los diez.** En hebreo los diez mandamientos se llaman las diez palabras (Ex. 34:28; Dt. 4:13) o las palabras (Ex. 20:1; Dt. 5:22.) Son los preceptos que Dios le entregó a Moisés en el monte Sinaí. En la Biblia figuran dos relatos sobre la forma en que fueron dados (Ex. 20:1-17; Dt. 5:6-21.) Fueron escritos sobre dos tablas de piedra (Ex. 31:18; 32:15-19; 34:1-4, 27-29; Dt. 10:1-5.) No se sabe con certeza cómo estaban numerados ni cuántos figuraban en una de las tablas y cuántos en la otra. Dios no tuvo la intención de que fueran un "yugo de esclavitud" (Gá. 5:1) para los israelitas, sino una sabia provisión para el pueblo de Dios que les permitiera gozar de una feliz comunión con Dios. Los primeros cuatro mandamientos tratan de las relaciones del hombre con Dios; los demás de su relación con sus semejantes. Todos, a excepción del cuarto están repetidos en el N. T. y deben ser obedecidos por los cristianos. En realidad, Jesús demuestra que la interpretación de Dios es más estricta que la de los judíos. En la medida en que el N. T. ahonda y profundiza en sus principios, el Decálogo revela su elevado nivel moral. Jesús afirmó que el amor es el cumplimiento de la ley (Mt. 22:35-40.)

**Mandrágora** (Ver Plantas)

**Manecilla.** Asidero del cual se tira para cerrar una puerta. La palabra figura únicamente en Cantar de los Cantares 5:5.

**Mano.** A menudo se aplica figurativamente para representar el poder (Gn. 9:2, 5), la liberalidad (Dt. 15:8), la ordenación (1 Ti. 4:14), y muchas otras cosas.

**Mano seca.** Incapacidad por algún tipo de atrofia (Mr. 2:1-6.)

**Manoa** *(descanso)* Padre de Sansón (Jue. 13.)

**Manojo.** Hacecillo que se puede recoger con la mano (Mt. 13:30.)

**Manos, Imposición de las** (Ver Imposición de las manos)

**Mansedumbre.** Suavidad y benignidad en la condición o en el trato. Apacible, sosegado, suave. Una actitud de corazón sumiso y un deseo de someterse a la voluntad de Dios (Nm. 12:3; Sal. 34:2; Ec. 10:4; Mt. 5:5; 11:29; 1 Co. 4:21; Ef. 4:2; Col. 3:12; Stg. 1:21.) Es la marca del verdadero y auténtico discipulado (1 P. 3:15.)

**Manteca.** Aplicada en forma literal (Sal. 55:21 "mantequilla"; 2 S. 17:29) o metafórica (Job 29:6, R-V, ed. 1909; Gn. 18:8 "mantequilla".)

**Mantequilla.** Dt. 32:14; Pr. 30:33; Is. 7:15.

**Manto.** Prenda de vestir suelta, sin mangas, a modo de capa (Ex. 28:4; 1 R. 19:19; Jn. 19:5.)

**Mantoncillo.** Diminutivo de manto (Is. 3:22.)

**Manuscritos del mar Muerto.** Descubiertos en 1947, por unos beduinos, a dos kilómetros aproximadamente de Qumrán, al O. del extremo NO. del mar Muerto. Hasta ahora se han descubierto manuscritos en once cuevas, la mayoría de los cuales son del siglo 1 a. C. al siglo 2 d. C. Por lo menos 382 manuscritos están representados por los fragmentos de la cueva número cuatro, alrededor de 100 de los cuales son manuscritos bíblicos. Incluyen fragmentos de todos los libros de la Biblia hebrea con excepción del libro de Ester. Algunos libros cuentan con numerosas copias. No todos los manuscritos están fragmentados; algunos están completos o casi completos. Además de los libros bíblicos se han hallado fragmentos de libros apócrifos, apocalípticos, comentarios, salmos de alabanzas y de acción de gracias y literatura sectaria. Cerca de las cuevas se levantan las ruinas de un enorme monasterio de una secta monástica de judíos, los esenios. Los descubrimientos en Qumrán revisten importancia para los estudios bíblicos en general, y tienen gran importancia para el estudio del texto del A. T. tanto del hebreo como de la LXX. También son importantes en relación con el N. T., ya que nos proveen del trasfondo necesario para entender la predicación de Juan el Bautista y de Jesús. No hay evidencia alguna de que Juan el Bautista o Jesús mismo hubieran sido miembros de esa secta.

**Manzana.** Parte del candelero del tabernáculo (Ex. 25:31-36.)

**Manzano** (Ver Plantas)

**Maoc** *(un pobre)* Padre de Aquis, el que protegió a David (1 S. 27:2.)

**Maón** *(habitación)* **1.** Ciudad en Judá

al S. de Hebrón (Jos. 15:55; Jue. 10:12; 1 S. 23:24, 25.) **2.** Descendiente de Caleb (1 Cr. 2:45.)

**Maqueronte.** Fortaleza construida por Alejando Janneo hacia el año 88 a. C. y utilizada como ciudadela por Herodes Antipas en el extremo sudoriental de su reino, aproximadamente a 8 kilómetros al E. del mar Muerto; allí degollaron a Juan el Bautista (Mt. 14:3.)

**Maqui** *(abandonado)* Gadita, padre de Geuel, uno de los doce espías (Nm. 13:15.)

**Maquir** *(vendido)* **1.** Hijo de Manasés nº 1 (Gn. 50:23; Nm. 26:29; 36:1.) **2.** Habitante de Lodebar que le entregó provisiones a David cuando huía de Absalón (2 S. 17:27.)

**Maquiritas.** Descendientes de Maquir nº 1 (Nm. 26:29.)

**Mar.** De diversas maneras se aplica el término en la Biblia: **1.** El océano (Gn. 1:10.) **2.** Casi cualquier cuerpo de agua, dulce o salado, como el mar de Galilea (Mt. 4:18.) **3.** Ríos, como el Nilo (Is. 18:2) y el Eufrates (Is. 21:1.) **4.** También le llamaron "mar" a la enorme vasija que construyeron en el templo de Salomón (1 R. 7:23-26.)

**Mar Adriático.** Extensión de agua entre Italia al O. y Dalmacia, Macedonia y Acaya al E. (Hch. 27:27.)

**Mar de Arabá** (Ver mar Oriental)

**Mar de bronce.** Inmensa jofaina colocada frente al templo para lavar los sacrificios y las manos de los sacerdotes (2 R. 25:13; 1 Cr. 18:8.)

**Mar de Cineret** ( = mar de Galilea y mar de Tiberias) (Nm. 34:11.)

**Mar de Egipto** ( = mar Rojo) (Is. 11:15.)

**Mar de fundición.** La gran vasija en el templo de Salomón donde los sacerdotes se lavaban las manos y los pies previo a los oficios religiosos (1 R. 7:23-26; 2 Cr. 4:2-6.)

**Mar de Galilea** ( = mar de Cineret y mar de Tiberias.) Recibe el nombre de mar (lago interior) de Galilea, por la región en que se encuentra (Mt. 4:18; Jn. 6:1); el de Genesaret por una llanura o población de su orilla occidental (Lc. 5:1); de Tiberíades por la ciudad de su ribera dedicada a Tiberio (Jn. 6:1; 21:1, que en R-V se llama Tiberias) y de Cineret, en el rabinismo, por su forma de lira o *testudo*. El lago tiene 21 kilómetros de largo, de N. a S. y 12 kilómetros de ancho, de E. a O., de agua dulce y llena de peces. Por estar situado en una hondonada, en las montañas, ocurren con frecuencia violentas tormentas.

**Mar de Jazer.** No se conoce semejante mar; pudiera ser un error del copista quizá debiera decir "ciudad de Jazer" (Jer. 48:32.)

**Mar de Tiberias** ( = mar de Cineret y mar de Galilea) (Jn. 6:1; 21:1.)

**Mar de vidrio.** Mar de vidrio, semejante al cristal, que estaba frente al trono de Dios (Ap. 4:6; 15:2.)

**Mar Grande** *(Gran mar)* ( = mar de los filisteos; mar occidental; el mar.) *Mar Mediterráneo.* La Biblia habla del mar Mediterráneo como: "el mar" (Nm. 13:29), el "mar grande" (Nm. 34:6, 7; Jos. 15:47; Ez. 47:10), el "mar de los filisteos" (Ex. 23:31); el "mar occidental" (Dt. 11:24; 34:2; Jl. 2:20; Zac. 14:8), el "gran mar" (Jos. 1:4.)

**Mar de los filisteos** ( = mar Grande) (Ex. 23:31.)

**Mar Mediterráneo** (Ver mar Grande)

**Mar Muerto** ( = mar Salado, mar Oriental, mar del Arabá.) Forma el límite oriental de Judá (Ez. 47:18; Joel 2:20; Zac. 14:8.) En la Biblia toma distintos nombres: mar Salado (Gn. 14:3), mar Oriental (Jl. 2:20), mar del Arabá (2 R. 14:25.) De una extensión de 75 kilómetros de largo por 16 de ancho, ocupa una falla geológica que va desde Siria y a través del mar Rojo lleva al Africa. Está a 400 metros por debajo del nivel del mar y su parte más profunda tiene 400 metros de hondo. No tiene salida, por lo cual su concentración salina es cuatro veces superior a la del océano; se expande lentamente; se lo menciona a menudo en la Biblia (Nm. 34:12; 1 Cr. 18:12; 2 Cr. 20:1, 2; Ez. 47:18.) (Ver Manuscritos del mar Muerto)

**Mar occidental** ( = mar Grande y mar de los filisteos) (el Mediterráneo) (Dt. 11:24; Zac. 14:8.)

**Mar oriental** ( = mar del Arabá y mar Salado) (el mar Muerto) (Ez. 47:18; Jl. 2:20; Zac. 14:8.)

**Mar Rojo.** Golfo oceánico de 2.200 kilómetros de longitud que se extiende desde el Océano Indico hasta el Golfo de Suez. Tiene dos brazos: el Golfo de Suez y el Golfo de Aqabah. Cuando se habla de "mar Rojo", en términos generales, puede referirse a cualquiera de los dos brazos (Nm. 33:10, 11; 1 R. 9:26), a la totalidad del mar (Ex. 23:31) o a los lagos cercanos. El mar Rojo de Ex. 13:17 debería ser traducido "Mar de las algas". Es improbable que se refirieran al mar Rojo propiamente dicho. Más bien se trata de una extensión de aguas cerca de Gosén al que los antiguos egipcios se referían como "Mar de las algas".

**Mar Salado** = Mar del Arabá, Mar Oriental (Mar Muerto), (Gn. 14:3; Dt. 3:17; Jos. 3:16.)

**Mara** *(amargura)* **1.** Vertiente de aguas amargas en el desierto de Shur, donde acampó Israel (Ex. 15:23; Nm. 33:8, 9.) **2.** Nombre que Noemí se aplicó a sí misma (Rt. 1:20.)

**Marala.** Ciudad situada a 6 kilómetros de Nazaret, en la frontera con Zabulón (Jos. 19:11.)

**Maranatha** *(el Señor viene)* Expresión de saludo y de estímulo después de una seria advertencia (1 Co. 16:22, R-V, el 1909.)

**Maravillosas misericordias.** La bondad y la misericordia de Dios para con los hombres (Sal. 17:7; 26:3.)

**Marca.** Señal hecha en una persona, animal o cosa, para distinguirla de otra, o denotar calidad o pertenencia (Cnt. 8:6; Gá. 6:17; Ap. 13:16; 14:9; 15:2; 20:4.)

**Marcos, Juan.** Marcos proviene del latín *Marcus*, que significa "gran martillo". Es el autor del segundo Evangelio; Juan era su nombre judío y Marcos el romano. Llamado "Juan" (Hch. 13:5, 13), "Marcos" (Hch. 15:39), "Juan el que tenía por sobrenombre Marcos" (Hch. 12:12, 25; 15:37); vivía en Jerusalén (Hch.

12:12-17); sobrino de Bernabé (Col. 4:10); acompañó y luego abandonó a Pablo en su primer viaje misionero (Hch. 12:25; 13:13); fue a Chipre con Bernabé después que Pablo se negó a llevarlo en su segundo viaje misionero (Hch. 15:36-39); colaborador de Pablo (Flm. 24); Pablo lo recomendó a la iglesia de Colosas (Col. 4:10); talvez es el joven de Marcos 14:51, 52. La tradición primitiva lo hacía el "intérprete" de Pedro en Roma y fundador de la iglesia de Alejandría.

**Marcos, Evangelio de** (Ver Evangelio de Marcos)

**Mardoqueo** (provine de *Marduc*, el principal dios babilónico) **1.** Uno que regresó del exilio con Zorobabel (Esd. 2:2; Neh. 7:7.) **2.** Benjamita, primo y padre adoptivo de Ester (Est. 2:5-7); deportado de Judá (Est. 2:6); salvó al rey Asuero de un complot para asesinarlo (Est. 2:19-23); salvó a los judíos del complot de Amán e instituyó la fiesta de Purim (Est. 3:10.)

**Maresa** *(posesión)* **1.** Importante ciudad de Judá, al SO. de Jerusalén (Jos. 15:44); Roboam la fortificó (2 Cr. 11:5-12.) **2.** Primogénito de Caleb, padre de Hebrón (1 Cr. 2:42.) **3.** Nieto de Judá (1 Cr. 4:21.)

**Marfil.** En Palestina se lo importaba de la India; los ricos lo adquirían (Am. 3:15; 6:4.) El trono de Salomón estaba hecho de marfil (1 R. 10:18.)

**Mari.** Antiquísima ciudad del valle del Eufrates, descubierta en el año 1933 y excavada sub-siguientemente. Se han hallado 20.000 tabletas cuneiformes que arrojan mucha luz sobre la antigua civilización siria. El reino de Mari era contemporáneo de Hammurabi, rey de Babilonia y de las tribus amorreas de Canaán, antepasados de los hebreos.

**María. 1.** Hermana de Aarón y de Moisés; salvó la vida de Moisés cuando era un párvulo (Ex. 2:4, 7, 8); profetisa (Ex. 15:20); criticó a Moisés por su casamiento (Nm. 12); al morir fue enterrada en Cades (Nm. 20:1.) **2.** Judaíta, hija de Esdras nº 1 (1 Crónicas 4:17.) **3.** La Virgen María, madre de Jesucristo.

Esposa de José (Mt. 1:18-25); parienta de Elisabet, madre de Juan el Bautista (Lc. 1:36); de la simiente de David (Hch. 2:30; Ro. 1:3; 2 Ti. 2:8); madre de Jesús (Mt. 1:18, 20; Lc. 2:1-20); asistió a la ceremonia de la purificación (Lc. 2:22-38); huyó a Egipto con José y Jesús (Mt. 2:13-15); vivió en Nazaret (Mt. 2:19-23); llevó a Jesús al templo cuando el niño tenía doce años de edad (Lc. 2:41-50); estuvo presente en las bodas de Caná de Galilea (Jn. 2:1-11); temía por Jesús (Mt. 12:46; Mr. 3:21, 31ss.; Lc. 8:19-21); estuvo al pie de la cruz de Jesús (Jn. 19:25ss.) donde Jesús le encomendó que cuidara de Juan (Jn. 19:25-27); estuvo en el aposento alto (Hch. 1:14.) La Iglesia Católica Apostólica Romana sostiene como doctrina la Inmaculada Concepción de María (año 1854) y la Asunción de María (año 1950.) **4.** María Magdalena. Jesús arrojó de ella siete demonios (Mr. 16:9; Lc. 8:2); siguió el cuerpo de Jesús hasta su tumba (Mt. 27:61) y fue la primera en descubrir la resurrección del Señor (Mt. 28:1-8; Mr. 16:9.) **5.** María, madre de Jacobo y de José (Mr. 27:56; Mr. 15:40; 15:47; Lc. 24:10); posiblemente la madre de Cleofas (Jn. 19:25); presenció la crucifixión y visitó la tumba en la mañana del día de pascua (Mt. 27:56; 28:1.) **6.** María de Betania, hermana de Marta y Lázaro; vivía en Betania (Jn. 11:1); Jesús la elogió (Lc. 10:42); ungió los pies de Jesús (Jn. 12:3.) **7.** Madre de Juan Marcos; hermana de Bernabé (Col. 4:10); vivía en Jerusalén y su casa era lugar de reunión de los cristianos (Hch. 12:12.) **8.** Cristiana de Roma, saludada por el apóstol Pablo (Ro. 16:6.)

**Marinero** (Ver Oficios y Profesiones)

**Mármol** (Ver Minerales)

**Marot** *(amarguras)* Ciudad, probablemente al O. de Jerusalén (Mi. 1:12.)

**Marsena.** Príncipe y consejero del rey Asuero (Est. 1:14.)

**Marta** *(señora)* Mujer que vivía en Betania, hermana de María y de Lázaro (Lc. 10:38-41.)

**Martillo.** Herramienta de percusión,

de múltiples usos, compuesta de una cabeza, por lo general de hierro, y un mango (1 R. 6:7; Pr. 25:18); se lo usa para alisar metales (Is. 41:7), para herrería (Is. 44:12), etc. A veces, en sentido figurado, representa un poder aplastante (Jer. 23:29; 50:23.)

**Mártir** *(testigo)* Persona que padece muerte por defender y mantenerse fiel a la causa que profesa y por testificar de la misma (Hch. 22:20; Ap. 17:6.)

**Mas.** Hijo de Aram nº 1 (Gn. 10:23.)

**Masah** *(lucha)* Lugar donde acampó Israel y donde estaba la roca de Horeb de la cual Moisés obtuvo agua (Exodo 17:1-7; Dt. 6:16; 9:22); relacionado con Meriba (Dt. 33:8); mencionado también en el Salmo 95:8.

**Masai** *(obra de Jehová)* Sacerdote que regresó del exilio (1 Cr. 9:12.)

**Masa medicinal.** Torta de higos para curar una llaga (Is. 38:21.)

**Masal.** Población levítica en la frontera de Aser (1 Cr. 6:74.)

**Masquil.** Palabra de significado incierto que aparece en los títulos de los Salmos 32, 42, 44, 45, 52, 53, 54, 55, 74, 78, 88, 89, 142.

**Masrega** (talvez *"viñedo"*) Ciudad real del rey Samla, en Edom (Gn. 36:31, 36; 1 Cr. 1:47.)

**Massa** *(carga)* Hijo de Ismael y tribu que tomó ese nombre. Ocupaba un territorio cercano al Golfo Pérsico (Gn. 25:14; 1 Cr. 1:30.)

**Matán** *(un don, un regalo)* **1.** Sacerdote de Baal en el reinado de Atalía (2 R. 11:18; 2 Cr. 23:17.) **2.** Padre de Sefatías nº 9 (Jer. 38:1.) **3.** Ascendiente de Jesucristo (Mt. 1:15.)

**Matana** *(un don, un regalo)* Lugar donde acampó Israel (Nm. 21:18, 19.)

**Matanías** *(don de Jehová)* **1.** Nombre original del rey Sedequías (2 R. 24:17.) **2.** Levita que regresó del exilio (1 Cr. 9:15.) **3.** Levita músico en el templo (1 Cr. 25:4, 16.) **4.** Levita de los hijos de Asaf (2 Cr. 20:14.) **5.** Levita que colaboró con el rey Ezequías (2 Cr. 29:13.) **6.** Hijo de Elam que se casó con mujer extranjera (Esd. 10:26.) **7.** Hijo de Zatu que hizo lo mismo (Esd. 10:27.)

**8.** Hijo de Pahat-moab, que hizo lo mismo (Esd. 10:30.) **9.** Hijo de Bani que hizo lo mismo (Esd. 10:37.) **10.** Levita cantor del templo en la época de Zorobabel (Neh. 11:17, 22.) **11.** Levita portero en tiempo de Nehemías (Neh. 12:25.) **12.** Ascendiente de Zacarías nº 28 (Neh. 12:35.) **13.** Abuelo de Hanán nº 7 (Neh. 13:13.)

**Matanza de los inocentes.** Fue la matanza de los niños menores de dos años, en Belén, ordenada por el rey Herodes el Grande (Mt. 2:16-18.)

**Matat** *(don de Dios)* **1.** Antepasado de Jesucristo (Lc. 3:24.) **2.** Otro antepasado de Jesucristo (Lc. 3:29.)

**Matata** *(don de Jehová)* **1.** Uno que repudió a su mujer extranjera (Esd. 10:33.) **2.** Ascendiente de Jesucristo (Lc. 3:31.)

**Matatías** *(don de Jehová)* **1.** Levita coreíta que regresó de Babilonia (1 Cr. 9:31.) **2.** Levita, hijo de Jedutún, músico del templo (1 Cr. 15:18; 25:3.) **3.** Hijo de Nebo que repudió a su mujer extranjera (Esd. 10:43.) **4.** Uno que ayudó a Esdras en la lectura de la ley (Neh. 8:4.) **5.** Sacerdote, fundador de la familia de los macabeos (1 Mac. 2.) Ver también 1 Mac. 11:70; 16:14-16; 2 Mac. 14:19. **6.** Antepasado de Jesucristo (Lc. 3:25.) **7.** Otro antepasado de Jesucristo (Lc. 3:26.)

**Matenai** *(don de Jehová)* **1.** Uno que repudió a su mujer extranjera (Esd. 10:33.) **2.** Otro que hizo lo mismo (Esd. 10:37.) **3.** Sacerdote de la restauración en tiempo del sumo sacerdote Joiacim (Neh. 12:19.)

**Mateo** ( =Leví nº 3.) Hijo de Alfeo (Mr. 2:14); cobrador de impuestos, conocido también como Leví (Mr. 2:14; Lc. 5:27); Jesús lo llamó para ser su discípulo (Mt. 9:9; Mr. 2:14; Lc. 5:27) y ofreció una fiesta a Jesús; designado apóstol (Mt. 10:3; Mr. 3:18; Lc. 6:15; Hch. 1:13.)

**Mateo, Evangelio de** (Ver Evangelio de Mateo)

**Matías** *(don de Jehová)* Apóstol elegido por el sistema de echar suertes, para reemplazar a Judas Iscariote (Hch. 1:15-26); había sido seguidor de Cristo (Hch. 1:21, 22.)

**Matred** *(expulsión)* Madre de Mehetabel nº 1 (Gn. 36:39; 1 Cr. 1:50.)

**Matri** *(lluvioso)* Padre de una familia de Benjamín (1 S. 10:21.)

**Matrimonio, casamiento.** Unión íntima, personal y para toda la vida, de un hombre y de una mujer, con el consentimiento de ambos (Gn. 1:26-31; 2:18-25; Mt. 19:5); la creación de Dios (Mt. 19:3-6); finalidades del matrimonio: procreación (Gn. 1:28; 29:32); compañerismo amoroso (Gn. 2:18-24); debe ser monogámico (Mt. 19:5; 1 Ti. 3:2); el divorcio es permitido pero no como parte del plan de Dios (Mt. 19:3-9), permisible cuando la fornicación ha violado el compromiso matrimonial (Mt. 5:31, 32; 19:3-10; Mr. 10:2-12; Lc. 16:18); a los israelitas les estaba prohibido casarse con cananeas (Dt. 7:3, 4) y estaba legalmente restringido el casarse con otros extranjeros (Dt. 23:3-8); en tiempo del A. T. se practicaba la poligamia, pero en ninguna parte de la Biblia se aprobó esa práctica (Gn. 30; 1 R. 11:3); luego del exilio los judíos se divorciaron de sus mujeres extranjeras (Esd. 9, 10); el marido y la mujer son partes iguales en el contrato matrimonial, pero la mujer debe obedecer al marido (1 Co. 19:9); el matrimonio es un símbolo de la unión que existe entre Dios e Israel (Jos. 2:19; Jer. 3:14; 31:32) y entre Cristo y la iglesia (2 Co. 11:2; Ef. 5:23; Ap. 21:2, 9.)

**Matusalén** *(violento)* Hijo de Enoc y padre de Lamec. Vivió 969 años (Gn. 5:21-27.)

**Mayoral** (Ver Oficios y Profesiones)

**Mayordomo** (Ver Oficios y Profesiones)

**Mazo.** Martillo grande. Se lo usaba para clavar las estacas de las tiendas, y eran de madera. Jael, mujer de Heber, mató a Sísara con un mazo y una estaca (Jue. 4:21; 5:26.)

**Mebunai** *(bien edificado)* Uno de los 30 valientes de David ( = Sibecai, (2 S. 23:27.)

**Mecida, Ofrenda** (Ver Ofrenda mecida)

**Mecido y elevado** (Ver Ofrenda)

**Mecona** *(fundación)* Población en el S. de Judá, cerca de Siclag (Neh. 11:28.)

**Medad** *(afectuoso)* Uno de los 70 ancianos asignados para coloborar con Moisés y que profetizó en el campamento (Nm. 11:26, 27.)

**Medán** *(porfía)* Hijo de Abraham y Cetura (Gn. 25:2; 1 Cr. 1:32.)

**Medeba** *(incierto)* Antiquísima ciudad de Moab, posteriormente en Rubén, aproximadamente a 26 kilómetros al SE. de la desembocadura del Jordán en el mar Muerto (Nm. 21:30; Jos. 13:9.)

**Media.** Antigua comarca de Asia, poderoso Imperio en el siglo VII a. C. (Dn. 5:31; 8:20.)

**Mediador** *(hombre del medio)* Persona amigable componedora entre otras dos o más disgustadas entre sí (Job 33:23.) Cristo es el Mediador del nuevo pacto entre Dios y el hombre (1 Ti. 2:5; He. 8:6; 9:15; 12:24.)

**Médico** (Ver Oficios y Profesiones)

**Medida** (Ver Pesos y Medidas)

**Mediterráneo, Mar** (Ver Mar Mediterráneo)

**Medo.** Habitante de Media (2 R. 17:6; Hch. 2:9.)

**Mefaat** *(esplendor)* Ciudad de los levitas en Rubén (Jos. 13:18.)

**Mefi-boset** *(el que propaga ignominia)* **1.** Hijo de Jonatán nº 2 ( = Merib-baal) nieto de Saúl; quedó lisiado de un accidente; fue honrado por David, quien proveyó a él (2 S. 4:4; 9:6-13.) **2.** Hijo del rey Saúl y Rizpa (2 S. 21:8.)

**Meguido** *(lugar de tropas)* Ciudad sobre la gran ruta que va de Gaza a Damasco y que vincula las planicies costeras con la llanura de Esdrelón (Jos. 12:21; 17:11; Jue. 1:27; 5:19); Salomón la fortificó (1 R. 9:15); allí murió Ocozías de sus heridas (2 R. 9:27); y también allí el rey Josías, perdió la vida en la batalla contra el Faraón Necao (2 R. 23:29, 30; 2 Cr. 35:20-27.) Las grandes excavaciones realizadas han permitido hallar un copioso material de gran valor arqueológico.

**Mehara** *(cueva)* Región al NE. de Palestina, perteneciente a los sidonios (Jos. 13:4.)

**Mehetabel** *(Dios se beneficia)* **1.** Hija de Matred, esposa de Hadar

(Hadad), rey edomita (Gn. 36:39; 1 Cr. 1:50.) **2.** Ascendiente de Semaías nº 19, que procuró traicionar a Nehemías (Neh. 6:10.)

**Mehida** *(renombrado)* Padre de una familia de netineos (Esd. 2:52.)

**Mehir** *(precio, alquiler)* Judaíta, hijo de Quelub (1 Cr. 4:11.)

**Meholatita.** Habitante de Abel-mehola, en el valle del Jordán, cerca de Bet-sán (1 S. 18:19; 2 S. 21:8.)

**Mehujael** *(Dios que hace vivir)* Descendiente de Caín, hijo de Irad y padre de Metusael (Gn. 4:18.)

**Mehumán.** Uno de los siete eunucos de Asuero de Persia (Est. 1:10.)

**Mehunim.** Padre de una familia de netineos ( = Meunim), (Neh. 7:52.)

**Mejarcón.** Lugar en Dan, entre Gat-rimón y Racón (Jos. 19:46.)

**Melatías.** Gabaonita que ayudó en la restauración del muro de Jerusalén (Neh. 3:7.)

**Melea.** Ascendiente de Jesucristo (Lc. 3:31.)

**Melec** *(rey)* Hijo de Micaía, nieto de Mefi-boset nº 1 (1 Cr. 8:35.)

**Melicú** *(consejero)* Familia de sacerdotes en tiempo de Joiacim (Neh. 12:14.)

**Melodía** (Ver Música)

**Melón** (Ver Plantas)

**Melqui.** Nombre de dos ascendientes de Jesucristo (Lc. 3:24, 48.)

**Melquisedec** *(rey de justicia)* Sacerdote y rey de Salem (Jerusalén); bendijo a Abraham en nombre del Altísimo y recibió diezmos de él (Gn. 14:18-20); figura de Cristo, el Sacerdote-Rey (He. 5:6, 10.)

**Melsar.** Vocablo persa que traduce "mayordomo" (Dn. 1:11, 16.)

**Memucán.** Uno de los siete príncipes del rey Asuero, que aconsejaron al rey castigar a la reina Vasti (Est. 1:14-21.)

**Mendigo** (Ver Pordiosero)

**Menfis.** Ciudad capital de Egipto, sobre la orilla occidental del Nilo, aproximadamente a 32 kilómetros de la actual ciudad de El Cairo; su destrucción fue anunciada por los profetas (Is. 19:13; Jer. 2:16; 44:1; 46:14, 19; Ez. 30:13, 16.) Oseas predijo un retorno de israelitas a Egipto y mencionó a Menfis (Os. 9:6.)

**Meni** *(hado, destino)* Probablemente un dios cananeo de la buena suerte o del destino y que Isaías 65:11 traduce "destino".

**Mene, Mene, Tekel, Uparsin.** Cuatro palabras arameas de interpretación incierta, pero que probablemente significan "contado, pesado y hallado falto" que aparecieron escritas en las paredes del palacio de Belsasar durante un banquete (Dn. 5:25, 26.)

**Menta** (Ver Plantas)

**Mente.** En la Biblia aparece a menudo con el significado de "corazón" "alma"; en el N. T. se usa a menudo en un sentido ético (Ro. 7:25; Col. 2:18.)

**Mentira.** Expresión o manifestación contraria a lo que se sabe, cree o piensa (Ex. 23:7; 1 R. 22:22; Sal. 4:2; 5:6; Ap. 14:5.)

**Menúha** = Manahat nº 2 (Jue. 20:43.)

**Meollo.** Médula. Substancia o lo más principal de una cosa (Sal. 63:5.)

**Meonenim.** Lugar de ubicación exacta desconocida, cerca de Siquem, que R-V ed. 1909 traduce "campiña de Meonenim" y la ed. 1960 traduce "encina de los adivinos".

**Meonotai** *(mi morada)* Hijo de Otoniel (1 Cr. 4:14.)

**Mequeratita** *(que vive en Mequera)* Sobrenombre de Hefer nº 4 (1 Cr. 11:36.)

**Merab** *(aumento)* Hija mayor del rey Saúl (1 S. 14:49; 18:17, 19.)

**Meraías** *(rebelde)* Jefe de una familia de sacerdotes en tiempo de Joiacim (Neh. 12:12.)

**Meraiot** *(rebelde)* **1.** Sumo sacerdote descendiente de Finees nº 1 (1 Cr. 6:6.) **2.** Sacerdote ascendiente de Hilcías (1 Cr. 9:11.) **3.** Ascendiente del escriba Esdras (posiblemente = nº 2), (Esd. 7:3.) **4.** Otro ascendiente de Hilcías (Neh. 12:15.)

**Merari** *(amargo)* Tercer hijo de Leví (Nm. 3:17; Jos. 21:7); progenitor de los meraritas.

**Merarita.** Descendiente de Merari (Nm. 26:57.)

**Merataim** *(rebelión repetida)* Nombre simbólico para designar a Babilonia (Jer. 50:21.)

**Mercader.** El que trata o comercia

con géneros vendibles. Por extensión todo comerciante (Gn. 37:28; Pr. 31:14; Mt. 13:45.)

**Mercadería.** Cualquier cosa que se hace objeto de trato o venta (Neh. 10:31; Ez. 27:27; 2 P. 2:3.)

**Mercado.** Sitio público destinado permanentemente, o en días señalados, para vender, comprar o permutar géneros o mercancías. En las antiguas ciudades también era el centro recreativo, tribunal de justicia y foro (Ez. 27:14; Jn. 2:16.)

**Mercenario** (Ver Oficios y Profesiones)

**Mercurio** (Gr. *Hermes)* Dios pagano, hijo de Zeus; mensajero de los dioses griegos; en Listra a Pablo le llamaron Mercurio (Hch. 14:12.)

**Mered** *(rebelión)* Judaíta que se casó con la hija de Faraón (1 Cr. 4:17, 18.)

**Meremot** *(elevaciones)* **1.** Sacerdote que ayudó en la restauración del muro de Jerusalén (Esd. 8:33; Neh. 3:4, 21.) **2.** Uno que se divorció de su esposa extranjera (Esd. 10:36.) **3.** Sacerdote que firmó el pacto de Nehemías (Neh. 10:5.) **4.** Sacerdote que regresó del exilio con Zorobabel (Neh. 12:3.)

**Meres** *(digno)* Príncipe persa del rey Asuero (Est. 1:14.)

**Meriba** *(rencilla)* **1.** Lugar al NO. del Sinaí donde Dios les dio agua a los israelitas, sacándola de una roca (Ex. 17:1-7.) **2.** Lugar cerca de Cades donde Dios también sacó agua de una roca para los israelitas. Como Moisés se impacientó, Dios no le permitió entrar en la Tierra Prometida (Nm. 20:1-13; R-V traduce la palabra por "rencilla".)

**Merib-baal** *(Baal contiende)* Hijo de Jonatán nº 2, talvez = Mefi-boset (1 Cr. 8:34; 9:40.)

**Merodac** = Marduc. Dios de Babilonia (Jer. 50:2.)

**Merodac-baladán** *(Marduc ha dado un hijo)* Dos veces rey de Babilonia (722-710; 703-702 a. C.) que envió cartas y presentes a Ezequías y le propuso unírsele en una conspiración contra Asiria (2 R. 20:12-19; Is. 38:1-8.)

**Merom** *(lugar alto)* Lugar cerca de las nacientes del río Jordán donde Josué derrotó a la coalición del Nor-

te (Jos. 11:5, 7.) Identificado con el lago Huleh.

**Meronotita.** Habitante de Meronot, región de Galilea, asignada a la tribu de Neftalí (1 Cr. 27:30; Neh. 3:7.)

**Meroz.** Localidad en Galilea, no lejos de Nazaret (Jue. 5:23.)

**Mes** (Ver Calendario, Tiempo)

**Mesa. 1.** Lugar en el S. de Arabia (Gn. 10:30.) **2.** Rey de Moab en los días de Acab, Ocozías y Joram (2 R. 3:4.) **3.** Primogénito de Caleb (1 Cr. 2:42.) **4.** Benjamita (1 Cr. 8:9.)

**Mesa. 1.** Mueble sobre el cual se come (Jue. 1:7; 1 R. 2:7.) **2.** Mesa del Señor, Santa Cena (1 Co. 10:21.) **3.** "Servir a las mesas" (Hch. 6:2) se refiere a la distribución de comida, *etc.*, a los cristianos pobres. **4.** Tanto el tabernáculo como el templo contaban con varias mesas.

**Mesa para el pan de la proposición.** Los doce panes sin levadura, consagrados, se colocaban sobre una mesa en el lugar santo en el tabernáculo y en el templo (Ex. 25:30; Lv. 24:5-9.)

**Mesac.** Nombre babilónico dado a Misael, príncipe de Judá y compañero de Daniel (Dn. 1:3-7; 3:14; 3:30.)

**Mesec** *(alto)* **1.** Hijo de Jafet (Gn. 10:2; 1 Cr. 1:5.) **2.** Nieto de Sem (1 Cr. 1:17); en Gn. 10:23 figura como "Mas". **3.** Descendientes de nº 1 (Ez. 27:13; 32:26; 38:2, 3.) **4.** Tribu mencionada en el Salmo 120:5, que pudiera ser igual a nº 3.

**Meselemías** *(el recompensado por Jehová)* Portero del templo, padre de Zacarías, ( = Selemías nº 1) (1 Cr. 9:21; 26:1, 2, 9.)

**Mesezabeel** *(Dios entrega)* **1.** Antepasado de Mesulam, que ayudó en la restauración del muro de Jerusalén (Neh. 3:4.) **2.** Firmante del pacto de Nehemías (Neh. 10:21.) **3.** Judaíta, padre de Petaías nº 4 (Neh. 11:24.)

**Mesías** *(ungido)* El significado del hebreo *másíah* y del griego *Cristo* es "el ungido". En el A. T. se aplica el vocablo a profetas, sacerdotes y reyes, los cuales eran consagrados con aceite. La expresión "el ungido de Jehová" y su equivalente, no se utiliza como una designación técnica del Mesías, sino que se refiere al rey de la línea de David que reinaba en Jerusalén y que fue ungido por Jehová valiéndose del sacerdote. Con la posible excepción de Daniel 9:25, 26 el título de "Mesías" como referencia al rey escatológico de Israel, no ocurre en el A. T. En ese sentido aparece más tarde en el N. T. donde casi siempre es apodado "el Cristo". El A. T. pinta al Mesías como uno que pondrá fin al pecado y a la guerra e introducirá la justicia universal, y por su muerte hará una expiación vicaria para la salvación de los pecadores. El concepto neotestamentario del Mesías surge directamente de la enseñanza del A. T. Jesús de Nazaret es el Mesías; Jesús afirmó que lo era y la afirmación y pretensión fue reconocida por sus discípulos (Lc. 4:18, 19; Hch. 4:27; 10:38.)

**Mesilemit** *(recompensa)* = Mesilemot nº 2 (1 Cr. 9:12.)

**Mesilemot** *(recompensa)* **1.** Padre de Berequías (2 Cr. 28:12.) **2.** Sacerdote, ascendiente de Amasai nº 4 ( = Mesilemit de 1 Cr. 9:12.)

**Mesobab** *(restaurado)* Descendiente de Simeón (1 Cr. 4:34.)

**Mesobaíta.** Sobrenombre de Jaasiel nº 1, nombre de un lugar totalmente desconocido (1 Cr. 11:47.)

**Mesón.** Casa pública donde por dinero se da albergue a viajeros, caballerías y carruajes. Los mesones, en el alcance moderno que se da a la palabra, no eran muy necesarios en la antigüedad, dado que los viajeros hallaban que la hospitalidad era la regla (Gn. 42:27; 43:21; Lc. 2:7; 10:34.) A veces no pasaban de ser refugios para hombres y bestias, si bien muchas veces estaban fuertemente fortificados.

**Mesonero** (Ver Oficios y Profesiones)

**Mesopotamia** *(entre los ríos)* Area comprendida entre el Tigris y el Éufrates, región que en el idioma hebreo toma los nombres de Aram, Aram-naharaim o Padan-aram; se extendía a lo que hoy es la moderna Irak (Gn. 24:10; Dt. 23:4; Jue. 3:8-11; 1 Cr. 19:6; Hch. 2:9; 7:2.)

**Mesulam** *(reconciliado)* **1.** Abuelo de Safán nº 1 (2 R. 22:3.) **2.** Hijo de Zorobabel (1 Cr. 3:19.) **3.** Importante gadita (1 Cr. 5:13.) **4.** Jefe benjamita (1 Cr. 8:17.) **5.** Padre de Salú nº 1 (1 Cr. 9:7.) **6.** Benjamita de Jerusalén, ascendiente de nº 5 (1 Cr. 9:8.) **7.** Sacerdote, hijo de Sadoc nº 3 (1 Cr. 9:11; Neh. 11:11.) **8.** Ascendiente de Adaía nº 3 (1 Cr. 9:12.) **9.** Levita coraíta, contemporáneo del rey Josías (2 Cr. 34:12.) **10.** Israelita que volvió con Esdras y actuaba como mensajero (Esd. 8:16.) **11.** Levita que se opuso a Esdras en el problema de divorciarse de las esposas extranjeras (Esd. 10:15.) **12.** Uno de los que se casaron con mujeres extranjeras (posiblemente = nº 1), (Esd. 10:29.) **13.** Hijo de Berequías nº 6; ayudó a reconstruir el muro de Jerusalén (Neh. 3:4, 30; 6:18.) **14.** Uno que restauró la Puerta vieja de Jerusalén (Neh. 3:6.) **15.** Uno que ayudó a Esdras en la lectura de la ley (Neh. 8:4.) **16.** Uno de los firmantes del pacto de Nehemías (Neh. 10:7.) **17.** Otro de los firmantes del pacto de Nehemías (Esd. 10:20.) **18.** Benjamita, padre de Salú nº 1, (Neh. 11:7.) **19.** Sacerdote en tiempo de Joiacim (Neh. 12:13.) **20.** Otro sacerdote en tiempo de Joiacim (Neh. 12:16.) **21.** Portero en tiempo de Joiacim (Neh. 12:25.) **22.** Príncipe de Judá en tiempo de Nehemías (Neh. 12:33.)

**Mesulemet** *(reconciliada)* Esposa de Manasés y madre de Amón, reyes de Judá (2 R. 21:19.)

**Meta.** Fin al que se dirigen las acciones o deseos de una persona (Fil. 3:14.)

**Metales** (Ver Minerales)

**Meteg-ama** *(la brida de la metrópoli)* Localidad que David tomó de los filisteos (2 S. 8:1.)

**Metusael** *(hombre de Dios)* Hijo de Mehujael y padre de Lamec nº 1 (Gn. 4:18.)

**Meunim** *(el pueblo de Maón)* Padre de una familia de netineos ( = Mehunim) (Esd. 2:50), que vivían en una localidad árabe cerca de Petra y que 1 Cr. 4:41 traduce "tiendas y cabañas".

**Mezaab.** Abuelo de Mehetabel (Gn. 36:39; 1 Cr. 1:50.)

**Mezcla.** Substancia utilizada para unir las piedras o ladrillos al construir una pared. A veces se utilizaba asfalto, barro o arcilla (Gn. 11:3; Ez. 13:10, 11, 14, 15; Nah. 3:14.)

**Mezcla de naciones.** Expresión utilizada por Jeremías (25:20) para la mezcla de sangres de algunos de los enemigos de Israel. En ese sentido también habla Jer. 50:37 pero se traduce como "el pueblo que está en medio de ella". Es la misma expresión que en Ex. 12:38 se traduce por "toda clase de gente" y se refiere a los no israelitas que salieron de Egipto juntamente con los hebreos.

**Mibhar** *(elección)* Uno de los 30 valientes de David (1 Cr. 11:38.)

**Mibsam** *(dulce fragancia)* 1. Patriarca ismaelita (Gn. 25:13; 1 Cr. 1:29.) 2. Descendiente de Simeón (1 Cr. 4:25.)

**Mibzar** *(una fortaleza)* Jefe edomita, descendiente de Esaú (Gn. 36:42; 1 Cr. 1:53.)

**Micael** *(¿quién como Dios?)* 1. Padre de Setur (Nm. 13:13.) 2. Nombre de dos gaditas (1 Cr. 5:13, 14.) 3. Gersonita (1 Cr. 6:40.) 4. Un jefe de Isacar (1 Cr. 7:3.) 5. Un benjamita (1 Cr. 8:16.) 6. Guerrero manasita que se unió a David en Siclag (1 Cr. 12:20.) 7. Padre de Omri, de la tribu de Isacar (1 Cr. 27:18.) 8. Hijo del rey Josafat (2 Cr. 21:2.) 9. Padre de Zebadías nº 7 (Esd. 8:8.)

**Micaía** *(¿quién como Jehová?)* Efrateo cuya madre hizo una imagen y consiguió un sacerdote; tanto la imagen como el sacerdote fueron posteriormente robados por los danitas (Jue. 17, 18.) 2. Hijo de Mefi-boset nº 1 (= Merib-baal), (2 S. 9:12; 1 Cr. 8:34, 35; 9:40, 41.) 3. Rubenita (1 Cr. 5:5.) 4. Padre de Matatías nº 2 (1 Cr. 9:15.) 5. Padre de Metanías nº 7 (Neh. 11:17, 22.) 6. Levita contemporáneo de David (1 Cr. 23:20; 24:24, 25.) 7. Padre de Abdón nº 5 (= Micaías nº 2) (2 Cr. 34:20.) 8. Firmante del pacto de Nehemías (Neh. 10:11.)

**Micaías** *(¿quién como Jehová?)* 1.

Profeta que vivió en Samaria alrededor del año 900 a. C. en tiempo del rey Acab y que predijo la muerte de ese rey (1 R. 22; 2 Cr. 18.) 2. Padre de Acbor nº 2 (= Micaía nº 7), (2 R. 22:12.) 3. Madre de Abías, rey de Judá e hija de Uriel de Gabaa (2 Cr. 13:2.) 4. Príncipe de Judá, enviado del rey Josafat (2 Cr. 17:7.) 5. Ascendiente de Zacarías nº 28, en tiempo de Nehemías (Neh. 12:35.) 6. Sacerdote en tiempo de Nehemías (Neh. 12:41.) 7. Abuelo del escriba Safán, contemporáneo del profeta Jeremías (Jer. 36:11-13.)

**Mical.** Contracción de Micael. Hija del rey Saúl y esposa del rey David. Se burló de David cuando éste danzó delante del Señor (1 S. 14:49; 18:20, 27, 28; 19:11-17; 25:44; 2 S. 3:13, 14; 6:16, 20, 21, 23; 21:8; 1 Cr. 15:29.)

**Miclot** *(varas)* 1. Benjamita (1 Cr. 8:32; 9:37, 38.) 2. Oficial del ejército de David (1 Cr. 27:4.)

**Micmas** *(lugar oculto)* Lugar en Benjamín, a 12 kilómetros al NE. de Jerusalén; allí triunfó Jonatán contra los filisteos (1 S. 13, 14; Esd. 2:27; Neh. 11:31; Is. 10:28.)

**Micmetat** *(guarida)* 1. Lugar en la frontera de Efraín (Jos. 16:6.)

**Micnías** *(posesión de Dios)* Levita, músico del templo, contemporáneo de David (1 Cr. 15:18, 21.)

**Micri** *(mi precio)* Benjamita (1 Cr. 9:8.)

**Mictam.** Palabra de significado incierto que aparece en el título de los salmos 16, 56, 57, 58, 59, 60.

**Midín** *(medidas)* Ciudad de Judea, en el desierto, inmediatamente al O. del mar Muerto (Jos. 15:61.)

**Miedo.** Perturbación angustiosa del ánimo por un riesgo o mal que realmente amenaza o que la imaginación finge (Gn. 3:10; Ex. 2:14; Jue. 9:21.) Puede ser una aprensión ante el accionar del maligno o un temor reverencial ante la autoridad. Los discípulos tuvieron miedo del Señor cuando lo vieron caminar sobre las aguas, pues creyeron que era un fantasma (Mt. 14:26); el "temor de Jehová" (Pr. 9:10) es reverencia que corresponde a Dios.

**Miel.** Alimento común en Palestina (2

S. 17:29); se la encontraba en las hendiduras de las rocas (Dt. 32:12; Sal. 81:16) y en la tierra (1 S. 14:25-27.) Conformaba un modelo de comparación de las cosas placenteras (Cnt. 4:11; 5:1; Pr. 16:24; 5:3; Ez. 3:3.)

**Miembro.** Las distintas partes del cuerpo. Componente de una institución (Mt. 5:29; Mr. 15:43; Stg. 3:5.)

**Migdal-edar** *(torre del rebaño)* Torre, entre Belén y Hebrón, cerca del lugar donde acampó Jacob cuando volvía a Canaán (Gn. 35:21.)

**Migdal-el.** Ciudad fortificada en Neftalí (Jos. 19:38.)

**Migdal-gad** *(torre de Gad)* Aldea en Judá, aproximadamente a 38 kilómetros al O. de Hebrón (Jos. 15:37.)

**Migdol** *(torre)* **1.** Lugar en el desierto donde acamparon los israelitas (Ex. 14:2; Nm. 33:7.) **2.** Lugar el N. de Egipto donde muchos judíos practicaban la idolatría (Jer. 44:1-14; 46:14.)

**Migrón** *(precipicio)* Población de Benjamín (1 S. 14:2; Is. 10:28.)

**Miguel** *(¿quién como Dios?)* Arcángel cuya principal responsabilidad pareciera haber sido el cuidado del pueblo judío y que luchó contra el mismo Satanás (Jud. 9.)

**Mijamín** *(afortunado)* **1.** Sacerdote en tiempo de David (1 Cr. 24:9.) **2.** Israelita que se divorció de su esposa extranjera (Esd. 10:25.) **3.** Sacerdote, firmante del pacto de Nehemías (Neh. 10:7.) **4.** Sacerdote que regresó del exilio con Zorobabel (Neh. 12:5.)

**Mil.** Esta palabra se aplica muchas veces en forma simbólica en la Biblia. En el A. T. puede significar "muchos" (1 S. 21:11; 2 Cr. 15:11); también puede significar "familias" (Nm. 10:4.)

**Milagros.** Literalmente un acontecimiento que provoca estupor. En la teología cristiana un milagro es: **1.** Un suceso extraordinario, que no puede explicarse en términos de fuerzas naturales ordinarias. **2.** Un acontecimiento que hace que los observadores lo atribuyan a una causa sobrehumana. **3.** Un suceso que provoca consecuencias que superan al acontecimiento mismo. Los milagros tuvieron por propósito la revelación y la edificación (Jn. 20:31.) A los milagros se los reconoce por fe como provenientes de Dios. Rebasan las leyes conocidas (Jn. 4:48; Hch. 2:19; 2 Co. 12:12.)

**Milalai.** Levita, músico en tiempo de Nehemías (Neh. 12:36.)

**Milano** (Ver Aves)

**Milca** *(consejo)* **1.** Hija de Harán, mujer de Nacor, hermana de Lot (Gn. 11:29; 22:20.) **2.** Hija de Zelofehad (Nm. 26:33; 36:11.)

**Milcom.** Se trata ya sea de un ídolo de los moabitas (1 R. 11:5; Sof. 1:5) o de su rey (Jer. 49:1), o de ambos.

**Milenio.** Vocablo latino para expresar "mil años". Proviene de Ap. 20:1-15, donde la expresión se repite seis veces. Se refiere a un período cuando Cristo gobernará en la tierra y Satanás estará atado.

**Mileto.** Ciudad y puerto jónico, a 58 kilómetros al S. de Efeso. Durante siglos fue una gran potencia marítima a la que visitó Pablo (Hch. 20:15; 2 Ti. 4:20.)

**Milo** *(terraplén, ciudadela, elevación)* **1.** Antigua fortificación dentro o cerca de Siquem (Jue. 9:6, 20.) **2.** Fortificación de Jerusalén, inmediatamente al N. del monte de Sion (2 S. 5:9; 1 R. 9:15, 24; 11:27; 1 Cr. 11:8; 2 Cr. 32:5.)

**Milla** (Ver Pesas y Medidas)

**Millo.** Mijo; planta gramínea. Semilla de esta planta (Ez. 4:9.)

**Mimbre.** Varita correosa y flexible que produce la mimbrera (Jue. 16:7-9.)

**Mina** (Ver Pesas y Medidas)

**Minas, minería.** Antiquísima ocupación del hombre; a ello se refiere Job 28:1-11; Dt. 8:9; 1 R. 7:13-50.

**Minerales de la Biblia.** La ciencia de la mineralogía es de reciente data y no existía en la antigüedad. Resulta imposible saber con certeza si un mineral citado en la Biblia significa la misma cosa de acuerdo a la moderna mineralogía. La Biblia menciona los siguientes minerales: I. *Piedras preciosas: ágata* (Ex. 28:19); *amatista* (Ex. 39:12); *ámbar*

(Ez. 1:4; 8:2, R-V, ed. 1909); *bedelio* (Nm. 11:7); *berilo* (Dn. 10:6); *calcedonia* (Ap. 21:19, R-V, ed. 1909); *carbunclo* (Is. 54:11); *coral* (Job 28:18); *cornalina* (Ap. 4:3); *cornerina* (Ez. 28:13); *crisólido* (Ez. 28:13); *crisopraso* (Ap. 21:20); *cristal* (Ez. 1:22); *diamante* (Zac. 7:12); *esmeralda* (Ex. 28:18); *jacinto* (Est. 1:6); *jaspe* (Ez. 28:13); *ónice* (1 Cr. 29:2); *ópalo* (Ex. 28:19, BJ); *perla* (1 Ti. 2:9); *rubí* (Ez. 27:16); *sárdica* (Ex. 28:17); *sardio* (Ex. 39:10); *sardónica* (Ap. 21:20, R-V ed. 1909); *topacio* (Job 28:19); *zafiro* (Is. 54:11.) II. *METALES: bronce* (Gn. 4:22); *cobre* (Mt. 10:9); *estaño* (Nm. 31:22); *hierro* (Pr. 27:17); *mercurio* (azogue), traducido por "escoria" en el Salmo 119:119; *oro* (Hch. 3:6); *plata* (Dt. 7:25); *plomo* (Zac. 5:7, 8.) III. MINERALES *COMUNES: agua* (Jn. 4:14); *alabastro* (Mr. 14:3); *azufre* (Gn. 19:24); *mármol* (Cnt. 5:15); *pedernal* (Dt. 32:13); *salitre* (Jer. 2:22, BJ.)

**Miniamín. 1.** Levita (2 Cr. 31:15.) **2.** Cabeza de una familia de sacerdotes en tiempo de Nehemías (Neh. 12:17.) **3.** Sacerdote en tiempo de Nehemías (Neh. 12:41.)

**Ministro. 1.** Persona que ejecuta lo que otra persona quiere o dispone. En esta acepción se confunde con servidor, como en el caso de Josué con respecto de Moisés (Ex. 24:13; Jos. 1:1); no es un cargo servil ni pagado. **2.** Persona al servicio del Estado o de Dios, como los sacerdotes y levitas (Ex. 28:43; Nm. 3:31), o como Pablo que predicaba el evangelio a los gentiles (Ro. 15:16.) **3.** El representante y siervo de un amo; se aplica especialmente al ministro de Dios en el Evangelio (1 Ts. 3:2; Ef. 6:21.)

**Mini.** Reino al noroeste de Asiria, que con el tiempo llegó a ser lo que conocemos como Armenia (Jer. 51:27.)

**Minit** *(porción)* Localidad de los amonitas (Jue. 11:33; Ez. 27:17.)

**Miqueas** *(¿quién como Jehová?)* **1.** Profeta meresetita que profetizó en los reinados de Jotam, Acaz y Ezequías (Jer. 26:18; Mi. 1:1.) **2.**

Israelita de la tribu de Simeón (Judit 6:15.)

**Miqueas, Libro de** (Ver Libro de Miqueas)

**Mira.** Ciudad y puerto de Licia (Hch. 27:5.)

**Mirma** *(fraude)* Benjamita (1 Cr. 8:10.)

**Mirra** (Ver Plantas)

**Mirto** (Ver Plantas)

**Misael** *(¿quién como Dios?)* **1.** Primo de Moisés y de Aarón (Ex. 6:22; Lv. 10:4.) **2.** Uno que ayudó a Esdras en la lectura de la ley (Neh. 8:4.) **3.** Príncipe de Judá, compañero de Daniel (= Mesec), llevado cautivo por Nabucodonosor (Dn. 1:6, 7; 3:19-30.)

**Misam.** Benjamita, hijo de Elpaal (1 Cr. 8:12.)

**Miseal.** Ciudad levítica en la frontera de Aser (Jos. 19:26; 21:30), de localización desconocida.

**Misericordia.** Amabilidad, entrañas, benignidad, compasión. **1.** Clemencia para no castigar al enemigo o al delincuente. **2.** Compasión que obliga a ayudar al débil, al enfermo o al pobre (Mt. 5:7; Stg. 2:1-13.) Es uno de los atributos de Dios y una de las virtudes del hombre (Ex. 15:13; Sal. 103:8; Zac. 7:9; Jud. 2.)

**Misgab** *(lugar elevado)* Localidad en Moab (Jer. 48:1.)

**Misia.** Región situada al extremo noroeste del Asia Menor, limitada al N. por la Propontis (mar de Mármara); al E. por Bitinia; al S. por Lidia y al O. por el mar Egeo. En el año 153 a. C. cayó en poder de los romanos y entró a formar parte de la provincia del Asia. Pablo pasó por ahí (Hch. 16:7, 8.)

**Misma. 1.** Hijo de Ismael (Gn. 25:14; 1 Cr. 1:30.) **2.** Simeonita (1 Cr. 4:25, 26.)

**Mismana** *(gordura)* Guerrero gadita (1 Cr. 12:10.)

**Mispar** *(número)* Uno que regresó del exilio con Zorobabel (Esd. 2:2.)

**Misperet** *(número)* Uno que regresó del exilio (Esd. 7:7.)

**Misraíta** *(termas)* Una familia de Quiriat-jearim, en Judá (1 Cr. 2:53.)

**Misrefot-maim.** *(termas)* Lugar cerca de Tiro y Sidón (Jos. 11:8; 13:6.)

**Misterio.** Una verdad divina que

estuvo escondida pero es revelada en el evangelio (Ro. 16:25, 26; Ef. 1:9; 3:3, 5, 10; 6:19.)

**Mitca** *(dulzura)* Lugar donde acampó Israel en el desierto (Nm. 33:28.)

**Mitilene.** Principal ciudad en la isla de Lesbos en el mar Egeo (Hch. 20:14.)

**Mitnita.** Patronímico de Josafat nº 5 (1 Cr. 11:43.)

**Mitra** (Ver Vestido; también Sacerdocio)

**Mitraísmo.** Culto a Mitras, dios-sol persa, que halló amplia difusión en el Imperio Romano en el primer siglo de la era cristiana.

**Mitrídates** *(dado por Mitras)* **1.** Tesorero del rey Ciro (Esd. 1:8.) **2.** Funcionario persa, en Samaria, que escribió al rey Artajerjes calumniando a los judíos (Esd. 4:7.)

**Miza** *(terror)* Jefe edomita, nieto de Esaú (Gn. 36:13, 17.)

**Mizar** *(pequeño)* Monte en la región del Monte Hermón (Sal. 42:6.)

**Mizpa** *(atalaya)* **1.** Majano erigido por Jacob en Galaad como testimonio del pacto concertado con Labán; también recibió el nombre de "Mizpa" porque vigilaría el cumplimiento del pacto (Gn. 31:44-49.) **2.** Región no identificada mencionada en Jos. 11:3 y 11:8. **3.** Ciudad en Judá (Jos. 15:38.) **4.** Ciudad en Benjamín (Jos. 18:26; Jer. 40:6; Os. 5:1.) **5.** Ciudad en Moab (1 S. 22:3.)

**Mizraim.** Hijo de Cam (Gn. 10:6, 13; 1 Cr. 1:8, 11.) Progenitor de los egipcios, pueblos del N. de Africa y pueblos camíticos de Canaán.

**Mnasón.** "Discípulo antiguo". Cristiano chipriota que poseía una casa en Jerusalén (Hch. 21:16.)

**Moab** *(simiente)* **1.** Nieto de Lot (Gn. 19:37.) **2.** La nación que formó su descendencia, o su territorio, al E. del Jordán (Nm. 21:13-15); impidieron el paso de los israelitas en su viaje a Canaán (Jue. 11:17, 18); enviaron a Balaam a maldecir a Israel (Nm. 22-24); David los sometió (2 S. 8:2, 12; 1 Cr. 18:2, 11.) Los profetas los denunciaron (Is. 15-16; Jer. 9:26; Ez. 25:8-11; Am. 2:1; Sof. 2:8-11.) Rut era una moabita (Rt. 1:4.)

**Moabita.** Descendiente de Moab (Gn. 19:30; Dt. 2:11; Neh. 13:1.)

**Moadías.** Familia sacerdotal en tiempo de Joiacim (Neh. 12:17.)

**Mochuelo** (Ver Aves)

**Moisés** *(rescatado)* Líder hebreo, libertador de la esclavitud de su pueblo, legislador, hombre de estado y profeta. Las fechas exactas que se suceden en la vida de Moisés dependen, naturalmente, de la fecha del éxodo que algunos eruditos fijan hacia el año 1440 a. C. y otros hacia el 1225 a. C. Nació en Egipto, de padres hebreos; salvado de la muerte y adoptado por la hija del Faraón (Ex. 2:1-10); educado en Egipto (Hch. 7:22); obligado a huir se instaló en Madián, donde se casó con Séfora, hija de Jetro (Ex. 2:11-25); 40 años después fue llamado por Dios para ser el líder de Israel (Ex. 3, 4); sacó a los israelitas de Egipto y los guió hasta el Sinaí, donde les entregó la ley (Ex. 5-25); a continuación dirigió a los israelitas en una deambulación de 40 años en el desierto; Aarón y María lo enfrentaron (Nm. 12); también lo enfrentaron Coré, Datán y Abiram (Nm. 16); pecó en Meriba (Dt. 32:51); murió en el Monte Nebo (Dt. 34.) El N. T. le atribuye la paternidad literaria del Pentateuco (Hch. 3:22; He. 3.)

**Moisés, Asunción de** (Ver Asunción de Moisés)

**Moisés, Ley de** (Ver Ley)

**Mojón.** Señal permanente que se pone para fijar los linderos de heredades, términos y fronteras. Unas veces los límites se marcaban con megalitos y otras con montones de piedras sueltas. **1.** Mojones (Dt. 19:14, BJ.) **2.** Frontera (Nm. 34:3.) **3.** Límite (Dt. 3:16.) **4.** Heredad (Jos. 13:28.) **5.** Territorio (Is. 10:13.) **6.** País (Ex. 10:14.) **7.** Lindero (Pr. 22:28.) El retirar los mojones les estaba prohibido a los israelitas (Dt. 27:17.)

**Molada** *(nacimiento)* Ciudad en Simeón, aproximadamente a 16 kilómetros al E. de Beerseba (Jos. 15:26; 1 Cr. 4:28; Neh. 11:26.)

**Molduras.** Partes salientes, de perfil uniforme, que sirven para adornar obras de arquitectura, carpintería y otras artes. En la Biblia (Ex. 27:10, 11; 38:10-19) eran las varillas, entre las columnas, que sostenían las cortinas del tabernáculo.

**Moler.** Pulverizar el grano entre dos piedras de molino (Mt. 24:41; Lc. 17:35.)

**Molid** *(engendrador)* Judaíta (1 Cr. 2:29.)

**Molino.** Artefacto que sirve para moler los granos -trigo, cebada, avena, centeno- transformándolos en harina. Se los hacía de dos piedras o muelas, la superior de las cuales giraba sobre la inferior y el grano se molía entre ambas (Ex. 11:5; Nm. 11:8; Dt. 24:6; Jue. 9:53; Is. 47:2; Mt. 18:6.)

**Moloc.** Dios pagano adorado principalmente por los amonitas, quienes le sacrificaban niños; les estaba prohibido a los israelitas que lo adoraran (Lv. 18:21; 20:1-5); Salomón erigió altares a su culto para sus esposas paganas (1 R. 11:7); Manasés erigió un santuario en el valle del Hinom (2 Cr. 33:6); Josías lo abolió (2 R. 23:10); el profeta Jeremías lo denunció (Jer. 7:29-34; 19:1-3.)

**Momias, momificación** (Ver Embalsamar)

**Mondadura.** Desperdicio de las cosas que se descortezan (Gn. 30:37.)

**Moneda** (Ver Dinero)

**Monos** (Ver Animales)

**Monoteísmo** (un dios) Creencia que hay un solo Dios.

**Monstruo** (Ver Animales)

**Monstruos marinos.** Grandes peces del mar (Gn. 1:21; Job 7:12.)

**Monte, montaña, montañosa.** Gran parte de Palestina es montañosa. El sistema del Líbano comienza en el extremo NE. del Mediterráneo y se extiende a todo lo largo de Palestina. Las montañas más altas están en Siria, al N. de Palestina (aproximadamente 330 metros sobre el nivel del mar.) En la antigüedad la gente consideraba las montañas como lugares sagrados. En la Biblia las montañas simbolizan la eternidad (Gn. 49:26), la fuerza y la estabilidad; a veces el orgullo (Is. 2:14) y el reino mesiánico (Is. 2:2.)

**Monte de Efraín.** Región montañosa de Efraín (Jos. 17:15.)

**Monte de las bienaventuranzas.** Lugar donde Cristo predicó su famoso sermón (Mt. 5-7) y cuya ubicación exacta se desconoce.

**Monte de los olivos.** Serranía al oriente de Jerusalén, de aproximadamente 1 kilómetro de largo y cuatro puntos culminantes tras el valle de Josafat, por el cual corre el río Cedrón. En sus laderas se levantan las localidades de Getsemaní, Betfagé y Betania (2 S. 15:30; Zac. 14:4; Mt. 21:1; 24:3; 26:30; Mr. 11:1; 13:3; 14:26; Lc. 19:29, 37; 22:39; Jn. 8:1; Hch. 1:12.)

**Monte de la cuarentena.** Según la tradición, el monte donde Satanás tentó a Jesús para que lo adorara (Mt. 4:8-10); Tell es-Sultán, a la corta distancia al O. del Jericó del A. T.

**Monte de Parán.** Pico no identificado en Parán (Dt. 33:2; Hab. 3:3.)

**Morada.** Casa o habitación (Gn. 36:43; Ex. 15:15; Pr. 3:33; Jn. 14:2.)

**More** *(maestro)* 1. Encina o encinar cerca de Siquem (Gn. 12:6; Dt. 11:30.) 2. Collado cerca del valle de Jezreel (Jue. 7:1.)

**Moreset, Moreset-gat** *(posesión de Gat)* Localidad a 8 kilómetros al O. de Gat, en la Sefelá (Jer. 26:18; Mi. 1:1, 14.)

**Moríah.** Sitio donde fue Abraham para ofrecer a Isaac en sacrificio (Gn. 22:2.) Salomón edificó el templo en el monte Moríah (2 Cr. 3:1.)

**Mortal, mortalidad.** Mortales son los seres sujetos a morir (Ro. 8:11; 1 Co. 15:53, 54.)

**Mortero.** Vasija de piedra utilizada para machacar semillas con un mango y transformarlas en harina (Nm. 11:8; 2 Cr. 24:14; Pr. 27:22.)

**Mosa** *(amanecer)* 1. Hijo de Caleb (1 Cr. 2:46.) 2. Descendiente del rey Saúl (1 Cr. 8:36, 37; 9:42, 43.)

**Mosaico.** Dibujo o diseño hecho de pequeños trozos de mármol o piedra caliza de diversos colores o de piedras semipreciosas que se unen con mezcla en el piso, en una pared o en el cielo raso, y que relatan una historia o simplemente una decoración.

**Mosca** (Ver Insectos)

**Mosera** *(ataduras)* Lugar donde acampó Israel en el desierto (Dt. 10:6.)

**Moserot** *(cadenas)* Campamento de Israel en el desierto (Nm. 33:30.)

**Mosquito** (Ver Insectos)

**Mostaza** (Ver Plantas)

**Mozah** *(fuente)* Ciudad en Benjamín, de ubicación desconocida (Jos. 18:26.)

**Mudez** (Ver Enfermedades)

**Muebles.** Enseres, efectos o alhajas que sirven para la comodidad o adorno de una casa (Lv. 15:22; 15:26; Nm. 19:18; Neh. 13:8.) En la Biblia la principal referencia a muebles, en forma taxativa, es con respecto a los del tabernáculo y los del templo. El común de la gente contaba con muy pocos muebles; los reyes contaban con camas (Dt. 3:11) y mesas (Jue. 1:7.)

**Muerte.** Es la cesación o término de la vida natural (Gn. 25:11; Lv. 16:1; Dt. 34:5; Mt. 8:22; 15:37; abandono que del cuerpo hace el espíritu (2 Ti. 4:6), dejando a un lado el cuerpo (1 Co. 5:1); inevitable (Jos. 23:14.) En el sentido espiritual la muerte es la separación de Dios (Lc. 1:79; 1 Jn. 3:14.) Tanto el justo como el impío se perpetúan para siempre: el justo para disfrutar eternamente (Is. 35:10; 45:17; Dn. 7:14; 12:2; Ap. 7:17), el impío para sufrir el tormento eterno (Jer. 20:11; Dn. 12:2; Mt. 25:46; Mr. 3:29; 2 Ts. 1:9; Jud. 7.) La Biblia no nos enseña que los impíos serán aniquilados. Jesús conquistó la muerte y quitó su aguijón (Jn. 5:24; 1 Co. 15:53-57; 1 Jn. 5:12; Ap. 1:18.) La segunda muerte es la separación definitiva de Dios (Ap. 20:6, 14.)

**Mujer.** Creada por Dios como ayuda idónea del hombre (Gn. 2:18-20.) En el A. T. aparece como una trabajadora infatigable; su principal función en la época veterotestamentaria era la de esposa y madre; la legislación hebrea la protegía (Dt. 15:21; 23:17; 24:1-5, 17); Jesús demostró su simpatía por la mujer (Mt. 9:18-26; Lc. 10:38-42); las mujeres ocuparon un lugar prominente en la iglesia primitiva como profetisas, diaconisas, maestras y colaboradoras con los apóstoles; fue una mujer la primera convertida en Europa (Hch. 16:13-15.)

**Mula** (Ver Animales)

**Muladar, Puerta del.** Puerta en el muro de Jerusalén, que da al valle de Hinom, donde se arrojaba la basura (Neh. 3:14.)

**Multitud.** Número elevado de personas o cosas (Gn. 16:10; Ap. 7:9.)

**Mundo. 1.** Universo (Jn. 1:10.) **2.** La raza humana (Sal. 9:8; 96:13; Hch. 17:31.) **3.** La humanidad irredenta (Jn. 15:18; 1 Jn. 2:15.) **4.** El Imperio Romano (Lc. 2:1.)

**Mupim.** Hijo o descendiente de Benjamín (Gn. 46:21.) En Nm. 26:39 figura como Sufam, y como Supim en 1 Cr. 7:12, 15. Sefufán de 1 Cr. 8:5 bien podría ser la misma persona.

**Murciélago** (Ver Animales)

**Muro.** En el Oriente las casas se hacían de adobe; la piedra se utilizaba poco; las ciudades antiguas contaban con enormes muros defensivos que las rodeaban totalmente. Símbolo de verdad y de fuerza (Jer. 15:20), de protección (Zac. 2:5), de salvación (Is. 26:1.)

**Musi.** Levita, hijo de Merari (Ex. 6:19; Nm. 3:20; 26:58; 1 Cr. 6:19, 47; 23:21, 23.)

**Música.** Existió desde la más remota antigüedad (Gn. 4:21); se la ejecuta en diversas ocasiones: fiestas (2 S. 19:35), casamientos (Jer. 7:34), funerales (Mt. 9:23.) David organizó el sagrado coro levítico (1 Cr. 6:31-48; 2 Cr. 29:25), y lo continuaron los reyes subsiguientes. *Instrumentos: arpa* (Gn. 4:21); *bocina* (1 Cr. 15:28); *campanillas* (Zac. 14:20); *címbalos* (Sal. 150:5); *cítara* (1 Co. 14:7); *corneta* (2 R. 9:3); *cuerdas* (Sal. 150:4); *decacordio* (Sal. 33:2); *flauta* (Gn. 4:21); *lira* (arpas); *órgano* (Gn. 4:21, R-V, ed. 1909); *pandero* (Ex. 15:20); *salterio* (Dn. 3:5); *tamboril* (Is. 5:12); *trompeta* (Lv. 23:24.) *MELODÍA.* Dulzura del sonido de un instrumento musical cuando se toca (Is. 23:16.)

**Himno.** Canto de alabanza. La música y los himnos juegan un papel importante en la vida cristiana (Hch.

16:25; Ef. 5:19; Col. 3:16.)

**Musita.** Descendiente de Musi (Nm. 3:33; 26:58.)

**Muslo.** El colocar la mano en el muslo de otro significa formalizar solemnemente un juramento o un pacto (Gn. 24:2, 9; 47:29.)

**Mutilación.** Circuncisión exclusivamente ceremonial carente de significación espiritual (Fil. 3:2.)

**Mut-labén.** Expresión de dudoso significado; probablemente nombre de la tonada con que se cantaba el Salmo 9 (Título del Salmo 9.)

**Naalal.** Ciudad levítica en Zabulón (Jos. 19:15.)

**Naam** *(agradable)* Hijo de Caleb (1 Cr. 4:15.)

**Naama** *(agradable)* 1. Hija de Lamec y Zila (Gn. 4:22.) 2. Aldea en Judá, lugar no identificado (Jos. 15:41.) 3. Esposa de Salomón, madre del rey Roboam (1 R. 14:21, 31; 2 Cr. 12:13.)

**Naamán** *(agradable)* 1. Nieto de Benjamín (posiblemente = nº 2), (Gn. 46:21); progenitor de los naamitas (Nm. 26:40.) 2. Hijo de Bela (Nm. 26:40; 1 Cr. 8:4.) 3. General del ejército de Siria, del rey Ben-adad, a quien Eliseo curó de su lepra (2 R. 5:1-27; Lc. 4:27.) 4. Descendiente de Benjamín (1 Cr. 8:7.)

**Naamatita.** Sobrenombre de Zofar (Job 2:11; 11:1; 20:1; 42:9.)

**Naamita.** Descendiente de Naamán nº 2 (Nm. 26:40.)

**Naara** *(una muchacha)* Mujer de Asur nº 2 (1 Cr. 4:5, 6.)

**Naarai.** Hijo de Ezbai, uno de los 30 valientes de David ( = Paarai), (1 Cr. 11:37.)

**Naarán.** Localidad de Efraín, al N. de Jericó (1 Cr. 7:28.)

**Naarat.** Ciudad cerca de Jericó (Jos. 16:7.)

**Naasón.** Príncipe de la tribu de Judá (Nm. 1:7; 2:3; 7:12; 10:14.) Su hermana Elisabet se casó con Aarón (Ex. 6:23.) Figura en la genealogía de Jesús (Mt. 1:4; Lc. 3:32.)

**Nabal** *(estúpido)* Rico hacendado de Maón en Judá, que insultó a David. Su esposa Abigail lo salvó de la venganza de David y después de la muerte de Nabal, Abigail se casó con David (1 S. 25:1-42; 2 S. 2:2.)

**Nabat.** Padre de Jeroboam nº 1 (1 R. 11:26; 2 Cr. 10:15.)

**Nabateos.** Tribu árabe que figura en los apócrifos (1 Mac. 9:35.) Su rey, Aretas IV, controlaba Damasco cuando Pablo estuvo allí (2 Co. 11:32.) Su capital era Petra.

**Nabonid.** Último soberano del imperio neo-babilónico (556-539 a. C.); su hijo, Belsasar (Dn. 5; 7:1; 8:1) fue su co-regente desde el tercer año de su reinado.

**Nabopolasar** *(Nabu proteja al hijo)* Primer gobernante del Imperio neo-babilónico, 626-605 a. C., fundador de la dinastía caldea y padre de Nabucodonosor. En el año 614 a. C. se alió a Ciaxares, rey de los medos y a los escitas, y se apoderaron de Nínive en el año 612 a. C., destruyéndola tal cual lo profetizó Sofonías (Sof. 2:13-15.)

**Nabot** *(crecer, brotar)* Israelita cuya viña obtuvo el rey valiéndose de malas artes y de un fraude ideado por Jezabel (1 R. 21:1-24.)

**Nabucodonosor** *(Nebo: protege la frontera)* 1. Gobernante de la cuarta dinastía del Antiguo Imperio babilónico (hacia 1140 a. C.) 2. Gobernante del Imperio neo-babilónico (605-562 a. C.); hijo de Nabopolasar; derrotó al Faraón Necao en Carquemis (605 a. C.); destruyó Jerusalén y llevó cautivos a los israelitas (587 a. C.), (2 R. 25:1-21); le sucedió en el trono su hijo Evil-merodac. Se lo menciona numerosas veces en el A. T. (1 Cr. 6:15; 2 Cr. 36; Esd. 1:7; 2:1; 5:12, 14; 6:5; Neh. 7:6; Est. 2:6; Jer. 21:2; 52:4; Ez. 26:7; Dn. 1-5.)

**Nabusazbán** *(Nebo, sálvame)* Principal eunuco de Nabucodonosor (Jer. 39:9.)

**Nabuzaradán.** *(Nebo ha dado simiente)* General de Nabucodonosor cuando los babilonios sitiaron a

Jerusalén (2 R. 25:8, 11, 12, 20); condujo cautivos a Babilonia a los judíos (Jer. 39:9.)

**Nacimiento.** Levítico 12 explica las ceremonias relacionadas con el nacimiento.

**Nación.** Generalmente significa "los gentiles" (Ex. 34:24; Is. 43:9; Jer. 10:1-25); unas pocas veces significa los israelitas (Gn. 12:2; Dt. 32:28.)

**Nacón.** Benjamita en cuya casa murió Uza por haber tocado el arca (2 S. 6:6.)

**Nacor. 1.** Hijo de Serug y padre de Taré (Gn. 11:22.) **2.** Hijo de Taré y hermano de Abraham (Gn. 11:26; Jos. 24:2.)

**Nadab. 1.** Hijo de Aarón (Ex. 6:23); acompañó a Moisés cuando subió al Monte Sinaí (Ex. 24:1, 2, 9-15); sacerdote (Ex. 28:1); él y su hermano Abiú ofrecieron fuego extraño sobre el altar y fueron muertos (Lv. 10:1-7; Nm. 3:4; 26:61.) **2.** Segundo rey de Israel; hijo y sucesor de Jeroboam; malvado, asesinado por Baasa, quien le sucedió en el trono (1 R. 14:20; 15:28.) **3.** Descendiente de Judá, bisnieto de Jerameel (1 Cr. 2:26, 28, 20.) **4.** Benjamita, hermano de Cis, padre del rey Saúl (1 Cr. 8:30; 9:36.)

**Nafis. 1.** Undécimo hijo de Ismael (Gn. 25:15; 1 Cr. 1:31.) **2.** Tribu descendiente de n° 1 (1 Cr. 5:19.)

**Naftuhim.** Antigua tribu en Egipto (Gn. 10:13; 1 Cr. 1:11.)

**Nagai.** Ascendiente de Jesucristo (Lc. 3:25.)

**Nahaliel.** Lugar donde acampó Israel, entre Matana y Bamot (Nm. 21:19.)

**Naham** *(confortable)* Descendiente de Judá, a través de Caleb, cuñado de Hodías n° 1 (1 Cr. 4:19.)

**Nahamani.** Uno que volvió del exilio con Zorobabel (Neh. 7:7.)

**Naharai.** Beerotita, escudero de Joab (2 S. 23:37; 1 Cr. 11:39.)

**Nahas** *(serpiente)* **1.** Rey amonita, derrotado por Saúl (1 S. 11:1; 12:12.) **2.** Rey amonita, amigo de David, cuyo hijo insultó a los mensajeros de David y David vengó la afrenta (2 S. 10; 1 Cr. 19.) **3.** Padre de Abigail n° 2 (2 S. 17:25.) **4.** Ciudad de Judá o Benjamín, fundada por . Tehina (1 Cr. 4:12), de localización desconocida.

**Nahat. 1.** Hijo de Reuel n° 1, nieto de Esaú (Gn. 36:13, 17; 1 Cr. 1:37.) **2.** Levita (1 Cr. 6:26.) **3.** Levita (2 Cr. 31:13.)

**Nahbi.** Representante neftalí de los 12 espías (Nm. 13:14.)

**Nahum** *(compasivo)* **1.** Profeta, natural de Elcos; autor del libro de Nahum; profetizó entre los años 663 y 606 a. C. (Nah. 1:1; 3:8-11.) **2.** Ascendiente de Jesucristo (Lc. 3:25.) El nombre de Nahum es una contracción de Nehemías.

**Nahum, Libro de** (Ver Libro de Nahum)

**Naín.** Ciudad en Galilea (Lc. 7:11.)

**Naiot.** Lugar en o cerca de Ramá de Benjamín, donde vivió Samuel con un grupo de profetas (1 S. 19:18-25; 20:1.)

**Nanea.** Nombre dado en Ur a la diosa-luna Sin. Es la deidad que visitó Antíoco por lo cual halló la muerte (2 Mac. 1:13-16.)

**Narciso.** Cristiano romano, amigo de Pablo a quien el apóstol saludó haciendo extensivos sus saludos a los miembros de su familia (Ro. 16:11.)

**Nardo** (Ver Plantas)

**Nariz.** Debido a que la nariz o, mejor dicho, las ventanas de la nariz tiemblan cuando una persona se enoja, en algunos pasajes el vocablo original "nariz" ha sido traducido por "ira", como en Gn. 27:45 y Ex. 32:19.

**Natán** *(Dios ha dado)* **1.** Hijo de David y ascendiente de Jesucristo (2 S. 5:14; 1 Cr. 3:5; 14:4; Zac. 12:12.) **2.** Profeta durante los reinados de David y de Salomón; le informó a David que no sería él sino Salomón quien construiría el templo (2 S. 7; 1 Cr. 17); reprendió a David por el pecado cometido con Betsabé (2 S. 12:1-25); ayudó a obtener el trono para Salomón (1 R. 1:8-53); escribió las crónicas del reinado de David (1 Cr. 29:29) y de Salomón (2 Cr. 9:29); junto con David dispuso los arreglos necesarios para los servicios musicales para la casa de Dios (2 Cr.

29:25.) **3.** Padre de Igal nº 2 (2 S. 23:36.) **4.** Padre de Azarías nº 2 (1 R. 4:5.) **5.** Padre de Zabud nº 1 (1 R. 4:5.) **6.** Judaíta (1 Cr. 2:36.) **7.** Hermano de Joel nº 7 (1 Cr. 11:38.) **8.** Israelita que regresó del exilio, enviado de Esdras (Esd. 8:16.) **9.** Uno que despidió a su mujer extranjera en tiempo de Esdras (Esd. 10:39.)

**Natanael** *(Dios ha dado)* **1.** Príncipe de la tribu de Isacar (Nm. 1:8; 2:5.) **2.** Hijo de Isaí y hermano de David (1 Cr. 2:14.) **3.** Sacerdote en tiempo de David, tocó la trompeta frente al arca (1 Cr. 15:24.) **4.** Levita, padre de Semaías nº 8 (1 Cr. 24:6.) **5.** Levita, hijo de Obed-edom, portero en el templo (1 Cr. 26:4.) **6.** Príncipe de Judá bajo el rey Josafat (2 Cr. 17:7.) **7.** Adinerado levita en tiempo del rey Josías (2 Cr. 35:9.) **8.** Uno que se divorció de su mujer extranjera (Esd. 10:22.) **9.** Jefe de una casa de sacerdotes en tiempo de Joiacim (Neh. 12:21.) **10.** Sacerdote músico en tiempo de Nehemías (Neh. 12:36.) **11.** Discípulo de Jesús (Jn. 1:45-51; 21:2.) Identificado comúnmente con Bartolomé. Los Padres de la iglesia usaban ambos nombres simultáneamente.

**Natán-melec** *(obsequio del rey)* Eunuco, funcionario del rey Josías (2 R. 23:11.)

**Natural. 1.** Nativo, originario de un pueblo o nación (Ex. 12:19; Nm. 15:30; Hch. 4:36.) **2.** Que le es propio al individuo (Am. 1:11.) **3.** Animal, sensual (Ro. 1:26, 27.) **4.** El inconverso (1 Co. 2:14.) **5.** Rostro que tiene desde el nacimiento (Stg. 1:23.)

**Naturaleza.** Esencia y propiedad característica de cada ser (Ro. 1:26; 2:14; 11:21-24); disposición (1 P. 1:4.)

**Navaja.** A los sacerdotes de Israel les estaba prohibido cortarse la barba (Ex. 21:5.) Los nazareos no podían usar la navaja en tanto durase su voto (Nm. 6:5.)

**Nave** (Ver Barcos)

**Navidad.** Aniversario y observancia del nacimiento de Cristo; la mayoría de los protestantes y católicos romanos la celebran el 25 de diciembre; los ortodoxos orientales el 6 de enero; la iglesia armenia al 19 de enero. La primera mención de su observancia en la fecha del 25 de diciembre data de la época de Constantino, hacia el año 325 d. C. No se sabe con exactitud la fecha del nacimiento de Cristo. No hay seguridad en cuanto a si los primitivos cristianos pensaron u observaron la Navidad; pero una vez que se introdujo se esparció de inmediato por toda la cristiandad. Algunas denominaciones cristianas se oponen a su celebración.

**Nazareato** *(consagrado)* Institución religiosa hebrea que consistía en el voto de un hombre o de una mujer de consagrarse a Dios, con el propósito de un servicio especial. El voto de nazareato incluía la abstención de toda bebida alcohólica, de cortarse el cabello y evitar todo contacto impuro, especialmente el contacto de los cadáveres. La duración del voto oscilaba entre 30 días y toda una vida (Nm. 6:4, 5, 8, 12, 13, 21.)

**Nazareno. 1.** Habitante de Nazaret (Mt. 2:23; Mr. 1:24; Hch. 2:22.) **2.** A los primitivos cristianos se los llamaba "nazarenos" (Hch. 24:5.)

**Nazareo.** Que ha hecho voto de nazareato (Nm. 6:2-21; Jue. 13:5.)

**Nazareo, Decreto** (Ver Decreto nazareo)

**Nazaret.** Ciudad en la baja Galilea, perteneciente a la tribu de Zabulón, hogar de María, José y Jesús (Mt. 4:13; Mr. 1:9; Lc. 1:26; 2:4, 51; 4:16-44.)

**Nea.** Población en la frontera de Zabulón (Jos. 19:13.)

**Neápolis.** Puerto de Macedonia, cerca de Filipos, que Pablo visitó (Hch. 16:11.)

**Nearías. 1.** Descendiente de David (1 Cr. 3:22.) **2.** Descendiente de Simeón (1 Cr. 4:42.)

**Nebai.** Firmante del pacto de Nehemías (Neh. 10:19.)

**Nebaiot. 1.** Primogénito de Ismael (Gn. 25:13; 28:9; 36:3.) **2.** Tribu del N. de Arabia, talvez los nabateos (Is. 60:7.)

**Nebalat.** Pueblo de los benjamitas después del exilio, a 6 kilómetros al NE. de Lida (Neh. 11:34.)

**Nebo. 1.** Ciudad de Moab (Nm. 32:3; 1 Cr. 5:8; Je. 48:1.) **2.** Monte en Moab desde cuya cima Moisés contempló la Tierra Prometida (Dt. 32:49; 34:1ss.) **3.** Población repoblada después del exilio, posiblemente = Nob (Esd. 2:29; Neh. 7:33.) Ubicación no identificada. **4.** Dios babilónico de la ciencia y del conocimiento (Is. 46:1.)

**Necao.** Faraón egipcio (609-595 a. C.); derrotó al rey Josías en la batalla de Meguido (2 R. 23:29; 2 Cr. 35:20ss.); fue derrotado por Nabucodonosor en la batalla de Carquemis (2 R. 24:7.)

**Necio.** Imprudente, ignorante o falto de razón (Sal. 14:1; Pr. 8:5; Ef. 5:5.) El término se usa en forma despectiva (Mt. 5:22.) En la Biblia tiene una connotación más bien de orgullo y soberbia que de deficiencia mental, como sería el de tonto (Ec. 10:14; Pr. 1:32; Mt. 23:19.)

**Necoda.** Padre de una familia de netineos que no pudieron demostrar su linaje hebreo (Esd. 2:60; Neh. 7:62.)

**Nedabías.** Descendiente de David (1 Cr. 3:18.)

**Nefeg** *(brote)* **1.** Hijo de Izhar, hermano de Coré y Zicri (Ex. 6:21.) **2.** Hijo de David (2 S. 5:15; 1 Cr. 3:7; 14:6.)

**Nefilim.** Sustantivo plural hebreo que suele traducirse por "gigantes" en Gn. 6:4, como personajes antediluvianos y en Nm. 13:32, 33 y Dt. 1:28 como moradores de Canaán.

**Nefisesim.** Ascendiente de una familia de netineos ( = Nefusim), (Neh. 7:52.)

**Neftalí. 1.** Segundo hijo de Bilha, esclava de Raquel, y sexto en la lista de los hijos de Jacob (Gn. 30:8.) **2.** Su posteridad, la tribu de Neftalí, asentada al N. de Palestina (Jos. 19:32-39.) Hogar de Barac (Jue. 4:6); uno de los distritos administrativos del rey Salomón (1 R. 4:15); fue conquistada por Ben-adad (1 R. 15:20; 2 R. 15:29.)

**Neftoa** *(una abertura)* Manantial y población en la frontera entre Judá y Benjamín (Jos. 15:9; 18:15),

aproximadamente a tres kilómetros al NO. de Jerusalén.

**Nefusim.** Ascendiente de una familia de netineos ( = Nefisemim), (Esdras 2:50.)

**Neginot.** "Instrumentos de cuerda", palabra que aparece en el título de los salmos 4, 6, 54, 55, 61, 67, 76.

**Negligente.** Descuidado, omiso, falto de aplicación (Jos. 18:3; Esd. 4:22; Mt. 25:26.)

**Negociante** (Ver Oficios y Profesiones)

**Negocios** (Ver Transacciones comerciales y viajes)

**Neguev** *(seco, árido)* Región desértica, de límites indefinidos, en el S. de Judea, entre Palestina y Egipto (Gn. 12:9; Nm. 13:17; Dt. 1:7; 2 S. 24:7; 2 Cr. 28:18.)

**Nehelam.** Pueblo del falso profeta Semaías (Jer. 29:24, 31, 32.)

**Nehemías** *(Jehová consoló)* **1.** Líder de los judíos que volvieron del exilio con Zorobabel (Esd. 2:2; Neh. 7:7.) **2.** Hijo de Hacalías; gobernador de la provincia persa de Uda después del año 444 a. C.; copero del rey de Persia (Neh. 1:11; 2:1); reedificó el muro de Jerusalén (Neh. 1-4; 6); cooperó con Esdras en numerosas reformas (Neh 8); nada se sabe sobre el final de su vida. **3.** Hijo de Azbuc que ayudó en la restauración del muro de Jerusalén (Neh. 3:16.)

**Nehemías, Libro de** (Ver Libro de Nehemías)

**Nehilot.** Término musical que aparece en el Salmo 5. Pudiera significar "instrumento de viento".

**Nehum.** Jefe de Judá entre los que regresaron del exilio con Zorobabel ( = Rehum nº 1), (Neh. 7:7.)

**Nehusta.** Madre del rey Joaquín de Judá (2 R. 24:8.)

**Nehustán** *(cosa de bronce)* Nombre dado por el rey Ezequías a la serpiente de bronce que destruyó (2 R. 18:4.)

**Nemuel. 1.** Rubenita, hermano de Datán y Abiram (Nm. 26:9.) **2.** Hijo de Simeón ( = Jemuel), (Nm. 26:12; 1 Cr. 4:24.)

**Nemuelita.** Descendiente de Nemuel nº 2 (Nm. 26:12.)

**Ner** *(lámpara)* **1.** Padre de Abner (1

S. 14:50; 26:14.) **2.** Abuelo del rey Saúl (1 Cr. 8:33.)

**Nereo.** Cristiano romano saludado por Pablo (Ro. 16:15.)

**Nergal-sarezer.** Yerno de Nabucodonosor (Jer. 39:3-13.)

**Neri.** Ascendiente de Jesucristo (Lc. 3:27.)

**Nerías** *(cuya lámpara es Jehová)* Padre de Baruc, el ayudante de Jeremías el profeta (Jer. 32:12, 16; 36:4.)

**Nerón.** Quinto emperador romano (54-68 d. C.); mató a muchísimos cristianos después del incendio de Roma en el año 64 d. C.; llamado "César" en Hechos 25:11 y Filipenses 4:22.

**Netanías** *(a quien entregó Jehová)* **1.** Padre de Ismael nº 2, quien asesinó a Gedalías (Jer. 40:8; 41:18.) **2.** Levita, director del canto (1 Cr. 25:2, 12.) **3.** Levita, siervo del rey Josafat (2 Cr. 17:8.) **4.** Padre de Jehudí (Jer. 36:14.)

**Netineos** *(entregados)* Sirvientes que ejecutaban tareas de menor jerarquía en el templo (1 Cr. 9:2; Esd. 2:43-58; Neh. 7:46); descendían, probablemente, de los madianitas (Nm. 31:47), de los gabaonitas (Jos. 9:23) y de otros cautivos. Figuran generalmente entre los sacerdotes, levitas, cantores y porteros (Esd. 2:70.)

**Netofa.** Aldea en Judá, cerca de Belén, a 5 kilómetros al S. de Jerusalén (Esd. 2:22; Neh. 7:26.)

**Netofatita.** Habitante de Netofa (2 S. 23:28; Jer. 40:8.)

**Nezías** *(sincero)* Padre de una familia de netineos cuyos descendientes regresaron de la cautividad (Esd. 2:54; Neh. 7:56.)

**Nezib.** Aldea en Judá, aproximadamente a 16 kilómetros al NO. de Hebrón (Jos. 15:43.)

**Nibhaz.** Dios de los aveos (2 R. 17:31.)

**Nibsán.** Aldea en el S. de Judá (Jos. 15:62.)

**Nicanor.** Uno de los siete diáconos

elegidos por la iglesia apostólica (Hch. 6:5.)

**Nicodemo** *(vencedor del pueblo)* Fariseo; sanedrita, príncipe de los judíos; visitó a Jesús de noche, para hablar con él (Jn. 3); habló favorablemente de Jesús, ante el Sanedrín (Jn. 7:45-52); llevó especies aromáticas al entierro de Jesús (Jn. 19:39-42.)

**Nicolaíta.** Discípulo de un Nicolás no identificado (Ap. 2:6, 15.)

**Nicolás** *(conquistador de la gente)* Prosélito de Antioquía, uno de los siete diáconos elegidos por la iglesia apostólica (Hch. 6:5.)

**Nicópolis** *(ciudad de la victoria)* Ciudad de Epiro, junto al golfo de Arta, fundada por Octavio (Tit. 3:12.)

**Nido.** Especie de lecho que forman las aves con hierbecillas, pajas, plumas, para poner sus huevos y criar los pollos (Nm. 24:21; Pr. 27:8; Ez. 31:6; Mt. 8:20.) Les estaba prohibido a los israelitas molestar en su nido a las aves que estuvieran empollando o que tuvieran pollos (Dt. 22:6.)

**Nieve.** Cae en las regiones elevadas de Palestina durante los meses de enero y febrero, pero se derrite de inmediato; el monte Hermón está cubierto de nieves eternas; se la utiliza para enfriar. Y en sentido figurado como símbolo de pureza y de justicia (Sal. 51:7; Is. 1:18; Mt. 28:3; Ap. 1:14.)

**Niger** *(negro)* Uno del grupo de profetas y maestros en la iglesia de Antioquía ( = Simón nº 11) (Hch. 13:1.)

**Nigromancia.** Arte de adivinar el futuro evocando a los muertos. La ley mosaica lo prohibía terminantemente (Dt. 18:10, 11); el rey Saúl consultó con la pitonisa de Endor (1 S. 28:7-25.)

**Nilo.** Principal río de Egipto y de toda África, de una longitud de 6.500 kilómetros; comienza en el Lago Victoria y fluye en dirección N. hacia el Mediterráneo; las crecidas anuales depositan en las orillas del río ricos sedimentos que hacen del N. de Egipto una de las regiones más fértiles del mundo. A

Moisés lo echaron al Nilo en una arquilla de juncos; una de las 10 plagas de Egipto fue transformar las aguas del Nilo en sangre (Ex. 7:20, 21); en sus riberas crecen las cañas de papiro del cual se obtienen los famosos papiros (Is. 23:3; Jer. 2:18; Ez. 29:3; Nah. 3:8.)

**Nimra** *(agua que fluye)* Ciudad en Galaad, aproximadamente a 16 kilómetros de Jericó ( = Bet-nimra), (Nm. 32:3.)

**Nimrim.** Lugar en Moab, probablemente al SE. del Mar Muerto (Is. 15:6; Jer. 48:34.)

**Nimrod.** Hijo de Cus nº 2; cazador, gobernante, constructor; fundó Nínive y reinos de Sinar (Gn. 10:8, 9; 1 Cr. 1:10; Mi. 5:6.)

**Nimrud.** La antigua Cala, en Asiria, fundada por Nimrod (Ver Cala)

**Nimsi.** Padre o abuelo del rey Jehú (1 R. 19:16; 2 R. 9:2, 14.)

**Ninfas.** Cristiana en Laodicea, saludada por Pablo (Col. 4:15.)

**Nínive.** Antiquísima ciudad fundada por Nimrod (Gn. 10:11, 12) sobre las riberas del Tigris; durante muchos años capital del imperio asirio; los reyes que la fortificaron y hermosearon fueron Senaquerib, Asarhaddón y Asurbanipal; los babilonios, los escitas y los medos la destruyeron en el año 612 a. C.; los arqueólogos han descubierto grandes tesoros entre sus ruinas.

**Ninivita.** Habitante de Nínive (Pr. 29:21; 2 Ti. 3:15.)

**Niño, niños, niñez** (Ver hijo)

**Nisán.** Primer mes del año en el calendario hebreo ( = Abib)

**Nisroc.** Dios de la Mesopotamia, adorado en Nínive, en cuyo templo fue asesinado Senaquerib (2 R. 19:37; Is. 37:38.)

**No** *(ciudad del dios Amón)* Ciudad capital del Alto Egipto, aproximadamente a 650 kilómetros al S. de El Cairo. El nombre hebreo completo es No-amón. Desde la XVIII dinastía se llamó TEBAS, cuando se convirtió en capital del imperio egipcio (Jer. 36:25.)

**Noa.** Hija de Zelofehad (Nm. 26:33; 27:1; 36:11; Jos. 17:3.)

**Noadías** *(con quien se encuentra Jehová)* **1.** Levita que retornó a

Jerusalén después del exilio (Esd. 8:33.) **2.** Falsa profetisa que se opuso a Nehemías y trató de aterrorizarlo (Neh. 1:14.)

**Nob.** Ciudad de sacerdotes en Benjamín, cerca de Jerusalén (Is. 10:32.) A ella huyó David; Saúl la destruyó porque sus habitantes fueron hospitalarios con David (1 S. 21:1.)

**Noba** *(ladrillo)* **1.** Militar de la tribu de Manasés que arrebató Kenat de los amorreos (Nm. 32:42.) **2.** Ciudad en Galaad conquistada por nº 1 ( = Kenat), (Nm. 32:42.) **3.** Ciudad al oriente de Galaad, donde Gedeón derrotó a los madianitas (Jue. 8:11.)

**Noble.** Dícese de la persona que por su ilustre nacimiento o por gracia del príncipe usa algún título del reino (Jue. 5:13; Lc. 19:12.)

**Noche** (Ver Tiempo)

**Nod** *(deambular)* Región al E. del Edén, donde habitó Caín (Gn. 4:16.)

**Nodab.** Tribu de árabes, probablemente ismaelitas, al E. del Jordán (1 Cr. 5:19.)

**Nodriza** (Ver Oficios y Profesiones)

**Noé** *(descanso)* Hijo de Lamec (Gn. 5:28, 29); un hombre justo en medio de una generación corrompida (Gn. 6:8, 9; 7:1; Ez. 14:14); a lo largo de 120 años advirtió a la gente sobre el diluvio (Gn. 6:3); edificó un arca (Gn. 6:12-22); se salvó del diluvio juntamente con su esposa y su familia y con animales y aves de toda especie (Gn. 7; 8); repobló la tierra (Gn. 9:10); vivió 950 años. El N. T. cita a Noé (Mt. 24:37, 38; Lc. 3:36; 17:26, 27; He. 11:7; 1 P. 3:20; 2 P. 2:5.)

**Noemí** *(dulzura mía)* Esposa de Elimelec de Belén; suegra de Rut (Rt. 1:1-4:22.)

**Nofa.** Población en Moab (Nm. 21:30.)

**Noga** *(brillantez)* Hijo de David (1 Cr. 3:7; 14:6.)

**Nogal** (Ver Plantas)

**Noha** *(descanso)* Hijo de Benjamín (1 Cr. 8:2.)

**Nombres.** Los nombres de Dios revelan su naturaleza y sus atributos (Ex. 3:13-15; 33:19; Sal. 8:1; 1 Ti. 6:1.) En el A. T. eran comunes los nombres compuestos con la partícula El (Dios) o Jeho-, -iah (Jehová). Al Mesías se le dieron nombres muy significativos: *Emanuel (Dios con nosotros); Jesús (Salvador)*. En el nombre de Cristo se obraron milagros (Hch. 3:16.) En el período patriarcal los nombres indicaban el carácter, la función o el destino de las personas. En la época neotestamentaria eran comunes los nombres personales y de familia, o se les agregaba frases descriptivas.

**Norte.** Casi siempre uno de los cuatro puntos cardinales; pero con frecuencia para señalar un país o región en particular, especialmente Asiria o Babilonia (Jer. 3:18; 46:6; Ez. 26:7.)

**Novia, novio** (Ver Casamiento)

**Nube, Columna de** (Ver Columna de Nube y de Fuego)

**Nube, nublado.** La mayoría de las veces las nubes en la Biblia son metafóricas o figuradas, y simbolizan alguna calamidad (Ez. 30:3), peligro (Is. 44:22), misterio (Job 3:5), presencia de Dios (Is. 19:1), *etc.*

**Nueva Jerusalén.** Ciudad de Dios a que hace referencia Ap. 3:12 y Ap. 21:2, que baja desde el cielo de Dios. Gálatas 4:26 describe la Nueva Jerusalén como la madre de los creyentes.

**Nuevo nacimiento.** El comienzo de la vida espiritual de un creyente (Jn. 3:3, 5, 6; 2 Co. 5:17; 1 P. 1:23.) (Ver Regeneración)

**Nuevo Testamento.** Colección de 27 documentos que la iglesia considera inspirados y con autoridad, que consiste en cuatro Evangelios, Hechos de los Apóstoles, 21 epístolas y el libro de Apocalipsis. Todos fueron escritos en el período apostólico, sea por los apóstoles o por hombres íntimamente vinculados a ellos. Los Evangelios relatan la historia de la venida del Mesías, segunda persona de la Trinidad, para ser el Salvador del mundo; los Hechos de los Apóstoles describen el comienzo y crecimiento de la iglesia; las epístolas ponen de relieve la significación de la persona y de la obra de Cristo; en tanto que el Apocalipsis habla de la consumación de todas las cosas en Jesucristo. La formación del canon del Nuevo Testamento fue un proceso gradual, en el que intervino el Espíritu Santo, manifestándose en la iglesia y guiándola a fin de que reconociera y escogiera esos libros cristianos que Dios quería que formasen la contraparte cristiana del Antiguo Testamento judío. A fines del siglo IV el Nuevo Testamento estaba prácticamente concluido.

**Números.** Los hebreos no representaban los números por medio de signos. Escribían todo el número con letras; desde el siglo II a. C. representaron los números con letras del alfabeto hebreo. Los números se aplicaron simbólicamente muchas veces; algunos tenían un significado religioso especial (Gn. 2:2; Ex. 20:3-17; Dt. 6:4.) De particular importancia y significación eran los números 1, 3, 7, 10, 12, 40, 70, 666 y 1.000.

**Números, Libro de** (Ver Libro de Números)

**Nun.** Padre de Josué nº 1 (Ex. 33:11.)

**Obadías** *(siervo de Jehová)* **1.** Jefe de la tribu de Isacar (1 Cr. 7:3.) **2.** Hijo de Azel (1 Cr. 8:38; 9:44.) **3.** Levita que regresó del exilio ( = Abda nº 2), (1 Cr. 9:16.) **4.** Gadita, oficial del ejército de David (1 Cr. 12:9.) **5.** Sacerdote que regresó del exilio con Esdras (Esd. 8:9.) **6.** Sacerdote firmante del pacto de Nehemías (Neh. 10:5.) **7.** Portero del templo de Jerusalén, en tiempo de Joiacim (Neh. 12:25.)

**Obal.** Hijo de Joctán ( = Ebal nº 3), (Gn. 10:28.)

**Obed** *(adorador)* **1.** Hijo de Booz y Rut, abuelo de David (Rt. 4:17, 21, 22; Mt. 1:5; Lc. 3:32.) **2.** Descendiente de Judá (1 Cr. 2:37, 38.) **3.** Uno de los valientes de David (1 Cr. 11:47.) **4.** Levita, portero en el templo de Salomón (1 Cr. 26:7.) **5.** Padre de Azarías nº 10 (2 Cr. 15:18.) **6.** Padre de Azarías nº 12, capitán que ayudó a coronar rey a Joás (2 Cr. 23:1.) **7.** Profeta en tiempo de Peka, rey de Judá (2 Cr. 28:9.)

**Obed-edom** *(uno que sirve a Dios)* **1.** Geteo en cuya casa dejó David el arca durante tres meses (2 S. 6:10-12.) **2.** Levita, músico en el tabernáculo (1 Cr. 15:18-24.) **3.** Hijo de Jedutún, portero del tabernáculo (1 Cr. 16:38.) **4.** Tesorero del templo (1 Cr. 26:15.) **5.** Tesorero del templo en tiempo de Amasías, rey de Judá (2 Cr. 25:24.)

**Obediencia.** La obediencia a Dios es la suprema prueba de la fe (1 S. 28:18.) A lo largo de la Biblia la fe y la obediencia van estrechamente unidas (Gn. 22:18; Ro. 1:5; 1 P. 1:14.) Cristo mismo obedeció al Padre (Fil. 2:8.) Los hijos deben obedecer a sus padres (Col. 3:20); los cristianos deben obedecer a las autoridades del Estado (Ro. 13:1-7.)

**Obil** *(camellero)* Ismaelita, mayordomo de David, encargado de sus camellos (1 Cr. 27:30.)

**Obispo** *(sobreveedor)* Igual que anciano o presbítero (Tit. 1:5-7; 1 Ti. 3:2); un sobreveedor (Hch. 20:17, 28; 1 P. 5:2); uno que preside (Ro. 12:8.)

**Oblación.** Ofrenda y sacrificio que se hace a Dios (Lv. 2:1; Is. 19:21.)

**Obot** *(odres de agua)* Lugar donde acampó Israel al E. de Moab (Nm. 21:10; 33:43.)

**Obra** (Ver Labor)

**Ocozías** *(Jehová agarró)* **1.** Hijo de Acab y de Jezabel; octavo rey de Israel. Reinó del 851 al 850 a. C. Fue un idólatra al igual que sus padres (1 R. 22:51-53; 2 R. 1:1-16.) **2.** Hijo de Joram y de Atalía. Fue el sexto rey de Judá en la dividida monarquía y su reinado duró solamente 1 año, el 843 a. C. (2 Cr. 22:2.) Anduvo en todas las idolatrías de la casa de Acab (2 Cr. 21:5-20.)

**Ocrán.** Padre de Pagiel, príncipe de Aser (Nm. 1:13; 7:72.)

**Odre** (Ver Botella)

**Oeste** *(occidente)* Punto cardinal del horizonte por donde se pone el sol. (Dt. 3:27; Jos. 18:14; 1 R. 4:24.)

**Ofel** *(cerro)* Barrio de Jerusalén, extremo S. del cerro del templo (2 Cr. 33:14; Neh. 3:26, 27.)

**Ofensa.** La Biblia aplica esta palabra con diversas connotaciones: herir, dañar, maltratar; como ocasión de pecar, tropezadero, infracción a la ley, pecado, transgresión; estar ofendido.

**Oficial.** Rango administrativo o jerarquía en las fuerzas armadas (Gn. 37:36; Jer. 52:25; Jn. 4:46.)

**Oficios y profesiones.** *Adivino* (Zac.

10:2); *administrador* (1 Co. 4:1); *agorero* (Mi. 5:12); *agricultor* (agricultura) (2 Cr. 26:10); *aguador* (Jos. 9:21); *albañil* (Am. 7:7); *alfarero* (Lm. 4:2); *alguacil* (Mt. 5:25); *arpista* (Ap. 14:2); *arquitecto* (He. 11:10); *arriero* (Job 39:7); *artesano* (Jer. 24:1); *astrólogo* (Dn. 1:20); *atalaya* (Ez. 33:2); *autor* (Pr. 30:1); *aya* (Rt. 4:16); *ayo* (Gá. 3:24); *barbero* (Ez. 5:1); *calafateador* (Ez. 27:27); *calderero* (2 Ti. 4:14); *camarero* (Jer. 51:59); *cambista* (Mt. 21:12); *canciller* (Esd. 4:8); *cantero* (2 S. 5:11); *cantor* (Hab. 3:19); *capataz* (Neh. 11:16); *carcelero* (Hch. 16:23); *carnicero* (1 Co. 10:25); *carpintero* (Mt. 13:55); *cazador* (Gn. 10:9); *centurión* (Hch. 10:1); *cobrador* (Dn. 11:20); *cocinero* (1 S. 8:13); *cochero* (2 Cr. 18:33); *comerciante* (Ez. 17:4); *comisario* (Ex. 1:11); *consejero* (Esd. 4:5); *consolador* (Lm. 1:21); *constructor* (He. 11:10); *copero* (Gn. 40:1); *cortador* (1 R. 5:15); *criada* (Gn. 12:6); *criado* (Nm. 22:22); *cronista* (2 S. 8:16); *cuadrillero* (Ex. 5:6); *curador* (Gá. 4:2); *curtidor* (Hch. 9:43); *doctor de la ley* (Lc. 2:46); *encantador* (Lv. 20:6); *endechador* (Ec. 12:5); *enmaderador* (Neh. 2:8); *enseñador* (Job 36:22); *esclavo* (Lv. 22:11); *escriba* (Mt. 2:4); *escribano* (Est. 3:12); *escribiente* (Sal. 45:1); *escudero* (Jue. 9:54); *esquilador* (1 S. 25:7); *estercolero* (Lm. 4:5); *exactor* (Ex. 3:7); *fabricador de imágenes* (Is. 45:16); *forjador* (Jl. 3:10); *fundidor* (Jue. 25:12); *ganadero* (Gn. 46:32); *gobernador* (Gn. 41:34); *grabador* (Ex. 28:11); *hechicero* (Ex. 7:11); *herrero* (2 R. 24:14); *hilandero* (Ex. 35:25); *hornero* (Os. 7:4, 6); *hortelano* (Jn. 20:15); *ingeniero* (2 Cr. 26:15); *instructor* (Ro. 2:20); *intendente* (Lc. 8:3); *intérprete* (1 Co. 14:28); *intérprete de la ley* (Lc. 7:30); *juez* (Hch. 13:20); *labrador* (Am. 5:16); *ladrón* (Mt. 6:19); *laminador* (Lv. 8:9); *lancero* (Hch. 23:23); *legislador* (Gn. 49:10); *lavador* (Mal. 3:2); *leñador* (Jos. 9:21); *levita* (Lc. 10:32); *maestresala* (Jn. 2:9); *maestro* (Ro. 2:20); *magistrado* (Hch. 16:20); *mago* (Hch. 13:8);

*marinero* (Jon. 1:5); *mayoral* (Gn. 47:6); *mayordomo* (Rt. 2:5); *médico* (Mr. 5:26); *mendigo* (Lc. 16:20); *mesonero* (Lc. 10:35); *mensajero* (Stg. 2:25); *mercenario* (Jer. 46:21); *músico* (Sal. 68:25); *negociante* (2 Cr. 9:14); *nodriza* (1 Ts. 2:7); *oidor* (Dn. 3:2); *panadero* (Gn. 40:1); *pastor* (Am. 1:1); *perfumador* (1 S. 8:13); *perfumero* (Neh. 3:8); *perfumista* (Ec. 10:1); *pescador* (Lc. 5:2); *piloto* (Ez. 27:27); *plañidera* (Jer. 9:17); *platero* (Hch. 19:24); *portero* (Esd. 2:70); *predicador* (Ec. 1:1); *profeta* (Gn. 20:7); *profetisa* (Lc. 2:36); *publicano* (Mt. 10:3); *rabí* (Mt. 23:7); *ramera* (Gn. 38:15); *recubridor* (Ez. 13:11); *sacerdote* (Hch. 4:23); *sátrapa* (Est. 9:3); *segador* (Rt. 2:3); *sembrador* (Mt. 13:3); *sepulturero* (Ez. 39:15); *servidor* (1 Ts. 3:2); *siervo* (1 Ts. 3:2); (Am. 3:7); *soldado* (1 R. 20:39); *soñador* (Dt. 13:1); *sortílego* (Dt. 18:10); *tañedor* (Sal. 87:7); *tejedor* (Is. 38:12); *tesorero* (Ro. 16:23); *tetrarca* (Hch. 13:1); *traficante* (Stg. 4:13); *trasquilador* (Gn. 38:12); *trasvasador* (Jer. 48:12); *tribuno* (Hch. 21:31); *tutor* (Gá. 4:2); *usurero* (Pr. 29:13); *vendedora* (Hch. 16:14); *vendimiador* (Abd. 5); *verdugo* (Ez. 9:1); *vidente* (1 S. 9:9); *vigilante* (1 R. 9:23); *viñador* (Lc. 13:7); *viñero* (Jl. 1:11.)

**Ofir. 1.** Hijo de Joctán (Gn. 10:29.) **2.** Territorio ocupado por los descendientes de Ofir, en el SO. de Arabia; yacimientos de oro; importante estación intermedia para los barcos de la India que transportaban marfil, monos, papagallos, madera de sándalo (1 R. 10:11; Job 22:24; Sal. 45:9; Is. 13:12.)

**Ofni. 1.** Población en el N. de Samaria, aproximadamente a 4 kilómetros al NO. de Bet-el (Jos. 18:24.) **2.** Indigno hijo de Elí (1 S. 1:3; 2:34.)

**Ofra** *(ciervo)* **1.** Ciudad en Benjamín (= Efrón nº 2 y Efraín nº 2), aproximadamente a 5 kilómetros al NE. de Bet-el (Jos. 18:23; 1 S. 13:17.) **2.** Localidad en Manasés, donde el ángel de Jehová habló con Gedeón (Jue. 6:11, 24; 8:32; 9:5.) **3.** Hijo de Meonotai (1 Cr. 4:14.)

**Ofrenda.** Las normas bíblicas respecto de los diversos tipos de ofrenda surgieron de la necesidad de purificarse del pecado o del deseo del devoto de entrar en 'comunión con Dios. Las ofrendas pertenecían tanto al reino animal como al vegetal. Algunas ofrendas se hacían por el pecado, por actos de transgresión inconsciente, por errores u otras inadvertencias (Lv. 4:1-25; 6:24-30); otras, las de la expiación o restitución, para los casos de ofensas por inadvertencia, juramentos en falso e impropio trato al prójimo y a sus vecinos; las ofrendas de paz simbolizaban una adecuada relación espiritual con Dios. Los holocaustos eran ofrendas y sacrificios especiales, en los que se quemaba todo el animal. La libación consistía en el derramamiento de un líquido, que podía ser agua, vino o aceite. TIPOS DE OFRENDAS: *a Dios* (Mr. 7:11); *a dioses ajenos* (Jer. 7:18); *agradables* (Ro. 15:16); *a Jehová* (Ex. 30:13); *amasada* (Lv. 7:10); *cocida* (Lv. 2:4); *continua* (Nm. 4:6); *de Aarón* (Lv. 6:20); *de acción de gracias* (Jer. 33:11); *de celos* (Nm. 5:15); *de espaldilla elevada* (Lv. 7:34); *de expiación* (Lv. 5:6); *de flor de harina* (Nm. 8:8); *de Jehová* (Nm. 18:28); *de Judá* (Mal. 3:4); *del aceite* (Neh. 10:39); *de la era* (Nm. 15:20); *de la leña* (Neh. 13:31); *de la mañana* (Ex. 29:41); *de la tarde* (2 R. 16:15); *del cuerpo* (He. 10:10); *del grano* (Neh. 10:39); *de los sacerdotes* (Neh. 13:5); *del pueblo* (Ex. 46:24); *del sacrificio* (Lv. 7:29); *del vino* (Neh. 10:39); *de olor grato* (Lv. 3:5); *de oro* (Ex. 35:22); *de paz* (Ex. 20:24); *de primicias* (Lv. 2:12); *de sacerdotes* (Lv. 6:23); *de sartén* (Lv. 2:5); *de vianda* (Lv. 5:13); *encendida* (Ex. 29:25); *en justicia* (Mal. 3:3); *mecida* (Ex. 29:24); *nueva* (Nm. 28:26); *por el pecado* (Ex. 29:14); *quemada* (Ex. 29:18); *que se quema* (Lv. 3:16); *recordatoria* (Nm. 5:18); *santas* (Ez. 42:13); *vana* (Is. 1:13); *voluntaria* (Ex. 35:29); *votivas* (Lv. 21:5.)

**Og.** Rey amorreo en Basán (Dt. 31:4; Jos. 2:10; 1 R. 4:19); era un gigante y fue derrotado por los israelitas (Dt. 1-13.)

**Ohad.** Hijo de Simeón (Gn. 46:10; Ex. 6:15.)

**Ohel** *(tienda)* Hijo de Zorobabel (1 Cr. 3:20.)

**Ojo.** Utilizado en la Biblia en sentido literal y figurado (Ex. 21:26; Sal. 19:8; Ef. 1:18.)

**Ojo de la aguja.** Expresión utilizada por Jesús en Mt. 19:24. Es absurdo pensar que un hombre apegado a sus riquezas pretenda incorporarse al reino de Dios.

**Ojo sincero.** Ojo saludable, con la connotación de generoso (Mt. 6:22, R-V ed. 1909.)

**Ojos, Pintado de los.** Los antiguos se pintaban los ojos para realzar la belleza de los rostros femeninos (Jer. 4:30; Ez. 23:40.)

**Oleo.** Aceite (Est. 2:12; Sal. 133:2; He. 1:9.)

**Olimpas.** Cristiano en Roma a quien Pablo envió sus saludos (Ro. 16:15.)

**Olivo** (Ver Plantas)

**Olivos, Monte de los** (Ver Monte de los Olivos)

**Olmo** (Ver Plantas)

**Olor.** Impresión que los efluvios de los cuerpos producen en el olfato (Gn. 27:27; Ec. 10:1); agradable o desagradable (Gn. 8:21; Lv. 1:9-17); se lo usa con frecuencia en forma figurada (2 Co. 2:14; Ef. 5:2; Fil. 4:18.)

**Olorosa** (Ver Caña olorosa)

**Olla.** Vasija redonda de barro o metal, que comúnmente forma barriga, con cuello y boca anchos, y con una o dos asas, la cual sirve para cocer manjares, calentar agua, *etc.* (Ex. 16:3; Jue. 6:19.)

**Omar.** Jefe edomita, nieto de Esaú (Gn. 36:11, 15.)

**Ombligo.** Cicatriz redonda y arrugada que se forma en medio del vientre, después de romperse y secarse el cordón umbilical (Ez. 16:4.)

**Omega.** Última letra del alfabeto griego (Ap. 1:8, 11; 21:6, 13.)

**Omnisciencia.** Atributo según el cual Dios conoce a la perfección todas las cosas que puedan ser conocidas, tanto pasadas, como presentes, como futuras (Pr. 15:11; Is. 46:10.)

**Omnipotencia.** Atributo de Dios que describe su capacidad de hacer todo aquello que él desea (Gn. 35:11; Job 32:8; Ez. 10:5; Mt. 19:26.)

**Omnipresencia.** Atributo de Dios en virtud del cual el Altísimo llena el universo en todas sus partes y está presente en todo lugar al mismo tiempo (Sal. 139:7-12; Jer. 23:23; Hch. 17:27, 28.)

**Omri. 1.** Sexto rey de Israel (hacia el año 886-874 a. C.), comandante en jefe bajo el reinado de Ela, hijo de Baasa; proclamado rey después del asesinato de Ela; cambió la capital a Samaria; tuvo una mala influencia en el reino (1 R. 16:25, 26.) **2.** Benjamita (1 Cr. 7:8.) **3.** Judaíta (1 Cr. 9:4.) **4.** Príncipe de Isacar en tiempo del rey David (1 Cr. 27:18.)

**On. 1.** Ciudad egipcia en el delta del Nilo, llamada "Heliópolis" (ciudad del sol) por los griegos; es la "Avén" de Ez. 30:17 y la "Bet-semes" de Jer. 43:13. José se casó con Asenat, hija de Potifera, sacerdote de On (Gn. 41:45, 50; 46:20.) Ahí estaba centralizado el culto al dios-sol. **2.** Rubenita que se rebeló contra Moisés (Nm. 16:1.)

**Onam. 1.** Descendiente de Seir, horeo (Gn. 36:23; 1 Cr. 1:40.) **2.** Descendiente de Jerameel, bisnieto de Judá (1 Cr. 2:26, 28.)

**Onán** *(fuerte)* Hijo de Judá; rehusó consumar un matrimonio de levirato y por ello fue muerto (Gn. 38:4-10; Nm. 26:19.)

**Once, Los.** Los once apóstoles que quedaron después de la defección de Judas (Mr. 16:14; Lc. 24:9, 33; Hch. 2:14.)

**Onesíforo** *(beneficioso)* Cristiano efesio que ayudó a Pablo cuando estuvo prisionero en Roma (2 Ti. 1:16; 4:19.)

**Onésimo** *(provechoso)* Esclavo prófugo de Filemón de Colosas; se convirtió al cristianismo por medio de Pablo que escribió la Epístola a Filemón, intercediendo en favor del esclavo (Col. 4:9; Flm. 10.)

**Onice** (Ver Minerales -piedras preciosas-)

**Ono** *(fuerte)* Ciudad en Benjamín, aproximadamente a 10 kilómetros al SE. de Jope (1 Cr. 8:12; Esd. 2:33; Neh. 6:2.)

**Oprobio.** Ignominia, afrenta, deshonra (Lm. 3:45; He. 12:2.)

**Oración.** El hombre necesita de la oración, porque es un ser incurablemente religioso. Es un fenómeno universal; pero si bien la oración no es una práctica exclusivamente cristiana, es en el cristianismo donde más se realiza, porque la vida cristiana es una vida de comunión con Dios. En ninguna otra religión hallamos oraciones como las que fueron elevadas por Moisés, David y Pablo. En la religión bíblica la relación entre Dios y el hombre es genuinamente personal. Algunas cosas ocurren solamente en la medida en que el hombre ora (2 Ti. 2:1-4.) La oración es esencialmente comunión; Dios quiere la comunión del hombre y el hombre necesita la amistad de Dios. Al igual que muchos fenómenos multifacéticos, la oración incluye los siguientes elementos: comunión, adoración, acción de gracias, confesión, petición, intercesión, sumisión. El principal factor o ingrediente de la oración es la actitud.

La posición, el lenguaje, el lugar o la ocasión, carecen de importancia. Es el corazón el que tiene que estar en armonía con Dios. Jesús nos dejó un ejemplo insuperable y perfecto sobre la importancia de la oración en nuestras vidas. Principios reguladores de la oración: de nada vale la oración si no se actúa con fe (Mt. 17:20, 21; He. 11:16); debe ser elevada en el nombre de Jesús (Jn. 14:13; 15:16); de acuerdo a la voluntad de Dios (1 Jn. 5:14, 15); bajo la dirección y la dinámica del Espíritu Santo (Jud. 20); después de haber confesado y renunciado al pecado (Sal. 66:18; Is. 59:1, 2); elevarla con un corazón perdonador (Mt. 6:14, 15); en el contexto de una armoniosa relación a nivel humano (Mt. 5:23, 24; 18:19); con persistencia (Lc. 11:5-8; 18:1-8.) Desde el punto de vista de la responsabilidad humana, la oración es el principal elemento en el programa redentor de Dios (1

Ti. 2:1-4.) Es un pecado descuidar la oración (1 S. 12:23.)

**Oración del Señor, La.** La oración que Jesús enseñó a sus discípulos como modelo de oración (Mt. 6:9-13; Lc. 11:2-4.)

**Oráculo. 1.** Una aseveración de la deidad (2 S. 16:23.) **2.** Emisión de una profecía (Is. 14:28; Ez. 12:10; Nah. 1:1.) **3.** Lugar Santísimo en el templo, según algunas versiones (1 R. 6:5s.)

**Orador.** Persona que habla en público para persuadir a los oyentes o mover su ánimo (Is. 3:3; Hch. 21:1.)

**Orden.** Relación o respecto de una cosa a otra (1 Cr. 15:18); imposición (1 S. 21:8); grado (He. 5:6; 7:11, 21.)

**Ordenación.** Acto por el cual se confiere el ministerio sagrado: diáconos (Hch. 6:6); misioneros (Hch. 13:3); ancianos (Hch. 14:23.) En el A. T. los sacerdotes eran ordenados (Ex. 28:41; 29:9.)

**Oreb** *(cuervo)* **1.** Príncipe madianita ejecutado por Gedeón en la peña de Oreb (Jue. 7:25; 8:13; Sal. 83:11.) **2.** Peña donde mataron a Oreb (Jue. 7:25; Is. 10:26.)

**Oreb, Peña de** (Ver Peña de Oreb)

**Oreja.** Ternilla que en el hombre y muchos animales forma la parte externa del órgano del oído. A los sacerdotes se les untaba el lóbulo de la oreja derecha con sangre, en el acto de la consagración (Ex. 29:20; Lv. 8:24) y a los leprosos en el acto de la purificación (Lv. 14:14.) El horadar la oreja a un esclavo significaba esclavitud permanente (Ex. 21:6; Dt. 15:17.)

**Orén.** Hijo de Jerameel (1 Cr. 2:25.)

**Orfa** *(terquedad)* Mujer moabita con quien se casó Quelión, hijo de Noemí (Rt. 1:4, 14.)

**Órgano** (Ver Música, Instrumentos musicales)

**Orgía.** Extrema intemperancia y lasciva indulgencia, que habitualmente acompaña al culto pagano (Gá. 5:21; 1 P. 4:3.)

**Oriental, Puerta** (Ver Puerta Oriental)

**Oriente** (Ver Este)

**Orilla.** Extremo o remate de cada una de las dos cortinas que cubrían las tablas del tabernáculo (Ex. 26:4; 26:11.)

**Orión** (Ver Astronomía)

**Ornamento.** Adorno, atavío que hace vistosa una cosa. Cualidades y prendas morales de una persona (2 S. 1:24; 2 Cr. 20:21.)

**Ornán.** Jebuseo que vendió su era al rey David ( = Arauna) (1 Cr. 21:15-28; 2 Cr. 3:1.)

**Oro** (Ver Minerales)

**Orontes.** Principal río de Siria, de aproximadamente 650 kilómetros de largo, que nace en la cordillera del antilíbano y corre hacia el N. en la mayor parte de su recorrido.

**Ortiga.** Planta urticácea que segrega un líquido ardiente. En la Biblia tiene numerosas aplicaciones figuradas y otras literales (Pr. 24:31; Is. 34:13; Os. 9:6; Sof. 2:9; Am. 4:9.)

**Oruga.** Larva de los insectos lepidópteros (Sal. 78:46; Jl. 1:4.)

**Osaías** *(Jehová ha salvado)* **1.** Príncipe de Judá que ayudó en la ceremonia de dedicación del muro (Neh. 12:32.) **2.** Padre de Jezanías (Jer. 42:1) o Azarías (Jer. 43:2.)

**Ósculo** (Ver Beso)

**Oscuridad, tinieblas.** Falta de luz y claridad para percibir las cosas. Se utiliza en el Antiguo y Nuevo Testamento, tanto en el sentido literal como figurado; se la asocia con el mal, el peligro, el crimen, el misterio (Ex. 20:21), la ignorancia (Job 37:19) agente de castigo eterno (Mt. 22:13) y ceguera espiritual (Is. 9:2.)

**Oseas** *(salvación)* **1.** = Josué nº 1 (Nm. 13:8, 16.) **2.** Rey de Israel (2 R. 15:30; 17:1-6; 18:1, 9, 10.) **3.** Efrateo, hijo de Azarías, funcionario del rey David (1 Cr. 27:20.) **4.** Firmante del pacto de Nehemías (Neh. 10:23.) **5.** Profeta del siglo VIII a. C. durante los reinados de Uzías, Jotán y Acaz de Judá y de Ezequías y Jeroboam II de Israel (Os. 1:1); contemporáneo de los profetas Isaías, Amós y Miqueas.

**Oseas, Libro de** (Ver Libro de Oseas)

**Oso** (Ver Animales de la Biblia)

**Ostia.** El puerto de Roma, en la desembocadura del Tíber, a 26 kilómetros de esa ciudad.

**Ostraca.** Son los fragmentos de vasijas de barro cocido o tiestos, empleados como material de escritura. Entre las principales *ostracas* que nos ha brindado la arqueología figuran las Cartas de Laquis.

**Otni.** Hijo de Semaías, portero en el templo (1 Cr. 26:7.)

**Otoniel.** Hijo de Cenez y sobrino de Caleb; capturó Debir (Jos. 15:13-19; Jue. 1:11-15); liberó a los israelitas del rey de Mesopotamia (Jue. 3:8-11.)

**Oveja.** Hembra del carnero (Gn. 4:2; Jn. 2:14.) Se usa el término también en sentido figurado (Mt. 9:36; Jn. 10:27.)

**Oveja, Piel de** (Ver Piel de Oveja)

**Ovejas, Puerta de las** (Ver Puerta de las Ovejas)

**Ozem. 1.** Hijo de Isaí, hermano del rey David (1 Cr. 2:15.) **2.** Hijo de Jerameel (1 Cr. 2:25.)

**Ozni.** Hijo de Gad (Nm. 26:16.)

**Oznita.** Descendiente de Ozni (Nm. 26:16.)

**Paarai** *(devoto de Peor)* Uno de los 30 valientes de David ( = Naarai), (2 S. 23:35.)

**Pabellón.** Tienda de campaña en forma de cono, sostenida interiormente por un palo grueso, hincado en el suelo y sujeta al terreno alrededor de la base con cuerdas y estacas (Est. 1:6; Jer. 43:10.)

**Pablo** *(poco, pequeño, insignificante)* Su nombre hebreo era Saulo; por ese nombre se lo conocía hasta su encuentro con Barjesús en la isla de Pafos (Hch. 13:9), después de lo cual se lo conoció siempre como Pablo. Era frecuente que los judíos de la diáspora tuvieran un nombre hebreo y otro romano. *Trasfondo:* judío benjamita (Fil. 3:5); hijo de un fariseo (Hch. 23:6); heredó de su padre la ciudadanía romana (Hch. 22:28); nativo de Tarso (Hch. 21:39); educado en Jerusalén por Gamaliel (Hch. 22:3; 26:4, 5); fabricante de carpas (Hch. 18:3); presenció el apedreamiento de Esteban (Hch. 7:58; 26:10). *Conversión y primeras actividades:* Convertido en el camino a Damasco, hacia donde se dirigía para perseguir cristianos (Hch. 9; 22; 26); predicó a Cristo en Damasco (Hch. 9:20-22); visitó Arabia (Gá. 1:17); huyó a Damasco (Hch. 9:23-25; Gá. 1:17); los cristianos de Jerusalén sospechaban de él (Hch. 9:26-28); enviado a Tarso por los cristianos de Jerusalén (Hch. 9:30); Bernabé lo llevó a Antioquía (Hch. 11:20-26); junto con Bernabé llevó a Jerusalén una ofrenda por el hambre que azotaba la región (Hch. 11:29, 30.) *Viajes misioneros:* La iglesia de Antioquía lo envió a su primer viaje misionero, junto con Bernabé y Marcos (Hch. 13, 14); participó del Concilio de Jerusalén sobre el problema planteado por los judaizantes (Hch. 15); segundo viaje misionero: al Asia Menor, Macedonia y Grecia (Hch. 15:36-18:22); tercer viaje misionero (Hch. 18:23-21:16); arresto y audiencias judiciales en Jerusalén (Hch. 21:17-23:30); encarcelamiento en Cesarea (Hch. 23:31-26:32); enviado a Roma (Hch. 27, 28); encarcelado por lo menos dos años en Roma (Hch. 28:30); librado de la prisión; nuevas actividades misioneras, durante las cuales escribió 1 Timoteo y Tito; segundo encarcelamiento en Roma (2 Timoteo); muerte en Roma, hacia el año 67 d. C. (2 Ti. 1:8, 14.) Autor de por los menos 13 de las epístolas del Nuevo Testamento.

**Paciencia.** Virtud que consiste en sufrir sin perturbación del ánimo los infortunios y trabajos (Lc. 21:19; Ro. 5:3, 4; 9:22.) Es uno de los frutos del Espíritu (Gá. 5:22.)

**Pacto.** Acuerdo mutuo entre dos o más personas para hacer o dejar de hacer ciertos actos; a veces el compromiso es de una de las partes. En la Biblia se considera a Dios como testigo de ese pacto (Gn. 31:50; 1 S. 20:8.) En el Antiguo Testamento figuran tres tipos de pactos. **1.** Un pacto bipartito entre dos personas, según el cual las dos, voluntariamente, aceptan las cláusulas contractuales (1 S. 18:3, 4; Mal. 2:14; Abd. 7.) **2.** Una disposición unipartita impuesta por un superior (Ez. 17:13, 14.) En esta forma de pacto Dios le impone el pacto al hombre y el hombre, el siervo, debe obedecer (Jos. 23:16.) **3.** La obligación autoimpuesta por Dios, para que los pecadores puedan reconciliarse con él (Dt. 7:6-8; Sal. 89:3, 4.) **4.** Citamos los siguientes pactos de Dios: **1.** El pacto edénico y la promesa de redención de Dios (Gn. 3:15.) **2.** El pacto *noéico* para la preservación de la raza humana (Gn. 9:9.) **3.** El pacto abrahámico, por el cual imparte bendiciones por medio de la familia de Abraham (Gn. 15:18.) **4.** El pacto sinaítico, por el cual designa a Israel como el pueblo escogido de Dios (Ex. 19:5, 6.) **5.** Levítico, garantizando la reconciliación por medio de la expiación sacerdotal (Num. 25:12, 13.) **6.** El pacto davídico, pacto de salvación mesiánica prometida a través de la dinastía de David (2 S. 23:5.) Los profetas predijeron un Nuevo Pacto (Jer. 31:31-34), que estaría centrado en una persona (Is. 42:6; 49:8.) Por el Nuevo Pacto el hombre logra colocarse en una correcta relación con Dios por medio de Jesucristo (He. 7:22; 8:6-13; 2 Co. 3:6-18.)

**Padán-aram** *(llanura de Aram)* Región próxima a la creciente fértil; a veces se la denomina simplemente "Mesopotamia" (Gn. 25:20; 28:2; 33:18; 35:26; 46:15; 48:7.)

**Padón** *(redención)* Uno de los netineos que regresó de Babilonia (Esd. 2:44; Neh. 7:47.)

**Padre.** Tiene varios significados en la Biblia. **1.** Un progenitor masculino inmediato (Gn. 42:12.) **2.** Un ascendiente masculino, inmediato o remoto (Gn. 17:4; Ro. 9:5.) **3.** Un ascendiente espiritual (Ro. 4:11; Jn. 8:44.) **4.** El iniciador de un modo de vida (Gn. 4:20.) **5.** Consejero (Jue. 17:10) o fuente (Job 38:28.) A Dios se le llama el Padre de las luces (Stg. 1:17) y creador de la raza humana (Mal. 2:10.)

**Padres.** Tanto el Nuevo como el Antiguo Testamento enseñan la necesidad de que los hijos honren a sus padres (Ex. 20:12; Lv. 19:3; Ef. 6:1; Col. 3:20.) A su vez, los padres deben amar y cuidar a sus hijos y no provocarlos a ira (2 Co. 12:14; Ef. 6:4.)

**Pafos.** Capital de Chipre, visitada por Pablo (Hch. 13:6, 13.)

**Pagano** *(pueblo, nación)* Generalmente se usa la palabra con referencia a los gentiles. En el libro de Jonás se advierte el interés de Dios por los paganos y en todo el Nuevo Testamento lo mismo (Ver Gentiles)

**Pagiel** *(una reunión con Dios)* Príncipe de la tribu de Aser (Nm. 1:13; 7:72), en el desierto.

**Pahat-noab** *(gobernador de Moab)* **1.** Cabeza de una de las familias dirigentes de Judá. Sus descendientes regresaron del exilio (Esd. 2:6; 10:30; Neh. 3:11; 7:11.) **2.** Firmante del pacto de Nehemías (Neh. 10:14.)

**Pai** *(balido)* Ciudad capital del rey Hadar de Edom ( = Pau), (1 Cr. 1:50.)

**País.** Región, reino, provincia o territorio (Gn. 14:7; Ez. 34:13.)

**Paja.** Caña de diversas gramíneas después de seca y separada del grano (Gn. 24:25; Ex. 5:7; Is. 11:7; Mt. 7:3-5; Lc. 6:41, 42.)

**Pajarillo** (Ver Aves)

**Pala.** Herramienta de diversas formas según los distintos usos que se le dé (Ex. 38:3; 2 Cr. 4:16; Is. 30:24.)

**Palabra, Palabra del Señor.** Por lo general Dios revelaba a los humanos sus propósitos, su voluntad o sus planes por medio de visiones (Gn. 15:1), teofanías (Gn. 18:1s.), voces (1 S. 3:4); contaba así con la palabra de los patriarcas (Gn. 15:1), de Moisés (Ex. 4:30), de los profetas (Nm. 22:38; Is. 1:10), de Jesucristo (Jn. 1:1; 1 Jn. 1:1; Ap. 9:13), de los apóstoles.

**Palacio.** Los arqueólogos han hallado numerosos palacios en las regiones bíblicas. Algunos eran de piedra, verdaderas fortalezas. En algunos casos se los construía sobre importantes pozos o vertientes (1 R. 16:18; Est. 1:5; Sal. 45:8.) (Ver fortaleza)

**Palal** *(él juzga)* Hijo de Uzal que ayudó en la restauración del muro de Jerusalén (Neh. 3:25.)

**Palestina.** La palabra se deriva de Filistea, un territorio costero, al Sur, ocupado por los filisteos (Sal. 60:8); su nombre originario fue Canaán (Gn. 12:5); después de la conquista tomó el nombre de Israel (1 S. 13:19), luego el de "Judea", en el período greco-romano. El territorio era de aproximadamente 110 kilómetros de ancho por 240 kilómetros de largo desde los montes del Líbano, al Norte, hasta Beerseba al Sur. La superficie de Palestina Cisjordánica es de unos 15.643 kilómetros cuadrados y la de la Transjordania de 9.481 kilómetros cuadrados. En el N. desde Aco hasta el mar de Galilea, la distancia es de 45 kilómetros. En el S. desde Gaza hasta el mar Muerto, la distancia es de 86 kilómetros. El territorio se divide en cinco partes: **1.** La llanura de Sarón y la llanura filistea, a lo largo de la costa. **2.** Paralela a ella, la Sefelá o región de los laderas. **3.** Luego la cordillera central. **4.** A continuación el valle del Jordán. **5.** Al E. del Jordán, la meseta transjordánica.

La diversa configuración geográfica de Palestina provoca distintos climas. La llanura marítima tiene una temperatura promedio anual de 14°C, como en Jope; Jerusalén tiene un promedio de 16°C., en tanto Jericó y la región del mar Muerto tienen un clima tropical. Como resultado de ello se encuentran distintas plantas y animales en las diversas latitudes. El invierno, de noviembre a abril, es benigno y lluvioso; el verano, de mayo a octubre, es cálido y seco.

Antes de la conquista, el territorio estaba ocupado y habitado por cananeos, amorreos, heteos, horeos y amalecitas. Fueron conquistados por Josué, los jueces y los reyes. El reino se dividió en el año 931 a. C.; el reino del N. fue llevado en cautiverio por los asirios en el año 722 a. C.; el reino del S. por los babilonios en el año 587 a. C. Desde el año 587 a. C. hasta la época de los macabeos, el territorio estuvo bajo el predominio de los babilonios, los persas, Alejandro el Grande, los egipcios y los asirios. En el año 63 a. C. los macabeos sucumbieron ante los romanos, quienes mantuvieron su poderío hasta los días de Mahoma. En la época neotestamentaria la Palestina al O. del Jordán se dividía en Galilea, Samaria y Judea; y al E. del Jordán en Decápolis y Perea.

**Paleta.** Se utilizaba para sacar las cenizas del altar (Ex. 27:3.)

**Palmo** (Ver Pesas y Medidas)

**Paloma** (Ver Aves)

**Palomar.** La palabra no figura en la versión de Reina-Valera, pero se entiende que las "ventanas" de Is. 60:8 son la entrada al palomar.

**Palomino.** Pollo de la paloma brava, que se encuentra en abundancia en Palestina. A ella recurrían los pobres para sus ofrendas y sacrificios (Lv. 1:14; Nm. 6:10; Lc. 2:24.)

**Palti** *(entregado)* **1.** Uno de los doce espías enviados a Canaán, representante de la tribu de Benjamín (Nm. 13:9.) **2.** Hijo de Lais ( = Paltiel n° 2) a quien Saúl entregó la mujer de David (1 S. 25:44.)

**Paltiel** *(Dios entrega)* **1.** Príncipe de la tribu de Isacar (Nm. 34:26.) **2.** Hijo de Lais ( = Palti n° 2), yerno de Saúl (2 S. 3:15.)

**Paltita.** Habitante de Bet-pelet ( = Pelonita), (2 S. 23:26.)

**Pan.** Alimento universal del hombre. Se utilizaba generalmente el trigo, pero la cebada era el sustituto entre los pobres. La harina se obtenía moliendo el trigo a mano, entre dos piedras. Los ingredientes para hacer el pan eran la harina, la levadura, el aceite de oliva y agua o leche. A veces se eliminaba la levadura y se hacían los "panes sin levadura" de la pascua (Ex. 12:15-20.) La masa que se introducía en el horno no superaba el centímetro de espesor y por lo tanto se cocinaba rápidamente. La palabra "pan" también se utilizó metafóricamente como alimento en general (Gn. 3:19; Mt. 6:11.) En el tabernáculo el pan de la proposición indicaba la presencia del Señor entre su pueblo (Ex. 25:30.)

**Pan de la proposición** (Ver Tabernáculo)

**Pan sin levadura.** Pan elaborado sin levadura, para ciertas ocasiones.

**Panadero** (Ver Oficios y Profesiones)

**Panag.** Vocablo de significado incierto, talvez un artículo de intercambio comercial (Ez. 27:17.)

**Pandero** (Ver Música, Instrumentos musicales)

**Panfilia.** Provincia romana en el S. del Asia Menor, que se extiende a lo largo de la costa del Mediterráneo, en una extensión de 120 kilómetros y en una profundidad de aproximadamente 50 kilómetros hacia los montes Taurus (Hch. 2:10; 27:5.)

**Pantano.** Hondonada donde se recogen y se detienen las aguas, con fondo cenagoso (Ez. 47:11.)

**Pañal.** Pedazo de lienzo en que se envuelve a los párvulos (Lc. 2:7; 2:12.)

**Paño.** Tela de lana muy tupida y con pelo tanto más corto cuanto más fino es el tejido (Nm. 4:6; 2 R. 8:15; Pr. 30:4; Hch. 19:12.)

**Pañuelo.** Pedazo de tela cuadrada que sirve para limpiarse el sudor y para otros múltiples usos; algunos lo usaban para guardar objetos (Lc. 19:20.)

**Papel** (Ver Papiro, Escritura)

**Papiro.** Cañas que crecen en los esteros y a la orilla de los ríos o lagos, especialmente a lo largo del Nilo. De 2 a 4 metros de altura y diez centímetros de diámetro. De esas cañas se hacen canastos, sandalias, botes y especialmente papel, el material más común de escritura en la antigüedad. No hay duda alguna que los libros del N. T. fueron escritos en papiros (*cf.* Job 8:11; Is. 18:2.)

**Pará** *(vaquillona)* Aldea en Benjamín (Jos. 18:23.)

**Parábola** *(parecido)* **1.** Un dicho proverbial (1 S. 10:12; 24:14); un discurso profético figurado (Nm. 23:7, 18, 24); un poema (Nm. 21:27-30; Sal. 49:5; 78:2); una charada (Sal. 49:4; Ez. 17:2.) **2.** Un relato en que se comparan las cosas del ámbito espiritual con las que podrían ocurrir en el ámbito temporal; o una historia terrenal con un significado celestial (Mt. 13; Lc. 15.) Difiere de la fábula, del mito, de la alegoría y del proverbio. Fue el estilo que Jesús escogió para impartir sus enseñanzas.

**Paracleto.** Uno que intercede por la causa de otro. Jesús lo aplicó al Espíritu Santo, vocablo que Reina-Valera. traduce como "Consolador" (Ver Consolador)

**Paraíso** *(parque)* Un parque (Ec. 2:5); un vergel (Cnt. 4:13); hogar de los que mueren en Cristo (Lc. 23:43.) Se desconoce la ubicación del Paraíso terrenal.

**Paralelismo.** Característico del verso hebreo del A. T. que ni tiene rima ni metro, pero sí paralelismo, es decir la repetición sucesiva de frases de ideas similares o contrapuestas.

**Parálisis** (Ver Enfermedades)

**Paralítico** (Ver Enfermedades)

**Parán** *(ornamental)* Un desierto en la región central de la península del Sinaí. Se desconocen sus límites con precisión (Gn. 14:6; 21:21; Nm. 10:12; 12:16; 13:3, 26; 1 S. 25:1.)

**Parán, Monte de** (Ver Monte de Parán)

**Parásitos. 1.** *Añublo,* honguito parásito que ataca las cañas, hojas y espigas de los cereales (Dt. 28:22; 1 R. 8:37; 2 Cr. 6:28.) **2.** *Tizoncillo.* Honguito parásito, negruzco, de olor hediondo que destruye los granos de los cereales (1 R. 8:37; 2 Cr. 6:28.)

**Pared** (Ver Muro)

**Pared intermedia.** Pared de separación entre el atrio de los gentiles y el atrio de los judíos, en el templo de Jerusalén (Ef. 2:14.)

**Pariente.** Cada uno de los ascendientes, descendientes y colaterales de la misma familia de una persona, por consaguinidad o afinidad. En el A. T. es el que tenía el derecho de redimir o de vengar, según el caso; uno de parentesco demasiado cercano como para casarse; un vecino, amigo o conocido; en el N. T. uno de la misma raza (Lc. 14:12; Jn. 18:26; Ro. 9:3.)

**Parmasta** *(constante)* Uno de los siete diáconos escogidos para atender a los pobres de la iglesia (Hch. 6:5.)

**Parnac.** Padre de Elizafán nº 2, príncipe de Zabulón (Nm. 34:25.)

**Paros** *(pulga)* **1.** Uno cuyos ascendientes regresaron del exilio (Esd. 2:3; Neh. 7:8.) **2.** Firmante del pacto de Nehemías (Neh. 10:14.)

**Parsandata** *(inquisitivo)* Hijo de Amán (Est. 9:7.)

**Parto.** Habitante de Partia, país al NO. de Persia y al S. del mar Caspio. En un tiempo su imperio se extendía desde el Tigris hasta la India (Hch. 2:9.)

**Parto.** Dar a luz un hijo (Gn. 35:16; Ex. 1:16.)

**Parúa** *(lozano)* Padre de Josafat nº 2, empleado por Salomón (1 R. 4:17.)

**Parusia** *(presencia, venida)* Palabra griega usada frecuentemente en el N. T. para referirse a la segunda venida de Cristo; la palabra no figura pero sí su traducción "venida" (Mt. 24:3; 1 Co. 15:23; 1 Ts. 3:13; 2 P. 1:16.) Se aplica el vocablo también para referirse a la llegada de un personaje de alta jerarquía.

**Parvaim.** Región de Arabia donde Salomón obtenía oro (2 Cr. 3:6.)

**Pasac** *(dividir)* Hijo de Jaflet, descendiente de Aser (1 Cr. 7:33.)

**Pasas de uvas.** Uvas deshidratadas al sol (Nm. 6:3.)

**Pascua.** Día en el cual la iglesia celebra la resurrección de Jesucristo (Hch. 12:4.)

**Pascua, Fiesta de la** (Ver Fiesta)

**Pas-damim** *(lugar de derramamiento de sangre)* Lugar en Judá, entre Soco y Azeca ( = Efes-damim) donde David obtuvo una de sus grandes victorias (1 Cr. 11:13.)

**Paseah** *(rengo)* **1.** Judaíta, hijo de Estón (1 Cr. 4:12.) **2.** Progenitor de una familia de netineos que volvieron de la cautividad (Esd. 2:49; Neh. 7:51.) **3.** Padre de Joiada nº 5 (Neh. 3:6.)

**Pasión de Cristo** (Ver Jesucristo)

**Paso.** Lugar o sitio por donde se pasa de una parte a otra (1 S. 13:23; Neh. 2:7; Ez. 12:5.)

**Pastor.** Persona a cargo del ganado (Gn. 13:7) o de cerdos (Mt. 8:33); oficio despreciado en Egipto (Gn. 46:34) pero honroso en Israel (Gn. 47:6; 1 Cr. 27:29.)

**Pastorales, Epístolas** (Ver Epístolas pastorales)

**Pasur. 1.** Príncipe, hijo de Malquías (posiblemente = nº 4) que con otros procuró matar a Jeremías (1 Cr. 9:12; Jer. 21:1.) **2.** Padre de una familia de sacerdotes que regresó del exilio (Esd. 2:38; Neh. 7:41.) **3.**

Firmante del pacto de Nehemías (Neh. 10:3.) **4.** Sacerdote, hijo de Imar (posiblemente = nº 1), principal mayordomo del templo, puso en el cepo a Jeremías (Jer. 20:1-6.) **5.** Padre de Gedalías nº 4 (Jer. 38:1.)

**Pátara.** Ciudad y puerto en la costa SO. de Licia (Hch. 21:1.)

**Patio.** Espacio cerrado con paredes o galerías, que en las casas y otros edificios se deja al descubierto (2 S. 17:18; 2 R. 20:4; Jer. 32:2; Lc. 22:55.)

**Patmos.** Isla en el mar Egeo, de 25 kilómetros de perímetro, cerca de la costa de Asia Menor, y a 45 kilómetros de la isla de Samos. Allí estuvo exilado el apóstol Juan (Ap. 1:9.)

**Patriarcas, era patriarcal.** Nombre dado en el N. T. a los que fundaron la raza y la nación hebrea; Abraham (He. 7:4), hijos de Jacob (Hch. 7:8, 9), David (Hch. 2:29.) El término se aplica en la actualidad generalmente en relación con las personas cuyos nombres aparecen en las genealogías y en los pactos, antes de la aparición de Moisés (Gn. 5-11.)

**Patrobas.** Cristiano romano a quien Pablo envió saludos (Ro. 16:14.)

**Patrón.** El que manda y dirige un pequeño buque mercante (Jon. 1:6; Hch. 27:11.)

**Patros.** Alto Egipto (Is. 11:11; Jer. 44:1, 15; Ez. 29:14; 30:14.)

**Patrusim.** Habitante de Patros, Egipto (Gn. 10:14; 1 Cr. 1:12.)

**Pau** *(balido)* Ciudad capital del rey Hadar de Edom ( = Pai), (Gn. 36:39.)

**Paulo, Sergio.** Procónsul romano en Chipre; abrazó la fe cristiana por medio de Pablo (Hch. 13:7.)

**Pavo real** (Ver Aves)

**Paz.** En los días veterotestamentarios era la palabra usual para saludarse (2 R. 9:18); espíritu de tranquilidad y liberación de preocupaciones internas y externas (Nm. 6:26; 1 R. 4:24; Neh. 9:31); paz con Dios obtenida por una óptima relación con Dios en Cristo (Ef. 2:14-17.)

**Paz, Ofrendas de** (Ver Ofrendas)

**Pecado.** Todo aquello que no expresa o es contrario a la santa naturaleza del Creador. El primer pecado que se cometió en el universo fue un pecado de libre albedrío en el cual la criatura deliberadamente, en forma responsable y con una adecuada comprensión de lo que hacía, escogió corromper el santo y piadoso carácter con que Dios originariamente invistió a su creación. El pecado, en la raza humana, tuvo su origen en Adán y Eva (Gn. 3), pero el pecado, en el universo, tuvo su origen en la rebelión de seres angelicales que se rebelaron contra su Creador, y como resultado de lo cual su naturaleza se inclinó hacia el mal (2 P. 2:4; Jud. 6.) Adán y Eva fueron creados con una naturaleza santa y piadosa, en comunión con Dios; y como resultado de su pecado se corrompió su naturaleza; se hicieron hostiles a Dios y culpables ante él; y en su corrupción y culpabilidad comprometieron a toda la raza humana (Ro. 5:12s.) En esencia, el pecado consiste en vivir independientemente de Dios. La solución al problema del pecado está dada por la obra redentora de Cristo (Ro. 3:21-8:39.)

**Pecado imperdonable.** Es la blasfemia contra el Espíritu Santo (Mt. 12:31, 32; Mr. 3:28, 29; Lc. 12:10) talvez sea el pecado de rechazar, de manera contundente y decidida el testimonio del Espíritu Santo respecto a la persona y obra del Señor Jesucristo.

**Pecod** *(visitación)* Tribu armenia que habitaba el E. y en las proximidades de la desembocadura del Tigris (Jer. 50:21; Ez. 23:23.)

**Pedael.** Príncipe de Neftalí a quien Moisés designó para hacer la adjudicación del territorio de Palestina (Nm. 34:28.)

**Pedaías** *(Jehová redime)* **1.** Padre de Zebuda, la madre del rey Joacim (2 R. 23:36.) **2.** Padre de Zorobabel (1 Cr. 3:18, 19.) **3.** Padre de Joel nº 10, jefe en la tribu de Manasés (1 Cr. 27:20.) **4.** Uno que ayudó en la restauración del muro de Jerusalén (Neh. 3:25.) **5.** Uno que ayudó a Esdras en la lectura de la ley (Neh. 8:4.) **6.** Benjamita, padre de Joed

(Neh. 11:7.) **7.** Levita, tesorero del templo (Neh. 13:13.)

**Pedasur** *(la roca)* Príncipe de Manasés, padre de Gamaliel nº 10 (Nm. 1:10; 2:20.)

**Pedernal** (Ver Minerales)

**Pedro** *(roca)* Apóstol; su nombre era Simón (Hch. 15:14); nativo de Betsaida (Jn. 1:44); hijo de Jonás (Mt. 16:17); con su padre y su hermano Andrés trabajaban como pescadores (Mr. 1:16); era casado (Mr. 1:30; 1 Co. 9:5); Andrés se lo presentó a Jesús (Jn. 1:40-42); llamado al discipulado (Mr. 1:16-20; Lc. 5:1-14); llamado al apostolado (Mr. 3:13-19; Lc. 6:12-16); presenció la resurrección de la hija de Jairo (Mr. 5:37; Lc. 8:51); presenció la transfiguración (Mt. 17:1; Mr. 9:2); en Cesarea de Filipo confesó que Jesús era el Mesías, y reconoció su categoría de Hijo único de Dios (Mt. 16:13-16; Mr. 8:27-29); no entendió que era necesario que Cristo muriera (Mt. 16:22; Mr. 8:32); estuvo con Jesús en Getsemaní (Mt. 26:37; Mr. 14:33); negó a Jesús en el palacio del sumo sacerdote (Mt. 26:69-75; Mr. 14:70-72); cuando Cristo resucitó habló personalmente con él (Lc. 24:32; 1 Co. 15:5); Jesús le ordenó que apacentara sus ovejas (Jn. 21:1-23); predicó el día de Pentecostés (Hch. 2:14-40); fue un líder de la iglesia primitiva (Hch. 1-12); autor de 1 y 2 Pedro; de acuerdo a la tradición Nerón lo hizo matar en Roma, hacia el año 65-67 d. C.

**Pedro, Epístolas de** (Ver Epístolas de Pedro)

**Peka** *(abrir)* Decimoctavo rey de Israel, hijo de Remalías, asesino y sucesor de Pekaía; reinó entre los años 734-714 a. C. (2 R. 15:27); hizo una alianza con Damasco contra Judá (2 R. 15:37, 38); fue súbdito de los asirios (2 R. 15:29); fue asesinado por Oseas (2 R. 15:30; 2 Cr. 28:5-15.)

**Pekaía** *(Jehová ha abierto)* Decimoséptimo rey de Israel, hijo y sucesor de Manahem; fue malvado e idólatra (2 R. 15:24); murió asesinado por Peka (2 R. 15:22-25.)

**Pelaía** *(Jehová es maravilloso)* Levita que ayudó a Esdras en la lectura de la ley (Neh. 8:7.)

**Pelaías** *(Jehová ha juzgado)* **1.** Judaíta, descendiente de David (1 Cr. 3:24.) **2.** Firmante del pacto de Nehemías (Neh. 10:10.)

**Pelalías** *(Jehová juzgó)* Sacerdote en tiempo de Esdras, padre de Jeroham y Amsi (Neh. 11:12.)

**Pelatías** *(Jehová ha entregado)* **1.** Nieto de Zorobabel (1 Cr. 3:21.) **2.** Capitán de los hijos de Simeón (1 Cr. 4:42.) **3.** Firmante del pacto de Nehemías (Neh. 10:22.) **4.** "Principal del pueblo" en tiempo de Ezequiel, contra quien profetizó el profeta (Ez. 11:1, 11.)

**Peleg** *(división)* Hijo de Eber nº 1 (Gn. 10:25; 11:16-19); padre de Reu (Ragau); "en sus días fue repartida la tierra" (Gn. 10:25.)

**Pelet** *(liberación)* **1.** Padre de On nº 2, que conspiró contra Moisés y Aarón (Nm. 16:1.) **2.** Descendiente de Jerameel (1 Cr. 2:33.) **3.** Descendiente de Caleb, hijo de Jahdai (1 Cr. 2:47.) **4.** Benjamita que se unió a David en Siclag (1 Cr. 12:3.)

**Peleteos** *(correo)* Parte de la guardia personal de David (2 S. 8:18; 15:18; 20:7, 23; 1 R. 1:38, 44; 1 Cr. 18:17.)

**Pelícano** (Ver Aves)

**Pelo de camello.** La única mención en la Biblia figura en Mateo 3:4 y Marcos 1:6 donde se dice que Juan el Bautista estaba vestido de pelo de camello. Todavía se utilizan esos vestidos en el Cercano Oriente.

**Pelonita.** Originario de Bet-pelet (1 Cr. 11:27; 27:10.)

**Peluquero** (Ver Oficios y Profesiones -barbero-)

**Pella.** Ciudad el E. del mar de Galilea; era una de las ciudades en la Decápolis de Perea.

**Pendenciero.** Propenso a riñas y pendencias (1 Ti. 3:3; Tit. 1:7.)

**Pendiente.** Arete, con adorno colgante o sin él. Usados por hombres y mujeres, en la nariz o en las orejas (Gn. 24:22; Cnt. 1:10.) En Ezequiel 16:12 e Isaías 3:20 lleva el nombre de zarcillo (Ver Joyas)

**Pendón** (Ver Bandera)

**Peniel** *(rostro de Dios)* **1.** Lugar cerca del río Jaboc ( = Penuel nº 1) donde Jacob luchó con un ángel de Jehová no lejos de Sucot (Gn. 32:30, 31.) **2.** Hijo de Sasac (1 Cr. 8:25.)

**Penina** *(coral)* Una de las esposas de Elcana, que irritaba y molestaba a Ana (1 S. 1:2-7.)

**Pentateuco** *(ley o enseñanza)* Los primeros cinco libros de la Biblia; cubre un período que va desde la creación hasta los días de Moisés; la Escritura le atribuye la paternidad literaria a Moisés. *Lineamientos generales:* **1.** Era del comienzo (Gn. 1:1-11:32.) **2.** Período patriarcal (Gn. 12:1-50:26.) **3.** Emancipación de Israel (Ex. 1:1-19:2.) **4.** Religión de Israel (Ex. 19:3-Lv. 27:34.) **5.** Organización de Israel (Nm. 1:1-10:10.) **6.** Deambulación por el desierto (Nm. 10:11-22:1.) **7.** Preparativos para entrar en Canaán (Nm. 22:2-36:13.) **8.** Pasado y futuro (Dt.)

**Pentateuco samaritano** (Ver Samaritanos)

**Pentecostés** *(quincuagésimo día)* **1.** Fiesta judía de las semanas (Ex. 23:16) y día de las primicias (Nm. 28:26), que se festejaba el quincuagésimo día después de la pascua. Originariamente la fiesta celebraba la dedicación de las primicias de la cosecha de trigo, que era el último de los granos palestinos en madurar. Levítico 23:15-21 describe el ritual de la fiesta. **2.** El Pentecostés cristiano correspondía el mismo día que la fiesta de las semanas judías. La venida del Espíritu Santo (Hch. 2) transformó el festival judío en un aniversario cristiano, pues marcaba el comienzo de la iglesia cristiana.

**Penuel** *(rostro de Dios)*. **1.** Ciudad fortificada por el rey Jeroboam I ( = Peniel nº 1) (1 R. 12:25.) **2.** Hijo de Hur (1 Cr. 4:4.)

**Peña.** Fortaleza natural (Jue. 20:45, 47); montaña (1 S. 23:25, 26); Moisés golpeó una roca para obtener agua (Ex. 17:6); a veces se aplica en forma figurada: se refiere a Dios (2 S. 22:2), a Pedro (Mt. 16:18), a los creyentes (1 P. 2:5.)

**Peña de Oreb.** Lugar donde ejecutaron a Oreb, por orden de Gedeón (Jue. 7:25; Is. 10:26.)

**Peor** *(abertura)* **1.** Monte de Moab (Nm. 23:28.) **2.** Dios de los moabitas ( = Baal-peor), (Jos. 22:17.)

**Pepinos** (Ver Plantas)

**Perazim, Monte** *(monte de abertura)* = Baal-perazim (Is. 28:21.)

**Perdición** *(destrucción)* En el Nuevo Testamento la palabra se refiere al destino final de los impíos, de pérdida o destrucción (Jn. 17:12; Fil. 1:28; 2 Ts. 2:3; 1 Ti. 6:9.)

**Perdición, Hijo de** (Ver Hijo de Perdición)

**Perdiz** (Ver Aves)

**Perdón.** Es una relación que se establece entre el hombre y Dios y entre el hombre y el hombre, según la cual se deponen resentimientos o se dan satisfacciones por ofensas recibidas. La ofensa puede haber sido por quitarle a una persona su propiedad, anularle sus derechos o inferirle un insulto a su honor; también puede ser por la violación de una ley moral. El perdón está condicionado por el arrepentimiento y el deseo y voluntad de hacer reparaciones. El perdón de los pecados se basa en la muerte expiatoria de Cristo (Col. 1:14; 3:13.) Cristo sostuvo su autoridad para perdonar pecados (Mr. 2:5, 7; Lc. 7:48, 49.) Dios exige una base justa para perdonar al pecador. Esa base la constituye la obra redentora de Cristo. (Ex. 34:9; 1 S. 15:24; Is. 55:7.)

**Perea.** Nombre con que Josefo designa una región al E. del Jordán y que el Evangelio describe como "al otro lado del Jordán" (Mt. 4:15, 25; Mr. 3:7, 8.)

**Peregrinación.** Viaje por tierras extrañas. Viaje a un santuario, por devoción o por voto. En sentido figurado la vida humana considerada como paso para la eterna (Gn. 47:9; Ez. 20:38; 2 Co. 8:19; 1 P. 1:17.) Se esperaba de los judíos que una vez por año hicieran una peregrinación al templo de Jerusalén para las grandes fiestas.

**Peregrino.** Transeúnte en un país extranjero (He. 11:13; 1 P. 2:11.)

**Peres** *(dividido)* **1.** Hijo de Maquir (1 Cr. 7:16.) **2.** Voz caldea que significa dividir (Dn. 5:28.)

**Perezoso.** Negligente, descuidado o flojo en hacer lo que se debe. La

Biblia censura la pereza (Pr. 6:6-9; Ro. 12:11; He. 6:12.)

**Perez-uza** *(el quebrantamiento de Uza)* Nombre del lugar donde murió Uza por haber tocado el arca (2 S. 6:8; 1 Cr. 13:11.)

**Perfecto, perfección.** Completo, terminado; víctima del sacrificio ritualmente limpia (Ex. 12:5); integridad de carácter (Gn. 6:9; 17:1; Sal. 119:1); Dios es la perfección absoluta.

**Perfume.** Para uso personal (Pr. 7:17; 27:9; Cnt. 3:6; Is. 3:20, 24); para agregar al incienso (Ex. 30:34-38.)

**Perfumista, perfumador.** Persona que prepara o vende perfumes (Ex. 30:25, 35; 1 S. 8:13; 2 Cr. 16:14.)

**Pergamino** (Ver Escritura)

**Pérgamo.** Antigua ciudad de Misia, en el Asia Menor (Ap. 1:11; 2:12.) Es la actual Bergama.

**Perge.** Ciudad principal en la región de Panfilia, en el Asia Menor (Hch. 13:13, 14; 24:25.)

**Perida** *(dividido)* Padre de una familia de siervos de Salomón ( = Peruda), (Neh. 7:57.)

**Perjurio.** Falso juramento; prohibido por Dios (Lv. 19:12; Ez. 16:59.)

**Perla.** Concreción nacarada, más o menos esferoidal, que suele formarse en el interior de diversos moluscos. En la Biblia es un símbolo de las verdades espirituales (Mt. 7:6.) A veces se las incluye entre las piedras preciosas (1 Ti. 2:9; Ap. 17:4.)

**Perro** (Ver Animales)

**Persecución.** Cristo anticipó que sus discípulos serían perseguidos (Mt. 10:23, 24.) la Iglesia Apostólica fue perseguida por los judíos (Hch. 14:22; 1 P. 4:13, 14.) Nerón fue el primer gobernante romano que persiguió a los cristianos en gran escala. El cristianismo fue reconocido como religión legal del Estado en el año 323 d. C., cuando Constantino lo reconoció como tal. Hasta ese momento los emperadores y gobernantes habían perseguido a los cristianos tantas veces como se les ocurrió.

**Persépolis.** Capital de Persia

aproximadamente a 50 kilómetros de la moderna Siraz. La fundó Darío I (521-486 a. C.) y la destruyó Alejandro el Grande en el año 331 a. C. (2 Mac. 9:2.)

**Perseverancia.** Firmeza y constancia en la ejecución de un propósito. En la Biblia se halla la palabra en relación con la oración en Lc. 8:15 y en Ef. 6:18. La doctrina teológica de la perseverancia de los santos, sostiene que los verdaderamente regenerados no pueden separarse de Cristo al grado de perder su salvación. Tanto los calvinistas como los armenios se apoyan en la Escritura para mantener sus puntos de vista; ambos lados utilizan los mismos pasajes pero dándoles distinta interpretación.

**Persia.** Geográficamente Persia abarcaba la meseta irania, limitada por el valle del Tigris al O. y al S., el valle del Indo al E. y por las cordilleras armenias y el mar Caspio al N., con un total aproximado de 2.590.000 kilómetros cuadrados. Ciro fundó el Imperio al derrotar a Media y a Babilonia. Dominó a Asia desde el 539 al 331 a. C. Ciro el Grande permitió a los judíos que regresaran de la cautividad babilónica (2 Cr. 36:22, 23; Esd. 1); Darío I autorizó la reconstrucción del templo (Esdras 6); Jerjes I fue probablemente el Asuero del libro de Ester y Artajerjes permitió el regreso del resto de los exilados (Edras 7; 8; Nehemías 2:1-8.)

**Pérsida.** Cristiana de Roma saludada por Pablo (Ro. 16:12.)

**Peruda.** Padre de una familia de siervos de Salomón ( = Perida) (Esd. 2:55.)

**Pesas y medidas.** En la antigüedad se usaban balanzas y pesas para pesar (Lv. 19:36; Pr. 16:11.) Veamos algunas pesas y medidas bíblicas: *I. EN EL ANTIGUO TESTAMEN-TO: A. Medidas lineales: palmo menor,* 7,5 centímetros (Ex. 37:12); *palmo,* 22,5 centímetros (Ex. 28:16); *codo,* 45 centímetros (Gn. 6:15); *caña,* cerca de tres metros (Ez. 40:5). B. *Medidas de capacidad:* **1.** Para áridos: *gomer,* 1/10 de un efa (Ex. 16:36), es decir, 3,7 li-

tros; *seaj.* 1/3 de efa, 12,3 litros (2 R. 7:18); *efa,* 37 litros (Rt. 2:17); *homer,* 10 efas, 370 litros (Is. 5:10.) **2.** Para líquidos: *log,* 1/12 de hin, 0,5 litros (Lv. 4:10); *hin,* 1/6 de un bato, 6,2 litros, (Ez. 45:24); *bato,* igual al efa, 37 litros (Is. 5:10); *coro,* 10 batos, 370 litros (Ez. 45:14.) II. EN EL NUEVO TESTAMENTO: A. *Medidas lineales: codo,* 45 centímetros (Mt. 6:27); *braza,* 4 codos, 1,80 metros (Hch. 27:28); *estadio,* 400 codos, 180 metros (Ap. 21:16); *milla,* 1480 metros (Mt. 5:41); *camino de un día de reposo,* 1080 metros. B. *Medidas de capacidad: almud* (gr. *modio),* 8,75 litros (Mr. 4:21); *medida* (gr. *sato),* 13 litros (Lc. 13:21); *barril* (gr. *bato),* 37 lts. (Lc. 16:6); *medida* (gr. *koro)* 370 litros (Lc. 16:7); *cántaro* (gr. *metretes),* 40 litros (Jn. 2:6.) *C. Otras medidas: bega,* medida de peso equivalente a medio siclo (Gn. 24:22.) *Yugada:* Medida de superficie equivalente a la cantidad de tierra que una yunta de bueyes puede arar en un día, aproximadamente un acre y medio o una fanega de tierra (Is. 5:10.)

**Pescado, Puerta del** (Ver Puerta del Pescado)

**Pescador** (Ver Oficios y Profesiones)

**Pesebre.** Especie de cajón donde comen las bestias y sitio destinado a ese fin (Job 39:9; Lc. 2:7-17; 13:15.)

**Pesitta.** Antigua traducción siríaca de la Biblia.

**Peste** (Ver Enfermedades)

**Pestilencia.** Plaga enviada por la divina providencia (Lv. 26:25; Jer. 14:12; Lc. 21:11.)

**Petaías** *(Jehová abrió)* **1.** Jefe de la decimonovena suerte de sacerdotes (1 Cr. 24:16.) **2.** Uno que se casó con mujer extranjera (Esd. 10:23.) **3.** Levita que ayudó a Esdras en la lectura de la ley (Neh. 9:5.) **4.** Consejero judío del rey Artajerjes (Neh. 11:24.)

**Petor.** Hogar de Balaam en la Mesopotamia, talvez al O. de Carquemis (Nm. 22:5; Dt. 23:4.)

**Petra** *(roca, despeñadero)* Ciudad capital de los nabateos, mencionada indirectamente en Jueces 1:36, en 2 R. 14:7 y en Is. 16:1.

**Petuel** *(Dios abre)* Padre del profeta Joel (Jl. 1:1.)

**Peultai** *(Jehová es una recompensa)* Levita, portero del templo (1 Cr. 26:5.)

**Pez** (Ver Animales)

**Phalec.** Forma griega de Peleg (Lc. 3:35, R-V ed. 1909); en la edición 1960 figura como Peleg.

**Pibeset.** Ciudad en el delta del bajo Egipto (Ez. 30:17.)

**Pie. 1.** Extremidad de cualquiera de los dos miembros inferiores del hombre, o parte análoga y con igual destino en muchos animales, y que sirve para sostener el cuerpo y andar (Gn. 8:9; Mt. 22:44; Ap. 22:8.) **2.** Base o parte en que se apoya alguna cosa (Ex. 25:31.)

**Piedad.** Virtud que inspira, por el amor a Dios, tierna devoción a las cosas santas, actos de abnegación y compasión (Is. 26:10; 2 Ti. 3:5; 2 P. 1:7.) Es un atributo de Dios (Sal. 103:3; Jon. 4:11; Stg. 5:11) y un deber y obligación de los creyentes (Is. 1:17; Mt. 18:23-35.)

**Piedra.** La piedra abundaba en Palestina; se la utilizaba para las construcciones (1 R. 5:17; Am. 5:11), como hitos demarcatorios (Jos. 15:6), muros de la ciudad, altares, monumentos, armas (1 S. 17:40), ídolos (Is. 57:3-7.) A menudo se usa el término en forma figurada (Ex. 15:5, 16; 2 S. 25:37; Ez. 11:19; Mt. 21:42.)

**Piedra angular** o **Piedra fundamental** o **Cabeza de ángulo.** La que hace esquina en los edificios, juntando y sosteniendo dos paredes. En la Biblia se usa la expresión tanto en forma literal como figurada (Sal. 118:22; Job 38:6; Is. 28:16; Zac. 10:4, *etc.*) Cristo es la cabeza del ángulo de la iglesia (Mt. 21:42; Ef. 2:20.)

**Piedra moabita, La.** Estela de basalto negro de 60 por 120 centímetros, que inscribió el rey moabita Mesa, en 34 líneas en idioma moabita (prácticamente un dialecto hebreo) y en la cual da su versión del relato registrado en 2 Reyes 3.

**Piedra roseta.** Laja de basalto inscripta, hallada en la rama Roseta del Nilo, en el año 1799, con textos escritos en jeroglífico, demótico y griego. Fue la llave para descifrar los jeroglíficos egipcios.

**Piedras preciosas** (Ver Minerales)

**Piel.** Se utilizaba para fabricar diversos artículos tales como túnicas (Gn. 3:21), las cubiertas para el tabernáculo (Ex. 26:14), prendas de vestir (Nm. 31:20.)

**Piel de becerro.** Se utilizaba como ropa y para cubrir el tabernáculo (Lv. 4:11.)

**Piel de cabra.** Se utilizaba como vestido (He. 11:37.)

**Piel de oveja.** Se utilizaba como vestido (He. 11:37.)

**Piel de carnero.** Se utilizaba como ropa por los pastores y para cubrir el tabernáculo (Ex. 25:5; 35:7.)

**Piel de tejón.** Se utilizaba como ropa y para cubrir el tabernáculo (Ex. 25:5; 35:23.)

**Pi-hahirot.** Lugar al NE. de Egipto donde el ejército egipcio alcanzó a los israelitas (Ex. 14:2, 9; Nm. 33:7, 8.)

**Pilar.** A veces los pilares tenían el sentido de un monumento conmemorativo (Gn. 35:20); para sostener parte de un edificio o una puerta (Jue. 16:3; 1 S. 1:9.)

**Pilato.** Quinto procurador de Judea (26-36 d. C.) Juzgó a Jesús y a pesar de hallarlo inocente, cedió a la presión de los judíos y ordenó su crucifixión (Mt. 27; Mr. 15; Lc. 23; Jn. 18; Hch. 3:13.) Eusebio afirma que terminó su vida suicidándose.

**Pildas.** Hijo de Nacor (Gn. 22:22.)

**Pilha.** Firmante del pacto de Nehemías (Neh. 10:24.)

**Piloto.** Ezequiel los menciona entre los habilidosos de Tiro (Ez. 27:8, 27, 29.) Práctico en el barco que llevaba a Pablo (Hch. 27:11.)

**Piltai.** Sacerdote en tiempo de Joiacim (Neh. 12:17.)

**Pim.** Peso y moneda = 2/3 de un siclo.

**Pináculo.** Parte superior y más alta de un edificio magnífico o de un templo. Satanás quiso convencer a Jesús que se arrojara desde el pináculo del templo (Mt. 4:5; Lc. 4:9.)

**Pino** (Ver Plantas)

**Pinón.** Jefe edomita de la familia de Esaú (Gn. 36:40, 41; 1 Cr. 1:52.)

**Piojo.** Insecto parásito que se alimenta de la sangre de los mamíferos. (Ex. 8:16; Sal. 105:31.)

**Pirámide.** Tumba con una superestructura de forma piramidal para guardar a perpetuidad los cadáveres de la realeza egipcia. Subsisten alrededor de 80.

**Piratón.** Población de Efraín donde vivían Abdón (Jue. 12:13-15) y Benaía (2 S. 23:30; 1 Cr. 11:31; 27:14.)

**Piratonita.** Originario de Piratón (Jue. 12:13; 2 S. 23:30.)

**Piream.** Rey amorreo de Jarmut (Jos. 10:3.)

**Pirro.** Padre de Sópater (Hch. 20:4.)

**Pisga.** Laderas o vertientes de Pisga, cadena montañosa al NE. del mar Muerto (Dt. 3:17; 4:49; Jos. 12:3.) Balac llevó a Balaam a la cumbre del Pisga (Nm. 23:14), y Moisés contempló la Tierra Prometida desde la cumbre del Pisga (Dt. 34:1.)

**Pisidia.** Provincia romana en el S. del Asia Menor, inmediatamente al N. de Panfilia; Pablo la visitó en dos ocasiones (Hch. 13:14; 14:24.)

**Pispa.** Descendiente de Aser (1 Cr. 7:38.)

**Pitón. 1.** Ciudad de almacenamiento en Egipto en el valle entre el Nilo y el Lago Timsá, dedicada al dios-sol Atum (Ex. 1:11.) **2.** Descendiente del rey Saúl (1 Cr. 8:35; 9:41.)

**Plaga.** Calamidad grande que aflije a un pueblo (Nm. 11:35; Ap. 11:6.)

**Plagas de Egipto.** Diez en número, fueron el medio de que se valió Dios para inducir al Faraón a que permitiera que los israelitas salieran de Egipto: la plaga de sangre, de ranas, de piojos, de moscas, en el ganado, de úlceras, de granizo, de langostas, de tinieblas, de la muerte de todo primogénito (Ex. 7-11.)

**Plantas.** En la Biblia se mencionan las siguientes plantas, algunas de las cuales no se pueden identificar: *abrojo* (Job 31:40); *acacia* (Is. 41:19); *algarroba* (Lc. 15:16); *ajenjo* (Os. 10:4); *álamo* (Os. 4:13); *alcaparra* (Ec. 12:5, BJ); *alga* (Jon. 2:5); *alheña* (Cnt. 4:13); *almendro* (Jer. 1:11); *áloe* (Sal. 45:8); *aspálato* (Eclesiástico 24:15 BJ); *arrayán* (Neh. 8:15); *avena* (Ez. 4:9); *azafrán* (Cnt. 4:14); *balsamera* (1 Cr. 14:14, 15); *bálsamo* (Gn. 37:25); *bedelio* (Nm. 11:7); *boj* (Is. 60:13); *canela* (Pr. 7:17); *canela aromática* (Cnt. 4:14); *caña* (Mt. 11:7); *caña aromática* (Cnt. 4:14); *caña olorosa* (Jer. 6:20); *cardo* (Is. 3:18); *carrizal* (Ex. 2:3, 5); *carrizo* (Is. 19:6); *casia* (Sal. 45:8); *castaño* (Ez. 31:8); *cebada* (Rt. 1:22); *cebolla* (Nm. 11:5); *cedro* (1 R. 4:33); *centeno* (Ex. 9:32); *ciprés* (Zac. 12:2); *cizaña* (Mt. 13:25-40); *comino* (Mt. 23:23); *culantro* (Nm. 11:7); *ébano* (Ez. 27:15); *encina* (Zac. 11:2); *enebro* (Job 30:4); *eneldo* (Is. 28:27); *espino* (Cnt. 2:2); *estoraque* (Ex. 30:34); *gálbano* (Ex. 30:34); *garbanzo* (2 S. 17:28); *gofer* (Gn. 6:4); *granado* (Dt. 8:8); *haba* (Ez. 4:9); *haya* (Sal. 104:17); *hierbas, hierbas amargas* (Gn. 1:11; Ex. 12:8); *higuera* (Mt. 21:19); *hisopo* (1 R. 4:33); *hortaliza* (Dt. 11:10); *incienso* (Ap. 18:13); *junco* (Job 30:7); *laurel* (Sal 37:35); *lenteja* (Gn. 25:34); *lino* (Lv. 14:48); *lirio* (Cnt. 5:13); *malva* (Job 30:4); *mandrágora* (Gn. 30:14-16); *manzano* (Jl. 1:2); *mata* (Job 30:7); *melón* (Nm. 11:5); *menta* (Lc. 11:42); *millo* (Ez. 4:9); *mirra* (Mr. 15:23); *mirto* (Zac. 1:8-11); *mostaza* (Mt. 13:31); *nardo* (Cnt. 1:12); *nogal* (Cnt. 6:11); *olíbano* (Ap. 18:13); *olivo* (Neh. 8:15); *olmo* (Os. 4:13); *ortiga* (Is. 55:13); *palmera* (Jn. 12:13); *palomina* (2 R. 6:25, BJ, nota al pie); *parra* (Is. 34:4); *pepino* (Nm. 11:5); *pino* (Is. 41:19); *puerro* (Nm. 11:5); *retama* (Jer. 17:6); *roble* (Is. 6:13); *rosa* (Cnt. 2:1); *ruda* (Lc. 11:42); *sándalo* (2 Cr. 2:8); *sauce* (Lv. 23:40); *sicómoro* (Lc. 17:6); *tamarisco* (Gn. 21:33); *trigo* (Gn. 27:28); *vid* (Gn. 40:9); *vid de Sodoma* (Dt. 32:32); *zarza* (Lc 6:44); *zarza ardiente* (Ex. 3:2, 3.)

**Plañideras.** En la antigüedad, los parientes que lloraban, las plañideras profesionales y los músicos precedían al cadáver en el cortejo fúnebre (Jer. 9:17-21; Am. 5:16; Mt. 9:23.)

**Plata** (Ver Minerales)

**Platero** (Ver Oficios y Profesiones)

**Plato.** Vasija baja y redonda con una concavidad en medio y borde comúnmente plano alrededor. Los orientales comían de un plato o fuente colocado en el centro de la mesa (Ex. 25:29; Mt. 26:23; Lc. 11:39.)

**Plaza.** Lugar ancho y espacioso dentro de un poblado donde se tiene el trato común de los vecinos y donde se celebran las ferias, mercados y fiestas públicas (Dt. 13:16; Jue. 19:20; Mt. 11:16.)

**Pléyades.** Estrellas en la constelación Tauro (Job 9:9; 38:31.)

**Pliegues.** De gordura (Job 15:27.)

**Plinio, Cayo Cecilio.** Llamado "el Joven", sobrino de Cayo Plinio (el Viejo", funcionario del gobierno romano, famoso como escritor de las *Cartas*, escritos literarios que abarcan infinidad de temas, una de las cuales contiene una descripción de la iglesia cristiana en Bitinia, provincia en la cual fue gobernador Plinio en el año 112 d. C. La carta, juntamente con la respuesta del emperador Trajano, reviste gran importancia para conocer la actitud oficial hacia los cristianos.

**Plomada.** Pesa de plomo o de otro metal que colgada de una cuerda sirve para señalar la línea vertical (2 R. 21:13; Am. 7:7.)

**Pluma** (Ver Escritura)

**Pobre.** La Ley mosaica legisló prolijamente en beneficio de los pobres: el derecho al espigueo y al rebusco (Lv. 19:9, 10); el año sabático (Ex. 23:11); año del jubileo (Lv. 25:25-30); leyes sobre la usura y las prendas (Ex. 22:25-27); pago inmediato de los jornales (Dt. 24:15.) Ambos Testamentos hablan del amor y del cuidado de Dios para con los pobres (Sal. 9:18; 12:5; Ec. 5:8.) No tiene excusa el que por ser deliberadamente descuidado alcanza la pobreza (Pr. 13:4-18.) Algunos apóstoles les pidieron a Pablo y a Bernabé que se acordaran de los pobres (Gá. 2:20.) Santiago emite duros juicios sobre las relaciones entre pobres y ricos (Stg. 1:9-11; 2:1-9.)

**Podadera.** Instrumento de uso agrícola, utilizado especialmente en el cultivo de la parra (Is. 18:5.)

**Poder.** La Biblia se refiere a diversos tipos de poder: poder humano, poder satánico, poder militar, poder oficial, poder de Cristo. La palabra se aplica en dos sentidos: capacidad para actuar (Lc. 1:35; 5:17) o autoridad para actuar (Hch. 5:4; Ro. 9:21.)

**Poesía.** La poesía hebrea se caracteriza por su vocabulario y sintaxis propia. El ritmo hebreo es irregular si se lo compara con otros idiomas. Rara vez hay rima. Su rasgo más característico es su paralelismo. Sus tres principales variantes son: la *sinonimia*, que consiste en usar voces sinónimas para amplificar o reforzar la expresión de un concepto (Sal. 15:1; 24:1-3); la *antítesis*, que consiste en contraponer una frase o una palabra a otra de contraria significación (Sal. 37:9; Pr. 10:1); *síntesis*, en el cual el sustantivo se corresponde al sustantivo, el verbo al verbo, el miembro al miembro y cada miembro añade algo nuevo (Sal. 19:8, 9.) Los poemas acrósticos eran los favoritos (Sal. 9:10; 34; 37.) En los libros históricos del A. T. se intercalan cortos poemas (Ex. 15:1-18, 21; Jue. 15:16.) El Evangelio de Lucas tiene poemas (Lc. 1:46-55; 1:68-79; 2:14; 2:29.)

**Poeta** *(un hacedor)* Pablo cita a poetas paganos en Hch. 17:28; 1 Co. 15:32 y Tit. 1:12. Gran parte del A. T. está escrito en poesía.

**Poetas paganos, Citas de** (Ver Citas de poetas paganos)

**Poligamia** (Ver Matrimonio)

**Polilla** (Ver Insectos)

**Politarca.** Magistrados de la ciudad de Tesalónica (Hch. 17:6, 8, versión Nácar-Colunga.) Se han hallado 16 inscripciones epigráficas con esa palabra.

**Pólux.** Juntamente con Cástor, uno de los mellizos, hijos de Zeus, protector de los navegantes.

**Pollino.** Asno joven y cerril (Gn. 49:11; Job 11:12.)

**Poncio Pilato** (Ver Pilato)

**Ponto.** Provincia romana en el N. del Asia Menor, a lo largo del mar Negro (Hch. 2:9; 1 P. 1:1.)

**Poquert-hazebaim.** Padre de una familia de siervos de Salomón, cuyos descendientes regresaron del exilio (Esd. 2:57; Neh. 7:59.)

**Porata.** Hijo de Amán (Est. 9:8.)

**Porcio** (Ver Festo)

**Porción.** Una parte; menos que el todo de algo (Nm. 18:29; Jer. 13:25.)

**Pordiosero.** No había pordioseros profesionales en tiempo de Moisés, ya que la ley se expedía claramente en proveer a los pobres. Con el tiempo se hizo una práctica común; en el N. T. aparecen con mayor frecuencia aún (Mr. 10:46-52; Lc. 16:19-31; Jn. 9:8.)

**Portal.** Zaguán o primera pieza de la casa por la que se entra a las demás (Ez. 40:9-38; 41:15, 25; 46:2, 8.)

**Portero** (Ver Oficios y Profesiones)

**Pórtico.** Sitio cubierto y con columnas, que se construye delante de los templos o edificios suntuosos (1 R. 6:3; Ez. 40:48; Hch. 3:11.)

**Pórtico de Salomón.** El pórtico, de dos hileras de columnas, se hallaba al lado oriental del Santuario (Jn. 10:23; Hch. 3:11; 5:12.)

**Posada.** Casa de huéspedes (Ex. 4:24; Hch. 28:23.)

**Poste.** Parte de la entrada o del vano de la puerta (Ex. 12:7.)

**Potaje.** Guiso de legumbres y de carne (Gn. 25:29; Rt. 2:14.)

**Potentado.** Persona poderosa y opulenta (Sal. 89:6.)

**Potifar** *(a quien Re ha dado)* Oficial del Faraón, compró a José; le echó en la cárcel (Gn. 37:36; 39:1.)

**Potifera.** Sacerdote egipcio en On, suegro de José (Gn. 41:45; 46:20.)

**Pozo.** Hoyo cuya profundidad varía según la región y que se cava hasta la capa freática, para obtener agua (Jn. 4:6-12.) También se habla de pozos de petróleo. Fue causa de conflicto (Gn. 21:25); a veces eran compartidos (Gn. 29:2,3); el cavar pozos daba ocasión a festejarlo; a veces los enemigos los cegaban (Gn. 26:15.)

**Pozo de Jacob.** Cerca del pie del Monte Gerizim, donde Jesús habló con la mujer samaritana (Jn. 4.)

**Pradera.** Prado grande (Jue. 20:33; Is. 19:7; Jl. 1:20; Sof. 2:6.)

**Prado.** Tierra muy húmeda o de regadío en la cual se deja crecer o se siembra la hierba para pasto de los ganados (Gn. 41:2; Job 8:11.)

**Predestinación.** Ordenación de la voluntad divina con que, desde lo eterno, tiene elegidos a los que, por medio de su gracia, han de lograr la gloria (Ro. 8:29; Ef. 1:5.) (Ver Elección)

**Predicador** (Ver Oficios y Profesiones)

**Prenda.** Propiedad y objeto personal que se sujeta a la seguridad o cumplimiento de una obligación y asegura el pago (Gn. 38:17,18.) La ley de Moisés legislaba para proteger a los pobres. Si la prenda era una parte del vestido con que se cubría, el acreedor debía devolvérsela al deudor antes de la puesta del sol (Ex. 22:26, 27); a una viuda no podía tomársele ropa como prenda (Dt. 24:17); tampoco podía tomarse como prenda la muela del molino (Dt. 24:6.)

**Prepucio.** Prolongación de los tegumentos del pene destinada a cubrir el glande y que es lo que se corta en el acto de la circuncisión (Gn. 17:11, 14.)

**Presa** (Ver Botín)

**Presbiterio. 1.** Cuerpo organizado de judíos ancianos en Jerusalén (Hch. 22:5.) **2.** Institución de los ancianos cristianos (1 Ti. 4:14.)

**Presciencia** (Ver Omnisciencia)

**Presidente.** Funcionario administrativo en el reino de Darío (Dn. 6:2-7, R-V, ed. 1909.)

**Préstamo.** La ley de Moisés estableció prolijas disposiciones respecto a la responsabilidad de los que pedían o tomaban en préstamo (Ex. 22:1-15.)

**Pretil.** Parapeto que coronaba los antiguos edificios fortificados y los muros de las ciudades; se exigía su construcción para rodear las terrazas de las casas (Dt. 22:8.)

**Pretor.** Originariamente el más alto magistrado romano; posteriormente funcionarios elegidos para administrar justicia; bajo el principado la institución vio disminuido su prestigio y poder.

**Pretoriana, Guardia** (Ver Guardia pretoriana)

**Pretorio.** Palacio donde habitaban y

donde juzgaban las causas los pretores romanos o los presidentes de las provincias. En los Evangelios se refiere al palacio temporario o al cuartel general del gobernador romano durante su estadía en Jerusalén (Mt. 27:27; Mr. 15:16; Jn. 18:28, 33); en Hechos se refiere al palacio de Herodes en Cesarea (Hch. 23:35.)

**Primer día de la semana** (Ver Domingo)

**Primicia.** Fruto primero de cualquier cosa. En la Biblia son los primeros frutos de la cosecha ofrecidos a Dios en acción de gracias por su bondad (Ex. 23:19; Lv. 23:17; Dt. 26:1-11.)

**Primogénito.** Aplícase al hijo que nace primero, generalmente se refiere a los hombres (Gn. 10:15; Ex. 4:22; Ex. 13:11-15; Jer. 31:9) pero a veces de los animales (Gn. 4:4; Ex. 11:5.) El primogénito sucedía al padre como cabeza del hogar y recibía doble porción de la herencia (Dt. 21:17.) El término se aplicó al Señor Jesucristo en Hebreos 1:6 y Apocalipsis 1:5.

**Primogenitura, mayorazgo.** En Israel la primogenitura incluía una doble porción de la herencia (Dt. 21:15-17) y el privilegio del sacerdocio; pero Dios, en Sinaí, escogió a la tribu de Leví para ese servicio y no al primogénito.

**Principado. 1.** Título o dignidad de príncipe (Is. 9:6; Ef. 1:21.) **2.** Orden de ángeles y demonios poderosos (Ro. 8:38; Ef. 6:12.)

**Príncipe, princesa.** Hijo primogénito de un rey, heredero de su corona. Individuo de familia real. Título de honor que dan los reyes (Gn. 12:15; Jue. 3:3; Esd. 7:28; Est. 1:3.) Por extensión se refiere a ciertos seres celestiales (Dn. 12:1.) También se habla del Mesías Príncipe (Dn. 9:25) y del Príncipe de los pastores (1 P. 5:4.) Un príncipe es un líder, una persona revestida de autoridad. La princesa es la hija o esposa de un jefe o de un rey. Príncipe puede ser la cabeza de una familia o de una tribu, un gobernante, un gobernador, un magistrado, un sátrapa o un miembro de la familia real (Nm. 22:8; 1 S. 18:30.) Puede ser también

un dirigente espiritual (Is. 9:6) o un jefe de los demonios (Mt. 9:34.)

**Prisca.** Priscila (diminutivo de Prisca) fue la esposa del judío cristiano Aquila, con quien se la menciona siempre en el N.T.; construía tiendas; en su casa funcionaba una iglesia; enseñó a Apolos; ayudó a Pablo (Hch. 18:2; Ro. 16:3; 2 Ti. 4:19.)

**Priscila** (Ver Prisca)

**Prisión** (Ver Cárcel)

**Proceso a Jesús.** Traicionado por Judas, los dirigentes religiosos judíos se apoderaron de Jesús y lo llevaron ante Anás, anterior sumo sacerdote y suegro de Caifás, a la sazón sumo sacerdote, para un examen previo (Jn. 18:13); a la hora del canto del gallo compareció ante el Sanedrín, en el palacio de Caifás, donde fue interrogado y sometido a todo tipo de vejámenes (Mr. 14:60-65; Lc. 22:63,64); al alba compareció nuevamente ante el Sanedrín y fue condenado a muerte (Lc. 22:66-70); a continuación el Sanedrín lo llevó ante Pilato quien, luego de interrogarlo, lo declaró inocente (Jn. 18:33-38), pero los judíos rechazaron de plano su sobreseimiento, y por ello Pilato lo mandó a Herodes Antipas, en ese momento en Jerusalén con motivo de la Pascua, aduciendo razones de jurisdicción. Pero Herodes no hizo otra cosa que burlarse de él y lo devolvió a Pilato sin condenarlo (Lc. 23:2-12); Pilato les dio a los judíos la oportunidad de elegir entre Barrabás y Jesús y los judíos escogieron a Barrabás; fracasó un nuevo intento de Pilato de ponerlo en libertad, pues los judíos lo amenazaron si no accedía a sus deseos; luego que los soldados romanos lo azotaran y se burlaran de él, Jesús fue crucificado (Mr. 15:16-20.)

**Procónsul.** Funcionario romano que actuaba como delegado de un cónsul en una provincia romana; duraba en sus funciones generalmente un año; Sergio Paulo y Galión fueron procónsules (Hch. 13:7.)

**Prócoro.** Uno de los siete primeros diáconos (Hch. 6:5.)

**Procurador.** Gobernador de una

provincia romana nombrado por el emperador; a menudo sujeto a un legado imperial de una mayor área política. Pilato, Félix y Festo fueron procuradores (Mt. 27:2; Hch. 23:24; 26:30, BJ.) En R-V figura "gobernador".

**Profanar.** Deshonrar, corromper, prostituir (Ex. 31:14; Lv. 19:8, 12; Ez. 22:26; Mt. 12:5); opuesto a santo (Ez. 28:18; 42:20); impío (He. 12:16.)

**Profeta.** Un vocero de Dios. Los profetas del A. T. no interpretaban la voluntad de Dios; emitían las palabras que Dios les indicaba que hablaran. Los dos aspectos de su tarea eran predecir y anunciar. Había escuelas para profetas, pero poco es lo que se sabe de ellas (1 S. 19:19, 20; 2 R. 2:3, 5; 4:38; 6:1.) Había profetas verdaderos y profetas falsos (Jer. 28:1ss.) Había dos tipos de profetas en el A. T.: los que escribieron una historia interpretativa del trasfondo del período en el cual vivieron y actuaron los grandes profetas escritores; y los grandes profetas escritores, que fueron Isaías, Jeremías, Ezequiel, Daniel y los Doce Profetas Menores.

**Profetisa.** Eran mujeres que ejercitaban su don profético en la antigua Israel o en la primitiva iglesia cristiana (Ex. 15:20; Jue. 4:4; Is. 8:3; Lc. 2:36; Hch. 21:8, 9.)

**Profundidad.** La del océano (Neh. 9:11); la del abismo (Gn. 1:2; Lc. 8:31; Ap. 9:1; 11:7.)

**Prohijar.** Recibir como hijo, con los requisitos y solemnidad que establecen las leyes, al que no lo es naturalmente. El A. T. menciona tres casos: (Ex. 2:10; 1 R. 11:20; Est. 2:7-15.) Pablo utiliza el término varias veces para referirse al acto mediante el cual Dios incorpora a su familia a pecadores arrepentidos y creyentes, de modo que se transforman en hijos y herederos de los beneficios redentores de Cristo (Ro. 8:16-18, 23; Gá. 4:1-3.)

**Prójimo.** Los mandamientos que van del 6 al 10 tratan de los deberes hacia el prójimo. En el A. T. se entendía como "prójimo" al que vivía cerca de uno y, taxativamente, al compatriota israelita (Ex. 20:16, 17); en el N. T. el prójimo es todo aquel por quien murió Cristo, es decir, todos los hombres (Lc. 10:25-37.) Tanto el A. T. como el N. T. enseñan: "amarás a tu prójimo como o ti mismo" (Lv. 19:18; Mt. 19:19.)

**Promesa.** En Gn. 3:15 tenemos la primera promesa de un Redentor; la promesa le fue repetida a Abraham (Gn. 12:2, 7); fue hecha a David cuando se dijo que su casa se perpetuaría para siempre (2 S. 7:12, 13.) La promesa de Jesús en cuanto al Espíritu Santo se cumplió en Pentecostés. Hay cientos de promesas hechas a los creyentes (Stg. 2:5; 1 Ti. 4:8; 2 P. 3:9.)

**Propiciación** *(cubrir)* Acción que apacigua la ira de Dios, a fin de que su justicia y santidad sean satisfechas y pueda perdonar el pecado. La propiciación no hace misericordioso a Dios; hace posible el perdón divino. Por esto debe proveerse una expiación; en el Antiguo Testamento esta expiación consistía en sacrificios de animales; ahora consiste en la muerte de Cristo por el pecado del hombre. Por medio de la muerte de Cristo se hace propiciación para el pecado del hombre (Ro. 3:25; 1 Jn. 2:2.)

**Propiciación, Pan de la** (Ver Pan de la Propiciación)

**Propiciatorio** (Ver Tabernáculo)

**Prosélito.** En la época del A. T. un prosélito era un residente extranjero de origen gentil, que abrazaba la religión judía, viviera o no en Palestina (Mt. 23:15; Hch. 2:10; 6:5; 13:43.) Pareciera que se establecía una diferencia entre los prosélitos incircuncisos, es decir los que no se habían identificado totalmente ni con la nación ni con la religión judía; y los prosélitos circuncisos, los que se identificaban plenamente con el judaísmo.

**Prostituta** (Ver Ramera)

**Proverbio.** Dicho sentencioso, comparación o interrogante que expresa una verdad familiar o útil (Gn. 10:9; 2 P. 2:22.)

**Proverbios, Libro de** (Ver Libro de Proverbios)

**Providencia.** El reino universal y

soberano de Dios; el cuidado y el gobierno de Dios para con su pueblo y para todas las naciones (Job 9:5, 6; 28:25; Sal. 104:10-25; 145:15; 147:9; Mt. 4:4; 6:26-28; Lc. 6, 7; Hch. 17:25-28.) La providencia, en términos generales, incluye el gobierno de todo el universo, especialmente lo concerniente al hombre; una providencia especial es el particular cuidado de Dios sobre la vida y la actividad del creyente (Ro. 8:28.)

**Provincia.** Parte de un imperio, por ejemplo las provincias del Imperio romano. En Persia tomaban el nombre de satrapías. En el Imperio romano había dos categorías de provincias: a. Las que requerían un ejército de frontera y estaban regidas por un delegado nombrado por el emperador. b. Las provincias senatoriales, que no planteaban mayores problemas y que eran gobernadas por un funcionario designado por el Senado, un procónsul (Hch. 13:7.)

**Provocación.** Pecado que mueve a ira a Dios (1 R. 15:30; 21:22; Neh. 9:26; Os. 12:14.)

**Pseudoepígrafos.** Libros que no figuran en el canon hebreo ni en los apócrifos, y atribuidos a autores judíos anteriores. Fueron escritos principalmente en el período intertestamentario.

**Publicano** (Ver Oficios y Profesiones)

**Publio.** Hombre principal de la isla de Malta, en el Mediterráneo, que ayudó a Pablo (Hch. 28:7, 8.)

**Pudente** *(modesto)* Cristiano en Roma (2 Ti. 4:21.)

**Puente.** No figura esta palabra en la edición de la Biblia en castellano. Entre los israelitas los puentes eran casi desconocidos y por lo habitual cruzaban los torrentes utilizando un vado (Gn. 32:22) o una barca (2 S. 19:18, R-V, ed. 1909.)

**Puerco** (Ver Animales)

**Puerro** (Ver Plantas)

**Puerta.** Vano de forma regular abierto en pared, cerca o verja, desde el suelo a la altura conveniente, para entrar o salir. Armazón de madera, hierro u otra materia que, engoznada o puesta en el quicio y

asegurada por el otro lado con llave, cerrojo u otro instrumento, sirve para impedir la entrada y salida (Sal. 107:16; Is. 45:2; Neh. 3:13; 1 R. 4:13.) De noche se cerraban y se abrían a la mañana (Dt. 3:5; Jos. 2:5, 7.)

Las transacciones comerciales se hacían en las puertas de la ciudad (Neh. 3:3, 28); allí se daban los anuncios (Jer. 7:2); los ancianos de la ciudad imponían justicia a la puerta de la ciudad (Rt. 4:1, 2, 11; 2 S. 19:8; Pr. 22:22); el sentarse a la puerta significaba contar con una posición encumbrada (Pr. 31:23.)

En el N. T. se usa la palabra en sentido figurado, refiriéndose muchas veces a Cristo (Jn. 10:1, 2, 7; Ap. 3:20), pero también como oportunidad (Mt. 25:10; Hch. 14:27; 1 Co. 16:9) y como libertad y poder (Col. 4:3.)

El muro de Jerusalén contaba con numerosas puertas: Puerta de *Efraín* (Neh. 8:16); *del Juicio* (Neh. 3:31); *del Muladar* (Neh. 2:13); *del Pescado* (Neh. 12:39); *del Valle* (Neh. 2:15); *de la Cárcel* (Neh. 12:39); *de la Fuente* (Neh. 2:14); *de las Aguas* (Neh. 3:1); *de las Ovejas* (Neh. 3:1); *de los Caballos* (Neh. 3:28); *Oriental* (Neh. 3:29); *Vieja* (Neh. 3:6.)

**Pul.** Rey de Asiria ( = Tiglat-pileser III) que invadió Israel (2 R. 15:19; 1 Cr. 5:26.)

**Pulga** (Ver Insectos)

**Pulgar.** Dedo gordo de la mano (Ex. 29:20) o del pie (Lv. 8:23.)

**Púlpito.** Plataforma desde la cual se pronuncia un discurso (Neh. 8:4.)

**Punón.** Lugar donde acampó Israel, al E. de Edom (Nm. 33:42, 43.)

**Pur** *(la suerte)* Se echaron suertes para destruir a los judíos en tiempo de Ester (Est. 3:7; 9:26.) La fiesta del Purim es una festividad judía para conmemorar la liberación de los judíos de la matanza proyectada por Amán.

**Purificación.** Para los israelitas la pureza religiosa era tanto ceremonial como ética. En cuatro circunstancias se requería la purificación ceremonial: el nacimiento de una criatura (Lv.

12:2ss); contacto con un cadáver (Nm. 19:11-14); ciertas enfermedades, tales como la lepra (Lv. 13:8); flujo (Lv. 15:1-15.) Se esperaba de los judíos que fueran racialmente puros (Dt. 23:3; Esd. 10:1-14.) Jesús enseñó que la pureza viene del corazón (Mt. 5:27s.; 19:3-9; Mr. 10:2-12; 1 Co. 5:9-13; 6:18-20.)

**Púrpura.** Color muy estimado en la antigüedad; debido a su costo era una señal de distinción usar ropa púrpura. Así vestía la realeza. Incluía una amplia gama de tonos, desde el rojo escarlata hasta el violeta (Ex. 24:4; 26:36; Jue. 8:26; Cnt. 7:5; Jer. 10:9.)

**Put** = Libia (Jer. 46:9.)

**Puteoli** *(pozos pequeños* o *fuentes)* Ciudad portuaria en Italia, a 13 kilómetros al O. de Nápoles; es el puerto más cercano a Roma (Hch. 28:13.)

**Qerun Hattín** (Ver Cuernos de Hattín)

**Quebar.** Río o canal en Caldea, a cuya orilla Ezequiel tuvo sus visiones (Ez. 1:1; 3:23; 10:15, 20.)

**Quebrantahuesos** (Ver Aves)

**Quedorlaomer.** Rey de Elam, contra quien combatió Abraham (Gn. 14:1.)

**Quefar-haamoni.** Ciudad de Benjamín, de ubicación desconocida (Jos. 18:24.)

**Quelal** *(perfección)* Hombre que repudió a su mujer extranjera (Esd. 10:30.)

**Quelión** *(consunción)* Hijo de Elimelec y de Noemí, que se casó con Orfa (Rt. 1:2-5; 4:9, 10.)

**Quelub** *(Caleb)* **1.** Hermano de Súa (1 Cr. 4:11.) **2.** Padre del jefe de jardineros en tiempo de David (1 Cr. 27:26.)

**Quelubai.** Hijo de Hezrón, llamado en otro sitio Caleb (2 Cr. 2:9.)

**Quelúhi.** Uno que repudió a su mujer extranjera (Esd. 10:35.)

**Quemazón.** A menudo los juicios de Dios se acompañaron con fuego (Gn. 19:24-28; Lv. 10:1-6; Nm. 16:2, 35.)

**Quemos.** Dios de los moabitas (Nm. 21:29; Jer. 48:7, 13, 46); también era adorado por los amonitas (Jue. 11:24); Salomón introdujo su culto en Jerusalén para satisfacer a una de sus esposas extranjeras (1 R. 11:7, 33.)

**Quenaana. 1.** Padre del falso profeta Sedequías (1 R. 22:11, 24; 2 Cr. 18:10, 23.) **2.** Benjamita (1 Cr. 7:10.)

**Quenani.** Levita que ayudó al retorno de los exilados (Neh. 9:4.)

**Quenanías. 1.** Principal de los levitas en tiempo de David (1 Cr. 15:22, 27.) **2.** Un izharita, talvez = n° 1 (1 Cr. 26:29.)

**Querán.** Horeo (Gn. 36:26; 1 Cr. 1:41.)

**Queriot. 1.** Aldea en Judá (Jos. 15:25.) **2.** Ciudad en Moab (Jer. 48:24; Am. 2:2.)

**Querit.** Arroyo donde se escondió Elías siguiendo las instrucciones recibidas de Dios (1 R. 17:1-5.)

**Queros.** Antepasado de una familia de netineos que regresó del exilio con Zorobabel (Esd. 2:44; Neh. 7:47.)

**Querub** *(bendecir)* Lugar desconocido en Babilonia desde donde retornaron los exilados (Esd. 2:59.)

**Querubín.** Los querubines son seres celestiales, de aspecto humano y animal, con alas y rostros de león, buey, hombre y águila. Fueron guardianes del huerto del Edén (Gn. 3:24); se colocaron dos querubines de oro sobre el propiciatorio, por encima del arca (Ex. 25:18-22); las cortinas del tabernáculo fueron bordadas con querubines (Ex. 26:1); Dios moraba entre querubines (Nm. 7:89; 1 S. 4:4) y cabalga sobre ellos (2 S. 22:11); Salomón colocó dos querubines en el lugar santísimo (1 R. 6:23-28; Ver Ap. 4:6, 9.)

**Quesalón.** Hito en el límite N. de Judá, al O. de Jerusalén (Jos. 15:10.)

**Quesed.** Hijo de Nacor y sobrino de Abraham (Gn. 22:22.)

**Quesil.** Ciudad en el extremo S. de Judá, cerca de Horma y de Siclag (Jos. 15:30.)

**Queso.** En la antigüedad se guardaba la leche de vaca, de cabra y de oveja en recipientes de cuero. Debido al calor de Palestina, se cuajaba y se transformaba en queso (1 S. 17:18; Job 10:10.)

**Quesulot.** Localidad en Isacar (Jos. 19:18.)

**Quezib.** Localidad en las partes bajas de Judá (Gn. 38:5.) Talvez sea la misma localidad que en Josué 15:44 se llama Aczib.

**Quicial.** Dispositivo que asegura y afirma las puertas y ventanas por medio de pernos y bisagras para que, revolviéndose, se abran y cierren (1 R. 7:50; 2 R. 18:16; Is. 6:4.)

**Quidón.** Nombre de la era -espacio de tierra limpia y firme, a veces empedrado donde se trillan las mieses- donde murió Uza por haber tocado el arca (1 Cr. 13:9.) En 2 Samuel 6:6 se le llama Nacón. Está cerca de Jerusalén.

**Quileab.** Segundo hijo de David ( = Daniel nº 1), (2 S. 3:3.)

**Quilmad.** Lugar de localización desconocida, en la Mesopotamia, que comerciaba con Tiro (Ez. 27:23.)

**Quimam.** Galaadita amigo de David (2 S. 19:37-40.)

**Quío.** Isla en el mar Egeo, a 19 kilómetros al O. de Esmirna (Hch. 20:15.)

**Quiriat** *(una ciudad)* Ciudad en Benjamín (Jos. 18:28.)

**Quiriataim** *(ciudad doble)* **1.** Ciudad en Moab al N. del río Arnón; asignada a Rubén (Nm. 32:37; Jos. 13:19.) **2.** Ciudad de levitas gersonitas en Neftalí (1 Cr. 6:76.)

**Quiriat-arba** *(ciudad de Arba)* Nombre antiguo de Hebrón (Gn. 23:2; Jos. 14:15.)

**Quiriat-baal** = Quiriat-jearim nº 1 (Jos. 15:60; 18:14.)

**Quiriat-huzot** *(ciudad de calles)* Ciudad cerca de Bamot-baal (Nm. 22:39.)

**Quiriat-jearim** *(ciudad de bosques)* **1.** Ciudad en Judá, una de las cuatro ciudades gabaonitas que se mencionan en Jos. 9:17; situada en el extremo SO. de la frontera de Benjamín; figura como "Baala" en 2 Samuel 6:2.

**Quiriat-sana** = Quiriat-sefer (Jos. 15:49), antiguo nombre de Debir.

**Quiriat-sefer.** Antiguo nombre de Debir (Jos. 15:15; Jue. 1:11.)

**Quisi** *(don de Dios)* Levita merarita cantor ( = Cusaías), (1 Cr. 6:44.)

**Quisión** *(dureza)* Ciudad levítica en Isacar (= Cisón nº 1), (Jos. 19:20.)

**Quisleu.** Noveno mes del año ritual hebreo (Neh. 1:1; Zac. 7:1.)

**Quislón** *(perezoso)* Benjamita (Nm. 34:21.)

**Quislot-tabor.** Ciudad en el límite de Zabulón e Isacar ( = Quesulot), (Jos. 19:12.)

**Quitim. 1.** Descendiente de Javán (Gn. 10:4; 1 Cr. 1:7.) **2.** La isla de Chipre y sus habitantes, y eventualmente también las islas y costas del Mediterráneo (Is. 23:12; Jer. 2:10; Ez. 27:6.)

**Quitlis.** Ciudad en las tierras bajas de Judá (Jos. 15:40.) Ubicación desconocida.

**Quitrón** *(palacio)* Población en Zabulón (Jue. 1:30.)

**Quiún.** El dios Saturno (Am. 5:26.)

**Ra.** Dios-sol de los egipcios. José se casó con la hija del sacerdote de On, del culto a Ra (Gn. 41:45.)

**Raama. 1.** Hijo de Cus y nieto de Cam (Gn. 10:7; 1 Cr. 1:9.) **2.** Tribu descendiente de nº 1 (Ez. 27:22), que habitó en el SO. de Arabia.

**Raamías** *(Jehová ha tronado)* Uno que regresó del cautiverio con Zorobabel ( = Reelaías) (Neh. 7:7.)

**Rabá. 1.** Ciudad capital de Amón, representada hoy por Ammán, capital de Jordania, a 35 kilómetros al E. del Jordán (Jos. 13:25; 2 S. 11:1; 12:26-29; 1 Cr. 20:1; Jer. 49:2, 3; Amós 1:14.) Fue capturada por Tolomeo Filadelfo (285-247 a. C.) que le cambió el nombre por Filadelfia; fue una de las diez ciudades que conformaron la Decápolis. **2.** Ciudad en Judá (Jos. 15:60), lugar no identificado.

**Rabí** (Ver Oficios y Profesiones)

**Rabit** *(multitud)* Población en la frontera de Isacar (Jos. 19:20.)

**Rabmag.** Título de un funcionario de Babilonia (Jer. 39:3, 13.)

**Raboni.** Variante de Rabí, que en hebreo significa "Maestro" (Jn. 20:16.)

**Rabsacés.** Título de un funcionario de Asiria o Babilonia (2 R. 18:17; Is. 36:2; 36:13.)

**Rabsaris.** Eunuco principal, título de un funcionario de Asiria o Babilonia (2 R. 18:17; Jer. 39:3, 13.)

**Raca.** Individuo vacuo, huero, inservible. Necio (Mt. 5:22, R-V, ed. 1909. (Ver Necio)

**Racal** *(comercio)* Aldea en Judá (1 S. 30:29.)

**Racat.** Ciudad fortificada en Neftalí (Jos. 19:35), probablemente cerca del mar de Galilea, a la vista de Tiberias.

**Racón.** Aldea en Dan (Jos. 19:46.)

**Radai.** Quinto hijo de Isaí de Belén (1 Cr. 2:14.)

**Rafa** *(Dios curó)* **1.** Hijo de Benjamín (1 Cr. 8:2.) **2.** Descendiente del rey Saúl ( = Refaías nº 4), (1 Cr. 8:37.)

**Rafael** *(Dios ha curado)* Portero del templo en tiempo de David (1 Cr. 26:7.)

**Rafú** *(Dios ha curado)* Padre del espía Palti nº 1 (Nm. 13:9.)

**Ragau.** Forma griega de Reu, ascendiente de Cristo (Lc. 3:35.)

**Ragüel.** Suegro de Moisés ( = Jetro), (Nm. 10:29.)

**Rahab** *(amplia)* **1.** Ramera de Jericó que escondió a los espías israelitas (Jos. 2:1); madre de Booz, abuela del rey David (Mt. 1:5; Rt. 4:18-21); magnífico ejemplo de fe (He. 11:31.) **2.** Monstruo mitológico del caos, enemigo de Jehová (Job 9:13, Biblia de Jerusalén; Sal. 89:10, Reina-Valera 1960.) **3.** Voz poética que se refiere a Egipto (Sal. 87:4; 89:10; Is. 51:9.)

**Raham** *(piedad, amor)* Hijo de Sema, descendiente de Judá (1 Cr. 2:44.)

**Raíz.** Generalmente aplicado en sentido figurado. **1.** Causa esencial de algo (1 Ti. 6:10.) **2.** Progenitor (Is. 11:10; Ro. 15:12) **3.** Fundamento o apoyo de algo (2 R. 19:30; Job 5:3.) **4.** Raíces en malas condiciones representan pérdida de vitalidad o la muerte (Is. 5:24.)

**Ram. 1.** Ascendiente del rey David ( = Aram nº 1), (Rt. 4:19.) **2.** Hijo de Jerameel (1 Cr. 2:25, 27.) **3.** Ascendiente de Eliú nº 5, (Job 32:2.)

**Rama** (Ver Renuevo)

**Ramá** *(altura)* **1.** Ciudad en Benjamín (Jos. 18:25; Jue. 4:5; Esd. 2:26.) **2.** Ciudad en la frontera de Aser (Jos. 19:29.) **3.** Ciudad en Neftalí (Jos.

19:36.) **4.** Ciudad en Efraín, lugar de nacimiento del profeta Samuel (1 S. 1:19; Jer. 31:15.)

**Ramataim.** Población en Efraín ( = Ramá nº 4), (1 S. 1:1.)

**Ramat del Neguev.** Aldea en Judá asignada a la tribu de Simeón ( = Baalat-beer), (Jos. 19:8.)

**Ramatita.** Originario de Ramá (1 Cr. 27:27.)

**Ramat-lehi** *(altura de la quijada)* Lugar donde Sansón mató a mil filisteos con una quijada de asno ( = Lehi), (Jue. 15:17.)

**Ramat-mizpa** *(alturas o atalayas)* Frontera N. de Gad (Jos. 13:26), también llamada Mizpa, Galaad y Jegar-sahaduta.

**Ramera.** Mujer que hace ganancia de su cuerpo (Dt. 23:18; Jos. 2:1; Pr. 23:27.) La prostitución, tanto corriente como religiosa, era muy común en la antigüedad. A los judíos les estaba prohibida la práctica de ambos tipos de prostitución y era considerada un delito capital (Lv. 19:29; 21:7, 9, 14; Dt. 23:18), castigado con la pena de muerte (Gn. 38:24.) En forma figurada el vocablo traduce apostasía e idolatría (Ex. 34:15s.; Lv. 17:7; Dt. 31:16; Jue. 2:17; 1 Cr. 5:25; Os. 1:2.) Los profetas del A. T. usaron muchas veces la palabra para referirse a la infidelidad religiosa (Is. 1:21; Jer. 2:20.) En ciertos antiguos cultos paganos las prostitutas actuaban en los templos. Pablo advirtió a los corintios contra la práctica de fornicar con rameras (1 Co. 6:15, 16.)

**Ramesés. 1.** La tierra de Gosén (Gn. 47:11; Ex. 12:37; Nm. 33:3, 5.) **2.** Ciudad real de almacenaje, probablemente la moderna San el-Hagar en la región NE. del Delta (Ex. 1:11.)

**Ramía** *(Jehová está en las alturas)* Descendiente de Paros, que se divorció de su mujer extranjera en tiempo de Esdras (Esd. 10:25.)

**Ramot** *(altura)* **1.** Ciudad fortificada de refugio en Galaad para los gaditas a la que se conoce también con el nombre de Ramot de Galaad (Dt. 4:43; 1 R. 4:13; 2 Cr. 12:2.) **2.** Ciudad en el Neguev ( = Ramat del

Neguev), (1 S. 30:27.) **3.** Ciudad levítica en Isacar ( = Jarmut nº 2), (1 Cr. 6:73.) **4.** Israelita que se separó de su mujer extranjera en tiempo de Esdras (Esd. 10:29.)

**Ramsés.** Nombre de once faraones egipcios de quienes Ramsés II fue el más famoso (hacia 1301-1234 a. C.) Muchos eruditos sostienen que Ramsés II fue el Faraón del éxodo. No hay duda que algunos de estos faraones ejercieron influencia, al menos indirectamente, en la vida del pueblo de Israel, pero no se menciona ninguna en el Antiguo Testamento.

**Rana** (Ver Animales. Ver Plaga)

**Raquel** *(oveja)* Hija de Labán, esposa de Jacob, madre de José y Benjamín (Gn. 29:6-31; Jer. 31:15; Mt. 2:18.)

**Ras Shamra** *(promontorio de hinojo)* Nombre moderno del montículo que marca el sitio de la antigua ciudad de Ugarit, en la costa de Siria septentrional, directamente frente al punto más nordoriental de la isla de Chipre; fue un importante centro comercial; destruida por gente del mar que la conquistaron alrededor del año 1.200 a. C.; alcanzó su máxima prosperidad en los siglos XV-XIV a. C. Se han hallado centenares de tabletas de arcilla que forman parte de una biblioteca, entre los años 1929 a 1936: correspondencia personal y diplomática; registros comerciales, legales y oficiales; textos de veterinaria e importantísima literatura religiosa. Arrojan muchísima luz sobre la religión cananea, cultura y estilo literario hebreo; muestran, además, la extraordinaria similitud entre los sistemas de culto cananeo y hebreo. Aumentan nuestro conocimiento sobre el mundo en el cual se desarrolló Israel.

**Rastrojo.** Residuo de las cañas de la mies que queda en la tierra después de segar (Ex. 5:12; Is. 5:24; 33:11.)

**Ratón** (Ver Animales)

**Rayado.** Aspecto del color de los machos cabríos de Labán (Gn. 30:35.)

**Rayo. 1.** Cada una de las piezas que a modo de radios de círculo unen el cubo a las pinas de una rueda. Las bases para el lavado de los sacrificios asentaban sobre ruedas que contaban con sus respectivos rayos (1 R. 7:27-33.) **2.** Chispa eléctrica de gran intensidad producida por descarga entre dos nubes o entre una nube y la tierra (Hab. 3:4; Lc. 10:18.)

**Reaía** *(Jehová ha visto)* **1.** Judaíta (=Haroe), (1 Cr. 4:2.) **2.** Rubenita (1 Cr. 5:5.) **3.** Jefe de una familia de netineos (Esd. 2:47.)

**Reba.** Uno de los cinco príncipes de Madián, derrotados por Moisés y muerto por su orden (Nm. 31:8; Jos. 13:21.)

**Rebaño.** Hato grande de ganado, especialmente del lanar (Gn. 21:28; Pr. 27:23; Cnt. 1:7; Mt. 26:31; Lc. 2:8.)

**Rebeca.** Esposa de Isaac; hermana de Labán, madre de Esaú y Jacob (Gn. 22:22-24; 24; 25:21-26.)

**Rebuscar.** Recoger el fruto que queda en los campos después de alzadas las cosechas, tanto de los granos como de las viñas. Los hebreos permitían el rebusco a los pobres (Jue. 8:2; Rt. 2:2.)

**Reca.** Lugar desconocido en la tribu de Judá (1 Cr. 4:12.)

**Recab** *(jinete)* **1.** Benjamita que con su hermano asesinó a Is-boset, hijo de Saúl (2 S. 4:2-12.) **2.** Padre de Jonadab n° 2 (2 R. 10:15; Jer. 35:6-19.) **3.** Padre de Malquías (Neh. 3:14.)

**Recabita.** Israelitas descendientes de Recab n° 2, que buscaron volver a la vida nómade y se abstenían de beber vino (Jer. 35.)

**Recompensa.** Algo que se da como reconocimiento de una buena o mala acción (Sal. 9:8; Jer. 40:5; Mi. 7:3; Mt. 5:46; Col. 3:24.)

**Reconciliación.** Es el cambio en la relación entre Dios y el hombre por medio de la obra redentora de Cristo. La enemistad entre Dios y el hombre pecador fue anulada por la muerte de Cristo, y el hombre se reconcilia con Dios por fe (Hch. 10:43; Ef. 2:16.)

**Red.** Tiene distintos significados en la Biblia: **1.** Ornamentación (1 R. 7:17, 18, 20; 2 Cr. 4:12.) **2.** Aparejo para pescar (Mt. 4:18; Mr. 1:18; Jn.

21:8.) **3.** Aparejo para cazar (Pr. 7:23; Is. 51:20.) **4.** Un sentido figurado (Sal. 10:9; 31:4; Ec. 7:26; Ro. 11:9.)

**Redaño.** Prolongación del peritoneo, que cubre por delante los intestinos formando un extenso pliegue adherido al estómago, al colon transverso y a otras vísceras y suelto por abajo. Se acumula en él, a veces, gran cantidad de gordura o grosura. **1.** En ese sentido se traduce el término en Lv. 3:4 y 4:9 (R-V ed. 1909), que en R-V ed. 1960 toma el nombre de "grosura", en BJ y VM "sebo" y en TA "telilla". **2.** En Os. 13:8 indica un tejido que cubre el corazón, que en R-V ed. 1909 y en BJ se traduce por "telas de su corazón" y en R-V ed. 1960 "fibras de su corazón".

**Redecilla.** Prenda de malla, en figura de bolsa y con cordones o cintas, usada por hombres y mujeres para recoger el pelo, adornar la cabeza o utilizar como cartera (Oseas. 3:18.)

**Redención** *(rescatar, recobrar una cosa perdida)* Liberación de la esclavitud del pecado y goce de una nueva libertad por el sacrificio del Redentor Jesucristo. La muerte de Cristo es el precio del rescate. El vocablo contiene tanto la idea de la liberación como del precio de la misma, es decir el precio del rescate (Ro. 3:24; Gá. 3:13; Ef. 1:7; 1 P. 1:18, 19.)

**Redil.** Aprisco circuido con un vallado de estacas y redes (Jue. 5:16; 1 S. 24:3; Jn. 10:16.)

**Redimido, redentor** (Ver Redención)

**Redoma** (Ver Botella)

**Reelaías.** Uno que volvió del exilio con Zorobabel (Esd. 2:2.)

**Refa** *(rico en posesiones)* Nieto de Efraín (1 Cr. 7:25.)

**Refaías** *(Jehová cura)* **1.** Descendiente de David (1 Cr. 3:21); es el "Resa" de Lc. 3:27. **2.** Descendiente de Simeón, hijo de Isi (1 Cr. 4:42.) **3.** Guerrero, nieto de Isacar (1 Cr. 6:2.) **4.** Descendiente del rey Saúl (1 Cr. 9:43.) **5.** Hijo de Hur, que ayudó en la restauración del muro de Jerusalén (Neh. 3:9.)

**Refaim.** Valle cerca de Jerusalén (Jos. 15:8; Is. 17:5.)

**Refaítas** *(poderosos)* Antigua tribu de Palestina, formada por gigantes y que vivían en Canaán antes de los tiempos de Abraham (Gn. 14:5; Jos. 12:4; 17:15.)

**Refidim** *(llanuras)* Lugar donde acampó Israel en el desierto; allí golpeó Moisés una peña para obtener agua (Ex. 17:1-7; 19:2); y también allí tuvo lugar la batalla con los amalecitas (Ex. 17:8-16.)

**Refinar.** Hacer más pura o más fina una cosa, separando las heces (1 Cr. 29:4; Sal. 12:6; Ap. 3:18.)

**Refrena, refrenar** (Ver Freno)

**Refugio, Ciudades de** (Ver Ciudades de Refugio)

**Regem.** Descendiente de Caleb (1 Cr. 2:47.)

**Regem-melec.** Un enviado del pueblo de Bet-el para consultar a los sacerdotes sobre lo aconsejable o no del ayuno (Zac. 7:2.)

**Regeneración.** Cambio espiritual que se produce en el corazón del hombre por obra y gracia del Espíritu Santo y por el cual se transforma la naturaleza pecaminosa y puede responder por fe a Dios y vivir de acuerdo a su voluntad (Mt. 19:28; Jn. 3:3; Tit. 3:5.) Abarca la totalidad de la naturaleza del hombre, pues altera la disposición que lo gobierna, ilumina su mente, libera su voluntad y renueva su naturaleza.

**Regio.** Colonia griega en el sur de Italia (Hch. 28:13.)

**Región montañosa.** Toda región compuesta por montañas y valles, pero en la Biblia se refiere generalmente a la región alta de Judea (Lc. 1:39, 65.)

**Rehabías** *(Jehová es ancho)* Hijo de Eliezer y nieto de Moisés (1 Cr. 23:17; 26:25.)

**Rehén.** Persona que, como prenda, queda en poder del enemigo (2 R. 14:14; 18:23; Is. 36:8.)

**Rehob** *(amplio)* **1.** Límite N. observado por los espías (Nm. 13:21.) **2.** Ciudad en la frontera de Aser (Jos. 19:28, 30; 21:31; Jue. 1:31; 1 Cr. 6:75.) **3.** Padre de Hadad-ezer, rey de Soba (2 S. 8:3, 12.) **4.** Levita, firmante del pacto de Nehemías (Neh. 10:11.)

**Rehobot** *(lugares amplios)* **1.** Ciudad edomita, cerca de Nínive, en Asiria (Gn. 10:11; 36:37; 1 Cr. 1:48.) **2.** Pozo que abrió Isaac en el valle de Gerar (Gn. 26:22.)

**Rehum** *(amado)* **1.** Israelita que volvió de Babilonia con Zorobabel (=Nehum), (Esd. 2:2.) **2.** Funcionario de la corte de Artajerjes (Esd. 4:8, 9, 17, 23.) **3.** Levita que ayudó a restaurar el muro de Jerusalén (Neh. 3:17.) **4.** Firmante del pacto de Nehemías (Neh. 10:25.) **5.** Sacerdote que regresó del exilio con Zorobabel (Neh. 12:3.)

**Rei** *(amigable)* Oficial entre "los grandes de David" y leal miembro de su corte (1 R. 1:8.)

**Reina. 1.** Reina viuda (1 R. 11:19; 2 R. 10:13.) **2.** Esposa del rey (1 R. 10:1; Est. 1:9; 2:22.) **3.** La esposa del rey a diferencia de sus concubinas (Neh. 2:6.)

**Reina del cielo.** Deidad femenina, probablemente Astarot, diosa del amor y de la fertilidad (Jer. 7:18; 44:17, 19, 25.)

**Reino de Dios.** Es el soberano gobierno de Dios, manifestado en Cristo, para derrotar a sus enemigos, y crear un pueblo sobre quien reinar en un ámbito o ámbitos donde se experimenta su reinado. Todo aquel que voluntariamente se somete en su vida a las normas fijadas por Dios, es miembro del reino de Dios. La afiliación al reino se obtiene por el nuevo nacimiento (Jn. 3:3-5); hay dos etapas respecto al reino de Dios: la etapa presente y la etapa futura en un sentido escatológico; Jesús dijo que el poder de que disponía para echar fuera demonios era clara evidencia de que el reino de Dios ya se había establecido en este mundo (Mt. 12:28); en la Biblia "el reino de los cielos" (Mt. 3:2) y "el reino de Dios" (Mt. 6:33) son expresiones sinónimas.

**Reino de Israel** (Ver Israel)

**Reino de Judá.** Comenzó cuando 10 tribus del N. se separaron de Roboam (hacia el año 912 a. C.) y duró hasta la caída de Jerusalén en el año 587 a. C.; 50 años después Ciro, rey de Persia, permitió el retorno de los judíos (1 R. 12-22; 2 R; 2 Cr. 11-36; Esdras; Nehemías.)

Estuvo formado por las tribus de Judá y Benjamín. Una sola dinastía ocupó todo el reinado. (Ver Judá)

**Reino de los cielos** (Ver Reino de Dios)

**Reja de arado.** Instrumento de hierro que es parte del arado y sirve para romper y roturar la tierra (1 S. 13:19-21.)

**Relámpago.** En la Biblia tiene una significación literal y una significación simbólica; es un símbolo de velocidad (Ez. 1:14) y de brillo enceguecedor (Dn. 10:6; Mt. 28:3.)

**Religión.** Es el reconocimiento del hombre de su relación con Dios y la expresión de esa relación en fe, adoración y conducta; pueder ser correcta o no serlo (Hch. 25:19; 26:5; Stg. 1:26, 27.) La religión bíblica es primordialmente algo del corazón y de la vida y no del ritual.

**Religiones misteriosas.** Culto a ciertas deidades que involucran ceremonias privadas de iniciación y un ritual secreto; poco se conoce sobre los ritos de iniciación y de adoración, en razón de que los iniciados hacían voto de mantener secreto lo que sabían, pero no hay duda que el culto tenía que ver con el pecado, impureza ritual, purificación, regeneración, y preparación espiritual para la vida venidera.

**Reloj.** De sol, para saber la hora durante el día (2 R. 20:11.)

**Remalías** *(Jehová adorna)* Padre de Peka, rey de Israel (2 R. 15:25.)

**Remanente. 1.** Pueblo que sobrevivió a una crisis política o militar (Jos. 12:4; 13:12.) **2.** Núcleo o meollo espiritual de Israel que lograría sobrevivir a los juicios de Dios y sería el germen de un nuevo pueblo de Dios (Is. 10:21, 22; 11:11, 16; Jer. 32:38, 39; Sof. 3:13; Zac. 8:12.)

**Remar, remero.** (Ver Barcos)

**Remate.** Cornisa o parapeto (1 R. 7:9.)

**Remet** *(altura)* Población en la frontera de Isacar (Jos. 19:21); probablemente Ramot de 1 Cr. 6:73 y Jarmut de Jos. 21:29.

**Renfán.** Dios de los caldeos, adorado por los israelitas en el desierto (Hch. 7:43); probablemente Quiún o Saturno (Am. 5:26.)

**Renuevo.** Título del Mesías, de la progenie de David (Jer. 23:5; 33:15; Zac. 3:8.) "Germen" según la BJ; según NC "vástago", "renuevo", "germen" respectivamente. Símbolo de prosperidad que en Génesis 49:22 el vocablo hebreo se traduce "rama".

**Repisas.** Soportes de la fuente en el templo de Salomón (1 R. 7:30.)

**Reposo** *(descanso)* El día de descanso y de adoración de los judíos; fue instituido en la creación (Gn. 2:3); fue una institución mosaica (Ex. 16:23-30; 20:8-11; Lv. 19:3, 30; 23:3; Dt. 5:12-15); los profetas siempre exaltaron el sábado (Is. 56:2, 4; 48:13; Jer. 17:21-27; Ez. 20:12-24); la violación deliberada de guardar el día de reposo era condenada con la pena de muerte por lapidación (Nm. 15:32-36); los escribas formularon innumerables restricciones respecto al sábado y entraron en conflicto con Jesús que hacía caso omiso de algunas restricciones absurdas (Mt. 12:1-14; Mr. 2:23-3:6; Lc. 6:1-11; Jn. 5:1-18.) Los primeros cristianos guardaban el séptimo día como el sábado o día de reposo, pero también se reunían para celebrar el culto al primer día de la semana, en celebración de la resurrección de Cristo. A medida que el abismo entre judíos y cristianos se ampliaba, gradualmente se reunieron los cristianos para adorar en el primer día de la semana; fue típico de la entrada del hombre en el reposo de Dios por medio de Jesucristo (Col. 2:16, 17; He. 4.)

**Reposo, Camino de un día de.** Viaje de corta distancia (1.080 metros) que los escribas consideraban que un judío podía andar el sábado sin infringir la ley (Hch. 1:12.)

**Reposo, Día siguiente del día de.** Expresión de difícil interpretación que figura en Levítico 23:11; pudiera referirse simplemente al primer día de la Pascua, fuera el día que fuese.

**Reposo, Pórtico para los días de.** Oscura expresión que figura únicamente en 2 Reyes 16:18, y pudiera referirse a una columna del templo.

**Réprobo.** Moralmente corrompido, inadaptado, descalificado, desaprobado (2 Ti. 3:8.)

**Requem** *(amistad)* **1.** Uno de los cinco reyes de Madián derrotados por Moisés (Nm. 31:8; Jos. 13:21.) **2.** Ciudad en Benjamín (Jos. 18:27.) **3.** Descendiente de Caleb (1 Cr. 2:43.) **4.** Otro descendiente de Caleb (1 Cr. 2:44.) **5.** Nieto de Manasés nº 1 (1 Cr. 7:16.)

**Resa.** Hijo de Zorobabel, ascendiente de Jesucristo (Lc. 3:27.)

**Rescate.** Precio pagado para recuperar a una persona o una cosa (Lv. 19:20); reparación por daño (Ex. 22:10-12.) En el N. T. significa el precio redentor pagado por Cristo para la salvación de su pueblo (Mr. 10:45; 1 Ti. 2:5, 6.)

**Rescate a la tierra.** En la sociedad hebrea todo terreno prendado por necesidad, podía ser rescatado por el pariente más cercano o próximo. De no ser rescatado volvía a su dueño original el año del jubileo (Lv. 25:24-34.)

**Resef** *(una llama)* **1.** Ciudad conquistada por los asirios, importante centro de caravanas de la antigüedad (2 R. 19:12; Is. 37:12.) **2.** Descendiente de Efraín (1 Cr. 7:25.)

**Resén** *(lugar fortificado)* Ciudad en Asiria, fundada por Nimrod (Gn. 10:12), entre Nínive y Cala.

**Resurrección.** Volver a la vida un cuerpo muerto. La Biblia no enseña una inmortalidad abstracta del alma, sino la redención a la par del cuerpo y del alma. Pasajes del A. T. que hablan de una resurrección del cuerpo: Neh. 4:2; Job 14:13-15; Is. 26:19; Dn. 12:2; Os. 6:2. Pasajes del N. T.: Mt. 22:28; Lc. 20:36; Jn. 5:29; Hch. 24:15; 1 Co. 15; 1 Ts. 4:14, 16; Ap. 20:6. Cristo, el primero en resucitar (1 Co. 15); la resurrección será universal (2 Co. 5:10); el nuevo cuerpo será espiritual, incorruptible, perfectamente adaptado al nuevo modo de existencia, igualmente reconocible pero no estará sujeto a las limitaciones del tiempo y del espacio (Lc. 24 y Jn. 20.)

**Resurrección de Jesucristo.** La resurrección de Jesucristo es el meollo, el corazón de la fe cristiana. El N. T. en cierta medida está más orientado hacia la resurrección que hacia la cruz. En la enseñanza de Cristo la resurrección jamás está separada de la crucifixión. Las dos forman un conjunto redentor (Mt. 16:21; 20:19; Mr. 8:31; 9:31; 10:34; Lc. 24:26; Jn. 10:17, 18.) En la predicación apostólica la resurrección prueba que Jesús es el verdadero Mesías (Hch. 2:22-36; 3:12-18; 4:10; 5:29-32; 10:39-43; 13:29-37; 17:23-31.) La resurrección estableció a Jesús como el Hijo de Dios con poder (Ro. 1:4.) En virtud de ello es cabeza de la iglesia (Ef. 1:19-23) y soberano cósmico (Fil. 2:9-11), y entró en su ministerio como Sumo Sacerdote (Ro. 8:34.) La resurrección es parte integral de todo el proceso redentor. Es una garantía de que la vida continúa después de la muerte (Jn. 11:25, 26; 14:19), como también garantía del juicio que habrá de venir (Hch. 17:31.) No ha de ser considerada como la supervivencia del alma de Jesús, o la continuación del principio que Jesús sostuvo, sino como un suceso histórico, la reaparición de Jesús en forma corporal y física, pero cuyo cuerpo es incorruptible, no sujeto ni a la enfermedad ni a la muerte.

**Retama.** Arbusto de hojas pequeñísimas, angostas y rígidas. Crece en las laderas occidentales del Líbano (Jer. 17:6; 48:6.)

**Reu** *(amistad)* Hijo de Peleg y padre de Serug ( = Ragau), (Gn. 11:18, 19, 20, 21; 1 Cr. 1:25.)

**Reuel** *(Dios es amigo)* **1.** Hijo de Esaú y Basemat (Gn. 36:4, 10; 1 Cr. 1:35, 37.) **2.** Suegro de Moisés ( = Jetro), (Ex. 2:18.) **3.** Padre de Eliasaf nº 1 ( = Deuel, Nm. 2:14.) **4.** Benjamita (1 Cr. 9:8.)

**Revelación.** La doctrina mediante la cual Dios se da a conocer a los hombres y les hace conocer las verdades trascendentes. La revelación es de dos tipos: general y especial. La revelación general es asequible a todos los hombres y es comunicada por medio de la naturaleza, la conciencia, la historia. La revelación especial es la que se entrega a personas en particular, en un momento determinado (si bien puede alcanzar a otros también) y se exterioriza principalmente por la Biblia y por medio de Jesucristo.

**Revelación, Libro de** (Ver Libro del Apocalipsis)

**Reverencia.** Inclinación del cuerpo en señal de respeto o veneración (Gn. 43:28; Ex. 18:7; 2 S. 1:2; He. 12:28; 1 P. 3:15.)

**Revocar.** En Egipto los edificios de piedra, aun los hechos con el más fino granito, eran revocados o enlucidos por dentro y por fuera, para lograr una pared lisa que permitiera toda clase de decoraciones (Dt. 27:2, 4.) Los pobres utilizaban una mezcla de arcilla y paja. En Palestina una mano de revoque exterior de arcilla tenía que ser puesta después de la estación de las lluvias.

**Revoltón.** Uno de los estados de crecimiento de la langosta, caracterizado por su voracidad (Jl. 1:4; 2:25.)

**Rey.** Nimrod es el primer rey mencionado en la Biblia (Gn. 10:8-12); el primer rey de Israel fue Saúl y el último Sedequías, entre los años 1.020 y 578 a. C.; muchos fueron malvados e impíos y solamente unos pocos realmente piadosos; los israelitas consideraron a David como el más grande de sus reyes (Sal. 5:2; 10:16; 18:50; 54); en los profetas hallamos el concepto del rey mesiánico (Is. 32:1; 33:17; Jer. 23:5); en ambos Testamentos hay numerosas referencias a reyes extranjeros.

**Rey, Huerto del** (Ver Huerto del Rey)

**Reyes, Libros de los** (Ver Libros de los Reyes)

**Rezia.** Guerrero de la tribu de Aser (1 Cr. 7:39.)

**Rezín. 1.** Rey de Damasco en tiempo de Ahaz y Peka (735-732 a. C.); luchó juntamente con Israel contra Judá (Is. 7); derrotado y muerto por Tiglat-pileser (1 R. 16:9.) **2.** Fundador de una familia de netineos (Esd. 2:48; Neh. 7:50.)

**Rezón** *(noble)* Rey de Damasco (1 R. 11:23-25.) Probablemente el mismo que Hezión en 1 R. 15:18.

**Ribai** *(Dios luchó)* Benjamita padre de Itaí nº 2 (2 S. 23:29.)

**Ribla** *(multiplicar)* **1.** Ciudad en la frontera entre Canaán e Israel, al N. del mar de Galilea (Nm. 34:11.) **2.** Importante ciudad en la banda oriental del río Orontes, a 80 kilómetros al S. de Hamat, en la provincia siria de Mansuate. En este lugar el Faraón Necao (609 a. C.) encadenó al rey Joacaz II de Judá, y Nabucodonosor mató a los hijos del rey Sedequías de Judá (587 a. C.), le sacó los ojos al rey y lo llevó encadenado a Babilonia (2 R. 25:6s.; Jer. 39:5-7.) Es posible que las dos Riblas sean una misma ciudad.

**Rifat.** Segundo hijo de Gomer y nieto de Jafet (Gn. 10:3; 1 Cr. 1:6.)

**Rimón** *(granado)* **1.** Población en el Neguev de Judá (Jos. 15:32; 19:7; 1 Cr. 4:32; Zac. 14:10) llamada Enrimón en Neh. 11:29. **2.** Población en Zabulón (Jos. 19:13; 1 Cr. 6:77.) **3.** Peña cerca de Gabaa (Jue. 20:45, 47.) **4.** Padre de Baana y Recab, asesinos de Is-boset (2 S. 4:2, 5, 9.) **5.** Dios de los sirios (2 R. 5:18.)

**Rimón-peres.** Lugar donde acamparon los israelitas en el desierto (Nm. 33:19, 20.)

**Rina** *(motivo de alborozo)* Segundo hijo de Simón y descendiente de Judá (1 Cr. 4:20.)

**Riñón.** Glándula secretoria de la orina, en número de dos, en la región lumbar. La grosura que rodea los riñones se usaba como ofrenda a Jehová, quemándola sobre el altar (Ex. 29:13, 22; Lv. 3:4, 10, 15; 4:9.) Se consideraba a los riñones como el asiento de las emociones (Job 19:27; Sal. 7:9; 26:2; Jer. 17:10, según R-V ed. 1909); la revisión de 1960 traduce "corazón" en lugar de riñón.

**Río.** La Biblia habla de ríos importantes (Gn. 2:10-14), de ríos enormes como el Nilo (Is. 23:3; Jer. 2:18; Ez. 29:3; Nah. 3:8) o de pequeños arroyos que corren en el invierno y cuyos lechos están secos en el verano (Am. 6:14.) En forma figurada expresa abundancia, sea de bienes o de males (Job 20:17; Is. 43:2.)

**Río de Egipto.** Arroyo en la frontera SO. de Palestina que echa sus aguas en el Mediterráneo (Gn. 15:18; Nm. 34:5 habla de "torrente de Egipto")

**Río Jordán** *(que desciende)* El más importante de los ríos de Palestina; corre a lo largo de una falla o hendidura que se extiende del Líbano al mar Muerto (y más abajo aún); sumamente sinuoso por lo cual, si bien la distancia desde el mar de Galilea al mar Muerto es solamente de 110 kilómetros, el río hace un trayecto de 320 kilómetros; el valle por el cual corre tiene una longitud de 250 kilómetros y una anchura que varía entre 5 y 25 kilómetros y en su desembocadura en el mar Muerto está a 290 metros bajo el nivel del mar, con una profundidad de 1 a 3 metros y casi 30 metros de ancho (Gn. 13:10; Jos. 2:7; Jue. 3:28; Mt. 3:13.) Entre los importantes acontecimientos relacionados con el Jordán, mencionamos: su cruce por Israel, bajo la dirección de Josué (Jos. 3); tarea de Juan el Bautista (Mt. 3:6; Mr. 1:5); bautismo de Jesús (Mt. 3:13; Mr. 1:9.)

**Riqueza.** Abundantes posesiones materiales, sociales o espirituales. En la antigüedad la riqueza de Israel consistía en los rebaños, la plata, el oro, el bronce, el hierro, la ropa (Jos. 22:8.) Dios enseñó a Israel que era él el dador de la riqueza (Dt. 8:18); les enseñó a ser generosos (Pr. 11:24.) Jesús no condenó la riqueza pero insistió en la desventaja que significa la riqueza a uno que quiera entrar en el reino de Dios (Mt. 19:24; Lc. 16:19-31.)

**Risa.** En la Biblia expresa alegría (Gn. 21:6), escarnio (Sal. 2:4), incredulidad (Gn. 18:13.)

**Rissa** *(ruina)* Lugar no identificado donde acampó Israel en el desierto (Nm. 33:21, 22.)

**Ritma** *(enebro)* Lugar donde acampó Israel en el desierto (Nm. 33:18, 19.)

**Rizpa** *(piedra caliente)* Concubina de Saúl (2 S. 3:7); Abner fue acusado de incesto con ella (2 S. 3:7b; 21:8; 10, 11.)

**Robinsón, Bóveda de** (Ver Bóveda de Robinsón)

**Roble** (Ver Plantas)

**Robo.** Tomar para sí lo ajeno; prohibido por la ley mosaica (Lv. 19:13); era peligroso transitar por los caminos (Jue. 5:6; Lc. 10:30; 2 Co. 11:26); las casas se construían a prueba de ladrones; aun los sacerdotes, a veces, se daban al pillaje (Os. 6:9); los profetas denunciaban el robo (Is. 61:8; Ez. 22:29); no entregar los diezmos y las ofrendas a Dios era considerado un robo (Mal. 3:8.)

**Roboam.** Hijo de Salomón y Naama (1 R. 14:21, 31); perdió las diez tribus del N.; fue rey de Judá y Benjamín (1 R. 12; 14); perdió ciudades fortificadas ante Sisac, rey de Egipto (2 Cr. 12:1-4.)

**Rociar.** Esparcir un líquido en menudas gotas. Una parte importante del sacrificio era rociar con sangre, agua o aceite (Ex. 24:6-8; Lv. 14; Nm. 8:7.)

**Rocío.** En los resecos veranos y otoños de Palestina, el rocío era una gran bendición para la tierra (Gn. 27:28; Jue. 6:37-40), en tanto su ausencia era considerada una desgracia (2 S. 1:21; 1 R. 17:1.) Con frecuencia se usa la palabra como símbolo de bendición (Gn. 27:28) y de frescura (Dt. 32:2; Job 29:19; Sal. 133:3.)

**Rodas** *(rosa)* Isla en el mar Egeo; centro comercial importante hasta caer frente a Roma en el año 166 a. C.; famosa por su estatua, el Coloso, en Helios; el apóstol Pablo pasó por Rodas (Hch. 21:1.)

**Rode** *(rosa)* Criada o esclava en el hogar de María, la madre de Juan Marcos (Hch. 12:13.)

**Rodilla.** El acto de doblar la rodilla o de arrodillarse era considerado un acto de reverencia (Gn. 41:43; 2 R. 1:13) y de sujeción (Is. 45:23; Fil. 2:10.)

**Rodillo para desterronar.** Instrumento para romper los terrones y nivelar un campo (Job 39:10; Is. 28:24; Os. 10:11.)

**Rogel** *(manantial de pies)* Lugar en el límite entre Benjamín y Judá

(Jos. 15:7; 18:16; 2 S. 17:17; 1 R. 1:9.)

**Rogelim.** Localidad cerca de Mahanaim cuyos habitantes ayudaron a David (2 S. 17:27; 19:31.)

**Rohga.** Descendiente de Aser (1 Cr. 7:34.)

**Rojo.** Encarnado muy vivo, primer color del espectro solar (Gn. 25:30; 49:12; Ex. 25:5; 2 R. 3:22; Is. 1:18.)

**Rollo.** Hojas de papiro o pergamino cosidas entre sí y enrolladas alrededor de dos palos, uno en cada extremo, para formar un largo manuscrito (Is. 34:4; Jer. 36; Ez. 3:1-3; He. 10;7; Ap. 5; 10:1-10.) Variaban entre pocos metros y doce metros de longitud. La forma de códice recién comenzó a utilizarse en el segundo siglo después de Cristo.

**Roma.** Capital del Imperio Romano; fundada en el año 753 a. C.; Pablo estuvo prisionero dos veces en esa ciudad (Hch. 28; 2 Ti. 4.)

**Romano, Imperio** (Ver Imperio Romano)

**Romanos, Epístola a los** (Ver Epístola a los Romanos)

**Romanti-ezer** *(la más alta ayuda)* Levita, hijo de Hemán, músico del templo en tiempo de David (1 Cr. 25:4, 31.)

**Roña.** Sarna del ganado lanar (Lv. 22:22.)

**Ropa** (Ver Vestido)

**Ros** *(cabeza)* Hijo de Benjamín (Gn. 46:21.)

**Rosa** (Ver Plantas)

**Rosetta** (Ver Piedra Rosetta)

**Rostro.** Traduce tres palabras hebreas: **'ayin**, *ojo;* **'äph**, *nariz;* **pänim**, *cara;* también traduce el vocablo griego **pro,'sopon**, *cara* (rostro). A veces puede significar *persona, presencia* o *favor.* Esconder el rostro significa rechazo (Sal. 27:9); cubrir el rostro era señal de condenación (Est. 7:8); caer sobre el rostro indicaba sumisión o humillación (Gn. 17:3.)

**Rubén** *(¡ved un hijo!)* Hijo mayor de Jacob y Lea (Gn. 29:32); entregó mandrágoras a su madre (Gn. 30:14s.); cometió el pecado del incesto (Gn. 35:22); salvó a José de la muerte (Gn. 37:19-22; 42:22); ofreció a sus hijos como prenda por llevar a Benjamín (Gn. 42:37); la tribu asentó al E. del Jordán (Nm. 1:20, 21, 32; Jos. 13:15-23.)

**Rubenita.** Descendiente de Rubén, hijo de Jacob; asentaron en Galaad; apoyaron al rey David (1 Cr. 12:37); los asirios los llevaron en cautividad (1 Cr. 5:26.)

**Rubio.** De color rojo claro, parecido al del oro (Gn. 25:25.)

**Ruda** (Ver Plantas)

**Rudimento.** Primeros estudios de cualquier cosa o profesión. Elementos (2 P. 3:10, 12); primeros principios (He. 5:12); elementos físicos del mundo (2 P. 3:10, 12.) En Gá. 4:3, 9 se refiere a las deidades y prácticas paganas. En Col. 2:8, 20, a los conocimientos del mundo.

**Rudo.** Tosco, sin pulimento, que no se ajusta a las reglas, áspero (Pr. 30:2.)

**Rueca.** Instrumento que sirve para hilar (Pr. 31:19.)

**Rueda.** La rueda con rayos era conocida desde la más remota antigüedad (Ex. 14:25); la Biblia menciona las ruedas que cubrían los pozos (Ec. 12:6), y la rueda del alfarero (Jer. 18:3.)

**Rufián.** El que se dedica al infame tráfico de las mujeres públicas (Ez. 23:20.)

**Rufo. 1.** Hermano de Alejandro e hijo de Simón de Cirene, que llevó la cruz de Cristo (Mr. 15:21.) **2.** Cristiano saludado por Pablo (Ro. 16:13.)

**Ruhama** *(compadecida)* Hija de Oseas por Gomer (Os. 2:1.)

**Ruma** *(lugar alto)* Hogar de Pedaías cuya hija, Zebuda, fue madre de Joacim, por Josías (2 R. 23:36.)

**Rut.** Mujer moabita que se casó con un hijo de Elimelec y de Noemí de Belén (Rt. 1:1-4); ascendiente de Cristo (Mt. 1:5); el libro de Rut trata de ella.

**Rut, Libro de** (Ver Libro de Rut)

**Saaf** *(bálsamo)* **1.** Hijo de Jahdai (1 Cr. 2:47.) **2.** Hijo de Caleb (2 Cr. 2:49.)

**Saalabín** *(guarida de zorros)* = Saalbim (Jos. 19:42), localidad situada entre Ir-semes y Ajalón.

**Saalbim** *(guarida de zorros)* Ciudad amorrea, conquistada por los danitas, probablemente en Palestina central, = Saalbín (Jue. 1:35.)

**Saalbonita.** Originario de Saalbim (2 S. 23:32; 1 Cr. 11:33.)

**Saalim** *(tierra de chacales)* Región probablemente cerca de la frontera N. del territorio de Benjamín (1 S. 9:4.)

**Saaraim** *(dos puertas)* **1.** Ciudad en Judá (Jos. 15:36; 1 S. 17:52.) **2.** Ciudad en Simeón ( = Saruhén), (1 Cr. 4:31.)

**Saasgaz.** Eunuco en la corte del rey Asuero (Est. 2:14.)

**Sabá.** Región en Arabia de donde provino la reina que visitó a Salomón (1 R. 10:1; 2 Cr. 9:12.)

**Sabactani.** Palabra aramea que Jesús pronunció en la cruz: *Elí, Elí, ¿lama sabactani?* ("Dios mío, Dios mío ¿por qué me has desamparado?"), (Mt. 27:46; Mr. 15:34.)

**Sábado** (Ver Reposo)

**Sábado, segundo del primero.** Expresión de significado incierto que se encuentra en Lucas 6:1, R-V, ed. 1909. Se han sugerido numerosas explicaciones.

**Sabático, Año** (Ver Fiesta)

**Sabeos.** Los sabeos eran un pueblo mercader que en la antigüedad vivían en el SO. de Arabia en una región que limitaba con Ofir y Havila. Los romanos le dieron el nombre de *Arabia Feliz.* Fueron merodeadores sabeos quienes

mataron los rebaños y los criados de Job (Job 1:15.) Traficaban con esclavos (Jl. 3:8.) Una reina de los sabeos fue la famosa reina de Sabá (1 R. 10:1, 4, 10, 13; 2 Cr. 9:1, 3, 9, 12.)

**Sabetai** *(nacido el Sábado)* Levita que favoreció la iniciativa de divorciarse de las mujeres extranjeras (Esd. 10:5); intérprete de la ley (Neh. 8:7; 11:16.)

**Sabiduría.** Atributo de Dios (Pr. 3:19); según el pensamiento hebreo involucra tales características como ser industrioso, honesto, sobrio, casto y de buena reputación; incluye la capacidad o habilidad técnica (Ex. 28:3), excelencia militar (Is. 10:13), astucia (1 R. 2:6); se brinda a los hombres por el temor a Jehová (Job 28:28; Sal. 111:10); personificada (Pr. 8:1; Mt. 11:19); Jesús es sabiduría (1 Co. 1:30; Col. 2:2, 3); la sabiduría de los creyentes hace un marcado contraste con la sabiduría del mundo (1 Co. 1:19-26.)

**Sabiduría de Jesús, hijo de Sirac.** Uno de los libros apócrifos.

**Sabiduría de Salomón** (Ver Libros apócrifos)

**Sabio. 1.** Individuo de entendimiento y habilidad en asuntos ordinarios y corrientes (Pr. 1:5; Job 15:2; Sal. 49:10); con el tiempo se los reconoció como una clase especial y diferenciada, a nivel de los sacerdotes y de los profetas (Jer. 18:18); no eran exclusivos de Palestina (Gn. 41:8; Ex. 7:11; Dn. 2:12-5:15.) **2.** Los magos (Mt. 2:1ss.); astrólogos; arribaron del Oriente; tanto el número como el nombre que se les han dado son legendarios.

**Sabta.** Hijo de Cus (Gn. 10:7; 1 Cr.

1:9); talvez un lugar en el S. de Arabia.

**Sabteca.** Hijo de Cus (Gn. 10:7; 1 Cr. 1:9); sus descendientes vivieron, probablemente, en el S. de Arabia.

**Sacar** *(salarios)* **1.** Padre de Ahíam ( = Sarar), (1 Cr. 11:35.) **2.** Levita, portero del templo, hijo de Obed-edom (1 Cr. 26:4.)

**Sacerdote, sacerdocio.** La palabra que el N. T. traduce "sacerdote" está relacionada con un vocablo que significa "santo", e indica la persona consagrada al servicio de una causa santa. La palabra hebrea que traduce "sacerdote" es de origen incierto, pero pareciera haber significado, originariamente, "veedor", como asimismo el que tiene que ver con asuntos divinos. Un sacerdote es un ministro en cualquier religión, sea pagano (Gn. 41:45; Hch. 14:13), o bíblico (Mt. 8:3; 1 P. 2:5, 9.) Al comienzo los individuos eran sacerdotes (Gn. 4:3, 4); más tarde actuaban en esa jerarquía los padres de familia (Gn. 12:7; 13:18); en el Sinaí Dios, por medio de Moisés, designó como sacerdotes a Aarón, sus hijos y sus descendientes (Ex. 28:1.) Los sacerdotes aarónicos tenían que ajustarse a normas sumamente rígidas (Lv. 21:16-24); en el santuario oficiaban con vestiduras especiales y se ajustaban a un ritual determinado. Estaban divididos en 24 suertes, y cada una de ellas oficiaba durante una semana (1 Cr. 24:1-19.) Representaban al pueblo ante Dios ofreciendo sacrificios y orando en su favor; el sumo sacerdote supervisaba al resto de los sacerdotes y presentaba ofrendas por el pecado (Lv. 4); sacrificaba en el día de la expiación (Lv. 16); consultaba la voluntad de Dios recurriendo al Urim y Tumim (Ex. 28:30; Neh. 7:65.) Los levitas servían como asistentes de los sacerdotes aarónicos (Nm. 3.) En el N. T. se lo describe a Jesús como sumo sacerdote según el orden de Melquisedec (He. 5:10; 6:20; 7:17.) Con Jesús quedó abolido el sacerdocio aarónico (Jn. 14:6; 1 Ti. 2:5, 6; He. 5:7-10.) Cristo ofreció su propia persona

como sacrificio, y nunca más tendrá que repetirse. Por su muerte expió los pecados de todos los hombres de una vez y para siempre. El N. T. enseña que todos los creyentes son sacerdotes; comparten la actividad sacerdotal de Cristo, llevando la palabra a los hombres y llevando los hombres a Cristo (Ef. 2:18; He. 10:19-25; 1 P. 2:5, 9; Ap. 1:5, 6.)

**Sacramento.** Ritual simbólico instituido por Cristo y que señala las principales verdades de la fe cristiana; muerte y resurrección con Cristo y participación en los beneficios redentores de la muerte meritoria de Cristo. La Iglesia Católica Apostólica Romana cuenta con siete sacramentos; las iglesias protestantes tienen dos: el bautismo y la cena del Señor.

**Sacrificio.** Acto religioso de adoración por el cual se ofrenda a Dios algún objeto material que pertenece al oferente, ofrenda que se entrega en un culto ceremonial para lograr, restaurar, mantener o celebrar amistosas relaciones con la deidad; expresa fe, arrepentimiento y adoración; el principal propósito del sacrificio es el de agradar a la deidad y asegurar su favor. Se lo ha practicado desde la más remota antigüedad (Gn. 4:4ss; 8:20s.; 12:7, 8; 13:4, 18; 15:4s.; 26:25; Job 1:5; 42:7, 9.) Antes de contar con el templo de Jerusalén, los sacrificios eran ofrendados por el jefe de la familia. Los judíos no han sacrificado desde que los romanos destruyeron el templo en el año 70 d. C. En los sacrificios mosaicos se ofrecían solamente determinados tipos de animales y de aves. Los sacrificios se hacían con animales y vegetales. Sacrificios animales: ofrendas por el pecado (Lv. 4:1-35; 6:24-30); ofrendas expiatorias (Lv. 5:14-6:7); holocaustos (Lv. 1); ofrenda de paz (Lv. 3.) Sacrificios vegetales: oblación (Lv. 2:1-16; 6:14-18); libación (Nm. 6:17; 15:1-12.) Todos los sacrificios del A. T. señalan y son un tipo del sacrificio de Jesucristo (He. 9:10.)

**Sacrificio vespertino.** Una de las ofrendas diarias presciptas por el ritual de la ley mosaica (Ex. 29:38-42; Nm. 28:3-8.)

**Sacrilegio.** En Ro. 2:22 significa robar de los templos.

**Sacrílego.** Que comete sacrilegio (Hch. 19:37.)

**Sadday, El** (Ver El-Sadday)

**Sadoc** *(recto)* **1.** Sacerdote en tiempo del rey David (2 S. 8:17; 1 Cr. 6:8.) **2.** Abuelo del rey Jotam (2 R. 15:33; 2 Cr. 27:1.) **3.** Descendiente de n° 1 (1 Cr. 6:12; 9:11.) **4.** "Joven valiente" que se unió a David en Hebrón (1 Cr. 12:28.) **5.** Nombre de dos que ayudaron en la restauración del templo de Jerusalén (Neh. 3:4, 29.) **6.** Firmante del pacto de Nehemías (Neh. 10:21.) **7.** Escriba en tiempo de Nehemías (Neh. 13:13.) **8.** Descendiente de Zorobabel y ascendiente de Jesucristo (Mt. 1:4.) **9.** Antepasado de Esdras (Esdras 7:2.)

**Sadrac** (talvez *"mandato del dios Aku")* Nombre babilónico dado a Ananías (Dn. 1:7.)

**Saduceos.** Secta religiosa judía en tiempo de Cristo. Creían exclusivamente en la ley y rechazaban todo tipo de tradición oral; niegan la resurrección, la inmortalidad del alma y el mundo espiritual (Mr. 12:18; Lc. 20:27; Hch. 23:8); apoyaron a los macabeos; formaban un grupo relativamente pequeño pero por lo general eran sumos sacerdotes; Juan el Bautista los denunció (Mt. 3:7, 8) y también Jesús (Mt. 16:6, 11, 12); se opusieron a Cristo (Mt. 21:12s.; Mr. 11:15s; Lc. 19:47) y a la iglesia apostólica (Hch. 5:17, 33.)

**Saeta.** Aplicada en sentido mesiánico en Isaías 49:2.

**Saf** *(umbral)* Gigante filisteo al que mató Sibecai, uno de los valientes de David (2 S. 21:18.)

**Safán** *(conejo)* **1.** Secretario y funcionario del rey Josías (2 R. 22:3-20; 2 Cr. 34:8-28); leyó al rey Josías el libro de la ley, recién descubierto (2 Cr. 34:18); llevó el mensaje de Josías a la profetisa Hulda (2 Cr. 34:20-28.) **2.** Padre de Ahicam y de Elasa n° 4. Posiblemente = n° 1 (2 R. 22:12; 25:22; 2 Cr. 34:20; Jer. 26:24.) **3.** Jefe de la tribu de Gad (1

Cr. 5:12.) **4.** Padre de Jaazanías n° 3 (Ez. 8:11.)

**Safat** *(ha juzgado)* **1.** Espía simeonita (Nm. 13:5.) **2.** Padre del profeta Eliseo (1 R. 19:16, 19; 2 R. 3:11; 6:31.) **3.** Hijo de Semaías (1 Cr. 3:22.) **4.** Jefe gadita en Basán (1 Cr. 5:12.) **5.** Ganadero del rey David (1 Cr. 27:29.)

**Safir** *(resplandeciente)* Lugar no identificado, probablemente una localidad al SO. de Palestina (Mi. 1:11.)

**Safira** *(hermosa)* Esposa de Ananías; por mentir murió de repente y cayó a los pies de Pedro (Hch. 5:1-10.)

**Sage** *(errante)* Padre de Jonatán, uno de los valientes de David (1 Cr. 11:34.)

**Sahaduta** (Ver Jegar Sahaduta)

**Saharaim** *(doble amanecer)* Benjamita (1 Cr. 8:8.)

**Sahazima** *(hacia las alturas)* Población en la frontera de Isacar, entre Tabor y el Jordán (Jos. 19:22.)

**Sajadura.** Cortadura hecha en la carne. Práctica pagana que incluía el tatuaje, incisiones, castración, *etc.,* generalmente como duelo por los muertos y para propiciar a las deidades, pero prohibida a los israelitas (Dt. 14:1.)

**Sal.** Utilizada en la antigüedad para sazonar y preservar los alimentos (Job 6:6; Mt. 5:13), como un antiséptico en medicina (Ez. 16:4), y acompañando a todo tipo de ofrendas (Lv. 2:13; Ez. 43:24.) En algunas ocasiones, cuando se capturaba y asolaba una ciudad, se la sembraba de sal (Jue. 9:45.) Ciertos pactos se hacían con sal (Nm. 18:19; 2 Cr. 13:5.) Jesús les dijo a sus discípulos que ellos eran "la sal de la tierra" (Mt. 5:13; Mr. 9:50; Lc. 14:34.)

**Sal, Ciudad de la.** Ciudad en el desierto de Judá, entre Nibsán y Engadi (Jos. 15:62) en sitio no identificado.

**Sal, Pacto de.** Pacto confirmado con alimentos sacrificados en el cual se utilizaba la sal (Nm. 18:19.)

**Sal, Valle de la** (Ver Valle de la Sal)

**Sala** *(petición)* Hijo de Afaxad y padre de Heber (Gn. 10:24; Lc. 3:35.)

**Salado, Mar** (Ver Mar Muerto)

**Salaf** *(alcaparro)* Padre de Hanún nº 2, que ayudó a Nehemías a restaurar el muro de Jerusalén (Neh. 3:30.)

**Salai** *(Dios restauró)* **1.** Jefe benjamita (Neh. 11:8.) **2.** Familia sacerdotal ( = Salú nº 2), (Neh. 12:20.)

**Salamanquesa** (Ver Animales)

**Salamina.** Ciudad en la costa oriental de Chipre donde predicaban Pablo y Bernabé (Hch. 13:5.)

**Salatiel** *(he preguntado a Dios)* Hijo de Jeconías, rey de Judá (Mt. 1:12) o de Neri (Lc. 3:27.) Fue hijo de Jeconías, rey de Judá, según la genealogía de Mateo, o de Neri, según Lucas, y padre de Zorobabel. Es posible que haya sido el hijo real de Neri y heredero legal de Jeconías.

**Salca.** Ciudad amorrea en la frontera NE. de Basán (Dt. 3:10; Jos. 12:5; 13:11) y que actualmente se llama Salhad.

**Salem** *(paz)* Nombre de la ciudad en la cual era rey Melquisedec (Gn. 14:8; He. 7:1, 2), probablemente Jerusalén.

**Salequet.** Puerta occidental del atrio del templo de Salomón (1 Cr. 26:16.)

**Salim.** Lugar de manantiales cerca de Enón, al O. del Jordán (Jn. 3:23.)

**Salisa** *(un tercio)* Región cerca del Monte Efraín (1 S. 9:4.)

**Salma** *(manto)* Descendiente de Caleb (1 Cr. 2:51, 54.)

**Salmai** *(manto)* Padre de una familia de netineos (Esd. 2:46; Neh. 7:48.)

**Salmán.** Hay dos teorías en cuanto a este nombre que aparece únicamente en Oseas 10:14: **1.** Contracción de Salmanasar; **2.** Salmanu, rey moabita cuyo nombre figura en las inscripciones de Tiglat-pileser.

**Salmanasar** *(el dios Sulmán es jefe)* Título de cinco reyes asirios, uno de los cuales menciona el A. T. y otro se refiere a un rey israelita. **1.** Salmanasar III (859-824 a. C.); hijo de Asurnasirpal; las inscripciones dejadas por él dicen que se opuso a Ben-adad de Damasco y a Acab de Israel e hizo un vasallo de Israel. **2.** Salmanasar IV (726-722 a. C.), hijo de Tiglat-pileser, recibió tributo de Oseas; sitió a Samaria y llevó cautivas a las tribus del N. (2 R. 17:3; 18:9.)

**Salmodia.** Canto usado para los salmos (Am. 5:23.)

**Salmón** *(indumentaria)* **1.** Monte cerca de Siquem (Jue. 9:48; Sal. 68:14.) **2.** Hijo de Naasón y padre de Booz y esposo de Rut (Rt. 4:20, 21; 1 Cr. 2:11; Mt. 1:4, 5; Lc. 3:32.) **3.** Uno de los 30 valientes de David (2 S. 23:28.) **4.** Cabo oriental de la isla de Creta (Hch. 27:7.)

**Salmos de Salomón.** Uno de los libros seudoepigráficos, que consiste en 18 salmos imitando los canónicos, y escrito probablemente entre los años 64 y 46 a. C.

**Salmos imprecatorios.** Algunos salmos-especialmente los números 2, 37, 69, 109, 139, 143- que contienen expresiones de una aparente actitud vengativa hacia los enemigos. Para algunos estos salmos constituyen una de las "dificultades morales" del A. T.

**Salmos, Libro de** (Ver Libro de Salmos)

**Salomé** *(femenino de Salomón)* **1.** Esposa de Zebedeo y madre de Jacobo el Mayor y de Juan (Mt. 27:56; Mr. 15:40; 16:1); sirvió a Jesús (Mr. 15:40, 41); estuvo presente en la crucifixión de Jesús (Mt. 27:56); fue a la tumba a ungir el cuerpo de Jesús (Mr. 16:1.) **2.** Hija de Herodías y de Herodes Filipo; como recompensa por haber bailado bien le fue entregada la cabeza decapitada de Juan el Bautista (Mt. 14:3-11; Mr. 6:17-28.) No se menciona su nombre en los Evangelios.

**Salomón** *(pacífico)* Tercero y último rey de Israel unida; hijo de David y Betsabé (2 S. 12:24; 1 Cr. 3:5); fue ungido rey cuando David tenía una avanzada edad (1 R. 1); se vengó de Adonías, Abiatar, Joab y Simei (1 R. 2); se casó con una hija del Faraón (1 R. 3:1); oró por tener un corazón comprensivo y fue famoso por su sabiduría (1 R. 3:5-28; 10:1-10; 2 Cr. 1:3-12); con la ayuda de Hiram, rey de Tiro, edificó el templo y su palacio (1 R. 5-8; 2 Cr. 2-7); instituyó el trabajo obligatorio para realizar sus proyectos de construcción (1 R. 5:13-17; 9:19-21); sus amplios negocios le permitieron amasar una fabulosa fortuna (1 R. 10:11-29); naturalista (1 R. 4:33); autor de proverbios, canciones, salmos, el libro El Cantar de los Cantares, el libro de Proverbios, Eclesiastés; sus numerosas esposas le crearon compromisos con el paganismo; cuando murió las 10 tribus del N. se negaron a reconocer como rey a Roboam su hijo y escogieron como rey a Jeroboam, anterior superintendente de obras públicas de Salomón. Salomón fue un hombre dotado de notables dones y oportunidades, pero murió como un fracasado.

**Salomón, Estanques de** (Ver Estanques de Salomón)

**Salomón, Pórtico de** (Ver Pórtico de Salomón)

**Salomón, Siervos de** (Ver Siervos de Salomón)

**Salomón, Templo de** (Ver Templo)

**Salpicada.** Con salpicaduras (Gn. 30:32-39; Is. 63:3.)

**Salterio.** Instrumento musical que consiste en una caja prismática con muchas hileras de cuerdas metálicas (2 S. 6:5; Sal. 92:3.)

**Salú** *(Dios restauró)* **1.** Benjamita que regresó de Babilonia (1 Cr. 9:7; Neh. 11:7.) **2.** Familia levítica ( = Salai nº 2) (Neh. 12:7.)

**Salu** *(devolución)* Padre de Zimri nº 1 (Nm. 25:14.)

**Salum** *(recompensa)* **1.** Rey de Israel, asesino y sucesor de Zacarías (2 R. 15:10-15.) **2.** Marido de la profetisa Hulda (2 R. 22:14.) **3.** Hijo de Sismai (1 Cr. 2:40, 41.) **4.** Rey de Judá, hijo y sucesor del rey Josías ( = Joacaz) (1 Cr. 3:15.) **5.** Descendiente de Simón, hijo de Saúl (1 Cr. 4:25.) **6.** Sumo sacerdote, hijo de Sadoc y padre de Hilcías (1 Cr. 6:12, 13.) **7.** Hijo de Neftalí (1 Cr. 7:13.) **8.** Hijo de Coré, padre de una familia de porteros del templo (1 Cr. 9:17.) **9.** Padre de Ezequías (2 Cr. 28:12.) **10.** Levita que repudió a su mujer extranjera (Esd. 10:24.) **11.** Uno que repudió a su mujer extranjera (Esd. 10:42.) **12.** Uno que ayudó a la restauración del muro de Jerusalén (Neh. 3:12.) **13.** Otro que ayudó a la restauración del muro (Neh. 3:15.)

**14.** Tío del profeta Jeremías (Jer. 32:7.) **15.** Padre de Maasías nº 17 (Jer. 35:4.)

**Salutación.** Saludo dado en forma oral (Lc. 1:29, 41, 44) o por escrito (1 Co. 16:21; Col. 4:18; 2 Ts. 3:17.) En la Biblia los saludos a veces incluyen ciertos actos, tales como postrarse, arrodillarse, besar la mano, *etc.* Cada circunstancia en la vida se acompaña de su particular manera de saludo. Los saludos epistolares de Pablo eran de una gran riqueza espiritual.

**Salvación.** Liberación de todo tipo de mal, sea material o espiritual. Teológicamente significa: a. El proceso mediante el cual el hombre es liberado de todo aquello que interfiere en el goce de las excelsas bendiciones de Dios; b. el goce, propiamente dicho, de esas bendiciones. En el A. T. la liberación puede ser de la derrota en batalla (Ex. 15:2), de la angustia (Sal. 34:6), de los enemigos (2 S. 23:36-38), de la violencia (2 S. 22:3), de la infamia (Sal. 57:3), del exilio (Sal. 106:47), de la muerte (Sal. 6:4), del pecado (Ez. 36:29.) A menudo se habla de Dios como el Salvador (Is. 43:3, 11.) La más importante condición humana para alcanzar la salvación era la confianza en Dios. En el N. T. la salvación generalmente significaba liberación del pecado para entrar en una nueva vida, por medio de la fe en el Hijo de Dios encarnado (Jn. 3:16; Ef. 2:13-18.) La salvación no solamente libra del futuro castigo, sino también del pecado como poder actual (Ro. 6.) Incluye todas las bendiciones redentoras que tenemos en Cristo, principalmente la conversión, regeneración, justificación, adopción, santificación y glorificación. En ciertos aspectos la doctrina de la salvación trasciende al hombre y afecta a todo el universo (1 Co. 15:28.)

**Salvador** *(liberador)* Uno que salva, libera o preserva de algún mal o peligro, sea físico o espiritual, temporal o eterno; el término se aplica tanto a los hombres (Jue. 3:9, 15, R-V, ed. 1909; 2 R. 13:5; Neh. 9:27, R-

V, ed. 1909; Abd. 21) como a Dios (Sal. 28:8; 140:7; Is. 43:3; 45:21; 60:16; Os. 13:4.) En el N. T. se aplica únicamente a Dios y a Cristo, nunca al hombre (Lc. 1:47; 1 Ti. 1:1; 2:3; 4:10; Tit. 1:3.) Preeminentemente la palabra Salvador es el título que le corresponde al Hijo (Tit. 1:4; 2:13; 3:6; 2 Ti. 1:10; 2 P. 1:1; 1 Jn. 4:14.)

**Salve** (del latín *salve, te saludo)* Interjección poética que se emplea para saludar (Mt. 26:49; 27:29; 28:9; Mr. 15:18; Lc. 1:28.)

**Sama** *(Jehová oyó)* **1.** Jefe edomita, nieto de Esaú (Gn. 36:13, 17; 1 Cr. 1:37.) **2.** Tercer hijo de Isaí, de Belén, hermano de David (1 S. 16:9; 17:13.) **3.** Uno de los tres primeros valientes de David (2 S. 23:11.) **4.** Uno de los 30 valientes de David (2 S. 23:25.) **5.** Otro de los 30 valientes de David (2 S. 23:25.) **6.** Otro de los 30 valientes de David (1 Cr. 11:44.) **7.** Descendiente de Aser, hijo de Zofa (1 Cr. 7:37.)

**Samai** *(Jehová oyó)* **1.** Descendiente de Jerameel (1 Cr. 2:28, 32.) **2.** Descendiente de Caleb (1 Cr. 2:44, 45.) **3.** Descendiente de Judá (1 Cr. 4:17.)

**Samaquías** *(Jehová ha sustentado)* Levita, portero del templo (1 Cr. 26:7.)

**Samaria** *(atalaya)* **1.** Nombre con que se conoce también al reino del Norte de Israel, formado cuando las diez tribus se negaron a reconocerlo como rey a Roboam, el hijo de Salomón. Se extendía desde Bet-el hasta Dan y desde el Mediterráneo hasta Siria y Ammón. Ciudades más importantes: Siquem, Samaria, Sicar, Silo, Bet-el. **2.** Capital del reino del N. construida por Omri aproximadamente a 10 kilómetros de Siquem; fue censurada por su lujo y corrupción (1 R. 18:2; 21:1; Is. 7:9; Jer. 31:5; Ez. 23:33; Os. 8:5; Amós 3:1-22.) Es la moderna Sebastiyah.

**Samaritanos. 1.** Habitantes de la región de Samaria (2 R. 17:26; Mt. 10:5; Lc. 9:52; 10:33; Jn. 4:9, 39, 40; Hch. 8:25.) Después de la cautividad los colonos del reino del N. de Babilonia, Siria, Elam y otros territorios asirios (2 R. 17:24-34) se casaron con judíos que habían quedado en Samaria; los judíos los despreciaban (Neh. 4:1-3; Mt. 10:5; Jn. 4:9-26.) **2.** Secta que obtuvo su nombre de Samaria, término despreciado por los judíos (Jn. 8:48.) La religión de los samaritanos se basaba exclusivamente en el Pentateuco.

**Samgar.** Hijo de Anat; juez de Israel; mató a 600 filisteos con una aguijada de bueyes (Jue. 3:31; 5:6.)

**Samgar-nebo** *(sé propicio, Nebo)* Príncipe y jefe militar de Nabucodonosor (Jer. 39:3.)

**Samhut** *(desolación)* Quinto comandante divisional del ejército de David (1 Cr. 27:8.)

**Samir** *(punta filosa)* **1.** Población en Judá, aproximadamente a 21 kilómetros al SO. de Hebrón (Jos. 15:48.) **2.** Aldea en Efraín, donde vivía Tola (Jue. 10:1, 2.) **3.** Servidor del templo (1 Cr. 24:24.)

**Samla** *(vestido)* Rey edomita (Gn. 36:36, 37; 1 Cr. 1:47, 48.)

**Samos** *(altura)* Isla en el mar Egeo, pegada a la costa del Asia Menor, cerca de Lidia (Hch. 20:15.)

**Samot** *(desolación)* Uno de los 30 valientes de David (1 Cr. 11:27.)

**Samotracia.** Isla al NE. del mar Egeo, entre Troas y Neápolis (Hch. 16:11.)

**Samserai** *(resplandeciente)* Hijo de Jeroham (1 Cr. 8:26.)

**Samúa** *(renombrado)* **1.** Hijo de Zacur, espía rubenita (Nm. 13:4.) **2.** Hijo de David y Betsabé (= Simea nº 2), (2 S. 5:14; 1 Cr. 14:4.) **3.** Levita, padre de Abda (Neh. 11:17.) **4.** Sacerdote que regresó de Babilonia con Zorobabel (Neh. 12:18.)

**Samuel** *(nombre de Dios o Dios escuchó)* Último de los jueces (1 S. 7:15); primero de los profetas después de Moisés (2 Cr. 35:18; Jer. 15:1), vidente (1 S. 9:9) y sacerdote (1 S. 2:18, 27, 35); hijo de Elcana y de Ana (1 S. 1:19, 20); su nacimiento fue el resultado de una providencia especial; Elí lo crió (1 S. 3); ungió a Saúl (1 S. 10) y a David (1 S. 16:13) como reyes; probable autor de los libros bíblicos que llevan su nombre; murió en Ramá (1 S. 25:1.)

**Samuel, Libros de** (Ver Libros de Samuel)

**Sanbalat** *(Sin, el dios-luna, da la vida)* Influyente samaritano que procuró, infructuosamente, desbaratar los planes de Nehemías de reconstruir los muros de Jerusalén (Neh. 4:1ss.; 6:1-14; 13:28.)

**Sandalias** (Ver Vestidos)

**Sándalo** (Ver Plantas)

**Sanedrín** *(concilio)* Era el más alto tribunal judío durante el período de las dominaciones griega y romana; se desconoce su origen; perdió su autoridad cuando los romanos destruyeron Jerusalén en el año 70 d. C.; en tiempos de Jesús su autoridad estaba restringida a Judea; pero aún en la diáspora se reconocía su influencia (Hch. 9:2; 22:5; 26:12.) Lo componía un presidente, que era el sumo sacerdote, y 70 miembros; los miembros eran escogidos entre los principales sacerdotes, escribas y ancianos (Mt. 16:21; 27:41; Mr. 8:31; 11:27; 14:43, 53; Lc. 9:22), y entre la nobleza secular de Jerusalén; era la suprema corte de apelación para todos los problemas que surgieran de la interpretación de la ley mosaica; podían ordenar arrestos por medio de sus propios magistrados judiciales (Mt. 26:47; Mr. 14:43; Hch. 4:3; 5:17s.; 9:2); en tiempos de Jesús no contaban con la autoridad suficiente para imponer la pena de muerte (Jn. 18:31, 32.)

**Sangre.** A los israelitas les estaba expresamente prohibido ingerir sangre (Gn. 9:4.) A menudo es un sinónimo de vida (Gn. 9:4; Lv. 17:11, 14; Dt. 12:23.) Sin derramamiento de sangre no hay perdón de los pecados (He. 9:22.) La sangre de Cristo salva (1 Co. 11:25; Ef. 2:13; 1 P. 1:2, 19.)

**Sangre, Flujo de** (Ver Enfermedades)

**Sanguijuela.** Anélido casi cilíndrico, de 8 a 12 centímetros de largo y que se alimenta con la sangre que chupa de los animales (Pr. 30:15.)

**Sansana** *(rama de palmera)* Localidad en el S. de Judá, cerca de Siclag (Jos. 15:31.)

**Sansón** *(pequeño sol)* Héroe danita; hijo de Manoa; su nacimiento fue el resultado de una providencia especial; en Timnat se casó con una mujer filistea, que luego entregaron a otro hombre; en venganza Sansón quemó el campo filisteo, mató a numerosos filisteos e hizo demostraciones de su extraordinaria fuerza; finalmente fue traicionado por Dalila; murió al derrumbar el templo de Dagón, al echar abajo sus columnas; fue juez de Israel durante 20 años (Jue. 13-17; He. 11:32.)

**Santiago** = Jacobo nº 1 (Stg. 1:1.)

**Santiago, Epístola de** (Ver Epístola de Santiago)

**Santidad, santo.** Básicamente significa "separación"; todo lo separado de lo común y dedicado a uso sagrado; la santidad tiene su origen en Dios y es comunicada o traspasada a cosas, lugares, tiempos y personas dedicadas a su servicio; Dios exige que su pueblo sea santo, es decir, separado para él (Nm. 15:40, 41; Dt. 7:6.) Jesús es el Santo de Dios (Mr. 1:24; Lc. 4:34; Jn. 6:69.)

**Santificación** *(separación; poner aparte)* Separación al mundo y consagración a Dios. Santificar cualquier cosa es declarar que pertenece a Dios. Puede referirse a personas, lugares, días y estaciones, y objetos utilizados para el culto (Ex. 13:2; 19:5, 6; 29:27, 44; Lv. 27:14, 16; Nm. 3:12; Neh. 13:19-22.) En un sentido ético, significa la conformación progresiva del creyente a la imagen de Cristo, o el proceso mediante el cual la vida se hace moralmente santa. La santificación se obtiene por la obra redentora de Cristo, y la obra del Espíritu Santo que mora en nosotros. Comienza con la regeneración y se completa cuando vemos a Cristo.

**Santificar** *(Etimológicamente hacer santo)* Aquí la idea principal, al igual que los vocablos afines "santo", "santidad", "santificado", *etc.*, es la de poner aparte o separar una cosa o una persona para uso sagrado, para considerarlo como sagrado y para reverenciarlo como santo, honrándole y sirviéndole como a tal (Gn. 2:3; Ex. 20:11; Lv. 8:30; Jos. 3:5; Jl. 2:16; Mt. 6:9; Ap. 22:11.)

**Santísimo** (Ver Tabernáculo)

**Santo. 1.** Miembro del convenio contractual entre Dios y los hijos de Israel, ya sea un laico piadoso (2 Cr. 6:41; Sal. 16:3) o un sacerdote consagrado a Dios (Sal. 106:16; 1 P. 2:5.) **2.** Un creyente neotestamentario, que pertenece exclusivamente a Dios (Hch. 9:13; 1 Co. 16:1; 2 Co. 1:1.) Los santos son la iglesia (1 Co. 1:2), gente sacada del mundo para constituir el pueblo de Dios. A lo largo de toda la Escritura se insta a los santos a vivir conforme a su vocación (Ef. 4:1; Col. 1:10.)

**Santo, Espíritu** (Ver Espíritu Santo)

**Santo, Lugar** (Ver Tabernáculo)

**Santuario** *(lugar santo)* **1.** El tabernáculo o templo donde Dios estableció su morada inicial. **2.** Judá (Sal. 114:2.) **3.** Lugar de asilo (1 R. 2:28s.) **4.** En plural, altares o santuarios idolátricos (Am. 7:9.) **5.** El santuario terrenal es tipo del santuario celestial, en el cual Cristo es sumo sacerdote y sacrificio (He. 10:1-18.)

**Saquías** *(Jehová cercó)* Benjamita (1 Cr. 8:10.)

**Sara** *(princesa)* **1.** Mujer de Abraham; madre de Isaac (Gn. 17:17; 21:2, 3); originariamente se llamaba Sarai (Gn. 17:15); dos veces pasó por hermana de Abraham (Gn. 12:10-20 y Gn. 20:1-18); indujo a Abraham a tomar a Agar por concubina (Gn. 16:1-17) y más tarde a despedirla (Gn. 21:9-21); al morir fue enterrada en Macpela (Gn. 23); fue alabada por su fe (He. 11:11) y obediencia (1 P. 6:3.) **2.** Hija de Ragüel, esposa de Tobías (Tobías 3:7, 17.)

**Saraf** *(noble)* Judaíta (1 Cr. 4:22.)

**Sarai. 1.** Mujer de Abraham ( = Sara), (Gn. 11:29; 17:15.) **2.** Uno de los que repudiaron a su mujer extranjera (Esd. 10:40.)

**Sarar** *(firme)* Padre de Ahíam, uno de los 30 valientes de David (2 S. 23:33.)

**Sárdica** (Ver Minerales)

**Sardio** (Ver Minerales)

**Sardis.** Principal ciudad de Lida, en la provincia romana de Asia; famosa por su arte y artesanías; patrona de cultos misteriosos (Ap. 1:11; 3:1, 4.)

**Sarepta** *(refinamiento)* Ciudad fenicia, aproximadamente a 13 kilómetros de Sidón (1 R. 17:9, 10; Lc. 4:26.) Se ven sus ruinas al Sur de la moderna Sarafand.

**Saretán.** Lugar cuya ubicación exacta se desconoce, cerca de las ciudades de Adam y de Bet-seán (Jos. 3:16; 1 R. 4:12.)

**Sarezer** *(proteged al rey)* **1.** Hijo y asesino de Senaquerib, rey de Asiria (2 R. 19:37; Is. 37:38.) **2.** Contemporáneo del profeta Zacarías (Zac. 7:2.)

**Sargón** *(el rey constituido)* **1.** Sargón I, rey fundador del primitivo imperio babilónico (2.400 a. C.) de quien la Biblia no habla. **2.** Sargón II (722-705 a. C.), rey asirio (Is. 20:1); sucesor de Salmanasar que capturó Samaria (2 R. 17:1-16); derrotó al gobernante egipcio So (2 R. 17:4); destruyó el imperio hitita; le sucedió su hijo Senaquerib.

**Sarid** *(sobreviviente)* Población en la frontera de Zabulón (Jos. 19:10, 12), probablemente la moderna Tell Saddud, al N. de Megido.

**Sarmiento.** Vástago de la vid (Nm. 13:23; Is. 17:10; Ez. 15:2.)

**Sarna.** Enfermedad contagiosa con vesículas y pústulas (Lv. 21:20; Job 2:7.) (Ver Enfermedades)

**Sarón** *(llanura)* **1.** Ciudad cananea (Jos. 12:18.) **2.** Suburbio de Sarón, en poder de la tribu de Gad (1 Cr. 5:16.) **3.** Llanura feraz en el occidente de Palestina, entre Jope y el Monte Carmelo (1 Cr. 27:29; Cnt. 2:1.) **4.** En forma figurada para representar lo fructífero, la gloria, la paz (Is. 35:2; 65:10.)

**Saronita.** Nativo de Sarón (1 Cr. 27:29.)

**Sarpullido** (Ver Enfermedades)

**Sarsequim.** Príncipe de Nabucodonosor; que penetró en Jerusalén cuando cayó en poder de los babilonios (Jer. 39:3.)

**Sartén.** Vasija de hierro, circular, más ancha que honda, de fondo plano y mango largo, y que sirve para freír, tostar o guisar alguna cosa (Lv. 2:5; 6:21; 2 S. 13:9; 1 Cr. 9:31.)

**Saruhén.** Localidad simeonita en territorio de Judá (Jos. 19:6.) Aparentemente la misma que Silhim (Jos. 15:32) y que Saaraim (1 Cr. 4:31.) Se la identifica con la moderna Tell el-Farah.

**Sarvia** *(perfumada con bálsamo)* Hermana de David y madre de Abisai, Joab y Asael (1 Cr. 2:16.)

**Sasac.** Benjamita (1 Cr. 8:14, 25.)

**Sasai** *(noble)* Uno que se divorció de su esposa extranjera (Esd. 10:40.)

**Satanás** *(adversario)* 1. Como sustantivo común: enemigo o adversario (1 S. 29:4; 1 R. 5:4; 11:14; Sal. 32:20; 109:6.) 2. Como sustantivo propio: el principal de los espíritus caídos; el gran adversario de Dios y de los hombres (Job 1:6, 12; 2:1; Zac. 3:1); hostil a todo lo bueno. Nombres y designaciones por los cuales se le conoce: diablo (Mt. 4:1; Lc. 4:2), acusador de los hermanos (Ap. 12:9, 10), adversario (1 P. 5:8), Beelzebú (Mt. 12:24), Belial (2 Co. 6:15), engañador del mundo entero (Ap. 12:9), el gran dragón (Ap. 12:9), el malo (Mt. 13:19, 38), padre de mentira (Jn. 8:44), dios de este siglo (2 Co. 4:4), homicida (Jn. 8:44), serpiente antigua (Ap. 12:9), príncipe de este mundo (Jn. 12:21; 14:30), príncipe de la potestad del aire (Ef. 2:2), el tentador (Mt. 4:3; 1 Ts. 3:5.) No es un rival de Dios independiente, pero puede llegar solamente hasta donde Dios se lo permite (Job 1:12; 2:6; Lc. 22:31); básicamente maligno; no se relata la historia de su origen, pero originariamente fue bueno y cayó debido al orgullo (1 Ti. 3:6); es el monarca de un poderoso reino que se opone a Dios (Mt. 12:26; Lc. 11:18); no pierde la oportunidad que se le presente para derrotar los divinos planes de gracia para la humanidad; fue derrotado por Cristo en el Calvario; un día será arrojado al lago de fuego para permanecer allí eternamente condenado (Mt. 25:41; Ap. 20:1-3, 7-10.)

**Sátiro.** Deidad lasciva, mezcla de hombre y de macho cabrío en la mitología del Mediterráneo (Lv. 17:7; 2 Cr. 11:15; Is. 13:21; 34:14, Biblia de Jerusalén.)

**Sátrapa.** Virrey en el imperio persa que gobernaba varias pequeñas provincias (satrapías), cada una de las cuales tenía un gobernador (Esd. 8:36; Est. 8:9; Dn. 3:2; 6:7.)

**Sauce.** Especie de árbol que crece a lo largo de los arroyos o cerca de otras aguas; hay varias clases de sauces en Palestina; símbolo de regocijo (Lv. 23:40; Job 40:22) o de tristeza (Sal. 137:2)

**Sauces, Torrente de los.** Torrente en la frontera de Moab (Is. 15:7.)

**Saúl** *(deseado, pedido de Dios)* 1. Rey de Edom (Gn. 36:37, 38; 1 Cr. 1:48, 49.) 2. Descendiente de Simeón (Gn. 46:10; Ex. 6:15; Nm. 26:13; 1 Cr. 4:24.) 3. Primer rey de Israel; hijo de Cis; benjamita; Samuel lo ungió rey (1 S. 10:17-27); derrotó a los enemigos de Israel: a los amonitas, filisteos, moabitas, amalecitas (1 S. 11-14); desobedeció a Dios y Dios lo rechazó (1 S. 13:1-14; 15); celoso de David por su mayor popularidad trató de matarlo (1 S. 16:26); se suicidó al ser herido en batalla (1 S. 31.) 4. Levita de los hijos de Coat (1 Cr. 6:24.)

**Saulita.** Descendiente de Saúl nº 2 (Nm. 26:3.)

**Saulo.** Nombre hebreo de Pablo (Hch. 13:9.)

**Save, Valle de** (Ver Valle de Save)

**Save-quiriataim** *(llanura de Quiriataim)* Lugar donde Quedorlaomer derrotó a los emitas (Gn. 14:5), probablemente al E. del mar Muerto (Nm. 32:37.)

**Savsa.** Secretario del rey David (1 Cr. 18:16.)

**Seal.** Uno que repudió a su mujer extranjera (Esd. 10:29.)

**Searías** *(Dios estimó)* Hijo de Azel, descendiente de Jonatán (1 Cr. 8:38; 9:44.)

**Sear-jasub** *(un remanente retornará)* Nombre simbólico del primogénito de Isaías (Is. 7:3.)

**Seba. 1.** Hijo de Cus (Gn. 10:7; 1 Cr. 1:9.) 2. Hijo de Raama y nieto de Cus (Gn. 10:7.) 3. Hijo de Joctán (Gn. 10:28; 1 Cr. 1:22.) 4. Hijo de

Jocsán y nieto de Abraham (Gn. 25:3.) **5.** Pozo cavado por los siervos de Isaac (Gn. 26:33.) **6.** Ciudad en Simeón (Jos. 19:2.) **7.** Benjamita que se rebeló contra David (2 S. 20:1-21.) **8.** Progenitor de una familia de Gad (1 Cr. 5:13.) **9.** Posiblemente una región de Africa (Sal. 72:10; Is. 43:3.)

**Sebam** *(dulce fragancia)* Localidad en Rubén, al E. del mar Muerto, en lugar exacto no identificado ( = Sibma), (Nm. 32:3.)

**Sebanías** *(pariente de Jehová)* **1.** Sacerdote, músico trompetero, en tiempo de David (1 Cr. 15:24.) **2.** Levita que ayudó a Esdras en la lectura de la ley (Neh. 9:4, 5.) **3.** Uno de los firmantes del pacto de Nehemías (Neh. 10:4.) **4.** Otro firmante del pacto de Nehemías (Neh. 10:10.) **5.** Otro firmante del pacto de Nehemías (Neh. 10:12.) **6.** Jefe de una familia de sacerdotes (Neh. 10:12.)

**Sebarim** *(los que rompen)* Lugar entre Hai y Jericó hacia el cual fueron perseguidos los israelitas (Jos. 7:5.)

**Sebat.** Mes undécimo en el calendario de los hebreos (Zac. 1:7.)

**Seber** *(león)* Hijo de Caleb (1 Cr. 2:48.)

**Sebna. 1.** Mayordomo de Ezequías (Is. 22:15-21.) **2.** Escriba que enfrentó al Rabsaces (Is. 36:3-37:2.)

**Sebo** (Ver Redaño)

**Seboim.** Ciudad cerca de Lida (Neh. 11:34.)

**Sebuel** *(regresa, Dios)* **1.** Levita tesorero, hijo de Gersón nº 2 y nieto de Moisés (1 Cr. 23:16.) **2.** Levita, hijo de Hemán (1 Cr. 25:4.)

**Secaca** *(barda)* Aldea en el desierto de Judá, en un lugar no identificado (Jos. 15:61.)

**Secanías** *(mora con Jehová)* **1.** Descendiente del rey David (1 Cr. 3:21, 22.) **2.** Jefe de la décima suerte de sacerdotes en tiempo de David (1 Cr. 24:11.) **3.** Sacerdote en tiempo de Ezequías (2 Cr. 31:15.) **4.** Uno que regresó con Esdras de Babilonia (Esd. 8:3.) **5.** Otro que regresó de Babilonia con Esdras (Esd. 8:5.) **6.** Uno que propuso a Esdras repudiar a las mujeres extranjeras (Esd. 10:2.) **7.** Padre de Semaías, guarda

de la puerta oriental de Jerusalén (Neh. 3:29.) **8.** Suegro de Tobías amonita, enemigo de Nehemías (Neh. 6:18.) **9.** Sacerdote que retornó con Zorobabel del exilio (Neh. 12:3.)

**Secta** Grupo religioso con doctrinas propias: Saduceos (Hch. 5:17), fariseos (Hch. 15:5; 26:5), nazarenos (Hch. 24:5), cristianos (Hch. 28:22.)

**Secú.** Lugar entre Ramá y Gabaa (1 S. 19:22.)

**Seda.** Los fenicios la importaron de China (Ez. 16:10; Ap. 18:12.)

**Sedequías** *(Jehová es justo)* **1.** Hijo de Quenaana, líder de 400 falsos profetas en tiempo del rey Acab (1 R. 22:19-24; 2 Cr. 18:10.) **2.** Último rey de Judá ( = Matanías nº 1); hijo de Josías y de Hamutal (2 R. 24:18); coronado rey por Nabucodonosor, pero se rebeló y fue severamente castigado (2 R. 24:20; 25:1-7.) **3.** Hijo del rey Jeconías (1 Cr. 3:16.) **4.** Hijo de Maasías, falso profeta entre los judíos exilados en Babilonia (Jer. 29:21-23.) **5.** Firmante del pacto de Nehemías (Neh. 10:1.) **6.** Hijo de Ananías, príncipe de Israel (Jer. 36:12.)

**Sedeur** *(el Todopoderoso es luz)* Rubenita, padre de Elisur (Nm. 1:5; 2:10; 7:30, 35; 10:18.)

**Sedimento** *(cosa preservada)* En Is. 25:6 se mencionan los "vinos refinados" con el sentido de vinos añejos, vinos sedimentados. En forma figurada describe las bendiciones de los tiempos mesiánicos, del letargo espiritual, de lo inevitable de los juicios de Dios (Is. 51:17; 51:22; Jer. 48:11; Sal. 75:8.)

**Seera.** Hija de Efraín (o de Bería), cuyos descendientes construyeron tres aldeas (1 Cr. 7:24.)

**Sefam** *(desnudez)* Lugar en el NE. de Canaán, cerca del mar de Galilea (Nm. 34:10, 11.)

**Sefar.** Lugar en el límite de los joctanitas, en Arabia del Sur (Gn. 10:30.)

**Sefarad.** Lugar no identificado, problemente = Sardis, donde Sargón deportó a los judíos (Abd. 20.)

**Sefarvaim.** Lugar desde el cual los asirios llevaron colonizadores para colonizar Samaria (2 R. 17:24, 31); probablemente en la región de Hamat.

**Sefat** *(torre de vigilancia)* Ciudad cananea aproximadamente a 35 kilómetros de distancia, hacia el SO, del extremo S. del mar Muerto; las tribus de Judá y de Simeón la destruyeron y la rebautizaron con el nombre de Hamat.

**Sefata.** Valle cerca de Maresa, en la parte occidental de Judá (2 Cr. 14:10.)

**Sefatías** *(Jehová es juez)* **1.** Hijo de David (2 S. 3:4; 1 Cr. 3:3.) **2.** Hijo de Reuel (1 Cr. 9:8.) **3.** Uno de los valientes de David que se le unió en Siclag (1 Cr. 12:5.) **4.** Príncipe simeonita (1 Cr. 27:16.) **5.** Hijo del rey Josafat (2 Cr. 21:2.) **6.** Padre de una familia que regresó de Babilonia (Esd. 2:4.) **7.** Padre de una familia de sirvientes de Salomón, cuyos descendientes regresaron del exilio con Zorobabel (Esd. 2:57.) **8.** Uno cuyos descendientes volvieron con Esdras (Esd. 8:8.) Probablemente = nº 7. **9.** Hijo de Mahalaleel (Neh. 11:4.) **10.** Príncipe que quería que se matara a Jeremías por profetizar (Jer. 38:1.)

**Sefelá** *(tierra baja)* Territorio montañoso comprendido entre las montañas de Judá y la llanura marítima al S. de la Planicie de Sarón, que se extiende por toda Filistea a lo largo de la costa del Mediterráneo (1 R. 10:27; 2 Cr. 26:10; Abd. 19; Zac. 7:7.)

**Sefer** *(hermosura)* Monte donde acampó Israel en el desierto (Nm. 33:23, 24.)

**Sefo.** Descendiente de Seir horeo (Gn. 36:23; 1 Cr. 1:40.)

**Séfora** *(gorrión)* Hija de Jetro o Reuel, sacerdote de Madián; primera esposa de Moisés (Ex. 2:21); madre de Gersón y de Eliezer (Ex. 18:1-6.)

**Sefufán** *(serpiente)* Nieto de Benjamín (1 Cr. 8:5.)

**Segub** *(exaltado)* **1.** Hijo menor de Hiel de Bet-el; murió cuando su padre colocó las puertas de Jericó (1 R. 16:34.) **2.** Descendiente de Judá, hijo de Hezrón (1 Cr. 2:21, 22.)

**Segunda venida de Cristo.** Doctrina según la cual Cristo volverá un día personalmente a la tierra, en cuerpo visible, como clímax y culminación de su obra redentora y para anunciar e iniciar el reinado en el cual eventualmente Dios será el todo en todo (Hch. 1:11; Ro. 8:19-23; 1 Co. 15:23-28; Ef. 1:14.)

**Segundo.** Cristiano de Tesalónica, amigo de Pablo (Hch. 20:4.)

**Seguridad.** Enseñanza teológica que sostiene como certera la continuidad de la salvación de los que son salvos; se la conoce también como la doctrina de la perseverancia final.

**Seharías** *(Jehová es aurora)* Benjamita, hijo de Jeroham (1 Cr. 8:26.)

**Sehón** *(barredura)* Rey de los amorreos que se opuso a Israel, en su viaje de Egipto a Palestina y fue muerto por los israelitas (Nm. 21:21-31; Dt. 1:4.)

**Seir** *(velludo)* **1.** Tierra y monte de Seir. Nombres alternativos de una región ocupada por los descendientes de Edom o Esaú. Originariamente se llamó "la tierra de Seir" (Gn. 32:3.) Posteriormente se llamó "monte de Seir (Gn. 36:8, 9); la cordillera se extiende hacia el S. desde Moab hasta ambos lados del Arabá; tiene cerca de 170 kilómetros de extensión; durante el período griego se llamó Idumea. El monte Seir se eleva aproximadamente a 1.150 metros sobre el nivel del mar. También la palabra "Seir" se aplica a gente que vivió en el monte Seir (Ez. 25:8.) **2.** Progenitor de los horeos, antiguos moradores de la tierra de Seir (Gn. 36:20; 1 Cr. 1:38.) **3.** Región montañosa en el límite de Judá, al O. de Quiriat-jearim (Jos. 15:10.)

**Seirat** *(región agreste)* Localidad en Efraín, probablemente en la región SE. (Jue. 3:26.)

**Sekinah** *(morada de Dios)* La presencia visible de Dios (Is. 60:2; Mt. 15:5; Hch. 1:9; Ro. 9:4.)

**Sela** *(brote)* **1.** Hijo de Judá (Gn. 38:5; 1 Cr. 4:21.) **2.** Ciudad fortificada de Edom ( = Jocteel) a la que los griegos llamaban Petra (2 R. 14:7; Is. 42:11); capital de los nabateos. **3.** Hijo de Arfaxad y padre de Heber ( =Sala), (1 Cr. 1:18, 24.)

**Selah** *(levantar)* Término de significado incierto que se repite a menudo en los salmos; probablemente es una introducción a los cantores o músicos (Sal. 9:16; Hab. 3:3, 9, 13.)

**Sela-hama-lecot** *(peña de las divisiones)* Risco en el desierto de Maón (1 S. 23:28.)

**Selaíta.** Descendiente de Sela nº 1 (Nm. 26:20.)

**Selec** *(hendidura)* Amonita, uno de los 30 valientes de David (2 S. 23:37; 1 Cr. 11:39.)

**Seled** *(glorificación)* Judaíta (1 Cr. 2:30.)

**Selef.** Hijo de Joctán (Gn. 10:26; 1 Cr. 1:20.)

**Selemías** *(amigo de Jehová)* 1. Levita, portero del templo ( =Meselemías), (1 Cr. 26:14.) 2. Uno que se divorció de su mujer extranjera (Esd. 10:29.) 3. Otro que se divorció de su mujer extranjera (Esd. 10:41.) 4. Padre de Hananías nº 6 (Neh. 3:30.) 5. Sacerdote que Nehemías puso por mayordomo (Neh. 13:13.) 6. Hijo de Cusi (Jer. 36:14.) 7. Uno de los que el rey Bacur envió para prender a Baruc y a Jeremías (Jer. 36:26.) 8. Padre de Jucal a quien Sedequías envió a Jeremías pidiéndole sus oraciones (Jer. 37:3; 38:1.) 9. Padre de Irías (Jer. 37:13.)

**Seles** *(dócil o tercero)* Hijo de Helem (1 Cr. 7:35.)

**Seleucia.** Puerto en Siria, cerca de Antioquía. La fundó Seleuco I Nicátor, a comienzos del siglo III a. C. (Hch. 13:4.)

**Seléucidas.** Dinastía de monarcas del reino de Siria (incluía Babilonia, Bactria, Persia, Siria y parte del Asia Menor) fundada por Seleuco, general de Alejandro Magno, y que reinó como Seleuco I Nicátor (312-280 a. C.) Duró hasta el año 64 a. C. en que la dinastía cae bajo las fuerzas de Roma. Uno de esos monarcas, Antíoco Epífanes, precipitó la guerra macabea al querer helenizar por la fuerza a los judíos.

**Selomi** *(en paz)* Príncipe aserita, padre de Ahiud nº 1 (Nm. 34:27.)

**Selomit** *(pacífico)* 1. Danita, hija de Dibri; a su hijo lo mataron por blasfemar (Lv. 24:10-12, 23.) 2. Hija de Zorobabel (1 Cr. 3:19.) 3. Levita gersonita (1 Cr. 23:9.) 4. Levita, hijo de Izhar ( =Selemot), (1 Cr. 23:18.) 5. Levita tesorero en tiempo de David, descendiente de Moisés (1 Cr. 26:25, 26, 28.) 6. Hijo (o hija) del rey Roboam (2 Cr. 11:20.) 7. Jefe de una familia que regresó de Babilonia con Esdras (Esd. 8:10.)

**Selemot** *(pacífico)* Levita, ( =Selomit nº 4), (1 Cr. 24:22.)

**Selsa** *(saltar)* Localidad en la frontera S. de Benjamín (1 S. 10:2.)

**Selumiel** *(Dios es paz)* Príncipe de la tribu de Simeón, en tiempo de Moisés (Nm. 1:6; 2:12; 7:36, 41; 10:19.)

**Sello.** Utensilio que sirve para grabar un nombre u otras palabras en una substancia blanda, por ejemplo, la cera o la arcilla húmeda; se lo utiliza como una señal de autoridad o autenticidad en las cartas, documentos, *etc.* (1 R. 21:8), para ratificar un pacto o convenio (Jer. 32:10, 44), para proteger libros y otros documentos (Jer. 32:14), para imponer autoridad y poder delegados (Gn. 41:42), para sellar puertas (Mt. 27:66), como marca oficial de propiedad. También se usa la palabra en sentido figurado (Dt. 32:34; Job 14:17.)

**Sello cilíndrico.** Proceden de la Mesopotamia meridional, generalmente de arcilla, de 15 a 45 milímetros de altura y 10 milímetros de diámetro. En la cara exterior se grababa un emblema.

**Sem** *(nombre, fama)* Hijo de Noé; progenitor de la raza semita (Gn. 5:32; 6:10; 10:1, 21; 11:10.)

**Sema** *(fama, rumor)* 1. Ciudad en el S. de Judá (Jos. 15:26.) 2. Hijo de Hebrón nº 4 (1 Cr. 2:43, 44.) 3. Rubenita, hijo de Joel (1 Cr. 5:8.) 4. Benjamita ( =Simei), (1 Cr. 8:13.) 5. Uno que ayudó a Esdras en la lectura de la ley (Neh. 8:4.) 6. Designación hebrea para el texto de Deuteronomio 6:4.

**Semaa** *(fama)* Padre de Ahiezer y Joás, guerreros de David (1 Cr. 12:3.)

**Semaías** *(Jehová oyó)* **1.** Profeta en tiempo del rey Roboam, quien le prohibió al rey que hiciera guerra contra Israel (1 R. 12:22-24.) **2.** Descendiente del rey David (1 Cr. 3:22.) **3.** Príncipe simeonita (1 Cr. 4:37.) **4.** Rubenita (1 Cr. 5:4.) **5.** Levita merarita que regresó del exilio (1 Cr. 9:14; Neh. 11:15.) **6.** Levita que regresó del exilio, padre de Obadías nº 3 (1 Cr. 9:16.) **7.** Jefe de una casa levítica en tiempo de David (1 Cr. 15:8, 11.) **8.** Levita en tiempo de David (1 Cr. 24:6.) **9.** Levita, primogénito de Obed-edom (1 Cr. 26:4, 6, 7.) **10.** Levita comisionado por el rey Josafat para instruir al pueblo (2 Cr. 17:8.) **11.** Levita en tiempo del rey Ezequías, que limpió el templo (2 Cr. 29:14.) **12.** Funcionario del rey Ezequías, encargado de la distribución de la comida (2 Cr. 31:15.) **13.** Levita principal en tiempo del rey Josías (2 Cr. 35:9.) **14.** Jefe de una familia que regresó con Esdras de Babilonia (Esd. 8:13.) **15.** Mensajero despachado por Esdras para buscar ministros para la casa de Dios (Esd. 8:16), posiblemente igual que el anterior. **16.** Sacerdote que se divorció de su esposa extranjera (Esd. 10:21.) **17.** Uno que se divorció de su mujer extranjera (Esd. 10:31.) **18.** Uno que ayudó en la restauración del muro de Jerusalén (Neh. 3:29.) **19.** Profeta (o sacerdote) que maquinó contra Nehemías (Neh. 6:10.) **20.** Sacerdote que firmó el pacto de Nehemías (Neh. 10:8.) **21.** Uno que ayudó en la dedicación del muro de Jerusalén (Neh. 12:34.) **22.** Otro que hizo lo mismo (Neh. 12:35.) **23.** Otro que hizo lo mismo (Neh. 12:36.) **24.** Otro que hizo lo mismo (Neh. 12:42.) **25.** Padre del profeta Urías (Jer. 26:20.) **26.** Falso profeta que combatió contra Jeremías (Jer. 29:24.) **27.** Padre de Dealía nº 4, príncipe en los días del rey Joacim (Jer. 36:12.)

**Semana** (Ver Calendario)

**Semanas, Fiesta de las.** Era la fiesta de Pentecostés, que se celebraba 50 días después de meterse la hoz en el trigo, el 16 de Nisán (Ex. 34:18-26.) (Ver Fiesta)

**Semarías** *(Jehová guarda)* **1.** Uno de los valientes de David (1 Cr. 12:5.) **2.** Hijo de Roboam, rey de Judá (2 Cr. 11:19.) **3.** Uno que repudió a su mujer extranjera (Esd. 10:32.) **4.** Otro que hizo lo mismo (Esd. 10:41.)

**Sembrar, sembrador** (Ver Agricultura)

**Semeber** *(el hijo es fuerte)* Rey de Zeboim, ciudad cerca del mar Muerto (Gn. 14:2.)

**Semed** *(destrucción)* Hijo de Elpaal (1 Cr. 8:12.)

**Semei.** Ascendiente de Jesucristo (Lc. 3:26.)

**Semejanza.** Que semeja a una persona o cosa (Gn. 1:26; Ro. 1:23.)

**Semen.** Substancia que para la procreación secretan los animales del sexo masculino (Lv. 15:16; 22:4.)

**Sementera.** Cosa sembrada (Gn. 8:22; Ez. 25:4; 2 Co. 9:10.)

**Semer** *(guardián).* **1.** Dueño del monte que le vendió a Omri, rey de Israel, para edificar Samaria (1 R. 16:24.) **2.** Aserita, ascendiente de Etán nº 4, padre de Bani (1 Cr. 6:46.) **3.** Hijo de Heber, cabeza del clan aserita (1 Cr. 7:34.)

**Semida** *(fama de sabiduría)* Descendiente de Aser (Nm. 26:32; Jos. 17:2; 1 Cr. 7:19.)

**Semidaíta.** Descendiente de Semida (Nm. 26:32.)

**Semilla.** Parte del fruto de la planta que la reproduce cuando germina (Gn. 1:11; Ec. 11:6; Mr. 4:27.)

**Seminit.** Término musical de significado incierto, posiblemente "octava" (1 Cr. 15:21; títulos en los Salmos 6 y 12.)

**Seminarot** *(nombre de las alturas)* **1.** Músico cantor en tiempo de David (1 Cr. 15:18, 20; 16:5.) **2.** Levita comisionado por el rey Josafat para instruir al pueblo (2 Cr. 17:8.)

**Semitas.** Grupos de antiguos pueblos cuyos lenguajes son parecidos, es decir, de idiomas semitas; ocupaban la región de la Media Luna Fértil. Principales pueblos de la antigüedad: acadios, que incluía a los babilonios y a los asirios; arameos, cananeos, formado por edomitas, amonitas, moabitas, hebreos, árabes y etíopes.

**Semuel** *(nombre de Dios)* **1.**

Simeonita, hijo de Amiud (Nm. 34:20.) **2.** Jefe de una familia de Isacar (1 Cr. 7:2.)

**Sen** *(roca puntiaguda)* Ciudad de Benjamín ( = Jesana); se desconoce su ubicación exacta pero fue cerca del lugar donde Samuel erigió la piedra que llamó "Eben-ezer" (1 S. 7:12.)

**Senaa.** Jefe de una familia cuyos descendientes regresaron de Babilonia, ayudaron en la restauración del muro de Jerusalén y edificaron la puerta del Pescado (Esd. 2:35.)

**Senador.** Miembro del Senado (Mr. 15:43, R-V, ed. 1909.)

**Senaquerib** *(Sin, el dios-luna, aumenta los hermanos)* Rey de Asiria (705-681 a. C.); hijo y sucesor de Sargón II; gran edificador y conquistador; invadió Judá en tiempo de Ezequías, pero su ejército fue milagrosamente destruido (2 R. 18; 19; Is. 36; 37.) Se conservan relatos de sus campañas militares en prismas de arcilla.

**Senado** *(concilio de ancianos)* Sanedrín (Hch. 5:21, NC.)

**Senazar** *(oh, Sin, protege al padre)* Hijo de Jeconías (1 Cr. 3:18.)

**Sencillo.** Ingenuo; que es fácilmente engañado para hacer el mal (Sal. 19:7; Pr. 7:7.)

**Senderos torcidos.** Se transitan para evitar peligros (Jue. 5:6.)

**Sene.** Peñasco aproximadamente a 5 kilómetros del paso de Miomas (1 S. 14:4.)

**Senir.** Nombre amorreo del monte Hebrón (Dt. 3:9; Cnt. 4:8.)

**Seno.** Pecho (Gn. 25:23; Ec. 7:9; Lc. 11:27.) En la Escritura se usa el término en sentido afectivo (Is. 40:11; Jn. 1:18.) En algunas ocasiones es casi sinónimo de "corazón" (Ec. 7:9; Sal. 35:13.)

**Sensual** *(perteneciente al alma)* Vida física (1 Co. 15:44), carnal (1 Co. 2:14; Jud. 19), sabiduría que caracteriza la mente no regenerada (Stg. 3:15.)

**Senúa** *(el odioso)* Padre de Judá nº 4, sub-prefecto de Jerusalén (Neh. 11:9.)

**Señal.** Marca o nota que se pone o hay en las cosas para darlas a conocer y distinguirlas de otras (Gn. 4:15; 9:12; Ex. 13:9, 16; Lv. 13:28; Nm. 17:10; Ap. 12:1.) Algo dirigido a los sentidos para atestiguar la existencia de un poder divino: milagros (Ex. 4:8), arco iris (Gn. 9:12, 13), circuncisión (Ro. 4:11), milagros de Jesús (Jn. 3:2; 4:54.)

**Señor.** Hablando de personas, el que tiene dominio y propiedad sobre una cosa (Gn. 18:12; Jue. 3:25; 1 S. 24:6; Jn. 15:20.) Por antonomasia Dios (Gn. 15:2, 8; Ex. 4:10; Nm. 12:11; Jue. 3:25); también se refiere a Jesús como el Mesías (Hch. 2:36; Fil. 2:9-11; Ro. 1:3; 14:8.)

**Señor, Cena del** (Ver Cena del Señor)

**Seol.** Morada de los muertos (Gn. 37:35; Job 7:9; Hab. 2:5.) Nombre que en el A. T. designa el lugar de las almas que han partido, que corresponde al "Hades" del N. T. Cuando el término se traduce por "infierno" se refiere al lugar de castigo, pero cuando se le traduce "tumba" se refiere a las almas de los buenos. A menudo significa el lugar o el estado de las almas en el lapso comprendido entre la muerte y la resurrección. La mejor ilustración de las diferentes condiciones que reinan en el Seol está dada por la parábola de Cristo, sobre el rico y Lázaro (Lc. 16:19-31.)

**Seorim** *(cebada)* Descendiente de Aarón; jefe de la cuarta suerte de sacerdotes (1 Cr. 24:8.)

**Sepulcro.** Obra que se construye levantada del suelo para dar sepultura al cadáver de una persona (Gn. 23:6; Mt. 23:27.) A veces eran simples agujeros en la tierra (Gn. 35:8; 1 S. 31:13); otras veces eran cuevas naturales (Gn. 23:1-9); en algunas ocasiones eran cuevas excavadas por la mano del hombre en la roca (Mt. 27:60.) A veces señalábanse los sepulcros con piedras planas, blanqueadas (Mt. 23:27.) En el A. T. figuran algunos reyes que fueron sepultados en tumbas en Jerusalén (2 S. 2:32; Neh. 2:3.) Las entradas tenían una puerta circular de piedra que pesaba de 2 a 3 toneladas (Lc. 24:2; Jn. 20:1.) (Ver Tumbas)

**Sepulcro, Iglesia del Santo** (Ver Iglesia del Santo Sepulcro)

**Septuaginta.** Traducción del A. T. al griego; se hizo en Alejandría en los siglos III y II a. C.

**Sequedal.** Terreno muy seco (Sal. 105:41; Is. 35:7; Jer. 17:6.)

**Séquito.** Comitiva de un monarca (1 R. 10:2; 2 Cr. 9:1.)

**Sera.** Hija de Aser (Gn. 46:17; Nm. 26:46; 1 Cr. 7:30.)

**Serafín** *(quemar, arder)* Seres celestiales que Isaías vio de pie ante el Señor entronizado (Is. 6:2, 6.)

**Seraías** *(Dios es príncipe)* **1.** Secretario del rey David ( = Seva nº 1, Savsa y Sisa), (2 S. 8:17.) **2.** Sumo sacerdote cuando Jerusalén fue destruida por Nabucodonosor (2 R. 25:18; Jer. 52:24.) **3.** Capitán militar entre el remanente que quedó en Judá después de la destrucción de Jerusalén (2 R. 25:23; Jer. 40:8.) **4.** Segundo hijo de Cenaz (1 Cr. 4:13, 14.) **5.** Hijo de Asiel, príncipe de la tribu de Simeón (1 Cr. 4:35.) **6.** Uno que regresó de Babilonia con Zorobabel (Esd. 2:2.) **7.** Firmante del pacto de Nehemías (Neh. 10:2.) **8.** Sacerdote que regresó de Babilonia con Zorobabel (Neh. 11:11.) **9.** Oficial del rey Joacim, enviado a arrestar a Baruc y a Jeremías (Jer. 36:26.) **10.** "Principal camarero" del rey Sedequías, llevado en cautiverio (Jer. 51:59, 61.)

**Serapis.** Dios greco-egipcio, adorado en el área del Mediterráneo; no figura en la Biblia.

**Serebías. 1.** Levita "varón entendido", ayudante de Esdras (Esd. 8:18, 24.) **2.** Levita que ayudó a Esdras en la lectura de la ley (Neh. 8:7; 10:12.) **3.** Levita que volvió de Babilonia con Zorobabel (Neh. 12:8.) **4.** Jefe levita (Neh. 12:24.)

**Sered** *(espanto)* Fundador de una familia tribal (Gn. 46:14; Nm. 26:26.)

**Sereda.** Lugar de nacimiento -de ubicación desconocida- de Jeroboam nº 1 y de Efraín (1 R. 11:26.)

**Seredata.** Lugar en el valle del Jordán, cerca de Sucot (2 Cr. 4:17.)

**Seredita.** Descendiente de Sered (Nm. 26:26.)

**Seres** *(astuto)* Nieto de Manasés (1 Cr. 7:16.)

**Seres vivientes.** Figuras simbólicas, aparentemente idénticas a los querubines, que se describen por primera vez en Ezequiel 1:5-22 y 3:13 y nuevamente en Apocalipsis 4:6-9; 5:6, 8, 11; 6:1, 3, 5-7. Los seres vivientes del Apocalipsis no son exactamente iguales a los de Ezequiel.

**Sergio Paulo.** Procónsul romano en Chipre (Hch. 13:7.)

**Sermón del Monte.** Primero de los seis extensos discursos de Jesús que figuran en el evangelio según Mateo (Mt. 5-7.) Contiene las instrucciones de Jesús a sus discípulos para vivir piadosamente en el mundo actual.

**Serpiente** (Ver Animales)

**Serpiente de bronce.** La que hizo Moisés en el desierto. Cuando las serpientes venenosas mordían a los israelitas, ellos miraban hacia la serpiente de bronce y se curaban salvándose de la muerte (Nm. 21:4-9.) Figura de Cristo que nos salva del pecado (Jn. 3:14-16.)

**Serug.** Bisabuelo de Abraham (Gn. 11:20-23; 1 Cr. 1:26; Lc. 3:35.)

**Servicio.** Se refiere a todo tipo de trabajo, desde el del menor jerarquía hasta el más honroso y exaltado (Lv. 23:7s; Nm. 3:6ss.)

**Servidor.** Que sirve (Gn. 40:20; Mr. 10:43; 1 Ti. 3:2.)

**Sesach.** Talvez un criptograma para significar "Babel" o "Babilonia" (Jer. 25:26; 51:41, R-V, Ed. 1909.)

**Sesai.** Uno de los tres hijos de Anac, en Hebrón (Nm. 13:22; Jos. 15:14; Jue. 1:10.)

**Sesán.** Descendiente de Judá, cuya hija se casó con un egipcio llamado Jarha (1 Cr. 2:31, 34.)

**Sesbasar.** Príncipe judío a quien Ciro designó como gobernador y que ayudó a colocar los cimientos del templo (Esd. 1:8, 11; 5:14, 16.) Pudiera ser el mismo Zorobabel.

**Set** *(substituto)* **1.** Tercer hijo de Adán y Eva y padre de Enós (Gn. 4:25, 26; 5:3-8; 1 Cr. 1:1; Lc. 3:38.) **2.** Voz poética "Hijos de Set" = Moab (Nm. 24:17.)

**Setar.** Príncipe persa (Est. 1:14.)

**Setar-boznai.** Oficial persa que trató de obstaculizar la tarea de los judíos (Esd. 5:3, 6; 6:6, 13.)

**Setenta, Los.** Discípulos que Jesús envió a predicar (Lc. 10:1.)

**Setenta semanas, Las.** Lapso (probablemente de 490 años) que figura en Dn. 9:24-27. Se lo ha interpretado de diversas maneras.

**Setur** *(ocultado por Dios)* Uno de los doce espías, representante de la tribu de Aser (Nm. 13:13.)

**Seva** *(semejante o semejanza)* **1.** Secretario del rey David ( = Searías nº 1, Savsa y Sisa), (2 S. 20:25.) **2.** Hijo de Caleb (1 Cr. 2:49.)

**Sevene** *(mercado, puesto comercial)* Población en el S. de Egipto, en la frontera con Etiopía, sobre la primera catarata del Nilo, conocida hoy como Asuán (Ez. 19:10; 30:6.)

**Shibolet** *(espiga o arroyo)* Palabra que se pronunciaba de diferente manera a ambos lados del Jordán y que sirvió de contraseña a los galaaditas de Jefté para conocer a los efrateos contra quienes estaban en guerra (Jue. 12:6.)

**Shur** *(pared)* Lugar en el S. de Palestina y al E. de Egipto (Gn. 16:7; 20:1, 18.)

**Siaha** *(asamblea)* Un netineo cuyos descendientes regresaron de la cautividad babilónica con Zorobabel (Esd. 2:44; Neh. 7:47.)

**Siba** *(planta)* Miembro de la servidumbre de Saúl (2 S. 9:2); David le encomendó la tarea de trabajar para Mefi-boset; engañó a Mefi-boset.

**Sibecai.** Uno de los 30 valientes de David ( = Mebunai), (2 S. 21:18; 1 Cr. 11:29; 20:4; 27:11); mató a Saf el filisteo (2 S. 21:18.)

**Sibia** *(gacela)* **1.** Madre de Joás, rey de Judá (2 R. 12:1.) **2.** Descendiente de Benjamín (1 Cr. 8:9.)

**Sibma.** Ciudad moabita al E. del Jordán, conquistada por los rubenitas y asignada a ellos (Nm. 32:38; Jos. 13:19.)

**Sibolet** *(espiga o arroyo)* Ver Shibolet.

**Sibraim.** Lugar en la frontera N. de Palestina (Ez. 47:16.)

**Sicar.** Población de Samaria a 800 metros al N. del pozo de Jacob, en la ladera oriental del monte Ebal (Jn. 4:5.)

**Sicilia.** Isla situada al S. de Italia y que visitara Pablo (Hch. 28:12.) Ver Siracusa.

**Siclag.** Localidad probablemente en la región S. de Judá, entre Beerseba y Debir (Jos. 15:31); por mucho tiempo fue una ciudad filistea; Aquis, rey de Gat se la entregó a David (1 S. 27:1-7); con posterioridad fue propiedad de los reyes de Judá.

**Siclo** (Ver Pesas y Medidas)

**Sicómoro** (Ver Plantas)

**Sicrón** *(embriaguez)* Aldea en la frontera N. de Judá (Jos. 15:11.)

**Sidim** *(las laderas)* **1.** Valle al SE. del mar Muerto (Gn. 14:3, 8, 10.) **2.** Ciudad fortificada en Neftalí a dos kilómetros y medio al N. de Cuernos de Hattín (Jos. 19:35.)

**Sidón** *(pescadería)* **1.** Primogénito de Canaán (Gn. 10:15; 1 Cr. 1:13.) **2.** Antigua ciudad fenicia situada en un promontorio en el Mediterráneo, aproximadamente a 33 kilómetros al N. de Tiro; asignada a Aser, nunca fue conquistada (Jue. 1:31); ayudó a Salomón a construir el templo (1 R. 5:6; 1 Cr. 22:4); el culto a Baal y Astoret corrompió a Israel (1 R. 11:5); allí nació Jezabel que se casó con Acab (1 R. 16:21-33); la ciudad fue denunciada por los profetas (Jer. 27:3; Jl. 3:4-6); fue denunciada por Cristo (Mr. 7:24, 31); allí estuvo Pablo (Hch. 27:3.) Es la moderna Saida, en el Líbano.

**Sidonio.** Habitante de Sidón (Dt. 3:9; Esd. 3:7.)

**Siega.** Acción y efecto de segar las mieses. En la antigüedad se hacía a mano arrancando las espigas de raíz o cortándolas con una hoz corta, originariamente de pedernal, luego de metal (Gn. 30:14; Ex. 23:16; Mt. 13:3; Jn. 4:35.) La economía israelí dependía casi exclusivamente de la agricultura; de ahí que la época de la siega revistiera enorme importancia; las operaciones de las cosechas se regían por normas y leyes especiales (Lv. 23:10, 14, 22; 25:5.) La siega del rey era la parte del rey que le correspondía como impuesto (Am. 7:1.) Luego de la cosecha se hacían fardos y se los colocaba en la era. Al término se le da también un sentido figurado para expresar hechos que producen su propia cosecha (Pr. 22:8; Os. 8:7.) En el N. T. se aplica el término en forma figurada en el sentido de juntar a los redimidos (Mt. 13:29.)

**Sierra.** Herramienta para dividir madera u otros cuerpos duros y que en la antigüedad se hacía de pedernal, bronce o hierro (2 S. 12:31; 1 R. 7:9; 1 Cr. 20:3; Is. 10:15.)

**Sierva.** Dícese de la mujer que por estar sujeta al dominio de otro carece de libertad (Gn. 16:1; Lv. 25:6.) Cuando una mujer se da a sí misma el nombre de sierva, con respecto de otra, lo hace para mostrarle obsequio y rendimiento e indica humildad (Rt. 3:9; 1 S. 1:11; 1:16; Lc. 1:38; Lc. 1:48.) Sierva de Dios es la persona que sirve a Dios y guarda sus preceptos (Lc. 1:38.)

**Siervo.** Esclavo. Dícese del hombre que por estar al servicio de otro carece de libertad (Gn. 9:25; Lv. 23:7, 8, 21, 35, 36.) En la Biblia tiene el sentido de criado o esclavo (Gn. 17:23; 20:8; Dt. 5:14.) También en el nombre que una persona se da a sí misma, respecto de otra, para mostrarle obsequio y rendimiento (Gn. 33:14; 1 Co. 9:19.) Siervo de Dios es la persona que sirve a Dios y guarda sus preceptos (Nm. 11:11; Ap. 7:3; 15:3.)

**Siervo de Jehová.** Un agente del Señor, como los patriarcas (Ex. 32:13); Moisés (Nm. 12:7, 8), los profetas (Zac. 1:6) y otros. Especialmente como título para el Mesías en Isaías 40-66. En el N. T. se aplican los pasajes del siervo a Cristo (Is. 42:1-4; Mt. 12:18.)

**Siervos de Salomón.** Esclavos que utilizó Salomón para trabajos de inferior jerarquía en el templo; sus descendientes retornaron con Zorobabel de la cautividad babilónica (Esd. 2:55, 58.)

**Siete palabras de la cruz.** Son las siete frases que Jesús habló desde la cruz. Ningún evangelio, aisladamente, las consigna a todas.

**Sifi** *(abundancia)* Príncipe simeonita (1 Cr. 4:37.)

**Sifmita.** Originario de Sifmot. Patronímico de Zabdi, encargado de las viñas (1 Cr. 27:27.)

**Sifmot.** Lugar no identificado, al S. de Judá (1 S. 30:28.)

**Sifra** *(belleza)* Partera, de las hebreas de Egipto, que salvó de la muerte a niños recién nacidos (Ex. 1:15.)

**Siftán** *(judicial)* Padre de Kemuel, príncipe de Efraín (Nm. 32:24.)

**Sigaión.** Término musical de significado desconocido en el encabezamiento del Salmo 7.

**Sigionot.** Plural de Sigaión, que encabeza el salmo de Habacuc (3:1.)

**Sihón** *(volcar)* Población en la frontera de Isacar, cerca de Nazaret (Jos. 19:19.)

**Sihor** *(agua turbia)* Corriente o estanque de agua que separaba Egipto de Palestina, que pudiera ser el Nilo, o el Torrente de Egipto, o un brazo del Nilo y que en algunos pasajes se traduce "Nilo" (Jos. 13:3; 1 Cr. 13:5; Is. 23:3; Jer. 2:18.)

**Sihor-libnat** *(riachuelo de los álamos blancos)* Pequeño río situado al SE. de Aser, a pocos kilómetros del Carmelo (Jos. 19:26.)

**Sila** *(malecón)* Lugar desconocido cerca de Bet Milo (2 R. 12:20.)

**Silas** *(preguntado)* Cristiano jerosolimitano ( = Silvano), portador, juntamente con otros, de las decisiones del Concilio de Jerusalén a las iglesias de Antioquía, Siria y Cilicia (Hch. 15:22, 23); acompañó a Pablo en su segundo viaje misionero (Hch. 16-18:22.)

**Silem** *(Dios compensó)* Hijo de Neftalí (Gn. 46:24; Nm. 26:49.)

**Silemita.** Descendiente de Silem (Nm. 26:49.)

**Silhi** *(Dios envió)* Padre de Azuba, suegro de Josafat, rey de Judá (1 R. 22:42; 2 Cr. 20:31.)

**Silhim.** Ciudad en Judá, cerca de Siclag (Jos. 15:32.)

**Silla.** Se las usaba de tres y cuatro patas (Jue. 3:20; Lc. 11:43.)

**Silo** *(lugar de tranquilidad)* Ciudad en Efraín, a 15 kilómetros al N. y E. de Bet-el, donde permaneció el tabernáculo desde los días de Josué a los de Samuel (Jue. 21:19; 1 S. 4:3); allí los benjamitas secuestraron esposas (Jue. 21:15-24); lugar de residencia de Elí y de Samuel (1 S. 3); también lugar de residencia del profeta Ahías (1 R. 14); era una ruina en tiempo del profeta Jeremías (Jer. 7:12, 14.)

**Siloé.** Estanque situado por dentro de los muros de Jerusalén en el extremo S. del valle del Tiropeón; recibe el agua desde la fuente de Rogel (Jos. 15:7) a través de un túnel de 600 metros de longitud; fue construido por Ezequías en el siglo VIII a. C. (Neh. 3:5; Is. 8:6; Lc. 13:4; Jn. 9:7, 11.) Es la moderna Birkat Silwan.

**Siloé, Aldea de.** La Biblia no la menciona; la aldea moderna (Silwan) está situada en el valle, al E. de la fuente de Gihón.

**Siloé, Torre de.** Probablemente parte del sistema de fortificaciones del muro de Jerusalén, cerca del estanque de Siloé (Lc. 13:4.)

**Siloh.** Palabra de significado incierto que muchos judíos y cristianos consideran que posiblemente se refiere al Mesías (Gn. 49:10.)

**Siloni.** Ascendiente de Maasías nº 11 (Neh. 11:5.)

**Silonita.** Originario de Silo (1 R. 11:29; 2 Cr. 10:15.)

**Silsa** *(dócil)* Aserita, hijo de Zofa (1 Cr. 7:37.)

**Silvano** = Silas, (2 Co. 1:19; 1 Ts. 1:1; 1 P. 5:12.)

**Símbolo.** Imagen o figura con que se representa un objeto; una señal visible o representación de una idea o una cualidad de un objeto. En la Biblia hay un simbolismo de números (Jer. 49:36; Ap. 1:4; 13:18), de colores (Ap. 6:5; 7:14) y de acciones (1 S. 15:27, 28; 1 R. 11:29, 30.)

**Simea** *(condescendencia)* **1.** Hermano de David (2 S. 13:3, 32.) **2.** Hijo de David y Betsabé (1 Cr. 3:5.) **3.** Levita descendiente de Merari (1 Cr. 6:30.) **4.** Levita gersonita (1 Cr. 6:39.) **5.** Descendiente de Benjamín ( = Simeam), (1 Cr. 8:32.)

**Simeam** *(condescendencia)* Descendiente de Benjamín ( = Simea nº 5), (1 Cr. 9:38.)

**Simeat** *(fama)* Padre (o madre) del asesino del rey Joás de Judá (2 R. 12:21; 2 Cr. 24:26.)

**Simeateos.** Familia de escribas

ceneos que vivían en Jabes (1 Cr. 2:55.)

**Simei** *(famoso)* **1.** Hijo de Gersón nº 1 (Ex. 6:17; Nm. 3:18; 1 Cr. 6:17.) **2.** Hijo de Gera, pariente del rey Saúl, que maldijo a David (2 S. 6:15; 1 R. 2:8.) **3.** Fiel funcionario del rey David (posiblemente =nº 4), (1 R. 1:8.) **4.** Proveedor de alimentos del rey Salomón (posiblemente =nº 3), (1 R. 4:18.) **5.** Nieto de Joacim, hermano de Zorobabel (1 Cr. 3:19.) **6.** Simeonita (1 Cr. 4:26, 27.) **7.** Hijo de Gog (1 Cr. 5:4.) **8.** Levita descendiente de Merari (1 Cr. 6:42.) **9.** Levita gersonita (1 Cr. 6:42.) **10.** Benjamita (1 Cr. 8:21.) **11.** Levita, jefe de la décima suerte de cantores (1 Cr. 25:3, 17.) **12.** Oficial de David, encargado de las viñas (1 Cr. 27:27.) **13.** Levita en tiempo del rey Ezequías, descendiente de Hemán, que ayudó a limpiar el templo (2 Cr. 29:14.) **14.** Levita, mayordomo del rey Ezequías (2 Cr. 31:12, 13.) **15.** Levita que despidió a su mujer extranjera (Esd. 10:23.) **16.** Otro levita que hizo lo mismo (Esd. 10:33.) **17.** Otro levita que hizo lo mismo (Esd. 10:38.) **18.** Abuelo de Mardoqueo (Est. 2:5.)

**Simeón** *(oír)* **1.** Hijo de Jacob y de Lea (Gn. 29:33.) Junto con su hermano Leví masacró a los heveos en Siquem (Gn. 34:24-31); José lo retuvo como rehén (Gn. 42:24.) **2.** La tribu que formó su posteridad y a la cual se le asignó el extremo S. de Canaán (Jos. 19:1-9); eventualmente habría sido absorbida por Judá. **3.** Uno que repudió a su esposa extranjera (Esd. 10:31.) **4.** Judío devoto que tomó en sus brazos al niño Jesús y alabó a Dios (Lc. 2:25, 34.) **5.** Ascendiente de Jesucristo (Lc. 3:30.)

**Simeonita.** Descendiente de Simeón nº 1 (Nm. 26:14; 1 Cr. 27:16.)

**Simiente.** Semilla (Gn. 3:15; Zac. 8:12 1 P. 1:23.)

**Símil.** Comparación, semejanza entre dos cosas (Jos. 22:28.)

**Simón** *(Oír)* **1.** Descendiente de Judá (1 Cr. 4:20.) **2.** Simón Pedro el apóstol, hijo de Jonás y hermano de Andrés. Véase también Pedro y Cefas (Mt. 4:18; 16:17; 2 P. 1:1.) **3.**

El cananita o zelote, uno de los doce apóstoles (Mt. 10:4; Mr. 3:18; Lc. 6:15.) **4.** Hermano del Señor (Mt. 13:55; Mr. 6:3.) **5.** Un leproso de Betania (Mt. 26:6; Mr. 14:3.) **6.** Simón de Cirene; ayudó a Jesús a cargar con la cruz (Mt. 27:32; Mr. 15:21; Lc. 23:26.) **7.** Fariseo en cuya casa una mujer ungió los pies de Jesús (Lc. 7:40.) **8.** Padre de Judas Iscariote (Jn. 6:71; 12:4; 13:2, 26.) **9.** Mago, de Samaria; trató de comprar el poder de conferir el Espíritu Santo sobre otros (Hch. 8:9, 13, 18, 24.) **10.** Curtidor de Jope (Hch. 9:43; 10:32.) **11.** Simón Niger, de Antioquía (Hch. 13:1.) **12.** Simón Macabeo. Dirigente asmoneo de Palestina (143-134 a. C.)

**Simrat** *(vigilia)* Benjamita, hijo de Simei (1 Cr. 8:21.)

**Simri** *(vigilante)* **1.** Simeonita, hijo de Semaías (1 Cr. 4:37.) **2.** Padre de Jediael y de Joha, dos de los valientes de David (1 Cr. 11:45.) **3.** Levita merarita, jefe de un grupo de porteros del templo (1 Cr. 26:10.) **4.** Levita en tiempo del rey Ezequías, que ayudó a limpiar el templo (2 Cr. 29:13.)

**Simrit** *(vigilante)* Moabita, madre de Jozabad nº 1, que ayudó a matar a Joás, rey de Judá (2 Cr. 24:26.)

**Simrón** *(guardia)* **1.** Hijo de Isacar (Gn. 46:12; Nm. 26:24; 1 Cr. 7:1.) **2.** Ciudad de los cananeos, cuyo rey combatió contra Josué y que posteriormente perteneció a Zabulón (Jos. 11:1; 19:15.)

**Simronita.** Descendiente de Simrón nº 1 (Nm. 26:24.)

**Simron-merón.** Ciudad en el N. de Canaán, conquistada por Josué (Jos. 12:20.)

**Simsai** *(día de sol)* Funcionario persa que procuró obstaculizar a los judíos en su intento de reconstruir el templo (Esd. 4:8.)

**Sin** *(arcilla)* **1.** Desierto en la península de Sinaí que atravesaron los israelitas en su viaje entre Elim y el Sinaí (Ex. 16:1; 17:1; Nm. 33:11, 12.) **2.** Ciudad fortificada en Egipto, sobre el brazo oriental del Nilo (Ez. 30:15, 16.)

**Sinab** *("el dios Sin es padre")* Rey de Adma, ciudad cananea, que luego fuera destruida junto con Sodoma y Gomorra (Gn. 14:2.)

**Sinagoga** *(lugar de asamblea)* Institución judía para la lectura y estudio del A. T. y que se originó, talvez, durante el exilio babilónico (Esd. 8:15; Neh. 8:2; 9:1.) Se trata tanto de la comunidad de personas organizada para un propósito religioso como del edificio donde se reunían (Mt. 4:23.) Entre sus funciones figuraba la adoración, la instrucción, sitio donde los niños y adultos pudieran estudiar la ley, centro social para la discusión de los problemas que afectaban a la comunidad, para funerales y transacciones legales. Hubo sinagogas en todo el mundo del Mediterráneo. Las sinagogas contaban con una plataforma desde la cual se leía, un lugar para los escritos sagrados, asientos para la congregación, lámparas y trompetas, y funcionarios responsables del servicio religioso. El N. T. menciona muchas veces las sinagogas. El servicio incluía la oración, la lectura de las Sagradas Escrituras, el sermón y la bendición. Entre los funcionarios de la sinagoga figuraban el dirigente responsable del edificio, que también ejercía la dirección del culto público, quien además indicaba la persona que habría de leer las Escrituras, orar y hablar; el intendente, a cargo directo del edificio, del moblaje y de los rollos de la Escritura (Lc. 4:20.) Los hombres se sentaban a un costado y las mujeres al otro. Los miembros más prominentes ocupaban los primeros asientos. Los sermones estaban a cargo de personas determinadas ex profeso para ello. Cualquier miembro competente podía hacerlo a pedido del dirigente responsable, para dar el sermón del día (Lc. 4:16, 17; Hch. 13:15.) La iglesia cristiana adoptó la forma de culto de la sinagoga.

**Sinaí. 1.** Península ubicada al oeste del desierto de Parán, comprendida entre los dos brazos de la extremidad meridional del mar Rojo, el golfo de Suez al O. y el de Akabah al E. (Ex. 19:1.) **2.** Monte Sinaí (Ex.

19:20) en cuya cima se entregó la Ley Mosaica; también recibe el nombre de Horeb (Ver Horeb); en la base del monte se ratificó el pacto (Ex. 19:1-25; 24:1-18), y se organizó la nación de Israel (Ex. 20 - Nm. 10.) Es objeto de discusión su localización exacta.

**Sinar.** Planicie aluvional de Babilonia, que albergaba las ciudades de Babel, Erec, Acad y Calne (Gn. 10:10); allí, justamente, se edificó la torre de Babel (Gn. 11:1-9); Amrafel, rey de Sinar, invadió Canaán (Gn. 14:1); los judíos fueron exilados a Sinar (Zac. 5:11); Nabucodonosor llevó a Sinar los tesoros del templo (Dn. 1:2.)

**Sineos.** Tribu cananea (Gn. 10:17; 1 Cr. 1:15.)

**Sinim.** Territorio remoto y desconocido ( = Sevene), (Is. 49:12.)

**Sinópticos, Evangelios** (Ver Evangelios)

**Síntique** *(afortunado)* Cristiana en Filipos (Fil. 4:2.)

**Sion** *(elevado)* Monte Hermón ( = Sirión), (Dt. 4:48.) Uno de los montes sobre el que estuvo emplazada la ciudad de Jerusalén; originariamente una fortaleza jebusea (2 S. 5:6-9); fue capturada por David quien llevó allí el arca (2 S. 6:10-12); más adelante el nombre de Sion incluyó el monte de Moríah (Is. 8:18; 18:7; 24:23; Mi. 4:7) y posteriormente a toda Jerusalén (2 R. 19:21; Sal. 48; 69:35.) En forma figurada se refiere a la iglesia judía y a la constitución política (Sal. 126:1; 129:5) y al cielo (He. 12:22; *cf.* Ap. 14:1.)

**Sior** *(pequeñez)* Localidad en Judá, probablemente cerca de Hebrón (Jos. 15:54.)

**Sipal.** Gigante a quien mató Sibecai (1 Cr. 20:4.)

**Siquem** *(hombro)* **1.** Antigua ciudad en la región montañosa de Efraín, cerca de la frontera S. con Manasés, a 62 kilómetros al N. de Jerusalén, en el extremo E. del paso entre los montes Ebal y Gerizim; fue una de las principales ciudades cananeas durante la mayor parte del segundo milenio a. C.; primer lugar visitado por Abraham (Gn. 12:6); allí compró Jacob un terreno (Gn. 33:18-20); allí enterraron a José (Jos. 24:32); escenario del abortado intento de Abimelec de fundar un reino (Jue. 9); allí también estableció Jeroboam I su primera residencia real (1 R. 12:25.) El sitio exacto donde estaba es Tell Balatah, cerca del Pozo de Jacob, a unos dos kilómetros y medio al E. de Nablus. Los arqueólogos han excavado sus ruinas. **2.** Hijo de Hamor, habitante de nº 1 (Gn. 33:19; Jue. 9:28.) **3.** Jefe de una familia de Manasés (Nm. 26:31.) **4.** Hijo de Semida (1 Cr. 7:19.)

**Siquemita.** Descendiente de Siquem nº 3 (Nm. 26:31; Jos. 17:2.)

**Sira.** Pozo, a dos kilómetros al N. de Hebrón (2 S. 3:26.)

**Sirac, Hijo de.** Supuesto autor del Eclesiástico, escrito alrededor de 190-170 a. C.

**Siracusa.** Ciudad y puerto en la costa oriental de Sicilia (Hch. 28:12.)

**Siria.** Abreviatura de "Asiria", o talvez provenga de la palabra babilónica "Suri"; "Aram" en el A. T., por los arameos que ocupaban ese territorio en el siglo XII a. C.; sus fronteras variaron con el correr de los siglos, pero en general ocupó el territorio limitado al S. por la cadena montañosa Tauro, al N. por Galilea y Basán, al O. por el desierto arábigo y al E. por el Mediterráneo. Principales ciudades: Damasco, Antioquía, Biblos, Alepo, Palmira y Carquemis. David la conquistó (2 S. 10:6-19), pero se independizó durante el reinado de Salomón (1 R. 11:23-25); a menudo en conflicto con los judíos (1 R. 15:18-20; 20; 22; 2 R. 6:8-33; 7; 9:14, 15; 10:32, 33; 13); los romanos la hicieron provincia romana en el año 64 a. C.; jugó un papel importantísimo en la iglesia primitiva (Hch. 11:26; 13:1-3.)

**Siríacas, Versiones** (Ver Textos y Versiones)

**Siríaco.** Idioma hablado en Siria. Reina-Valera utiliza la palabra "arameo" en lugar de siríaco (2 R. 18:26; Esd. 4:7; Dn. 2:4.)

**Sirio.** Habitante de Siria ( = arameo), (2 S. 8:5; Lc. 4:27.)

**Sirión.** Nombre que los sidonios le

daban al monte Hermón (Dt. 3:9; Sal. 29:6.)

**Sirofenicia.** De Fenicia, que en tiempo neotestamentario se incluía en la provincia de Siria (Mr. 7:26.)

**Sirte.** Bancos de arenas movedizas en la costa de Libia y del S. de Creta; sumamente traicioneros y peligrosos (Hch. 27:17.)

**Sis** *(que brilla)* Despeñadero cerca de la orilla occidental del mar Rojo entre En-gadi y Tecoa (2 Cr. 20:16.)

**Sisa.** Escriba de David y padre de Elohoref y Ahías, secretarios del rey Salomón ( = Seraías nº 1 y Savsa), (1 R. 4:3.)

**Sisac.** Rey egipcio, fundador de la vigesimosegunda dinastía (950-929 a. C.) albergó al fugitivo Jeroboam (1 R. 11:40); atacó Jerusalén durante el reinado del rey Roboam (1 R. 14:25s.)

**Sísara. 1.** General del ejército de Jabín, rey de Hazor; fue derrotado en batalla por Barac; asesinado por Jael, mujer de Heber (Jue. 4:41.) **2.** Antepasado de una familia de netineos que retornó con Zorobabel (Esd. 2:53; Neh. 7:55.)

**Sismai.** Judaíta, hijo de Elasa (1 Cr. 2:40.)

**Sitim. 1.** Lugar en Moab ( = Abel-sitim), última parada de Israel antes de cruzar el Jordán (Nm. 25:1); desde ese lugar envió Josué dos espías a Jericó (Jos. 2:1); y fue desde allí donde Balaam trató de maldecir a Israel (Nm. 22:1; 25:1-3.) **2.** Parte del valle del Cedrón (Jl. 3:18.)

**Sitio, asedio** (Ver Guerra)

**Sitna** *(enemistad)* Pozo que cavaron los siervos de Isaac entre Gerar y Rehobot (Gn. 26:21.)

**Sitrai.** Saronita, mayordomo de David sobre el ganado real (1 Cr. 27:29.)

**Sitri** *(mi protección es Dios)* Levita coatita; primo de Aarón y de Moisés (Ex. 6:22.)

**Sittim.** Madera dura, proveniente de la acacia, utilizada para el moblaje del tabernáculo (Ex. 25:5; Dt. 10:3, R-V, ed. 1909.)

**Siván.** Tercer mes del calendario hebreo (mayo-junio), (Est. 8:9.)

**Siza** *(Dios libra o Dios salva)* Rubenita, padre de Adina (1 Cr. 11:42.)

**So.** Rey de Egipto con quien efectuó una alianza Oseas, rey de Israel, lo cual provocó la cólera de Asiria contra Israel (2 R. 17:4.)

**Soa** *(rico)* Tribu que habitaba al oriente del río Tigris, se menciona en relación con los babilonios, caldeos y asirios (Ez. 23:23.) Bien pudieran ser los suteos, a los cuales se refieren las cartas de el-Amarnah.

**Soba.** Importante reino arameo al N. de Damasco (2 S. 8:3, 5); enemigo de Israel (1 S. 14:47; 2 Cr. 8:3.)

**Sobab** *(apóstata)* **1.** Hijo de David (1 Cr. 3:5.) **2.** Nieto de Hezrón, hijo de Caleb (1 Cr. 2:18.)

**Sobac.** General sirio del ejército del rey Hadad-ezer ( = Sofac), derrotado por David (2 S. 10:16, 18.)

**Sobai** *(pariente de Jehová)* Levita, portero del templo, cuyos descendientes regresaron con Zorobabel (Esd. 2:42; Neh. 7:45.)

**Sobal** *(canasto)* **1.** Jefe horeo, hijo de Seir (Gn. 36:20; 1 Cr. 1:38.) **2.** Efrateo, antepasado o fundador de los habitantes de Quiriat-jearim (1 Cr. 2:50, 52.) **3.** Hijo de Judá (1 Cr. 4:1, 2.)

**Sobec** *(vencedor)* Jefe israelita que firmó el pacto de Nehemías, de guardar la ley (Neh. 10:24.)

**Soberanía de Dios.** La suprema autoridad de Dios. No está sujeto a ningún poder y a ninguna ley que pudiera concebirse como superior a él (Is. 45:9; Ro. 9:20, 21.)

**Soberano.** Que ejerce o posee la autoridad suprema e independiente (Job 31:28; 1 Ti. 6:15; Ap. 1:5.)

**Sobi** *(el que lleva cautivo)* Príncipe amonita que socorrió a David (2 S. 17:27.)

**Soco** *(ramas)* **1.** Ciudad en Judá, al NO. de Adulam; se la identifica con Hirbet Suweikah (Jos. 15:35; 2 Cr. 11:7.) **2.** Población en las montañas de Judá, a 16 kilómetros al SO. de Hebrón (Jos. 15:48.) **3.** Hijo de Heber (1 Cr. 4:18.)

**Sodi** *(Dios es mi confidente)* Padre de Gadiel, espía zabulonita (Nm. 13:10.)

**Sodoma.** Juntamente con Adma,

Gomorra, Zeboim y Zoar, una de las "ciudades de la llanura", situada en el extremo S. del mar Muerto; es probable que el agua cubra sus restos. Allí vivió Lot (Gn. 13:1-13); fue destruida por su maldad (Gn. 19); símbolo de vicio, de infamia y de juicio (Is. 1:9, 10; 3:9; Jer. 23:14; Lm. 4:6; Ez. 16:46; Mt. 10:15; Ap. 11:8.)

**Sodomía.** Concúbito entre personas de un mismo sexo, perversión de la cual fue famosa Sodoma (Gn. 19:5); expresamente prohibida por la ley de Moisés (Dt. 23:17.) Se hizo carne en Israel (1 R. 14:24) y en el mundo pagano de la antigüedad (Ro. 1:26s.); se practicó la sodomía aun en el templo (2 R. 23:2.)

**Sodomita.** El que practica la sodomía (1 R. 15:2; 1 Ti. 1:10.)

**Sofac.** General sirio del ejército del rey Hadad-ezer ( = Sobac), (1 Cr. 19:16, 18.)

**Soferet** *(el escriba)* Jefe de una familia de siervos de Salomón, cuyos descendientes regresaron de la cautividad babilónica con Zorobabel (Esd. 2:55; Neh. 7:57.)

**Sofonías** *(al que Jehová escondió)* **1.** Sacerdote, hijo de Maasías, (2 R. 25:18; Jer. 21:1.) **2.** Antepasado del profeta Samuel (1 Cr. 6:36.) **3.** Profeta, autor del libro de Sofonías (Sof. 1:1); de ascendencia real; contemporáneo de Nahum y Habacuc. **4.** Padre de Josías nº 3 y de Hen, a quien Dios envió al profeta Zacarías (Zac. 6:10.)

**Sofonías, Libro de** (Ver Libro de Sofonías)

**Soga.** Mencionada a menudo en la Biblia (2 S. 17:13; 1 R. 20:31, 32; Jer. 38:6-13.)

**Soham** *(piedra preciosa)* Levita merarita (1 Cr. 24:27.)

**Sol.** Desde la más remota antigüedad la gente se dio cuenta de lo que el sol significaba para todos, y de ahí que fuera adorado por los hebreos (2 R. 21:3, 5), y por otros (Job 31:26, 27); estimula la agricultura (Dt. 33:14); quema la vegetación (Jon. 4:8); el sol determina los puntos cardinales (Is. 45:6; Sal. 50:1.) Se usa metafóricamente al comparar con él la gloria de Cristo (Mt. 17:2); tam-

bién los santos (Mt. 13:43); el oscurecimiento del sol era símbolo de calamidad (Ez. 32:7; Jl. 2:10, 31.)

**Sol, Adoración del.** De diversas formas se adoró al sol en el mundo antiguo. Y aun los israelitas, en algunas ocasiones, adoraron a imágenes del sol (Lv. 26:30; Is. 17:8.) Samás es el nombre semítico del dios Sol del antiguo Medio-Oriente. Los fenicios adoraban un Baal sol. En Egipto On o Heliópolis era el centro de la adoración al sol, que allí se llamaba Ra.

**Soldado** (Ver Oficios y Profesiones)

**Soldadura.** Material que sirve para soldar (Is. 41:7.)

**Sombra.** Aplicada literalmente (Jue. 9:36), figuradamente (1 Cr. 29:15; Sal. 17:8; Is. 30:3), teológicamente (Col. 2:17; He. 8:5.)

**Sombrero** (Ver Vestido)

**Somer** *(vigilante)* **1.** Moabita, madre de Jozabad, uno de los asesinos de Joás (1 R. 12:21.) **2.** Bisnieto de Aser (1 Cr. 7:32.)

**Somormujo** (Ver Aves)

**Son.** Sonido que producen las campanillas que las mujeres llevan sujetas a los tobillos (Is. 3:16.)

**Sopater.** Cristiano de Berea, compañero de Pablo (Hch. 20:4.)

**Sorec** *(viñedo)* Valle en territorio filisteo, aproximadamente a 13 kilómetros de Jope (Jue. 16:4.)

**Sosannim** *(lirios)* Término hebreo que aparece en la titulación de los Salmos 45, 69 y 80, en Reina-Valera edición 1909, y que en el Salmo 60 figura como Susan-heduth; pudiera significar un instrumento musical en forma de lirio o una tonada conocida como "lirios". En Reina-Valera edición 1960, en lugar de Sosannim figura "sobre lirios".

**Sosípater.** Cristiano pariente de Pablo (Ro. 16:21.)

**Sóstenes. 1.** Dirigente de la sinagoga de Corinto; golpeado por la multitud en presencia del procónsul Galión (Hch. 18:17.) **2.** Cristiano compañero de Pablo, que pudiera ser el mismo que nº 1 (Col. 1:1.)

**Sotai** *(alejamiento de Dios)* Sirviente de Salomón, cuyos descendientes retornaron de la cautividad (Esd. 2:55; Neh. 7:57.)

**Súa** *(depresión)* **1.** Hijo de Abraham y Cetura (Gn. 25:2; 1 Cr. 1:32.) **2.** Cananeo, suegro de Judá (Gn. 38:2, 12; 1 Cr. 2:3.) **3.** Descendiente de Judá, hermano de Quelub (1 Cr. 4:11.) **4.** Hija de Heber de la tribu de Aser (1 Cr. 7:32.) **5.** Descendiente de Aser (1 Cr. 7:36.)

**Sual** *(zorro)* **1.** Región en Efraín, cerca de Micmas (1 S. 13:17.) **2.** Hijo de Zofa (1 Cr. 7:36.)

**Subael** *(cautivo)* Levita, descendiente de Moisés ( = Sebuel nº 1), (1 Cr. 24:20; 25:20.)

**Sucateos.** Familia de escribas en Jabes de Judá (1 Cr. 2:55.)

**Sucot** *(choza o cabaña)* **1.** Lugar al E. del Jordán, cerca de Saretán donde Jacob edificó una casa y construyó cabañas para su ganado (Gn. 33:17); asignada a los gaditas (Jos. 13:27); Gedeón castigó severamente a la ciudad (Jue. 8:5-16.) **2.** Lugar donde acamparon por primera vez los israelitas después de haber partido de Ramesés (Ex. 12:37; 13:20; Nm. 33:5, 6.)

**Sucot-benot** *(tiendas de las hijas)* Ídolo pagano introducido en Samaria después de la conquista de Asiria (2 R. 17:30.)

**Sudario.** Lienzo que se pone sobre el rostro de los difuntos o en que se envuelve el cadáver. Antes de enterrar el cadáver era costumbre lavarlo y ungirlo con especias aromáticas; luego lo envolvían en el sudario atándolo con vendas, desde la cabeza hasta los pies (Jn. 11:44; 20:7.)

**Sudor.** Producto de la secreción de las glándulas sudoríparas (Gn. 3:19; Ez. 44:18; Lc. 22:44.)

**Sudor de sangre.** Manifestación física de la agonía de Jesús en Getsemaní (Lc. 22:44.) El sudor de Cristo no se transformó en sangre, sino que era "como" grandes gotas de sangre.

**Sueño.** En numerosas ocasiones en el A. T. Dios se reveló a las personas por medio de los sueños (Gn. 20:3; 28:12; 37:5-11; 40:5; Dn. 2:4) y en el N. T. en Mt. 1:20. A veces los sueños tenían personas no de la familia escogida. p. ej. Abimelec en Gerar (Gn. 20:3), Labán (Gn. 31:24), Faraón (Gn. 41:1-36.) Dios les dio a ciertos hombres el don de interpretar los sueños (Gn. 40:5-23; Dn. 4:19-27.) A veces los sueños pueden descarriar a las personas (Dt. 13:1-3.)

**Suerte. 1.** Cualquiera de ciertos medios casuales empleados antiguamente para adivinar lo porvenir o la voluntad de la divinidad, y lo aplicaban tanto los paganos como los judíos (Est. 3:7; Jon. 1:7.) **2.** Lo que se asigna por suerte, como porción o herencia (Jos. 15:1.)

**Suetonio.** Escritor romano (69-140 d. C.) famoso por su obra *Vidas de los doce emperadores.*

**Suf.** Región no identificada al E. del Jordán (Dt. 1:1, BJ) R-V dice "mar Rojo".

**Sufa** *(huracán)* Probablemente la región del mar Rojo (Nm. 21:14, BJ.) R-V dice "mar Rojo".

**Sufam.** Hijo de Benjamín (Nm. 26:39.)

**Sufamita.** Descendiente de Sufam (Nm. 26:39.)

**Súham** *(cavador)* Hijo de Dan (Nm. 26:42, 43.)

**Suhamita.** Descendiente de Súham (Nm. 26:42, 43.)

**Suhita.** Descendiente de Súa nº 1 (Job 2:11; 8:1; 18:1; 25:1.)

**Sulamita** *(pacífica)* Probablemente = Sunamita, nativa de Sunem (Cnt. 6:13.)

**Sumatitas.** Familia de Quiriat-jearim (1 Cr. 2:53.)

**Sumer.** Una de las dos divisiones políticas -la otra era Acad- que formaban originariamente el imperio babilónico.

**Sumo sacerdote** (Ver Sacerdotes, Sacerdocio)

**Sunamita** *(nativa de Sunem)* **1.** Designación de una mujer cuyo hijo fue resucitado por Eliseo (2 R. 4:12.) **2.** Designación de Abisag (1 R. 1:3, 15; 2:17-22.)

**Sunem.** Ciudad de Isacar (Jos. 19:18), a 5 kilómetros al N. de Jezreel; lugar donde acamparon los filisteos antes de combatir con Saúl y sus tropas (1 S. 28:4); hogar de Abisag, la muchacha que cuidó de David en su ancianidad (1 R. 1:3); hogar de una mujer que hospedó al profeta Eliseo (2 R. 4:87-37.)

**Suni** *(tranquilo)* Tercero de los siete hijos de Gad (Gn. 46:16.)

**Sunita.** Descendiente de Suni (Nm. 26:15.)

**Supersticioso.** Se utiliza en Hch. 17:22 (R-V ed. 1909) con el sentido de "extremadamente religioso".

**Supim.** *(serpiente)* **1.** Benjamita (1 Cr. 7:12, 15.) **2.** Levita, portero de Jerusalén (1 Cr. 26:12.)

**Súplica** (Ver Oración)

**Suquienos.** Soldados cuyo origen se desconoce y que se unieron a Sisac cuando éste invadió a Judá (2 Cr. 12:3.)

**Sur.** Uno de los cuatro puntos cardinales (Gn. 13:14; Ec. 1:6.)

**Susa.** Ciudad babilónica; posteriormente capital del imperio persa (Esd. 4:9; Neh. 1:1; Est. 1:2; Dn. 8:2.) Allí se halló el Código de Hammurabi.

**Susana** *(azucena)* **1.** Mujer que servía a Jesucristo (Lc. 8:3.) **2.** Heroína de la *Historia de Susana,* apéndice apócrifo del Libro de Daniel.

**Susi.** Padre de Gadi nº 1 (Nm. 13:11.)

**Susancheos.** Colonos de Susa llevados a Samaria por los asirios (Esd. 4:9, 10, R-V, ed. 1909.)

**Suspiro.** Aspiración fuerte y prolongada seguida de una espiración, acompañada a veces de un gemido (Job 3:24; Sal. 38:9; Lm. 3:56.)

**Susurrar.** Hablar quedo, produciendo un murmullo o ruido sordo, como el que hacen los encantadores y adivinos y que pareciera provenir de los muertos (Is. 8:19.)

**Sutela** *(brote verde)* **1.** Primogénito de Efraín (Nm. 26:35, 36.) **2.** Hijo de Zabad; padre de Ezer y Elad (1 Cr. 7:21.)

**Sutelaíta.** Descendiente de Sutela nº 1 (Nm. 26:35.)

**Taanac.** Ciudad fortificada de Canaán, a 8 kilómetros al SE. de Meguido; fue asignada a la tribu de Manasés (Jos. 12:21; 17:11; Jue. E. de Siquem.

**Taanat-silo** *(acceso a Silo)* Aldea en la frontera NE. de Efraín, aproximadamente a 17 kilómetros al E. de Sequem.

**Tábano** (Ver Insectos)

**Tabaot** *(anillos)* Familia de netineos que regresó del exilio con Zorobabel (Esd. 2:43; Neh. 7:46.)

**Tabat.** Lugar probablemente al E. del Jordán, entre Jabes-galaad y Sucot (Jue. 7:22.)

**Tabeel** *(Dios es bueno)* **1.** Arameo de Samaria que se opuso a la reedificación de Jerusalén (Esd. 4:7.) **2.** Padre de aquel que Rezín de Damasco y Peka de Israel propusieron hacer rey de Judá (Is. 7:6.)

**Tabera** *(incendio)* Lugar donde acampó Israel y donde el fuego del Señor consumió a algunos que se quejaban (Nm. 11:3; Dt. 9:22.)

**Tabernáculo** *(tienda)* Santuario de adoración de los israelitas, desde el tiempo de la peregrinación por el desierto hasta la construcción del templo de Salomón; tipificó la morada de Dios entre su pueblo (Ex. 25:8); se lo denominó de diversas maneras (Ex. 25:9; 26:9; 33:7; 39:32; 1 Cr. 6:48; 9:23; 17:5; 2 Cr. 24:6); su descripción figura en Ex. 25:10-27; 19:35-38; el tabernáculo estaba en un recinto de 50 metros de largo por 27 metros de ancho, cuyos postes estaban recubiertos de cortinas de lino, ajustadas a 60 pilares de bronce. Dentro del recinto estaba emplazado el gran altar del holocausto (Ex. 27:1-8) y la fuente de bronce para las abluciones rituales de los sacerdotes (Ex. 30:17-21.)

El tabernáculo, que estaba en el extremo O. del recinto, era una estructura de madera de 15 por 5 metros, dividido en dos partes por un pesado velo: el lugar santo y el lugar santísimo. Por dentro ostentaba fina tapicería y por fuera una doble colgadura de pieles. El lugar santo contenía un candelabro de oro y el altar del incienso. El lugar santísimo contenía únicamente el arca del pacto, que era una caja de madera cubierta de oro, en cuyo interior estaban las tablas del pacto, una urna de oro que contenía el maná y la vara de Aarón (Ex. 25:16, 22; He. 9:4.) La mesa para el pan de la proposición estaba en el lugar santo (Ex. 25:30.) El tabernáculo se erigió en el Sinaí, al comienzo del segundo año después de haber abandonado Egipto (Ex. 40:2, 17); durante 35 años estuvo en Cades, y siempre precedió a los israelitas en su marcha (Nm. 10:33-36.) Posteriormente estuvo en Gilgal (Jos. 4:19), luego en Silo (Jos. 18:1), después en Nob (1 S. 21:1) y en Gabaón (1 Cr. 16:39; 21:29.) David lo llevó a Jerusalén. El templo reemplazó al tabernáculo. El antiguo tabernáculo no fue más que una sombra del verdadero ideal (He. 8:5; 10:1.)

**Tabernas, Las tres.** Lugar a 53 kilómetros al SE. de Roma donde Pablo se encontró con cristianos romanos (Hch. 28:15.)

**Tabita** *(gacela)* Cristiana de Jope ( =Dorcas); ayudaba a las viudas pobres; Pedro la resucitó (Hch. 9:36-43.)

**Tablas de arcilla.** Hechas de arcilla; antes de secarse se grababa con un punzón los caracteres cuneiformes, y a continuación se las secaba al horno o al sol. Se las hacía de diversos tamaños y se las colocaba en un sobre de arcilla. Se han rescatado innumerables tablillas en las excavaciones en el Medio Oriente (Lc. 1:63.) Las más antiguas que se han hallado se remontan a 3.000 años a. C.

**Tablas de la ley.** Tablas de piedra sobre las cuales Moisés escribió los Diez Mandamientos (Ex. 24:3, 4; 31:18; Dt. 4:13; 5:22.)

**Tabor** *(cantera, montaña)* **1.** Monte en el valle de Jezreel, en Galilea, a 10 kilómetros al E. de Nazaret (Jos. 19:22); allí reunió Barac a los soldados para combatir contra Sísara (Jue. 4:6-14); allí murió el hermano de Gedeón (Jue. 8:8-21.) **2.** Planicie de Tabor, lugar no identificado, probablemente en Benjamín (1 S. 10:3.) **3.** Ciudad en Zabulón para los levitas meraritas (1 Cr. 6:77.)

**Tabrimón** *(el dios Rammán es bueno)* Padre de Ben-adad nº 1, rey de Asiria (1 R. 15:18.)

**Tacmonita.** Sobrenombre de Josebbasebet, principal capitán entre los valientes de David (2 S. 23:8.)

**Tadeo.** Uno de los doce apóstoles ( = Lebeo y Judas), (Mt. 10:3; Mr. 3:18.) No aparece con ese nombre ni en Lucas 6:16 ni en Hechos 1:13, donde figura como "Judas hermano de Jacobo". Es muy poco lo que sabemos de él.

**Tadmor.** Ciudad que Salomón edificó en el desierto al NE. de Damasco (1 R. 9:18; 2 Cr. 8:4); es el nombre arameo y árabe de la ciudad de Palmira, metrópolis fabulosamente rica, cuyas magníficas ruinas han sido excavadas.

**Tafat** *(gota)* Hija de Salomón (1 R. 4:11.)

**Tafnes.** Ciudad fortificada en la ribera oriental del delta del Nilo, hacia la cual huyeron los judíos después de la caída de Jerusalén (Jer. 2:16; 43:7-9; 44:1; 46:14; Ez. 30:18.)

**Tahán. 1.** Hijo de Efraín (Nm. 26:35.)

**2.** Efrateo (1 Cr. 7:25.)

**Tahanita.** Descendiente de Tahán nº 1 (Nm. 26:35.)

**Tahas.** Hijo de Nacor y Reúma (Gn. 22:24.)

**Tahat** *(debajo)* **1.** Lugar donde acampó Israel (Nm. 33:26, 27.) **2.** Descendiente de Coat (1 Cr. 6:24, 37.) **3.** Nombre de dos descendientes de Efraín (1 Cr. 7:20.)

**Tahpenes.** Reina egipcia contemporánea de Salomón (1 R. 11:19, 20.)

**Tálamo nupcial** (Ver Casamiento, Matrimonio)

**Talita cumi.** Voz aramea que traducida significa: "Niña, a ti te digo, levántate" (Mr. 5:41.)

**Talmai. 1.** Uno de los "hijos de Anac" en Hebrón (Nm. 13:22; Jos. 15:14; Jue. 1:10.) **2.** Rey de Gesur, suegro de David y abuelo de Absalón (2 S. 3:3; 1 Cr. 3:2.)

**Talmón** *(luz, brillo)* Portero levita cuyos descendientes regresaron con Zorobabel (1 Cr. 9:17; Esd. 2:42; Neh. 7:45.)

**Talmud** *(estudio de la ley)* Colección de tradiciones judías de los primeros siglos de la era cristiana. Estrictamente son dos: uno elaborado en Babilonia y el otro en Palestina.

**Tamar** *(palmera)* **1.** Esposa de Er, luego de Onán; madre de Fares y de Zara (Gn. 38; 1 Cr. 2:4; Mt. 1:3.) **2.** Hija de David, abusada por su medio hermano Amnón (2 S. 13:1-33.) **3.** Hija de Absalón (2 S. 14:27.) **4.** Lugar fronterizo no identificado en la restaurada Israel (Ez. 47:19; 48:28.) **5.** Ciudad en Siria más conocida como Tadmor y que posteriormente se llamó Palmira.

**Tamo.** Polvo o paja que se desprende de las semillas trilladas (Job 21:18; Sal. 1:4; Is. 17:13; Os. 13:13; Sof. 2:2); también el rastrojo (Is. 5:24) y la paja (Jer. 23:28.) A menudo se aplica la palabra en sentido figurado, como algo sin valor (Sal. 1:4; Mt. 3:12.)

**Tamuz.** Dios de la fertilidad adorado en la Mesopotamia, Siria y Palestina; corresponde al Osiris egipcio y al Adonis griego (Ez. 8:14.)

**Tanhumet** *(consuelo)* Netofatita, padre de Seraías nº 3 (Jer. 40:8.)

**Tapúa** *(manzana)* Localidad en el territorio de Tapúa, en la frontera de Efraín y Manasés (Jos. 12:17; 16:18; 17:7, 8.) **2.** Ciudad en la Sefelá de Judá (Jos. 15:34); se la ha identificado con la moderna Seih Abu Zarad. **3.** Judaíta (1 Cr. 2:43.)

**Tara.** Lugar donde acampó Israel (Nm. 33:27, 28.)

**Tarala.** Población en Benjamín, entre Irpeel y Zela (Jos. 18:27.)

**Taré** *(cabra montés)* Hijo de Nacor y padre de Abraham, Nacor y Harán (Gn. 11:26); idólatra (Jos. 24:2); acompañó a Abraham hasta Harán (Gn. 11:24-32.)

**Tarea** (Ver Trabajo)

**Tarea** *(astucia)* Descendiente del rey Saúl, nieto de Mefi-boset (1 Cr. 8:35; 9:4.)

**Tarsis** *(ávido)* **1.** Hijo de Javán (Gn. 10:4; 1 Cr. 1:7.) **2.** Puerto lejano en el Mediterráneo occidental, de incierta identificación, talvez España o Túnez (2 Cr. 9:21; 20:36, 37.) **3.** "Nave de Tarsis" = carguero de gran tamaño (1 R. 10:22; 22:48.) **4.** Bisnieto de Benjamín (1 Cr. 7:10.) **5.** Uno de los príncipes del rey Asuero (Est. 1:14.)

**Tarso.** Capital de Cilicia, a 16 kilómetros del Mediterráneo; ciudad marítima; centro educativo; hogar de Pablo (Hch. 9:11, 30; 11:25; 21:39; 22:3.)

**Tartac.** Dios de los aveos, colonos en Samaria (2 R. 17:31.)

**Tartán.** Comandante en jefe del ejército asirio (2 R. 18:17; Is. 20:1.) Era un título, no un nombre propio.

**Tatnai.** Gobernador del rey Artajerjes, de Persia, que recibió la orden de ayudar a los judíos en la reedificación del templo, (Esd. 5:3, 6; 6:6, 13.)

**Tazón.** Aumentativo de taza, por lo común de metal o loza (Jue. 6:38; Am. 6:6; Zac. 9:15; 14:20.)

**Tea.** Astilla o raja de madera muy impregnada en resina y que, encendida, alumbra como un hachón (Jue. 7:16, 20; 15:4, 5; Is. 50:11.)

**Teatro.** Sitio destinado a la representación de obras dramáticas o a otros espectáculos públicos propios de la escena (Hch. 19:29, 31.)

**Teba.** Hijo de Nacor y Reúma, sobrino de Abraham (Gn. 22:24.)

**Tebalías.** Levita merarita (1 Cr. 26:11.)

**Tebas.** Capital de Egipto durante la decimoctava dinastía, y que en la Biblia figura como "No"; centro del culto al dios Amón (Jer. 46:25); denunciada por los profetas (Jer. 46:25; Ez. 30:14.)

**Tebes** *(brillo)* Ciudad en Efraín, aproximadamente a mitad de camino entre Bet-seán y Siquem; allí fue muerto Abimelec, hijo de Gedeón (Jue. 9:50; 2 S. 11:21.)

**Tebet.** Mes décimo en el calendario hebreo (Est. 2:16.)

**Tecoa. 1.** Ciudad en las montañas de Judá a 20 kilómetros al S. de Jerusalén (2 S. 14:2, 4, 9); hogar del profeta Amós (Am. 1:1.) Se la identifica con Hirbet Tecua. **2.** Judaíta (1 Cr. 2:24; 4:5.)

**Tecoíta.** Originario de Tecoa (2 S. 23:26; Neh. 3:5.)

**Techumbre.** Techo. Dícese, por lo regular, de los muy altos, como son los de las iglesias. En 1 Reyes 6:15 (R-V, ed. 1909) la referencia es a las paredes del templo.

**Tehina** *(súplica)* Judaíta (1 Cr. 4:12.)

**Teja.** Pieza de barro cocido que sirve para techar. Se usaba también para escribir sobre ella (Ez. 4:1, donde R-V traduce "adobe" y la BJ "ladrillo")

**Tejado.** Parte superior del edificio cubierta comúnmente por tejas (Sal. 102:7; Lc. 5:19.)

**Tejón** (Ver Animales)

**Tejón, Piel de** (Ver Piel de Tejón)

**Tekel.** Voz aramea que significa haber sido pesado (Dn. 5:25.)

**Tela, vestimenta, indumentaria** (Ver Vestido)

**Tel-abib** *(colina de mieses)* Localidad de Babilonia, cerca del río Quebar, donde vivía Ezequiel (Ez. 3:15.)

**Telah** *(fractura)* Efrateo (1 Cr. 7:25.)

**Telaim** *(corderos)* Lugar donde Saúl pasó revista a su ejército antes de combatir contra Amalec ( = Telem nº 1), (1 S. 15:4.)

**Telasar.** Lugar no identificado en el N. de la Mesopotamia (2 R. 19:12; Is. 37:12.)

**Telas de su corazón** (Ver Redaño)

**Telem** *(luz, brillo)* **1.** Ciudad en Judá ( = Telaim), (Jos. 15:24.) **2.** Portero que se divorció de su mujer extranjera (Esd. 10:24.)

**Tel-harsa** *(colina boscosa)* Lugar en Babilonia (Esd. 2:59; Neh. 7:61.)

**Telilla** (Ver Redaño)

**Tell** *(montón de ruinas)* Montículo palestino en forma de cono truncado, que indica el lugar de una antigua ciudad y está formado por la acumulación de escombros, que abarcan por lo general varios períodos históricos según se observa por sus diversos estratos (Dt. 13:16; Jos. 18:28; Jer. 30:18.)

**Tell el-Amarnah.** Ciudad construida como capital de Egipto por Ekhnatón (hacia los años 1387-1366 a. C.); en el año 1887 se hallaron más de 350 tablillas de arcilla de escritura cuneiforme, que eran la correspondencia oficial de los gobernantes del Asia occidental a Ekhnatón.

**Tel-mela** *(colina de la sal)* Localidad de Babilonia, probablemente no lejos del N. del golfo Pérsico (Esd. 2:3, 59; Neh. 7:61.)

**Tema** *(desierto)* **1.** Hijo de Ismael (Gn. 25:15.) **2.** Netineo cuyos descendientes retornaron de la cautividad (Esd. 7:53; Neh. 7:55.) **3.** Descendiente de nº 1 y su territorio (Is. 21:14.)

**Temán** *(a la derecha, es decir, hacia el sur)* **1.** Nieto de Esaú (Gn. 36:11.) **2.** Jefe edomita (Gn. 36:42.) **3.** Una ciudad al N.E. de Edom (Jer. 49:7.)

**Temanita.** Originario de Tema nº 2 o de Temán nº 2 (1 Cr. 1:45.)

**Temeni.** Judaíta (1 Cr. 4:6.)

**Temor.** Pasión del ánimo, que hace huir o rehusar las cosas que se consideren dañosas, arriesgadas o peligrosas (Gn. 32:7; Nm. 22:3; Mr. 4:41; Lc. 1:12; Hch. 5:5.) El temor de Dios es el miedo reverencial y respetuoso que se debe tener a Dios (Lv. 25:36; Pr. 1:7; Pr. 14:26.) (Ver Miedo)

**Templanza.** Moderación, sobriedad y continencia (Gá. 5:23.)

**Templo.** Morada de un dios (Hch. 17:24.) Nombre que se le da al complejo arquitectónico en Jerusalén que era el centro del culto sacrificial de los hebreos. Sobre el monte Moríah, en Jerusalén, hubo tres templos sucesivos (2 Cr. 3:1): el templo de Salomón, el templo de Zorobabel y el templo de Herodes el Grande. El material para el templo de Salomón fue acopiado por David (2 S. 7; 1 Cr. 17; 28:12-19); fue construido con la ayuda de Hiram, rey de Tiro; contaba con tres secciones: **1.** El vestíbulo por el cual se entraba al templo propiamente dicho. **2.** El Lugar Santo, recinto de 20 metros de largo, 10 de ancho y 15 de alto. **3.** El Lugar Santísimo, un cubo de 10 metros de arista. Cubrió las paredes de piedra con tablas de cedro y las recubrió de oro. El Lugar Santo contaba con diez candeleros de oro (1 R. 7:49), una mesa para los panes de la proposición y un altar de incienso (1 R. 7:48.) El Lugar Santísimo tenía dos querubines de madera de olivo totalmente recubiertos de oro y el arca del testimonio, que era una caja cubierta de oro, cuya tapa tomó el nombre de "propiciatorio" (Lv. 16:14, 15.) A los costados O., E. y S. se disponían tres pisos de habitaciones para los funcionarios y como depósito; hacia el N. había un pórtico con dos pilares que se llamaban Jaquín y Boaz. Alrededor del templo había un atrio interior para los sacerdotes, dentro del cual estaba el gran altar para los sacrificios y la fuente usada por los sacerdotes para el lavado ceremonial. Alrededor del atrio interior había un atrio exterior para Israel (1 R. 6, 7; 2 Cr. 3, 4.) El templo de Salomón fue destruido e incendiado por los babilonios (2 R. 25:8-17; Jer. 52:12-23.)

El templo de Zorobabel carecía de la magnificencia y suntuosidad del anterior (Esd. 6.) Con posterioridad fue reconstruido por Herodes el Grande, quien lo embelleció y agrandó. Contaba con cuatro atrios: el atrio de los sacerdotes, el de los hombres judíos, el de las mujeres judías y el de los gentiles. Herodes inició los trabajos en el año 20 a. C. El templo fue arrasado e incendiado en el año 70 d. C, cuando Jerusalén cayó en manos de los ejércitos romanos.

**Tendón.** Haz de fibras que une por lo común los músculos a los huesos (Gn. 32:32; Ez. 37:6.)

**Tentación** *(prueba)* Tiene dos significados: **1.** Todo intento de inducir al mal. **2.** Una prueba positiva que redundará en un beneficio espiritual (Gn. 3:5; 22:1, 2.)

**Teñir.** Dar a una cosa un color distinto del que tenía (Gn. 37:31; Ex. 25:5; Ap. 19:13.)

**Teocracia** *(poder y dominio de Dios)* Gobierno en el cual Dios mismo es el gobernante; es lo que quiere para el pueblo de Israel (1 S. 8:4-9, 12.)

**Teofanía** *(de "Dios" y "aparecer")* Aparición o manifestación sensible de Dios, generalmente en forma humana (Gn. 3:8; 28:10-17.)

**Teófilo** *(amigo de Dios)* Personaje a quien Lucas dedicó su evangelio y el libro de los Hechos (Lc. 1:3; Hch. 1:1) y de quien nada sabemos.

**Terafín.** Ídolos tutelares; imágenes con formas humanas (Gn. 31:19, 32-35; 1 S. 19:13; 2 R. 23:24; Zac. 10:2.)

**Tercio.** Escribiente del apóstol Pablo (Ro. 16:22.)

**Teres** *(deseo)* Eunuco del rey Asuero de Persia (Est. 2:21; 6:2.)

**Terremoto.** Concusión o sacudida del terreno ocasionada por fuerzas que actúan en lo interior del Globo. Terremotos registrados en la Biblia: 1 R. 19:11; Am. 1:1; Zac. 14:5; Mt. 28:2. En forma figurada se usa para expresar los juicios de Dios (Jue. 5:4; Sal. 77:18; Is. 29:6.)

**Territorio** (Ver Mojón)

**Terror.** Miedo, espanto, pavor; a veces el que lo produce (Gn. 35:5; Sal. 55:4; 2 Co. 5:11.)

**Tértulo.** Diminutivo de Tercio; abogado contratado por los judíos para acusar a Pablo ante Félix (Hch. 24:1.)

**Tesalónica.** Principal ciudad de Macedonia; la fundó Casandro, oficial de Alejandro Magno, en el año 332 a. C.; era una ciudad portuaria en el golfo de Termas; gobernada por *politarcas;* Pablo la visitó y fundó allí una iglesia (Hch. 17:1-8.)

**Tesalonicenses.** Habitantes de Tesalónica (1 Ts. 1:1; 2 Ts. 1:1.)

**Tesalonicenses, Epístolas a los** (Ver Epístolas a los tesalonicenses)

**Tesorero.** Persona encargada de custodiar y distribuir los caudales de una dependencia pública o privada (Esd. 1:8; Ro. 16:23.)

**Tesoro.** Colección de objetos de valor, que incluye acopio de provisiones (Jer. 41:8; Ez. 28:4; Dn. 11:43; Mt. 12:35; Hch. 8:27.)

**Testamento.** Declaración, oral o escrita, de la voluntad del testador, a la cual deberá ajustarse la corte para disponer de la propiedad en forma legal (He. 9:16, 17.) **1.** Pacto (He. 8:6-10; 9:1, 4.) **2.** Disposiciones testamentarias (He. 9:16, 17.) **3.** Libros de la Biblia que contienen el Antiguo y el Nuevo Testamento.

**Testamento de los doce profetas.** Documento apócrifo que relata las últimas palabras de los doce hijos de Jacob. Fue escrito probablemente alrededor del segundo siglo d. C.

**Testigo.** Persona que da testimonio de un acontecimiento por haberlo presenciado cuando ocurrió (Gn. 31:44-52; Dt. 31:19-21, 26; Jos. 22:27-34; Is. 19:20); estaba penado dar falso testimonio (Ex. 20:16; Dt. 5:20); los discípulos de Cristo dan testimonio de él (Jn. 15:27.)

**Testimonio. 1.** Diez Mandamientos (Ex. 25:16; 27:21; 2 R. 11:22.) **2.** Mandamientos divinos (Dt. 4:45; 6:7.) **3.** Testigo; evidencia legal (Rt. 4:7.)

**Testimonio del Espíritu.** Es la comunicación directa, personal e inmediata del Espíritu Santo en el sentido de que somos hijos de Dios (Ro. 8:15, 16) o de alguna otra verdad (Hch. 20:23; 1 Ti. 4:1.)

**Tetrarca.** Gobernante de una pequeña región (Mt. 14:1; Lc. 3:1.)

**Teudas.** Judío que encabezó una rebelión contra Roma (Hch. 5:36.)

**Textil, Industria.** La industria textil es conocida desde la más remota antigüedad. A Jabal, un antediluviano, se le llama el "padre de los que habitan en tiendas y crían ganados" (Gn. 4:20), de donde se infiere que ya entonces se conocía el arte de fabricar telas. Las telas se utilizaban para hacer tiendas, vestidos, cortinas, sudarios, *etc.* Pablo, Aquila y Priscila hacían tiendas (Hch. 18:2, 3); en los días neotestamentarios había gremios de textiles. Las telas se hacían de lana de oveja, pelo de cabra, pelo de camello, de lino, de cáñamo y de ramio.

**Textos y versiones.** *I. Antiguo Testamento.* Los manuscritos originales del A. T. han sido destruidos; los más antiguos que se conocen son los Manuscritos del mar Muerto, hallados en 1947 y en años posteriores, en cuevas que rodean al mar Muerto y que datan del año 250 a. C. al 70 d. C. aproximadamente. Todos los libros, a excepción del de Ester, están en forma fragmentada. Las más antiguas versiones del A. T. son las siguientes: **1.** La Septuaginta griega (250-100 a. C.) **2.** Las traducciones al griego de Aquila, Teodosio y Simaco, en el segundo siglo de la era cristiana, y también la de Orígenes en el año 240 d. C., aproximadamente. **3.** Versiones arameas (entre el primero y noveno siglo d. C.) **4.** Versiones siríacas (tercero y cuarto siglo d. C.) **5.** Versiones latinas (tercero y cuarto siglo d. C.) **6.** Versiones coptas, etíopes, góticas, armenias, georgianas, eslovenas, arábigas (segundo a décimo siglo d. C.)

*II. Nuevo Testamento.* En la actualidad contamos con 4.700 manuscritos griegos, ya sea de todo o de parte del N. T. De éstos, alrededor de 70 son papiros, 250 unciales, 2.500 minúsculos y 1.800 leccionarios; el más antiguo es un fragmento del Evangelio de Juan y data, aproximadamente, del año 125 d. C. La versiones más antiguas del N. T. son las siguientes: **1.** Latina (segundo a cuarto siglos.) **2.** Siríaca (segundo a sexto siglos.) **3.** Coptas (segundo y tercer siglos.) **4.** Góticas, armenias, georgianas, etíopes, arábigas, persas, eslovenas (cuarto a noveno siglos.) En los escritos de los primeros Padres de la Iglesia abundan las evidencias sobre el tex-

to del N. T., especialmente los escritos en griego, latín y siríaco.

**Thepharleos.** Pueblo que los asirios enviaron a Samaria como colonos (Esd. 4:9, 10, R-V ed. 1909.)

**Tiamat.** Monstruo mítico en el relato de la creación asirio-babilónica.

**Tiara** (Ver Vestidos)

**Tiatira.** Ciudad en la provincia romana de Asia, en la frontera de Lidia y Misia. Sus habitantes se distinguieron por su habilidad en teñir la púrpura (Hch. 16:14; Ap. 2:18-29.)

**Tiberias.** Ciudad de Palestina situada en el borde occidental del Mar de Galilea; fue construida por Herodes Antipas, quien le puso el nombre en homenaje al emperador Tiberio; famosa como centro de salud; después del año 70 d. C. se tornó en un centro de enseñanza rabínica. Es la moderna Tabariyé.

**Tiberias, Mar de** (Ver Mar de Galilea)

**Tiberio.** Segundo emperador romano (14-37 d. C); era el emperador de Roma cuando mataron a Jesucristo (Lc. 3:1.)

**Tibhat.** Localidad de Soba ( = Beta), al E. de las montañas del antilíbano (1 Cr. 18:8), conquistada por David.

**Tibni** *(espantajo)* Hijo de Ginat; infructuoso pretendiente al trono de Israel (1 R. 16:21.)

**Ticva** *(esperanza)* **1.** Suegro de la profetisa Hulda (2 R. 22:14.) **2.** Padre de Jehazías (Esd. 10:15.)

**Tidal.** Rey de Goim, uno de los cuatro monarcas aliados de Quedor-laomer (Gn. 14:1-17.)

**Tiempo.** En el período bíblico más antiguo, el tiempo lo indicaba la salida y la puesta del sol, las fases de la luna y la localización de alguna que otra constelación; no había nombres determinados para los días de la semana o para los meses, y ni siquiera un conocimiento preciso de los años. Las fechas se indicaban a partir de acontecimientos conocidos, tales como la fundación de Roma (753 a. C.), el comienzo de los juegos olímpicos (766 a. C.), la fundación de la dinastía selécida (312 a. C.), el éxodo, la cautividad babilónica, el terremoto (Am. 1:1.) El conocimiento de la época de los macabeos coincidió con el comienzo de la era de los Seléucidas (312 a. C.) El año era un año lunar (354 días, 8 horas, 38 segundos), dividido en doce meses lunares, con siete meses intercalados en un período de algo más de 19 años. El mes hebreo comenzaba con la luna nueva. Los primitivos hebreos asignaron nombres a los meses; posteriormente usaron números y después del exilio usaron nombres babilónicos. El año sagrado comenzaba con Nisán (marzo-abril); el año secular con el Tischri (septiembre-octubre). Los judíos dividieron el mes en semanas de siete días, que terminaban el sábado (Ex. 20:11; Dt. 5:14, 15.) A los días los dividieron en 24 horas de 60 minutos de 60 segundos. El día romano comenzaba a la media noche y duraba 12 horas (Jn. 11:9); el día hebreo se contaba desde la puesta del sol. A la noche la dividían en vigilias. Al comienzo los hebreos contaban con tres vigilias; en la época de Cristo eran cuatro las vigilias. Se utilizaron diversos tipos de relojes: relojes de sol, relojes de sombra, relojes de agua (2 R. 20:11; Is. 38:8.)

**Tiempo atmosférico.** No hay una palabra hebrea que traduzca el vocablo "tiempo" en el sentido de tiempo atmosférico. Pero los israelitas eran claramente conscientes de los fenómenos atmosféricos. La gran diversidad topográfica de Palestina ofrece una gran diversidad de clima en cualquier día determinado: la cima del monte Hermón (3.000 metros sobre el nivel del mar) está coronada de nieves eternas; en tanto en Jericó (240 metros bajo el nivel del mar) el calor es opresivo y a orillas del mar Muerto (390 metros bajo el nivel del mar) el calor es insoportable. En las costas, aun en los días más calurosos del verano, el calor es tolerable por las brisas frescas que soplan del Mediterráneo.

**Tienda.** Habitáculo temporario hecho generalmente de tela de pelos de camello. También tiene un sentido figurado (Gn. 9:27; Is. 13:20.)

**Tierra.** Palabra de múltiples significados: como substancia material (Gn. 2:7), territorio (Gn. 28:15), toda la tierra (Gn. 12:3), país (Gn. 13:10; 45:18), habitantes del mundo (Gn. 6:11), mundo (Gn. 1:1.)

**Tierra de Saalim.** Región situada probablemente cerca del límite N. de Benjamín (1 S. 9:4.)

**Tiesto.** Pedazo de una vasija de barro (Job 2:8; Sal. 22:25; Is. 30:14.)

**Tifsa** *(paso)* **1.** Ciudad a orillas del Eufrates (1 R. 4:24.) **2.** Ciudad cerca de Tirsa (2 R. 15:16.) Se trata, probablemente, de la moderna Tappuah.

**Tiglat-pileser.** Famoso rey asirio (1114-1074 a. C.); gran conquistador; los reyes Azarías de Judá y Manahem, de Samaria, le pagaban tributo (2 R. 15:19, 20); Acaz logró su ayuda para combatir con Peka de Israel y Rezín de Siria; deportó a los israelitas transjordanos (1 Cr. 5:6, 26); Acaz le rindió tributo (2 Cr. 28:20, 21.)

**Tigris.** Uno de los dos grandes ríos de la región mesopotámica; 1.850 kilómetros de longitud. Es el Hidekel de Dn. 10:4.

**Tilde** *(cuerno)* Virgulilla que denota acentuación (Mt. 5:18; Lc. 16:17.)

**Tilón** *(regalo)* Hijo de Simón (1 Cr. 4:20.)

**Timeo.** Padre de Bartimeo (Mr. 10:46.)

**Timna** *(sujetar)* **1.** Concubina de Elifaz nº 1 (Gn. 36:12.) **2.** Hermana de Lotán (Gn. 36:22.) **3.** Jefe de Edom (Gn. 36:40.) **4.** Ciudad en la frontera de Judá ( = Timnat nº 2), a 5 kilómetros al SO. de Bet-semes (Jos. 15:10.) **5.** Aldea en Judá ( = Timnat nº 1), (Jos. 15:57.) **6.** Hijo de Elifaz nº 1 (1 Cr. 1:36.)

**Timnat** *(porción)* **1.** Aldea cananea ( = Timna nº 5), (Gn. 38:12.) **2.** Ciudad en Dan, en la frontera N. de Judá, ocupada por los filisteos ( = Timna nº 4), a 5 kilómetros al SO. de Bet-semes (Jos. 19:43), la moderna Tibna.

**Timnateo.** Habitante de Timnat nº 2 (Jue. 15:6.)

**Timnat-sera.** Aldea en Efraín (Jos.

15:50); allí enterraron a Josué (Jos. 24:30) a 19 kilómetros al NE. de Lida.

**Timón** *(digno de ser tenido en cuenta)* Uno de los siete diáconos de Jerusalén (Hch. 6:5.)

**Timoteo** *(que honra a Dios)* Compañero y colaborador de Pablo; hijo de un griego y una judía (Hch. 16:1-3); de su madre recibió su entrenamiento religioso y también de su abuela (2 Ti. 1:5; 3:15); vivió en Listra o en Derbe, donde se convirtió antes del segundo viaje misionero de Pablo (hacia el año 48 d. C.); Pablo lo llevó como su ayudante en su segundo viaje misionero (Hch. 16:1-4); apartado para el trabajo en la iglesia (2 Ti. 1:6); fue circuncidado (Hch. 16:3); fue compañero constante de Pablo, quien le encomendó diversas tareas (Hch. 16:12; 17:14; 19:22; 2 Co. 1:1; Fil. 1:1; Col. 1:1; 1 Ts. 1:1; 3:2; 2 Ts. 1:1; Flm. 1.) A él fueron dirigidas dos de las cartas de Pablo (1 y 2 a Timoteo.) Fue el responsable máximo en la iglesia de Efeso (1 Ti. 1:3); recuperó su libertad después de sufrir la cárcel (He. 13:23.)

**Timoteo, Epístolas a** (Ver Epístolas a Timoteo)

**Tinaja.** Vasija grande de barro cocido para guardar agua, aceite u otros líquidos (1 R. 17:12-16; 18:34.)

**Tinieblas** (Ver Oscuridad)

**Tinta.** Líquido que usado con pluma o cepillo sirve para escribir (Jer. 36:18; 2 Co. 3:3; 2 Jn. 12; 3 Jn. 13.)

**Tintorero, teñido** (Ver Oficios y Profesiones)

**Tiña.** Enfermedad parasitaria con costras y ulceraciones (Lv. 13:30; 13:37.) (Ver Enfermedades)

**Tío. 1.** Hermano del padre o de la madre de una persona (2 R. 24:17.) **2.** Cualquier pariente del lado paterno (Lv. 10:4.)

**Tiquico** *(fortuito)* Cristiano de Asia, íntimo amigo y colaborador de Pablo (Hch. 20:4; Col. 4:7-9; 2 Ti. 4:12; Tit. 3:12.)

**Tiranno.** Maestro griego en cuya escuela predicó Pablo después de ser expulsado de la sinagoga (Hch. 19:9.)

**Tiras.** Hijo de Jafet (Gn. 10:2; 1 Cr. 1:5.)

**Tirateo.** Familia de escribas en Jabes (1 Cr. 2:55.)

**Tirhaca.** Rey egipcio, tercero de la vigesimoquinta dinastía; Senaquerib lo derrotó (2 R. 19:9; Is. 37:9), y más adelante fue derrotado por Esar-hadón y Asurbanipal.

**Tirhana** *(murmullo)* Hijo de Caleb y de Maaca (1 Cr. 2:48.)

**Tirías** *(miedo)* Hijo de Jehalelel (1 Cr. 4:16.)

**Tiro** *(roca)* Puerto fenicio al S. de Sidón y al N. del Carmelo; fue fundado por Sidón (Is. 23:2, 12); asignada a Aser, pero nunca ocupada por esa tribu (Jos. 19:29; 2 S. 24:7); edificada primero sobre territorio continental, pero luego sobre una pequeña isla; tanto David como Salomón mantuvieron una cordial alianza con su rey (1 R. 9:10-14; 2 Cr. 2:3-16); poderosa ciudad mercantil (Is. 23:8); famosa por sus teñidos, su cristalería y metalurgia; a Cartago la fundaron colonos tirios; denunciada por los profetas (Is. 23:1-17; Jer. 27:3; Ez. 26-28); Jesús visitó la región y fue bien recibido (Mr. 7:24-31); Pablo estuvo allí durante siete días (Hch. 21:3-7.)

**Tiropeón, Valle del.** Nombre griego de un valle en Jerusalén que separa las colinas oriental y occidental y que une, por el S., los valles de Cedrón y de Hinom.

**Tirsa** *(placer)* **1.** Hija de Zelofehad (Nm. 26:33; Jos. 17:3.) **2.** Localidad a 10 kilómetros al E. de Samaria (Jos. 12:24); capital del reino del N. hasta el tiempo de Omri (1 R. 14:17; 15:21, 33; 16:6); probablemente Tell el-Farah.

**Tirsatha** *(reverenciado)* Título del gobernador de Judá bajo el dominio persa (Esd. 2:63; Neh. 7:65, 70; 8:9; 10:1, versión R-V, ed. 1909.)

**Tisbita.** Sobrenombre del profeta Elías (1 R. 17:1); podría ser oriundo de la moderna el-Istib, un poco al Oeste de Mahanaim.

**Tito.** Convertido, amigo y colaborador de Pablo (Tit. 1:4); griego, hijo de padres gentiles (Gá. 2:3); Pablo se negó a permitir que se circuncidara (Gá. 2:3-5); viajó a

Jerusalén con Pablo y Bernabé; Pablo lo envió a Corinto (2 Co. 2:13; 8:6-16; 12:18); volvió a reunirse con Pablo en Macedonia (2 Co. 7:6, 13, 14); organizó iglesias en Creta (Tit. 1:4, 5); se reunió con Pablo en Nicópolis (Tit. 3:12.)

**Tito, Epístola a** (Ver Epístola a Tito)

**Tito, Flavio Vespasiano.** Décimo emperador romano (79-81 a. C.); capturó y destruyó Jerusalén en el año 70 d. C.

**Tito Justo** (Ver Justo)

**Título.** Según el derecho procesal romano, la causa jurídica determinante de una pena capital, tenía que constar y estar manifiesta durante la ejecución de la sentencia (Mr. 15:26; Lc. 23:38; Jn. 19:19-20.)

**Tizita.** Sobrenombre de Joha, valiente de David (1 Cr. 11:45.)

**Tizón.** Palo a medio quemar (Sal. 102:3; Is. 7:4; Am. 4:11; Zac. 3:2.)

**Toa.** Antepasado de Samuel (1 Cr. 6:34), también llamado Nahat (1 Cr. 6:34), y Tohu (1 S. 1:1.)

**Toalla.** Lienzo para limpiar y secarse las manos y la cara (Jn. 13:4, 5.)

**Tob** *(bueno)* Distrito en Siria que se extiende al NE. de Galaad hacia el cual huyó Jefté (Jue. 11:1-3.)

**Tobadonías** *(Jehová es bueno)* Levita enviado por Josafat para enseñarle la ley a Judá (2 Cr. 17:7-9.)

**Tobías** *(Jehová es bueno)* **1.** Levita enviado por Josafat para enseñarle la ley a Judá (2 Cr. 17:7-9.) **2.** Familia que no pudo probar su ascendencia israelita (Esd. 2:60; Neh. 7:61, 62.)

**Tobías, Libro de** (Ver Libros apócrifos)

**Tobit.** Padre del joven Tobías, y personaje principal del libro de su nombre.

**Tocado** (Ver Vestidos)

**Tofel** *(cal, cemento)* Lugar en el desierto donde Moisés habló a los israelitas (Dt. 1:1); pudiera ser la moderna el-Tafilah, a 25 kilómetros al SE. del mar Muerto.

**Tofet** *(instalación para el fuego)* Lugar en el valle del hijo de Hinom, donde se ofrendaban sacrificios humanos a Moloc (Jer. 7:31) y que fue profanado por Josías (2 R. 23:10); utilizado luego como basurero.

**Togarma** *(áspera, abrupta)* Descendiente o grupo descendiente de Jafet (Gn. 10:3; 1 Cr. 1:6; Ez. 38:6.)

**Tohu.** Ascendiente de Samuel (1 S. 1:1.)

**Toi.** Rey de Hamat que felicitó a David por su victoria sobre Hadad-ezer (2 S. 8:9-11.)

**Tola** *(gusano de grana)* **1.** Hijo de Isacar (Gn. 46:13.) **2.** Juez de Israel durante 23 años (Jue. 10:1.)

**Tolad.** Ciudad en Simeón ( = Eltolad), (1 Cr. 4:29.)

**Tolaíta.** Descendiente de Tola nº 1 (Nm. 26:23.)

**Tolemaida.** Ciudad y puerto en Palestina (Hch. 21:7.)

**Tolomeo.** Nombre común de 15 reyes macedonios en Egipto, cuya dinastía se extendió desde la muerte de Alejandro Magno en el año 323 a. C. hasta el asesinato de Tolomeo XV, hijo de Julio César y de Cleopatra, en el año 30 a. C. **1.** Tolomeo I Sóter, fundador de la dinastía de los Lágidas (323-285 a. C.) **2.** Tolomeo II Filadelfo (285-246 a. C.); en esa época se tradujo la Septuaginta y fue la edad de oro del Egipto tolomeo. **3.** Tolomeo III Evergetes (hacia el 246-222 a. C.) **4.** Tolomeo IV, Filopátor (222-205 a. C.) **5.** Tolomeo V, Epífanes (205-181 a. C.) **6.** Tolomeo VI, Filométor (181-145 a. C.) **7.** Tolomeo VII, Fiscón (145-117 a. C.) **8.** Tolomeo VIII, Evergetes. **9.** Tolomeo IX, último de la descendencia masculina de Tolomeo I; murió asesinado por los alejandrinos. **10.** Tolomeo X, hermano del anterior. **11.** Tolomeo XI; hermano de Tolomeo X al que usurpó el trono. Murió asesinado. **12.** Tolomeo XII (51-47 a. C.) huyó a Roma. **13.** Tolomeo XIII, tuvo por esposa a Cleopatra.

**Tomás** *(gemelo)* Uno de los doce apóstoles; también llamado Dídimo (gemelo en griego); dudó de la resurrección de Cristo (Jn. 20:24, 25); estuvo con los demás apóstoles en el aposento alto después de la ascensión de Jesús (Hch. 1:13.) La tradición sostiene que predicó en Partia, Persia e India.

**Topo** (Ver Animales)

**Toquén** *(una medida)* Una aldea en Simeón (1 Cr. 4:32.)

**Tora** *(instrucción, ley)* La ley divina; el Pentateuco; la totalidad de la Escritura hebrea (Jn. 10:34.)

**Torbellino.** Remolino de viento (2 R. 2:11; Os. 8:7; Zac. 7:14.) También se usa el término en sentido figurado (Pr. 1:27; Is. 5:28; Jer. 4:13.)

**Toro** (Ver Animales: Ganado)

**Torpe.** Rudo, tardo en comprender (Ex. 4:10; 6:12; Sal. 73:22.)

**Torre.** Estructura que se usa tanto para la defensa como para el ataque (2 Cr. 14:7; 26:9; Is. 2:15; Mt. 21:23.)

**Torre de Siloé.** Probablemente parte del sistema de fortificaciones del muro de Jerusalén, cerca del estanque de Siloé (Lc. 13:4.)

**Torrente.** Corriente o avenida impetuosa de aguas que sobreviene en tiempo de muchas lluvias o deshielos (2 S. 15:23.)

**Torrente de Cisón** (Ver Cisón)

**Torrente de Egipto** (Ver Río de Egipto)

**Torta.** Masa de harina, de figura redonda a la cual se suele echar aceite u otros ingredientes, como mosto, *etc.* y una vez todo incorporado se cuece a fuego lento (1 R. 14:3.)

**Tórtola.** Ave que abunda en Palestina y a la que los pobres recurrían para ofrecer en sacrificio (Lv. 12:6-8; Lc. 2:24.)

**Tosco.** Inculto, sin doctrina ni enseñanza (2 Co. 11:6.)

**Trabajo.** Acción y efecto de trabajar, es decir, ocuparse en cualquier ejercicio, obra o ministerio. En la Biblia tiene el alcance de "obra", "labor" y "tarea" (Ex. 1:14; 31:5; Pr. 14:23; 1 Co. 3:8; Mi. 2:7; Ap. 2:2.)

**Tracia.** Reino y eventualmente provincia romana en el SE. de Europa y al E. de Macedonia (2 Mac. 12:35.)

**Traconite** *(región fragosa)* Región de 950 kilómetros cuadrados al S. de Damasco ( = Basán); tetrarquía de Filipo (Lc. 3:1.)

**Tradición.** Transmisión de noticias, costumbres o doctrinas en forma oral o escrita. 1. Interpretación de la ley del A. T. (Mt. 15:1-9; Gá. 1:14.)

**2.** Las verdades del evangelio transmitidas por los apóstoles (Lc. 1:2; Ro. 6:17; 1 Co. 11:2, 23; 15:3-9; 2 P. 2:21.)

**Trajano, Marco Ulpio.** Emperador romano (98-117 a. C.) Hábil militar y gobernante progresista.

**Transacciones comerciales y viajes.** *El comercio en el A. T.* Ur de los Caldeos fue un puerto comercial; Egipto, desde la más remota antigüedad fue un país eminentemente comercial (Gn. 37:25); la actividad comercial hebrea comenzó con Salomón, quien se asoció con las grandes ciudades mercantiles de Tiro y de Sidón (1 R. 9:27, 28; 10:11); después de la muerte de Salomón, Israel volvió a ser el país agrícola que fue antes de alcanzar su poderío y esplendor. *El comercio en el N. T.* Poco dicen los Evangelios sobre la industria y el comercio judíos. En la época neotestamentaria el comercio, en la más amplia extensión de la palabra, estuvo en las manos de Roma y de Italia. *Viajes.* Los viajes se hacían por razones comerciales, de colonización, de exploración, de migración, de peregrinaje, de predicación, de correo, de exilio. Los viajes estaban llenos de serios peligros (Hch. 27, 28; 2 Co. 11:25-27); se veían facilitados por los espléndidos caminos romanos, algunos de los cuales aún hoy se usan para el tránsito. Se desconocía el servicio regular de pasajeros por mar o por tierra.

**Transfiguración.** Nombre con que se describe el acontecimiento por el cual Jesús se glorificó visiblemente en presencia de tres apóstoles escogidos (Mt. 17:1-8; Mr. 9:2-8; Lc. 9:28-36.)

**Transgresión.** Quebrantar un precepto, ley o estatuto (Pr. 17:19; Ro. 4:15.)

**Transjordania.** Amplia meseta al E. del Jordán, comprendida entre este río al O., el desierto siroárabe al E., el monte Hermón hasta Damasco al N. y el Zéred al S. Era la Perea y la Decápolis de los días neotestamentarios. Era Moab, Amón, Galaad y Basán de los días veterotestamentarios. Esta región está relacionada con los nombres de Moisés, Josué, las tribus de Rubén, Gad y Manasés; con David y los nabateos.

**Transporte.** En la antigüedad el transporte se hacía principalmente a lomo de camellos, asnos, caballos y por mar.

**Trapos** (Ver Vestidos)

**Trasladar.** Llevar de un lugar a otro (2 S. 3:10; He. 11:5 donde usa el verbo "trasponer")

**Trasquilar.** Cortar el pelo a trechos, sin orden ni arte (Gn. 31:19; Cnt. 4:2; Mi. 1:16.)

**Trenzas.** Ornamentación para los capiteles de dos de los pilares del templo de Salomón (1 R. 7:17.)

**Tres tabernas.** Lugar de parada en la Vía Apia, aproximadamente a 53 kilómetros de Roma (Hch. 28:15.)

**Tres jóvenes, La canción de los.** Aditamento apócrifo al Libro de Daniel, en el A. T. Escrito probablemente en el primer siglo a. C. (Ver Libros Apócrifos)

**Tribu, tribus.** Las doce tribus de Israel descendieron de los doce hijos de Jacob, juntamente con los hijos de José -Efraín y Manasés- que formaron dos tribus, en tanto la tribu de Leví no recibió territorio tribal (Gn. 48:5; Nm. 26:5-51; Jos. 13:7-33; 15-19.) A los líderes de las tribus se los designa con diversos nombres: príncipes (Ex. 34:31), capitanes (Nm. 1:16), jefes (Gn. 36:15ss.); antes que los israelitas penetraran en la Tierra Prometida, dos de las tribus -Rubén, Gad- y la media tribu de Manasés, escogieron establecerse en la orilla E. del Jordán (Nm. 32:33.) Durante el período de los jueces en Israel cada tribu se regía por sus propias leyes. Cuando David ascendió al trono real fue rey sobre todas las tribus y las tribus se unieron. David designó un jefe por tribu (1 Cr. 27:16-22.) Las cautividades anularon totalmente las distinciones y diferencias tribales.

**Tribu de Benjamín** (Ver Benjamín, Tribu de)

**Tribulación, Gran tribulación.** Período de sufrimiento enviado por Dios a la tierra al final de los tiempos debido a su tremenda maldad (Dn. 12:1; Mt. 24:21.)

**Tribunal.** Lugar destinado a los jueces para administrar justicia y pronunciar sentencia (Mt. 27:19; Jn. 19:13; Hch. 18:12.) Moisés estableció un sistema de cortes de justicia. (Ex. 18:25, 26.) La Biblia también habla del tribunal de Cristo ante el cual tendrán que comparecer todos los creyentes (Ro. 14:10; 2 Co. 5:10.)

**Tributo.** Contribución forzosa impuesta a los individuos, gobiernos o instituciones tales como el templo. El tributo tomó la forma de mano de obra (Ex. 5; Jos. 16:10) e incluía contribución de objetos suntuarios, mercaderías o esclavos (1 R. 20:1-7; 2 R. 17:1-6.) (Ver Impuestos)

**Tributos públicos, Banco de los** (Ver Banco de los tributos públicos)

**Trifena** *(refinada)* Cristiana romana saludada por Pablo (Ro. 16:12.)

**Trifosa** *(delicada)* Cristiana romana saludada por Pablo (Ro. 16:12.)

**Trigo.** El grano más comúnmente utilizado para elaborar harina, pero los pobres usaban otros granos en reemplazo del trigo, tales como cebada, millo y avena (Ez. 4:9, 10.) El grano se molía con muelas de piedra (Dt. 24:6.)

**Trillar.** Se hacía golpeando las espigas con una vara, o pisándolas con bueyes (Is. 28:27); se realizaba al aire libre sobre el piso.

**Trillo.** Instrumento para trillar (2 S. 12:31; 1 Cr. 20:3.)

**Trinidad.** Término teológico para designar al único, vivo y verdadero Dios, que subsiste en tres personas: Padre, Hijo y Espíritu Santo (Mt. 3:13-17; 28:19), si bien en esencia es uno, indiviso e indivisible (Jn. 10:30; 1 Ti. 2:5.)

**Triunfo.** Acto solemne de triunfar el vencedor romano seguido de una fastuosa procesión en honor del general victorioso (2 Co. 2:14; Col. 2:15.)

**Troas.** Importantísima ciudad de la provincia romana de Asia, sobre la costa del mar Egeo, a 16 kilómetros de las ruinas de la antigua Troya; se conoce también como Alejandría Troas (Hch. 16:8; 20:5; 2 Co. 2:12.)

A veces se da el nombre de Troas a toda la región.

**Trófimo** *(nutritivo)* Cristiano gentil de Efeso (Hch. 21:29) y compañero de Pablo (2 Ti. 4:20.)

**Trogilio.** Promontorio en el mar Egeo, formado por la parte occidental del monte Micale, al SO. de Efeso y frente a la isla de Samos. Pablo pasó por allí en su tercer viaje misionero (Hch. 20:15.)

**Tronco.** Ídolo de madera adorado por la apóstata Israel (Is. 44:19.)

**Trono.** Asiento que ocupan los monarcas y otras personas de alta dignidad, tales como los sumos sacerdotes, los jueces, los gobernadores (Gn. 41:40; 2 S. 3:10; Est. 1:2; Sal. 122:5; Jer. 3:17; Mt. 19:28.)

**Tropezadero.** Lugar donde hay peligro de tropezar. En forma figurada todo aquello que provoca una ruina material o espiritual (Ex. 34:12; Is. 8:14; 1 Co. 1:23.)

**Trovador.** En el A. T. se acompañaban con instrumentos de cuerda (1 S. 16:23.) Los salmos se cantaban (Sal. 57:7.) En el N. T. se acompañaban con flautas (Mt. 9:23.)

**Trueno.** Ruido que sigue a un rayo o a un relámpago; los judíos lo consideraban una revelación del poder de Dios (Job 26:14; 37:2-5; 40:9; Sal. 18:13; 29:2-9.)

**Trueno, Hijos del.** Así apellidó Jesús a Jacobo y a Juan (Mr. 3:17.)

**Tubal** *(producción)* **1.** Hijo de Jafet (Gn. 10:2.) **2.** Región antigua del Asia Menor (Is. 66:11.)

**Tubal-caín.** Hijo de Lamec nº 1 y Zila; artífice de bronce y de hierro (Gn. 4:22.)

**Tuétano.** Médula. Hasta lo más íntimo o profundo de la parte física o moral del hombre y de lo mejor que se pueda esperar (Job 21:24; Is. 25:6; He. 4:12.)

**Tumba** (Ver Sepulcro)

**Tumín** (Ver Urim y Tumín)

**Tumor blanco.** Lepra crónica (Lv. 13:10, 11.)

**Túnica.** Prenda de vestir tipo camisa usada por hombres y mujeres, debajo de otra ropa, en los días bíblicos.

**Turbante.** Tocado propio de las naciones orientales que consiste en una faja larga de tela rodeada a la cabeza (Ez. 24:17, 23; 44:18.)

**Tutmosis.** Nombre de cuatro reyes de Egipto, de la decimoctava dinastía, en Tebas. Bajo el gobierno de esos reyes Egipto alcanzó su mayor grandeza.

**Ucal.** Término de significado oscuro, que generalmente se toma como hijo o discípulo de Agur (Pr. 30:1.)

**Uel** *(voluntad de Dios)* Uno que repudió a su mujer extranjera (Esd. 10:34.)

**Ufaz.** Lugar del cual se obtenía oro (posiblemente = Ofir) (Jer. 10:9; Dn. 10:5.)

**Ugarit.** Antigua ciudad en la costa N. de Siria; a 65 kilómetros de Antioquía; actualmente se llama *Ras Shamra;* fue un importantísimo centro comercial y religioso. Se han hallado centenares de las famosas tablillas de arcilla conocidas como las "Tablillas de Ras Shamra".

**Ula.** Aserita (1 Cr. 7:39.)

**Ulai.** Río en Elam, cerca de Susa, donde Daniel vio una visión (Dn. 9:2, 16.)

**Ulam** *(caudillo)* **1.** Descendiente de Manasés (1 Cr. 7:16, 17.) **2.** Hijo de Esec (1 Cr. 8:39, 40.)

**Úlcera** (Ver Enfermedades)

**Uma** *(asociación)* Población en Aser (Jos. 19:30.)

**Unciales, Letras** (Ver Letras Unciales)

**Unción.** Acto de ungir (1 Jn. 2:20.)

**Ungir.** Práctica común en el Oriente; el ungimiento era de tres clases: *ordinario,* después del baño, como una señal de respeto (Lc. 7:46); para el entierro (Mr. 14:8; 16:1), por higiene; *sagrado,* tanto para las cosas como para las personas, tales como profetas (1 R. 19:16), sacerdotes (Ex. 28:41) y reyes (1 S. 9:16); y *médico,* para los enfermos y heridos (Is. 1:6; Lc. 10:34.) Las palabras "Mesías" y "Cristo" significan "el Ungido".

**Ungüento.** Compuesto que los antiguos hacían de aceite de oliva y perfumes, que sirve para ungir o untar y se usa como medicamento, como cosmético y también para embalsamar cadáveres (Ex. 30:25; Pr. 27:9; Cnt. 1:3; Lc. 23:56.)

**Uni.** Músico levita (1 Cr. 15:18, 20.) **2.** Músico levita (Neh. 12:9.)

**Unicornio.** Animal fabuloso, de un cuerno; salvaje, difícil de capturar (Nm. 23:22; 24:8; Dt. 33:17; Job 39:9ss.; Sal. 29:6, R-V versión 1909); la revisión 1960 traduce en todos los casos "búfalo".

**Unidad.** Intimidad, comunión (Jue. 19:6; Jn. 17:23; Ef. 4:3, 13.)

**Unigénito.** Título aplicado por Juan a nuestro Señor (Jn. 1:14, 18; 3:16, 18; 1 Jn. 4:9) en su calidad de único en su género. Otras referencias son Am. 8:10; Zac. 12:10 y He. 11:17.

**Uña.** Lámina córnea, dura, convexa, en la cara dorsal de la última falange de los dedos de la mano y del pie (Dt. 21:12; Dn. 4:33.) Casco o pezuña de los animales que no tienen dedos separados (Dt. 14:6.) La cuarta bestia de la visión de Daniel tenía uñas de bronce (Dn. 7:19) Uña aromática: opérculo de una especie de cañadilla índica que despide grato olor al quemarse (Ex. 30:34.) Es uno de los ingredientes del incienso.

**Uparsin.** "División" o "dividido" (Dn. 5:24-28.)

**Ur. 1.** Antigua ciudad en el S. de la Mesopotamia, llamada Ur de los Caldeos, aproximadamente a 225 kilómetros al SE. de la antigua Babilonia; allí vivió Abraham antes de su peregrinaje (Gn. 11:28, 31; 15:7; Neh. 9:7.) **2.** Padre de Elifal (1 Cr. 11:35.)

**Urbano** *(cortés, refinado)* Cristiano

romano saludado por el apóstol Pablo (Ro. 16:9.)

**Uri** *(feroz)* **1.** Padre de Bezaleel nº 1 (Ex. 31:2; 35:30; 38:22; 1 Cr. 2:20; 2 Cr. 1:5.) **2.** Padre de Geber (1 R. 4:19.) **3.** Portero del templo que repudió a su mujer extranjera (Esd. 10:24.)

**Urías** *(Jehová es luz)* **1.** Heteo; esposo de Betsabé (2 S. 11:3.) **2.** Sumo sacerdote durante el reinado de Acaz, rey de Judá, para quien construyó un altar pagano en el templo (2 R. 16:10-16.) **3.** Padre de Meremot nº 1, (Esd. 8:33; Neh. 3:4, 21.) **4.** Sacerdote que ayudó a Esdras en la lectura de la ley (Neh. 8:4.) **5.** Hijo de Semaías, profeta de Quiriat-jearim (Jer. 26:20-23.)

**Uriel** *(Dios es luz)* **1.** Levita (1 Cr. 6:24.) **2.** Jefe coatita que ayudó a transportar el arca de la casa de Obed-edom (1 Cr. 15:5, 11.) **3.** Padre de Macaías, esposa de Jeroboam (2 Cr. 13:2.)

**Urim y Tumim** *(luces y perfecciones)* Eran objetos, sin descripción específica, colocados en el pectoral del sumo sacerdote, mediante los cuales podía conocer la voluntad de Dios (Ex. 28:30; Lv. 8:8; 1 S. 28:6.)

**Usura.** Interés que se cobra por el préstamo de dinero; la ley de Moisés prohibía a los israelitas prestar dinero a interés a sus conciudadanos (Ex. 22:25; Dt. 23:19) pero les estaba permitido hacerlo a los extranjeros (Dt. 23:20.) Jesús no condenó el cobrar un interés razonable por los préstamos de dinero (Mt. 25:27; Lc. 19:23.)

**Utai. 1.** Hijo de Amiud (1 Cr. 9:4.) **2.** Uno que regresó de Babilonia con Esdras (Esd. 8:14.)

**Uvas** (Ver Plantas)

**Uz. 1.** Hijo de Aram (Gn. 10:23; 1 Cr. 1:17.) **2.** Primogénito de Nacor (Gn. 22:21.) **3.** Hijo de Disán (Gn. 36:28.) **4.** Lugar no identificado, donde vivía Job (Job 1:1.)

**Uza** *(fuerza)* **1.** Hijo de Abinadab nº

1, muerto por tocar el arca al tropezar los bueyes (2 S. 6:3-8; 1 Cr. 13:6-11.) **2.** Dueño o administrador del huerto donde fueron enterrados los reyes Manasés y Amón (2 R. 21:18, 26.) **3.** Hijo de Simei (1 Cr. 6:29.) **4.** Benjamita (1 Cr. 8:7.) **5.** Padre de una familia de netineos que retornaron con Zorobabel de la cautividad (Esd. 2:49; Neh. 7:51.)

**Uza, Huerto de.** Huerto donde fueron enterrados Manasés y su hijo (2 R. 21:18, 26.)

**Uzai.** Padre de Palal (Neh. 3:25.)

**Uzal.** Hijo de Joctán (Gn. 10:27; 1 Cr. 1:21); fundó Uzal, capital del Yemen.

**Uzen-seera** *(trenza de Seera)* Aldea edificada por Seera, la hija de Efraín (1 Cr. 7:24.)

**Uzi** *(fuerte)* **1.** Descendiente de Aarón (1 Cr. 6:5, 51; Esd. 7:4.) **2.** Nieto de Isacar (1 Cr. 7:2, 3.) **3.** Benjamita (1 Cr. 7:7.) **4.** Padre de Ela (1 Cr. 9:8.) **5.** Jefe de levitas (Neh. 11:22.) **6.** Sacerdote en la familia de Jedaías (Neh. 12:19.) **7.** Sacerdote que ayudó en la dedicación del muro de Jerusalén (Neh. 12:42.)

**Uzías** *(Jehová es fuerza)* **1.** Undécimo rey de Judá ( = Azarías), hijo de Amasías (2 R. 14:21); gobernó durante 52 años; fue un rey de éxito; enfermó de lepra, castigado por haber quemado incienso a Jehová (2 Cr. 26:16-21.) **2.** Levita coatita (1 Cr. 6:24.) **3.** Uno de los valientes de David (1 Cr. 11:44.) **4.** Padre de Jonatán nº 7 (1 Cr. 27:25.) **5.** Sacerdote que repudió a su mujer extranjera (Esd. 10:16-21.) **6.** Padre de Ataías; regresó de la cautividad (Neh. 11:4.)

**Uziel** *(Dios es fuerza)* **1.** Levita coatita (Ex. 6:18, 22; Lv. 10:4.) **2.** Simeonita, hijo de Isi (1 Cr. 4:42.) **3.** Jefe de una familia de Benjamín (1 Cr. 7:7.) **4.** Descendiente de Hemán (1 Cr. 24:4.) **5.** Levita que ayudó a limpiar el templo (2 Cr. 29:14-19.) **6.** Hijo de Harhaía (Neh. 3:8.)

**Vaca** (Ver Animales)

**Vado.** Paraje de un río con fondo firme y poco profundo que permite pasar andando, cabalgando o en carruaje (Gn. 32:22; Jue. 3:28; 2 S. 17:20.)

**Vagabundo** *(deambular)* El que anda errante de un lado para otro, sin domicilio ni oficio determinado (Jue. 9:4; Pr. 12:11.) David utiliza la palabra en su oración imprecatoria (Sal. 109:10.)

**Vaizata** *(hijo de la atmósfera)* Hijo de Amán (Est. 9:9.)

**Vallado.** Cerco que se levanta de tierra apisonada, de estacas, de piedras sueltas o ramas espinosas, para defensa de un sitio o para impedir la entrada en él (Job 19:8; Is. 5:5; Ez. 17:17; Mt. 21:33; Lc. 19:43.)

**Valle.** Llanura de tierra entre montes o alturas (Dt. 34:6; Jos. 11:16; Lc. 3:5.) Diversos valles se mencionan en la Biblia: *de Acor* (Jos. 7:24); *de Ajalón* (Jos. 10:12); *de Beraca* (2 Cr. 20:26); *de Carisim* (1 Cr. 4:14); *de Casis* (Jos. 18:21); *de Cedrón* (2 R. 23:6); *de Ela* (1 S. 17:2); *de Escol* (Dt. 1:24); *de Gabaón* (Is. 28:21); *de Gad* (2 S. 24:5); *de Gerar* (Gn. 26:27); *de Hamón-gog* ("multitud de Gog"), nombre profético de un lugar al E. del mar Muerto, donde será sepultada la "multitud de Gog" (Ez. 39:11-15); *de Hebrón* (Gn. 37:14); *de Jefte-el* (Jos. 19:27); *de Jezreel* (Jos. 17:16); *de Josafat* ("Jehová juzga"), valle donde Jehová reunirá a todas las naciones para juzgarlas (Jl. 3:2, 12); puede ser un lugar simbólico; *de lágrimas* (Sal. 84:6); *de Refaim* ("valle de gigantes"), fértil llanura al S. de Jerusalén, a cinco kilómetros de Belén (Jos. 15:8); *de Save* ( = valle de Cedrón),

lugar donde Abraham, después de rescatar a su sobrino Lot, se encontró con el rey de Sodoma (Gn. 14:17); *de Sidim*, lugar situado en el extremo SE. del mar Muerto (Gn. 14:3, 8, 10); *de Sefata* (1 Cr. 14:10); *de Sitim* (Jl. 3:18); *de sombras* (Sal. 23:4); *de Sorec* (Jue. 16:4); *de Zaanaim*, valle en Neftalí ( = Alón-saananim), (Jue. 4:11); *de Zeboim* (1 S. 13:18); *de Zered* (Gn. 21:12); *del hijo de Hinom*, lugar donde se arrojaba la basura al SO. y al S. de Jerusalén. Su equivalente griego, *gehenna*, dio lugar a la palabra "infierno" (2 R. 23:10.) (Ver Gehenna); *del Rey*, valle de Save, al E. de Jerusalén; *de la decisión* (Jl. 3:14); *de la matanza*, nombre que tomaría el valle del hijo de Hinom (Jer. 7:32); *de la Sal*, situado entre Jerusalén y Edom, donde se lograron grandes victorias contra los edomitas (2 S. 8:13; 2 R. 14:7; 2 Cr. 25:11); *de la visión* (Is. 22:1); *de los artífices* (Neh. 11:35); *de los montes* (Zac. 14); *fértil* (Is. 28:1.)

**Valle, Puerta del.** Puerta en el muro de Jerusalén, cuya ubicación exacta se desconoce (Neh. 2:13, 15; 3:13.)

**Vanías.** Uno que repudió a su mujer extranjera (Esd. 10:36.)

**Vanidad.** Vacuidad, disipación, inutilidad, futilidad, improductividad (1 S. 12:21; 2 R. 17:15; Job 35:13; Sal. 39:5, 6; Ef. 4:17; 2 P. 2:18.)

**Vapor.** Fluido aeriforme en que se convierten ciertos cuerpos, especialmente el agua, por acción del calor (Gn. 2:6; Job 36:27; Sal. 148:8; Hch. 2:19.)

**Vapsi.** Padre de Nahbi, espía de la tribu de Neftalí (Nm. 13:14.)

**Vara.** Símbolo de autoridad (Ex. 4:2,

17, 20; 9:23; 14:16); la vara también simbolizaba el castigo (Mi. 5:1); gobernante mesiánico (Is. 11:1); también simboliza la aflicción (Job 9:34.)

**Vasija.** Pieza cóncava, pequeña, de barro u otra materia, y de forma común u ordinaria, que sirve para contener especialmente líquidos y cosas destinadas a la alimentación (1 S. 26:11, 12, 16; 1 R. 19:6.)

**Vasni** *(débil)* Primogénito de Samuel (1 Cr. 6:28.) En 1 S. 8:2 figura Joel como primogénito de Samuel. Se trata, probablemente, de una corrupción del texto hebreo.

**Vaso.** Recipiente de metal, vidrio u otra materia capaz de contener alguna cosa (Ex. 7:19; 1 R. 10:21); en el N. T. se aplica a veces a las personas (Ro. 9:20-24; 2 Ti. 2:20, 21, R-V versión 1909)

**Vástago** (Ver Renuevo)

**Vasti** *(mujer hermosa)* Esposa del rey Asuero; reina de Persia, se divorció del rey Asuero (Est. 1:19.)

**Velo. 1.** Tela para ocultar o proteger el rostro contra los elementos (Gn. 24:65; 1 Co. 11:4-16.) **2.** En el tabernáculo y en el templo un hermoso velo, tejido a mano, separaba el lugar santo del lugar santísimo (Ex. 26:31-37.)

**Vellón.** Toda la lana de un carnero u oveja que, esquilada, sale junta (Jue. 6:37; 2 R. 3:4; Dt. 18:4 "primicias de la lana"; Job 31:20.)

**Veneno.** Substancia que produce un efecto letal como, por ejemplo, el de los reptiles (Dt. 32:24, 33; Job 20:16; Sal. 58:4.) Desde la más remota antigüedad se conocieron los venenos vegetales: el ajenjo, con cuyas hojas se prepara un licor que puede ser fatal si se ingiere en exceso (Os. 10:4); las calabazas silvestres (2 R. 4:39, 40.) Marcos 16:18 cita una bebida mortífera.

**Venero** *(fuente)* Mina (Job 28:1.)

**Vengador.** Pariente que se sentía obligado a vengar la muerte de un hombre (Nm. 35:11-34.)

**Venganza.** Castigo aplicado con un sentido de retribución (Jue. 15:7; Jer. 11:20; 20:12.)

**Ventana.** Las ventanas en Palestina eran pequeñas, angostas, abiertas a elevada altura en las paredes y por lo general con un enrejado (Jue. 5:58; 2 R. 1:2; Pr. 7:6.)

**Verdad.** Conformidad de los hechos conocidos de la existencia con la suma total del universo de Dios; puede ser conocida por revelación general o especial, pero solamente en la medida que le plazca a Dios revelarla. Dios ha hecho conocer todo lo que el hombre necesita saber para la vida y para la salvación. De modo supremo la verdad se manifiesta en Cristo (Jn. 1:14, 17; 14:6); los que le rechazan escogen vivir en el error.

**Vergüenza.** La verguenza es un sentimiento originado en una sensación de culpabilidad (Esd. 9:7), de indecoro (Ex. 32:25) o desilusión por falsa confianza (Sal. 97:7); el pudor de 1 Timoteo 2:9 denota modestia sexual.

**Versión autorizada** (Ver Biblia, versiones de la)

**Versiones de la Escritura** (Ver Textos y Versiones)

**Versiones griegas.** Hay cuatro traducciones del hebreo del A. T. al griego: **1.** La Septuaginta, originada en Alejandría, alrededor del año 275 a. C. **2.** La Versión de Aquila (hacia el año 125 d. C.) producida por los judíos cuando los cristianos adoptaron la Septuaginta. **3.** La versión de Teodocio, una revisión de la Septuaginta hecha en el siglo II. **4.** La versión de Simaco, traducción idiomática, probablemente del siglo II.

**Versión Revisada** (Ver Biblia, Versión Inglesa)

**Vespertino, Sacrificio** (Ver Sacrificio vespertino)

**Vestíbulo.** Atrio o portal que está a la entrada de un edificio (Ez. 44:3.)

**Vestido.** Las Escrituras y los hallazgos arqueológicos nos dicen muchísimo sobre los vestidos que usaban las personas en los tiempos bíblicos. En ciertas regiones árabes incontaminadas por la civilización se viste hoy básicamente igual que en la época bíblica. Entre los hebreos la ropa expresaba los sentimientos y deseos más profundos de la gente. Se hacían de diversos materiales: de cuero (Mt. 7:15), de pelo de camello (Mt. 3:4), de lana (Gn. 38:12; Job 31:13), de lino (Job 31:13); la ropa de los hombres consistía de: *calzoncillos* (Ex. 28:42); *túnica*, vestidura sin manga que servía de camisa y que se usaba en la calle y en el hogar (Lc. 3:11); *cinturón*, de tela o cuero (Jn. 21:7; Hch. 12:8); *manto*, ropa suelta, a modo de capa, que cubre la otra ropa (1 S. 24:11); *efod*, vestidura de lino, con figuras artísticas bordadas en oro, compuesta de dos piezas unidas en los hombros, usadas por los sacerdotes y también por otras personas (1 Cr. 15:27); *pectoral*, paño que usaban sobre el pecho los sumos sacerdotes, tejido de oro, púrpura y lino finísimo, con cuatro sortijas o anillos en los cuatro ángulos; en medio tenían cuatro órdenes de piedras preciosas (Ex. 28:4); *tiara*, gorro alto, de tela o de cuero, a veces ricamente adornado (Ex. 28:40); *diadema*, faja o cinta blanca que antiguamente ceñía la cabeza de los dignatarios (Job 29:14); *collar*, adorno que ciñe o rodea el cuello, a veces guarnecido o formado de piedras preciosas (Gn. 41:42; Pr. 1:9; Cnt. 1:10); *calzado* (Gn. 14:23; Ex. 3:5); *sandalias* (Hch. 12:8); *zapatos* (Jos. 9:5; Rut 4:7; Am. 2:6.) Las mujeres vestían ropas similares a la de los hombres, pero eran más largas y de material más fino e incluían el velo (Gn. 38:14) y los adornos (Is. 3:18-23.) También al A. T. menciona los *trapos* (Jer. 38:11.) Las *filacterias* eran pedazos de piel o pergamino en que estaban escritos algunos pasajes de las Escrituras y se colocaban en pequeñas cajas de pergamino, pintadas de negro y sujetadas a la frente o a los brazos por tiras de cuero. Las utilizaban los varones judíos durante las oraciones matutinas y la costumbre data del siglo II a. C. (Mt. 23:5); contenían cuatro pasajes de las Escrituras del A. T.: Ex. 13:1-10, 11-16; Dt. 6:4-9; 11:13-21.

**Vestuario.** Lugar donde se guardaban las vestiduras reales o ceremoniales (2 R. 10:22, BJ)

**Vía Apia.** Antigua carretera romana por la cual transitó el apóstol Pablo (Hch. 28:13-16.)

**Vía dolorosa.** Ruta tradicional que transitó nuestro Señor, el día que lo crucificaron, desde el tribunal de Pilato, donde fue juzgado, hasta el sitio de la crucifixión (Mt. 27:26, 31, 33.)

**Vianda.** Comida que se sirve a la mesa (Gn. 43:34; 2 S. 13:15); también en He. 12:16, R-V versión 1909.

**Víbora.** Reptil. Culebra venenosa. En la Biblia se usa a veces el vocablo como símbolo de maldad (Is. 30:6; Mt. 12:34; Lc. 3:7.)

**Vid.** Planta trepadora cuyo fruto es la uva (Jue. 9:12; Mi. 4:4.)

**Vida.** En la Biblia se refiere a la vida física (Gn. 6:17; Ex. 1:14), a la vida espiritual (Ro. 8:6; Col. 3:3), a la vida eterna (Ef. 2:5-10.) Cristo, la Fuente de toda vida (Jn. 1:4; 11:25; Col. 3:4.)

**Vida eterna.** Participación en la vida de Jesucristo, el eterno Hijo de Dios (Jn. 1:4; 10:10; 17:3; Ro. 6:23), que alcanza su máximo goce en la vida venidera (Mt. 25:46; Jn. 6:54; Ro. 2:7; Tit. 3:7.) Es sin fin en su duración y divina en su cualidad. (Ver Eternidad)

**Vida futura** (Ver Inmortalidad, Escatología)

**Vida, Libro de la** (Ver Libro de la Vida)

**Vidente.** Que ve; profeta (1 S. 9:9; Is. 29:10; Am. 7:12.)

**Vidrio.** Los egipcios fabricaban vidrios ya en el año 2.500 a. C. y más tarde también los fenicios que lo comercializaron, especialmente en el arte de la joyería. Pareciera que los hebreos no estaban familiarizados con él, pues en el A. T. se lo menciona una sola vez (Job 28:17, VM, BJ.) El espejo que mencionan Pablo (2 Co. 3:18) y Santiago (Stg. 1:23, 24) no era de vidrio o cristal sino de bronce bruñido. En Apocalipsis (Ap. 4:6; 15:2; 21:18, 21) son alusiones al cristal.

**Vieja, Puerta** (Ver Puerta)

**Viento.** En Palestina el viento del E. es tempestuoso, provoca naufragios y seca las plantas (Gn. 41:6; Sal. 48:7); el viento del N. ahuyenta la lluvia y es fresco o tormentoso (Pr.

25:23); el viento del S. trae calor (Lc. 12:55) y favorece el crecimiento de las plantas (Job 37:17; Sal. 76:27); el viento del O. trae la lluvia (1 R. 18:43-45; Sal. 148:8.) El vocablo se usa simbólicamente para expresar lo efímero de la vida (Job 7:7 "soplo") y de los malvados (Pr. 10:25 "torbellino"), y el desbarajuste de la guerra (Jer. 18:17.)

**Viento solano.** Viento caliente que sopla del E. (Jer. 4:11); destructivo (Gn. 41:6; Ez. 17:10); utilizado por Dios como medio de juicio (Is. 27:8; Jer. 18:17.)

**Viento tempestuoso.** Viento huracanado (Ez. 1:4; Ap. 6:13.)

**Viga.** Trozo largo de madera utilizado para las construcciones (1 R. 7:3) o para el telar (Jue. 16:14.) Jesús utilizó la palabra en forma figurada (Mt. 7:3; Lc. 6:41.)

**Vigilias de la noche.** Eran las divisiones de las horas nocturnas. Los judíos dividían la noche en tres vigilias; los romanos en cuatro (Jue. 7:19; Mr. 6:48.)

**Vilipendiar, injuriar, denostar.** Dirigirse a otro con lenguaje oprobioso o contumaz (Ex. 21:17; Sof. 2:8; Mr. 15:32; 1 Co. 6:10.)

**Vinagre.** Líquido agrio y astringente, producido por la fermentación ácida del vino y compuesto principalmente de ácido acético y agua. A los nazareos les estaba prohibido ingerir vinagre (Nm. 6:3); a Jesús le ofrecieron vinagre cuando estaba en la cruz (Mr. 15:36; Jn. 19:29) que era un producto distinto al "vino mezclado con mirra" que rechazó con anterioridad (Mr. 15:23.)

**Vino.** A los sacerdotes les estaba prohibido tomar vino mientras oficiaban (Lv. 10:9); los nazareos no podían probar vino durante todo el tiempo de su nazareato (Nm. 6:3, 20); estaba penado tomar vino en forma excesiva (Pr. 4:17; 31:4-6.) En la época veterotestamentaria el vino se tomaba puro; no se rebajaba con agua como en la época neotestamentaria. El vino se usaba como remedio (1 Ti. 5:23.) Se advertía contra el abuso de tomar vino (1 Ti. 3:8; Tit. 2:3.) Jesús transformó el agua en vino en las bodas de Caná de Galilea (Jn. 2:2-11); en la última cena tomaron el "fruto de la vid" (Mt. 26:29.)

**Viña, viñedo.** Terreno plantado de muchas vides. El terreno, en Palestina, ha sido siempre muy apto para el cultivo de la vid (Nm. 13:20-24); por lo general los viñedos estaban protegidos por paredes, cercas o vallados (Nm. 22:24) para evitar que entraran los animales o los ladrones; también contaban con torres y atalayas (Mr. 12:1), una prensa y un lagar (Is. 1:8; 5:1-7; Mt. 21:33-41); a los pobres se les permitía el rebusco (Lv. 19:10); el vino se guardaba en odres nuevos de cuero de cabra (Mt. 9:17) o en grandes vasijas de cerámica. Las uvas se comían frescas, o en forma de dulce, o desecadas como pasas de uva, o en forma de tortas (1 S. 25:18), o en forma de vino. La pulpa se colocaba en una batea donde se la dejaba fermentar para producir vinagre o un vino de poca graduación (Sal. 69:21; Mt. 27:48.) Cada siete años las viñas se dejaban en barbecho (Ex. 23:11; Lv. 25:3.) En forma figurada el vino simbolizaba la prosperidad y la paz (1 R. 4:25; Mi. 4:4; Zac. 3:10) y a Israel, el pueblo escogido.

**Viñas, Vega de las.** Aldea de los amonitas, al E. del Jordán (Jue. 11:33.)

**Virgen. 1.** Joven soltera (Gn. 24:16; Ex. 22:16s.) **2.** Mujer joven en edad de casarse, sea soltera o casada (Is. 7:14.)

**Virginal, Nacimiento.** Doctrina neotestamentaria según la cual Cristo se incorporó a la vida humana sin mediar la acción de un padre terrenal, es decir que no nació como consecuencia de un acto matrimonial sino como resultado de la acción sobrenatural del Espíritu Santo (Mt. 1:18-25; Lc. 1:26-2:7.)

**Virtud.** Probidad, bondad, castidad (Pr. 21:10s.); poder (Mr. 5:30; Lc. 6:19, R-V, versión 1909.)

**Visión.** Panorama que llega a la mente por un sueño, una visión u otro estímulo no objetivo. La mayor parte de las visiones en la Sagrada Escritura comunican revelaciones de Dios. Y esto es particularmente cierto en el caso de los profetas (Dn. 10:7; Hch. 9:10; 10:3.)

**Visitación.** Una visita divina con el propósito de recompensar o de castigar a la gente según sus hechos (Jer. 10:15; Lc. 19:44; 1 P. 2:12.)

**Viuda.** Las viudas estaban protegidas por la ley mosaica (Ex. 22:22; Dt. 27:19; Sal. 94:6; Ez. 22:7; Mal. 3:5); participaban del diezmo del tercer año (Dt. 14:29; 26:12); contaban con otros derechos especiales (Dt. 16:11, 14; 24:19-21); podían contraer matrimonio aprovechando del derecho del levirato (Dt. 25:5, 6; Mt. 22:23-30); usaban vestidos especiales (Gn. 38:14, 19); la iglesia, en los días apostólicos, cuidaba de ellas (Hch. 6:1; Stg. 1:27; 1 Ti. 5:4, 9, 10.)

**Viviente-que-me-ve, Pozo del** (Ver Ber-Lajai-Roi)

**Voto.** Promesa voluntaria hecha a Dios de ejecutar algo que le agrade a cambio de algún beneficio que se digne brindarle (Gn. 28:20-22; 27:2-8; Nm. 30:3; Jue. 11:30.) Cristo condenó el abuso de hacer votos (Mt. 15:4-6; Mr. 7:10-13.)

**Vulgata.** Versión latina de la Biblia, preparada por Jerónimo en el siglo IV.

**Wadi.** Voz de empleo constante en la geografía de Palestina y que describe un valle, o el lecho de un río, de un riachuelo o de un torrente durante el invierno pero que se seca durante el verano. Reina-Valera traduce el vocablo como "valle", al igual que NC, en tanto TA lo traduce "torrente" y la BJ "vaguada" (Gn. 26:19.)

**Yahve** (Ver Dios)

**Yahveh** (Ver YHWH)

**Yarmuk, Wadi el.** Afluente del Jordán situado a 10 kilómetros al SE. del mar de Galilea; marcaba la frontera S. del reino de Basán.

**YHWH.** Nombre hebreo de Dios, Jehová. El tetragrama, o cuatro letras, YHWH por lo general vocalizado "Yahvéh" (BJ), es el nombre de Dios como Dios de Israel.

**Yod.** Décima letra del alfabeto hebreo.

**Yon Kipur.** "Día de Expiación" en el idioma hebreo.

**Yugada.** Medida de superficie equivalente a la cantidad de tierra que una yunta de bueyes puede arar en un día.

**Yugo.** Instrumento de madera al cual se uncen por el cuello los animales de tiro (Nm. 19:2; Dt. 21:3.) En varias ocasiones se usa la palabra en forma figurada (1 R. 12:4, 9-11; Is. 9:4); el quitar el yugo significa liberación (Gn. 27:40; Jer. 2:20; Mt. 11:29, 30.)

**Yunque.** La palabra se repite varias veces en el A. T. pero solamente una vez con el significado de "yunque" propiamente dicho (Is. 41:7.)

**Zaanaim.** Valle en Neftalí ( = Alón-saanaim), a 5 kilómetros al NE. del monte Tabor (Jue. 4:11); es el moderno Han el-Tuggar.

**Zaanán** *(rico en rebaño)* Lugar no determinado en la Sefelá de Judá ( = Zenán), (Mi. 1:11.)

**Zaaván** *(bullicioso)* Hijo de Ezer nº 1 (Gn. 36:27; 1 Cr. 1:42.)

**Zabad** *(Jehová ha dado)* **1.** Hijo de Natán (1 Cr. 2:36, 37.) **2.** Efrateo (1 Cr. 7:21.) **3.** Uno de los valientes de David (1 Cr. 11:41.) **4.** Hijo de Simrat; conspiró contra el rey Joás; fue muerto por Amasías (2 Cr. 24:26.) **5-7.** Tres israelitas que repudiaron a sus mujeres extranjeras (Esd. 10:27, 33, 43.)

**Zabai. 1.** Uno que renunció a su mujer extranjera, repudiándola (Esd. 10:28.) **2.** Padre de Baruc nº 1 (Neh. 3:20.)

**Zabdi** *(Dios ha dado)* **1.** Abuelo de Acán nº 2 (Jos. 7:1, 17.) **2.** Benjamita (1 Cr. 8:19.) **3.** Encargado de las bodegas del rey David (1 Cr. 27:27.) **4.** Antepasado de Matanías (Neh. 11:17.)

**Zabdiel** *(Dios ha dado)* **1.** Padre de Jasobeam nº 1 (1 Cr. 27:2.) **2.** Jefe de un grupo de sacerdotes (Neh. 11:14.)

**Zabud** *(dado por Dios)* **1.** Hijo de Natán (1 R. 4:5.) **2.** Uno que regresó de Babilonia con Esdras (Esd. 8:14.)

**Zabulón** *(habitación)* **1.** Hijo de Lea y de Jacob (Gn. 30:19, 20.) **2.** Tribu israelita de la que fue progenitor Zabulón; se le asignó un territorio comprendido entre el mar de Galilea y el Mediterráneo; Cristo llevó su ministerio hasta ese sitio (Mt. 4:12-16.) **3.** Ciudad de Aser ubicada entre Bet-dagón y el valle de Jefte-el (Jos. 19:27.)

**Zabulinita.** Descendiente de Zabulón (Nm. 26:27.)

**Zacai.** Jefe de una familia que regresó de Babilonia (Esd. 2:9; Neh. 7:14.)

**Zacarías** *(Jehová se acuerda)* **1.** Decimocuarto rey de Israel, hijo y sucesor de Jeroboam II; último de la casa de Jehú; muerto por Salum su sucesor (2 R. 14:29; 15:8, 11.) **2.** Padre de Abías y abuelo del rey Ezequías (2 R. 18:2; 2 Cr. 29:1.) **3.** Jefe rubenita (1 Cr. 5:7.) **4.** Coreíta, hijo de Meselemías (1 Cr. 9:21; 26:2, 14.) **5.** Benjamita ( = Zequer), (1 Cr. 9:37.) **6.** Músico levita (1 Cr. 15:18, 20; 16:5.) **7.** Sacerdote; trompetista (1 Cr. 15:24.) **8.** Levita (1 Cr. 24:25.) **9.** Levita merarita (1 Cr. 26:11.) **10.** Jefe tribal, descendiente de Manasés; padre de Iddo (1 Cr. 27:21.) **11.** Príncipe que enseñó en las ciudades de Judá (2 Cr. 17:7.) **12.** Padre del profeta Jahaziel (2 Cr. 20:14.) **13.** Hijo de Josafat; muerto por Joram (2 Cr. 21:2-4.) **14.** Hijo del sumo sacerdote Joiada; fue apedreado (2 Cr. 24:20, 22.) **15.** Profeta durante el reinado del rey Uzías (2 Cr. 26:5.) **16.** Levita, hijo de Asaf (2 Cr. 29:13.) **17.** Levita coatita que colaboró en la reparación del templo en tiempo del rey Josías (2 Cr. 34:12.) **18.** Funcionario del templo (2 Cr. 35:8.) **19.** Profeta (probablemente = nº 30), hijo de Berequías y nieto de Iddo (Esd. 5:1; 6:14; Zac. 1:1, 7; 7:1, 8); fue contemporáneo de Hageo. **20.** Jefe de una familia que regresó de Babilonia (Esd. 8:3.) **21.** "Hombre principal" que regresó de Babilonia con Esdras (Esd. 8:11, 16.) **22.** Uno que se divorció de su mujer extranjera (Esd. 10:26.) **23.** Varón que ayudó a

Esdras en la lectura de la ley (Neh. 8:4.) **24.** Judaíta (Neh. 11:4.) **25.** Otro judaíta (Neh. 11:5.) **26.** Sacerdote, hijo de Pasur; ayudó en la reconstrucción de los muros de Jerusalén (Neh. 11:12.) **27.** Sacerdote, hijo de Iddo (Neh. 12:16.) **28.** Sacerdote, hijo de Jonatán; trompetista (Neh. 12:35, 41.) **29.** Hijo de Jerebequías (Is. 8:2.) **30.** Hijo de Berequías (Probablemente = nº 19), (Mt. 23:35; Lc. 11:51.) **31.** Padre de Juan el Bautista (Lc. 1:5; 3:2.)

**Zacarías, Libro de** (Ver Libro de Zacarías)

**Zacur** *(recordado)* **1.** Padre de Samúa nº 1, espía rubenita (Nm. 13:4.) **2.** Simeonita (1 Cr. 4:26.) **3.** Merarita (1 Cr. 24:27.) **4.** Músico, hijo de Asaf (1 Cr. 25:2, 10; Neh. 12:35.) **5.** Hijo de Imri que ayudó a reconstruir los muros de Jerusalén (Neh. 3:2.) **6.** Firmante del pacto de Nehemías (Neh. 10:12.) **7.** Padre de Hanán nº 7 (Neh. 13:13.)

**Zafiro** (Ver Minerales, piedras preciosas)

**Zafnat-panea** *(el que provee alimento al país o "declarador de lo oculto",* R-V versión 1909, nota al margen) Nombre que el Faraón le puso a José (Gn. 41:45.)

**Zafón** *(norte)* Territorio al E. del Jordán, asignado a Gad (Jos. 13:27.) Es el moderno Amateh.

**Zaham** *(estúpido, odioso)* Hijo de Roboham (2 Cr. 11:19.)

**Zair** *(pequeño)* Aldea en Edom, al E. del mar Muerto, donde Jorán derrotó a los edomitas (2 R. 8:21.)

**Zalmona** *(lóbrego)* Campamento de los israelitas en el desierto, al SE. de Edom (Nm. 33:41, 43.)

**Zalmuna** *(desprovisto de sombra)* Rey de Madián, muerto por Gedeón (Jue. 8:4-21; Sal. 83:11.)

**Zanoa** *(rechazado)* **1.** Población en la Sefelá de Judá (Jos. 15:34), a 16 kilómetros al O. de Jerusalén. **2.** Población en los cerros de Judá, a 16 kilómetros al SO. de Hebrón (Jos. 15:56.)

**Zapatos** (Ver Vestidos)

**Zaqueo** *(puro)* Principal de los publicanos. Trepó a un árbol para ver a Jesús y se convirtió en su discípulo (Lc. 19:8.)

**Zara.** Hijo de Judá y Tamar ( = Zera nº 4), mencionado en la genealogía de Cristo (Mt. 1:3.)

**Zarandear.** Limpiar el grano pasándolo por la zaranda. En la Biblia se usa el término en forma figurada (Is. 30:28; Am. 9:9; Lc. 22:31.)

**Zarcillo** (Ver Pendiente)

**Zaret-sahar** *(resplandor del alba)* Ciudad no identificada en el territorio de Rubén (Jos. 13:19.)

**Zarza** (Ver Plantas)

**Zatu. 1.** Ascendiente de una familia que regresó de Babilonia (Esd. 10:27.) **2.** Firmante del pacto de Nehemías (Neh. 10:14.)

**Zaza.** Descendiente de Jerameel (1 Cr. 2:33.)

**Zeba** *(sacrificio)* Rey de Madián, derrotado y muerto por Gedeón (Jue. 8:10, 12, 18, 21; Sal. 83:11.)

**Zebadías** *(Jehová concedió)* **1.** Benjamita (1 Cr. 8:15.) **2.** Otro benjamita (1 Cr. 8:17.) **3.** Soldado benjamita ambidextro que se unió a David en Siclag (1 Cr. 12:7.) **4.** Coraíta, portero (1 Cr. 26:2.) **5.** Hijo de Asael (1 Cr. 27:7.) **6.** Levita comisionado por el rey Josafat para enseñar la ley a los residentes de Judá (2 Cr. 17:8.) **7.** Hijo de Ismael; administrador de los bienes de Josafat (2 Cr. 19:11.) **8.** Hijo de Micael; regresó con Esdras (Esd. 8:8.) **9.** Hijo de Imer; sacerdote que se divorció de su mujer extranjera (Esd. 10:20.)

**Zebedeo.** Padre de Jacob y de Juan (Mt. 4:21; Mr. 1:19); pescador; esposo de Salomé (Mt. 27:56; Mr. 15:40.)

**Zebina** *(adquirido)* Uno que repudió a su esposa (Esd. 10:43.)

**Zeboim** *(gacela)* **1.** Ciudad en el valle de Sidim, destruida juntamente con Sodoma y Gomorra (Gn. 10:19; 14:2, 8; Dt. 29:33; Os. 11:8.) **2.** Despeñadero en Benjamín, no lejos de Micmas (1 S. 13:18.)

**Zeboim, Valle de** (Ver Valle de Zeboim)

**Zebuda** *(dado, regalado)* Esposa de Josías; madre de Joacim (2 R. 23:36.)

**Zebul** *(morada de Dios)* Gobernador de la ciudad de Siquem. Ayudante de Abimelec (Jue. 9:28, 30, 36, 38, 41.)

**Zedad.** Ciudad en la frontera N. de Palestina (Nm. 34:8; Ez. 47:15.)

**Zeeb** *(lobo)* Príncipe madianita muerto por los hombres de Gedeón (Jue. 7:25.)

**Zefo** *(atalaya)* Nieto de Esaú (Gn. 36:11, 15; 1 Cr. 1:36.)

**Zefón** *(vigilante)* Primogénito de Gad (Nm. 26:15.)

**Zefonitas.** Descendientes de Zefón (Nm. 26:15.)

**Zela** *(costilla, costado)* Ciudad en Benjamín donde sepultaron los restos de Saúl y Jonatán (Jos. 18:28; 2 S. 21:14.)

**Zelofehad.** Uno de la tribu de Manasés que tuvo cinco hijas pero ningún hijo varón; este hecho sirvió de antecedente para redactar la ley de herencia femenina (Nm. 27:1-11; 36:1-12.)

**Zelote** *(celoso)* **1.** Miembro de un partido judío patriota que se formó para resistir a la agresión romana; eran violentos y fanáticos. **2.** Apellido de Simón nº 3 (Lc. 6:15; Hch. 1:13.)

**Zemaraim** *(testimonio)* **1.** Localidad aproximadamente a 6 kilómetros al N. de Jericó asignada a la tribu de Benjamín (Jos. 18:22.) **2.** Monte en Efraín donde el rey Abías increpó al rey Jeroboam (2 Cr. 13:4.)

**Zemareo.** Tribu cananea (Gn. 10:18; 1 Cr. 1:16.)

**Zemira.** Nieto de Benjamín (1 Cr. 7:8.)

**Zenán.** Lugar en las tierras bajas de Judá (Jos. 15:37.)

**Zenas.** "Intérprete de la ley". Abogado cristiano en Creta (Tit. 3:13.)

**Zequer** *(memoria)* Benjamita, hijo de Jehiel ( = Zacarías nº 5), (1 Cr. 8:31.)

**Zer.** Ciudad fortificada al NO. del mar de Galilea (Jos. 19:35), asignada a Neftalí.

**Zera** *(amanecer)* **1.** Descendiente de Esaú (Gn. 36:13, 17.) **2.** Padre de Jobab nº 2 (Gn. 36:33; 1 Cr. 1:44.) **3.** Hijo de Simeón, primo de nº 1 (Nm. 26:13.) **4.** Hijo de Judá ( =Zara), (Nm. 26:20.) **5.** Levita gersonita (1 Cr. 6:21.) **6.** Otro levita gersonita,

cantor del templo (1 Cr. 6:41.) **7.** Rey de Etiopía, derrotado por Asa en batalla (2 Cr. 14:9.)

**Zeraías** *(Jehová resplandeció)* **1.** Levita antepasado de Esdras (1 Cr. 6:6, 51.) **2.** Líder de 200 que retornaron con Esdras de la cautividad (Esd. 8:4.)

**Zeraíta. 1.** Descendiente de Zera nº 3 (Nm. 26:3.) **2.** Descendiente de Zera nº 4 (Nm. 26:20; 1 Cr. 27:11, 13.)

**Zered.** Valle entre Moab y Edom; lugar donde acampó Israel cuando deambulaba por el desierto (Nm. 21:12; Dt. 2:13, 14.)

**Zerera.** Lugar en el valle de Jezreel hacia el cual huyeron los madianitas perseguidos por Gedeón (Jue. 7:22.)

**Zeres** *(de oro)* Esposa de Amán el agagueo (Est. 5:10, 14; 6:13.)

**Zeret** *(esplendor)* Descendiente de Judá por Hela (1 Cr. 4:7.)

**Zeri** *(bálsamo)* Músico entre los hijos de Jedutún (1 Cr. 25:3.)

**Zerka.** Wadi que corresponde al antiguo río Jaboc.

**Zeror** *(guijarro)* Benjamita; bisabuelo del rey Saúl (1 S. 9:1.)

**Zerúa** *(leprosa)* Viuda de Nabat, madre de Jeroboam nº 1 (1 R. 11:26.)

**Zetam** *(olivo)* Levita gersonita, hijo de Laadán (1 Cr. 23:8.)

**Zetán** *(olivo)* Benjamita, hijo de Jediael ( Cr. 7:10.)

**Zetar.** Eunuco del rey Asuero (Est. 1:10.)

**Zeus** (Ver Júpiter)

**Zía** *(temblador)* Gadita (1 Cr. 5:13.)

**Zibeón** *(hiena)* **1.** Heveo, abuelo de Aholobama, esposa de Esaú (Gn. 36:2, 4.) **2.** Descendiente de Seir horeo (Gn. 36:20.)

**Zicri** *(recuerdo)* **1.** Levita, primo de Aarón y Moisés (Ex. 6:21.) **2.** Benjamita, hijo de Simei (1 Cr. 8:19.) **3.** Benjamita, hijo de Sasac (1 Cr. 8:23.) **4.** Benjamita, hijo de Jeroham (1 Cr. 8:27.) **5.** Antepasado de Matanías, que retornó de la cautividad (1 Cr. 9:15.) **6.** Descendiente de Eliezer, padre de Selomit nº 5 (1 Cr. 26:25.) **7.** Rubenita, padre de Eliezer nº 5 (1 Cr. 27:16.) **8.** Soldado, padre de Amasías nº 4 (2 Cr. 17:16.) **9.** Padre de Elisafat (2 Cr. 23:1.) **10.** Efrateo, mató al hijo de Acaz (2 Cr. 28:7.) **11.** Padre de Joel nº 13, prefecto de los benjamitas (Neh. 11:9.) **12.** Sacerdote descendiente de Abías (Neh. 12:7.)

**Zif. 1.** Población en el Neguev de Judá (Jos. 15:24; 1 S. 26:2.) **2.** Segundo mes del antiguo calendario hebreo que en el posterior calendario tomó el nombre de Iyyar. **3.** Población en los cerros de Judá (Jos. 15:55.) **4.** Descendiente de Caleb (1 Cr. 2:42.) **5.** Descendiente de Judá (1 Cr. 4:16.)

**Zifa.** Hijo de Jahalelel (1 Cr. 4:16.)

**Zifeos.** Habitantes de Zif nº 3 (1 S. 23:19; 26:1-5.)

**Zifión.** Primogénito de Gad (Gn. 46:16.)

**Zifrón.** Lugar ubicado en el límite N. de Canaán (Nm. 34:9.)

**Ziggurat** *(pináculo)* Templo-torre de los babilonios, que consistía en una sólida estructura piramidal, edificada en forma escalonada. Estas torres eran generalmente de siete pisos sobre los cuales se levantaba un pequeño templo, al que se ascendía por medio de escaleras externas y rampas.

**Ziha. 1.** Jefe de una familia de netineos que regresó de Babilonia con Zorobabel (Esd. 2:43; Neh. 7:46.) **2.** Jefe de netineos (Neh. 11:21.)

**Zila** *(sombra)* Esposa de Lamec, madre de Tubal-caín (Gn. 4:19, 22.)

**Ziletai** *(sombra de Jehová)* **1.** Benjamita (1 Cr. 8:20.) **2.** Soldado de la tribu de Manasés (1 Cr. 12:20.)

**Zilpa** *(escalón)* Criada de Lea; madre de Gad y de Aser (Gn. 29:24; 30:9-13.)

**Zima.** Nombre de varios levitas (1 Cr. 6:20, 42; 2 Cr. 29:12.)

**Zimram** *(cabra salvaje)* Hijo de Abraham y Cetura (Gn. 25:2; 1 Cr. 1:32.)

**Zimri** *(Dios es ayuda)* **1.** Príncipe de Simeón; fue muerto por Finees, nieto de Aarón, por cometer adulterio con una mujer madianita (Nm. 25:14.) **2.** Quinto rey del reino del norte; mató al rey Ela; reinó siete días (aproximadamente en el año 876 a. C.); destronado por Omri (1 R. 16:8-20.) **3.** Hijo de Zera nº 4; nieto de Judá (1 Cr. 2:6.) **4.** Ben-

jamita, padre de Mosa (1 Cr. 8:36.) **5.** Tribu desconocida en el E. (Jer. 25:25.)

**Zin.** Desierto que atravesaron los israelitas en su viaje a Canaán (Nm. 13:21), cerca de la frontera con Canaán; limita al S. con Edom y Parán (Jos. 15:1-3.)

**Zina.** Hijo de Simei nº 1 (1 Cr. 23:10, 11.)

**Zipor** *(ave)* Padre de Balac, rey de Moab (Nm. 22:3, 4.)

**Ziza** *(abundancia)* **1.** Simeonita, hijo de Sifi (1 Cr. 4:37-41.) **2.** Hijo de Roboam y hermano de Abías, reyes de Judá (2 Cr. 11:20.)

**Zoán.** Antigua ciudad egipcia situada al E. del delta del Nilo (Nm. 13:22; Sal. 78:12, 43; Is. 19:11, 13; 30:4; Ez. 30:14.) Los griegos la denominaban "Tanis". Numerosas ruinas recuerdan su historia, cerca de San, aproximadamente a 30 kilómetros al SE. de Damieta.

**Zoar** *(pequeño)* Antigua ciudad cananea cercana a la región sudoriental del mar Muerto (Gn. 13:10); anteriormente se llamó "Bela" (Gn. 14:2); salvada de la destrucción por la oración de Lot (Gn. 19:20-22); allí se refugió Lot.

**Zobeba.** Judaíta (1 Cr. 4:8.)

**Zofa** *(jarra panzuda)* Aserita (1 Cr. 7:35, 36.)

**Zofai** *(celdilla de panal)* Antepasado del profeta Samuel (1 Cr. 6:26.)

**Zofar** *(gorrión)* Uno de los tres amigos de Job (Job 2:11.)

**Zofim** *(vigías)* **1.** Campo cerca de Pisga (Nm. 23:14.) **2.** Ciudad del profeta Samuel ( = Ramá nº 4), (1 S. 1:1.)

**Zohar** *(Dios es resplandor)* Padre de Efrón, heteo, a quien Abraham le compró la heredad de Macpela (Gn. 23:8; 25:9.) **2.** Hijo de Simeón, el segundo hijo de Jacob (Gn. 46:10; Ex. 6:15.)

**Zohelet** *(serpiente)* Peña cerca de la fuente de Rogel (1 R. 1:9.)

**Zohet** *(orgulloso)* Judaíta (1 Cr. 4:20.)

**Zomzomeos** *(murmuradores)*

**Zora.** Ciudad a 24 kilómetros al O. de Jerusalén en las fronteras de Judá y de Dan (Jos. 15:33; 19:41.)

**Zoraíta.** Habitante de Zota ( = Zoratita), (1 Cr. 2:54.)

**Zoratita.** Habitante de Zora ( = Zoraíta), (1 Cr. 2:53; 4:2.)

**Zorobabel** *(retoño de Babel)* Hijo de Salatiel; nieto del rey Jeconías (Esd. 3:2; Hag. 1:1; Mt. 1:12); Ciro lo nombró gobernador de Judá (Esd. 1:1; 5:14); reconstruyó el templo (Hag. 1:12-2:4)

**Zorro** (Ver Animales)

**Zuar** *(pequeño)* Padre de Natanael n° 1, de la tribu de Isacar (Neh. 1:8; 2:5.)

**Zuf** *(panal)* **1.** Antepasado de Elcana y de Samuel (1 S. 1:1; 1 Cr. 6:35.) **2.** Distrito en Benjamín, de localización desconocida, cerca de la frontera N. (1 S. 9:5) y habitada por los descendientes de n° 1.

**Zur** *(roca)* **1.** Rey de Madián a quien mató Israel (Nm. 25:15; 31:8.) **2.** Hijo de Jehiel (1 Cr. 8:30; 9:36.)

**Zuriel** *(cuya roca es Dios)* Hijo de Abihail, príncipe de los levitas meraritas en el desierto (Nm. 3:35.)

**Zurisadai** *(cuya roca es el Todopoderoso)* Simeonita, padre de Selumiel (Nm. 1:6; 2:12; 7:36, 41; 10:19.)

**Zuzita.** Primitiva raza de gigantes a quienes derrotó Quedor-laomer y sus aliados (Gn. 14:5.)

Nos agradaría recibir noticias suyas.
Por favor, envíe sus comentarios sobre este libro
a la dirección que aparece a continuación.
Muchas gracias.

Vida@zondervan.com
www.editorialvida.com